汽车技术精品著作系列

汽车 NVH 性能设计与控制

王志亮 著

机械工业出版社

本书分为两篇：第一篇是整车NVH基本性能分析与控制，介绍了整车NVH的基本性能参数，包括模态、静刚度、动刚度、阻尼、密封、吸声、隔声、声学包等，并对每个性能参数的基本理论、仿真分析方法、评价方法、试验测试方法、影响因素、设计建议等进行了重点阐述；第二篇是整车NVH综合性能分析与控制，介绍了整车NVH常见的问题，主要包括整车抖动、轰鸣声、路噪、风噪、异响等，其中抖动问题又分为起动抖动、怠速共振抖动、怠速拍频抖动、怠速不规则抖动、起步抖动、加速抖动、巡航抖动和制动抖动等，并对每类NVH问题的产生机理、仿真分析方法、影响因素、控制方法、设计改进建议等进行了重点阐述。本书将整车NVH性能设计理念贯穿到了每一章节，可为读者提供全新的整车NVH性能正向开发方法和思路。

本书适合汽车设计工程师（如车身、底盘、内外饰、动力系统等工程师）和NVH性能工程师，高校汽车专业教师、本科生及研究生阅读。

图书在版编目（CIP）数据

汽车NVH性能设计与控制/王志亮著. —北京：机械工业出版社，2021.4（2024.6重印）
（汽车技术精品著作系列）
ISBN 978-7-111-67641-6

Ⅰ. ①汽… Ⅱ. ①王… Ⅲ. ①汽车–振动控制 ②汽车–噪声–噪声控制 Ⅳ. ①U467.4

中国版本图书馆CIP数据核字（2021）第036167号

机械工业出版社（北京市百万庄大街22号　邮政编码100037）
策划编辑：赵海青　孙　鹏　责任编辑：孙　鹏　丁　锋
责任校对：梁　静　　　　　　封面设计：马精明
责任印制：单爱军
北京虎彩文化传播有限公司印刷
2024年6月第1版第2次印刷
210mm×285mm·24.75印张·824千字
标准书号：ISBN 978-7-111-67641-6
定价：150.00元

电话服务　　　　　　　　　网络服务
客服电话：010-88361066　　机　工　官　网：www.cmpbook.com
　　　　　010-88379833　　机　工　官　博：weibo.com/cmp1952
　　　　　010-68326294　　金　书　网：www.golden-book.com
封底无防伪标均为盗版　　　机工教育服务网：www.cmpedu.com

序
PREFACE

NVH 性能是整车所有性能中最复杂、涉及学科最多的性能之一。对汽车 NVH 工程师来说，把一个 NVH 问题阐释清楚都需要具备相当的理论知识和工程经验。现在有人将汽车 NVH 称为"玄学"，玄学在《老子》中解释为"玄之又玄，众妙之门"，《老子指略》解释为"玄，谓之深者也"，从这些角度也说明了 NVH 性能的复杂性和深奥性。如果要系统地解析整车 NVH 性能，是一件非常不容易的事情。

王志亮博士在吉利工作期间，我曾是他的主管院长，多次参加他的技术评审和项目汇报工作。他涉猎领域广，考虑问题比较深，创新性地开展了一系列的仿真分析方法，解决了许多如抖动、轰鸣、风噪等棘手的 NVH 问题。随后在我的力荐下晋升为技术专家，是当时为数不多的青年技术专家，对吉利 NVH 技术的发展做出了重要的贡献。

目前，整车 NVH 性能已经成为主机厂关注的热点，整车 NVH 性能开发对工程师的专业素质、综合素质要求也越来越高。由于主机厂为了将开发的车型快速推向市场、占有市场，车型的开发周期制定得也越来越短，这就需要综合性、系统性解决问题的人才。但是，由于我国汽车行业发展时间不长，对 NVH 性能开发的积累还需加强，这严重制约着行业的发展，迫切需要综合性的 NVH 知识支持汽车行业的快速发展。本书正契合了这种需求，从系统性、综合性、实用性的角度阐述了整车 NVH 性能开发问题。

本书将 NVH 性能创新地分成了基本性能和综合性能两个部分，这两部分内容几乎涵盖了常见的整车 NVH 问题，既包括模态、静刚度、动刚度、吸隔声等基本的 NVH 性能，又包括异响、路噪、风噪、抖动、轰鸣声等综合的 NVH 性能，并对这些性能进行了系统的分析和总结，体现了汽车 NVH 性能是可以设计出来的开发理念。本书针对每一类 NVH 问题，都提供了相应的解决思路、控制方法和设计方案，为读者在解决实际工程问题时提供很多有益的参考，这也是这本书最大的特色。本书不仅可为汽车 NVH 性能工程师提供解决思路和方法，也能为车身、底盘、内外饰、动力系统等设计工程师提供前期的设计思路和方案，同时也可为各主机厂的整车 NVH 性能正向开发提供一定的参考和借鉴。

最后，期待这本书能成为汽车 NVH 工程师、设计工程师和高校师生的一份珍贵参考资料！

SAE Fellow
FISITA 技术委员会主席　马芳武
吉林大学教授

前言
Foreword

随着生活水平的不断提高，人们购买汽车的目的不再是单纯的代步工具，汽车已经被赋予了更多家的特征，尤其对于生活在都市的人，会有大量的时间待在车中，在车中能否给我们带来舒适和高品质的体验已经变得非常重要了。因此，人们在选用汽车的时候更注重汽车的品质和舒适性。整车 NVH 性能是用户最能直接体验到的性能之一，也是影响汽车品质和舒适性最重要的性能之一。国内各大主机厂也越来越重视对整车 NVH 性能的研发，无论是人力资源，还是软硬件建设都进行了巨大的投入，也取得了长足的进步，积累了丰富的开发经验。这些成功的背后都源于我国汽车销量的强大支撑和我国汽车行业呈现的大好局面。

但是，繁荣背后总埋藏着隐患，人员流动是每个企业巨大的伤痛。为弥补员工流失带来的损失，企业的管理人员也挖空心思，想尽各种办法建立知识管理库、案例数据库、培训材料库、经验分享库等。但是，不管公司建什么库、建什么系统，都弥补不了有经验工程师带走的问题解决思路和经验的损失。企业的创新都源于丰富的知识和经验的积累，人员流动性大的企业是无法实现创新的，没有创新的企业是不具有竞争力的，这样的企业只是表面的大而没有真正做到强。在过去的任职公司工作中审核报告和方案时发现，一些高级别工程师犯着一些低级错误，对项目开发产生了不同程度的影响。这都源于缺乏系统解决 NVH 问题的思路和方法，工作的变动让工程师重复以前擅长的工作，工作的深度和广度受到了一定的限制，对任职公司工程师进行了多次培训，但却收效不佳。

因此，一些同事和领导给过一些建议，能不能将 NVH 的工作经验和解决问题的思路整理成书籍，解决工程师们面对的问题，也算为我国汽车行业贡献一点微薄之力。第一次听到这个建议时，感觉那是天方夜谭，遥不可及的事情。在后来的工作中，逐渐改变了这个想法，也逐渐开始认真思考这个问题，开始尝试整理自己对整车 NVH 性能的理解、想法和思路，慢慢地将这些转换为一页一页的文字，逐渐坚定了要写下去的信心。但在整理的过程中也发现，整车 NVH 是如此庞大、复杂的工程，短时间根本无法写出自己满意的内容，也曾多次想过放弃，但还是坚持下来了，这一坚持就是八年。当编辑完最后一个图时，突然间就释怀了，原来自己编写整理的过程也是一个"自我修炼"的过程。说也巧合，在自己的生日当天完成了初稿的编写，望着窗外一架架起降的飞机，听着轰隆隆的声音，想着这也算是给自己坚持这几年的一个交代吧。

在编写本书的过程中，始终把服务于工程实践作为编写的宗旨。根据整车 NVH 开发内容和开发流程，本书分为两篇，第一篇为整车 NVH 基本性能分析与控制，共计九章，主要介绍 NVH 基本性能，也就是常见的 NVH 问题的评价参数，包括模态、静刚度、动刚度、吸声、隔声、阻尼等，是 NVH 性能开发的基础；第二篇为整车 NVH 综合性能分析与控制，共计五章，主要介绍复杂的、综合性的整车 NVH 问题，包括抖动、轰鸣声、风噪声、路噪声和异响等典型的 NVH 问题。这十四章的内容分别从原理、理论、评价、分析、试验、控制、设计等方面进行了详细的介绍和分析，尽可能让读者从各个角度去理解 NVH 性能开发的相关内容。

在编写本书的过程中，感谢吉利研究院李传海副院长、长城汽车技术中心赵伟丰部长、北汽股份研究院吴列部长/总师在工作中给予的启迪和帮助，使我对整车 NVH 有了更为深刻的认识和理解，感谢马芳武总工/教授、郭祥麟总工对我工作的谆谆教诲和指导，感谢过去任职公司的领导和同事，融洽的工作环境和友善的工作关系，让我全身心地投入到工作中，积累了丰富的工作经验。

我努力通过自己对整车 NVH 的理解来编写这本书，试图将自己工作中对整车 NVH 的心得体会介绍给读者，希望能给广大的读者提供一点思路和借鉴。

由于著者水平有限，书中难免有谬误疏漏之处，敬请批评、指正！

王志亮

2020 年 5 月，于首都北京

序
前言

第一篇 整车 NVH 基本性能分析与控制 1

第一章 整车 NVH 性能分析概述 3
一、"功能设计"到"性能设计"的转变 3
二、整车 NVH 性能设计的主要内容 3
三、整车 NVH 性能的控制手段 4

第二章 整车模态性能分析与控制 6
第一节 整车模态性能概述 6
第二节 模态的基本理论 7
  一、模态的概念 7
  二、模态分析的基本假设 8
  三、模态分析理论 8
第三节 整车模态仿真分析 10
  一、仿真分析的模态识别法 10
  二、车身系统关注的模态 12
  三、底盘及传动系统关注的模态 15
  四、动力系统关注的模态 16
第四节 整车模态试验分析 16
  一、模态试验目的及分类 16
  二、模态试验测试流程 17
第五节 试验和仿真相关性分析 20
  一、模态频率相关性分析 20
  二、模态振型相关性分析 20
第六节 整车模态的控制方法 21

一、模态频率控制法 …………………………………………………………… 22
　　　二、模态振型控制法 …………………………………………………………… 23
　第七节　模态分析在整车开发中的应用 ……………………………………………… 29
　　　一、开发初期阶段 ……………………………………………………………… 29
　　　二、工程设计阶段 ……………………………………………………………… 30
　　　三、设计验证阶段 ……………………………………………………………… 30

第三章　车身静刚度分析与控制 …………………………………………………… 32

　第一节　车身静刚度概述 ……………………………………………………………… 32
　第二节　车身静刚度仿真分析理论及方法 …………………………………………… 34
　　　一、整体刚度分析 ……………………………………………………………… 34
　　　二、局部刚度分析 ……………………………………………………………… 38
　　　三、车身安装点刚度分析 ……………………………………………………… 40
　第三节　车身静刚度仿真分析评价方法 ……………………………………………… 41
　　　一、曲线法 ……………………………………………………………………… 41
　　　二、应力法 ……………………………………………………………………… 41
　　　三、门洞变形量法 ……………………………………………………………… 42
　第四节　车身静刚度的试验分析 ……………………………………………………… 43
　第五节　车身静刚度的控制方法 ……………………………………………………… 44
　　　一、白车身框架结构控制 ……………………………………………………… 44
　　　二、白车身接头性能控制 ……………………………………………………… 52
　　　三、白车身梁柱的截面性能控制 ……………………………………………… 53
　　　四、结构胶的控制 ……………………………………………………………… 55
　　　五、车身灵敏度分析和优化 …………………………………………………… 56

第四章　车身动刚度分析与控制 …………………………………………………… 58

　第一节　动刚度的基本理论 …………………………………………………………… 58
　第二节　车身动刚度仿真分析 ………………………………………………………… 60
　　　一、车身安装点动刚度 ………………………………………………………… 60
　　　二、车身大板件动刚度 ………………………………………………………… 62
　　　三、特殊附件安装点动刚度 …………………………………………………… 63
　第三节　动刚度的评价方法 …………………………………………………………… 65
　　　一、线性平均法 ………………………………………………………………… 65
　　　二、面积平均法 ………………………………………………………………… 66
　　　三、指数平均法 ………………………………………………………………… 66
　第四节　车身动刚度的试验分析 ……………………………………………………… 68
　　　一、试验测试部位的选择 ……………………………………………………… 68
　　　二、仿真与测试相关性分析 …………………………………………………… 69
　第五节　车身动刚度的控制方法 ……………………………………………………… 69
　　　一、冷却系统安装点动刚度控制 ……………………………………………… 70

二、发动机悬置系统安装点动刚度控制 71
三、前后减振器安装点动刚度控制 74
四、排气系统安装点动刚度控制 75

第五章 车身阻尼分析与控制 76

第一节 阻尼概述 76
一、阻尼的基本理论 76
二、能量损耗因子定义 78

第二节 阻尼材料的基本理论 79
一、自由阻尼结构 79
二、约束阻尼结构 80

第三节 车身阻尼材料的开发应用 80
一、车身阻尼材料应用概述 80
二、黏弹性阻尼材料分类 81
三、黏弹性材料的特性 82
四、车身阻尼布置区域分析 83

第四节 车身阻尼布置仿真分析 84

第五节 车身阻尼试验验证分析 87

第六章 整车密封性分析与控制 89

第一节 整车密封性概述 89

第二节 密封胶的密封控制法 90
一、密封胶分类 90
二、密封胶的控制方法 90

第三节 密封孔堵的密封控制法 96

第四节 密封件的密封控制法 97

第五节 密封条的密封控制法 100
一、密封条结构类型 101
二、密封条密封性的控制方法 102

第六节 车身及附件结构的密封控制法 105
一、车门密封条区域结构控制 105
二、呢槽区域结构控制 106
三、天窗密封条区域结构控制 106

第七节 密封性试验分析 107
一、烟雾法 107
二、气密性测试法 109
三、超声波测漏法 111

第七章 整车吸声性分析与控制 113

第一节 吸声性概述 113

一、吸声性的概念 ……………………………………………………………………… 113
　　二、吸声性的评价参数 …………………………………………………………………… 113
第二节　多孔吸声材料 …………………………………………………………………………… 115
　　一、多孔吸声材料的特性 ………………………………………………………………… 115
　　二、多孔材料的影响因素 ………………………………………………………………… 115
第三节　共振吸声材料 …………………………………………………………………………… 118
　　一、穿孔板结构的吸声原理 ……………………………………………………………… 118
　　二、穿孔板共振吸声结构关键参数设计 ………………………………………………… 119
第四节　材料吸声性能的试验方法 ……………………………………………………………… 121
　　一、混响室吸声系数法 …………………………………………………………………… 122
　　二、驻波管吸声系数法 …………………………………………………………………… 123
第五节　整车吸声材料开发 ……………………………………………………………………… 125
　　一、吸声材料的分类 ……………………………………………………………………… 126
　　二、吸声材料的应用 ……………………………………………………………………… 127

第八章　整车隔声性分析与控制 ……………………………………………………………… 134

第一节　隔声性概述 ……………………………………………………………………………… 134
　　一、隔声性的概念 ………………………………………………………………………… 134
　　二、隔声性的评价参数 …………………………………………………………………… 134
第二节　隔声性能的两个重要理论 ……………………………………………………………… 136
　　一、质量定律 ……………………………………………………………………………… 136
　　二、吻合效应 ……………………………………………………………………………… 138
第三节　单层板隔声原理 ………………………………………………………………………… 139
　　一、刚度控制区 …………………………………………………………………………… 139
　　二、质量控制区 …………………………………………………………………………… 139
　　三、吻合频率控制区 ……………………………………………………………………… 139
第四节　双层板隔声原理 ………………………………………………………………………… 140
　　一、低频区隔声性能 ……………………………………………………………………… 140
　　二、中高频率隔声性能 …………………………………………………………………… 141
　　三、双层板的隔声曲线 …………………………………………………………………… 142
第五节　隔声性能的试验法 ……………………………………………………………………… 143
　　一、驻波管法 ……………………………………………………………………………… 143
　　二、实验室法 ……………………………………………………………………………… 144
第六节　隔声性能的仿真分析法 ………………………………………………………………… 146
　　一、平板件的隔声性能 …………………………………………………………………… 146
　　二、系统部件的隔声性能 ………………………………………………………………… 148
第七节　整车隔声材料开发 ……………………………………………………………………… 149
　　一、隔吸声组合结构 ……………………………………………………………………… 149
　　二、纯隔声结构 …………………………………………………………………………… 152

第九章　整车声学包分析与控制 ………………………………………… 154

第一节　声学包前期空间布置 ………………………………………… 154
第二节　声学包仿真分析理论 ………………………………………… 156
　一、统计能量法概述 …………………………………………………… 156
　二、统计能量法应用的范围和条件 …………………………………… 156
　三、统计能量分析的能量平衡方程 …………………………………… 157
第三节　声学包仿真分析参数 ………………………………………… 158
　一、模态密度 …………………………………………………………… 158
　二、内损耗因子 ………………………………………………………… 161
　三、耦合损耗因子 ……………………………………………………… 164
第四节　整车声学包仿真分析及评价 ………………………………… 165
　一、SEA 模型创建方法 ………………………………………………… 166
　二、材料数据的输入 …………………………………………………… 166
　三、载荷测试及输入 …………………………………………………… 170
　四、SEA 模型调校 ……………………………………………………… 172
　五、声学包分析及优化 ………………………………………………… 173
第五节　声学包试验分析及评价 ……………………………………… 174
　一、部件级测试及评价 ………………………………………………… 174
　二、整车级测试及评价 ………………………………………………… 176

第二篇　整车 NVH 综合性能分析与控制 ……………………………… 179

第十章　整车抖动分析及控制 ………………………………………… 181

第一节　整车抖动问题概述 …………………………………………… 181
第二节　整车抖动问题的传递特性 …………………………………… 182
　一、抖动问题的激励源 ………………………………………………… 182
　二、抖动问题的传递路径分析 ………………………………………… 184
　三、传递路径的关键部件特性分析 …………………………………… 185
第三节　发动机起动抖动 ……………………………………………… 189
　一、发动机起动概述 …………………………………………………… 189
　二、发动机起动抖动的客观评价 ……………………………………… 190
　三、发动机起动抖动的控制方法 ……………………………………… 191
第四节　怠速共振抖动 ………………………………………………… 193
　一、怠速共振抖动概述 ………………………………………………… 193
　二、激励源的控制方法 ………………………………………………… 193
　三、传递路径的控制方法 ……………………………………………… 194
　四、响应部位的控制方法 ……………………………………………… 196
第五节　怠速拍频抖动 ………………………………………………… 199

一、拍频的定义及原理 ……………………………………………………………… 199
　　二、拍振的影响因素 ………………………………………………………………… 200
　　三、怠速工况下的拍振控制方法 …………………………………………………… 203
第六节　怠速不规则抖动 ………………………………………………………………… 204
　　一、怠速不规则抖动的概念及机理 ………………………………………………… 204
　　二、怠速不规则抖动的影响因素 …………………………………………………… 205
　　三、怠速不规则抖动控制方法 ……………………………………………………… 207
第七节　起步抖动 ………………………………………………………………………… 207
　　一、起步抖动概述 …………………………………………………………………… 208
　　二、起步抖动产生的机理 …………………………………………………………… 208
　　三、起步抖动的客观评价 …………………………………………………………… 211
　　四、起步抖动的影响因素 …………………………………………………………… 211
　　五、起步抖动的控制方法 …………………………………………………………… 212
第八节　加速抖动 ………………………………………………………………………… 214
　　一、加速抖动概述 …………………………………………………………………… 214
　　二、加速横摆抖动分析与控制 ……………………………………………………… 215
　　三、加速耸车抖动分析与控制 ……………………………………………………… 218
第九节　巡航抖动 ………………………………………………………………………… 220
　　一、方向盘摆振概述 ………………………………………………………………… 220
　　二、方向盘摆振的产生机理 ………………………………………………………… 220
　　三、方向盘摆振主要影响因素分析 ………………………………………………… 221
　　四、方向盘摆振控制方法 …………………………………………………………… 223
第十节　制动抖动 ………………………………………………………………………… 224
　　一、制动抖动概述 …………………………………………………………………… 224
　　二、制动抖动的产生机理 …………………………………………………………… 224
　　三、制动抖动的影响因素 …………………………………………………………… 225
　　四、制动抖动的控制方法 …………………………………………………………… 226

第十一章　整车轰鸣声控制 …………………………………………………………… 230

第一节　轰鸣声问题概述 ………………………………………………………………… 230
　　一、轰鸣声概念 ……………………………………………………………………… 230
　　二、轰鸣声问题分类 ………………………………………………………………… 231
第二节　轰鸣声问题的传递特性 ………………………………………………………… 231
　　一、轰鸣声的传递特性 ……………………………………………………………… 231
　　二、车身结构系统 …………………………………………………………………… 232
　　三、开闭件系统 ……………………………………………………………………… 233
　　四、底盘及传动系统 ………………………………………………………………… 234
　　五、动力系统 ………………………………………………………………………… 235
第三节　轰鸣声的产生机理 ……………………………………………………………… 237
　　一、弯振轰鸣声 ……………………………………………………………………… 238

二、扭振轰鸣声 ………………………………………………………………………… 239
三、锁止轰鸣声 ………………………………………………………………………… 239
四、空气激励轰鸣声 …………………………………………………………………… 240
第四节 轰鸣声的仿真分析 …………………………………………………………………… 241
一、轰鸣声仿真分析理论 ……………………………………………………………… 241
二、结构传递轰鸣声仿真分析 ………………………………………………………… 242
三、空气传递轰鸣声仿真分析 ………………………………………………………… 243
第五节 轰鸣声问题的控制方法 ……………………………………………………………… 244
一、频率规划 …………………………………………………………………………… 245
二、激励源的控制 ……………………………………………………………………… 246
三、传递路径的控制 …………………………………………………………………… 248

第十二章 整车路噪声分析及控制 ……………………………………… 253

第一节 路噪问题概述 ………………………………………………………………………… 253
第二节 路噪声的传递特性 …………………………………………………………………… 254
一、概述 ………………………………………………………………………………… 254
二、车轮系统 …………………………………………………………………………… 255
三、悬架系统 …………………………………………………………………………… 258
四、车身结构 …………………………………………………………………………… 260
五、后背门 ……………………………………………………………………………… 261
六、声腔模态 …………………………………………………………………………… 261
第三节 路噪声产生机理分析 ………………………………………………………………… 262
一、鼓噪问题产生机理 ………………………………………………………………… 262
二、低频路噪产生机理 ………………………………………………………………… 263
三、中高频路噪产生机理 ……………………………………………………………… 263
第四节 路噪声控制方法 ……………………………………………………………………… 264
一、模态频率规划 ……………………………………………………………………… 264
二、车身结构控制 ……………………………………………………………………… 265
三、背门结构控制 ……………………………………………………………………… 267
四、底盘结构控制 ……………………………………………………………………… 268
第五节 轮胎噪声产生机理及控制方法 ……………………………………………………… 269
一、轮胎噪声产生机理 ………………………………………………………………… 269
二、轮胎噪声的影响因素和控制方法 ………………………………………………… 271
第六节 整车路噪的仿真分析 ………………………………………………………………… 273
一、白车身静刚度分析 ………………………………………………………………… 274
二、整车级路噪仿真分析 ……………………………………………………………… 275
第七节 路噪声的试验方法及评价路面 ……………………………………………………… 280
一、路噪声的评价路面 ………………………………………………………………… 280
二、路噪声的测试方法 ………………………………………………………………… 282

第十三章　整车风噪声分析及控制 　283

第一节　风噪声概述 　283
一、风噪声概念 　283
二、风噪声问题传递特性 　284

第二节　风噪声问题分类 　285
一、风噪声产生机理 　285
二、风噪声问题分类 　286

第三节　整车风噪声传递特性分析 　289

第四节　整车造型设计与风噪声控制 　290
一、车身前部区域 　290
二、前风窗区域 　293
三、侧围区域 　296
四、顶篷区域 　301
五、车身后部区域 　305
六、车身地板区域 　306

第五节　风噪声仿真分析基本理论 　307
一、气动声学基本理论 　307
二、汽车风噪声理论 　308

第六节　风噪声仿真分析 　309
一、风噪声仿真分析概述 　309
二、外流场风噪声分析 　309
三、车内风噪声仿真分析 　311
四、结构刚度仿真分析 　312

第七节　风噪声的主观评价 　312
一、主观评价 　312
二、典型风噪声问题的主观识别 　313

第八节　风噪声的试验分析 　314
一、道路测试法 　314
二、风洞测试法 　314
三、风噪声问题识别方法 　319

第十四章　整车异响性能分析及控制 　321

第一节　整车异响概述 　321
一、异响的概念 　321
二、异响产生的机理 　322
三、异响性能的开发流程 　322

第二节　整车异响性能总体设计准则 　323
一、开闭件类 　323
二、运动件类 　323

三、大板件类 ··· 324
四、线束和管道类 ·· 324
五、相邻零部件的连接 ·· 325
六、紧固件的布置位置 ·· 325
七、接触面材料类 ·· 326
八、温度、应力敏感类材料 ·· 326
第三节 车身系统异响性能设计准则 ·· 326
一、车身钣金设计原则 ·· 326
二、车身焊点设计原则 ·· 328
第四节 开闭件系统异响性能设计准则 ··· 329
一、钣金结构的设计 ··· 330
二、车门内护板的设计 ·· 331
三、门锁结构设计 ·· 333
四、玻璃升降器设计 ··· 334
五、密封条设计 ··· 335
六、缓冲块 ··· 336
七、线束 ·· 337
八、限位器 ··· 337
九、其他附件 ·· 337
第五节 内外饰系统异响性能设计准则 ··· 338
一、主副仪表板性能准则 ·· 338
二、座椅与安全带异响性能设计 ··· 343
三、天窗及顶篷内饰设计原则 ·· 345
四、行李舱内饰及附件设计准则 ··· 348
五、侧围内饰 ·· 349
六、外饰附件 ·· 351
第六节 动力和底盘系统异响设计准则 ··· 352
一、转向系统 ·· 353
二、行驶系统 ·· 354
三、制动系统 ·· 355
四、动力系统附件 ·· 356
第七节 异响的间接仿真分析法 ·· 357
一、模态分析 ·· 358
二、刚度分析 ·· 358
三、传递函数分析 ·· 359
第八节 异响的直接仿真分析法 ·· 360
一、直接仿真分析法概述 ·· 360
二、敲击异响仿真分析 ·· 361
三、摩擦异响仿真分析 ·· 363
第九节 异响的道路评价 ··· 364

一、异响路面选择 ··· 364
　　二、异响的道路主观评价 ·· 366
　　三、异响的道路路谱采集 ·· 367
第十节　异响的实验室评价 ··· 368
　　一、台架试验 ··· 368
　　二、四立柱台架试验 ··· 369
第十一节　高里程异响分析概述 ·· 370
　　一、高里程异响产生机理 ··· 370
　　二、高里程异响评价方法 ··· 372

参考文献 ·· 375

第一篇
整车 NVH 基本性能分析与控制

第一章 整车 NVH 性能分析概述

整车性能是指 NVH、安全、动力经济、操稳平顺、排放环保、热管理、可靠耐久、乘坐舒适性等与整车相关的特性。但是，作为整车性能中可以直接体会和感受的性能，NVH 在整车性能中就显得非常重要。因为 NVH 性能涉及人体的大多感官，包括触觉、听觉、视觉等，触觉可感受整车方向盘、变速杆、座椅以及整车的振动，而听觉可以直接感受车内噪声，视觉可以感受内外后视镜振动。由于人体的感官可以直接感受这些振动和噪声特性，也就直接影响到了人们对车辆的好坏判断。因此，从某种程度上说，NVH 性能是整车性能最为关键的性能。

一、"功能设计"到"性能设计"的转变

功能设计是指在整车设计过程中，为满足整车某种驾驶需求而进行的单一性的设计。对于过去的整车设计，主要以功能设计为主导，比如：转向系统设计的主要功能是通过驾驶员的操作实现驾驶方向保持或改变作用；冷却风扇设计的主要功能是降低发动机的热量，使得发动机处于最佳的工作状态……这些系统部件仅仅是为实现具体的、明确的功能而设计的。但是，对于当代的整车设计，不仅要关注满足功能，更要关注性能。例如，对于转向系统，不仅要考虑整车转向的要求，而且更要关注转向系统中的方向盘振动情况，同时也要关注转向助力泵的噪声情况，这就是部件系统的性能设计。

整车性能设计是指系统、部件为满足某种性能而进行的设计。现在整车的零部件设计，首先要满足功能设计，同时也必须满足性能设计。因为功能设计是基础、是前提，而性能设计是目的、是约束。因此，NVH 性能设计也是整车性能设计中的重要内容之一。

二、整车 NVH 性能设计的主要内容

整车 NVH 性能包括两个方面：基本性能和综合性能。基本性能是指能够直接地反映系统、零部件 NVH 特性的物理指标、参数等。基本性能主要包括模态、静刚度、动刚度、吸隔声等。

综合性能是指可由某一单一物理量、指标来反映，由多种因素影响的整车特性。该特性可被用于主观评价，并与客观的物理参数指标建立起某种定量关系，如风噪声、路噪声、轰鸣声、抖动等。

在整车开发的过程中，基本性能与综合性能既有区别，也有联系。基本性能与综合性能的差异性主要包括以下几个方面。

1）包含的内容不同：从上述的说明可知，基本性能主要包括模态、静刚度、动刚度等单一类的物理指标，

而综合性能反映的是风噪声、路噪声、轰鸣声等综合类的问题。

2）开发的工具不同：对于基本性能，更偏重于前期的仿真分析手段，通过仿真软件工具进行分析、优化，开发后期的试验测试仅仅是作为验证工具。比如白车身模态，主要通过仿真分析进行分析、优化，在试制样车完成后，可通过试验测试的方法进行验证，但是如果白车身不达标，试验方法是无法完成优化的。而综合性能不仅利用仿真分析工具进行预测，也可通过后期试验调校进行验证、优化。比如整车路噪，在开发设计阶段，可以通过虚拟仿真分析技术进行分析、优化，但是由于路噪影响的因素太多，仿真分析几乎不可能涉及所有因素。因此，路噪声分析、评判工作往往在开发的后期。

3）评价的手段不同：对于基本性能，通常采用的是通过具体的物理参数来评价优劣，比如，白车身动刚度，就是通过仿真分析或者试验测试参数来反映NVH性能的优劣。而综合性能不仅通过物理参数来评价，更重要的是可通过主观评价反映性能好坏，也就是说综合性能是可以被感知的。比如风噪声，可以通过测试参数如声压、清晰度、响度来反映风噪声的优劣情况，也可以通过主观评价方式评价风噪声的优劣。

4）反映的级别不同：基本性能多数反映的是零部件、子系统的特性，比如模态性能，反映的是系统的，或者是整车局部的特性；而综合性能更多反映的是整车级别的性能，比如，整车轰鸣声反映的是整车结构集成的性能情况。

5）开发的阶段不同：基本性能多是在开发的前期进行控制的，而综合性能的控制则是贯穿整个开发周期的。比如白车身模态性能，通过仿真分析优化，试制样车进行验证后，对白车身模态性能的管控就完成了；而风噪声，则是从开发初期的模型检查、仿真分析，到后期的试验调校等。

三、整车NVH性能的控制手段

整车NVH性能是整车性能开发的重要内容之一，为保证项目开发过程中的整车性能，必须对整车性能有一个严格的管理和控制手段。整车NVH性能是一个系统工程，并不是某一个开发阶段的工作，根据整车开发的特点，每个阶段的管控方法、手段也是不同的。根据整车每个阶段的开发特点，主要管控手段包括：

1. 经验性的数模检查

数模检查是在开发前期基于三维数模对NVH性能进行的经验性评估，是整车NVH性能开发的重要手段。在工程设计阶段的前期，三维CAD数模不能满足仿真分析要求时，在这个阶段NVH性能的管控手段主要是根据经验，从数模检查的角度进行分析的。数模检查包括两类：量化的指标和定性的指标。量化的指标包括NVH性能控制件的相关容积、厚度、面积、长度、高度、覆盖率等。比如，在工程设计阶段，根据发动机的情况，需要对进排气系统的容积进行明确定义。另外，对于声学包相关的内饰件，需要对材料厚度、覆盖面积等进行定义。定性的指标主要是一些设计方向、原则等，如对于整车风噪声性能，应避免车身有明显的突出物，迎风面积要尽可能小等。

2. 虚拟仿真分析

在工程设计阶段，试制样车没有完成，对NVH性能的控制主要通过仿真分析的手段进行，而数据通常有三个阶段，仿真分析也要因此进行三轮次的分析。每个阶段的仿真分析工作，除了完成各项性能仿真分析外，更为重要的是对各项不达标的性能进行优化。例如，在进行内饰车身相关分析时，重要的分析项目就是NTF（声-振传函）分析，如果后悬架安装点到车内驾驶员耳旁声压不达标，引起路噪的可能性就非常高，因此在进行悬架安装点到车内NTF计算时出现某个频段不达标时，就需要进一步进行仿真验证分析，包括进行安装点动刚度分析、板件贡献量分析等，如果发现某个板件不满足要求，就需要提出修改建议。通过上述的分析优化，最终满足NTF设定的目标值。

3. 试验测试分析

在试验验证阶段，已经有试制样车，对NVH性能的控制工作主要是通过试验的手段进行分析和优化。试制样车也分多个阶段，每个阶段的主要工作都是通过不同的试验测试设备获取数据进行分析评价，如声压级、振动加速度等。当测试结果不满足目标值时，就需要通过试验手段分析不达标原因，找出问题的部位和零部件，并提出修改方案，最终满足开发初期设定的目标值。

4. 主观评价分析

主观评价也是NVH性能控制的重要手段，整车的很多NVH问题，无法通过客观数据反映，也就是说，没有客观数据能够真实反映这个问题。这时就需要利用主观评价的手段去发现、分析这个问题，并将这个问题分解到问题部位、零部件，这时要借助试验设备测试问题部位，将问题部位以物理参数、指标的形式进行评价，根据评价的物理参数进行优化，提出修改方案，最终实现主观评价的达标分数。

整车的NVH性能非常重要，随着人们对车辆品质的要求日益提高，厂家对整车NVH性能的关注度也越来越高，不论是消费者市场的反馈，还是专业的评价工程师评价，整车NVH性能都是最受关注的性能之一。下面几章将对整车NVH性能从理论、开发经验、管控策略等方面进行详细的阐述。

第二章 整车模态性能分析与控制

模态性能是整车NVH性能开发的重要内容，也是解决整车NVH问题的重要工具和手段。从整车开发的角度看，模态性能开发贯穿整车NVH性能开发的全过程，从概念阶段的对标车测试、目标值制定、整车频率规划，到工程设计阶段的仿真分析，再到设计验证阶段的摸底测试、问题识别及整改，模态性能开发都是整车开发极其重要的一项内容。

第一节 整车模态性能概述

模态性能是整车NVH性能开发的基础，对于整车NVH问题，从分析问题和解决问题的角度，几乎都可以归结到系统、子系统的模态频率的问题。依据NVH问题的"源-路径-响应"分析原理，无论从"源""路径"还是"响应部位"，都可归结到模态频率的分析上。

例如，在加速工况下传动轴引起的车内轰鸣声问题，从分析问题的角度看，首先通过试验测试获得问题频率，接着需通过传递路径测试或者经验判断确定问题部位，这其中也要利用频率工具。从解决问题的角度，确定修改部位也要利用频率的手段，若需从传递路径上解决，增加动力吸振器是一种最有效的方案，吸振器也必须根据问题频率进行设计；若要从响应部位进行解决，必须分析出与声腔耦合的板件模态，通过结构优化避开问题频率。

对于整车NVH问题，不仅车身结构的问题可借助模态频率作为解决问题的工具和手段，整车的声学包性能、异响性能、风噪声性能、路噪声性能等几乎所有的NVH领域，都可以应用模态频率的工具作为解决问题的手段。因此，模态性能不仅是整车NVH性能开发的基础性能之一，也是整车NVH问题解决的重要手段和工具。

根据整车开发过程中模态开发的特点，车身结构模态有多种不同的分类方法，一方面可以从模态频率进行分类，另一方面可以按模态振型进行分类。

1. 按照频率分类

（1）问题频率大小不同　根据整车NVH问题频率的大小不同，可分为低频、中频和高频问题。模态频率大小不同，仿真分析的方法、解决问题的措施和手段也不同。在前期仿真分析阶段，对于中低频（<200Hz）的NVH问题，通常采用有限元或边界元法进行仿真分析；对于高频（>400Hz）NVH问题，通常采用统计能量法进行仿真分析。在解决实车问题时，对于低频问题，主要通过修改车身钣金结构或采用动力吸振器的方法来解决；对于中高频问题，主要通过吸隔声材料来解决。

（2）问题频带的宽窄　根据问题频率的频带宽窄可分为单频问题和宽频问题。单频问题是指问题的频带范围非常窄，常见的NVH问题包括加速轰鸣声类问题、方向盘抖动问题、啸叫类问题、风噪相关的口哨类问题等。宽频问题是指问题的频带比较宽，例如进气噪声、排气噪声等。

（3）是否参与整车频率规划　根据是否参与整车模态频率规划，可划分为频率规划模态和性能控制模态两种。频率规划模态一般是低频模态，通常小于100Hz，如车身一阶弯曲/扭转模态、一阶声腔模态、车身大板件模态等。性能控制模态通常是中高频模态，频率范围在120～200Hz，如半轴一阶弯曲模态、副车架一阶弯曲模态（与车身刚接）、悬架减振器的刚度模态和柔性模态等。

模态频率规划的目的是将可能存在耦合的频率分配到限定的频率范围内，降低耦合共振的风险。由于低频多为整体模态，一旦在开发后期出现频率耦合的情况，修改难度是非常大的，因此在前期就要进行频率规划。而性能控制模态频率相对较高，频率选择的范围比较大，只要大于某一特定的模态频率即可。例如，半轴的一阶弯曲模态，只要满足大于发动机常用转速的二阶频率（四缸发动机）即可，不需要与其他特定的部件避频。

2. 按照模态振型进行分类

（1）整体与局部分类　根据模态涉及部件的多少，可分为整体模态和局部模态。整体模态的振型覆盖的部件和面积比较多，如车身一阶弯曲和一阶扭转模态等；局部模态是指某个系统或板件的局部位置参与的模态，模态振型覆盖的面积比较小，模态频率相对较高，如顶板的牛眼模态、车门的外板模态等。

（2）刚体模态和弹性模态　根据分析系统本身是否存在相对运动，可分为刚体模态和弹性体模态。系统的刚体模态是指系统本身各位置不存在相对运动，例如，动力总成的六个刚体模态、簧下模态和簧上模态等。系统的弹性体模态是指系统本身各位置之间存在相对运动，如车身一阶弯曲、一阶扭转等。

（3）振型的阶次数　常见模态振型的名称包括弯曲、扭转等，但是整车及各系统的模态振型会出现多次的情况，为了区分振型的不同点，通常称为一阶弯曲模态、二阶弯曲模态等。但是，描述振型的阶次数也不能太多，否则振型将无法识别。

以上主要从整车性能开发角度对模态进行了分类，正确了解上述的模态分类方法，对解决整车性能开发中的模态性能相关问题有重要的意义和指导作用。

第二节　模态的基本理论

一、模态的概念

模态是结构系统的固有特性，也是结构最基本的特性之一。线性定常系统的自由振动被解耦合为N个正交的单自由度振动系统，对应系统的N个模态。每一个模态具有特定的固有频率、阻尼比和模态振型。所谓线性是指描述系统振动的微分方程为线性方程，其相应对振动具有叠加性；而所谓定常是指振动系统的动态特性（质量、阻尼、刚度等）不随时间变化而变化。

模态分析是研究结构动力特性的一种近代方法，是系统辨别方法在工程振动领域中的应用。模态分析是指将线性定常系统振动微分方程组中的物理坐标变换为模态坐标，并使方程组解耦成为一组以模态坐标及模态参数描述的独立方程，以便求出系统的模态参数。坐标变换的变换矩阵为模态矩阵，其每列为模态振型。因此，模态变换是将方程从物理空间变换到模态空间的过程，是将一组复杂的、耦合的物理方程变换为一组单自由度、解耦的方程的过程。

模态分析可分为计算模态分析和试验模态分析两种。若模态参数是通过有限元法等计算手段获得的，则称为计算模态分析；若是通过试验将采集的系统输入与输出信号经过参数识别来获得模态参数的，则称为试验模态分析，试验模态分析是综合应用线性振动理论、动态测试技术、数字信号处理和参数识别等方法，进行系统识别的过程。

随着计算机技术、测试技术的快速发展，模态分析的应用领域越来越广阔，尤其是在汽车开发中得到了广泛的应用和发展。目前，模态分析在汽车开发的应用可分为以下四类。

1. 评估整车及各系统的频率分布合理性

根据模态分析结果，即模态频率、模态振型和模态阻尼等模态参数，可直接判断整车及各系统的频率是否避开了关键的激励源频率，是否满足整车频率规划的要求。同时也可以判断整车一些重要部件安装点是否布置在关键模态的反节点位置等。通过模态分析及优化手段，使整车及各系统的频率分布趋于合理，减少系统与系统、系统与激励源频率耦合的情况发生。

2. 评价整车结构的动态特性

利用模态分析结果可以对整车、内饰车身计算局部结构动刚度特性，也可以分析激励源到关键位置处的传递函数及传递贡献量等。可以在整车上实现载荷识别、灵敏度分析、物理参数修改、物理参数识别、再分析、结构优化设计。通过模态分析结果，可以分析整车关键结构的动态特性，优化车身和底盘结构，降低关键部位对激励源的敏感性。

3. 评价结构声辐射特性

利用模态分析结果，可以计算整车板件声辐射特性，也可以计算关键安装点部位到车内驾驶员耳旁声敏感特性。通过模态分析结果，找出针对某阶频率贡献量大的板件并进行优化，降低车身主要板件对关键激励源的敏感性，有效改善车内声压水平。

4. 评价振动疲劳损伤问题

根据模态分析结果，利用其中的应变能参数，查找能量集中分布的局部区域，协助判断车身结构变形、断裂等问题。通过模态分析及优化的手段，可以改善车身结构的能量分布，减少因振动疲劳引起的断裂等问题。

二、模态分析的基本假设

模态分析是建立在一定假设基础上的，主要的假设包括线性假设、时不变假设、可观测性假设和互易性假设。

1）线性假设：线性假设是指被分析的结构系统是线性的，其物理意义是任何一组输入组合引起的输出等于各自单独输出的线性叠加。线性假设是模态分析的基础，为我们在实验室研究系统参数提供了依据，因为可不必施加与实际工作环境相同的激励力。

2）时不变假设：时不变假设是指结构的动态特性不随时间变化，系统是定常的，即系统特征参数为常量，也就是微分方程的系数是与时间无关的常数。

3）可观测性假设：可观测性假设是指系统输入、输出的相关测量结果应包含足够的信息来描述系统的模型。换而言之，就是系统动态特性所需要的全部量值都是可以测量的。

4）互易性假设：互易性假设是指在 I 点输入所引起的 O 点响应，与 O 点输入所引起的 I 点响应相等。

三、模态分析理论

黏性阻尼的多自由度系统振动微分方程为

$$M\ddot{x} + C\dot{x} + Kx = f \tag{2-1}$$

式中，M 是质量矩阵；C 是黏性阻尼矩阵；K 是刚度矩阵；f 是激振力列阵；x、$\dot{x}$、$\ddot{x}$ 是位移列阵、速度列阵、加速度列阵。

设定 $x = \phi q$，则式（2-1）可变为如下形式：

$$\ddot{q} + \begin{pmatrix} \ddots & & 0 \\ & 2\xi\omega_n & \\ 0 & & \ddots \end{pmatrix} \dot{q} + \begin{pmatrix} \ddots & & 0 \\ & \omega_n^2 & \\ 0 & & \ddots \end{pmatrix} q = \boldsymbol{\phi}^T f \tag{2-2}$$

式中，$\boldsymbol{\phi}$ 是模态矩阵；q 是模态坐标。

这样式（2-2）变为模态的解耦方程，可有第 r 阶模态方程为

$$(K_r - \omega^2 M_r + j\omega C_r)q_r = F_r \tag{2-3}$$

式中，M_r 是第 r 阶模态质量；K_r 是第 r 阶模态刚度；C_r 是第 r 阶模态阻尼；$F_r = \boldsymbol{\phi}_r^T f$，为 r 阶模态的模态力。

对于式（2-3），可以变换为

$$q_r = \frac{F_r}{K_r - \omega^2 M_r + j\omega C_r} \tag{2-4}$$

那么，结构上任一点 l 的响应为

$$x_l(\omega) = \sum_{r=1}^{N} \varphi_{lr} q_r \tag{2-5}$$

如果在结构上的 p 点存在激励力 $f_p(\omega)$，则 r 阶模态在 p 点的模态力为

$$F_r = \varphi_{pr} f_p(\omega) \tag{2-6}$$

将式（2-6）代入到式（2-4）中，则可以得到：

$$q_r = \frac{\varphi_{pr} f_p(\omega)}{(K_r - \omega^2 M_r + j\omega C_r)} \tag{2-7}$$

将式（2-7）代入到式（2-5）中，则有

$$x_l(\omega) = \sum_{r=1}^{N} \frac{\varphi_{lr} \varphi_{pr} f_p(\omega)}{(K_r - \omega^2 M_r + j\omega C_r)} \tag{2-8}$$

这样，就可得到结构上 l 点到激励力点 p 的频响函数：

$$H_{lp} = \frac{x_l(\omega)}{f_p(\omega)} = \sum_{r=1}^{N} \frac{\varphi_{lr} \varphi_{pr}}{K_r - \omega^2 M_r + j\omega C_r} \tag{2-9}$$

对式（2-9）进行变换可有

$$H_{lp} = \sum_{r=1}^{N} \frac{1}{M_{er}[(\omega_r^2 - \omega^2) + 2j\xi_r \omega_r \omega]} \tag{2-10}$$

式中，M_{er} 是等效质量，$M_{er} = \frac{M_r}{\varphi_{lr}\varphi_{pr}}$；$\xi_r$ 是第 r 阶模态阻尼，$\xi_r = \frac{C_r}{2M_r \omega_r}$。

同样可以变换为

$$H_{lp} = \sum_{r=1}^{N} \frac{1}{K_{er}[(1-\bar{\omega}_r^2) + 2j\xi_r \bar{\omega}_r]} \tag{2-11}$$

式中，K_{er} 是等效刚度，$K_{er} = \frac{K_r}{\varphi_{lr}\varphi_{pr}}$；$\bar{\omega}_r = \frac{\omega}{\omega_r}$。

式（2-9）～式（2-11）是模态分析的理论基础，通过上述公式可以研究激励、系统和响应三者之间的关系。同时，我们知道模态分析的最终目的是识别出系统的模态参数（模态频率、模态振型和模态阻尼），通过频响函

数得到系统的非参数模型，然后应用参数识别的方法得到系统的模态参数并进一步确定系统的物理参数。

第三节 整车模态仿真分析

整车模态性能的开发手段主要有两种：仿真（数值模拟）分析和试验测试验证。有限元分析是仿真分析中最重要的分析方法，也是目前工程技术领域实用性最强、应用最为广泛的数值模拟方法，它是解决工程实际问题的一种强有力的工具。尤其在工程设计阶段，还没有样车进行试验验证，只能基于CAD数模进行计算与优化。模态计算又是相对比较简单、精度又非常高的分析，因此，在工程设计阶段，模态仿真分析计算是整车项目开发最重要的内容。

目前在整车开发的前期，可利用模态仿真分析进行大量开发工作，主要包括三个方面：第一，利用对标车仿真分析结果完成对开发的车型进行目标制定；第二，利用对标车的仿真分析结果，协同完成开发车的整车频率规划；第三，利用模态仿真分析，可以提前对开发车的模态性能进行评价、判断、分析和优化。因此，仿真分析法是整车模态性能开发必不可少的手段。

由于模态仿真分析是整车开发中最基础，也是最重要的分析内容之一，下面主要从模态识别、整车关注的模态、模态的意义和作用进行介绍。

一、仿真分析的模态识别法

在低频范围内整车存在很多阶模态，但是在整车开发中更关注一些典型模态，如一阶弯曲模态、一阶扭转模态、前端横摆模态、呼吸模态等。其中，一阶弯曲模态和一阶扭转模态是车身最基本的模态，通常也把这两个模态频率作为评价车身性能的指标。但是，低频模态有时在振型上表现为高度的相似性，无法直观地分辨出模态的类型，这就需要采用特定的方法和手段对模态进行识别、分析和评判。

由于受到局部模态振型的影响，一些系统部件的整体模态的识别有时存在一定难度，尤其是内饰车身和整车的整体模态，识别起来是非常困难的。对于模态振型的识别，通常有三种方法。

1）经验法。
2）四点计算分析法（适合白车身、内饰车身）。
3）二十四点计算分析法（适合内饰车身和整车）。

上述三种方法可分为两类：经验法和计算分析法，这两类方法各有优缺点。经验法的优势在于能够快速判断，耗费的资源较少，缺点在于准确性取决于工程师的经验情况；而计算分析法的优势在于结果的准确性很高，但是耗费时间和资源非常多。由于白车身的局部模态相对于内饰车身和整车影响较小，因此，白车身多采用经验法来判断。

1. 经验法

白车身的一阶弯曲模态和一阶扭转模态都有非常明显的特征，工程师可根据两者的特征进行分析、判断和识别。对于白车身一阶弯曲模态，其振型具有如下的典型特征。

1）白车身前部、中部、后部的变形都是沿垂向的。
2）车身前部和车身后部在垂向振动相位是相同的。
3）车身底板与车身顶板振动的相位是相同的。
4）车身中部与车身前部、车身后部振动的相位是相反的。
5）车身的B柱进行侧向弯曲运动。
6）车身中部区域有且只有一个位移低点（相对于二阶弯曲甚至高阶弯曲）。

对于白车身的一阶扭转模态，其振型具有如下的典型特征。

1）车身前部左右两侧振动方向是相反的。
2）车身后部左右两侧振动方向是相反的。

3）车身前部与后部对角线对应的振动方向是相同的。

4）振动的最大转角出现在车身前后端，振动的最小位置出现在中部区域。

2. 计算分析法

对于计算分析法，有四点法和二十四点法两种。四点法主要用于结构简单的系统部件，典型部件是白车身。而二十四点法主要用于复杂的、模态密度大的结构，如内饰车身和整车车身等。两种计算方法差异性较小，只是在结果处理上有一定区别。

车身采用四点计算分析法进行模态识别，是个相对比较复杂的过程，主要是通过在前后部位四个点施加预定方向的力，进行频响仿真分析，通过仿真结果的峰值频率、峰值幅值、峰值相位进行判断。如果出现响应曲线峰值附近的模态振型比较相似，无法直接做出判断，必须借助模态贡献量分析来进一步识别和判断。

下面以四点法为例，说明计算分析法识别车身模态的过程。在有限元模型能够满足要求的前提下，四点计算分析法具体的分析步骤如下。

第一，首先明确施加载荷的部位及载荷的方向，通常是在前、后保险杠左、右侧分别取四个点，并施加单位载荷，载荷的方向根据判断的一阶弯曲模态和一阶扭转模态不同而不同，具体见表2-1，表中的施加位置见图2-1。在表2-1中，正负号表示载荷的施加方向，正向表示与Z轴同向，负号表示与Z轴反向。

表2-1　四点法载荷施加位置及方向

工况	载荷施加位置及方向			
	1	2	3	4
扭转模态	+1	−1	+1	−1
弯曲模态	+1	+1	+1	+1

第二，当完成上述设置后进行频响计算，计算加载点到输出点的加速度响应并输出实部响应曲线，通过对响应曲线峰值的评估找出对应的关注模态，由于目前白车身的一阶弯曲模态和一阶扭转模态都小于60Hz，这样可以在0～60Hz频率范围内进行识别。一阶弯曲模态和一阶扭转模态判断的依据是不同的。对于一阶弯曲模态，四个点的相位都是相同的；而对于一阶扭转模态，前部和后部两个点的相位相反，对角线两个点相位相同。结合频率的范围很容易将一阶弯曲和一阶扭转识别出来。

图2-1　四点法载荷施加位置

第三，通过频率分析并结合模态分析可以识别出一阶弯曲模态和一阶扭转模态，但是，由于模态分析时局部模态影响较大，而频响曲线峰值附近的模态振型又比较相似，这样导致模态识别比较困难，在这种情况下可以借助模态贡献量分析来进一步识别。例如，在对某白车身进行一阶扭转模态识别时，通过频谱分析结果看出在45Hz有明显峰值，但是在模态分析时有两个相近的模态：44.4Hz和45.5Hz，通过目前的方法很难判断那一阶是扭转模态，这样可通过计算45Hz模态贡献量来确定，贡献量大的模态被认定为白车身的扭转模态。

另外，对于二十四点计算分析法识别模态，其载荷施加的位置、方向、方式与四点法相同，只是计算结果处理方式不同。二十四点计算分析法也是计算加载点在输出点的加速度响应。模态识别需要三条曲线，即响应对称性曲线、响应非对称性曲线及对称性差值曲线。

所谓响应对称性曲线，是指左侧节点的响应平均值曲线与右侧节点的响应平均值曲线合成的总平均值曲线；而响应非对称性曲线，是左侧节点的响应平均值曲线与右侧节点的响应平均值负数曲线合成的总平均值曲线；对称性差值曲线是由每赫兹对称性曲线与非对称性曲线的差值形成的曲线。

模态识别是通过对称性差值曲线找出最大峰值处对应的频率，就是分析所识别的整车车身一阶弯曲和一阶扭转的频率值。

基于仿真分析快速判断、优化的优点，目前的仿真分析几乎可以完成整车、部件所有模态的分析，如白车身、内饰车身、整车，以及各种关注的车身附件、底盘、动力相关部件的模态等。

二、车身系统关注的模态

整车的模态数量非常多,但是更多关注的是对整车NVH性能影响较大的模态,主要从两个方面考虑:一方面从模态频率的角度进行考虑,主要是从频率的范围角度进行考虑,比如车身各部件要避开二阶点火频率,发动机舱前端模块频率要避开冷却风扇旋转对应的基频等;另一方面,从模态振型的角度进行考虑,转向系统的垂向模态频率必须与车身前地板的弯曲模态频率避开,否则会放大方向盘的振动幅值等。

车身是整车其他系统、部件的载体和基础,从NVH问题分析的源—路径—响应的基本原理来看,车身可以看成其他激励源的传递路径;从避免共振的角度看,车身的一些关键频率必须尽可能避开所有的激励源。因此,车身的模态性能对整车NVH性能显得非常重要。

对于车身模态,首先关注的是整体级别的模态,如一阶弯曲模态、一阶扭转模态、呼吸模态等,同时也必须关注局部的大板件模态,如顶板、地板、侧围板等,另外对一些杆、梁相关模态必须加以关注,如发动机舱纵梁、散热器横梁等。因此,在开发的前期阶段,必须对上述模态进行目标值制定。对这些模态进行目标制定的原则,一方面应依据整车的模态频率规划,另一方面应依据对标车的测试和分析结果,主要目的是避免整车与激励源或其他部件出现模态共振或耦合。

对于三种车身(白车身、内饰车身和整车)的目标制定,主要是采用整车、内饰车身、白车身的顺序进行制定。首先根据对标车、发动机怠速转速等因素制定整车目标,然后根据整车与内饰车身的模态频率关系,以及内饰车身与白车身的模态频率关系,分别制定相应的目标值。

例如,对于白车身的一阶弯曲模态,首先根据发动机怠速转速计算出二阶点火频率,这个频率增加3Hz可以作为整车一阶弯曲频率的下限频率,也就是整车模态必须大于这个频率值(有些车的整车模态频率按低于怠速转速的二阶点火频率),然后根据整车与内饰车身模态(内饰车身一阶弯曲模态比整车一阶弯曲模态大1~3Hz)、内饰车身与白车身模态关系(白车身一阶弯曲模态是内饰车身一阶弯曲模态的1.6~2倍),最终确定白车身的模态。

1. 白车身模态

相对于内饰车身和整车的模态分析,白车身模态仿真分析从计算规模和计算时间来说都是最小的,也是最容易对问题部位进行判断、分析和优化的。在开发前期,利用频率规划和对标测试的手段制定的白车身目标值,在这个阶段就是利用仿真分析手段验证白车身模态是否满足要求。对于车身仿真分析,可以直接得到的结果是模态频率和模态振型。因此,对白车身评价的参数也主要集中在模态振型及相关的模态频率两个方面。对于白车身,主要关注的模态见表2-2。

表2-2 白车身主要关注的模态

关注的模态			振型说明
整体级		一阶弯曲	在垂直方向上运动,前后部运动方向相同
		一阶扭转	车身前后部的左右侧运动方向相反,对角线运动方向相同
		前端横摆	发动机舱纵梁沿水平方向运动,且两纵梁运动方向一致
		后部扭转	专指SUV车型中,背门门洞产生错动的振动形式
		呼吸模态	车身前部、后部运动方向相同,车身中部的地板与顶板运动方向相反
局部	大板件类	前围板	垂向各自板件的运动
		前风窗模态	
		顶板	
		前地板	
		后地板	
		侧围板	
		备胎槽	

对于表 2-2 列出的白车身关注的模态，识别和判断的原则如下。

1）一阶扭转模态反映的是白车身扭转变形下各部位位移大小的情况，如果该模态频率过低，则会导致抵抗扭转变形能力变弱，增加整车发生共振的风险。

2）一阶弯曲模态反映了车身弯曲变形下各部位位移大小的情况。如果该模态频率过低，则会增加整车怠速振动的风险，尤其是与发动机二阶、四阶激振频率耦合，将产生怠速共振问题。

3）前舱横摆是以左右两侧纵梁为主的左右摆动，该模态反映了机舱纵梁、散热器框架结构刚度及其与前围、侧围连接刚度的强弱情况。如果该模态频率过低，将会引起整车前部共振问题。

4）后部扭转模态适合 SUV 或两厢车型，振型表现为背门门洞的相互错动，反映了车身后部抵抗扭转的能力，从车身结构考虑，主要反映了 D 柱及形成的 D 环结构刚度大小的情况。后部扭转刚度偏低，将会导致以 D 柱为主的扭转振动。

5）呼吸模态是以 C 柱弯曲为主，且顶板和地板振动相位相反的振动，该模态反映了车身抵抗呼吸振动变形的能力。尤其对于 SUV 车型，声腔模态偏低。如果该呼吸模态频率规划不合理，极可能与空腔模态产生耦合，增加了产生轰鸣声的风险。

图 2-2 所示为某款车的白车身模态仿真分析结果，包含了关注的模态。

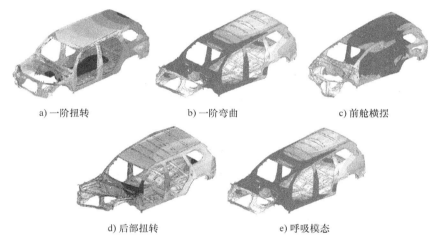

图 2-2 白车身模态仿真分析结果

对于介绍的白车身关注的模态，根据开发前期制定的目标值，要求在指定振型情况下对应的频率必须满足设定的要求。如果不满足目标设定的要求，必须对白车身结构进行优化分析。在优化的过程中，必须以模态频率规划表为基础进行优化，也就是对模态频率规划表进行动态管理。对白车身优化的主要策略和手段参见下节相关内容。

白车身模态是在整车开发过程中必须重点控制的系统模态，同时也是开发过程中频率规划的重要内容。在开发的前期即频率规划和对标分析时就必须制定目标，在工程设计阶段需要利用仿真分析手段，对制定目标值进行验证、分析和优化，在设计验证阶段，需要对整车进行摸底验证，并从模态的角度分析问题的原因。因此，仿真分析是工程设计阶段模态分析的主要手段，也是整车开发最为关键的阶段。

2. TB 车身模态

TB 车身是处于白车身与整车之间的一种车身结构状态。相对于白车身，TB 车身增加了开闭件、内饰、动力总成及附件等结构，或者说 TB 车身是底盘衬套连接以上的整车结构，其不包含底盘结构。TB 车身模态主要是用来评估底盘衬套以上的车身结构模态大小及分布情况。

由于 TB 车身包含内饰、开闭件、动力总成及附件等结构，其有限元模型相对于白车身模型要复杂得多，所以，模型需经过一系列的简化。由于 TB 车身的有限元模型精度非常关键，且是 IPI、NTF、VTF 等参数分析的基础，所以必须通过 TB 模态分析校正模型，才能保证 NVH 仿真分析的精度。另外，TB 车身关注的模态与其对应的整车模态频率相差不大,一定程度上可以反映整车的模态大小,因此,TB 模态分析是整车 NVH 性能开发最重要的分析项目之一。

TB 车身关注的模态与白车身关注的模态(表 2-2)大体相同,只是 TB 车身相对白车身增加了较多的结构件,模态密度变大,模态识别难度增大。因此,有的公司对 TB 模态仅识别一阶弯曲和一阶扭转模态,而车身大板件的模态则用板件的动刚度曲线来评估。图 2-3 所示为 TB 车身模态。

a) 一阶扭转模态　　　　　b) 一阶弯曲模态

图 2-3　TB 车身模态

3. 整车模态

整车模态分析是将整车所有部件进行有限元网格或简化处理后进行的仿真分析。整车模态主要是用来分析整车结构状态下模态的分布及大小情况。由于整车模态涉及的系统、部件比较多,所需要参数(衬套刚度、质心、惯性量等)也比较多,所以,整车模态分析在整车开发中就相对靠后。

相对 TB 车身,整车模型包含的部件更多,计算量更大,模态识别难度更大。但是,整车模态是最符合整车实际状态的结果,因此,整车模态分析也是整车 NVH 仿真分析的重要内容之一。另外,整车有限元模型是路噪、发动机结构噪声等 NVH 问题的分析基础。因此,整车模态仿真分析不仅可以了解整车的模态分布,也可以校正有限元模型,为其他仿真分析奠定基础。

除了关注与 TB 车身模态相同的模态之外,还要对整车的刚体模态和悬架模态进行分析。整车模态包括三个方向的平动和三个方向的转动,整车刚体模态的频率范围在 1~8Hz,而点火的半阶次频率也常常在这个范围内,若两个频率耦合会出现起动抖动等问题。因此,在整车模态分析结果中,必须关注整车的刚体模态频率;整车悬架模态包括前后悬架的 Hop 和 Tramp 模态,悬架的模态频率范围在 11~19Hz。悬架模态频率计算有两种方法,整车有限元模型和简化模型,见图 2-4。因为相对于整车的弹性模态频率,悬架模态频率较低,在对悬架相关模态进行分析时,也可将整车性能看作"刚性"部件进行处理,将整车的质量等相关参数施加到质心位置进行分析,可参照图 2-4b,这样可以提高计算效率减少计算时间。

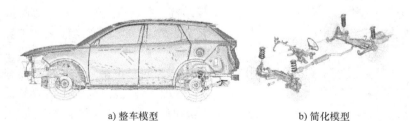

a) 整车模型　　　　　b) 简化模型

图 2-4　整车刚体模态分析

除了关注整车结构模态外,整车的声腔模态也是重点关注的模态之一。整车的声腔模态是指空气在整车的封闭空腔内形成的不同的弹性变形方式。整车的声腔模态之所以非常重要,是因为一旦整车声腔模态与车身板件结构模态出现耦合,那么将会产生轰鸣声;而轰鸣声在车内会形成很强的压力脉动,引起头昏和恶心的症状,严重影响 NVH 性能。因此,在开发前期必须对整车声腔模态进行频率规划。从频率规划的角度,声腔模态是一个约束值,因为声腔模态取决于体积,一旦整车的结构和造型确定下来,声腔模态就确定了,第一阶声腔模态的频率范围在 45~80Hz。整车模态频率规划,主要是控制车身结构大板件的模态,如顶板、底板、侧围板、侧门板等,通常要求大板件的第一阶模态大于第一阶声腔模态。某款车的整车声腔模态模型和第一阶模态频率见图 2-5。

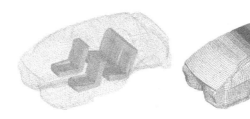

a) 声腔模态模型　　　　b) 声腔第一阶模态频率

图 2-5　整车声腔模态模型和第一阶模态频率

三、底盘及传动系统关注的模态

底盘系统是路面载荷传递的主要路径，底盘相关部件的模态是否合理，直接决定了是否会"放大"传递到车身的载荷，因此会影响到整车的振动和噪声水平。因此，底盘系统的各部件、系统的模态分析也同样重要。对于底盘系统主要关注的模态包括：

（1）前后悬架系统模态　悬架系统需要关注的部件模态包括前后副车架刚体模态（与车身为柔性连接）和弹性体模态、麦弗逊悬架的减振杆模态、多连杆结构摆臂杆件模态、扭力梁结构的扭力梁模态、轮胎模态等。副车架往往是加速轰鸣的重要贡献部位，是加速轰鸣声最受关注的部件之一，尤其是前副车架采用柔性连接，对整体的隔振有了明显的降低，但是副车架的刚体模态往往会恶化车内轰鸣声的产生。图 2-6 所示为副车架的一阶弯曲模态分析结果，由于要考虑对排气系统的避让，副车架下部设计成凹形结构，导致副车架频率很低，很容易引起加速轰鸣声。

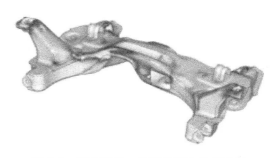

图 2-6　副车架的一阶弯曲模态分析结果

麦弗逊悬架、多连杆都是路噪声传递路径的重要贡献部位，如果模态设计不合理，则会加重车内路噪问题的产生。尤其是轮胎模态对整车路噪有重要的影响作用，这就需要在开发前期完成轮胎及轮毂选型后，尽早进行轮胎的模态测试，避免与车身结构出现模态耦合情况，如果两者在前期没有很好地进行避频，一旦进入样车阶段，修改的难度往往很大。

（2）转向系统模态　转向系统关注的模态包括转向系统模态、方向盘模态、转向管柱模态等。例如转向系统模态是我们最为关注的模态，是频率规划的重要内容之一，通常要求大于 35Hz 甚至更高。如果模态规划不合理，势必引起方向盘抖动问题。图 2-7 所示为某款车转向系统的模态分析结果。转向系统主要关注两阶模态，这两阶模态必须避开发动机怠速转速的二阶点火频率，也要避开冷起动最高转速所对应的二阶点火频率，同时还要避开冷却风扇高转速对应的一阶频率，这样可避免出现方向盘抖动的问题。

a) 垂向模态　　　　b) 侧向模态

图 2-7　转向系统的模态分析结果

（3）传动系统模态　传动系统关注的模态包括传动轴模态、半轴模态、后桥刚体模态等。这些模态是加速轰鸣问题重要的传递部位，因此，在开发前期必须对这些模态进行合理的频率规划。例如，将半轴设计成三段式,可提高半轴模态,就避开了加速轰鸣声所对应的频率。如果在前期无法实现三段式布置方案,必须在前期考虑增加吸振器所需要的空间。

另外,由于变速器、离合器、传动轴、半轴、后桥以及车轮等组成的传动系统,每个部件都具有一定的转动惯量和扭转刚度,共同形成一个扭转振动系统,也有着自身固有的频率特性。车辆在行驶过程中,发动机输出的转矩波动、传动部件的冲击力以及行驶阻力都会使传动系统产生扭转振动,如果扭振频率与车身部件或板件频率发生耦合,则会出现振动或轰鸣(频率在 40~120Hz)的现象。因此,传动系统的扭振模态也要与动力总成刚体、方向盘旋转的刚体模态以及车身的板件模态等进行频率规划设计,以减少车内振动和轰鸣声问题。

(4)制动系统模态 制动系统关注的模态包括制动盘、制动钳等。制动盘的模态分析可以对制动啸叫进行前期的分析和优化。

四、动力系统关注的模态

动力系统是整车振动和噪声最重要的激励源,动力系统的相关部件直接与发动机相连。如果动力系统部件模态频率规划不合理,则会将激励源放大。因此,动力系统相关部件的模态性能规划是否合理,直接影响到车内振动噪声大小。

对于动力系统,主要关注的模态包括动力系统的刚体模态、悬置支架模态、排气系统整体模态、排气消声器壳体模态、排气系统挂钩模态、进气系统壳体模态等。动力系统的刚体模态和排气系统整体模态是频率规划最为关注的模态之一。动力系统的刚体模态频率范围在 6~18Hz,排气系统的模态密度非常大,第一阶模态在 8Hz 左右,一阶垂向弯曲和横向弯曲是模态频率规划的重点,主要是要避开发动机的点火阶次模态。其余部件的模态性能属于性能控制模态,主要依据是大于发动机最高转速对应的二阶模态频率。

第四节 整车模态试验分析

一、模态试验目的及分类

模态试验验证是样车试制完成后进行的一种开发手段,相对于仿真分析,试验测试需要有测试设备、测试场地等要求,成本高,周期比较长,但是试验验证是最真实反映实车状态的开发手段。因此,模态试验验证也是整车模态性能开发必不可少的手段。试验模态分析的主要目的和作用包括如下几方面。

1. 可用来验证仿真分析的准确性

有限元模型做了一系列的简化处理,如胶的连接、螺栓的连接、密封条与钣金的接触等。为提高有限元模型的精度,可利用试验测试结果来校准有限元模型。

2. 为后期试验调校提供数据支持

对样车进行 NVH 调校时遇到的加速轰鸣问题、路噪声问题、抖动问题,都需要从模态的角度去分析问题。如果在前期完成系统、零部件模态试验,将减少后期这些问题识别的时间,提高解决问题的效率。

3. 为样车制造工艺提供验证

试验测试结果可真实地反映试验样车的各系统、部件的模态,如果试验样车的系统、部件制造工艺存在缺陷,例如样车的钣金连接部位存在漏焊、虚焊问题,或者布置隔振胶部位存在缺失或者隔振胶没有有效填充等问题,这样模态测试结果将不能正确地反映真实情况,都会影响局部或整体的模态。这需要结合仿真分析进行判断,找出制造缺陷的部位,优化制造工艺,减少制造缺陷。

从试验验证的角度分析,整车关注的系统、部件的模态与上节介绍的仿真分析关注的系统部件模态是一样的。除了白车身及开闭件，多数系统部件都是由供应商制造完成的，例如车身硬内饰、底盘件等，对于主机厂来说，得到这些部件的样件都有一定的滞后性，零部件结构设计、制造工艺等都在开发前期由供应商控制，这就需要前期与零部件供应商进行沟通，通过制定合理的目标对系统部件进行控制，减少后期在主机厂试验验证不达标而再次优化的时间。

例如仪表板模态，考虑到共振、异响等性能的影响，对仪表板模态设定目标值大于35Hz，实际在开发前期主机厂对仪表板模态控制是比较困难的，若进行仿真分析，塑料件材料参数、卡扣的刚度等，主机厂获取难度比较大。如果供应商对仪表板模态没有进行很好的控制，在样件制作完成装车后，若发现其模态不达标，则将花费大量的时间和成本。

对于试验模态测试，不同系统、部件的测试步骤也大同小异。但是，系统、部件模态测试与整车模态测试是有一定区别的，主要有包括以下几个方面。

1. 激励方式不同

对于系统部件模态测试，可以采用锤击激励方式。但是，对于白车身、整车等较大的系统，必须采用能量较大的激振器的方式进行激励，若采用锤击方式，能量低，有些模态可能激励不起来，存在测试结果丢失模态的风险。

2. 固定方式不同

系统部件多采用橡胶绳悬吊方式进行固定，而白车身和整车等多采用空气弹簧进行固定。满足刚体模态频率小于弹性模态频率的10%~20%的要求即可。

3. 传感器数量不同

系统部件模态模型相对简单，只需布置较少的传感器即可，但是对于白车身、整车系统，结构比较复杂，为获取合理、准确的振型，需布置数量较多的传感器。

4. 创建几何模型的手段不同

对于系统部件，结构简单，创建几何模型可借助直尺或卷尺工具来完成。但是对于白车身、整车系统，结构比较复杂，为获得相对精确的振型图，有的公司借助三坐标仪协助创建模型，这样可保证后期与仿真进行相关性分析的模型精度。

5. 振型识别的难度不同

对于系统部件模态测试结果，由于布置传感器少、结构简单，模态振型识别相对容易。但是对于整车模态，由于布置传感器比较多，结构复杂，模态识别难度相对较大。

二、模态试验测试流程

在整车各部件、系统的模态测试中，白车身是一个最为复杂、最重要、最容易出现问题的结构系统。相对于其他系统部件的模态测试，车身模态测试不仅需要布置大量的传感器，而且会花大量的时间进行模态识别。几乎每个整车项目的开发，都要对车身结构进行模态测试，因此车身模态测试的重要性是不言而喻的。

本节将重点介绍车身结构相关的模态测试，从系统、部件与整车角度进行对比分析，白车身与TB车身都可归到系统部件中。从测试复杂程度看，白车身结构、TB车身结构、整车三种车身状态的模态测试都比较复杂。车身激振器法模态测试系统见图2-8。

下面以整车模态测试为例，介绍模态测试流程。

1. 试验前的准备

1）车辆准备：整车需经充分磨合，无灰尘和杂物。车门车窗处于关闭状态，油箱处于3/4油状态，所有工作液（油液、冷却液、制动液）均在建议容量内。所有无关的部件和设备应该从车厢和行李舱中移除（工具、杂物等），并将车辆停放在温湿度适合、隔离振源的地方，将车辆四轮固定在四个支撑上，见图 2-9。

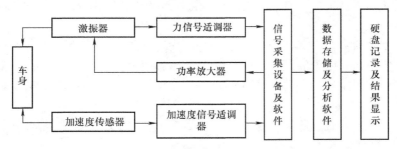

图 2-8　车身激振器法模态测试系统

2）试验设备前期准备：需准备的试验设备有激振器、加速度传感器、力传感器、多通道数据采集设备以及便携式计算机及相应的测试软件。其中，激振器和传感器必须满足测试频带宽要求，加速度传感器测试量程必须大于 1.5 倍峰值所对应的幅值，力传感器必须小于激振器的最大激振力。

2. 几何模型创建

结合整车有限元模态仿真分析结果，选择传感器的布置位置点，并根据有限元数据建立模态试验几何模型，并连接成线框模型，见图 2-10。选择传感器布置位置点应遵循如下原则。

图 2-9　整车模态测试准备

1）测试点应能完整地表现整车的轮廓。
2）组成模型的点密度应尽量均匀，对于模态比较集中或需要重点观察的部位，可以增加布置点的密度，并且点与点的连接应符合实际的车身结构。
3）模型设置的位置点应便于在车身上布置加速度传感器。
4）在满足模态显示精度的条件下，尽量简化模型，减少测量点。

根据整车测试的模态，分别在车身、动力总成、轮胎等设置了传感器的布置点。

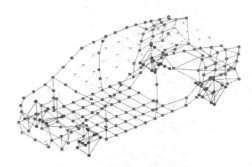

图 2-10　整车测试几何模型

3. 试验设备布置及调试

模态试验前需要完成布置或调试，包括激振器、加速度传感器布置，数据采集系统设置等。

1）振动的激励采用两个激振器，布置位置在右前纵梁和左后纵梁位置点，见图 2-11。振动激励点应尽可能地避开任何一阶模态振型的节点，保证振动信号的采集有较高的信噪比，避免模态的遗漏。另外振动激励点的车身结构刚度应尽可能大，便于激振能量传递至整个车身。以触发随机振动信号作为激振器的输入信号，并适当调节激振器的激振力，车身上可以明显感觉振动即可。激振器与车身之间安装一个力传感器，用于监测激振的作用力大小。激振器的安装机构不应在车身分析频率带宽内有共振。

2）加速度传感器布置：振动加速度传感器测量位置应与几何模型上的位置相对应，测量方向必须与几何模型点的坐标方向相一致。模态测量通常需要测量上百个测量点（对应车身几何模型点的数量），应选用适当数量的加速度传感器分批测量，减少传感器质量对白车身振动特性的影响。车身各测点均应测量 X、Y、Z 三个方向上的振动，振动方向与整车坐标系保持一致。

3）数据采集参数设置：在测试软件中设置。

a) 右前点

b) 左后点

图 2-11 激振器激励位置点

① 分析带宽：10～200Hz。如果需要考虑车身底板等刚度较大结构的振动特性时，则需要将分析带宽设为 10～400Hz。
② 采样频率：≥2.56 倍的分析带宽。
③ 频率分辨率：≤1Hz。
④ 导纳：加速度频响函数（FRF）。
⑤ 参考窗：汉宁（Hanning）。
⑥ 响应窗：汉宁（Hanning）。
⑦ 平均方式：指数。

4）数据采集。当完成软件设置后，可以进行预采集，目的是为模态试验设置合适的参数和对车身进行检查。检查的内容包括相干性检查、线性检查、互易性检查、驱动点检查、数据一致性和非线性评估等。图 2-12 所示为两点测试互易性检查结果，从结果看两条 FRF 曲线重合性较好，满足互易性假设。图 2-13 所示为其中一点，在三种不同激励下的频响曲线，从结果可以看出，三条频响曲线重合性较好，满足线性假设。预采集检查完成后，可以进行正式采集。与预采集区别在于，预采集只采集车身结构上部分的测点数据，测点位置具有随意性，而正式采集则包含所有测试点。

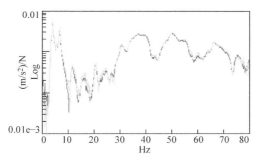

图 2-12 两点测试互易性检查结果

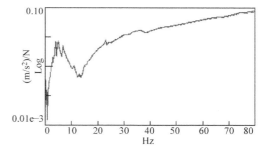

图 2-13 线性检查结果

5）测试数据处理。对于测试数据，首先要进行参数识别，目的是从测试数据中提取模态参数，包括模态频率、模态振型、模态阻尼等。模态数据分析可分为两步：第一步，确定系统的极点，实际就是确定模态频率和模态阻尼，由于系统极点是全局特性，选择全部的频响函数进行极点估计，因此得到的各阶极点是所有频响函数最小二乘法的估计结果；第二步，利用测试数据计算模态振型，由于振型是局部特性，所有计算振型必须包括所有测点的 FRF，否则计算不出响应测试点的振型值。模态分析实际就是曲线拟合的过程。根据测量的 FRF 数据，通过曲线拟合得到模态参数。

对测试数据进行处理的另一个手段就是测试结果验证，验证的目的是判断模态参数估计得到的结果是否精确。通常采用的工具是模态判断准则（MAC），另外也可以应用有限元仿真结果进行相关性分析。下一节将对仿真分析与试验测试相关性分析进行介绍。

对于整车模态测试，主要关注的模态振型除了 TB 模态关注的振型外，也关注整车簧上质量的刚体模态，同时也关注动力总成刚体模态以及悬架相关的模态。图 2-14 所示为整车模态测试结果。

a) 整车一阶弯曲模态　　　　　　　　b) 整车一阶扭转模态

图 2-14　整车模态测试结果

第五节　试验和仿真相关性分析

仿真分析是开发前期重要的开发手段，而试验测试是开发后期重要的开发手段。相对于试验测试，仿真分析具有周期短、效率高、成本低的特点，在开发过程中使用仿真开发手段越来越普遍，也取代了部分的试验项目。但是，仿真手段分析毕竟是基于有限元模型对实车的一种预测手段和方法，所以有限元模型的精度直接决定了性能预测的精度和效率，同时也就决定了开发的成本和周期。

对于仿真模型，由于许多原因，例如结构之间的连接关系、材料属性的定义、有限元网格的质量等，都会影响仿真模型的精度，影响仿真模型与真实物理样机的一致性。为了使仿真模型能与物理样机一致，可以通过对比仿真模型与试验结果，如果两者之间出现较大误差，可以通过调整仿真模型参数或者优化仿真模型参数，使仿真模态与试验模态一致。

对于有限元模型的精度，通常是利用仿真分析模态和试验模型相关性进行验证的。因此，利用模态相关性分析，不仅可以改进有限元模型精度，同时也可以完成模态的仿真和试验测试手段的验证、对比。从这个角度说，相关性是指在特定的原则下，仿真模型和试验模型的相似程度。对于模态性能来说，相关性验证主要从两个方面进行，包括模态频率相关性、模态振型相关性两个方面。

一、模态频率相关性分析

模态频率相关性分析是指在仿真分析和试验测试的模态振型相同的前提下，对应的频率一致性情况的分析。相对于模态振型，模态频率相关性比较简单，仅仅是一个数值。为了能够清楚地说明两者相关性的大小，可采用图 2-15 的方式进行说明。在图 2-15 中，横坐标表示仿真分析的频率值，纵坐标是试验测试的频率值。理想情况下，两者的频率相同，图中各点应该位于斜率为 1 的直线上。但是，如果各点分布距离该线较远，那么说明两者相关性比较差。由此可以知道，各点距离斜率为 1 的直线的远近决定了两者模型频率相关性大小的情况。

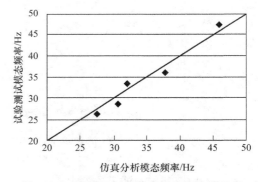

图 2-15　某款白车身模态频率相关性示意

二、模态振型相关性分析

模态振型相关性是指通过缩减技术将有限元模型缩减到试验模型上，进而对缩减后的有限元模型和试验模型按照式（2-12）进行置信度计算，计算结果的大小便是仿真分析和试验测试振型的相关性。

$$\mathrm{MAC}_{\mathrm{Test},i,\mathrm{Fe},j} = \frac{[V_{\mathrm{Test},i}^T V_{\mathrm{Fe},j}^T]^2}{[V_{\mathrm{Test},i}^T V_{\mathrm{Test},i}][V_{\mathrm{Fe},j}^T V_{\mathrm{Fe},j}]} \qquad (2\text{-}12)$$

式中，$V_{\mathrm{Test},i}$ 是第 i 阶测试分析模态；$V_{\mathrm{Fe},j}$ 是第 j 阶有限元分析模态；$\mathrm{MAC}_{\mathrm{Test},i,\mathrm{Fe},j}$ 是第 i 阶测试模态和第 j 阶有限元模态的相关性，MAC 介于 0～1 之间。

由于两者模型并不可能实现完全的正交，因此，MAC 值大于 0.8 可认为两者具有正交性。

对于模态振型相关性分析，主要分为以下几步。

1. 有限元模型与试验模型进行关联

通过对两个模型的关联，使两个模型在空间位置和几何上保持一致。类似的操作可以通过软件来实现，如 LMS 公司的 Virtual.LAB 软件，可以很容易地实现上述功能。

2. 对有限元模型进行自由度缩减

由于有限元模型的自由度要远大于测试模型的自由度，必须将有限元模型的自由度缩减到测试模型上。在 LMS 公司的 Virtual.Lab 软件中主要采用 Guyan 法进行缩减。

3. 进行模态置信度计算

通过软件计算 MAC 值，由于 MAC 矩阵是评价模态向量空间交角的一个非常有价值的工具，因此 MAC 矩阵可以用来评价两者模型的相关性情况。图 2-16 所示为某车门的模态振型相关性分析，图中颜色越深表示相关性越好。

通过对振型的相关性分析，不仅可利用试验结果对有限元精度进行验证和改进，同时也可以利用仿真分析结果对试验模型进行检查。有限元模型毕竟是对实车模型进行模拟，考虑到局部刚度处理、质量简化、阻尼非线性等因素的影响，以及在对实际板件进行结构离散、迭代过程中出现的误差等，都会对有限元的分析精度产生影响。这样可通过试制样车的模态试验分析对有限元模型进行验证分析。

同时，在模态测试过程中，也可能存在误差，包括信号采集、传感器布置、模态位置坐标定义、欧拉角设定等原因，可以利用仿真分析对试验结果进行验证。另外，当第一批样车试制出来时，可能会出现涂胶、焊接等不良问题，如车身顶篷与横梁之间的涂胶、前车门外板与防撞梁之间的涂胶问题，这些涂胶部位往往比较隐蔽，且不容易被发现，会导致仿真分析与试验测试的模态结果存在差异性，可利用仿真分析的手段结合试验测试结果，查找试制样车的焊接、涂胶工艺上的缺陷。

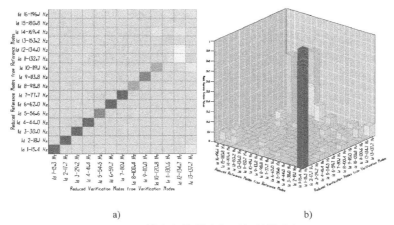

图 2-16 某车门的模态振型相关性分析

因此，从这个角度分析，仿真分析和试验测试是整车模态性能开发过程中的两种手段，两者没有绝对的精确，只有熟练地掌握这两种开发工具，相互进行验证，正确区分发现的问题，才能对整车模态性能有足够支持和精度保证。

第六节　整车模态的控制方法

模态性能是整车 NVH 性能最重要的性能之一，从整车开发的角度，模态性能控制贯穿整车开发的全过程。在概念设计阶段，需要完成对标试验，完成整车模态频率规划和模态性能目标制定；在工程设计阶段，需要完成模态的仿真分析和优化；在设计验证阶段，需要完成试验验证和优化。因此，从某种程度上说，模态性能的控制直接决定了整车 NVH 性能的好坏。

在实际的整车开发过程中，对模态性能实现优化和控制，还是在工程设计阶段，采用仿真分析的手段，主要是考虑到在前期控制，不仅可以降低成本，而且可以缩短开发周期。另外，可以利用仿真分析技术，快速、高效地对方案进行评估、优化和验证。

对于模态性能的控制，主要从模态频率和模态振型两个方面进行控制，但是，模态频率和模态振型控制并不是孤立的，两者是相互联系、相互影响的。结构模态频率改变的同时，局部模态振型也会发生改变，模态频率改变是通过模态振型改变而实现的；而结构的模态振型改变的同时，模态频率也常常会发生改变。下面将对整车模态的控制方法和手段进行详细的阐述。

一、模态频率控制法

1. 利用模态的频率规划技术制定严格的模态性能目标

整车模态频率规划就是在激励源频率（发动机、旋转部件等）明确的条件下，为避免整车各部件与激励源发生共振，以及各部件之间存在频率耦合，考虑到各系统、部件通常频率范围，对各系统、部件的频率范围进行预分配、指定的方法。

模态频率规划的作用在于避免整车各系统、部件与激励源之间，以及各系统、部件间出现频率耦合。因此，需从频率的角度对整车性能进行控制，在整车开发前期，制定严格详细的模态频率规划表是模态频率规划的重要手段。在制定频率规划表时规划的频率范围是 0~180Hz，重点关注的频率段及部件频率如下。

（1）在 6~15Hz 的频率段内 在这个频率段考虑的是发动机激励源，主要关注的是发动机刚体模态（尤其关注 Z 向振动模态和绕 Y 轴转动的模态）、悬架的垂向振动模态（Hop 和 Tramp 模态）、座椅模态、排气模态、发动机一阶模态等，另外传动系统的第一阶扭振频率也在关注范围内，需要与上述系统的频率进行避频设计。

（2）在 22~30Hz 频率段内 主要考虑的是发动机的激励源，关注的频率是发动机的点火阶次，这个频段主要相关的部件频率包括发动机点火阶次频率、车身弯曲模态、冷却风扇刚体模态等。

（3）在 30~50Hz 的频段内 在这个频段内考虑的激励源是鼓风机，主要考虑的是鼓风机转动频率、鼓风机壳体模态、方向盘模态、前地板弯曲模态等。另外，在这个频率范围内，轮胎存在平面内的扭转模态，需要与背门模态和整车前后模态（Walking 模态）进行避频，否则会引起鼓噪问题。

（4）在 55~70Hz 频段内 在这个频段内，关注的是发动机和路面激励源，首先考虑的是避免车内声腔模态与车身板件（如顶板、前后地板、侧围板等）、风窗玻璃、侧门外板等耦合出现轰鸣声的问题。另外，轮胎的垂向模态、副车架的刚体模态（柔性连接）、后桥刚体模态等也在这个频段内，也需要与声腔模态进行避频，否则会引起轰鸣声问题。

（5）在 80~100Hz 频段内 在这个频段内，主要关注的是轮胎的垂向模态。虽然轮胎是路面激励的传递路径，但是如果路面激励与轮胎频率耦合，轮胎就类似激励源。因此，需要将轮胎的模态频率与地板、备胎槽等部位的频率进行避频设计。

2. 利用模态数据库对标数据进行模态控制

模态频率规划可以将相关部件的频率规划到一个范围内，是制定系统、部件模态目标值的一个约束条件，这样制定出来的目标是一个频率范围。只有根据开发车型的级别、市场定位等因素确定的对标车、以往开发的平台数据，才能对开发车的目标值范围进行缩小或者确定。对于对标车、平台的数据通常是依据数据库得到的，数据库的使用是充分利用过去项目开发经验最为有效的手段。

模态数据库是 NVH 性能最为基础的，也是最重要的数据库之一。不仅因为模态数据容易利用仿真分析、试验测试得到，更为关键的是模态性能是其他 NVH 性能的基础。对于模态数据库，不同的公司可能有不同的储存方式，甚至有的公司可以借助专门开发的软件进行数据储存。对于上述介绍的各系统、子系统、部件关注的模态，在模态数据库中必须包含这些部件的模态数据，并且要包含相应的部件、系统、子系统的重量、长度、面积等数据。下面以白车身为例进行说明，模态数据库的架构特性见表2-3。另外，内饰车身、整车以及其他零部件也可参照该结构，可体现模态相关的几何参数特性。

表2-3 白车身模态数据库架构示意

	车型	×× 车		×× 车		……	
	车辆类型	轿车/SUV					
几何信息	轴距						
	轮距						
	重量						
	……						
模态性能	性能类型	仿真	实验	仿真	实验	仿真	实验
	前舱横摆						
	一阶弯曲						
	一阶扭转						
	……						

由于系统、部件的尺寸、结构、重量不同，导致模态也不同，例如白车身一阶弯曲模态和一阶扭转模态，三厢轿车与SUV车型是无法对标的。因此，在利用模态数据库进行目标值制定时，必须考虑到以下几个方面。

1）车辆的类型：车辆的类型包括SUV、轿车、MPV等，不同车型结构进行模态数据对标是没有意义的，有些特殊的振型如SUV的后扭转，轿车车型是不存在或者不明显的。在参考对标数据时，必须保证车辆类型的一致性。

2）关注车辆级别：根据轴距的不同，车辆有A级、B级、C级等之分，因为不同长度、宽度的车型，同一振型模态的频率差别是非常大的，比如A0级的轿车一阶弯曲模态大于50Hz是非常容易得到的，但若是C级轿车的一阶弯曲模态满足50Hz则需要对结构进行充分的优化。因此，在选择对标模态数据库时，车辆的级别应尽可能相同。

3）车辆的市场定位：对于新车型开发来说，即便车辆的类型和车辆类别都是相同的，但是如果市场定位不同，那么参考的模态数据也是不同的。比如某公司的B级轿车，无论从价格还是销售市场定位都比较低，如果该车型对标市场高级别的B级车，那么整车开发的成本将是巨大的，可能存在无法满足项目立项的成本要求。

一旦开发的新车型的类型、车辆的级别和车辆的市场定位确定后，就可以选择和定位合适的对标车型，尤其是系统、部件的模态性能并不是越高越好，关键取决于整车匹配的合理性。

二、模态振型控制法

模态频率控制策略是对具体模态数值进行规划、对标、分析等，使得该频率值在合理的范围内。而模态振型的控制，多数采用仿真分析、试验测试的手段对振型中发现的薄弱部位进行结构优化，而非对数值的控制。模态振型的弱点主要是通过仿真分析的变形、模态应变能以及结合其他性能进行判断识别的。主要的控制方法包括：

1. 利用模态分析结果，对车身结构局部弱点进行分析

对于白车身模态分析结果，要从模态频率、模态振型结果去分析是否满足要求，这是从白车身整体的角度去分析、评判。但是，即便模态振型对应的模态频率满足要求，也存在局部变形大或者局部应变能大的区域。这就要求在进行白车身模态分析的同时，也要关注主要模态设计薄弱部位。这种情况尤其会出现在模态识别的过程中，当我们在经验频段内识别白车身关键模态时，经常会出现无法找到关注的模态情况。出现类似情况的原因在于白车身的模态振型的位移显示是相对量，而局部结构变形太大，把整体振型的位移变形给弱化了，导致整体状态的振型识别非常困难。从这个角度说，一旦关注的模态无法找到，就必须对局部位移变化较大的部位进行结构优化。

例如，在识别某款车的一阶弯曲模态时，单从仿真分析结果查看模态振型时，很难识别一阶弯曲模态，将位移大的顶板隐藏后，便可很容易识别出一阶弯曲模态，具体见图2-17。因此，需要对顶板结构进行优化，提高该区域的刚度。

a) 带变形最大板件模态　　　　　　　　b) 不带变形最大板件模态

图2-17　白车身弯曲模态识别

另外，如果整体模态不满足设定的目标值，也可通过对局部不达标部位进行优化而满足设定的目标。因此，在对白车身模态进行整体评判的同时，也要对局部区域进行分析，局部评价的标准更多依据的是工程师的经验，评判的物理参量可借助应变能、位移的结果。例如，某款车设定的后部扭转频率为35Hz，但是在仿真分析结果中发现，频率为31.5Hz，不满足目标值，通过局部应变能分析，找到关键的部位进行优化，提出四个部位的优化方案：左右后轮罩区域增加连接部件，厚度1.2mm；中地板与横梁外加强板延长，厚度减薄为2.0mm；地板后横梁，厚度由1.5mm增至1.8mm；C柱接头区域搭接截面加大，并对局部焊点进行优化，后部扭转频率提高到36.3Hz。详细的方案见表2-4。某款车后部扭转频率下应变能分布见图2-18。

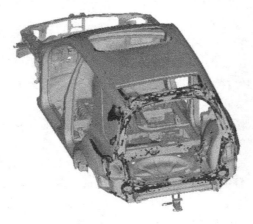

图2-18　某款车后部扭转频率下应变能分布

表2-4　某款车后部扭转频率优化方案

序号	优化部位	优化方案	备注
1		在左右后轮罩区域增加连接部件，厚度为1.2mm	重量增加0.51kg
2		中地板与横梁外加强板延长，厚度减薄为2.0mm	重量减少0.39kg

（续）

序号	优化部位	优化方案	备注
3		地板后横梁，厚度由 1.5mm 增至 1.8mm	重量增加 0.16kg
4		C 柱接头区域搭接截面加大	重量增加 0.12kg

2. 结合其他性能仿真分析结果，协同判断结构设计的合理性

结构设计一旦出现问题，不仅 NVH 性能会出现问题，白车身其他的性能，如强度、耐久、碰撞安全也有可能会出现问题。因此，对白车身 NVH 仿真分析结果的分析，尤其是局部的结构问题，往往会出现判断上的困惑，可借助其他的性能相关参数做进一步的协同判断。通常 NVH 性能与疲劳耐久性能的刚度性能最为相关，主要原因在于两者主要关注线性段的分析结果。两者主要关注的分析结果和参数如下。

（1）局部应变能分析与局部应力分析　对于模态分析，分析局部结构是否合理，主要通过查看该区域仿真分析结果的应变能是否有明显的集中现象，或者是查看区域云图显示的梯度是否存在明显"突变"。如果在车身某一区域存在上述突变的现象，那么说明该区域的结构设计存在问题并需要优化。对刚度进行分析，分析局部机构是否合理，主要通过查看该区域的应力情况，如果从车身的刚度分析结果中，发现存在应力集中的情况，或者应力云图中存在梯度变化非常大的区域，那么说明该区域的设计存在问题。在两类仿真分析结果中，出问题的部位往往是吻合的。如果对模态的问题部位并不确定，那么可以结合刚度的分析结果进行进一步确认。

例如，整车扭转模态是白车身最关注的模态之一，主要考察白车身整体扭转振动的情况，是一种动态特性；而白车身扭转刚度主要考察白车身抵抗扭转变形的能力，反映的是一种静态特性。在对扭转模态结构弱点进行分析时，可以结合扭转刚度的应力分析结果进一步确定。图 2-19 所示为某款车应力与应变能分析结果，从图中可以看出，结构弱点部位存在高度的一致性，对于图中显示的部位是否需要修改，可协同两者结果进行判断。

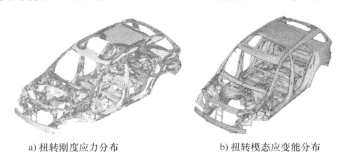

a) 扭转刚度应力分布　　b) 扭转模态应变能分布

图 2-19　应力与应变能分析结果

（2）板件的位移与板件的抗凹陷性能　在分析板件的模态分析结果时，最直观的结果就是查看位移的显示结果。由于模态分析结果位移显示的相对性，如果仿真分析结果显示系数在 2～5 范围内，发现某个区域的局部变形过大，甚至出现与邻近板穿透或者干涉的现象，那么该区域结构设计是有明显问题的，需要进一步对结构进行优化。对于板件抗凹陷性进行分析，是板件强度分析的一项重要性能。

板件的抗凹陷性能是指车身板件在外部载荷作用下，抵抗凹陷屈曲和局部凹陷变形的能力。主要考察三个方面：刚度 K，不稳定变量 L 和残余变形量 δ，具体见图 2-20，图中，A 是加载过程，B 是卸载过程，C 是参考刚度线。在该图中，L 是考察局部小区域在外力逐步加载过程中的稳定性情况，其特征是外力达到结构的某一个极限载荷时，在外力不增加或增加量很小时，结构的位移响应急剧增加，表现为"大通过"和"急回转"现象，也称为油罐效应；而残余变形量 δ 考察局部小区域在外力撤除后产生的残余变形情况。判断刚度 K 是否满足要求，就是分析加载曲线 A 是否在刚度曲线 C 的上方。

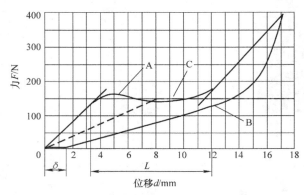

图 2-20 板件抗凹陷性能过程

由于车身板件的模态分析结果考虑的是线性问题，而抗凹陷性能分析刚度 K 也是反映板件线性性能的情况，两者在分析板件问题时，往往有较高的吻合度。如果利用白车身模态仿真分析，判断板件的局部位移是否合理存在不确定性时，就可参考板件抗凹陷性的仿真分析结果进行协助判断。

例如，从 NVH 角度分析，侧围板模态是最关注的模态之一，是引起车内轰鸣声、路噪等问题的重要部位之一。从强度的角度分析，侧围外板是抗凹陷性能关注的部位。对于 NVH 性能，模态分析只能从模态频率进行判断，无法对变形进行定量评估，因此很难判断局部模态的合理性。这样就可以利用抗凹陷性的线性部位的刚度结果进行协同评价和评估。图 2-21 所示为某款车的车身侧围板局部模态分析和侧围板抗凹陷性能分析，可结合两者的分析评估局部模态的合理性。

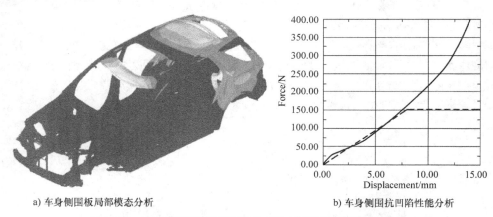

a) 车身侧围板局部模态分析　　　　　　b) 车身侧围抗凹陷性能分析

图 2-21 车身侧围板局部模态分析和侧围板抗凹陷性能分析

（3）模态位移与结构静刚度分析　这里讲的结构变形区别于上述的板件位移，这里的结构变形主要是指梁、柱等框架类车身架构，典型的结构就是散热器横梁结构、类似 SUV 掀背式车身的后门框架结构等。由于模态振型中位移的相对性，在对类似结构合理性进行评价时，大多是根据经验的分析结果进行评判，没有固定的数值去评价模态振型中变形量问题。对于结构刚度相关的仿真分析，多采用经验的力或力矩施加于分析部位，利用刚度值进行客观分析和评价。

例如，前舱横摆模态是白车身关注的模态之一，前舱模态变形的大小直接决定了发动机舱横向振动的情况，对于前舱模态性能，量化的指标就是模态频率，无法对模态振型进行考察；但是，发动机舱侧向刚度主要考察发动机舱抵抗侧向变形的能力，反映的是一种静态特性，是可以用量化指标考察侧向刚度大小的，前舱侧向刚度载荷条件和约束条件可参考本书刚度性能部分。图 2-22 所示是某款车的前舱横摆模态。从两者分析结果可以看出，关键的分析区域，在前舱横摆中应变能集中的部位与前舱侧向刚度应力集中部位是吻合的，例如散热器横梁的两端部位以及两纵梁与车身连接部位等。

 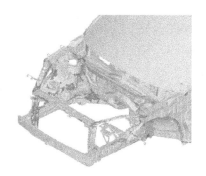

a) 前舱横摆模态应变能分析　　　　　　b) 前舱侧向刚度应力分析

图 2-22　模态位移与结构刚度分析

3. 采用灵敏度分析、DOE（试验设计）以及各种优化手段进行结构优化

在进行白车身模态仿真分析时，对某阶模态振型对应的模态频率，总有一些部件对该阶模态频率影响较大，如果改进影响较大的部件，那么该阶模态频率会提高得非常明显。因此，为了使车身结构更加合理，或者是模态出现问题尽快找到修改部位，就需要对车身进行灵敏度分析或进行 DOE 分析。灵敏度分析是指分析车身性能参数（模态、刚度等）的变化对车身结构设计参数（板件厚度、面积等）变化的敏感性情况。DOE 的主要功能是分析车身模态性能影响最大的结构参数（板件厚度、弹性模量、面积等），并在其他约束条件下（如重量最小、成本最低等），实现对各关注参数的最佳组合。

DOE 是对试验进行规划研究，是分析变量与响应之间关系的一种方法，通过改变过程的输入因素，观察其输出相应的变化，确定各个输入因素的重要性以及各输入因素影响输出的情况，并实现如何得到最优化过程的目的。试验设计最重要的目是通过尽可能少的样本点分析输入参数和输出参数之间的敏感度关系，从而找到主要设计参数和次要设计参数。选择试验设计样本点的原则是以最少的样本点数量和尽可能高的精度分析出设计参数和设计指标间的相互关系。DOE 的本质是主动控制自变量，以较小的试验规模、较短的试验周期、较低的成本获取理想的结果和结论。DOE 最重要的是试验设计的方法，主要包括全因子法、部分因子法、田口设计法、Placket-Burman 法等。另外，对结果的处理，也就是响应面的处理，也有不同的方法，主要包括中心复合面设计法、拉丁超立方设计法、Box-Behnken 等，因为试验设计的方法直接决定了 DOE 的运行规模，试验设计方法的选择应该根据设计问题的规模、现有的资源（时间、软硬件）和希望达到的目的来决定。

例如，外后视镜模态过低，直接影响的问题就是后视镜抖动。通常整车造型一旦确定，外后视镜几乎不可能从结构上进行优化，主要从材料参数进行优化，因此，后视镜模态频率优化是一项非常困难的工作。影响后视镜模态的参数主要包括壳体的密度、壳体的弹性模量、悬臂的弹性模量等。为了提高外后视镜的频率，必须找到关键的影响因素，可以利用 DOE 进行分析。

对于车身，灵敏度分析是指分析车身性能参数 u_i 的变化对车身结构设计参数 x_j 变化的敏感性。车身结构性能参数对车身结构设计参数的灵敏度定义为

$$\mathrm{sen}(\frac{u_i}{x_j}) = \frac{\partial u_i}{\partial x_j} \tag{2-13}$$

对于车身的设计参数，通常是结构相关的参数，如板件厚度、板件面积，或通过 morph 设计的结构变量，这些参变量都是建立在具体的板件结构上的。对整车模态进行灵敏度分析时，需要对板件进行选择，必须注意以下几点：首先，模态性能只是车身性能中的一项性能，尽可能不选择明显影响其他性能（如碰撞、耐久等）

的板件，如前纵梁、前保横梁等；其次，尽可能不选择对整体模态影响大的小加强件、支架作为变量；再者，在选择可优化的件时，尽可能选择空间闭合的梁结构，如门槛、A/B/C 门柱、前后风窗上横梁、侧门上横梁等；也可以考虑选择空间闭合的板结构，如顶盖、地板及相关件、前围板、轮罩板、后挡板等。图 2-23 是按上述原则选择的板件。

当完成对变量的选择后，需要将这些板件作为变量进行模态灵敏度分析，图 2-24 所示为某款车的车身一阶弯曲模态和一阶扭转模态对板件厚度灵敏度的分析。然后根据各性能灵敏度大小情况，结合各板件对重量灵敏度的大小，对白车身模态性能进行优化提升。

图 2-23　按白车身模态性能灵敏度选择板件

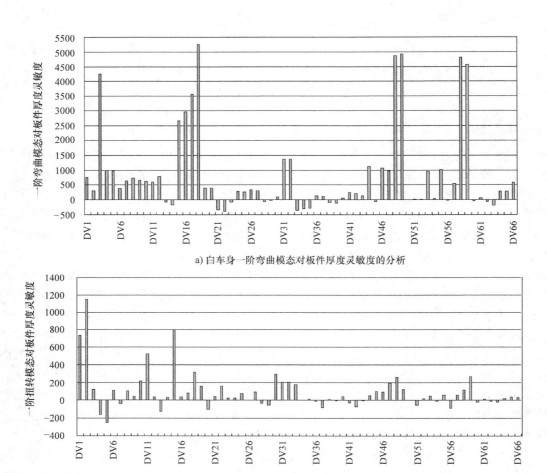

a) 白车身一阶弯曲模态对板件厚度灵敏度的分析

b) 白车身一阶扭转模态对板件厚度灵敏度的分析

图 2-24　某款车白车身的模态性能对板件厚度灵敏度的分析

上述灵敏度分析和 DOE 分析是从整体的角度分析问题的，利用这两种方法分析问题时，可以单独分析，也可以结合在一起进行分析。如果两者结合在一起分析，首先，可以利用灵敏度分析找出影响模态的重要变量，然后利用 DOE 方法，以这些重要变量为新的变量，考虑到重量、成本等约束条件为最优，同时模态性能最好的一个变量组合。

另外，当通过这两种方法明确具体问题部位及问题部件时，需要通过各种优化方法，如拓扑优化、形貌优化、参数优化等对具体部件或部位进行结构优化。利用这些优化方法，可以以模态频率为优化目标，或转化为局部刚度参数，通常以重量为约束条件，以满足设定部件模态频率的目标。

4. 利用仿真分析结果对阻尼材料布置进行分析和优化

车身变形过大或者应变能集中的部位，并不能通过优化结构来降低。这些结构弱点部位就需要利用阻尼来改善。车身阻尼的作用是消耗系统振动能量，将系统的振动能量或者声学能量转化为热能或者其他形式的能量而消耗掉，从而降低系统的振动并降低系统的辐射噪声。在开发前期，对阻尼的布置分析可利用模态仿真分析中应变能分析结果。对于阻尼布置分析，主要有以下三个步骤。

1）对白车身进行模态分析，计算频率范围为 0～400Hz。

2）对模态计算的应变能结果进行叠加计算，并根据应变能叠加结果进行优化，叠加的频率范围为 120～400Hz。

3）根据应变能叠加的区域对阻尼材料的布置位置、大小进行设计。

以某款车的前地板为例，阻尼设计见图 2-25，在图 2-25a 中是应变能叠加结果，叠加频率范围为 120～400Hz，图 2-25b 框示区域是增加阻尼的位置和大小。利用模态应变能计算结果，可初步确定阻尼分布，然后根据等效辐射声功率进行阻尼布置面积的优化。

a) 前地板应变能叠加　　　b) 前地板阻尼设计

图 2-25　应用模态应变能进行阻尼设计

第七节　模态分析在整车开发中的应用

模态分析是整车 NVH 问题识别最为基础、最为重要的手段。不仅因为模态性能参数是最容易测试和分析到的参数，而且模态参数也是最能反映所有 NVH 问题的普遍参数。可以说，所有 NVH 问题都可以直接、间接地通过模态参数进行分析和识别。从前几节介绍可以看出，NVH 问题分类的手段多种多样，但是按模态频率分类是最基本的分类方法，尤其是按模态频率对 NVH 问题进行分类，对整车 NVH 问题认识和解决有重要的帮助。因此，模态分析是最重要的分析手段和方法。

基于模态性能的重要性，模态性能的开发贯穿整个开发阶段。如果从模态性能开发的角度看，就是模态频率目标制定、模态仿真分析预测、模态频率测试验证的过程。下面介绍模态性能在整车开发中的应用。

一、开发初期阶段

在开发初期，模态分析的主要目的是完成整车模态频率规划和频率目标的制定。

模态频率规划在整车开发工程中的重要性不言而喻，在开发前期进行模态频率规划，使整车频率处于一个合理的分布状态，避免系统间、部件间以及部件、系统与激励源之间出现频率耦合。整车模态频率规划的好坏，直接影响后期出现的 NVH 问题，如低频抖动问题、轰鸣声问题等。

首先，利用模态频率规划可以将系统、部件与激励源模态分开，避免激励源与系统、部件出现耦合。如果在开发前期不进行合理的规划，一旦到后期出现类似问题，那么修改的难度和成本都是非常大的。例如，如果在后期激励源频率与较大系统的整体模态频率发生耦合时，激励源频率通常是不能修改的，例如发动机点火激励，一旦怠速转速确定，发动机怠速主要的激励源就已经确定下来了，而较大系统的整体模态也是不容易修改的，如整车一阶弯曲模态等。如果在开发后期出现发动机二次点火频率与一阶弯曲模态耦合的情况，那么由此引起的振动和噪声将很难解决，或者优化的成本是很高的，即便可以通过调整怠速转速改变点火激励频率，但是调整转速带来的其他性能的问题也将不可避免，如油耗问题、发动机供电平衡问题等。因此，前期进行频率规划，不仅可以提高 NVH 性能，同时也可以降低与其他性能冲突的风险。

另外，在前期进行频率规划，可以有效地避开系统、部件间的模态耦合问题，降低后期 NVH 问题的风险。例如，在前期需要对声腔模态与车身大板件（如顶篷、侧围、前围、前后风窗玻璃、地板车身外板等）进行频率规划，保证车身大板件的模态与车内声腔模态有效分离，否则会出现轰鸣声等问题。整车声腔模态频率范围在 45～80Hz，这个频段内车身大板件也分布着大量的模态，如果不进行模态频率规划，那么声腔模态与板件就有可能出现耦合，产生轰鸣声等 NVH 问题。因此，前期必须对整车模态进行全方位的频率规划。

二、工程设计阶段

在工程设计阶段，主要利用模态仿真分析，实现对车身、底盘、动力系统等结构的分析和优化。

从模态性能的角度看，仿真分析是对整车频率规划进行虚拟的验证，并利用仿真结果查找设计缺陷并完成优化。仿真分析已经成为整车性能开发的重要工具和手段，这不仅因为仿真分析可以大大提高模态的预测精度，而且仿真分析可以大规模地降低开发成本。

利用仿真分析对模态性能进行整车开发，首先，要利用仿真分析对频率规划项和性能控制项的系统、部件进行分析、验证。例如，模态分析最主要的分析内容就是对白车身进行模态分析，白车身最关注的模态是一阶弯曲和一阶扭转，首先要对白车身的一阶弯曲和一阶扭转进行分析判断。

其次，对频率不达标的系统或部件须进行优化。也就是说，若模态仿真分析结果不符合频率规划，或者模态频率目标不达标，或者利用仿真分析结果发现结构设计的缺陷、薄弱部位，就需要采用优化手段对车身结构进行优化改进，采用的具体办法可参考模态性能控制策略章节。同样，如果通过计算发现白车身的某阶模态，如一阶弯曲不满足要求，就必须利用优化的手段对白车身模态性能进行提升，最终满足频率规划的要求。

三、设计验证阶段

在设计验证阶段，通过试验测试的手段验证整车、系统部件的模态性能，并利用模态性能对整车 NVH 问题进行排查和整改。

在设计验证阶段，可利用测试手段对试制样车进行分析验证，并通过模态性能查找 NVH 问题，完成问题的最终优化。前期仿真都是基于仿真分析模型进行的预测，是减少后期试制样车试验的重要手段。但是，仿真毕竟是基于数模的虚拟验证，与实车有一定差别。当整车到试制样车阶段后，可基于试制样车进行测试和验证工作。

首先，利用模态测试分析对仿真分析的精度进行验证，以修正仿真分析模型的精度，并积累和完善仿真分析方法和经验。整车开发的工程设计阶段，利用仿真分析手段完成了 NVH 性能关注部件的模态分析与优化工作。由于仿真分析全部基于三维数据的基础上，可能与实车存在一定的误差。因此，在这个阶段一方面需要对模态频率规划和模态目标进行实车验证，另一方面需要对关注的系统、部件模态的仿真精度进行验证，可通过模态频率和模态阵型相关性进行分析，具体可参见本章第五节相关内容。

其次，通过试验和仿真相关性分析，仿真分析模型精度不断提高。可利用仿真分析手段协助测试识别和优化试制样车中出现的问题。目前的模态仿真分析精度已经非常高了，如白车身一阶弯曲模态和一阶扭转模态，在实车测试与仿真计算误差能控制到 1Hz 内。在这个阶段的白车身模态测试工作，更多的是放在利用仿真结果查找实车在试制过程中的焊接、工艺等缺陷。例如，利用仿真分析查找顶篷的涂胶是否满足要求，侧门的防撞杆与外板的胶是否有脱落等。因为仿真分析精度与测试误差很小，如果试制样车，尤其是第一轮样车的模态测试与仿真存在较大误差的情况下，除了正常分析仿真模型的精度外，另一个主要任务就是检查实测的胶、关键部位的焊点是否存在漏焊、漏涂，或者焊点、涂胶失效的情况。这个阶段的仿真分析工作与测试工作结合起来，对整车 NVH 性能开发是非常有意义的。

再次，在这个阶段，最主要的工作是利用模态测试和分析的手段，对整车 NVH 问题进行排查。在试制样车完成后，最主要的工作就是识别和解决发现的 NVH 问题。在所有 NVH 问题中的测试和分析，不论评价的参数是什么，如声压、振动等，最终都要回归到模态性能上，无论是查找问题原因，还是针对 NVH 问题制定方案，模态频率性能都是解决问题的主线。

对于常见的整车 NVH 问题，尤其是中低频的结构问题，如抖动、轰鸣声、路噪等，在问题解决思路上都是始于模态性能，终于模态性能。始于模态性能，是指一旦发现整车 NVH 问题，首先要排查问题的出现频率，根据问题的频率确定解决问题的思路，因为低频、中高频解决方法是不同的；其次，可根据问题的频率，结合特定的工况确定问题的部位，比如加速工程中，发动机转速到 3000r/min 左右，发现整车有轰鸣声，而且伴随着地板振动较大，根据经验判断驱动轴出问题的概率较大，这也是根据频率分布的经验来估计的；最终一旦确定问题部位是驱动轴，所有的修改方案同样是基于模态修改的，通常采用的方案有增加吸振器、增加传动轴长轴支撑点、采用空心轴、采用阶梯轴等，所有的方案都是基于修改模态性能进行的。从这个角度说，解决 NVH 问题的思路是终于模态性能。

例如，图 2-26 所示为解决轰鸣声问题的排查思路示意图，图中显示的流程是轰鸣声问题排查的一种思路，也说明了模态在解决轰鸣声问题过程中的作用。

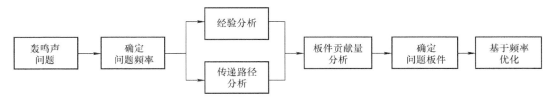

图 2-26　整车轰鸣声问题的排查思路

从图 2-26 可以看出，整车轰鸣声问题排查都是以频率为主线的。图中的各个环节，不论是传递路径分析，还是板件贡献量分析，都是基于问题模态频率进行的，包括后期制定修改方案，也同样是基于模态频率进行的。上述的介绍主要基于中低频的结构模态，对于风噪声、动力总成噪声等中高频噪声问题也可以采用类似的思路，不过修改的部位并非全是问题产生部位，可能会从吸隔声等传递路径的角度来考虑。因此，所有问题都归结到整车具体部件频率问题，可以整体规划，然后进行修改。

第三章 车身静刚度分析与控制

车身静刚度是车身结构最基本的性能之一,也是其他 NVH 性能的基础和保证,如风噪、路噪、异响等。尽管静刚度反映的是车身结构的静态性能,但是静刚度也是整车 NVH 性能评判和解决问题最基础和有效的手段。如果 NVH 问题能与静刚度性能建立起联系,那么在解决问题时,可充分利用仿真分析的手段进行优化改进,相比于其他性能的分析,如模态、动刚度等都要省时省力。

从分析的部位看,静刚度不仅可对车身整体结构进行分析评价,也可对车身局部结构进行分析和评价。也就是说,静刚度分析可实现对白车身各部位结构性能的评判;从整车开发流程看,静刚度分析贯穿整车开发过程,包括前期的目标制定,工程设计阶段的仿真分析和优化,设计验证阶段的试验验证。因此,静刚度性能评价已成为车身 NVH 性能的主要参数之一。

第一节 车身静刚度概述

静刚度是指结构抗变形的能力,是反映结构的静态特性的一种性能。车身静刚度不仅是风噪、路噪、异响等 NVH 性能的基础,也是车身轻量化设计重要的分析和评判手段。由于汽车工业的快速发展,各国都面临着油耗、环保和安全等问题,各国也都制定了相应的法规,这些法规的制定促进了车身轻量化设计的发展。因此,高刚度、轻量化设计已经成为车身设计的主流。从某种程度上讲,刚度与轻量化是一对矛盾的性能。

由于燃油经济性已成为行业严格控制的指标,车身轻量化是解决燃油经济性的最重要手段之一,降低车身重量一定程度上会降低车身刚度。但是,车身刚度是整车 NVH 性能的基础,随着人们对车辆乘坐舒适性的要求越来越高,对整车的 NVH 性能要求也越来越高。因此,对车身刚度性能的要求也不断提高,这使得车身设计面临着越来越严峻的挑战,同时车身刚度性能也面临着空前的挑战。

通常车身轻量化性能采用轻量化系数 L 来评价,该系数是宝马公司提出的,主要用来评价白车身轻量化程度的大小。轻量化系数与白车身扭转刚度、重量、车身的投影面积有关(图 3-1),具体为

$$L = \frac{m}{TA} \tag{3-1}$$

式中,m 是白车身质量,且不包括前后风窗玻璃,单位为 kg;T 是带风窗玻璃的扭转刚度值,单位为 kN·m/(°);A 是左右轮边宽度与轴距围成的投影面积,单位为 m²。

从式（3-1）可看出，白车身扭转刚度是影响白车身轻量化系数的重要因素之一。随着车身轻量化要求越来越高，白车身轻量化系数有逐年减小的趋势，如果在车身投影面积和重量不变的情况下，则要求扭转刚度必须不断提高。图3-2是不同代高尔夫轻量化系数变化的情况。高尔夫第一代车型生产于1974年，第五代车型生产于2003年，轻量化系数降低了2.5倍。从高尔夫单一车型的发展看来，德国大众对轻量化技术的要求越来越高，而且白车身轻量化技术一直在持续发展中。

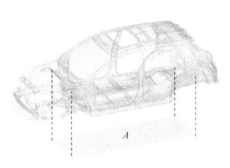

图3-1 轻量化系数分析示意图

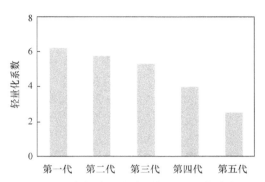

图3-2 高尔夫几代车型轻量化系数变化

图3-3中介绍了某自主品牌近五年的三款轿车和三款SUV的轻量化系数，在6款车中轻量化系数都大于4.0，远大于高尔夫于2003年推出的第五代车型轻量化系数的2.3。图3-4是欧美日车型的轻量化系数的对比，这些数据来自2000~2018年的欧洲车身会议。从这些车型可以看出，无论是A级、B级轿车，还是SUV车型，白车身轻量化系数大都小于4，大多分布在3.0左右。由此可看出，欧美日公司对轻量化工作非常重视，而且轻量化技术相对比较成熟。但是自主品牌轻量化技术相对比较落后，还有大量的分析和研究工作需要深入开展。

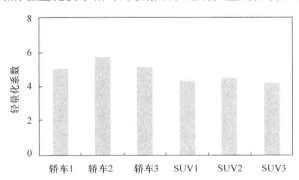

图3-3 某自主品牌几款车的轻量化系数

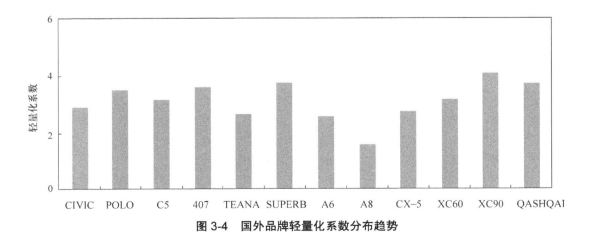

图3-4 国外品牌轻量化系数分布趋势

从式（3-1）可以看出，扭转刚度是影响轻量化系数最重要的参数之一，轻量化系数的本质就是在车身重量目标一定的情况下，通过设计优化取得最大化的扭转刚度。也可以说在扭转刚度目标一定的情况下，使得车身重量实现最轻化。图 3-5 对比了国外品牌车辆的白车身扭转刚度大小情况，这些数据来自欧洲车身会议。从图中可以看出扭转刚度多数在 20kN·m/(°) 以上。目前，尽管国内的车身设计已经取得长足的进步，但是扭转刚度与国外同级别的车型还是有一定的差距。从国内外的车身设计趋势上看，轻量化设计已经成为主流的设计，就是在白车身重量最小的情况下，扭转刚度实现最大化。不仅要求白车身重量越来越轻，同时也要求扭转刚度越来越高，这对白车身结构设计和优化也提出了严峻的挑战。

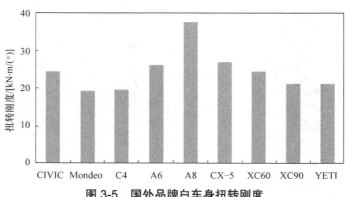

图 3-5　国外品牌白车身扭转刚度

扭转刚度只是白车身刚度指标中的一项性能指标，而且是一项关键的指标。对于白车身，刚度的计算类型还有很多。同样，轻量化设计也会对其他刚度类型提出严峻的挑战。下面将对白车身刚度计算和分析方法进行详细介绍和说明。

第二节　车身静刚度仿真分析理论及方法

仿真分析法是获得白车身刚度最经济、有效的方法。根据分析部位和方向的不同，白车身静刚度有多种分类方法。根据白车身的加载方向，可分为垂向刚度、侧向刚度、扭转刚度等；根据分析白车身部位的不同，可分为发动机舱侧向刚度、发动机舱垂向刚度、行李舱垂向刚度等；根据白车身刚度分析的范围不同，可分为整体刚度、局部刚度。考虑到利用刚度解决问题的目的不同，通常可按照整体刚度、局部刚度、安装点刚度等进行分析。

一、整体刚度分析

白车身整体刚度反映的是车身整体抵抗变形的能力，通常，车身整体刚度主要包括扭转刚度和弯曲刚度。下面对这两种刚度进行介绍和分析。

1. 白车身弯曲刚度

白车身弯曲刚度主要是考虑车辆在行驶过程中，在路面冲击和驾乘人员惯性力的作用下，车身抵抗垂向变形的能力，反映的是乘坐舒适性的特性。若白车身弯曲刚度偏低，一方面会引起车身一阶弯曲模态偏低，在急速工况下容易与发动机二次点火频率耦合，产生振动噪声问题；另一方面，弯曲刚度偏低，会导致门洞变形量偏大，与车门变形不协调，产生风噪声问题。弯曲刚度是白车身最重要的性能之一。

（1）理论依据　依据白车身结构特点，白车身可简化为一简支梁结构，见图 3-6。根据简支梁的特点，集中载荷 F 的加载位置不同，挠度曲线方程也不相同。在进行刚度试验时，考虑到加载位置及方程简化的便利性，通常把载荷加到前、后轮轴距离的中心位置，目的在于考察其在静态垂直载荷作用下的变形。对于白车身，通过约束前、后悬架和车身连接处的垂直位移，让车身形成一简支梁结构，并在中心位置处加一垂直向下的力，让车身产生纯弯曲变形，具体见图 3-6。

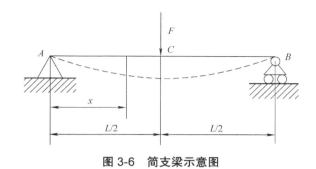

图 3-6 简支梁示意图

对于上述简支梁结构，通过建立平衡方程，计算出简支梁两端的支反力为

$$F_A = \frac{F}{2} \tag{3-2}$$

$$F_B = \frac{F}{2} \tag{3-3}$$

对于 AC 段（$0 \leq x \leq L/2$）的弯曲方程为

$$\frac{d^2\omega}{dx^2} = \frac{F}{2EI}x \tag{3-4}$$

式中，ω 是挠度；E 是弹性模量；I 是惯性矩；F 是集中载荷。

对式（3-4）进行求解，并带入边界条件，得到挠度曲线方程为

$$\omega = -\frac{Fx}{48EI}(3L^2 - 4x^2) \tag{3-5}$$

式中，L 是轴距；x 是从支点到测点的距离。

若将力施加于前、后轮轴距离位置中点处（即 $x = L/2$），则该中点位置处挠度为

$$\omega = -\frac{FL^3}{48EI} \tag{3-6}$$

对于车身来说，可前、后轮轴距离位置中点处的刚度可作为白车身的弯曲刚度，通过式（3-6）可得

$$K = \frac{48EI}{L^3} \tag{3-7}$$

在式（3-7）的推导过程中，可得到对白车身刚度进行仿真分析和试验测试时应该注意的事项。

1）式（3-7）简化的前提是，集中载荷施加在梁上，且是前后轮轴 X 向的中点位置，这要求在做仿真分析和试验时，载荷最好施加到门槛梁上，且位置是前后轮轴 X 向对应的中点位置。如果按座椅位置施加分布载荷，且等效位置不在前后轴的中心点位置，则不能采用该公式进行计算。

2）在式（3-7）中，影响刚度 K 的因素有两个，一个与车身结构本身有关，用 EI 来表示；另一个与车身轴距相关，用 L^3 表示。

3）在式（3-7）中，EI 称为弯曲刚度，但不是真正的弯曲刚度，该参数表明梁抵抗弯曲变形的能力。对于车身来说，EI 表示车身结构等效为梁抵抗弯曲变形的能力。车身结构的抗弯能力越强，等效的 EI 就越大。

4）在式（3-7）中，弯曲刚度 K 与轴距 L 有关，且与轴距 L 的三次方有关，反映的是轴距对弯曲刚度的影响。因此，只有同级别的车（轴距 L 大小差距不大）比较才有意义。不同级别的车，L 相差较大，就没有比较的意义。比如小型车（如本田飞度、福特嘉年华等）轴距的范围在 2.3～2.5m 之间，而中型车（如大众迈腾、别克君威）轴距的范围在 2.7～2.9m 之间，仅轴距引起的弯曲刚度范围在 1.26～2.0 倍之间。因此，在选择对标车或者竞争车制定目标时，必须选择同一级别的车才有意义。

（2）仿真分析　仿真分析是整车开发过程中刚度性能分析和预测的重要手段之一，弯曲刚度是白车身刚度

性能重要的一项评价指标。依据弯曲刚度的简化理论，对白车身有限元模型进行如下的简化设置，包括约束条件和载荷条件。

约束条件：约束左、右前减振器 Y 向和 Z 向平动，约束左、右后减振器 X 向、Y 向和 Z 向平动，满足简支梁简化条件。

载荷条件：在白车身左右门槛梁上分别施加集中载荷 1500N，施加的位置在前后轴连线 X 向的中心位置投影在门槛梁处，具体见图 3-7。那么，白车身弯曲刚度可表达为

$$K = \frac{F}{\Delta Z} \quad (3\text{-}8)$$

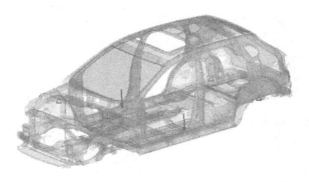

图 3-7　白车身弯曲刚度边界条件

在式（3-8）中，ΔZ 是集中载荷 F 在门槛下表面的相对位移，大小为

$$\Delta Z = Z - \frac{1}{2}(Z_1 + Z_2) \quad (3\text{-}9)$$

式中，Z 是集中载荷对应的点在门槛梁下面的 Z 向位移；Z_1 是左右前减振器约束位置点 X 向在前纵梁投影点 Z 向位移的平均值；Z_2 是左右后减振器约束位置点 X 向在后纵梁投影点 Z 向位移的平均值。

从式（3-7）和式（3-8）中可以看到，白车身的弯曲刚度计算值是一个绝对值，计算所用到的位移是集中载荷施加点所对应的位移值与白车身整体位移的差值。该计算方法反映的仅仅是白车身自身的刚度特性。图 3-8 是几款中级车弯曲刚度的计算结果，该结果来自于欧洲车身会议材料，从图中可以看出，弯曲刚度一般在 11kN/mm 左右。

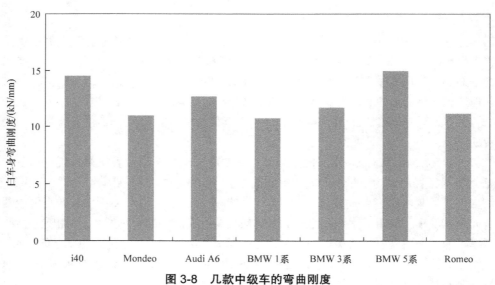

图 3-8　几款中级车的弯曲刚度

2. 扭转刚度

白车身扭转刚度主要考虑的是车辆在行驶过程中，车身在凹凸路面冲击下抵抗变形的情况，反映的是乘坐舒适性的特性。若白车身扭转刚度偏低，不仅会导致车身扭转模态偏低，也会造成门框变形量偏大等问题，这就会产生异响、风噪、路噪等典型的NVH问题。另外，车身扭转刚度偏低，会导致车身的轻量化系数偏高，同时也反映了车身结构设计不合理和轻量化设计水平低等情况。

（1）理论依据　根据白车身的结构特点，可以将白车身简化为一个扭力梁结构，见图3-9。考虑到白车身的受力特点，该梁结构仅仅受扭矩作用。

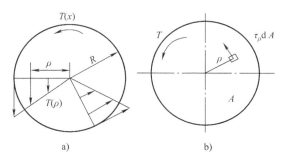

图3-9　梁结构受扭矩示意图

对于梁扭转时，横截面各点只处于纯剪切应力状态，根据剪切胡克定律，任意点处的切应力 τ_ρ 应与该点的切应变 γ_ρ 成正比，即

$$\tau_\rho = \rho G \frac{d\varphi}{dx} \tag{3-10}$$

考虑梁的任一截面分布力系满足力系等效关系，也就是任一截面上的作用线位于该截面的分布内力系，可以简化为一个合力偶，也就是说该合力偶矩就是该截面上的内力扭矩。在整个横截面上，积分求出扭矩为

$$T = \int_A \rho \tau_\rho dA \tag{3-11}$$

对于任一截面，$G\frac{d\varphi}{dx}$ 为一常量，结合式（3-9）和式（3-10）可以得

$$\frac{d\varphi}{dx} = \frac{T}{GI} \tag{3-12}$$

式中，I 为横截面对圆心的极惯性矩，关系如下：

$$I = \int_A \rho^2 dA \tag{3-13}$$

这样，在长度为 l 的梁上，受到扭转力矩 T 的工况下，整根梁的扭转角为

$$\varphi = \int_0^l \frac{T}{GI_\rho} dx = \frac{Tl}{GI} \tag{3-14}$$

那么，该梁的扭转刚度可以表示为

$$k = \frac{T}{\varphi} = \frac{GI}{l} \tag{3-15}$$

结合式（3-15）的推导过程以及白车身的结构特点，在对白车身刚度进行仿真分析和试验测试时应该注意以下事项。

1）从式（3-15）的分析中可以看出，影响扭转刚度 K 的因素有两个，一个与车身结构本身有关，用 GI 表示，由于 I 是横截面对圆心的极惯性矩，因此 I 与车身的轮距有关，轮距越大极惯性矩就越大；另一个与车身轴距相关，用 l 表示。

2）式（3-15）中称 GI 为扭转刚度，但不是真正的扭转刚度，该参数表明梁结构抵抗扭转变形的能力。对于白车身来说，GI 表示车身结构等效为梁结构抗扭转变形的能力。车身结构的抗扭转能力越强，等效的 GI 就越大。

3）式（3-15）中的 l 表示不同轴距对扭转刚度的影响，同弯曲刚度分析一样，在进行对标车分析时，必须选择同级别的车才有意义。另外，在考虑轻量化分析时，为保证轻量化系数满足要求，可以充分利用轮距对扭转刚度的影响进行分析。

（2）仿真分析　同弯曲刚度一样，仿真分析也是白车身扭转刚度重要的分析和预测手段之一。依据扭转刚度的推导，对白车身有限元模型进行如下的简化设置，主要包括约束条件和载荷条件，具体见图 3-10。

约束条件：约束散热器横梁中心位置处的 Z 向平动，约束左右后减振器 X 向、Y 向和 Z 向三向平动，满足梁简化条件。

载荷条件：在白车身左右前减振器位置施加 3000N·m 的力矩，实际是在两减振器座施加方向相反的载荷，载荷的大小是力矩除以两减振器约束点距离的值，具体见图 3-10。那么，白车身扭转刚度表示为

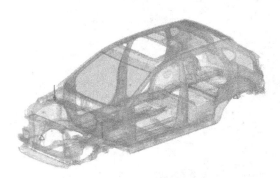

图 3-10　扭转刚度边界条件示意

$$k = \frac{T}{\varphi} = \frac{T}{D_F - D_R} \times \frac{\pi}{180} \tag{3-16}$$

式中，k 是扭转刚度，单位为 N/(°)；T 是扭矩，通常采用 2000N·m；φ 是前后减振器相对扭转角；D_F 是前减振器下方的扭转角加载位置相对转角；D_R 是后减振器下方的扭转角。D_F 和 D_R 有正负之分。

从式（3-16）可看出，扭转刚度也是一个绝对值，该计算方法减掉了扭矩对白车身"整体"扭转变形产生的转角的影响。图 3-11 是几款中级车的扭转刚度，该结果来自欧洲车身会议材料，从图中可以看出扭转刚度均值在 20kN/(°)左右。

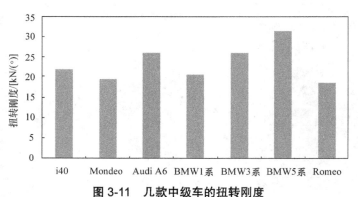

图 3-11　几款中级车的扭转刚度

二、局部刚度分析

局部刚度反映的是白车身局部结构的刚度性能的情况。局部刚度是根据整车行驶条件的实际工况衍生出来的分析工况。比如车辆行驶过程中突然转弯，或者车辆行驶过程中遇到过坑或过坎，这与车身前端侧向刚度和垂向刚度有关。如果前端垂向刚度不足，在过坑、过坎时，会出现振动偏大的问题。在整车开发过程中，可结合模态分析和 VTF 分析协同评判和优化。但是，由于局部刚度分析具备计算和优化效率高的特点，因此，局部刚度分析在 NVH 性能分析中有着不可替代的作用。

白车身局部刚度仿真分析主要包括两类：车身前端分析和车身后端分析。下面对这两类刚度分析法进行详细的说明。

1. 白车身前端刚度

白车身前端刚度包括侧向刚度和垂向刚度。前端垂向刚度是指发动机舱前端纵梁在受垂向载荷下抵抗变形的能力，主要是考虑车身前端安装冷却风扇、中冷器等系统后，在通过颠簸路面时，发动机舱整体变形的情况。如果垂向刚度偏低，那么车身前端的振动会很容易传递到方向盘和座椅导轨上，也就是车身前端到方向盘和座椅导轨的振动灵敏度偏高，或者说是传递函数值偏大，导致方向盘或导轨的振动偏大等问题。对于白车身前端侧向刚度，同垂向刚度机理相同，只是侧向刚度更多关注的是转弯行驶工况。

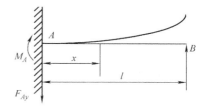

图 3-12 前端刚度分析示意

（1）理论依据 根据白车身前端的结构特点，可以将白车身简化为一端固定、一端自由的梁结构，见图 3-12。考虑到白车身的受力特点，假设梁结构仅受集中力的作用。

对于图 3-12，由平衡条件得出支点 A 处约束力和约束力矩为

$$F_{Ay} = F \tag{3-17}$$

$$M_A = Fl \tag{3-18}$$

那么任一点弯矩方程为

$$M(x) = -Fx + Fl \tag{3-19}$$

这样该梁结构的挠曲线微分方程为

$$EI\frac{\mathrm{d}^2\omega}{\mathrm{d}x^2} = -Fx + Fl = M(x) \tag{3-20}$$

式中，ω 是挠度，单位为 mm；E 是弹性模量，单位为 N/mm；I 是惯性矩，单位为 mm^4。

根据悬臂梁的边界条件，可以得到该梁结构任意一点的挠曲线方程为

$$\omega(x) = \frac{Fx^2}{6EI}(3l - x) \tag{3-21}$$

在自由端 B 点处，挠度最大，即

$$\omega = \frac{Fl^3}{3EI} \tag{3-22}$$

那么，自由端 B 点的刚度可以表示为

$$k = \frac{3EI}{l^3} \tag{3-23}$$

结合式（3-23）的推导过程以及白车身结构特点，在计算白车身前端刚度时需要注意以下事项。

1）式（3-23）同时适合前端垂向刚度和侧向刚度。

2）从式（3-23）中可看出，影响刚度的因素主要有两个，其中一个与截面性能相关，用 EI 来表示；另一个与梁的长度相关，用 l^3 来表示。

3）式（3-23）中 EI 也称为弯曲刚度，但不是真正的刚度。EI 表示的是梁的截面特性，对于白车身来说就是与白车身结构有关，在纵梁长度一定的条件下，EI 值越大，则垂向刚度和侧向刚度越大。

4）公式中 l 表示梁的长度，对于白车身结构，l 是纵梁的长度，因为不同级别、不同类型的车，纵梁长度是不同的，对前端的垂向刚度和侧向刚度影响也不相同，在对标或制定刚度目标时要尽可能参考尺寸相近的车型。

（2）仿真分析 依据前端侧向刚度和垂向刚度的理论推导，并结合实际刚度试验的便利性，对白车身有限元模型进行如下的简化设置，主要包括约束条件和载荷条件，见图 3-13。

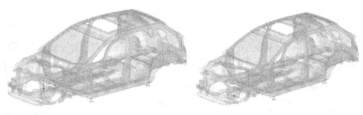

a) 垂向刚度　　　　　　　　　　b) 侧向刚度

图 3-13　白车身前端刚度边界示意

约束条件：约束 A 柱和 C 柱对应的门槛梁下表面 X 向、Y 向和 Z 向三向平动，满足梁简化条件。

载荷条件：在纵梁前端施加 2000N 的力，若计算垂向载荷，沿 Z 向施加载荷；若分析侧向载荷，则沿 Y 向施加载荷。那么，白车身前端刚度表示为

$$K = \frac{F}{d} \tag{3-24}$$

式中，d 是位移，若计算垂向刚度，则为 Z 向位移；如计算侧向刚度，则为 Y 向位移。

2. 白车身后端刚度

同样，白车身后端刚度也包括侧向刚度和垂向刚度。后端垂向刚度是指后背后端纵梁在受垂向载荷下抵抗变形的能力，主要是考虑行李舱存放物品后，在通过颠簸路面时，行李舱物品重量的惯性和路面冲击作用下，行李舱整体变形的情况，如果垂向刚度偏低，同样会引起非常多的 NVH 问题。对于白车身后端侧向刚度，也主要是考虑转弯行驶工况对 NVH 的影响情况。

白车身后端刚度与白车身前端刚度的理论依据是一样的，可参考前端刚度理论推导和结论。

对于白车身的后端刚度仿真分析，约束条件与白车身前端刚度相同。后端刚度载荷施加在行李舱下后纵梁上的尾端，载荷的大小与前端刚度计算载荷相同。后端刚度的评价与计算和前端刚度相同，这里不再赘述。

三、车身安装点刚度分析

车身安装点刚度是指座椅、悬置、备胎、排气吊钩等系统与车身连接部位的刚度。安装点刚度反映的是车身局部抵抗变形的能力，如果这些安装点变形较大，不仅会影响到刚度性能，也会影响到相关部件的功用等。比如，发动机悬置安装点刚度偏低，那么车辆行驶在极端工况下，会出现与周围部件干涉、碰撞的情况。局部安装点刚度分析的目的就是保证相关部件、系统在各种工况下能够有正常的功用并满足隔振的要求。

车身安装点刚度分析都是基于局部部位进行分析的。该分析理论比较简单，不做详细介绍。

对于安装点刚度仿真分析计算，所用的有限元模型是一样的。同计算整体刚度一样，安装点刚度分析主要关注约束条件和载荷条件。白车身安装点刚度分析的约束条件是相同的，载荷条件则不同。另外，安装点刚度分析只关注主要的受力方向，并非三个方向都进行分析计算。每个系统、部件的关注方向也有所不同。因此，常见的白车身安装点及关注的方向见表 3-1，表中的 X 向、Y 向和 Z 向是相对于整车坐标系的。

表 3-1　白车身安装点刚度分析载荷条件

序号	安装点类型	关注的方向	备注
1	悬置	X、Y 和 Z	后悬置根据安装结构，仅考虑主方向
2	前/后副车架	X、Y 和 Z	
3	前/减振器座	Z 和 Y	
4	座椅	Z	
5	备胎	Z	
6	真空助力泵	X 和 Z	可根据前围板结构，建立局部坐标系

第三节　车身静刚度仿真分析评价方法

白车身刚度仿真分析是车身开发的重要内容和手段，也是整车 NVH 性能开发的基础。对白车身进行静刚度仿真分析，不仅可通过计算对刚度计算值进行评价，也可以通过仿真分析结果获取更多信息，进行多方位的评价，进一步发现结构设计中出现的问题，为车身结构优化提供建议。因此，对白车身刚度仿真分析结果的评判方法进行研究是非常有意义的。

白车身整体刚度分析结果的评判方法非常多，常见的方法包括数值法、曲线法、门洞变形量法、应力法等。上一节已经对数值法进行了详细的介绍，本节将不再赘述，主要对其他三种评价方法进行分析和介绍。

一、曲线法

曲线法是研究白车身在受到外部载荷条件下，分析车身关键部位（如地板横梁、门槛梁等）多点的位移或弧度变化的趋势，曲线的横坐标是整车坐标的 X 向，曲线的纵坐标是位移或者弧度。

与数值法相比，曲线法不仅可分析多个点的刚度，也可分析相邻点刚度之间的关系。数值法仅是计算在相同载荷和约束条件下的一个数值，该数值能够在一定程度上反映白车身的整体刚度性能，也容易实现与标杆车的整体刚度进行对比，但是不能够评判白车身局部结构设计是否合理。而曲线分析法不仅可得到白车身整体刚度性能，也可利用相邻点刚度关系，判断局部结构设计的合理性。因此，利用曲线法可发现车身局部不合理的结构，通过优化分析实现白车身整体结构的合理性。

利用曲线法进行白车身刚度分析时，曲线点的位置选择非常关键，选择位置的依据是能够反映车身刚度有代表性的结构，如前纵梁、地板梁、后纵梁等。那么，曲线法分析白车身刚度，就要从这些典型结构中选取点作为绘制曲线的点，点的距离在 120~150mm 之间，从白车身刚度仿真分析结果中读取这些点的位移值，对应每个点的 X 向坐标绘制位移度曲线。图 3-14 是某款车的弯曲刚度和扭转刚度曲线，在图中，深颜色表示左侧梁，浅颜色表示右侧梁。

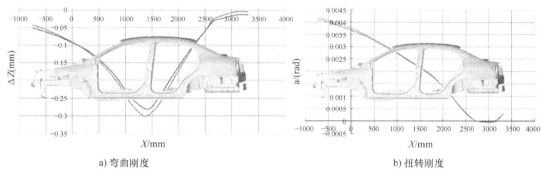

a) 弯曲刚度　　　　　　　　　　　　b) 扭转刚度

图 3-14　白车身刚度曲线分析法

在图 3-14 中，每个图中两条曲线分别代表车身左右两部分的计算值。从图中可以很清晰地看到沿车身方向上刚度和变形的大小分布，以及各个位置点结构变形及刚度大小的情况。另外，也可通过该曲线的曲率变化，对车身结构合理性进行判断。如果刚度曲线光滑无突变，说明车身刚度无突变的情况，验证了车身结构设计的合理性。因此，在弯曲刚度计算工况下，在中间位置施加集中载荷的两侧，不能出现"局部极值"情况。同样对于扭转刚度，在后减振器座约束部位之前的结构，也不能出现"局部极值"情况。如果出现曲线不光滑的现象，说明车身梁结构布置存在问题，例如存在开口梁结构或者不连续梁结构等，都需要对该区域的结构进行优化。

二、应力法

应力法是在刚度计算的载荷条件下，根据应力的分析结果，协助判断白车身结构合理性的方法。应力法也是刚度分析结果的一种评判方法。应力分析通常是强度性能的评价参数,要求的是特定的工况和载荷条件,利用应力的计算结果对车身结构设计合理性进行评价。也就是说只有确定载荷的大小,应力计算结果才有意义。但是,应力法评价刚度并非看重应力值的大小,而是通过应力集中的部位发现结构设计的缺陷。就是对白车身刚度性能的计算结果,设定一定的应力阈值进行过滤,找出在特定工况下应力集中的部位,进行车身结构合理性判断和分析,确定是否需要修改和优化。

对于白车身弯曲刚度和扭转刚度载荷条件,通常将应力的阈值设定为 50MPa,并将计算得到的结果过滤掉 50MPa 以下的应力,然后对过滤后的车身应力结果进行分析,查找应力集中的结构,排除约束条件和载荷的影响部位,即可确定结构设计的薄弱部位,并对问题设计部位进行优化。图 3-15 是弯曲刚度和扭转刚度工况载荷条件下计算的应力结果。

a) 弯曲刚度　　　　　　b) 扭转刚度

图 3-15　白车身应力法分析结果示意

从图 3-15 的分析结果可以看出,排除扭转和弯曲载荷及约束部位的影响,对于弯曲刚度,应力集中的部位主要包括前保横梁与前纵梁连接部位、前围板、座椅横梁、后围板等区域;对于扭转刚度,应力集中部位包括前围板、座椅横梁、备胎槽和后围板等区域。根据静刚度的仿真结果,并结合白车身模态有限元的应变能分析结果,协同判断上述结构设计是否存在问题。通过上述分析,可以判断白车身局部结构是否合理。从 NVH 性能角度看,通过对问题结构的分析和优化,不仅可提高白车身刚度性能,也可提高白车身模态性能,同时也可以降低钣金间敲击或摩擦异响的风险。

三、门洞变形量法

门洞变形量法是指在弯曲或扭转刚度工况载荷条件下,分析侧门门洞、前后风窗玻璃洞、天窗洞等在加载前后对角线的变形大小。门洞变形量法是一种利用白车身刚度计算工况,评判白车身局部结构设计是否合理的评价方法。

门洞变形量大小也是 NVH 性能重要的评价参数之一。门洞变形量大小直接影响风噪声、异响等性能。如果门洞变形量较大,车辆在行驶过程中,会出现门洞与门框结构变形不协调的现象,增大了两者的间隙,也增加了风噪、发动机噪声、轮胎噪声等泄漏到车内的风险。另外,如果扭转工况下的门洞变形量偏大,也会增加密封条与车身漆面摩擦异响的风险。

在弯曲刚度和扭转刚度工况下,门洞变形量关注的部位是不完全相同的。弯曲刚度只关注侧门门洞的变形量,而扭转刚度不仅关注门洞变形量,同时也关注前后风窗玻璃洞变形量大小情况,如果有天窗,扭转刚度也要关注天窗洞的变形情况,具体见图 3-16。

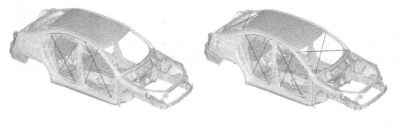

a) 弯曲刚度　　　　　　b) 扭转刚度

图 3-16　门洞变形量法示意

对于白车身局部刚度和局部安装点刚度，主要采用数值法和应力法来评价。评价方法相对比较简单，本文不做介绍，具体评价方法可参照整体刚度评价，或者结合模态分析法进行分析和判断。

第四节　车身静刚度的试验分析

静刚度试验分析是白车身刚度性能评价的另一个重要方法。静刚度试验分析是对实车进行的一种验证手段。静刚度试验主要有两方面功能：一方面是对实车进行试验验证，评判试制样车的刚度性能是否达标；另一方面，可对仿真分析结果的精度进行校准，实现仿真分析与试验测试相关性分析。随着仿真分析精度的提高，车身静刚度试验也有逐渐减少的趋势。

静刚度试验也分为整车刚度、局部刚度和局部安装点刚度。对于整体刚度，试验台架结构比较固定。而局部刚度和局部安装点刚度，试验台架会随着试验测试的部位而做调整，结构相对比较复杂。多数主机厂主要以做整车刚度试验为主。另外，由于局部刚度和局部安装点刚度在进行仿真分析时，影响因素较少，计算精度较高，主机厂也减少了试验次数，充分利用有限元仿真手段对结构进行分析优化。下面对白车身整体刚度，也就是弯曲和扭转刚度等测试进行说明。

静刚度的试验测试通常都是在有铁地板和刚度台架实验室完成的。对于整体刚度试验，测试步骤主要包括试验前准备、试验设备准备、白车身固定、传感器布置和安装、预载及加载、记录并分析数据等工作。具体试验步骤如下。

1. 试验前准备

依据有限元结果确定试验传感器的布置，就是根据弯曲刚度和扭转刚度有限元分析结果，确定刚度试验传感器的布置点，分别形成一个传感器位置布置图，这样可以保证传感器布置相对合理，并可提前获取变形的最大点，减少因布置位置不同引起的试验误差。

2. 试验设备准备

根据试验测试的需要，对力传感器和位移传感器数量、精度、量程进行清点、校准及核对，并对伺服电动机工作状态进行确认。

3. 白车身固定

首先将静刚度试验台安装紧固在T形槽铁地板上，然后调整试验台的距离，将白车身固定在试验台架上，也就是将白车身的前后悬架部位与试验台架固定。并结合仿真分析的边界条件，对前、后减振器座进行约束处理。由于扭转刚度和弯曲刚度的约束条件是不同的，在进行试验时，根据不同的刚度试验采取不同的固定方法。

4. 传感器布置和安装

根据仿真结果提供的布置图，对传感器进行布置，保证传感器的布置方向与铁地板垂直。传感器布置于门槛梁底部，左右侧对称布置，通常单侧布置的数量在13个左右。

5. 预载及加载

根据仿真分析施加的载荷条件，载荷施加的位置在左右两侧的门槛梁。试验首先对车身进行预加载，保持一定时间后，消除间隙后卸载。根据伺服电动机的量程进行加载，可按照四次阶梯加载法进行加载测试。对于弯曲刚度，最小加载力为1500N，最大加载力为6000N，即分别加载到1500N、3000N、4500N、6000N载荷；对于扭转刚度，最小加载力矩为750N·m，最大加载力矩为3000N·m，即分别加载到750N·m、1500N·m、2250N·m、3000N·m扭矩。

6. 记录并分析数据

读取位移传感器和力传感器记录的数据,绘制刚度曲线,分析左右两侧数据一致性情况,并与有限元仿真分析结果进行对比,分析试验数据的有效性,如果存在问题重复进行试验。图是 3-17 是弯曲刚度和扭转刚度试验测试的示意图:

a) 弯曲刚度试验示意图　　　　　　　　b) 扭转刚度试验示意图

图 3-17　整体刚度试验示意图

测试完成后对数据进行处理,由于车身并非完全对称,传感器位置、约束固定部位也可能存在差异,因此车身左右两侧的数据计算存在一定差异。在分析弯曲刚度时,需要将左右两侧的位移取平均值作为车身的位移值;在分析扭转刚度时,由于计算公式考虑了左右侧误差的影响,无需进行调整,具体公式参见相关章节。图 3-18 是某款车的刚度试验测试结果。

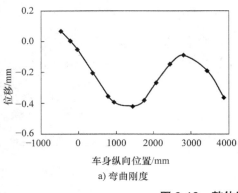
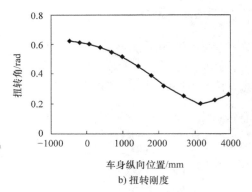

a) 弯曲刚度　　　　　　　　　　　　b) 扭转刚度

图 3-18　整体刚度的刚度曲线

另外,根据两种刚度试验条件,需要对关注的门洞变形量结果进行提取,考虑到各种级别的车门洞大小不同,为便于比较和对标,门洞变形也可用变形率来表示。门洞变形是重要的一项评判指标,也是刚度试验中重要的测试参数。

第五节　车身静刚度的控制方法

白车身刚度性能对整车 NVH 性能的重要性不言而喻,白车身结构设计的合理性对白车身刚度性能有重要的影响。由于白车身是一个非常复杂的结构系统,因此,影响白车身刚度的因素也非常多,主要包括车身整体布置、车身框架结构、车身板件、梁柱截面、接头结构及其相互连接结构等因素。因此,可通过合理设计这些结构、参数,实现对白车身刚度的性能控制。

一、白车身框架结构控制

白车身结构由覆盖件、梁、柱以及结构加强件等焊接而成的结构系统组成,是承受载荷和传递载荷的基本结构和系统。因此,白车身可以认为是由梁、柱构成的框架和钣金结构组成的一个系统。梁、柱组成的框架结构是白车身刚度性能的基础，这些结构设计的合理性直接决定白车身的刚度。

所谓白车身的框架结构是指由地板和顶篷的梁，A柱、B柱、C柱及与其相连的加强结构组成的结构布置形式和连接方式。另外，通过刚度灵敏度分析可知，影响白车身整体刚度的主要是车身框架结构相关部件。而对车身框架影响较大的因素是框架结构的封闭性，也就是这些框架是否在空间组成环状结构。

所谓的空间"环"结构是指横梁和立柱组成的封闭性连续结构。根据上述分析可知，车身框架结构设计对白车身刚度有决定作用，空间环状结构是车身框架结构最优的组合结构。因此，空间环结构是保证车身刚度最重要的结构形式。根据车身结构的特点，空间环可分为前端冷却环、A环、B环、C环、D环以及前后门洞环、风窗玻璃环等。具体见图3-19，图中数字1~8代表不同的环状结构，具体说明见表3-2。

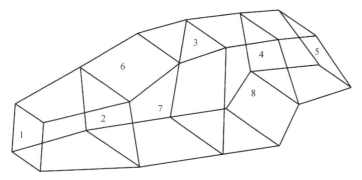

图3-19　车身"环"形结构布置

图3-20　某三厢轿车结构环设计应用

表3-2　白车身环状结构说明

数字	代表环	数字	代表环
1	前端冷却环	5	D环
2	A环	6	前风窗环
3	B环	7	前门洞环
4	C环	8	后门洞环

从图3-19中可看到，环状结构构成了车身的基本框架结构。图3-20是2011年欧洲车身会议上某款三厢轿车的结构环设计情况。对车身框架结构采用结构环的设计，白车身的刚度和模态性能都有明显的提高。两厢车或SUV车型与三厢轿车结构环设计基本类似，只是三厢轿车的后风窗玻璃门洞环可视为SUV车型的D环。

由上述的分析可知，结构环是由横梁、立柱和连接及加强结构组成的。基于上述结构环的分析，白车身结构环应该具备如下的特点。

1）结构环是连续的、封闭的。
2）结构环的各连接部位刚度是分布均匀的。
3）结构环横梁、立柱分布的孔、洞是尽可能少的。
4）结构环的横梁与立柱的连接部位设计是非常关键的，直接决定了结构环功能。
5）结构环的性能，与结构设计、材料、连接工艺（例如焊点、结构胶等）等有关。

从图3-19可知，白车身框架结构主要有8个结构环。每个环结构承担不同的功能，而且每个环结构受设计、材料、工艺影响也不同。下面对主要的结构环特性、设计进行说明和介绍。

1. 前端冷却环结构

前端冷却环结构是指由散热器横梁和立柱组成的封闭环状结构。由于前端冷却环结构位于发动机舱两个纵梁的前端位置，而两个纵梁与前围板连接，纵梁与前围板刚度相差较大，因此，纵梁可以看作是悬臂梁结构。从NVH性能角度考虑，对前端冷却环的设计要求，不仅要满足刚度足够大，而且重量要尽可能轻，原因在于：

1）采用封闭环结构，使得左右纵梁保持成一个整体，可以明显提高前舱垂向刚度和前舱侧向刚度，同时也可避免因散热器上、下横梁不封闭,出现以左、右纵梁为主导的单一模态,这样可以减少模态密度,因此可减少发生共振的风险。

2)前端冷却环安装冷却风扇的部位,也存在一个重要的激励源,如果不采用封闭环结构,那么风扇安装部位刚度变差,在25~35Hz的模态密度变大,导致冷却风扇的振动很容易传递到方向盘上,引起在怠速开空调工况下,方向盘振动变大。

3)如果前端冷却环不封闭导致结构刚度弱、模态分布分散,这会导致汽车在加速工程中,使得左右纵梁产生的模态会加大副车架弯曲变形,引起车内产生轰鸣声的风险。

为了兼顾NVH性能和重量的矛盾,越来越多的主机厂采用塑料材质,采用横梁和立柱一体化的设计。这样在保证封闭环的同时,由于塑料密度大大低于金属材料密度,以发动机舱为主导的模态频率也因此会大大提高。因此,采用塑料材质,解决了刚度和重量的矛盾,实际上就是解决了前端NVH性能和材料冲突的问题。图3-21是某款车前端采用的塑料材质模块。

前端结构设计与方向盘抖动、车内加速轰鸣声等问题有关。前端设计是影响NVH性能的一个重要区域,前端框架采用环状结构设计,可以降低NVH问题的风险。为保证前端冷却环设计,前端框架设计应该满足:

(1)应该保证散热器上横梁与前照灯横梁的连接刚度 散热器横梁与前照灯横梁应采用三方向连接,保证该区域的连接刚度,见图3-22。图3-22a和图3-22b显示了两个车型的散热器横梁与前照灯横梁后端连接情况,图3-22a无连接,图3-22b采用了螺栓连接。如果此处无连接,车辆在行驶过程中,会产生一个倾翻力矩,当受到发动机或路面激励时,会加重方向盘抖动问题。由于图3-22b的区域采用螺栓连接,拆装便利性会受到空间的限制,在前期布置阶段,必须留有足够的空间。

图3-21 某款车前端模块结构

a) 车型A b) 车型B

图3-22 散热器上横梁与前照灯连接结构

(2)必须保证散热器横梁截面特性和上下横梁的开口方向 散热器横梁截面大小会影响横梁的刚度,如果上下横梁刚度不足,则会导致横梁的隔振不足,使得冷却风扇的振动很容易传递到方向盘,恶化方向盘的振动。因此,必须合理设计上下梁截面尺寸。另外,散热器上下横梁一般为开口梁,上下横梁开口方向采用反向设计可以提高散热器横梁整体的刚度。

(3)保证散热器立柱梁与机舱纵梁连接的刚度 散热器立柱梁与机舱纵梁连接区域的结构形式是多种多样的,不同结构形式的连接刚度也是不同的。图3-23是两款车型的散热器立柱横梁和机舱纵梁的连接结构示意,图3-23a结构相比图3-23b的结构,散热器立柱横梁与纵梁连接区域刚度较弱,图3-23a区域的结构是引起车内加速轰鸣声的主要因素。保证散热器立柱梁与机舱纵梁的连接刚度,可以提高机舱整体刚度,尤其是前舱Y向刚度,提高散热器上下横梁和左右悬置Y向隔振,可减少车内振动和轰鸣声问题。

a) b)

图3-23 散热器立柱横梁和机舱纵梁连接结构

对于前端冷却环,评判该结构是否合理的参数,除了模态频率、模态密度外,还包括前舱侧向刚度、前舱垂向刚度、冷却风扇安装点动刚度以及冷却风扇到方向盘、座椅导轨振动传递函数等。

2. 前风窗玻璃环结构

前风窗环结构是指前风窗上横梁、空气室板及左右 A 柱上端组成的封闭结构。前风窗环结构位于乘员舱的前端，是白车身扭转刚度最为关键的抗扭结构和部位。在实车状态下，前风窗玻璃是通过胶粘与风窗环连接的。如果前风窗环结构刚度比较弱，不仅会影响白车身扭转刚度，而且会引起风窗玻璃定位卡扣与定位孔异响问题。为保证前风窗玻璃环的刚度性能，须满足如下要求。

（1）保证空气室板过渡光顺，避免出现曲率突变的结构　前风窗环对白车身扭转刚度有重要贡献，空气室板是影响前风窗环最重要的部件。为保证横梁的刚度，横梁的所有设计截面特性必须保持一致性，如果横梁截面出现曲率明显突变的情况，则会引起横梁刚度不连续性，产生过多的局部模态，如果这些局部模态被激励，会带动前风窗玻璃向车内辐射噪声。

由于空气室板是仪表板的一个重要卡接部位，受到仪表板内部部件（如风道、鼓风机空调箱体等）空间的影响，空气室板的布置空间会受到一定限制，横梁结构往往会因为避让这些部件出现弧度设计突变，导致横梁的刚度连续性无法保证。图 3-24 是某两款车的前风窗环结构，图 3-24b 是空气室板的主要结构件，由于空间布置的原因导致该横梁在中部位置出现一个截面突变，使得周围 X 向刚度较低，前风窗玻璃在低频模态密度较大，尤其是在 50Hz 左右。这与发动机怠速工况四阶点火频率发生耦合，使得怠速工况下车内有明显的轰鸣声。

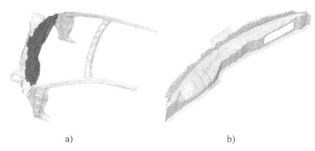

图 3-24　某两款车前风窗环结构对比

（2）合理设计前风窗上横梁的截面尺寸　如果增大前风窗上横梁截面积，则会提高横梁的刚度。如果横梁刚度偏低，会造成前风窗玻璃和顶板过多的局部模态，很容易与车身声腔模态耦合，在车内产生轰鸣声问题。对于该部位产生的轰鸣声问题，通常有两种解决方案：优化横梁截面和增加质量块。丰田的雷克萨斯某款车，为了解决车内轰鸣声问题，采用在横梁内增加质量块的方案。如果在实车调校中发现确实因为该区域引起车内轰鸣声问题，也可以在横梁中部开孔，尽管降低了横梁刚度，但是避开了声腔模态，实现了与声腔模态解耦。

（3）合理设计前风窗环的接头结构　接头刚度决定了环状结构的刚度，必须合理设计前风窗环四个接头的连接结构，保证接头连接区域的刚度。关于接头设计要求，可参照后面章节接头刚度说明内容。

3. A 环结构

所谓 A 环结构是指左右 A 柱、空气室板以及前围板下横梁组成的环状结构。A 环结构位于两个悬臂纵梁的后端。该区域不仅要承担两个纵梁传递的动力总成及相关部件的重力，而且也要承受动力总成、冷却风扇等激励源传递的振动。同时该区域也是扭转刚度和扭转模态敏感性较大的区域。如果这个区域结构设计不合理，不仅会影响到白车身扭转刚度和扭转模态性能，同时也会对整车 NVH 性能产生重要影响。因此，该区域的环状结构设计非常重要，具体应满足如下条件。

（1）合理设计空气室板结构形式　与前风窗环结构设计要求相同，空气室板过渡要光顺，避免出现曲率突变的结构。同时也应避免出现过多、过大的孔洞设计。如果出现上述情况，则无法保证空气室板刚度。图 3-25 是某款车空气室板的结构图，由于结构设计及布置的原因，空气室板上存在两个比较大的孔洞，降低了该区域的刚度，这会引起车内轰鸣声、方向盘振动等一系列的 NVH 问题。为了弥补该结构的设计缺陷，通过增加两个螺栓连接件改善整车 NVH 问题。

（2）须在前围板下端布置梁结构或加强结构　只有在前围板下端布置一个梁结构或加强结构，才可以形成有效的A环结构，才能保障前围板模态和刚度满足目标要求。图3-26是某款车优化完成后前围板的加强梁结构（见图中深颜色部位）。在优化前，该梁结构没有完全封闭，且与A柱的连接刚度比较弱。通过对该结构进行仿真优化，使得白车身整体模态、刚度性能以及前围板模态、刚度都有明显的提高。

图3-25　某款车空气室板结构

图3-26　某款车前围板加强梁结构示意

（3）保证A柱上下端的连接有足够的刚度，尽可能减少A柱内外板件的孔洞数量　A柱内外板孔洞数量及其上下端的连接刚度都会影响A柱的整体刚度。尤其是A柱的上、下端连接部位的设计，往往会由于工艺、成本等因素，不能满足连接刚度的要求。A柱下端与门槛梁连接的连接刚度大小，会直接影响到冷却风扇振动对方向盘影响的大小。图3-27是某款车解决方向盘怠速抖动的一个优化方案，对A柱上下端连接结构进行了优化，A柱内板上端的分缝线上移100mm，使焊缝避开连接区域，并在此更换为激光拼焊，保证了A柱内板在此的连接刚度。对于A柱下端，将A柱内板搭接部位下端延长并避开接头区域，保证了连接的刚度，增强了A环的连接刚度。对A柱下端优化也改善了碰撞安全的能量传递路径。

4. B环结构

B环结构是指左右B柱、顶篷横梁和座椅横梁组成的环状结构。B环结构位于乘员舱的中部位置，对白车身的弯曲和扭转刚度都有一定的贡献，尤其对弯曲刚度影响更为明显。如果该区域刚度不足，会引起鼓噪和轰鸣声等一系列的NVH问题。另外，由于大天窗已经成为一种主流配置，天窗横梁的支架如果不能与B柱形成有效的环状结构，则会加大车内轰鸣声以及鼓噪问题的风险。图3-28是某款车B环结构示意图，从图中可以看出，天窗支架横梁与B柱存在错位，未能形成有效的环状结构，导致天窗支架的刚度也较低，当车辆在颠簸路面行驶时，天窗在惯性力的作用下，很容易在车内产生低频轰鸣声问题。为了减少该区域引起的NVH问题，应该满足如下结构设计要求。

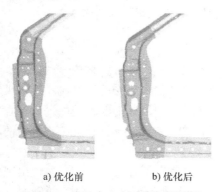

a) 优化前　　　b) 优化后

图3-27　某款车A柱内板连接优化

图3-28　某款车B环结构示意

（1）合理设计顶篷横梁截面，减少顶篷横梁开孔　横梁截面大小和形状影响横梁的刚度，合理设计横梁面的截面，有利于提高顶板的刚度。横梁截面形状保持一致，避免在横梁截面的中部出现截面面积减小，开孔等情况，否则会增大顶板的模态密度，增加与声腔模态耦合产生的轰鸣声问题风险。

（2）合理设计顶篷横梁的涂胶尺寸和布置位置　顶篷横梁的涂胶对顶篷有辅助支撑作用，一定程度上可提高顶板刚度。因此，横梁的涂胶是增加横梁与顶板连接刚度的有效措施。因此在设计涂胶时应该满足：一方面要保证涂胶的长度，尽可能实现左右贯通，另一方面要保证涂胶的宽度和高度，根据胶的膨胀率设计胶与顶板的干涉量。如果胶设计不合理，横梁就不能形成一个有效的封闭结构，会降低横梁和顶板的刚度，同时也不能形成有效的封闭环。另外，也要保证涂胶的质量和工艺，减少实车中脱胶的情况。如果顶篷横梁涂胶的结构和工艺设计不合理，会引起轰鸣声问题或者横梁与顶板敲击异响问题。

（3）保证前排座椅后横梁形成一个连续的梁结构　由于中通道的结构布置原因，通常前排座椅的后横梁结构是不连续的。根据布置的需要，大部分车的设计是将座椅后横梁布置到地板的内侧，也有部分车布置到底板的外侧。但是随着燃油车和电动车的并行开发，地板外侧必须留有足够的空间布置电池，在地板外侧布置横梁越来越受到限制。尤其是为了形成一个封闭的B环结构，需在中通道设计一段加强梁（图3-29），对于纯电动车，如果无法布置中间加强梁，可通过设计电池包与车身的挂点位置改善B环结构。

（4）保证B柱与门槛梁、顶篷侧梁连接刚度　B柱刚度设计的好坏直接决定了B环的刚度。从提高B柱刚度的角度，设计应该减少B柱内板开孔大小和开孔数量，提高B柱内板与门槛梁、顶篷梁搭接区域。增加两者搭接面积，实际上是提高B柱的接头刚度，后面章节将做进一步介绍。图3-30是某款车左侧B柱结构，图中显示了两个内板的接头连接情况，B柱结构与顶篷侧横梁、门槛梁的连接区域面积都较小，不符合B环结构设计。

图3-29　座椅横梁布置图

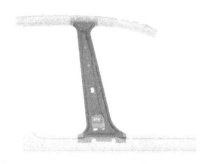

图3-30　某款车的B柱结构设计

（5）合理设计B柱截面　B柱的侧向刚度是影响B环结构的重要参数之一，通常B柱侧向刚度可用B柱截面的Y向（按整车坐标方向）惯性积评价。通过设计优化B柱内板及加强板厚度、截面形状，使得B柱截面的Y向惯性积最大化。这样可以提高B柱结构的侧向刚度和车身弯曲刚度，减小B柱的弯曲变形，改善鼓噪问题，也可以减少车辆在行驶中发生变形的情况，改善车内风噪和胎噪问题。

5. C环结构

C环结构是指左右C柱、顶篷横梁、中底板加强梁以及轮罩板加强板组成的环状结构，C环结构位于中地板的后部。从设计角度看，无论是三厢轿车还是两厢轿车或SUV车型，C环结构都是最不容易设计成封闭环结构的部位。主要原因包括两个方面：一方面，通常C柱结构本身刚度都比较弱，无法单独形成有效的环状结构，需要增加特定的加强结构来构成封闭环结构；另一方面，受安全带卷收器和轮罩板布置空间的影响，通常将加强结构设计成连续的、完整的结构是非常困难的，造成C环结构封闭性无法满足，这会严重影响车身的扭转刚度，对轮罩板上的减振器安装点动刚度影响也比较大，恶化车内路噪声问题。图3-31是沃尔沃某款车的车身C环结构设计，从图中可看出，C环形成了一个封闭结构，但是图中标示的孔会降低C环的刚度性能。

为了减少该区域引起的NVH问题，应该满足如下结构设计要求。

（1）合理设计轮罩板的加强板结构　只有轮罩板上的加强板与C柱、顶篷横梁、中底板加强梁形成一个连续的封闭结构，

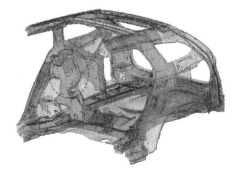

图3-31　车身C环结构

C环结构才能发挥增强刚度的作用。图3-32是某两款同级车C环结构的设计对比，深色部分为C环结构。通过图中的结构对比发现，车型A形成了一个连续的、完整的封闭结构，经过计算，车型A的扭转刚度要比车型B的扭转刚度大7%，另外，从刚度的灵敏度分析计算可得到，轮罩板的加强板板厚和面积等参数对扭转刚度的灵敏度贡献非常大。

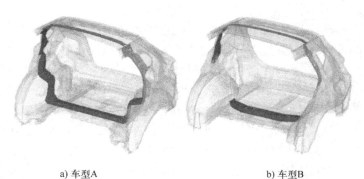

a) 车型A　　　　　　　　　　　　b) 车型B

图3-32　两种车型C环结构对比

（2）合理设计C柱结构，保证其有足够大的刚度　由于C柱结构本身很难形成封闭截面，因此C柱是C环结构中最薄弱的部位，尤其是采用滑移门结构的车身，该区域的结构刚度更低。在查看模态仿真分析结果时，很多车型都会出现以C柱为主导的呼吸模态或局部模态等，说明C柱刚度较周边结构刚度偏低，与周围部件刚度存在不协调的情况。因此，为了提升C柱刚度，尽可能将C柱加强结构与C柱相结合，这样形成的C环结构对车身刚度提升会更有效。图3-33是沃尔沃某款车C柱的结构设计，该结构是将C柱加强结构与C柱进行了有效的结合，提升了整车的刚度性能。

（3）合理设计C柱与顶篷的连接结构，保证刚度的连续性　C柱与车身顶篷横梁连接的部位往往是刚度最弱的部位，如果该区域与周边刚度相差较大，车身在扭转工况下，后门门洞变形量将会变大，恶化车内风噪和胎噪问题。同时也会引起呼吸模态和更多的局部模态，该区域将成为以C柱为主导的呼吸模态变形反节点位置。图3-34是某款车C柱与顶篷横梁连接结构，由于顶篷横梁仅靠两个焊点与顶篷侧边梁连接，连接刚度不足，顶板刚度和侧围刚度不能得到有效支撑和加强，会引起加速轰鸣声和路噪问题。

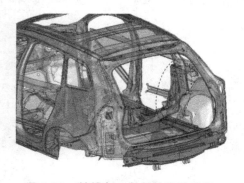
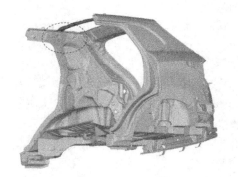

图3-33　某款车C柱结构设计示意　　　　图3-34　某款车C柱与顶篷横梁连接结构

（4）减少地板横梁开孔，增大横梁的截面积　横梁的开孔和截面积都会影响到横梁刚度。因此，在满足工艺条件下，尽可能减少开孔。图3-35是某两款车后地板横梁开孔结构对比，图3-35a车型要比图3-35b车型开孔要多，由于该结构对车身扭转刚度敏感性较高，应避免在该结构上开过多的减重孔，否则会明显地降低车身扭转刚度。从轻量化角度分析，可在该区域适当增加截面尺寸提高扭转刚度，对扭转刚度灵敏度小、重量灵敏度大（板厚大）的板件进行减重优化。通过上述优化，不仅可提高车身刚度性能，而且可以减低车身重量。

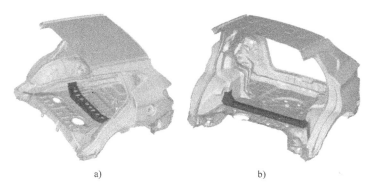

图 3-35　车身后地板横梁开孔对比

6. D 环结构

D 环是指左右 D 柱、顶篷尾梁和后围板加强梁组成的环状结构。D 环结构主要是指两厢车或 SUV 车型应用的结构。D 环结构不仅影响行李舱侧向刚度和垂向刚度，而且对车身后部扭转模态也有重要影响。如果 D 环结构刚度偏低，则会引起车内加速轰鸣、鼓噪以及背门异响等问题。为避免上述 NVH 问题，从 D 环结构角度，需满足如下条件。

（1）合理设计 D 环四个接头与横梁的搭接结构　接头刚度是 D 环结构的基础，如果接头刚度较弱，横梁刚度再大，也无法形成有效的环结构。接头的结构设计参见后续内容。因此，要保证 D 环四个接头的连接区域与周围零件的全部搭接，尽可能在搭接区域采用整体的大板件连接，避免采用小板件连接影响接头刚度。接头刚度是 D 环结构的基础，直接影响 D 环结构的刚度。图 3-36 是某两款车的 D 环结构设计对比情况。对于车型 A，D 环结构是连续的，而且 D 环下端区域（图示标注区域）与侧围板完全连接；与车型 A 相对，车型 B 的 D 环下端与侧围板没有连接，属于悬空状态。后者的连接刚度较低，导致后部扭转模态也很低。与车型 A 相比，车型 B 不但会因变形过大引起风噪声问题，也会增加在颠簸路面下，后背门出现前后方向撞击异响的风险。

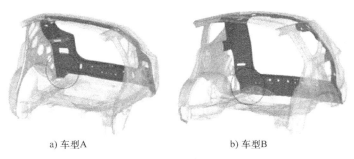

a）车型 A　　　b）车型 B

图 3-36　某两款车 D 环对比

（2）保证 D 柱四个横梁截面封闭，且减少横梁内板上开孔尺寸，并减少开孔数量　同上面介绍的一样，在满足工艺条件下，尽量少开孔，开孔面积尽可能小，利用仿真分析对 D 环四个横梁截面进行优化，保证横梁截面的惯性积和惯性矩。

7. 结构环间的连接梁结构

以上介绍了车身结构"环"对车身刚度及整车 NVH 的重要影响，这些结构环就像一个个"横向平面环"，每个结构环在对应的平面区域内起到增强刚度的作用，但是，这些结构环对车身都是局部的加强，只有将这些结构环连接起来，形成空间结构才能对整车刚度有明显的加强作用，这些连接梁包括顶篷侧边梁、门槛梁和车身地板纵梁等。

如果这些梁结构未能将结构环连接起来，相邻环结构彼此独立，不能形成有效的空间框架结构，车身刚度将会大大降低。因此，从提高白车身整体刚度角度，连接梁结构应满足如下条件和原则。

（1）合理设计连接梁的截面　通过仿真分析的灵敏度分析手段，对连接梁结构的截面形状、板件厚度、内部加强板的布置位置等进行分析和优化，最大化地提高梁结构的刚度。

（2）保证连接梁结构的连续性　梁结构的连续性包括两个方面：一方面是结构的连续性，保证连接梁结构不能中断，否则无法连接结构环，不能形成有效的空间结构；另一方面，保证梁结构刚度的连续性，刚度连续性就是保证梁截面不能发生突变，否则形成的框架结构的车身刚度也无法得到最优。图3-37是某款车地板纵梁布置的情况，从图中可以看到：中间的两根纵梁，没有与两个环结构进行连接，导致A结构环与B结构环在地板出现中断的情况，因此，对车身的弯曲、扭转刚度都有一定的影响。同时，也会导致前地板产生较多局部模态，引起车内NVH问题。

（3）保证连接梁与结构环的连接刚度　只有保证连接梁与结构环刚度，车身结构才能形成一个有效的框架结构，才能保证车身整体的弯曲和扭转刚度。如果连接结构设计不合理，无法保证连接部位的连接刚度，则会出现车身刚度突变、不连续的情况，形成"两截"车身，容易在该区域产生较多的局部模态，产生一系列的NVH问题。图3-38是某款三厢车的门槛梁与后地板横梁连接结构示意，在图中标示位置，连接结构仅用少量的焊点进行连接，连接刚度较弱，导致前后地板刚度变形不协调，容易产生较大的振动。通过整车模态分析发现，该区域在70Hz左右出现了较多的模态。车辆在加速过程中，后排出现了明显的轰鸣声问题，通过分析发现主要是由于该区域的连接刚度低，振动大，带动搁物板与声腔模态耦合产生的。因此，必须通过合理设计连接结构，确保连接结构的刚度。

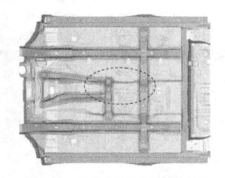
图3-37　某款车地板纵梁连接结构

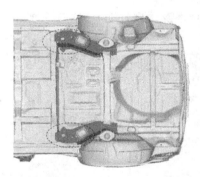
图3-38　某款车门槛梁与后地板横梁连接

二、白车身接头性能控制

接头是指车身三个不同方向横梁、立柱相互连接区域的结构。对于白车身，接头主要包括：A柱、B柱、C柱与顶篷横梁和门槛梁的连接结构，见图3-39a；对于两厢车或者SUV车型，还包括D柱对应的结构，见图3-39b。接头结构的合理性设计是评判环连接结构本身以及环结构之间设计是否合理的重要标准。

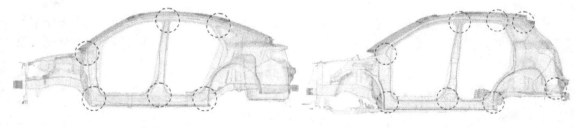

a) 三厢车　　　　　　　　　　　　　　b) 两厢车

图3-39　白车身关键接头部位示意

对于车身设计，不仅要求关键梁结构满足刚度要求，更重要的是接头结构能满足刚度的要求。因为接头刚度设计满足要求，并不能保证车身刚度满足设计要求。但是接头结构刚度设计不满足刚度要求，车身刚度性能一定会变差。因此，为保证车身刚度，首先必须保证接头性能满足要求。

评价接头结构的性能参数分为两种：弯曲刚度和扭转刚度。弯曲刚度和扭转刚度主要是通过仿真分析计算的。不同的接头分别在车身上截取不同位置的仿真分析模型，通过在截面形心位置施加弯曲和扭转载荷计算得到弯曲和扭转刚度。以连接头为中心，在白车身有限元模型截取 200～250mm 的模型作为接头分析模型，在截面的形心位置建立局部坐标系，沿截面轴心的为 X 轴，与截取的梁、柱面垂直的为 Z 轴，与梁、柱面平行的为 Y 轴，见图 3-40。

对于接头刚度，主要考查三个刚度，两个弯曲刚度和一个扭转刚度。弯曲刚度是指接头的截面两个方向的抗弯性能；而扭转刚度是指接头截面形心位置抗扭转的性能，见图 3-40。接头刚度关键的分析思路如下。

1）模型截取：首先在白车身有限元模型上，截取距接头交线点 250mm 的模型，并对不规整的单元进行处理，避免出现网格单元交错分布的情况。

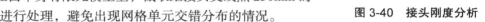

图 3-40 接头刚度分析

2）分析边界：除分析的截面之外，在车身截取的部位进行六个自由度约束。

3）载荷条件：在分析的截面建立局部坐标系，轴心坐标定义为 X 向，垂直接头所在表面的为 Z 向，平行接头所在表面的为 Y 向。分别在沿 Y 向、Z 向施加载荷，沿 X 轴施加扭矩。

4）分析评判：利用对标车分析结果、数据库或者已有的规范进行评价和判断。

5）结构优化：如果分析结果不能满足设计要求，就需要利用优化手段对结构进行优化，包括板件厚度、截面形状、焊点位置及数量等方法。另外，可通过商业软件 SFE 建立全参数模型，实现早期对接头刚度性能的优化。

三、白车身梁柱的截面性能控制

截面是指垂直白车身横梁、柱的轴线平面与梁、柱交线而围成的闭合面。截面特性是指这些曲线围成的闭合面性能参数大小的情况。梁截面性能参数的好坏直接决定了梁刚度的大小。前面已经介绍过，顶篷横梁和涂胶失效降低了顶板的刚度，增大了顶板的振动，增大了顶板模态密度，引起车内轰鸣声、异响等 NVH 问题。顶篷胶失效问题，实际上是顶篷与顶篷横梁没有形成一个闭合面。因此，梁的截面特性直接影响车身的 NVH 性能。

另外，横梁和立柱的截面面积大小决定了横梁与立柱的重量，最佳的设计是采用最轻的材料，使得横梁和立柱性能最大化。因此，轻量化设计已经成为汽车设计的主流，在进行截面设计时，在保证截面各项性能的同时，应使重量最小化。

评价截面特性的参数包括惯性矩、极惯性矩和截面面积等，下面对截面特性参数进行说明。

1. 惯性矩

梁的截面积对某坐标轴距离的平方乘积称为对某轴的惯性矩，见式（3-25）和式（3-26）。

$$I_y = \int_A Z^2 dA \tag{3-25}$$

$$I_z = \int_A Y^2 dA \tag{3-26}$$

惯性矩是描述截面几何特性的量。惯性矩是反映横梁抵抗弯曲大小的几何量。梁截面惯性矩越大，说明该梁的强度和刚度越大。

2. 极惯性矩

梁的截面积对坐标轴原点距离的平方乘积称为对原点的极惯性矩，见式（3-27）。极惯性矩是反映截面抗扭转的一个量。

$$I_\rho = \int_A \rho^2 dA \tag{3-27}$$

惯性矩与极惯性矩的关系为，截面对任一对相互垂直轴的惯性矩之和等于该截面对两个轴交点的极惯性矩，即

$$I_\rho = \int_A Z^2 \mathrm{d}A + \int_A Y^2 \mathrm{d}A = I_y + I_z \tag{3-28}$$

3. 截面面积

截面面积是指所有封闭面的板件厚度与长度乘积之和。截面面积反映的是横梁重量特性。截面积与惯性矩没有正比关系，也就是说截面积大的截面并不能保证截面的惯性矩大。因此，对横梁截面需要进行优化分析。

为保证横梁和立柱的截面性能，应该满足如下的条件。

（1）截面的封闭性　截面尽可能采用封闭结构，避免使用开口截面梁。以圆截面为例，封闭圆截面与开口圆截面扭转刚度之比为

$$\frac{T_{圆闭}}{T_{圆开}} = 3\left(\frac{r}{t}\right)^2 \tag{3-29}$$

式中，r 是圆的半径；t 是钣金厚度。

由于圆的半径远大于钣金的厚度，因此闭口梁的刚度要远大于开口梁的刚度，只有保证梁截面是封闭的，才能保证梁有足够的刚度。从结构设计分析，必须保证钣金间有足够的焊点。从工艺的角度分析，必须保证钣金间的焊接和涂胶的质量。

（2）惯性矩的协调性　在面积一定的情况下，尽可能保证截面两个方向的惯性矩相差不大。截面中每一个方向的惯性矩表明了该方向抗弯特性，如果两个方向惯性矩相差较大，那么横梁的整体抗扭特性就会变差。尤其是关键部位（如A柱、B柱等）的截面性能，直接影响白车身的弯曲、扭转刚度。评价两个方向的惯性矩是否合理，用两个方向的惯性矩比值 μ 来评价，即

$$\mu = \frac{I_{小}}{I_{大}} \tag{3-30}$$

图 3-41 是某两款车 B 柱下部截面形状，图 3-41a 中，两个方向的惯性矩相差比较大，μ 值在 0.79 左右，图 3-41b 中两个方向惯性矩相差不大，μ 值在 0.52 左右。在两个方向都满足惯性矩目标的要求下，图 3-41b 的方案对车身刚度是较优的方案。

另外，对于白车身顶篷横梁设计，往往由于空间布置的原因将横梁截面高度设计得相对较小，这会导致横梁对顶篷支撑刚度降低，模态频率偏低，模态密度偏大，车内出现轰鸣声的概率增加。因此，在布置空间允许时，尽量增大顶篷横梁的高度，协调设计两个方向的惯性积。

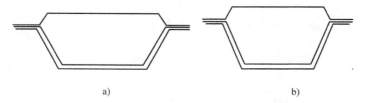

图 3-41　两种不同的截面对比

（3）性能和重量的协同设计　轻量化设计已经成为一个趋势，在对截面进行性能设计时，必须进行轻量化设计。对截面来说，用惯性矩与面积的比值 λ 来评价重量和性能的大小情况，见公式（3-31）。式中 I 可代表两个方向的惯性矩、极惯性矩。可以通过截面特性优化来提高该系数，式中 λ 值越大，说明截面的性价比越高。

$$\lambda = \frac{I}{A} \tag{3-31}$$

四、结构胶的控制

越来越多的主机厂开始在车身连接中选用结构胶。车身采用的结构胶不同于密封胶、玻璃胶,结构胶是指强度高,能承受较大荷载,且耐老化、耐疲劳、耐腐蚀,在预期寿命内性能稳定,适用于承受强力的结构件粘接的胶黏剂。结构胶是以热固性树脂、橡胶和聚合物合金为主的黏合剂。

车身的结构胶可以替代焊点,将车身焊点的"点"连接变为连续的"线"连接,降低了应变能聚集和应力集中的情况,根据结构胶使用量的不同,车身可以减少10%~20%的焊点。因此,车身采用结构胶可以提高车身刚度,同时也可以提高强度耐久、碰撞安全、可靠性等性能,越来越多的车身采用结构胶来提高刚度,典型的车型见表3-3。

表3-3 使用结构胶的典型车型及车身性能

车型	结构胶长度/m	扭转刚度/[km·N/(°)]	轻量化系数/[kg/N·m/(°)·m²]
宝马i3	173	27.2	1.26
路虎揽胜	160	26.3	2.22
奔驰新B级	123	25.7	2.79
奥迪新A6	108	26.2	2.56
奥迪新A3	78	25.8	2.41
现代i40	71	34	2.09
宝马新3系	55	26	2.66

从表3-3中可以看到,胶的使用量与提高扭转刚度有一定正比关系,与轻量化系数(越低越好)有一定反比关系。因此,结构胶的使用不仅可以提高车身刚度,而且在一定程度上可解决车身高刚度和轻量化之间的矛盾。

结构胶对白车身刚度的提高,可以通过仿真分析的手段来实现。在有限元模型中,结构胶通常用3D实体单元来模拟,单元厚度为0.2~0.3mm,建在需要连接的板壳单元之间,并辅以刚性单元(RBE2和RBE3)进行连接。在进行实际建模时,结构胶单元应尽可能覆盖翻边区域,尤其是在内侧。另外,如果结构单元厚度超过板件中面间的厚度,需要调整胶的弹性模型来修正模型。

结构胶对提高车身刚度效果非常明显,根据不同车身结构,静态刚度可以提高8%~23%。以自主品牌的某款三厢车为例,采用仿真分析手段对白车身弯曲和扭转刚度进行优化,优化结果见表3-4。

表3-4 某款车结构胶优化

刚度类型	方案一	方案二
扭转刚度	+12.1%	+10.5%
弯曲刚度	+7.6%	+6.3%
结构胶重量/kg	1	0.55

车身结构胶使用受温度、湿度、基材以及工艺的影响,使用结构胶需要考虑以下因素。

(1)根据施工工艺,选择合适黏度的结构胶 对于设计涂胶长度较大、黏度高的结构胶,建议采用机器人进行涂胶,不仅能保证涂胶质量稳定,而且可节省涂胶和降低工人工时。黏度较高的结构胶需要加热,具有很好的黏附力;对于胶用量少、黏度低的结构胶,不需加热,可在常温条件下完成,适合手工涂胶。

(2)涂胶基材的表面处理 为使涂胶表面有良好的黏附性,需要对粘接的表面进行擦拭、打磨等表面处理工艺,对于不同材料的钣金件连接,需要根据翻边宽度调整用胶量以防止电偶腐蚀。对于售后的胶修补,还需要考虑对车漆的保护。

(3)涂胶面的结构设计 涂胶面需要考虑两方面因素,一方面考虑涂胶面的结构受力情况,主要包括拉伸、剪切、剥离、劈分等工况,在结构胶所有受力形式中,在结构剥离工况下具有最佳功能,在剪切模式下具有一定的强度。另一方面需要考虑涂胶的连接部位结构设计情况，结构胶的连接主要包括对接、斜面搭接、平面搭接、半搭接、双搭接等。在结构胶连接的形式中，钣金对接连接效果最差，不建议采用此连接方式，而半搭接形式最好。关于结构胶的连接形式评估见表3-5。从表中可以看出，只有使用结构胶部位设计合理，才能保证对车身刚度有提高和改善作用。

表3-5 结构胶连接形式优劣评估

编号	搭接形式	搭接评估	备注
1	对接	不好	不建议采用
2	平面搭接	好	
3	斜面搭接	较好	
4	半搭接	非常好	最好的连接方式
5	双搭接	好	控制两侧力平衡

五、车身灵敏度分析和优化

不同区域、不同部位的钣金结构对车身刚度贡献是不同的，相同的部位对扭转刚度和弯曲刚度的贡献也是不同的。最佳的设计思路是对刚度贡献度大的部位进行强化设计，对刚度贡献度小的部位进行弱化设计。这就要利用灵敏度分析计算。灵敏度分析是指分析车身性能参数 u_i 的变化对车身结构设计参数 x_j 变化的敏感性。车身结构刚度对车身结构设计参数的灵敏度定义为

$$\mathrm{sen}\left(\frac{u_i}{x_j}\right) = \frac{\partial u_i}{\partial x_j} \tag{3-32}$$

因此，通过结构的灵敏度分析，可以获得车身结构修改的最佳位置和最优尺寸。

对于静态有限元分析，基本方程有

$$\boldsymbol{K}_{n \times n} \cdot \boldsymbol{u}_{n \times 1} = \boldsymbol{F}_{n \times 1} \tag{3-33}$$

式中，$\boldsymbol{K}_{n \times n}$ 是总体刚度矩阵；$\boldsymbol{u}_{n \times 1}$ 是结构的位移向量；$\boldsymbol{F}_{n \times 1}$ 是结构的外载荷向量。

对式（3-33）取变量 d 的导数，则有

$$\boldsymbol{K}_{,d\,n \times n} \cdot \boldsymbol{u}_{n \times 1} + \boldsymbol{K}_{n \times n} \cdot \boldsymbol{u}_{,d\,n \times 1} = \boldsymbol{O}_{n \times 1} \tag{3-34}$$

式中，$\boldsymbol{K}_{,d\,n \times n}$ 是 $\boldsymbol{K}_{n \times n}$ 对变量 d 的导数阵；$\boldsymbol{u}_{,d\,n \times 1}$ 是 $\boldsymbol{u}_{n \times 1}$ 对变量 d 的导数阵。

在有限单元法中，总体刚度矩阵是由所有单元组装而成的，满足如下关系：

$$\boldsymbol{K}_{n \times n} = \sum_e \boldsymbol{K}^e_{n \times n} \tag{3-35}$$

式中，$\boldsymbol{K}^e_{n \times n}$ 是组装后的单元矩阵。

将式（3-35）代入式（3-34）并整理得

$$\boldsymbol{u}_{,d\,n \times 1} = -\boldsymbol{K}^{-1}_{n \times n} \sum_e \boldsymbol{K}^e_{,d\,ne \times ne} \boldsymbol{u}^e_{ne \times 1} \tag{3-36}$$

式（3-36）得到了位移对某一特征量（如板件厚度）的灵敏度值。因此，基于上述分析，可以计算在一定载荷条件下，弯曲刚度和扭转刚度对板件厚度的灵敏度情况。

基于上述理论，可利用有限元仿真分析方法计算车身各板件对弯曲刚度或扭转刚度的灵敏度，利用灵敏度的计算结果，重点修改对刚度灵敏度大的板件相关参数。以某款车为例，开发目标为扭转刚度大于17kN·m/(°)，白车身的重量目标是小于350kg。在开发前期，白车身扭转刚度仿真分析结果显示偏低，利用灵敏度分析手段，对白车身进行了五轮次的分析，主要是对板件厚度、结构进行了优化分析，最终满足了两者的目标，见

图 3-42，在该图中，实线表示刚度变化曲线，虚线表示重量变化。

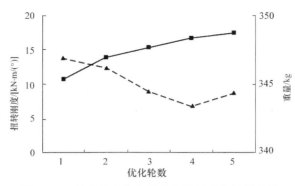

图 3-42　某款车白车身刚度和重量优化过程曲线

车身静刚度分析是车身性能的基础，也是整车 NVH 性能的基础，只有前期对车身静刚度进行有效地控制，才能减少后期整车 NVH 问题，尤其是低频 NVH 问题，例如低频的加速轰鸣声、鼓噪以及低频路噪问题。这些低频 NVH 问题到后期解决难度是比较大的，因此，在开发前期通过刚度和模态的仿真分析是解决这些问题最有效的手段。

第四章
车身动刚度分析与控制

第三章介绍的车身静刚度，分析的主要目的是：在静态载荷下，车身抵抗变形的情况，一定程度上可反映车身NVH性能。但是，车辆在行驶过程中，车身所受的载荷（包括发动机、路面等）并非是静态的，而是一个持续的动态载荷，车身相关的NVH问题主要与车身动态特性有关。也就是说车辆在行驶过程中，会受到各种各样的动态载荷的作用，当动载荷与车身动态特性接近时，也就是动载荷的分量与车身某阶模态的频率相同或接近时，则会发生共振，引起振动、噪声问题，同时也会导致车身产生振动而疲劳破坏。

动刚度是反映在动态载荷下，车身动态性能的一个参数和性能指标。动刚度是动态激励下系统抵抗变性的能力，动刚度性能的高低会直接影响整车舒适性。因此，研究车身结构的动态特性，对分析、改善整车NVH性能有重要的作用。

第一节 动刚度的基本理论

对于线性系统，在静止状态下，若该系统受到外部静态激励力，则会产生一个位移，那么激励力与位移的比值称为静刚度；同样，该系统在外部动态激励源的作用下，系统会随着外部载荷的频率变化而产生不同的位移，那么外部动态激励与对应产生的位移称为动刚度。

动刚度是一种频率响应函数，而频率响应分析可以实现对结构的动态特性分析，预测结构的持续动力特性，验证设计能否克服共振、疲劳及其受迫振动引起的结构破坏。频率响应分析通常用于分析确定线性结构在承受随时间按正弦规律变化的载荷时的稳态响应。分析的目的在于求出结构在多种频率下的位移、速度和加速度的响应，进而得到相应的频率响应曲线。

先以单自由度黏性阻尼系统为例进行说明，其振动微分方程为

$$m\ddot{x} + c\dot{x} + kx = f \tag{4-1}$$

假设外部激励力为

$$f = F e^{j\omega t} \tag{4-2}$$

式中，F是激励幅值；ω是激励频率。

此时的位移响应为

$$x = Xe^{j\omega t} \tag{4-3}$$

将式（4-2）和式（4-3）代入到（4-1）可以得

$$(k - m\omega^2 + j\omega c)X = F \tag{4-4}$$

这样，定义系统位移频率响应函数为位移响应与激励力幅值之比，用 $H(\omega)$ 来表示，即

$$H(\omega) = \frac{X}{F} = \frac{1}{k - m\omega^2 + j\omega c} \tag{4-5}$$

那么，定义该系统的动刚度为

$$k_d = \frac{F}{X} = k - m\omega^2 + j\omega c \tag{4-6}$$

从式（4-5）可以看到，动刚度 k_d 为频率 ω 的函数，是随着频率变化而变化的，从这个角度分析，k_d 为系统的动刚度。同时，从式（4-5）也可以看到，动刚度也是系统的固有特性，仅与系统本身参数有关，与外部载荷没有关系。

系统的动刚度又称为位移阻抗，用 $Z(\omega)$ 来表示，阻抗表示系统在外力的作用下产生振动的难易程度。同样也有速度阻抗和加速度阻抗。导纳是指系统的响应与动态激励力之比，用 $Y(\omega)$ 表示。导纳与阻抗互为倒数关系。那么位移阻抗、速度阻抗、加速度阻抗与其对应的导纳关系如下：

$$Z(\omega) = \frac{1}{Y(\omega)} = k - m\omega^2 + j\omega c \tag{4-7}$$

$$Z_V(\omega) = \frac{1}{Y_V(\omega)} = \frac{1}{j\omega}(k - m\omega^2 + j\omega c) \tag{4-8}$$

$$Z_A(\omega) = \frac{1}{Y_A(\omega)} = -\frac{1}{\omega^2}(k - m\omega^2 + j\omega c) \tag{4-9}$$

动刚度（位移阻抗）、速度阻抗、加速度阻抗三者都是评价一个系统动态特性的参数。但是在实际的过程中，并不采用动刚度进行评价，而采用位移导纳、速度导纳、加速度导纳进行评价。主要原因是基于人们分析问题的习惯考虑，因为分析关注的频率峰值点，在阻抗曲线表现为谷值，也就是说峰值是"倒"着的，与习惯的峰值理解有所不同。因此，在进行车身动刚度性能分析时采用位移导纳参数。同样，也可采用速度导纳和加速度导纳。

从上面的分析可以知道，动刚度是指激励力与位移响应的比值。而在实际的计算中并不真正采用动刚度计算，而主要采用速度导纳、加速度导纳来评判系统的动态特性。通常把速度导纳、加速度导纳泛泛地称为动刚度性能。

以上是基于单自由度的动刚度分析情况。对于白车身，其是一个多自由度系统。因此，基于多自由度系统条件下，可以得到单点激励（p 点）和单点响应（l 点）的传递函数，即

$$H_{lp} = \frac{x_l(\omega)}{f_p(\omega)} = \sum_{r=1}^{N} \frac{\varphi_{lr}\varphi_{pr}}{(K_r - \omega^2 M_r + j\omega c_r)} \tag{4-10}$$

从式（4-10）中可以得到，H_{lp} 为在 p 点激励下 l 点的位移响应，即系统的位移导纳，由于激励点与响应点不是同一位置，称为异点导纳。如果激励点 p 与响应点 l 为同一点，则称为原点导纳。可以表示为

$$H_{ll} = \frac{x_l(\omega)}{f_l(\omega)} = \sum_{r=1}^{N} \frac{\varphi_{lr}\varphi_{lr}}{(K_r - \omega^2 M_r + j\omega c_r)} \tag{4-11}$$

同样可以得到速度和加速度的导纳公式：

$$H_{ll}^V = \frac{x_l(\omega)}{f_l(\omega)} = \sum_{r=1}^{N} \frac{j\omega\varphi_{lr}\varphi_{lr}}{(K_r - \omega^2 M_r + j\omega c_r)} \quad (4\text{-}12)$$

$$H_{ll}^A = \frac{x_l(\omega)}{f_l(\omega)} = \sum_{r=1}^{N} \frac{-\omega^2\varphi_{lr}\varphi_{lr}}{(K_r - \omega^2 M_r + j\omega c_r)} \quad (4\text{-}13)$$

三种导纳都可以用来评价车身系统的动态特性，而测试过程中主要采用加速度导纳作为评价参数，考虑到仿真分析与试验测试分析的便利性，通常将加速度导纳作为评价车身系统动态性能的参数。

对于原点加速度的导纳，用英文 IPI 来表示，IPI 是英文 Input Point Inertance 的缩写，表示加速度响应与输入力的传递函数的关系。在通常情况下，仿真分析与试验测试结果一般不考虑相位关系，只关心加速度导纳的幅值大小。因此，加速度导纳 IPI 可以表示为如下关系：

$$\text{IPI} = \left|\frac{A}{F}\right| = \frac{\omega^2}{\sqrt{(k-m\omega^2)^2 + (c\omega)^2}} \quad (4\text{-}14)$$

从加速度导纳与位移导纳的关系，以及位移导纳与位移阻抗（动刚度）的关系，得到 IPI 与动刚度的关系如下：

$$\text{IPI} = |H_{ll}^A| = \omega^2|H_{ll}| = \frac{\omega^2}{|Z|} = \frac{\omega^2}{k_d} \quad (4\text{-}15)$$

从式（4-15）中可以看到，IPI 与动刚度互为倒数关系，因此，IPI 可以表示系统的动态特性。该公式也是进行 IPI 评价指标制定的主要理论依据。

第二节 车身动刚度仿真分析

动刚度性能是整车 NVH 性能开发的一项重要分析内容。而动刚度性能开发贯穿于整车开发过程中，包括工程设计阶段的仿真分析，以及试验验证阶段的问题分析所需要的试验测试等。动刚度性能开发手段包括仿真分析和试验测试，原点动刚度主要关注的是局部结构的动态特性，基于这个特点，动刚度主要考虑三个方面的内容：车身安装点动刚度、车身大板件动刚度、特殊附件安装点动刚度。

一、车身安装点动刚度

车身安装点是指底盘系统、动力系统零部件与车身或车身支架连接的点，车身安装点动刚度是指车身与底盘、动力连接点的车身侧动刚度，是一种原点动刚度。合理的安装点动刚度可以降低激励源到车身的力传递率，提高隔振系统的隔振率。因此，动刚度是从传递路径的角度解决 NVH 问题的重要手段，例如发动机悬置点、悬架与车身连接点、冷却风扇连接点等。在进行车身安装点刚度分析时，必须满足车身与底盘系统、动力系统连接有隔振结构的要求，如果两者是刚性连接，通常不需要对安装点进行动刚度分析。例如，副车架与车身连接，分刚性连接和柔性连接，通常只对两者柔性连接情况进行动刚度分析。

1. 安装点动刚度分析位置点

车身关注的安装点部位，一般都是激励源传递到车身的重要部位，常见的激励源包括发动机激励、路面激励、旋转件不平衡力激励等。这些激励源在车身安装点的动刚度好坏，直接决定了对应载荷从该条路径传递到车内振动的大小。常见的安装点见表 4-1。

表 4-1 常见的车身安装点刚度

序号	安装点名称	备注
1	冷却风扇安装点	
2	悬置安装点	
3	前、后减振器安装点	包括左侧、右侧
4	排气系统安装点	包括所有安装点
5	前、后副车架安装点	包括摆臂、拉杆、拖曳臂等

表 4-1 列出了车身需要计算动刚度的主要安装点，但是由于悬架有不同的结构形式，分析的安装点应根据悬架与车身的具体连接情况进行相应的调整。

2. 安装点动刚度结果评价

对安装点动刚度进行仿真分析，根据开发的阶段不同，可以采用白车身有限元或内饰车身有限元模型。有限元模型边界条件采用无约束的自由状态，将每个安装点的三个方向（X、Y、Z）的激励载荷定义为一个载荷工况，载荷为 1N 的集中力，频率范围为 0～200Hz，同时将激励点定义为响应点，且响应自由度与激励自由度相同。图 4-1 是某款车右悬置三个方向动刚度分析。

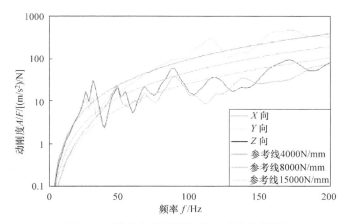

图 4-1 某款车右悬置安装点动刚度分析

在图 4-1 中，除了右悬置安装点三个方向的动刚度曲线外，还有三条等效的参考评价线，分别为 4000N/m、8000N/mm 和 15000N/mm。这三条曲线依据式（4-15）计算而来，式中 k_d 代表图中三个等效值，ω 代表计算的频率。

针对图 4-1 的动刚度分析曲线，可从以下几个方面进行评判是否满足标准。

（1）曲线整体是否达标　如果出现动刚度整体曲线都低于目标值曲线，那么需要进行两个方面的评判：首先，判断安装部位是否合理。安装点选择的部位是否合理直接决定了安装点动刚度的大小。安装点多是传递载荷的重要路径，从布置的角度就应该选择刚度较大的部位，一旦安装点布置在刚度弱的部位，那么安装点整体曲线就可能不达标。

例如，对于后减振器安装点布置，由于不同的悬架形式导致在后轮罩板的布置形式可能不同，若后减振器安装点结构设计布置在轮罩板的侧面，则整体刚度比较弱，不能保证安装点刚度，尤其是 Y 向刚度更是无法得到保证；若安装点布置在轮罩板的上端，只要轮罩板结构本身设计合理，不需要针对减振器安装点进行过多的优化就可以满足目标曲线的要求。图 4-2 是某两款车的后减振器安装点结构设计，其中图 4-2a 是将安装点布置在轮罩板侧面，图 4-2b 是安装点布置在轮罩板的顶端。对于后减振器安装点，图 4-2a 进行了附加结构的设计，减振器安装点刚度主要取决于附加结构设计情况；图 4-2b 减振器安装位置与图 4-2a 不同，安装点设计在轮罩板的顶端，并针对性地附加了结构设计，减振器安装点动刚度取决于轮罩板本体结构设计。

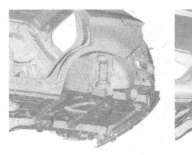 

图 4-2 后减振器安装点结构对比

其次，判断是否是局部结构不合理引起的。安装点局部结构设计不合理，也会出现整体曲线不达标的现象。例如，排气吊挂安装点选择，吊挂本身的结构设计就非常重要，包括吊挂的悬臂长度、吊挂的直径、吊挂的支撑结构等。如果这些吊挂的局部结构设计不合理，也会导致安装点刚度曲线不满足目标曲线的情况。

（2）曲线的峰值是否达标　对于动刚度分析曲线，如果出现整体动刚度满足曲线要求，只有一个或几个峰值不满足要求的情况，主要从两个方面进行分析优化：首先，分析不达标峰值所处的频段，如果是峰值处在低频段（例如小于60Hz），则多数为车身整体模态引起的，很难通过结构优化实现性能改善，只能从安装点位置选择进行考虑；如果不达标峰值在中高频段（例如大于70Hz），则问题频率多为局部模态引起，可以通过修改局部结构提高动刚度性能。

其次，依据问题频率出现的高低，采取不同的解决方案。对于低频段的整体模态，采用改变模态的方法提高动刚度比较困难，就需要根据模态贡献量分析，分析出哪一阶模态贡献最大，根据该阶模态的振型调整安装点位置；对于问题频率处在高频段的情况，同样可以通过模态贡献量分析，找出具体哪一阶模态贡献量较大，并通过对局部结构修改实现局部动刚度性能提高。

二、车身大板件动刚度

车身大板件是指顶篷、侧围、前后地板、前围板、衣帽架等。车身大板件动刚度是指通过特定的分析方法找出车身大板件薄弱区域中一点或者多点的动刚度性能，也是原点动刚度的一种。车身大板件动刚度是从响应的角度解决NVH问题的重要手段。我们知道车身大板件是车身产生振动、噪声的主要贡献区域，尤其是大板件被激励源激励并与空腔模态耦合产生的轰鸣声问题，是整车NVH问题中发生概率最高的问题之一。因此，在开发前期进行大板件动刚度仿真分析是非常重要的。

1. 大板件动刚度分析部位确认方法

对大板件进行动刚度仿真分析与安装点动刚度分析方法是相同的。但是，两者在各点分析方向上是有区别的，安装点动刚度通常要关注三个方向的动刚度，而大板件仅关注板件法线方向的动刚度。另外，安装点动刚度通常都有明确的分析部位，而大板件动刚度需要通过一些分析方法或经验确定所要分析的点，然后再进行动刚度的分析。确认大板件动刚度分析的点有多种方法，目前主要采用以下几种方法来确认。

（1）模态分析确认法　在工程设计前期，白车身模态分析是最基础的分析，可以利用模态分析结果进行选点。通过查看白车身大板件在频率30～120Hz范围内，各阶模态变形部位的分布情况，并找出大变形区域集中的地方，从这些确定的区域选取有代表性的点进行动刚度分析。

（2）静刚度确认法　利用静刚度仿真分析找出板件刚度较弱的部位，然后进行动刚度分析。具体的方法是，采用白车身有限元模型，或者截取部分有限元模型，在大板件施加均布面载荷，进行静刚度分析，找出位移最大的一个点或者几个点。图4-3是确定顶篷动刚度分析部位的案例，图中截断部位采用六个自由度全约束，在车顶篷施加均布压力进行计算，然后在弱点部位进行板件动刚度计算。

（3）抗凹陷性能分析确认法　另外，大板件动刚度分析部位也可参考板件抗凹陷分析的结果。对于大板件抗凹陷分析，主要考查线性和非线性两个方面，线性部分主要考查板件静刚度性能，而非线性阶段主要考查板件材料屈服变形的情况，详见图4-4说明。而大板件动刚度分析点选择，参考线性分析部位即可，就是在所有分析的抗凹陷性能的点中，找出线性部分刚度较弱的几个点作为动刚度分析的分析点。

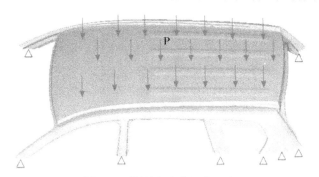

图4-3 静刚度确定弱点示意

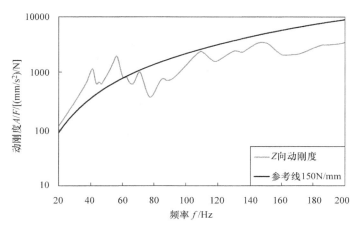

图4-4 某款车顶篷前部点动刚度

2. 大板件动刚度分析评价

与安装点动刚度分析有所不同，大板件动刚度分析结果更多的是体现大板件局部模态特性。从数值上分析，大板件动刚度比安装点动刚度值要小很多。大板件上分析点的等效动刚度范围为50~200N/mm，安装点动刚度的等效刚度范围大于5000N/mm。但是，两者在不同部位要求的等效刚度是不一样的，见图4-4，该图是某款车顶篷前部一点的动刚度分析结果。

对于大板件动刚度的分析评价和判断，与安装点动刚度评价基本相同，也分为低频段和中高频段。由于大板件刚度更多反映的是板件局部特性，因此，对大板件某点动刚度的分析如下。

1）整体曲线达标情况：整体曲线是否达标，反映的是关注板件的整体动刚度性能情况。如果整体曲线不达标，需要对板件整体进行修改。可以考虑对板件增加结构筋、支撑梁等修改措施。例如顶篷曲线整体不达标，就可以考虑增加横梁，或者增大横梁截面等措施。

2）曲线峰值达标情况：曲线峰值不达标的频率范围不同，采取的修改手段和措施也不同。如果曲线超标的频段在低频，范围在30~70Hz，那么需要对钣金结构进行修改；如果曲线的超标频率在中高频，范围100~200Hz，通常采用增加补强贴片等类似的措施提升刚度，或者采用阻尼贴片降低板件的峰值来改善动刚度特性。

三、特殊附件安装点动刚度

特殊附件是指一些对安装位置有特殊要求的零部件，最典型的就是碰撞传感器。碰撞传感器对安装部位的动态特性要求较高，其检测安装部位的加速度信号，为ECU提供判断依据。系统工作原理是依靠碰撞传感器检测汽车发生碰撞时的加速度和惯性力，并将该信息传给相关的电子装置进行判断，进而对所控制部件发出是否开启的指令。

如果传感器安装的车身部位的动刚度不足,那么在行车过程中,会引起局部安装区域共振,振动强度变大,干扰碰撞传感器信号的采集,如果采集到的信号传递到ECU,ECU误认为达到碰撞加速度阈值时,会导致安全气囊误爆。因此,传感器安装部位必须有足够好的动态刚度特性,避免外界激励影响传感器的分析和判断。

碰撞类型可分为前碰、侧碰、后碰等情况,传感器安装部位因根据碰撞性能要求布置,不同的碰撞类型有不同的安装部位。比如前碰传感器会布置在前部散热器等部位;侧碰传感器会布置在B柱等部位。同样,针对不同的传感器,评价标准也不完全相同。最典型的一个碰撞传感器评价标准是:在小于500Hz频率范围内没有共振,也就是碰撞传感器安装点的动刚度曲线在0~500Hz范围内不超过目标曲线。这类传感器的工作原理是:为了确保传感器输送信号的真实性,滤除干扰信号,碰撞传感器里接有一个500Hz的低通滤波器,频率为500Hz以上的信号可以被滤除,0~500Hz范围内的信号可以通过滤波器,因此要求0~500Hz范围内不能有共振。

图4-5是某款车碰撞传感器布置位置,该传感器有两个安装点,布置在前端横梁上。

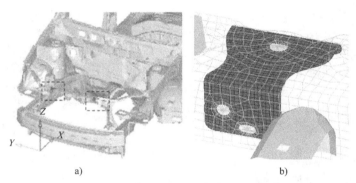

图4-5 某款车碰撞传感器布置位置示意

从图4-6中可看出:在358~440Hz内,两个安装点的动刚度曲线都超过了目标曲线,不满足传感器安装要求,需要优化。由于问题频率相对较高,是局部区域设计不合理引起的。通过对加强板修改厚度,从1.2mm增加到1.8mm后,可以得到图4-6b所示曲线,频率在358~440Hz的峰值降到了目标线以下。

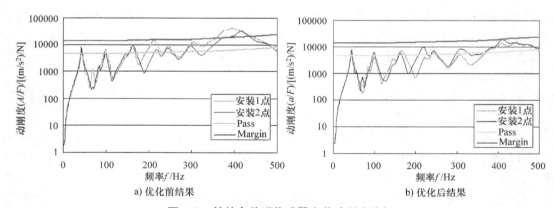

a) 优化前结果　　b) 优化后结果

图4-6 某款车前碰传感器安装动刚度分析

由于不同传感器供应商对传感器安装部位的要求是不同的,因此,主机厂在对碰撞传感器进行分析时,首先要向供应商提出提供传感器安装环境的要求,也就是传感器安装点的性能情况。根据供应商提供的要求,对安装部位进行优化分析,使得传感器的安装部位满足性能要求,不会出现误触、误爆的现象。

第三节 动刚度的评价方法

动刚度性能指标是整车 NVH 性能指标中重要的内容之一。但是，从上一节可以看出，动刚度性能是一个与频率相关的曲线，从表达形式上看，很难与整车 NVH 目标的形式相符合，而且白车身或内饰车身需要制定动刚度目标的点非常多。如果制定的目标采用曲线的形式，那么动刚度目标将是一个庞大的数据，很难真正起到目标的作用。因此，在动刚度性能目标的分析和评价时，只有将动刚度分析的结果曲线简化为一个等效值，才能保证动刚度目标制定和实现的有效性。

从式（4-15）可以得到动刚度关系式：

$$\text{IPI} = \frac{\omega^2}{k_d} \tag{4-16}$$

式（4-16）反映了某个特定的频率下，原点 IPI 与动刚度 k_d 的关系。但是，对于动刚度曲线来说，k_d 可认为是等效的刚度，如果可以计算出某点动刚度曲线的 k_d 值，就可以对该点的动刚度性能进行评价。另外，在动刚度曲线分析结果中，一般都有几条参考线，目的就是对比分析结果曲线所处的刚度范围。在式（4-16）中，ω 是分析动刚度点频率范围内的一个值。对于车身安装点动刚度，ω 的取值范围为 0～200Hz。也就是通过公式（4-16）可以得到目标曲线，见图 4-7。

由此看出，参考曲线可通过式（4-16）计算，但是对于仿真计算的动刚度曲线，形状都比较复杂，很难用图 4-7 所示的曲线直接对比和评价，也需要将计算出的仿真结果曲线转化为一个等效刚度值。动刚度曲线转化为等效刚度值主要有三种方法：线性平均、面积平均和指数平均。

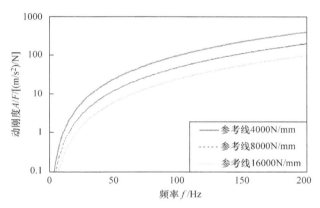

图 4-7 动刚度参考曲线

一、线性平均法

线性平均法是指在计算的频率范围内，根据分析步长确定的频率计算 IPI 的算术平均值的方法。从式（4-16）可以得

$$k_d = \frac{\omega^2}{\text{IPI}} = \frac{2\pi f}{\text{IPI}} \tag{4-17}$$

在式（4-17）中，k_d 是等效的刚度，那么，在计算的频率范围内，根据计算的频率步长 Δf 的大小，可以获得在计算频率内的取值个数 n，那么这个计算频段内的等效动刚度为

$$k_d = \frac{1}{n}\left(\frac{(2\pi f_1)^2}{\text{IPI}(f_1)} + \frac{(2\pi f_2)^2}{\text{IPI}(f_2)} + \frac{(2\pi f_3)^2}{\text{IPI}(f_3)} + \cdots + \frac{(2\pi f_n)^2}{\text{IPI}(f_n)}\right) \tag{4-18}$$

其中，IPI（f_i）为取值频率对应的计算值，f_i 为在计算频率段内取得的频率值，见图 4-8a。

对于式（4-18）可以简化为

$$k_d = \frac{1}{n}\sum_{i=1}^{n}\frac{(2\pi f_i)^2}{\mathrm{IPI}(f_i)} \tag{4-19}$$

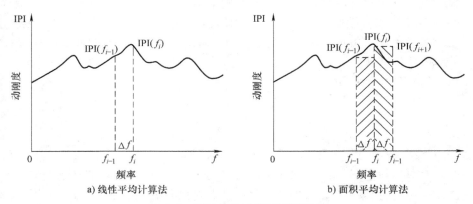

图 4-8　线性平均法和面积平均法

例如，对于安装点刚度，通常频率范围在 0～200Hz，步长 Δf 为 1Hz，那么安装点等效动刚度就是 200 个计算频率值的算术平均值。

二、面积平均法

面积平均法是基于积分原理的基础上，利用面积和动刚度之间的关系获取等效动刚度的一种方法。在计算的频率范围内，假设 k_d 是等效刚度，频率步长为 Δf，频率的取值个数为 n，具体见图 4-8b。

从图 4-8b 中可以看出，在整个计算频率范围内的面积为

$$A_{\mathrm{IPI}} = \sum_{i=1}^{n}\mathrm{IPI}(f_i)f_i \tag{4-20}$$

式中，A_{IPI} 是分析频率段围成的面积。

从图 4-8b 中看到，计算频率的步长为 Δf，结合式（4-17），式（4-20）可以转化为

$$A_{\mathrm{IPI}} = \sum_{i=1}^{n}\frac{(2\pi f_i)^2 \Delta f}{k_d} \tag{4-21}$$

由于 k_d 是等效动刚度，是一个常量，式（4-21）可变为

$$A_{\mathrm{IPI}} = \frac{1}{k_d}\sum_{i=1}^{n}(2\pi f_i)^2 \Delta f \tag{4-22}$$

那么，等效动刚度则为

$$k_d = \frac{1}{A_{\mathrm{IPI}}}\sum_{i=1}^{n}(2\pi f_i)^2 \Delta f = \frac{4\pi^2 \Delta f}{A_{\mathrm{IPI}}}\sum_{i=1}^{n}f_i^2 \tag{4-23}$$

同样，等效动刚度也可以表示为

$$k_d = 4\pi^2 \Delta f \frac{(f_1)^2 + (f_2)^2 + \cdots (f_n)^2}{\mathrm{IPI}(f_1) + \mathrm{IPI}(f_2) + \cdots \mathrm{IPI}(f_n)} \tag{4-24}$$

三、指数平均法

指数平均法是利用指数和对数的换算关系，求得动刚度曲线等效动刚度的方法。假设 k_d 是等效的刚度，计

算频率内的取值个数 n，由式（4-17）可得

$$\frac{1}{k_\mathrm{d}}=\frac{\mathrm{IPI}}{(2\pi f)^2} \qquad (4\text{-}25)$$

对式（4-25）取对数可得

$$\log\left(\frac{1}{k_d}\right)=\log\frac{\mathrm{IPI}}{(2\pi f)^2} \qquad (4\text{-}26)$$

那么，在频率段内进行求和，存在如下关系：

$$\sum_{i=1}^{n}\log\left(\frac{1}{k_d}\right)=\sum_{i=1}^{n}\log\frac{\mathrm{IPI}(f_i)}{(2\pi f_i)^2} \qquad (4\text{-}27)$$

式（4-27）中，k_d 是等效动刚度，是一个常量，式（4-27）可变为

$$n\log\left(\frac{1}{k_d}\right)=\sum_{i=1}^{n}\log\frac{\mathrm{IPI}(f_i)}{(2\pi f_i)^2} \qquad (4\text{-}28)$$

假设

$$S(f_i)=\sum_{i=1}^{n}\log\frac{\mathrm{IPI}(f_i)}{(2\pi f_i)^2} \qquad (4\text{-}29)$$

这样式（4-28）可表示为

$$k_\mathrm{d}=10^{\frac{S(f_i)}{n}} \qquad (4\text{-}30)$$

那么，动刚度 k_d 可以转换为

$$k_\mathrm{d}=10^{\left(\frac{1}{n}\log\frac{(2\pi f_1)^2(2\pi f_2)^2\cdots(2\pi f_n)^2}{\mathrm{IPI}(f_1)\mathrm{IPI}(f_2)\cdots\mathrm{IPI}(f_n)}\right)} \qquad (4\text{-}31)$$

对 k_d 进一步简化，则可得

$$k_\mathrm{d}=\sqrt[n]{\frac{(2\pi f_1)^2(2\pi f_2)^2\cdots(2\pi f_n)^2}{\mathrm{IPI}(f_1)\mathrm{IPI}(f_2)\cdots\mathrm{IPI}(f_n)}} \qquad (4\text{-}32)$$

上面介绍了三种等效动刚度的计算方法，但是，在实际计算中主要以面积平均法和指数平均法为主。通过对等效动刚度的计算，提升了整车开发动刚度性能评判的效率，主要包括：

1）在开发前期，目标制定明确和容易操作。等效动刚度是将动刚度曲线简化为一个值，例如把发动机悬置主方向的动刚度设置为 15kN/mm，使得白车身和内饰车身的动态特性目标制定更容易，不会因为人为因素的影响而做出不同的判断。

2）在开发后期的工程设计阶段和试验验证阶段，对应的数字样车和试制样车更容易实现对标和性能评估。若目标采用曲线形式，仿真计算结果和试验测试结果很难进行评估。采用等效动刚度形式，将很容易实现对标分析，对制定目标进行优化。

另外，在利用等效动刚度评价动刚度性能时，不能仅靠等效动刚度评价，同时也要对动刚度曲线峰值的幅值、峰值对应的频率进行分析和判断。

第四节 车身动刚度的试验分析

动刚度试验分析也是白车身和内饰车身进行动态性能评价的一个重要方法。动刚度试验主要有两方面功能：一方面是对实车进行试验验证，另一方面，是对仿真分析结果进行验证，实现对仿真分析与试验结果相关性的分析。

一、试验测试部位的选择

试制样车的动刚度测试位置与仿真分析一样，主要也分为安装点动刚度、大板件动刚度和特殊附件安装点动刚度三类。为了实现对仿真分析的验证，应尽可能保证试验的测试点与仿真测试点位置相同。

1. 安装点和特殊附件安装点动刚度

对于有限元仿真分析，在加载的位置、加载方向上有很大的便利性，不受空间位置限制，通过采用各种单元进行模拟。但是，对于试制样车，进行动刚度测试却有很大的局限性，有很多的安装点，在加载位置和方向上，几乎满足不了加载的要求。例如，需要测试的点存在大的孔洞，无法实现在孔洞中心位置加载及测试。因此，在很多情况下，需要设计辅助支架进行动刚度测试。

例如，仿真分析在进行前减振器安装点动刚度分析时，是将减振器中心位置点与减振器顶部节点进行刚性连接，加载位置是在中心点位置处，见图4-9a，图4-9a是某款车截取的部分有限元模型。而图4-9b中，增加了圆盘形的辅助支架，加速度传感器布置在支架的上端，可以实现减振器安装点的动刚度测试，这样就实现了仿真分析与试验测试的一致性，否则只能在减振器的圆孔附近边界位置进行取点测试，这样试验测试就失去了检验仿真的功能。

a) 仿真分析模型　　　　b) 测试布置

图 4-9　减振器加载位置示意

另外，在对安装点动刚度制定目标时，三个方向通常都是按整车坐标的方向进行分析设定的。但是，整车关注的安装点位置，并非都能与整车方向保持一致，为了保证对标的有效性，也必须增加辅助支架。

2. 大板件动刚度测试

对试验进行大板件动刚度分析，首要的任务是选择合理的测试位置。根据大板件的分析目的，主要是找出板件相对弱的部位，若采用试验手段分析测试点，将是非常困难的。因此，测试点位置的选择主要依据仿真分析结果。

对于SUV车型来说，安装备胎的后地板对NVH性能是非常重要的。如果该区域动刚度比较低，那么将会引起车内轰鸣声、路噪声等NVH问题。因此，在前期开发必须对该区域进行严格的控制。图4-10是某款车的后地板动刚度分析情况，图4-10a是仿真分析查找出的问题部位，图4-10b是试验测试验证的部位。仿真分析手段在确定大板件动刚度弱点部位上有很大的便利性，对后期测试分析部位的选择有指导作用，而试验测试对仿真分析的精度起着检验作用。

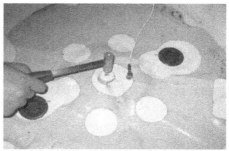

a) 仿真分析　　　　　　　　　　　　　　b) 试验测试

图 4-10　大板件动刚度分析

二、仿真与测试相关性分析

试验测试除了实车验证性能是否满足要求外，另外一个功能就是对仿真分析的精度进行验证。在保证动刚度仿真分析与测试点位置一致的情况下，测试结果可以用来检查仿真分析的精度。仿真分析曲线与测试曲线主要从以下几个方面对比。

1. 等效动刚度值对比

首先采用上一节等效动刚度的计算方法，分别计算仿真和测试的等效刚度值，并进行对比。如果两者误差较小（<5%），可认为仿真的动刚度满足精度要求；如果两者误差较大，就要进行详细的误差分析，包括辅助夹具使用情况、阻尼是否使用、锤击能量是否被激励起来等。

2. 曲线整体趋势对比

曲线的整体趋势是指动刚度值随频率变化的情况，如果两者动刚度曲线有明显偏离的地方，首先确认一下两者分析点的位置是否一致，并对比有限元模型与实车结构是否存在差异。如果出现上述问题，分别更换测试位置，或者修正有限元模型。

3. 关键的峰值对比

峰值对比的内容包括峰值的频率和峰值的幅值。峰值频率与车身结构有关，如果两者出现明显的频率偏离，就要考虑是结构原因引起的，例如仿真与测试位置点不同，有限元模型与实车结构存在差异。如果幅值存在差异，若出现在低频段，可能是结构阻尼引起的；如果出现在中高频段，则要查看实车的板件是否粘贴了阻尼材料，因为通常对白车身进行有限元分析是不考虑阻尼材料的。

总体来说，仿真曲线和测试曲线相关性分析取决于仿真模型的精度、仿真分析参数（如结构阻尼等）、辅助夹具的精度、锤击能量的限制等。

第五节　车身动刚度的控制方法

动刚度性能是整车 NVH 性能中最为重要的性能之一，动刚度性能的开发贯穿整车开发的全过程。在开发前期的布置阶段，需根据经验对关键件布置位置进行判断，并提出合理的布置位置。在工程设计阶段，需利用仿真分析的手段对动刚度性能进行分析和优化。如果上述两个阶段动刚度性能控制满足要求，到整车的设计验证阶段，就不需要采用被动手段（如增加重量或吸振器）去控制。

安装点动刚度性能，多数情况表征的是车身局部的性能。关键零部件的局部安装点的布置形式和布置位置，对动刚度性能影响比较大。因此，对于关键零部件安装点，除了关注整体的动态特性外，更重要的是关注局部动态特性。那么，对各主要安装点的动刚度控制如下。

一、冷却系统安装点动刚度控制

对冷却系统安装点动刚度控制，主要是降低冷却风扇旋转动不平衡引起的激励对车内振动的影响。也就是说，冷却系统安装点刚度不足，不能进行有效的隔振，就会将冷却风扇的振动很容易地传递到车身。为降低冷却风扇对车内振动的影响，主要从以下几个方面控制。

1. 安装部位避免采用悬臂结构

悬臂结构是指零部件未安装在相应的主体结构上，而是安装在附加的支架上。而支架刚度和车身刚度组成一个串联弹簧，安装点刚度、支架刚度和车身刚度的关系如下：

$$\frac{1}{k_{总}} = \frac{1}{k_1} + \frac{1}{k_2} \tag{4-33}$$

式中，$k_{总}$为安装点刚度；k_1为支架刚度；k_2为车身刚度。

那么，安装点刚度可表示为

$$k_{总} = \left(\frac{1}{k_1} + \frac{1}{k_2}\right)^{-1} \tag{4-34}$$

$k_{总}$是小于k_1和k_2的，如果悬臂支架的刚度非常低，由于安装点的刚度要远小于对应的车身刚度，这就影响到了安装点的特性。图4-11是某款车前冷却系统安装位置示意，在图中冷却系统下安装点布置在横梁的两个悬臂支架上（见图中深颜色部位），该安装点的动刚度性能比较差，通常的冷却风扇安装点等效动刚度在2000～4000N/mm范围内。图4-11的安装点等效动刚度小于1000N/mm，在冷却风扇开启状态下，对乘员舱内方向盘的振动影响比较大。因此，在前期布置阶段，应尽可能将冷却风扇布置在前端横梁上。

2. 保证前端形成一个有效的闭环结构

就是要求前端上下横梁与左右立柱形成一个封闭环，且必须保证封闭环与周围件连接刚度足够大。这里指的封闭环与静刚度介绍的冷却环是一致的。首先，要保证冷却环的四个边连接刚度足够大，避免出现连接刚度不足，进而出现冷却环整体框架变形的情况，见图4-12中A和C部位。从图中可以看出，C部位下端连接比较薄弱（图4-13a），影响冷却环整体的刚度，若要提高安装点动刚度，就必须加强立柱与下横梁的连接。

图4-11 冷却风扇安装点示意图

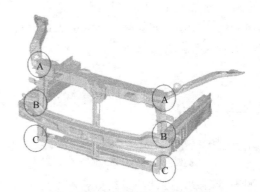

图4-12 冷却系统环结构示意

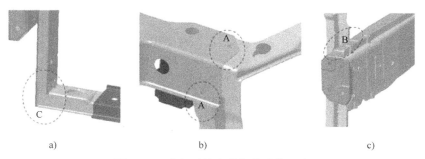

图 4-13 冷却系统安装部位连接示意

其次，就是要保证冷却环与前照灯支架横梁的连接刚度足够大，避免在连接部位出现单螺栓连接或者单点焊接的情况。见图 4-12 中 A 部位，A 部位是冷却环上横梁、立柱和前照灯支架横梁连接部位，其中前照灯支架横梁与上横梁，分别在上部和前部用一个螺栓连接（见图 4-13b 圈示部位），连接刚度不能满足要求，若要提高冷却系统安装点刚度，就必须改善该部位的连接。

再者，就是要保证冷却环的立柱与发动机舱纵梁的连接刚度足够大，也就是立柱与纵梁的连接部位应该布置加强件，见图 4-12 中 B 部位。由于图中两个立柱截面是不封闭的（见图 4-13c），刚度性能较弱，而纵梁刚度相对较强，如果在连接部位不进行加强处理，会导致立柱变形较大，进而会导致冷却系统安装点动刚度性能偏弱。因此，在立柱部位增加加强件，会降低立柱的变形，提高冷却系统安装点的动刚度水平。

3. 合理选择冷却系统安装点的位置

冷却系统的安装点应尽可能布置在上、下横梁的两端位置。对于一个两端约束的横梁来说：越靠近约束端，横梁的刚度越大，而中间位置刚度最小。因此，对于冷却系统安装点来说，安装点应布置在上横梁中间位置与横梁立柱连接点之间的范围内。因此，把安装点尽可能布置靠近上、下横梁的两端位置，就可以提高冷却系统安装点的动刚度性能。

二、发动机悬置系统安装点动刚度控制

发动机悬置系统是发动机振动传递到车身各相关部位的重要传递路径。发动机是整车最重要的激励源之一，为降低发动机激励对白车身的影响，就必须提高发动机悬置系统的动刚度。根据发动机悬置系统布置，可分为四点式（前后左右）、三点式（左右后）等。为提高发动机悬置安装点动刚度，分别从前后悬置、左右悬置进行如下的控制。

1. 前后悬置控制方案

前后悬置系统主要从以下几个方面进行控制。

（1）合理选择前后悬置安装位置　前后悬置布置应尽可能靠近副车架与车身连接部位，该控制方法与冷却系统安装点控制原理相同。前后悬置主要是布置在前副车架上，对于"口"字形副车架，前后悬置通常是布置在副车架的前后横梁上（见图 4-14，A 为前悬置，B 为后悬置），前后横梁的中心位置刚度相对连接部位刚度是弱的，因此，前后悬置要尽可能避开这个中心位置。在图 4-14 中，前后悬置都避开了中心位置，靠近副车架与车身连接点位置，提高了安装点动刚度性能。

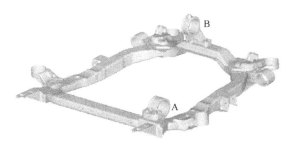

图 4-14 前后悬置布置示意

（2）合理设计副车架和前端的连接　将副车架与前端结构设计成吸振关系，以降低安装点幅值，提高安装点刚度。如果前后悬置安装点布置在前后横梁中心位置不可避免，可以考虑利用结构间吸振的方案提高安装点刚度。结构间吸振是指两个频率相等或者相近的零部件，利用振动相位的关系，通过结构设计降低两者或者其中一个零部件振动幅值的方法。

对于前悬置安装点，可以利用副车架前横梁与散热器横梁之间增加连接支架来实现，见图4-15。在图4-15a中，前悬置之间横梁和散热器横梁支架增加一加强板，改善效果见图4-15b，图中是前悬置X向动刚度优化前后的对比曲线。从图中可以看出：在分析的频率范围内，100～160Hz动刚度明显改善，说明在前悬置安装横梁对局部特性有明显改善。

对于后悬置安装点，由于排气系统通常是布置在前副车架下方，可以利用排气系统吊挂将排气系统和副车架连接起来，排气吊挂与排气系统组成一个吸振器。通过调整吊挂的刚度和局部配重，实现副车架与吸振器系统频率的匹配。

2. 左右悬置控制方案

左右悬置系统主要从以下几个方面进行控制。

（1）合理设计左右悬置的布置尺寸　左右悬置支架沿竖直方向尺寸布置应尽可能小，也就是悬置支架中心点纵梁上表面尽可能小。减小竖直方向的尺寸可认为是减少悬臂的长度，可以提高安装点的刚度，保证安装点的动刚度性能。图4-16是两款车右悬置支架的结构，车型A悬置顶端到纵梁上表面的尺寸为150mm，而车型B的Z向尺寸为60mm，显然车型A要比车型B尺寸大2.5倍。这两款车的动刚度仿真计算值见表4-2，从表中可以看出：车型A的Y向动刚度不足车型B的Y向动刚度的二分之一。尽管为提高Y向动刚度，增加了一个与侧围连接的支架，但是，车型A的动刚度还是要比车型B的动刚度小得多。当然，不同的车身结构也会对动刚度值产生不同的影响，但是Z向尺寸大的车型一定比Z向尺寸小的车型等效动刚度要小。

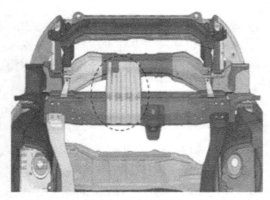
a) 前悬置增加横梁示意

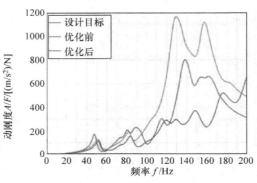
b) 前悬置安装点对比

图4-15　前悬置安装点动刚度分析

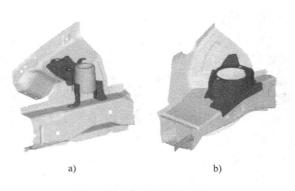

a)　　　　　　　　b)

图4-16　右悬置结构对比

表 4-2　右悬置等效动刚度分析对比　　　　　　　　　　　　　　　　（单位：N/mm）

方向	A 车型	B 车型
X 向	9772	22524
Y 向	3011	6995
Z 向	12389	11728

（2）合理选择左右悬置支架材料　左右悬置支架应尽可能采用低密度的材料，如铸铝、塑料、复合材料等。采用低密度的材料可以明显提高悬置支架的频率，同时对提高动刚度性能有明显改善作用。在开发过程中，在保证疲劳耐久、碰撞安全性能的前提下，可以尽量考虑采用低密度材料的悬置。尤其是目前轻量化设计成为主流设计，采用低密度、轻质、高强度材料已经成为车身设计优先选用的手段。

（3）合理设计纵梁的加强结构　如果动力总成为横置布置，那么左右悬置在纵梁上部位应增加加强板，避免布置在开口部位。根据式（4-33）可以知道，对于悬置安装点刚度，与支架刚度和纵梁刚度有关。除了要保证支架刚度外，还必须保证安装部位的刚度。因此，必须在安装悬置支架的纵梁上进行刚度加强设计。通常纵梁截面为矩形截面，需要在矩形截面中设计加强件，见图 4-17。

图 4-17 是某两款车的右悬置及相关部位的结构设计，从图中可以看到，悬置支架的两个安装点都进行了加强，可以明显提高悬置动刚度性能。

（4）对发动机舱整体结构进行优化设计　发动机舱整体模态特性也会对悬置点动刚度产生影响，冷却系统前端冷却环结构及与纵梁的连接结构刚度性能，对左右悬置安装点动刚度有较大的影响。因此，必须对机舱前端结构进行加强设计。图 4-18 是某款车通过修改发动机舱前端结构，提升发动机悬置动刚度的示意图，图中进行了四处修改，在立柱两侧增加两个厚度为 0.7mm 的件，上横梁外板厚度由 0.7mm 改为 1mm，上横梁内板厚度由 0.8mm 改为 1.2mm。

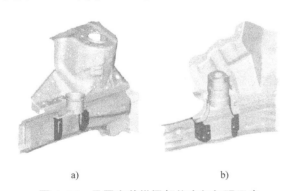

图 4-17　悬置安装纵梁部位支架加强示意

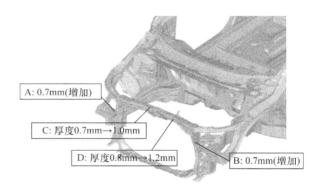

图 4-18　发动机舱前端修改示意

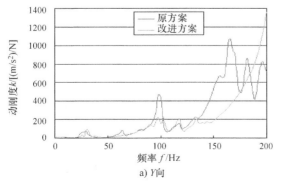

a) Y 向

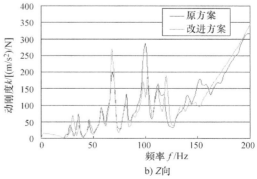

b) Z 向

图 4-19　发动机舱修改前后右悬置动刚度对比

在图4-18中，由于冷却环与纵梁连接刚度比较弱，变形比较大，增加A和B两个件进行加强，同时将上横梁两个板进行加厚处理。对优化前后右悬置Y向和Z向的动刚度进行了仿真计算，计算结果见图4-19。从图中可以看出，右悬置Y向刚度改善比较明显，Z向只是在100Hz左右有一定提高。因此，发动机舱整体结构的改善，可以明显改善发动机悬置安装点动刚度特性。

三、前后减振器安装点动刚度控制

路面激励是整车另外一个重要的激励源，而前后减振器安装点是路面载荷传递到车身的重要传递路径。前后减振器安装部位的动刚度特性，会直接影响路面激励对车内噪声的影响。为降低路面激励对车内的影响，必须对前后减振器安装点动刚度进行控制，主要的控制手段如下。

1. 保证减振器座与前围板等部件的连接刚度

整车的悬架结构设计、前舱布置形式不同，减振器座与前围板的连接也不同，减振器座的安装点动刚度也不同，尤其是减振器座与前围板连接结构，会对减振器的安装点动刚度有非常大的影响。图4-20是某两款车减振器座及邻近结构的设计，在图4-20a中，减振器座A与侧围板B点焊连接，与通风罩下板C在侧面通过三个焊点实现连接；图4-20b，减振器A不仅与侧围板B进行点焊连接，并且在减振器A安装点部位与通风罩下板C通过螺栓连接。从两款车减振器座的连接结构可以看出，车型B明显要比车型A的动刚度性能好，尤其是在Y向动刚度特性要好很多。因此，在对前减振器座进行设计时，应尽可能避免A款车的设计。

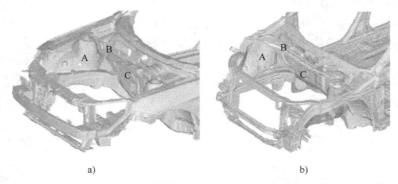

图4-20　某款车前减振器座结构示意

2. 保证前后减振器安装点布置位置合理

从前面分析可以看出，安装点的布置形式不同，动刚度性能大小也不相同。因此，为保证前后减振器座安装点动刚度，必须在前期阶段对位置点进行合理布置。可以参考图4-2，该图介绍了两款车后减振器安装点的布置对比，车型A将后减振器安装点布置在轮罩板的侧面，不能保证安装点刚度，尤其是Y向动刚度更是无法得到保证；车型B后减振器安装点布置在轮罩板的顶端，安装点动刚度性能提高明显。

3. 对安装点周边结构进行局部加强

安装点动刚度一定程度上反映的是该部位的局部特性，对安装部位进行结构加强对提升动刚度是非常重要的。尤其是前后减振器安装部位，绝大多数以大板件结构为主。因此，对前后减振器座进行局部加强是非常必要的。这些结构中的"补丁"结构是必不可少的。

图4-21是某两款车为提升前后减振器安装点动刚度进行的结构加强设计，对于图4-21a中的加强结构设计，可以明显提升前减振器Z向动刚度性能；对于图4-21b，由于后减振器安装点布置在后轮罩板的侧面，导致该部位Y向和Z向动刚度性能偏弱。图中B结构加强件对提升这两个方向的动刚度有一定改善，图中A加强件虽然也可以提升该安装点的动刚度水平，但是该加强件主要是为提升扭转刚度而进行的优化设计。

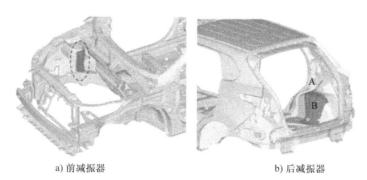

a) 前减振器　　　　　　　　　　b) 后减振器

图 4-21　某两款车减振器座加强结构示意

四、排气系统安装点动刚度控制

排气系统是发动机激励传递到车身的另外一个重要的传递路径。排气传递的激励，不仅影响车内振动水平，也影响车内噪声水平。因此，必须对排气系统吊挂的动刚度特性进行控制。从式（4-33）可以知道，排气系统吊挂的整体刚度取决于吊挂支架及支架安装的车身刚度。因此，排气系统吊挂的动态特性，必须从如下方面进行控制。

1. 合理布置排气吊挂位置

从车身角度分析，排气吊挂位置应尽量布置在横梁、纵梁等刚度大的部位。对于承载式车身来说，排气吊挂位置点通常是布置在地板下部。如果排气吊挂布置在车身地板上，不能满足吊挂刚度与吊挂橡胶刚度的 10 倍关系，造成排气吊挂的隔振率偏低，发动机的振动很容易通过排气系统传递到车身。因此，在对排气吊挂进行布置时，应尽可能布置在地板的纵梁或横梁位置。

2. 控制排气支架长度

从排气支架角度分析，排气吊挂悬臂长度应尽可能小。排气吊挂支架的长短直接影响安装点的刚度，如果排气吊挂支架长度过大，根据刚度串接结果，排气吊挂的整体安装点刚度就要小很多。从降低振动和噪声的角度，应对排气吊挂尽可能采用短粗的结构，如果可能采用中空管结构。

另外，对于其他安装点，如前副车架、后副车架、控制臂等与上述控制策略大体相同，为降低路面、发动机激励对车内 NVH 的影响，必须保证这些安装点动刚度性能。

上述介绍主要是基于前期布置阶段而进行的 DMU 检查的相关控制策略，可以利用经验对三维 CAD 数据进行分析、评判。在工程设计阶段，需要用有限元仿真分析的手段对动刚度性能进行验证，对于仿真分析主要按照以下步骤进行分析。

1）仿真分析的输出：按照第二节介绍的方法进行动刚度有限元仿真分析，并输出安装点的动刚度曲线，计算出等效的动刚度值。

2）对结果进行评判：依据前期制定的目标，对仿真分析结果进行评判，既要从整体曲线趋势上进行评价，又要对峰值的幅值进行评价。

3）确定问题频率：利用优化分析，对问题频率进行模态参与因子分析，找出最大的模态参与因子所对应的模态，确定问题频率影响较大的模态。

4）对问题频率进行结构优化：明确了某点动刚度的问题频率后，结合车身模态有限元分析结果，找出安装点的结构设计弱点，利用尺寸优化、拓扑优化、形貌优化等优化方法对结构进行改进设计。

从上面分析可以看出，动刚度性能也是一种结构的固有特性，与车身本身的结构有关。从 NVH 问题控制的角度分析，动刚度是从传递路径的角度控制 NVH 性能的一种方法。当外界激励源（发动机、路面、旋转件等）确定后，车内 NVH 特性完全取决于车身结构。安装点动刚度越大，该安装点的隔振率相对会变高，实际输入到车内的能量就越低，NVH 性能会变好；安装点的动刚度越低，安装点的隔振率相对较差，实际输入到车内的能量就越高，导致 NVH 性能变差。因此，从前期进行控制的角度，必须对安装点的动刚度进行控制。

第五章 车身阻尼分析与控制

对于车身结构，阻尼主要包括钢板自身的材料阻尼和焊接处的结构阻尼等，但是，对于车身顶篷、地板、前围板等大板件，材料阻尼和结构阻尼共同作用也远不能消耗掉车身外部激励产生的能量。因此需要布置附加阻尼材料，消耗掉这些能量。阻尼材料是解决整车结构噪声的重要手段，在车身布置范围非常广，如前围板、地板、顶板、轮罩板、后侧围板、车门外板等。阻尼材料可在非常宽的频段内实现减振，在整车的减振降噪过程中有广泛的应用。

第一节 阻尼概述

一、阻尼的基本理论

由于本章节分析的阻尼是车身结构的附加阻尼材料，其作用是抑制车身板件的振动和辐射噪声，而附加阻尼材料属于黏弹性阻尼，是工程上最常用的阻尼模型结构，本节以黏性阻尼为例进行介绍。

黏性阻尼力 F 与速度 v 成正比，可表示为

$$F = -c\dot{x} \tag{5-1}$$

式中，c 是黏性阻尼系数，负号表示阻尼力的方向与速度方向相反。

图 5-1 是黏性阻尼的单自由度振动系统，用 x 表示由静平衡位置算起的振动位移，向下为正。应用牛顿定律可得到微分方程：

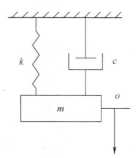

图 5-1 黏性阻尼的单自由度振动系统

$$m\ddot{x} = -c\dot{x} - kx \tag{5-2}$$

为了求解方程（5-2），假设解的形式为

$$x(t) = Ce^{st} \tag{5-3}$$

式中，C、s 是待定常数。

将式（5-3）代入到方程（5-2）可得如下特征方程：

$$ms^2 + cs + k = 0 \tag{5-4}$$

方程（5-4）的根为

$$s_{1,2} = -\frac{c}{2m} \pm \sqrt{\left(\frac{c}{2m}\right)^2 - \frac{k}{m}} \tag{5-5}$$

则可以得到方程（5-2）的两个特解：

$$x_1(t) = C_1 e^{s_1 t} \quad x_2(t) = C_2 e^{s_2 t} \tag{5-6}$$

因此，方程（5-2）的通解为

$$x(t) = C_1 e^{s_1 t} + C_2 e^{s_2 t} = C_1 e^{\left\{-\frac{c}{2m} + \sqrt{\left(\frac{c}{2m}\right)^2 - \frac{k}{m}}\right\}t} + C_2 e^{\left\{-\frac{c}{2m} - \sqrt{\left(\frac{c}{2m}\right)^2 - \frac{k}{m}}\right\}t} \tag{5-7}$$

式中，C_1、C_2 是两个任意常数，可由系统的初始条件确定。

使式（5-5）中根式的值为零的阻尼系数称为临界阻尼系数，用 c_c 表示，则有

$$c_c = 2\sqrt{km} = 2m\omega_n \tag{5-8}$$

对于阻尼系统，阻尼系数与临界阻尼系数的比值称为阻尼比，用 ξ 表示，即

$$\xi = \frac{c}{c_c} \tag{5-9}$$

这样，由式（5-8）和式（5-9）可得

$$\frac{c}{2m} = \frac{c}{c_c}\frac{c_c}{2m} = \xi\omega_n \tag{5-10}$$

因此，通解（5-7）可变为

$$x(t) = C_1 e^{\left(-\xi + \sqrt{\xi^2 - 1}\right)\omega_n t} + C_2 e^{\left(-\xi + \sqrt{\xi^2 - 1}\right)\omega_n t} \tag{5-11}$$

从式（5-11）中可以看出，通解（5-11）的特点取决于阻尼的大小，当 $\zeta = 0$ 时，振动系统就是无阻尼系统。在实际的工程中，绝大多数的阻尼都是欠阻尼，即满足 $\zeta < 1$，这样式（5-11）可变为

$$x(t) = e^{-\xi\omega_n t}\left\{x_0 \cos\sqrt{1-\xi^2}\omega_n t + \frac{\dot{x}_0 + \xi\omega_n x_0}{\sqrt{1-\xi^2}\omega_n}\sin\sqrt{1-\xi^2}\omega_n t\right\} \tag{5-12}$$

式中，x_0 是系统的初始位移。

式（5-12）描述的运动是角频率为 $\sqrt{1-\xi^2}\omega_n$ 的有阻尼简谐振动，但是由于 $e^{-\xi\omega_n t}$ 项的存在，系统振幅将随着时间按指数规律减小。令

$$\omega_d = \sqrt{1-\xi^2}\omega_n \tag{5-13}$$

称为阻尼振动的频率，可以看出：有阻尼自由振动的频率 ω_d 总小于无阻尼自由振动的固有频率 ω_n。对振动衰减起决定作用的是阻尼比 ξ，为了评价阻尼对振动幅值衰减的快慢，引入对数衰减系数 δ，它的定义为

$$\delta = \ln\frac{X_i}{X_{i+1}} = \ln\frac{e^{-\xi\omega_n t_i}}{e^{-\xi\omega_n t_{i+1}}} = \frac{e^{-\xi\omega_n t_i}}{e^{-\xi\omega_n(t_i+t_d)}} = \xi\omega_n \tau_d \tag{5-14}$$

因为 $t_{i+1} = t_i + t_d$，而 τ_d 是由阻尼振动的周期，则

$$\tau_d = \frac{2\pi}{\omega_d} \tag{5-15}$$

将式（5-15）代入式（5-14）中，则有

$$\delta = \xi\omega_n \tau_d = \xi\omega_n \frac{2\pi}{\sqrt{1-\xi^2}\omega_n} = \frac{2\pi\xi}{\sqrt{1-\xi^2}} = \frac{2\pi}{\omega_d}\frac{c}{2m} \tag{5-16}$$

对于小阻尼振动，则有 $\xi \ll 1$，则式（5-16）可变为

$$\delta = 2\pi\xi \tag{5-17}$$

从式（5-17）可以看出：阻尼比 ξ 决定了自由振动系统幅值的衰减快慢程度，是评价振动系统的重要参数。

二、能量损耗因子定义

对于黏性阻尼系统的自由振动来说，可以用振动幅值的衰减来评价阻尼效果；而对于黏性阻尼的受迫振动，可从能量的衰减评价阻尼的效果。定义每弧度阻尼损耗的能量与总能量的比为能量损耗因子，即有

$$\eta = \frac{\Delta W}{2\pi W} \tag{5-18}$$

式中，ΔW 是黏性阻尼损耗的能量；W 是系统的总能量。

对于黏性阻尼系统，能量随时间的变化等于力与速度的乘积，利用式（5-1）可得

$$\frac{dW}{dt} = Fv = -c\left(\frac{dx}{dt}\right)^2 \tag{5-19}$$

式（5-19）的负号表示，随着时间的延续，能量在不断损耗。假设系统为简谐运动，则有

$$x(t) = X\sin\omega_d t \tag{5-20}$$

式中，X 是简谐运动的振幅。

则该系统在一个周期中消耗的能量为

$$\Delta W = \int_{t=0}^{\frac{2\pi}{\omega_d}} c\left(\frac{dx}{dt}\right)^2 dt = c\pi\omega_d X^2 \tag{5-21}$$

从式（5-21）可以看出，系统能量的减少量与振幅的平方成正比，与振动的频率成正比。

整个系统的能量可以用最大势能 $\left(\frac{1}{2}kx^2\right)$ 或最大动能 $\left(\frac{1}{2}mv_{\max}^2 = \frac{1}{2}mX^2\omega_d^2\right)$ 表示，在小阻尼的振动系统，两者近似相等。把黏性阻尼所消耗的能量与总能量的比值，称为阻尼比容，记为 φ，将最大动能和式（5-21）代入到式（5-18）则有

$$\varphi = \frac{\Delta W}{W} = \frac{c\pi\omega_d X^2}{\frac{1}{2}mX^2\omega_d^2} = \frac{2\pi c}{m\omega_d} \tag{5-22}$$

那么，系统的阻尼损耗因子为

$$\eta = \frac{\Delta W}{2\pi W} = \frac{c}{m\omega_d} \tag{5-23}$$

当系统发生共振时，有 $\omega_d = \omega_n$，那么式（5-23）变换为

$$\eta = \frac{c}{m\omega_n} = \frac{c}{\sqrt{km}} = 2\xi \qquad (5\text{-}24)$$

从式（5-24）可知阻尼比与损耗因子的数值关系，但是两者的物理意义是不同的。阻尼比表述的是振动幅值的衰减程度，而阻尼损耗因子表述的是系统能量的衰减程度。

第二节　阻尼材料的基本理论

从上一节可知，阻尼的主要功能是将结构的振动能量转变为热能或者其他形式的能量而消耗掉，即降低了该系统的输出能量。阻尼同时也降低了该系统对外的辐射噪声。根据阻尼的结构特点，阻尼分为自由阻尼和约束阻尼。

一、自由阻尼结构

自由阻尼结构是指将一定厚度的阻尼材料粘合或喷涂在车身钣金的一面或两面组合而成的结构，通常阻尼层厚度要大于钣金厚度，见图 5-2。当金属板受到外部激励产生振动而弯曲时，板和阻尼层都会有压缩和拉伸变形。那么，在每个振动周期变形的过程中，阻尼的黏滞特性会将金属板的振动能量转化为热能。

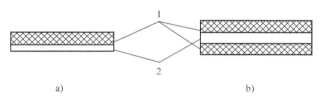

图 5-2　自由阻尼示意图
1—阻尼材料　2—钣金材料

自由阻尼层复合材料的损耗因子与阻尼材料的损耗因数、阻尼材料和基板的弹性模量比、厚度比等有关。当阻尼材料的弹性模量比较小时，自由阻尼复合层的损耗因子可表示为

$$\eta = 14\eta_2 \frac{E_2}{E_1}\left(\frac{d_2}{d_1}\right)^2 \qquad (5\text{-}25)$$

式中，η 是自由阻尼复合层损耗因子；η_2 是阻尼材料损耗因子；E_1 是钢板材料弹性模量；E_2 是阻尼材料弹性模量；d_1 是钢板材料厚度；d_2 是阻尼材料厚度。

对式（5-25）分析得到，通常阻尼材料与钢板材料的弹性模量之比，即 E_2/E_1 分布的范围在 $10^{-4} \sim 10^{-1}$ 内，而阻尼材料与钢板的厚度，即 d_2/d_1 通常取值范围在 2～3 内。这样，阻尼复合层的损耗因子为 0.4 倍。因此，只有较高的厚度比才能得到较高的阻尼，为了保证自由阻尼层有较好的阻尼特性，必须保证阻尼层材料有较大的厚度，这是自由阻尼层结构的缺点所在。

对于车身板件，在不同位置设计附件阻尼层对消耗振动能量的能力是不同的。在整车阻尼布置中，车身板件不可能大面积地布置阻尼材料，只能局部进行阻尼处理。在自由阻尼结构中，主要是通过阻尼材料的拉压变形消耗振动能量。因此，结构中波曲率最大位置（即振幅最大处）就是最优的局部阻尼处理位置，其连续无间断的处理长度应大于弯曲波 40%。自由阻尼处理主要是在车身钣金上粘合或喷涂沥青质阻尼材料，或者采用机器喷涂水基材料。

二、约束阻尼结构

约束阻尼结构是在金属钣金和阻尼材料上再附加一层弹性模量较高的、起约束作用的金属板而组成的结构,见图5-3。当金属板受到振动而弯曲变形时,阻尼层受到上、下两个板面的约束而不能伸缩变形,这样各层之间因发生剪切变形而消耗掉振动能量。约束阻尼结构比自由阻尼结构可耗散更多的能量,约束层阻尼结构远比自由层阻尼结构要复杂得多。

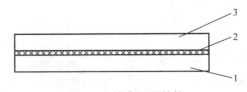

图5-3 约束阻尼结构
1—钣金材料 2—阻尼材料 3—约束层

基于图5-3,假设材料均匀分布,那么该结构的阻尼损耗因子可表示为

$$\eta = \frac{12\Lambda\eta_2}{[1+2\Lambda+(1+\eta_2)^2+\Lambda^2]} \frac{E_3 d_3}{E_1 d_1}\left(\frac{d_{31}}{d_1}\right)^2 \tag{5-26}$$

式中,Λ 是剪切参数,可以表示为

$$\Lambda = \frac{G_2 d_1}{4\pi E_2 d_3 d_2}\sqrt{\frac{E_1}{3\rho_1}}\frac{1}{f} \tag{5-27}$$

η 是约束阻尼复合层损耗因子;η_2 是阻尼材料损耗因子;E_1 是钢板材料弹性模量;E_3 是约束层弹性模量;d_1 是钢板材料厚度;d_2 是阻尼层材料厚度;d_3 是约束层材料厚度;G_2 是阻尼材料剪切模量;f 是板件的振动频率;d_{31} 是约束层中线到钢板中线的材料厚度,$d_{31} = d_2 + (d_1 + d_3)/2$。

当复合结构剪切参数近似等于1,阻尼材料的厚度远小于钣金厚度、约束层厚度时,即 $d_1 << d_2$,$d_1 << d_3$,则可以近似得到如下关系:

$$\eta = \frac{3E_3 d_3}{E_1 d_1}\eta_2 \tag{5-28}$$

式(5-28)适合于前围板夹层结构设计,由于金属板与约束层的弹性模型相近,从式(5-28)中可以看出,约束阻尼结构的阻尼损耗因子与阻尼厚度无关,如果阻尼结构设计合理,可以使阻尼复合板的损耗因子接近甚至大于阻尼材料的损耗因子。

同样,约束阻尼结构布置原理与自由阻尼布置的原理是不同的。约束阻尼结构通过剪切方式消耗能量,也就是阻尼处理的位置在振型曲线斜率的最大处,斜率最大处弯曲程度大,剪切耗能大。因此,对约束阻尼结构的局部阻尼处理最优位置是节点或节线附近区域,阻尼处理长度应大于弯曲波长的60%。对于整车结构,约束阻尼有两种方式:一种是用铝箔作为约束层,通过黏结剂附加到车身板件上,最常用的是丁基橡胶阻尼垫,不需要高温烘烤,常温下通过自身黏度黏贴到车身钣金上;另一种是汽车夹层钢板,约束层和基体都采用钢板,且厚度相等,中间采用阻尼材料,厚度较小,这种结构多用在前围板设计中。

第三节 车身阻尼材料的开发应用

一、车身阻尼材料应用概述

1. 车身阻尼材料应用必要性

从NVH解决思路"源-路径-接受体"来看,车身钣金件是车内结构噪声重要的传递路径。也就是说,车内结构噪声是由激励源产生的振动,通过多种传递路径传递到车身,并激励起包围乘坐室的钣金振动进而辐射到车内而产生的。因此,为了抑制车内结构噪声,必须降低钣金件的振动,或者降低钣金的振动辐射效率,主要包括两种手段。

第一，从避频的角度分析，主要是通过修改钣金结构来实现的。修改钣金结构实现移频也有两个原则：一个是修改钣金的刚度，主要措施包括修改板件筋的截面尺寸、筋的布置位置、筋的布置密度，或者改变钣金的支撑结构、粘贴补强胶片等；另一个是在局部增加质量，可采用在局部增加集中质量块的方式避开激励源频率。例如，市场上多款车在顶篷第一横梁增加质量块，降低前风窗玻璃和顶篷的模态，有效地避开了共振，降低了该区域向车内辐射的结构噪声。

第二，从降低频率的幅值或降低能量角度分析，实际就是降低钣金件振动的能量。主要手段就是在钣金件上粘贴阻尼片，通过阻尼片将振动能量转换为热能等消耗掉，减少板件的振动辐射。

因此，利用阻尼材料可有效地改善在发动机中高转速下，或路面载荷等激励下的钣金与车内声腔耦合而产生的轰鸣声问题。

2. 阻尼材料概述

阻尼是指在任何振动系统中以热量方式耗散机械能的能力，或者说阻尼是阻碍物体做相对运动并把运动能量转变为热能的一种作用。那么，车身阻尼是指将外部激励产生的振动能量消耗多少的能力。车身阻尼可分为两类：内部阻尼和外部阻尼。内部阻尼是指钣金材料内部分子之间相对运动而能量损耗所产生的阻尼；外部阻尼是指车身钣金件之间、车身钣金与附加结构之间相互运动而能量损耗所产生的阻尼。

根据阻尼材料的结构特点，通常将阻尼材料分为四类：黏弹性阻尼材料、复合阻尼材料、高阻尼合金结构以及智能阻尼材料结构等。目前，整车的车身应用较为广泛的是黏弹性阻尼材料。黏弹性阻尼材料是指兼具黏性液体和弹性固体特性的高分子聚合物材料。这类阻尼材料的特点是，一方面将部分振动能量以势能的形式存储起来，另一方面将部分能量转化为热能或其他形式的能量而耗散掉，阻尼耗散能量的能力受温度、频率和振幅影响。

阻尼材料主要由基料、填料、溶剂三部分构成。基料是阻尼的主要成分，其作用是将构成阻尼材料的各种成分进行粘接，基料的性能优劣直接决定阻尼材料的效用。常用的基料有沥青、橡胶和树脂。填料的作用是增加阻尼材料的内损耗能力，减少基料的用量，并有效地降低成本，常见的填料有石棉绒、膨胀珍珠岩粉、碳酸钙、石墨等。一般情况下，填料占阻尼材料的 30%～60%（质量分数）。溶剂的主要作用是溶解基料，常用的溶剂有汽油、植物油、醋酸乙酯等。

二、黏弹性阻尼材料分类

黏弹性阻尼材料分类方法有多种，下面主要从阻尼材料的材质和工艺安装方式进行分类。

1. 根据阻尼材料的材质

根据阻尼基体材料的不同，黏弹性阻尼材料可分为三类：沥青类阻尼材料、橡胶类阻尼材料和树脂类阻尼材料。

1）沥青类阻尼材料：沥青类阻尼材料的基本配方是以沥青材料为基料，并配入大量无机填料混合而成，需要时再加入适量的塑料、树脂和橡胶等。沥青材料本身就是具有一定阻尼的材料，阻尼材料的填料和数量也是影响阻尼性能的重要因素，在沥青和填料的界面上因摩擦而产生的能耗，在振动的衰减中起着主要的作用。

2）橡胶类阻尼材料：橡胶类阻尼材料是采用橡胶材料为基料，加入石墨、炭黑和云母粉等混合而成的材料。在较高频率的机械振动下，橡胶产生多次反复变形（拉伸、压缩、剪切等）而将一部分弹性能转变为不可逆的热能散失，这就是橡胶滞后损失的阻尼效应。橡胶材料阻尼的性能主要取决于橡胶材料的滞后特性和变形时的内摩擦特性。

3）树脂类阻尼材料：树脂类阻尼材料是采用树脂类材料为基料，加入一些无机填料组合而成的材料。树脂类材料包括环氧树脂、聚氨酯树脂、聚氯乙烯树脂等，对于水性阻尼涂料，采用混合树脂乳液作为基料，通常使用的树脂乳液有丙烯酸乳液、环氧树脂乳液、醋酸乙烯酯乳液等。而填料应用的材料有碳酸钙、滑石粉、云母，或玻璃纤维、石棉、石墨等。无机填料可使高聚物的玻璃化转变温度上升，阻尼峰半宽增加，提高材料耗散能量的能力。

2. 根据工艺安装形式

根据车身阻尼的工艺安装形式不同，可分为成型式和喷涂式两种。成型式阻尼材料是指按照一定的组分和配比压制成板状结构，并根据仿真分析或者试验分析结果加工成所需的形状和大小，然后通过一定热熔或自粘的手段贴附到车身上。喷涂式阻尼材料是指将一定组分和配比的液体阻尼材料，通过机器或人工现场喷涂到车身上。成型式又可分为热熔型阻尼片、自粘型阻尼片、磁性阻尼片三种。

1）热熔型阻尼片：热熔型阻尼片通常是以沥青为基料，以无机物为填料轧制而成的板材。热熔型阻尼片一般是直接放置在车身钣金结构上，在车身通过涂装线的高温烘烤过程中熔化成型，进而与车身钣金粘接在一起。

2）自粘型阻尼片：自粘型阻尼片是由沥青为基料，配以树脂、橡胶为填料，并加入增韧、增塑和补强填料轧制而成的板材。通过粘合面涂压敏胶定位，需在涂装线高温烘烤成型，然后固定到车身钣金结构上。

3）磁性阻尼片：磁性阻尼片是由沥青树脂、橡胶、改性材料、三氧化二铁和补强填料轧制而成的板材。通过磁性固定到车身钣金上，同样需在涂装线高温成型，进而粘接到车身钣金面上。

喷涂式阻尼材料：喷涂式阻尼材料主要是由树脂类基料、无机材料为主的填料以及溶剂组成的浆糊状材料，通过人工刷涂或者机器喷涂在车身钣金面上。

三、黏弹性材料的特性

从上节内容知道，评价阻尼性能的参数是材料损耗因子，而阻尼材料的损耗因子随着外部条件变化而改变，尤其是外部的激励频率和温度，对材料阻尼损耗因子影响非常大。因此，阻尼材料会在一定的温度区域表现出有较高的阻尼特性。

根据阻尼材料的阻尼性能受温度影响的不同，可划分为三个温度区：低温区、中温区和高温区，见图5-4。在低温区，阻尼材料表现为玻璃态，材料的弹性模量很高，阻尼材料损耗因子较低；在高温区，阻尼材料表现为橡胶态，材料弹性模量较低，材料的阻尼损耗因子也很低；在高低温区域之间，存在一个过渡状态的中温区，在这个区域材料的弹性模量急剧降低，材料损耗因子出现一个明显的峰值，我们把这个峰值称为阻尼峰值，达到峰值的温度称为玻璃态转变温度。

从图5-4可以看出，阻尼峰值出现在过渡状态区域，该区域的材料阻尼效果最佳。我们把有效的阻尼损耗因子对应的温度范围称为峰值域宽度。峰值域宽度越大，阻尼材料有效性就越高。通过试验验证发现，改变阻尼材料组分、配比可以改变峰值域宽度。黏弹性材料阻尼的最佳温度范围在20～60℃。因此，在对阻尼进行设计时，应尽可能增加峰值域宽度。

另外，频率对阻尼性能也有重要影响。在温度一定的情况下，阻尼材料的杨氏模量随着频率的增加而增加，而阻尼损耗因子随频率变化的趋势与其随温度变化的趋势大致相同。在某个频率下，阻尼损耗因子会出现一个明显的峰值，见图5-5。黏弹性阻尼材料的最佳频率范围是200～500Hz。因此，在设计阻尼材料时，必须考虑温度和频率对阻尼损耗因子的影响，尽可能在较宽的温度范围和频率范围都有较高的损耗因子。

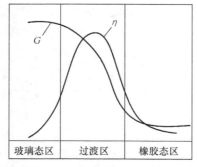

图5-4 温度对杨氏模量和损耗因子的影响

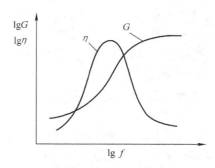

图5-5 频率对杨氏模量和损耗因子的影响

四、车身阻尼布置区域分析

黏弹性阻尼材料是目前解决车内结构噪声的有效手段，在车身各个区域应用非常广泛，主要布置在板件声辐射效率较大的区域，主要包括前围板、地板、轮罩板、车身外板（包括顶板、侧围板、侧门外板等）区域，这些车身外板除了布置阻尼材料外，也存在布置环氧树脂为基料的补强材料的可能性，至于这些区域是布置阻尼材料，还是布置补强材料，需要综合考虑外板件刚度、模态、抗凹陷性能等来分析决定。

1. 前围板

从传递路径上看，前围板是发动机振动、前轮传递的路面振动等激励源在车内传播结构噪声的重要贡献区域，甚至一些空调管路内液体的脉动，也会激励前围板件在车内产生轰鸣声。除了采用优化钣金结构等措施实现避频，降低车内噪声水平之外，另外一个重要手段就是在钣金贴附阻尼材料。前围板布置的主要是磁性阻尼材料，有的车型前围板设计采用双层板结构，在主体的前围钣金和加强板之间增加阻尼材料。这样不仅可以降低板件的辐射噪声，同时也可以增加前围板件的隔声量，见图5-6，其中图5-6a的深色区域是双层阻尼板布置位置，图5-6b是另外一款车前围板磁性阻尼布置位置和大小。

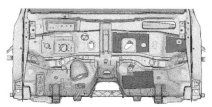

a) 双层阻尼结构　　　　　　　b) 磁性阻尼布置

图5-6　前围板阻尼分布

2. 地板

地板区域包括前地板、中地板和备胎槽区等。地板区域是路面激励源在车内产生噪声最重要的区域之一。同样，减少地板的辐射噪声除了采用对地板结构优化的手段外，增加阻尼材料也是降低辐射噪声的一个重要手段，地板是车身阻尼材料布置占比最多的区域。地板布置的阻尼材料主要采用热熔型材料和喷涂材料。相对于热熔型材料，采用机器的喷涂阻尼材料定位更准确，材料更环保。喷涂阻尼材料已经成为一种趋势，尤其是比较高级别的车型更趋于应用喷涂阻尼材料。图5-7是某款车前地板、中地板和备胎槽三个区域热熔型沥青阻尼材料的布置情况，其中在图5-7c备胎槽的竖直面上阻尼材料通常布置磁性阻尼板。

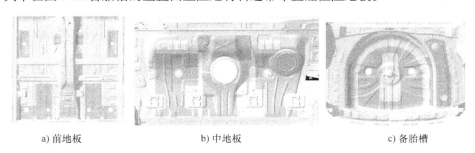

a) 前地板　　　　　b) 中地板　　　　　c) 备胎槽

图5-7　某款车地板阻尼材料分布

3. 轮罩板

轮罩板包括前轮罩板和后轮罩板区域，轮罩板是路面激励源产生结构噪声的重要贡献区域之一，尤其是将后减振器安装点布置到轮罩板上，加重了轮罩板对车内的辐射噪声。因此，轮罩板也是阻尼材料经常布置的区域之一。另外，在轮罩板布置阻尼材料，也可以增加轮罩板的隔声量，有效地降低轮胎噪声对车内的影响。轮罩板布置的阻尼材料通常采用自粘型阻尼材料、磁性阻尼材料等。图5-8是某款车在轮罩板布置磁性阻尼材料的位置。

4. 车身外板

车身外板（包括顶板、侧围板、侧门外板等）除了要考虑整车NVH性能外，还要考虑抗凹陷性能的影响。车身外板件受整车外观造型需要的影响，其结构优化有很大的局限性，除了在车身外板件增加布置隔振胶连接的梁或支架数量外，对外板进行优化的手段相对较少。最常采用的方案就是布置阻尼贴片或补强贴片。车身外板多采用自粘型阻尼材料、磁性阻尼材料布置方式。这些阻尼材料多数是为了解决发动机中高转速轰鸣声或中高频的路噪问题。

如果这些车身外板在受力的过程中，出现了明显的"油罐效应"，就需要布置补强材料解决抗凹陷的问题。这些区域究竟是布置阻尼材料还是补强材料，需要根据实际问题分析进行选择。也存在一些案例将两者叠加布置，在外板内侧先布置补强材料，然后再布置阻尼材料，这种布置方式相对较少，在某公司的车门外板出现过这种设计方案，可提高关门的厚重感。图5-9分别是顶板、侧围板、侧门外板阻尼布置情况，这些区域通常采用磁性阻尼材料、自粘型阻尼材料等。

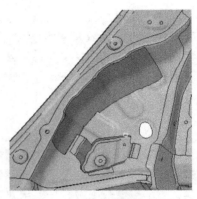

图5-8 轮罩板阻尼材料布置

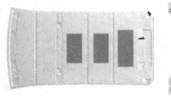　　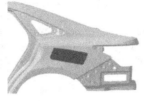　　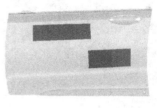

a) 顶板　　　　　　　　b) 侧围板　　　　　　　　c) 侧门外板

图5-9 车身外板的阻尼材料或补强材料布置

另外，对于一些三厢车型，根据解决问题的方法不同，有时也需要在搁物板布置阻尼材料，或者增加补强贴片。如果布置阻尼材料，那么通常是热熔型阻尼材料，这里就不再赘述。

第四节　车身阻尼布置仿真分析

车身钣金布置阻尼的目的是消耗钣金的振动能量，降低钣金的辐射效率，从而降低车内的噪声水平。阻尼材料主要解决发动机激励和路面激励引起的钣金振动而产生的辐射噪声问题，噪声的频率范围在100~200Hz左右，在车内主观感觉为轰鸣声。其中，发动机的激励问题主要是指在中高转速工况下引起的车身板件振动，而路面激励问题主要是颠簸路面行驶过程中引起车身板件的振动。

利用阻尼材料解决车身钣金辐射噪声问题，可通过仿真分析的方法制定方案。利用仿真制定阻尼布置方案，大致可分为三步。

1. 确定阻尼材料可能的布置部位

根据车身结构特点，阻尼材料主要布置在车身的大板件部位，如前围板、中通道板、顶板、地板、备胎槽板等，见图5-10。另外，前后门外板也是阻尼材料布置的关注区域。

2. 阻尼材料的布置方案及优化

对于车身阻尼材料布置方案，目前通用的方法是基于白车身模态的仿真分析结果制定的。利用有限元仿真分析手段完成白车身模态分析，并输出每阶模态的应变能，然后对100~500Hz模态应变能进行叠加，根据叠加的结果确定阻尼材料的布置区域。

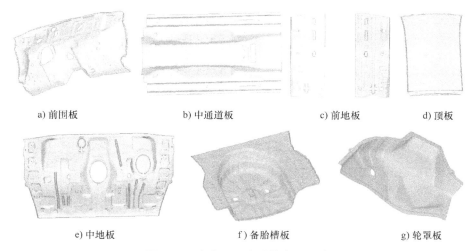

a) 前围板　　　　b) 中通道板　　　　c) 前地板　　　　d) 顶板

e) 中地板　　　　f) 备胎槽板　　　　g) 轮罩板

图 5-10　车身阻尼布置的主要区域

以前地板分析结果为例说明阻尼材料布置方案。首先，对白车身模态进行计算，利用有限元后处理软件对 100～500Hz 模态应变能进行叠加，然后输出前地板的应变能分布云图，并根据应变能分布云图制定阻尼材料布置方案。最后根据工艺、布置、成本等因素确定最终方案，见图 5-11。

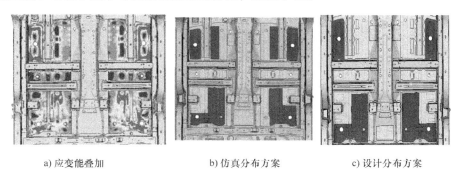

a) 应变能叠加　　　　b) 仿真分布方案　　　　c) 设计分布方案

图 5-11　某款车前地板阻尼材料分布

为了分析对比仿真方案和设计方案两种方案的效果情况，需要计算板件等效辐射功率（ERP）进行对比分析。板件辐射功率反映了板件表面振动辐射出声能的能力：

$$W_r = W_v \sigma = \rho c A <\overline{V^2}> \sigma \tag{5-29}$$

式中，W_r 是板件辐射功率；W_v 是板件振动功率；ρc 是空气特性阻抗；A 是板件辐射面积；σ 是板件的辐射效率；$<\overline{V^2}>$ 是在时间和空间上的速度平方平均值。

从式（5-29）可以知道：如果板件的辐射功率大，那么该板件将振动转为声能就比较大，就会在车内产生较大的声压。因此，可利用此参数评估板件的附加阻尼材料对车内噪声的改善情况，进而评估方案的有效性。板件的辐射功率的计算对象是白车身，把车身的每个接附点作为载荷输入点，然后将每个载荷点输入的载荷在车身各板件进行叠加处理，最后，分别输出图 5-10 中示意的重点关注的板件的辐射功率。图 5-12 是前地板的 ERP 在各接附点输入载荷的叠加结果。

在对图 5-11 的板件制定阻尼布置方案时，由于工艺、布置、成本等因素的影响，实际布置方案与仿真分析方案会有一定区别，为了对比两者的差异性以及实际方案制定的有效性，通过计算这些板件的等效辐射功率进行对比判断。以图 5-11 中的前地板为例，对前后两种方案的结果进行对比，见图 5-13。从图 5-13 中可以看出：相对于不加阻尼的原状态情况，仿真方案和实际布置方案都有明显改善，从具体的频段上看，实际布置方案比仿真方案只是在部分频段有所变弱。因此，在进行附加阻尼材料布置时，可结合实际情况和具体出现的问题频段，有针对性地布置阻尼。

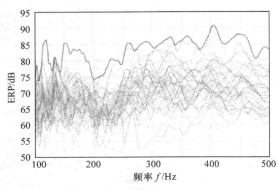

图 5-12 前地板各工况的叠加

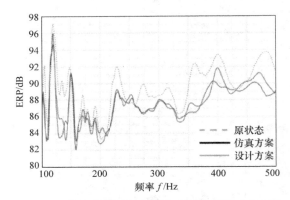

图 5-13 前地板仿真与设计方案等效辐射功率对比

对于车身板件的 ERP 分析，除了要关注钣金件的阻尼材料覆盖面积，还要对阻尼材料的厚度、阻尼损耗因子进行分析优化。图 5-14 是三种不同阻尼材料厚度的 ERP 计算结果，可以看出不同厚度的阻尼片材料，ERP 分析结果是不同的。在频率低于 200Hz 内，厚度对 ERP 分析结果影响较小；当频率大于 200Hz 时，厚度对 ERP 有明显的影响作用。图 5-15 是三种不同阻尼损耗因子的计算结果，可以看出在计算频段内，阻尼损耗因子对 ERP 分析结果影响较小。

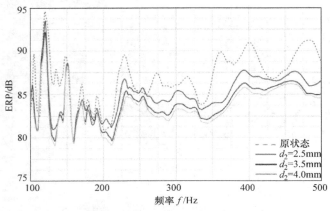

图 5-14 不同厚度的阻尼材料分析

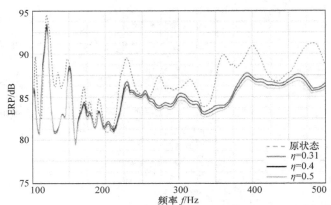

图 5-15 不同阻尼损耗因子的阻尼材料分析

3. 制定白车身阻尼材料布置方案

采用上述同样的分析手段，可以完成车身其他区域板件（前围板、中通道板、顶篷、中地板、备胎槽板、轮罩板等）的附加阻尼材料方案确定，见图 5-16。由于在生产线运输过程中，车身竖直面的阻尼片容易滑落进而改变位置，降低了阻尼材料的效果，并严重者影响到其他部件的装配。为解决该问题，凡是在竖直面上的阻尼材料均采用磁性阻尼贴片，这样可以有效地避免阻尼片滑动的问题，见图 5-16。

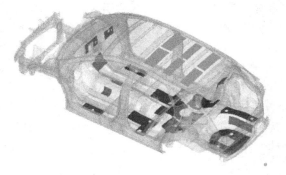

图 5-16 某款车车身附加阻尼布置方案

第五节 车身阻尼试验验证分析

在工程设计阶段制定完成阻尼片布置方案后，有时为了减重、环保等原因，还需要在样车阶段对车身某些区域的阻尼片进行验证分析评估。根据车辆状态不同，可以分为白车身和整车两种状态。

对于白车身状态，可以通过测试传递函数进行评判。由于阻尼材料主要用来衰减路面载荷和发动机载荷对车身板件激励的能量，因此，加载点应该选取与发动机、路面载荷相关的激励点。激励点主要包括悬置安装点、前后副车架安装点、前后悬架安装点等。传递函数的响应点应取板件布置阻尼的位置点。通过对比有无阻尼的传递函数，进而判断阻尼材料的改善效果。

图 5-17 是某款车前地板有无阻尼材料传感器布置示意，其中图 5-17a 是有阻尼材料的传感器布置，图 5-17b 是铲除阻尼材料后的传感器布置。为保证两种情况下传感器布置位置保持一致，要在车身上做好位置的标记。图 5-17c 是前地板有无阻尼的对比分析结果，从图中可以看出，部分频段的敏感度有一定的降低，尤其是在 170～220Hz 频率范围内，改善非常明显。其他部位的阻尼材料验证也与此方法相同。

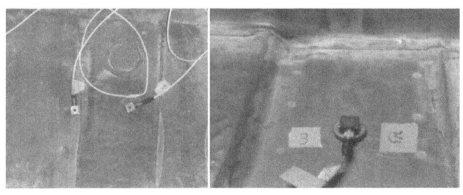

a) 有阻尼材料　　　　　　　　　　b) 无阻尼材料

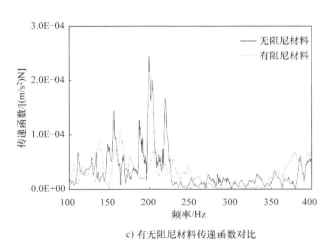

c) 有无阻尼材料传递函数对比

图 5-17　某款车前地板有无阻尼对比分析

对于整车状态，若对钣金的阻尼材料进行验证分析，由于车身某个部位布置的阻尼材料多数是在某个单一频率，或某几个频率下有明显的降低峰值的效果，如果制定的验证工况的激励源不能涵盖待验证的频率段，就很难对该部位的阻尼材料是否有效做出合理的判断。因此，一方面，可以利用"声振传函"确定阻尼材料的板件对车内的敏感性情况；另一方面，可以利用整车道路试验进行最终结果的判断。

由于阻尼材料主要解决发动机和路面激励载荷的问题，整车设置的工况必须尽可能包括发动机激励和路面激励的工况。例如，考查发动机激励的影响，必须要在平滑路面上进行两档或三档的 WOT（节气门全开）加速工况验证；如果考查路面载荷的影响，必须在水泥路面、坏路路面等进行验证。图 5-18 是某款车前地板阻尼材料的两种布置方案，其中图 5-18a 是设计方案，图 5-18b 是优化减重方案。

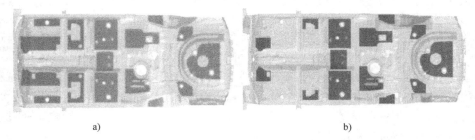

图 5-18　某款车阻尼材料布置方案

为对比两种方案对车内的影响，首先进行"声振传函"分析，敲击位置在图 5-11 中前地板右侧中点部位，响应点在驾驶员内耳侧，分析结果见 5-19a；为验证路面的影响，在坏路面采用滑行工况进行验证，见图 5-19b，响应点在驾驶员内耳侧。从结果可以看出，前地板的阻尼材料只是在个别频段有一定的改善效果。若想确定最终采用两者中哪个方案，就必须制定更多的工况（包括路面激励和发动机激励）做进一步的验证测试。

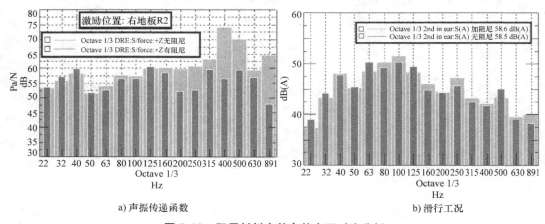

图 5-19　阻尼材料在整车状态下对比分析

第六章 整车密封性分析与控制

泄漏是中高频噪声传递到车内最重要的传递路径，当整车密封性较差时，无论采用何种声学包材料，对车内噪声改善都非常有限。因此，对中高频噪声的控制首先要解决的是密封性问题，整车密封性是车内中高频噪声控制的基础，也是声学包开发的前提。另外，整车气密性对车内声品质有重要影响，随着消费者对车内声品质要求的不断提高，整车密封性必然是主机厂重点开发的性能之一。

第一节 整车密封性概述

整车密封性是指在一定的外在压力条件下，通过车身各部位泄漏到车身内气体流量大小的能力。车身的主要泄漏部位包括板件的焊缝、车门与车身密封条、背门与车身密封条、车身地板堵盖等。良好的密封性可以有效地隔绝车外噪声、尘土、雨水、异味等，保证车内有良好的乘坐环境，提高乘坐的舒适性。

整车需要密封的部位非常多，根据密封的特点，可分为钣金件与钣金件的密封、钣金件的开孔密封、部件间的密封等。密封部位都是采用密封材料进行密封的，密封材料是指专门用于隔绝车内外气流流动的材料。常见的密封材料主要包括密封胶、密封堵盖、密封条、密封件等。根据密封部位相邻部件相对运动关系不同，可分为静态密封和动态密封。

静态密封指的是密封件为某一钣金件的孔，或者是没有相对运动关系的两个或两个以上的钣金件连接区域的焊缝、空腔等结构部位采用的密封。静态密封类型主要包括点焊密封胶、焊缝密封胶、膨胀胶块、密封孔堵、密封件等，见图6-1，其中图6-1a为前地板和前围主要的点焊胶和焊缝胶，图6-1b为前风窗和后三角窗玻璃胶，图6-1c为A、B、C柱膨胀胶块布置位置示意。

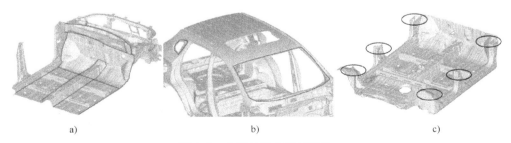

a)　　　　　　　　　　　b)　　　　　　　　　　　c)

图 6-1 典型的静态密封结构

动态密封是指在两个或两个以上有相对运动关系的部件之间搭接区域的密封，主要是对车身上的门、窗、孔盖等活动部位之间的配合间隙进行密封。这种密封靠密封条的压缩变形来实现，不仅能防止风、雨和尘埃的侵入，同时还能缓和车门关闭时的冲击和车辆行驶中的振动。动态密封主要包括开闭件与车身之间的密封条，以及侧门的水切、呢槽等，见图6-2，在该图中细线表示门框密封条，粗线表示门洞密封条。下面对主要的静态密封和动态密封所包含的密封类型进行分析说明。

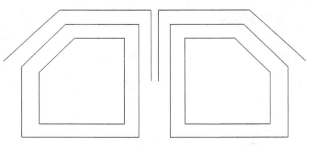

图 6-2 典型的动态密封结构图

第二节 密封胶的密封控制法

密封胶密封是整车密封的基础，在整车密封中占有非常大的比重，尤其是整车一些关键区域的密封性直接决定了车内的噪声水平，如前围板密封、轮罩板密封、三角窗密封、前风窗密封等，也就是说这些区域的密封性好坏决定了发动机、轮胎、风噪声对车内的影响大小。因此，密封胶在整车密封性开发过程中有重要的作用。

一、密封胶分类

密封胶主要是用来解决钣金件间焊接工艺引起的密封性差或者泄漏的问题。密封胶主要包括点焊胶、焊缝胶、膨胀胶和玻璃密封胶等。

点焊胶是以合成橡胶为主体，添加具有导电性能的物质，在车身组装中，板和板之间的焊接部位采用涂胶、点焊组装后，在电泳板干燥炉内进行固化，是以防振、防尘、防锈为目的使用的一种漆封剂，其主要效果是保持连接部位的密封性。点焊胶主要用于钣金间以点焊为连接方式的连接区域，包括前地板、中地板和后地板周边焊接部位；侧围外板周边焊接部位；发动机舱隔板周边焊接部位等。

焊缝胶是以聚氯乙烯为主要成分，辅料包括填充剂、塑化剂、添加剂等混合制成的加热硬化型浆糊状涂料，一般应用于汽车涂装过程中所有钢板的连接部位，为了防水、防锈、防振及美观而使用的产品。主要用于前地板、中地板和后地板周边焊接部位、顶盖与侧围外板搭接处、前轮罩周边重要焊接部位、后轮罩与侧围外板焊接的前半部分、尾灯及流水槽安装的周边焊接部位、前后舱盖、前后车门的包边处等。

膨胀胶是以特种橡胶为主体材料，制成的发泡型块状制品，通过烘烤加热后而膨胀成型的一类胶制品。膨胀胶主要用于A柱、B柱及C柱等车身立柱空腔部位的填充，也可用于其他部位钣金之间的空腔或缝隙里，起到填充、减振和隔声的作用。特别是在汽车行驶时，可以阻隔风噪声、发动机噪声以及胎噪等噪声。

玻璃密封胶是采用聚氨酯（PU）或以硅酮（SR）为基体的材料，与空气反应后固化形成的密封材料。主要用于前风窗玻璃、后风窗玻璃、三角窗玻璃等部件与车身粘接的区域。玻璃密封胶主要作用是密封，可以有效地防止因泄漏而产生的风噪声。另外，玻璃密封胶兼具增加车身刚度、改善车身模态的作用。

二、密封胶的控制方法

密封胶主要用来解决钣金间、钣金与玻璃等间隙引起的泄漏问题。车身是由钣金焊接而成的，焊缝分布于整个车身区域。钣金的焊缝是发动机噪声、风噪声、胎噪以及其他以空气传播为主的噪声的重要传递路径。如果整车的某个部位焊缝密封性差，那么这个区域将会对车内噪声有重要贡献。例如，如果前围板区域钣金密封性差，那么发动机噪声将会对车内噪声产生较大贡献；如果后轮罩板区域钣金间隙密封性差，那么胎噪将会对车内后排噪声产生较大贡献。因此，必须对车身关键区域的钣金间隙的密封性进行控制，对密封性控制可按照钣金结构和密封胶两个方面进行控制。

1. 从涂胶部位的钣金角度进行控制

（1）避免三板交界处的"老鼠洞"结构，导致无法实现涂胶 由于结构设计的问题，在三板连接的区域，常常会出现一个尺寸较大的孔洞，并且通过密封胶无法实现封堵。主要出现的部位包括前围板与A柱内板的四个角点区域、后轮罩板与车身后地板连接区域（左右对称）、车门三角窗区域等，见图6-3示意标注区域。因为这些部位是发动机噪声、风噪、胎噪的主要传递路径，必须对这些区域的密封性进行严格控制。可通过控制这些区域的最大间隙尺寸（<3mm）以满足涂胶的条件，或对结构进行优化设计来控制这些部位的密封性。

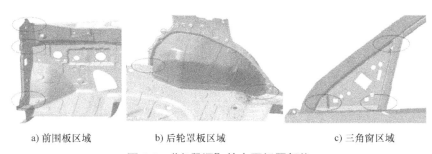

a) 前围板区域　　　　b) 后轮罩板区域　　　　c) 三角窗区域

图6-3 "老鼠洞"的主要问题部位

（2）保证钣金结构有足够的涂胶空间 为保证涂胶的质量和密封的可靠性，从涂胶的角度考虑，必须保证涂胶面的宽度和厚度，这就要求钣金结构必须留有足够的涂胶空间，避免钣金结构空间不足而引起断胶、流胶等问题。尤其对焊缝胶的涂胶布置，必须留有充足的空间。

图6-4表示的是两种涂胶面的钣金截面结构。图6-4a主要用于两钣金间边缘区域的焊缝胶布置情况，要求两钣金错开长度L_1约5mm。车身主要出现的部位有A柱与前围板搭接处、空气室上下板搭接处、后轮罩板与侧围外板搭接处等。图6-4c是空气室上板与下板的涂胶，为保证在该连接位置处密封的质量，需满足空气室下板长度相对上板大于5mm。

图6-4b是两板翻边区域的涂胶尺寸说明，为保证翻边处的密封，必须保证L_2有足够长度以满足涂胶宽度，通常要求L_2至少大于5mm。典型区域包括左轮罩板与左侧围板连接区域、右轮罩板与右侧围连接区域等。图6-4d是右侧围板与右轮罩板的翻边连接示意，图示翻边区域满足涂胶的尺寸。

（3）在一些关键区域，控制钣金件数量，尽可能采用整体结构 钣金件数量多，板件之间连接就需要更多的点焊胶和焊缝胶，尤其是在三角窗、前围板、轮罩板区域，它们是风噪声、发动机噪声和轮胎噪声的主要传递路径，涂胶部位多增加了噪声泄漏的风险。尤其是一些板件连接区域，不能满足涂胶条件，更加重了噪声泄漏的风险。因此，从前期DMU检查阶段就必须控制板件数量。

图6-5a是两款车后视镜三角窗设计，其中Ⅰ的三角窗由3个钣金焊接组成，需要密封的部位较多，甚至一些部位无法用密封胶进行密封；而Ⅱ的三角窗仅由1块钣金焊接而成，利用焊缝胶完全可以密封。由于后视镜三角窗是风噪声最重要的传递路径，该区域的结构设计直接决定了车内风噪声的水平。因此，必须保证这个区域的密封性能。

图6-5b是两款车后轮罩板区域的设计，其中Ⅰ的轮罩区域由7块钣金焊接组成，造成需要密封的部位非常多，尤其是在三板连接的区域，增加了泄漏的风险；而Ⅱ的轮罩板区域由3块板组成，涂胶区域少，也不存在交错涂胶的情况，泄漏的风险就明显降低。由于轮罩板是轮胎噪声最重要的传递路径，这些区域的结构设计以及涂胶布置对车内噪声有重要影响，必须对这些区域的结构进行优化设计。

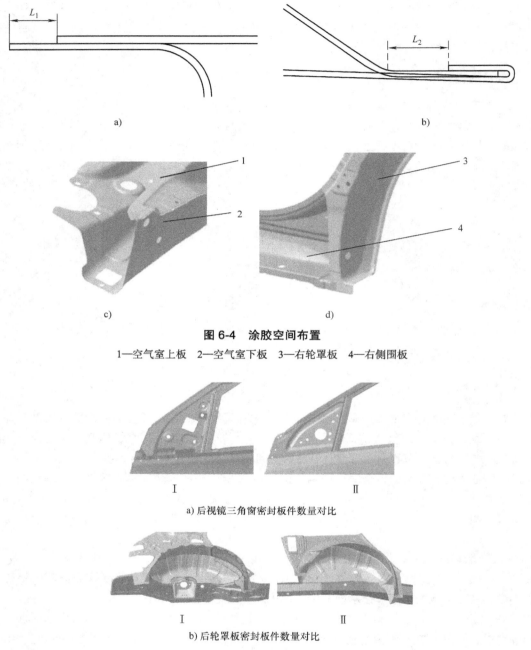

图 6-4 涂胶空间布置

1—空气室上板　2—空气室下板　3—右轮罩板　4—右侧围板

a) 后视镜三角窗密封板件数量对比

b) 后轮罩板密封板件数量对比

图 6-5 关键区域板件密封件数量

（4）避免在两个钣金件之间设计支架等影响涂胶的结构　从刚度角度分析，将小支架布置到两个板之间可以明显提高支架的刚度。但是，从工艺角度分析，这样的结构是无法实现完全密封的。为兼顾两者性能，必须对结构进行优化，主要的部位包括A柱下板与加强板焊接部位、B柱安全带卷收器支架以及轮罩板区域等。图 6-6 是某两款车B柱安全带卷收器支架的设计，图 6-6a 的卷收器支架在B柱内板与外门槛梁之间，由于支架的存在使得两板件不能完全密封，导致门槛梁的气流泄漏到车内；图 6-6b 是支架直接焊接到了B柱内板上，可以避免图 6-6a 这种泄漏问题的发生。

（5）保证涂胶有合理的布置位置　对涂胶部位的结构进行优化，尽可能避免焊缝密封胶布置在立面上，减少涂胶过程中出现流胶、断胶等风险。主要关注的区域包括前后地板搭接位置、侧轮罩与地板搭接位置等。图 6-7 是两款车中后地板搭接位置的涂胶位置设计，其中图 6-7a 将焊缝胶的涂胶面设计在平面上，涂胶容易实现，涂胶质量也可以保障，而图 6-7b 的涂胶面设计在立面上，涂胶质量可靠性将会降低。因此，在设计涂胶面时，必须保证涂胶质量可靠性问题。

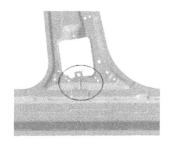
a) 驾驶室

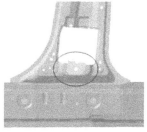
b) 外侧面

图 6-6　两款车 B 柱安全带卷收器安装支架

另外，根据涂胶的工艺特性，保证两板间的间距在合理的范围内，通常要求小于 3mm 才能满足涂胶密封条件，在图 6-7 中的漏液孔间隙必须控制到 3mm 内。两板间隙需涂胶的部位还包括后轮罩板与侧围连接部位、A 柱与空气室盖板钣金搭接处、空气室上下板搭接处等位置。图 6-8 是左侧围板与左后轮罩板连接的密封部位，这个部位是白车身气密性泄漏最常出现问题的部位，也是轮胎噪声、风噪声泄漏的主要部位。因此，必须对左侧围板与后轮罩板间隙进行控制，以满足焊缝胶的密封条件。

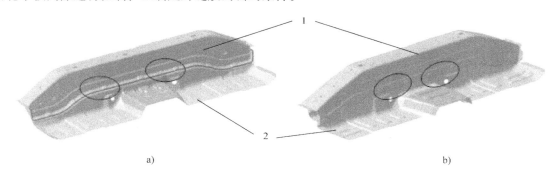

图 6-7　涂胶位置的设计
1—后地板加强梁　2—中地板后段

（6）保证腔体密封设计尽可能少的泄漏传递路径　腔体部位主要是指 A 柱、B 柱、C 柱与门槛梁连接的空腔部位，由于这些部位的复杂性，不能采用点焊胶和焊缝胶进行完全密封，所以需要利用膨胀胶块进行密封。因此，这些部位腔体的结构设计必须满足膨胀胶块的密封特点。

图 6-9 是两款车 A 柱的 X 向截面图，图中 A、B、C、D 是四个空腔，其中 B、C、D 三个空腔与外界相通，A 腔与车内相通，如果不采用膨胀胶块密封，B、C、D 三个空腔是可以与 A 腔相通的。对于空腔 B 和空腔 D，两款车都分别采用膨胀胶块 5 和膨胀胶块 4 进行密封，且可以实现完全密封。但是，对于空腔 C，由于图 6-9b 的铰链加强板 3 位置较高，采用膨胀胶块 4 就可以实现密封；而图 6-9a 中由于

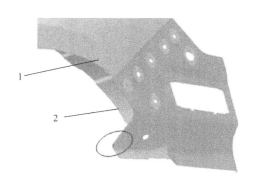

图 6-8　钣金间涂胶间隙控制
1—左侧围板　2—左后轮罩板

铰链加强板 3 位置低，采用膨胀胶块 5 是没有办法完全密封的，空腔 C 通过铰链加强板 3 与 A 柱加强板 2 间隙进入 A 腔，导致外界噪声泄漏到了车内。因此，针对图 6-9a 出现的问题可以采用两种方案进行处理：一个是必须对 A 柱铰链加强板 3 进行优化，可参考图 6-9b 结构；另外一个方案是，可在 A 柱加强板 2 与铰链加强板增加点焊胶，这样可以防止外界噪声泄漏到车内。

（7）玻璃胶的布置位置应该设计平滑，不能出现凹凸不平的结构　前后风窗玻璃和前后三角窗玻璃区域的密封，对风噪声的影响非常大。因此，这个区域的密封就要求非常严格。密封胶是一个等截面布置的结构，如

果风窗玻璃与车身的接触面出现凹凸不平的结构，那么势必引起涂胶面变形不均匀，导致出现断胶、脱胶等现象，从而影响该区域的密封性。尤其是在风窗玻璃上、下横梁与左右侧围连接的部位，由于该区域存在板件搭接，如果设计不合理，将直接导致该区域的泄漏。图6-10中的玻璃涂胶位置平滑，可避免涂胶问题引起泄漏。

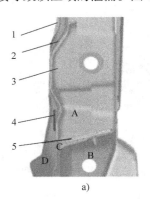 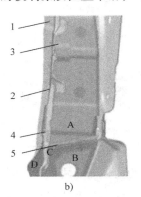

图6-9 空腔结构设计
1—侧围板　2—A柱加强板　3—铰链加强板　4、5—膨胀胶块

（8）对工艺孔数量进行优化设计，减少工艺孔数量　在噪声传递的关键区域，如前围板、A柱、轮罩板等，要对钣金工艺孔进行优化设计，尽可能借用附件安装的孔洞，降低整车泄漏的风险。另外，在满足性能的前提下，尽可能采用直焊螺栓，避免采用凸焊螺栓，因为凸焊螺栓需要穿透钣金进行焊接，凸焊螺栓与钣金之间可能出现泄漏区域，所以上述的关键区域，尽可能避免采用凸焊螺栓，以免引起泄漏。

2. 从涂胶角度进行控制

（1）对于板件间的缝隙密封，应保证车身的关键区域涂有点焊胶和焊缝胶　车身关键区域钣金连接的焊接缝隙处，是噪声源的重要传递路径。从控制传递路径的角度看，采用密封胶密封是最有效的手段。最常用的是利用点焊胶和焊缝胶进行密封。为保证这些区域密封的可靠性，通常采用点焊胶和焊缝胶同时进行密封。主要区域包括A柱与空气室板、空气室板与前围板、前围板与前地板、前轮罩板与A柱下板、后轮罩内板与后地板、后轮罩内板与后轮罩外板等。

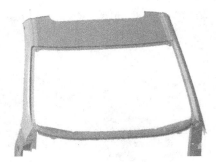

图6-10 车身玻璃胶的安装面

（2）点焊胶的设计应有利于密封面上的孔洞密封　点焊胶布置的密封面上通常会存在定位孔、工艺孔，如果这些孔洞密封设计不合理，也将是重要的泄漏部位。因此，在进行点焊胶设计时，必须将这些孔洞布置到非密封面一侧。类似这样的情况，车身主要关注的区域有空气室板、轮罩板等区域。图6-11是某款车空气室上下板点焊胶布置，在点焊胶的密封面上存在一个定位孔，图中的点焊胶将定位孔"包围"到了车内，避免了噪声通过定位孔泄漏到车内。

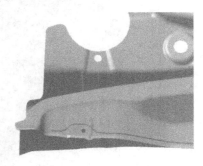 

图6-11 空气室板点焊胶布置　　　　　　　　　　图6-12 座椅横梁处的涂胶

（3）对于焊缝区域存在支架的情况，必须协调焊缝胶与点焊胶的布置　对于车身的一些非关键区域，应至

少保证有一道连续的密封胶。但是，在一些存在横梁的搭接区域，是无法完成焊缝胶的喷涂的。这就必须要求点焊胶喷涂的质量，例如，座椅横梁、前地板和中通道板三板搭接区域，前围板加强梁、前围板和A柱下板三板的搭接区域，后轮罩加强板、轮罩板与后地板三板搭接区域等。图6-12是座椅横梁搭接处涂胶情况，由于焊缝胶无法涂到三个板件的搭接处，因此，必须保证点焊胶连续，同时也要保证点焊胶的喷涂质量，否则就有泄漏的风险。

（4）应保证膨胀胶块的设计能完全密封所在的空腔 由于车身钣金件围成的空腔结构连接部位设计比较复杂，孔洞、间隙比较大，用点焊胶和焊缝胶无法实现完全密封，通常采用膨胀胶块实现对空腔结构的密封。由于膨胀胶块的膨胀率一般在7～15倍，而纵向膨胀率和横向膨胀率是不同的，膨胀胶块的横向膨胀率小于纵向膨胀率，因此，在进行结构设计时，必须结合膨胀胶块的倍率进行结构设计，以保证空腔密封的彻底性。常见的区域包括A柱与门槛梁连接处空腔、B柱与门槛梁连接处空腔、C柱与门槛梁连接处空腔等。

图6-13是B柱剖切面结构。在图6-13a中，A腔与车内相通，又与B腔相通，而B腔是与外界相通的，如果A腔不进行密封，那么噪声会经过B腔和A腔进入车内。因此，膨胀胶块必须能够封闭B腔到A腔的所有泄漏部位。这就要求膨胀胶块宽度和厚度设计满足一定要求：厚度方向大于H，H是膨胀胶块到泄漏部位的最大高度；横向应该大于L，L是横向钣金搭接边缘泄漏的最大长度。

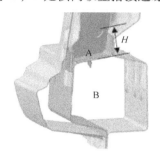

a)X向剖切面　　　　　　　b)Z向剖切面

图6-13　车身B柱膨胀胶块设计

（5）对于玻璃胶，必须保证涂胶的宽度 由于前风窗玻璃的密封性对风噪声影响非常大，必须保证该区域密封质量的稳定性，因此，就必须保证玻璃胶有足够宽度，以避免因安装问题出现断胶、滑胶的现象，导致密封不严出现泄漏。通常风窗玻璃在没有安装之前，玻璃胶截面为等腰三角形，安装后截面近似为矩形，见图6-14。

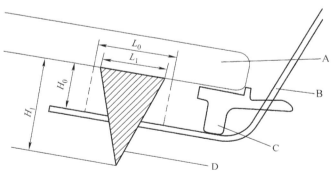

图6-14　玻璃胶宽度分析图

A—风窗玻璃　B—钣金　C—密封条　D—玻璃胶

在图中，H_1是玻璃胶截面高度，L_1是玻璃胶的涂胶底部长度，H_0是风窗玻璃A与钣金件B安装后的高度，L_0是安装后的玻璃胶长度。为了保证密封性，必须保证L_0大于10mm，假设玻璃胶不可压缩，则L_0应满足如下条件：

$$L_0 = \frac{H_1 L_1}{2H_0} \geq 10\text{mm} \tag{6-1}$$

（6）对于玻璃胶，必须保证搭接长度　在实际的操作中，需要将玻璃胶涂成一个环状结构，这样就会出现一段胶搭接的区域。为避免该区域在安装过程中出现错胶、滑胶的现象，必须在搭接处设计一定的搭接长度，见图6-15。其中图6-15b是玻璃胶搭接区域示意图，通常搭接长度L应大于30mm，可降低安装过程出现泄漏的风险。

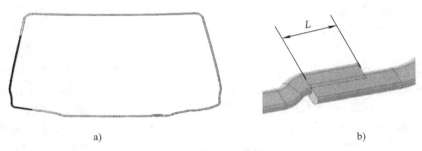

图6-15　玻璃胶涂胶搭接长度

总之，除了上述控制方法和措施外，车身以及玻璃等各个涂胶部位，必须保证每道密封胶连续、均匀，有足够的宽度和厚度等要求，保证每个部位的每道胶的质量稳定性和可靠性，避免在涂胶区域出现漏胶、错胶、滑胶等现象。

第三节　密封孔堵的密封控制法

车身上各个部位都分布着工艺孔，工艺孔主要是为了更好地实现钣金间焊接、装配等目的而增加的孔位。一旦焊接和装配工艺完成后，这些孔位将没有意义。为保证整车的密封性，必须对这些孔位进行封堵。封堵工艺孔的手段主要有三种：孔堵、孔贴和热熔胶堵，三种封堵方式有各自的特点和应用范围。

工艺孔大都布置在A柱、前围、门槛梁、地板、侧围等位置。而这些部位是风噪声、发动机噪声、轮胎噪声的重要传递区域，如果该区域的工艺孔密封性不好，会导致车内外气流出现贯通的情况，这将成为空气声的重要传递路径。因此，必须保证工艺孔的密封性。针对工艺孔的密封性，主要的控制策略如下。

1. 应保证工艺孔的封堵隔声量要求

为保证工艺孔的隔声量，对于直径小于10mm的工艺孔，通常采用孔贴进行封堵；对于直径大于10mm的工艺孔，通常采用孔堵进行封堵；对于密封要求高的区域，可采用热熔胶堵进行密封。

2. 对于孔贴，应保证贴片的覆盖面积

从贴片的角度考虑，为了保证贴片区域有效的密封，必须保证贴片的直径比孔的直径至少大15mm，即满足$(D-d) \geq 15mm$，见图6-16。在该图中，A是贴片，B是钣金结构，d是钣金的直径，而D是贴片的直径。只有满足该条件，才可有效避免粘胶面积不足引起的泄漏问题。

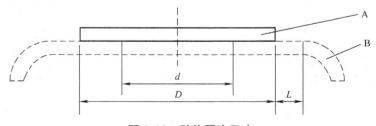

图6-16　贴片周边尺寸

3. 对于孔贴，应保证钣金结构有足够的贴附面积

从钣金结构的角度，必须保证钣金留有足够大的贴附面积，否则无法实现贴片的有效密封，通常贴片到贴附平面外边缘至少有 3mm 的空间，见图 6-16，即 $L \geqslant 3$mm，这样从工艺性和密封性都可以满足要求。

4. 对于孔堵和热熔胶堵，应保证两者安装位置结构设计合理

孔堵的安装位置应尽可能采用沉台结构，见图 6-17。其中，沉台的高度 L_1 应控制在 3～6mm 范围内，这样不仅可以提高安装部位的局部刚度，减少安装过程中因变形而产生噪声泄漏，另外，采用沉台结构，也可避免在安装其他零部件或运输过程中被"蹭掉"，保证孔堵安装的可靠性。采用该方式安装也可保证该区域的吸隔声材料与钣金有很好的贴合度，并保证该区域的吸隔声性能不受影响。另外，为保证孔堵在沉台面有足够大的安装平面，应控制孔的外径距离钣金边缘 L_2 在 7～10mm，这样使得堵头与钣金面有足够的接触面，保证堵头和钣金有良好的密封。

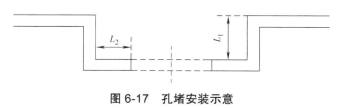

图 6-17 孔堵安装示意

第四节 密封件的密封控制法

密封件主要是指用于封堵功能性过孔、间隙的堵件或堵块，主要包括前围过孔的密封、顶篷侧边梁内的旁路密封、翼子板与侧围板的间隙密封，以及侧门的漏液孔、防水膜密封等。这些部位都是通过 EPDM 胶块或其他弹性材料进行密封的。上述这些区域是发动机噪声和风噪声进入乘员舱的重要通道，因此，对这些区域的密封控制就非常重要。

密封件的控制，一方面要考虑密封性能，同时也要兼顾吸隔声性能。为保证这些密封件区域的密封性，主要采用的控制方法和措施如下。

1. 对于前围密封件，必须保证主、副密封面的结构设计合理

主副密封面问题，主要出现在两层板及两层板以上的孔洞密封。主密封面是指为阻止气流泄漏，对两钣金间隙进行密封的部位。副密封面又称辅助密封面、次密封面，是在主要密封面基础上进行的第二道密封部位。主密封面具有整体性、连续性、方便性等特点。而副密封面多数具有局部的、间断的、复杂性等特点。因此，副密封面是无法代替主密封面的，否则会影响主密封面密封性能。主副密封面问题主要出现在前围板区域的过孔位置。

根据前围过孔安装部件在车内还是车外，可将主副密封面分为两种典型的结构，见图 6-18。在图 6-18 中，A 板一侧代表是车外侧，而 B 板一侧代表是车内乘员舱侧。对于图 6-18a 结构通常采用在乘员舱一侧安装附件，这样主密封面除了包括附件与 B 板之间的接触面，也包括 A 板和 B 板接触面，通常用焊缝胶进行密封。只有满足两个密封条件，才能保证外部噪声不会泄露到车内。图 6-19a 就是采用该原理进行的密封，该图是换档拉索过孔密封，换档拉索减振垫安装在乘员舱侧，则换档拉索减振垫与前围板连接面是主密封面，利用附件的结构进行密封。另外，必须保证在前围板加强板与前围板在机舱侧增加点焊胶和焊缝胶进行密封，这样可以保证发动机舱的噪声不会泄漏到车内。

图 6-18b 结构可以实现两侧安装附件，可分三种情况：第一种情况，附件安装到外侧，附件和 A 板接触面为主密封面，参考图 6-19b。该图是换档拉索安装到发动机舱侧的设计，只需保证换档拉索减振垫与前围板密封，就可以避免外部噪声泄漏到车内。第二种情况，附件安装到乘员舱内侧，附件的接触面为 A 板，因此，主

密封面是附件与 A 板靠近乘员舱的一侧接触面，参考图 6-19c。该图是前围上的一个孔堵的密封设计，主要保证孔堵与前围板接触面的密封，就可以保证噪声不会从该部位泄漏到车内。第三种情况，附件同样安装到乘员舱一侧，附件的接触面为 B 板，主密封面为附件与 B 板的接触面，需要在 A 板与 B 板的缝隙处增加焊缝胶，不过此类情况比较少见。

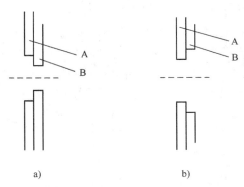

图 6-18　主副密封面布置设计

A—主板件　B—加强板

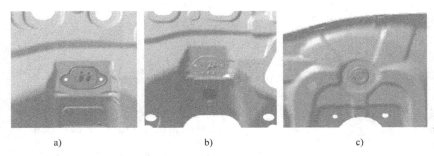

图 6-19　主副面密封示意图

2. 保证前围过孔周边安装的刚度

前围过孔主要包括空调进风口孔、线束过孔、高低压管过孔、进出水管过孔、换档拉索过孔、转向过孔等。为了减少因安装变形而引起的泄漏，必须保证这些过孔周边的安装刚度。增加这些过孔周边安装刚度的措施主要有采用两层板覆盖、在过孔周边增加翻边、过孔采用沉台或加筋结构等，见图 6-20。图中的每一个过孔结构都采用了增加刚度的一种或几种措施。

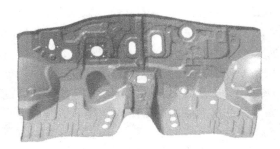

图 6-20　前围过孔结构

3. 保证前围过孔密封件与钣金件之间有足够的贴合面积

前围过孔安装件与钣金的密封，通常是通过 EPDM 等弹性材料进行密封的。因此，不仅要求钣金件与密封件接触区域为平面结构，不能出现加强筋、凸台等结构，而且必须保证密封件与钣金有足够的贴合面积，这样才能保证过孔的密封性。对接触的钣金件，要求在贴合部位至少有 20mm 的宽度，对于接触的密封件，至少有 15mm 的宽度，见图 6-21。该图是空调管路的高低压管过孔结构，图中的深色件用来密封阀门与钣金的间隙。这就要求图中钣金结构的凸台宽度和密封件的宽度都必须满足上述的要求。

图 6-21　高低压过孔密封结构

4. 保证前围过孔的安装部件与隔声垫的卡接关系，且保证卡接区域有足够的长度

前围过孔安装部件与前围隔声垫是需要设计约束结构的，如果两者没有设计约束结构，或者约束结构设计不合理，那么前围过孔处的密封性也是无法保证的。根据装配的前后关系，通常在前围过孔件上设计一个卡接结构，见图 6-22。该图是空调进出水管过孔密封图，其中图 6-22b 是 Y 向切面结构示意图，该前围采用 EVA 和 PU 发泡结构。从图中可以看出，隔声垫被连接支架 3 设计的翼板结构压紧密封。为保证密封的有效性，必须对连接支架 3 设计的翼板长度进行控制，通常要求大于 15mm。

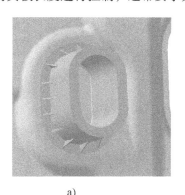
　　　　　　a)
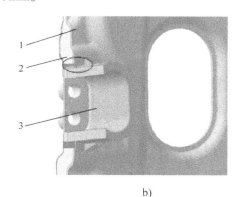
　　　　　　b)

图 6-22　空调进出水管前围过孔结构设计
1—EVA 层　2—PU 发泡层　3—连接支架

5. 对于前舱 A 柱的密封堵块，应保证与周边空间随型贴合

前舱 A 柱堵块主要的作用就是阻止发动机舱噪声进入 A 柱腔内。A 柱下端与翼子板连接的结构可分为两种，一种是翼子板延伸到 A 柱下端（图 6-23a），另一种是 A 柱延伸到翼子板上部区域（图 6-23b）。前者结构的 A 柱下端属于封闭结构，密封性较好，发动机舱气流不容易进入 A 柱空腔内；而后者的结构，A 柱与发动机舱是相通的。尽管此类结构都在下端位置布置膨胀胶块进行密封，但是 A 柱内板有很多孔洞，很难进行彻底密封。为了避免发动机舱气流进入 A 柱腔内，A 柱下端增加一堵块。对堵块的设计要求是必须与周边零部件贴合，在图 6-24 中，堵块没有与翼子板贴合，就起不到有效的密封作用。

6. 保证翼子板堵块与翼子板、侧围板有较好的贴合度

翼子板堵块设计的主要目的是阻止前轮罩区域的气流进入翼子板与前门前端围成的空腔中，然后由车门前端密封问题而进入车内。由于车门前端存在线束过孔、限位器过孔等孔洞，以及车门与车身侧围的密封，这些密封区域也是常出现泄漏问题的重要区域。因此，必须对翼子板与侧围板区域进行密封控制，需要在两者之间增加密封堵件，见图6-25。为保证该区域的密封性，要求翼子板堵件与侧围、翼子板有良好的贴合，并设计一定的干涉量。

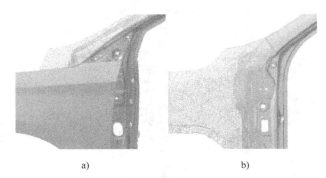

图6-23 翼子板与A柱连接

图6-24 A柱堵块密封结构

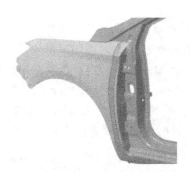

图6-25 翼子板堵块密封结构

7. 保证侧门漏液孔有合理的尺寸和数量，并采用合适的封堵方式

侧门漏液孔对整车密封影响非常大，如果漏液孔密封处理不好，四门漏液孔贡献最大能达到25SCFM（在125Pa的压差下）。因此，必须对漏液孔密封进行控制。主要是对漏液孔的数量和大小进行控制，通常漏液孔大小控制在7mm×10mm内，每个车门的漏液孔数量为两三个。由于漏液孔也是电泳过程中，排除电泳液的重要通道，电泳液要求在一定的时间内必须完成排放，这要求漏液孔必须大，数量必须多。因此，电泳工艺的要求与密封性是冲突的。如果密封性要求与工艺有冲突，可以考虑在漏液孔增加单向阀，或者设计密封结构进行辅助密封。

8. 保证侧门防水膜涂胶合理，线束过孔密封合理

车内防水膜也是整车重要的密封措施，防水膜是通过丁基胶固定到车门内板上的，防水膜存在功能性孔洞，主要是通过线束、门锁拉线等。因此，对防水膜的控制措施主要有：从车门内板角度控制，保证车门内板的涂胶位置平整；从密封胶的角度控制，保证密封胶有一定的宽度；从防水膜角度控制，可以将防水膜设计成口袋形，并在封口的位置增加丁基橡胶密封，以避免线束等直接穿过防水膜。

第五节　密封条的密封控制法

密封条是影响动态密封性最为重要的部件，主要指的是开闭件与车身之间的密封条，主要的部位有发动机盖、侧门（前门和后门）、行李舱或背门等。其中前后门的密封对车内的影响最为重要，是整车密封性开发的重点。

一、密封条结构类型

根据密封条布置位置、承担的功能不同，可将密封分为主要密封、次要密封和辅助密封。主要密封通常安装在车门上，是将车身与外界隔离的第一道密封，防止水、尘、声进入到车内；而次级密封通常安装在车身上，是将车身与外界隔离的第二道密封，同样有防止水、尘、声进入到车内的功能，当主要密封失效时，次要密封将承担主要密封的功能；辅助密封是指在整车局部密封要求较高的部位，增加车身或车门局部位置的密封条，加强对水、尘、声的隔离作用。下面基于上述功能对发动机盖密封、侧门密封和背门或行李舱盖密封等结构进行说明。

1. 发动机盖密封条

发动机盖与车身结构之间也存在密封条，而密封条布置主要有三种方式，见图 6-26。依据整车车身结构，发动机盖密封条并不会像侧门一样直接将噪声泄漏到车内，是通过间接的路径传递到车内形成噪声的。图 6-26c 中的三条密封条不全是为 NVH 性能而布置的。但是，发动机前端和后端的密封条对 NVH 性能有重要影响。

在发动机盖前端，如果发动机盖与车身之间存在间隙或间隙过大，并采用图 6-26b 的结构，车辆在高速行驶过程中，就会产生类似口哨的噪声。前端密封条布置的目的是避免此类噪声的产生。

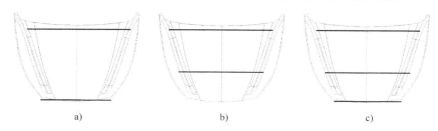

图 6-26 发动机盖密封条结构

在发动机盖后端的密封条作用有两个，一方面是避免发动机舱内有毒有害的气体进入空气室进而进入车内，更重要的是避免发动机舱内的噪声通过空气室和 A 柱进入车内。因此，发动机盖后端密封条的密封性也必须进行严格控制，以降低发动机噪声对车内的影响。

2. 侧门密封条

侧门密封条是风噪声的重要传递路径，同时也是发动机噪声、胎噪、进排气噪声等以空气传递为主的噪声的重要传递路径。侧门密封条不仅会影响车内噪声，而且对关门力、关门声品质、异响等性能也有重要影响。密封条的某些参数对上述性能的影响不完全是正向的，是存在矛盾的。例如密封条刚度，对风噪声、异响和关门品质是越大越好，而关门力是越小越好。由此可知道，密封条对这些因素的影响是不同的，在实车开发过程中，需要协调设计这些性能和参数，尽可能保证各项性能都能满足要求。

根据主副密封、辅助密封特点，以及密封条布置部位，侧门密封条可分为四类，见图 6-27。其中图 6-27a 是仅车门上有密封条，结构简单，密封效果一般，常用于经济车型上；图 6-27b，主密封在车身上，辅助密封在车门上，与图 6-27a 一样，这种密封结构相对简单，密封效果一般，常用在经济车型上；对于图 6-27c，车门上为主密封，车身为次密封，辅助密封在车门上，这种密封结构比较复杂，密封效果好，常用于中高级车上；对于图 6-27d，与图 6-27c 类似，不同的只是辅助密封在车身上。

3. 行李舱或背门密封条

两厢车的背门密封条区域（图 6-28a）和三厢车的行李舱密封条区域（图 6-28b），绝大部分是安装在车身上的，多数为一道密封情况。而这些部位的密封条是风噪声、轮胎噪声、排气噪声等噪声的传递路径，必须保证该区域密封条设计的合理性。另外，两厢车背门的密封条对异响、防水、仿尘等性能也有重要的影响。但是，密封条对这些性能的影响是不同的，必须协调设计密封条的参数才能保证密封条整体性能。例如，背门与车身密封间隙，两者的间隙越小，对车内的风噪就越好，但间隙越小，背门的关门力越大。

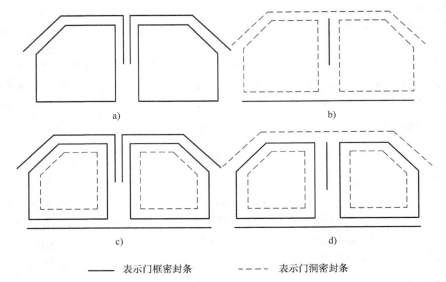

图 6-27 密封条分类

—— 表示门框密封条　　- - - - 表示门洞密封条

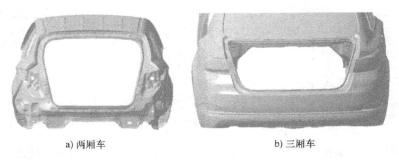

a) 两厢车　　　　　　　　b) 三厢车

图 6-28 行李舱和背门的密封条结构

二、密封条密封性的控制方法

整车密封条部位是空气传播噪声的重要传递路径，尤其是侧门密封条，是风噪声传递的最重要路径。因此，侧门密封条密封性的好坏直接影响到了外部风噪声对车内的影响。为降低车外风噪声对车内的影响，必须对密封条的结构形式进行合理设计和控制。侧门密封条主要包括门洞门框密封条、呢槽和水切三部分。下面分别介绍各部分的控制方法。

1. 门框和门洞密封条密封性控制方法

门框密封条和门洞密封条主要解决的是车身与车门间接触面密封问题，控制的方法主要包括：

（1）控制主密封密封条间的压缩量　压缩量 L_1 是指密封条与密封条间，或密封条与车身钣金间、密封条与内饰板的压缩变形值。密封条的压缩量是评价密封性非常重要的一个参数。压缩量的大小，决定了车辆在行驶过程中是否会出现间隙的可能性。图 6-29 是车门密封条与车身侧围钣金压缩量的示意，门框密封条为主密封面。

车辆在高速行驶过程中，车身与车门之间是存在相对位移的。如果压缩量较大，当侧门与车身之间出现较大的变形时，密封条恢复部分变形，但密封条还处在压缩状态，避免了间隙的产生，保证了良好的密封性，但是这会导致关门力过大、关门困难的情况；如果密封条压缩量小，那么侧门与车身之间在出现大的间隙情况下，密封条接触部位出现间隙，密封性变差，但是关门力会减小，关门变得很容易。因此，密封条的压缩量过大和过小都会引起不同的问题，必须均衡各项性能，将密封条压缩量设计到合理的范围，通常密封条压缩量取值在 5~7mm 范围内，见图 6-29。类似的压缩量控制方法适合对主密封的密封条与接触部位压缩量的控制。

(2) 控制侧门与车身侧围钣金的密封间隙　密封间隙 L_2 是指在不安装密封条的情况下，两个钣金面间的平均法向距离，见图 6-29。如果密封间隙过大，则会要求密封条的密封泡相应增大，导致该位置的密封效果变差，对密封条精度需求也相应增加；如果密封间隙过小，则该位置的密封性得到了很好的控制，但是，关门力将变的难以控制，同时增加了车门、车身安装精度对密封性的灵敏度，导致车门、车身的安装精度和钣金制造精度的提高。因此，密封间隙必须控制在一个合理的范围内，通常密封间隙 L_2 的取值在 12～14mm 内。密封间隙的控制区域，包括前侧门、后侧门和后背门等。

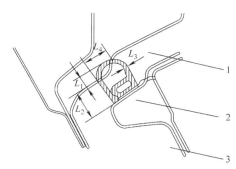

图 6-29　密封条与车身钣金间隙
1—车身侧围钣金　2—门框密封条　3—侧门门框钣金

(3) 控制密封条厚度　密封条厚度 L_3 是指密封泡壁厚值，见图 6-29。由于密封条各部位的功能和作用不同，密封条厚度也不相同。密封条厚度值过大或过小都会影响密封性。如果密封条厚度过大，密封性能好，但是增大了密封条重量和密封条压缩反力，导致关门力变大；如果密封条厚度过小，密封条支撑力变小，密封性能变差，容易出现密封条异响等问题。通常密封条的壁厚取值在 1.0～2.5mm 之间。

(4) 控制密封条的接触长度　接触长度 L_4 是密封条与车身钣金或车门钣金接触的有效长度值，见图 6-29。接触长度是保证接触面上有足够的宽度，以保证车身或车门在任何变形情况下，都保持接触状态。尤其是车身在扭转工况下，若没有足够的接触长度是无法保证接触面的密封性的。密封条接触长度过大，密封性能好，但是关门力变大；密封条接触长度过小，密封条接触面的密封性能变差，关门力就随之变小。通常密封条的接触长度在 7～10mm 之间。

2. 呢槽密封性控制方法

呢槽主要用来解决门框钣金和侧门玻璃间的密封问题，主要的控制方法包括：

(1) 控制呢槽两侧唇边干涉量　呢槽两侧唇边干涉量（H_1 和 H_2）是指呢槽唇边与侧窗玻璃的压缩量值，见图 6-30。呢槽唇边设计干涉量的目的是保证侧窗玻璃在受到风载的压力，或者其他振动载荷下，呢槽和玻璃在接触面位置都处于接触状态，避免出现间隙而产生噪声泄漏。呢槽唇边干涉量也要设计在合理的范围内，干涉量过大，密封性好，但是会增加侧窗玻璃升降的阻力负载；干涉量偏小，有利于侧窗玻璃的升降，但是密封效果随之变差。呢槽有不同的结构设计，对于图 6-30 的结构，外侧唇边干涉量 H_2 在 1～2mm 之间，而内侧唇边干涉量 H_1 在 2～3mm 之间。

(2) 控制呢槽顶部唇边干涉量　呢槽顶部唇边干涉量（H_3）是指呢槽顶部与玻璃上端部的压缩量值，见图 6-30。呢槽顶部唇边的密封为辅助密封区域，如果呢槽两侧密封条失效，那么呢槽顶部密封就起主要密封作用。另外，呢槽上端干涉量可以有效缓解玻璃升降器对窗框的冲击作用，提高玻璃升降器的声品质性能。通常呢槽顶部唇边干涉量在 1.5～2mm 之间。图 6-31 是某款车优化前的呢槽结构，由于没有设计唇边结构，这些区域的密封性效果和隔声量性能要比优化后略差一些。

(3) 控制呢槽唇边接触长度　呢槽唇边接触长度（H_4 和 H_5）是指呢槽唇边与侧窗玻璃在切线方向的有效长度值。控制呢槽的接触长度主要目的是在玻璃相对车门发生扭转等复杂工况下，与密封条始终都能保持接触的情况。如果呢槽唇边接触长度过大，密封效果好，但是玻璃升降负载阻力增加，不利于玻璃的升降；如果接触长度过小，玻璃升降的负载阻力变小，但是不利于该区域的密封。通常对于内唇边 H_4 的接触长度在 5～7mm 之间，而外唇边 H_5 的接触长度在 3～5mm 之间。

(4) 控制呢槽接角处连续性　呢槽接角处的连续性是指呢槽在拐角处的结构特征过渡保持连续，避免因水平与垂直结构不同，出现密封结构设计中断，进而影响拐角处的密封性能。由于呢槽顶部与两侧功能不同，顶端呢槽和两侧呢槽结构是不同的，包括顶部唇边、唇边干涉量等。因此，在呢槽的水平和垂直接角处，必须进行过渡处理，否则密封性无法保证。有的车型在接角部位增加聚氨酯泡棉，以增加该位置的刚度，弥补结构设计的缺陷，见图 6-32。图中是前车门呢槽接角处的补偿设计，分别增加了泡棉，以保证该位置的密封性。

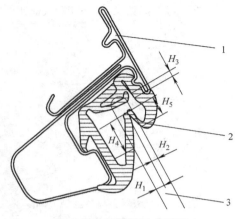

图 6-30 呢槽唇边干涉量

1—侧门门框 2—呢槽 3—玻璃

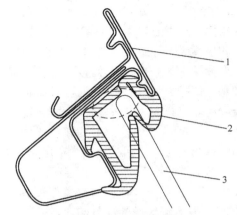

图 6-31 呢槽顶部优化前方案

1—侧门门框 2—呢槽 3—玻璃

a) 靠三角窗侧

b) 靠B柱一侧

图 6-32 前门呢槽接角设计

3. 水切密封性控制方法

水切用来控制车门钣金与侧窗玻璃之间的密封问题，主要的控制方法包括：

（1）控制内外唇边的干涉量 内外水切唇边干涉量（K_1、K_2 和 K_3）是指水切唇边与侧窗玻璃的压缩量值，见图 6-33。水切干涉量的目的是避免玻璃在风载压力或者其他载荷下，出现侧窗玻璃与车门板的泄漏问题。同呢槽的唇边干涉量一样，如果水切内外唇边干涉量偏大，有利于水切区域的密封性，但是会加大玻璃升降的负载，影响玻璃的升降功能；如果水切内外唇边干涉量偏小，该区域的密封效果变差，玻璃升降器的负载随之减小。通常内外水切的唇边干涉量值在 3.5～4mm 之间。

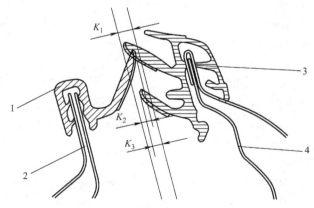

图 6-33 内外水切唇边干涉量示意

1—内水切 2—车门内板 3—外水切 4—车门外板

（2）控制水切与呢槽、车门外边等周边连接处的连续性 水切与周边件的连续性是指内、外水切与呢槽接触部位的间隙情况。为保证水切在该区域的密封性，必须保证两者接触间隙为零。图 6-34 是内外水切与呢槽间隙接触间隙情况，图中的接触部位都设计了相应的优化措施，可以保证这些区域的密封性。

a) 外水切

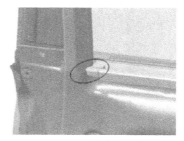
b) 内水切

图 6-34　水切密封连续性示意

（3）控制水切端面密封性　水切端面的连续性是指水切与门外板、车门外框之间的间隙问题。尤其是前侧门前部水切，通常都需要设计有端盖，并且保证端盖与车门外板、门框的距离为零。否则，外部噪声可以通过端盖间隙进入车内。四个车门的外水切前后侧的端盖都需要进行密封控制。图 6-35 是某款车前车门后侧的端盖密封，从图中可以看出，外水切与车门外板接触的下端密封较好，而与门外部侧门密封存在间隙，需要做进一步密封设计，否则将会出现泄漏噪声。

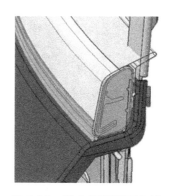

图 6-35　外水切侧端面密封

第六节　车身及附件结构的密封控制法

车身及附件结构也是影响动态密封的重要因素之一，从第一节可以知道，动态密封问题主要出现在侧门密封条与侧门门框接触部位、侧窗玻璃与呢槽密封条接触部位等。除了与密封条结构设计有关外，与车身刚度以及相关部件的安装点刚度有关。下面对车门密封条、侧门呢槽和天窗密封条三个部位的密封问题影响因素分别进行说明。

一、车门密封条区域结构控制

车门密封条部位动态密封影响因素包括：

1. 车身刚度

车辆在行驶过程中，会遇到各种各样的路况，导致车身会受到不同的载荷，最为典型的载荷就是弯曲和扭转工况。要求车身必须有足够的刚度，避免刚度不足引起门洞变形量过大，导致在密封条部位出现泄漏，主要出现的部位有前门、后门等。对于该部位变形量的控制，可用门洞对角变形量 ΔL 进行控制，ΔL 是侧门对角线变形前后 L 和 L' 的差值，见图 6-36，该图中示意了车身受到弯曲载荷下，前侧门的变形情况。

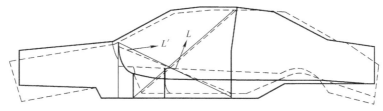

图 6-36　车身弯曲工况下的变形

L—门洞对角原始长度　L'—变形后的对角线长度

2. 侧门刚度

车辆在高速行驶过程中，整车各个部位所受空气压力是不同的。尤其是车门，由于受到A柱、车头、轮罩外板部位的气流分离，车门外板及侧门玻璃受到一个外吸的负压作用，而且受分离区域的影响，这些区域的受力是不同的，那么车门将出现不同的变形形式，主要包括三种，见图6-37。第一种情况是以上铰链A与门锁C为轴线的扭转变形；第二种情况是以下铰链B与门锁C为轴线的扭转变形；第三种情况是以两个铰链所在的轴线为轴进行的扭转变形。如果车门刚度不足，导致车门变形过大，则无法满足密封要求，产生泄漏噪声。为减小车门

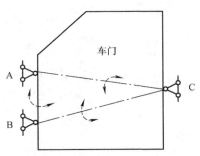

图6-37 车门在空气压力下的运动形式

的变形，主要控制的车门刚度参数包括侧门上角刚度、侧门周刚度、侧门扭转刚度等，尤其是侧门上角刚度，不仅影响风噪，也会对侧门关门品质、密封条异响有重要影响作用。

二、呢槽区域结构控制

影响呢槽部位密封性的因素主要是玻璃升降器支架及其安装点的刚度。当车辆受到不平路面的激励后，车身将振动传给侧门玻璃的升降装置。玻璃升降器会产生两种运动形式：一种是玻璃升降装置出现上下振动，另一种形式是绕Y方向的摆动，见图6-38。这两种运动形式可引起侧门玻璃振动和摆动，侧门玻璃与侧门门框出现了变化的缝隙，于是会产生气吸噪声。

为避免呢槽部位产生气吸噪声，必须控制玻璃升降器支架的刚度和玻璃升降器安装点的刚度，见图6-38中的A点和B点。另外，对玻璃导轨的刚度也要进行控制，如果玻璃导轨刚度低，也会引起侧窗玻璃与呢槽发生相对变形而产生气吸噪声。

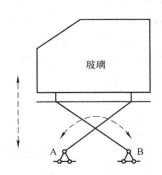

图6-38 玻璃升降器的运动形式

三、天窗密封条区域结构控制

天窗密封控制要素主要有两个：一个是车身扭转刚度和弯曲刚度下天窗口变形量，就是整车在行驶过程中，保证天窗口变形量在一定范围内，避免天窗和车身相对变形过大而出现间隙，产生气吸噪声；另一个因素是天窗的导轨刚度，当车辆在行驶过程中，遇到颠簸路面，天窗受到惯性力而上下振动，如果天窗导轨尤其是全景天窗的导轨长度比较长而刚度偏小，那么天窗上下变形较大，如果天窗变形量大到一定程度，天窗与车顶篷出现间隙，则会产生气吸噪声。为了减少天窗密封条部位的噪声，必须对天窗口的变形量和天窗导轨刚度进行控制。

根据天窗所有的气体压力以及路面的激励不同，天窗的三种运动方式与泄漏相关（图6-39）：一种是天窗的上下运动，当路面激励使得天窗产生的振动位移超过密封条的垂向干涉量时，则会出现泄漏，产生气吸噪声；另一种是天窗前后摆动，在高速行驶过程中天窗玻璃前后压力不同，天窗会形成一个转矩，当转矩力足够大，超过密封条压缩量时，则会出现泄漏，产生气吸噪声；第三种是左右晃动，在车辆行驶过程中车身发生扭转变形，尤其是全景天窗，天窗洞口在扭转工况下变形较大，这时天窗会产生一个沿Y向的摆动，摆动量超过密封条压缩量，则会产生气吸噪声。

为避免天窗产生气吸噪声，控制的主要手段包括：一方面是提高扭转刚度，减少天窗口变形，尤其是全景天窗，必须提高车身A、B、C柱框架结构刚度；另一方面，提高天窗导轨刚度，减少天窗玻璃上下振动的位移；再一方面，控制密封条的干涉量，尽可能保证整车在受到任何激励下，变形都小于密封条的干涉量。

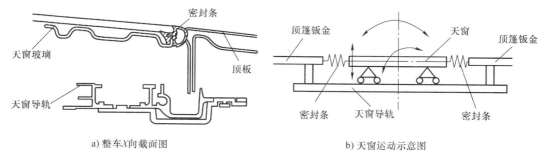

a) 整车X向截面图　　　　　　b) 天窗运动示意图

图 6-39　天窗截面示意图

第七节　密封性试验分析

上几节介绍的各部位的密封性泄漏问题，是可以通过试验方法进行评测的。对这些密封部位的评测需要在封闭状态下进行，根据整车开发的阶段以及评测的对象不同，可以分为白车身测试状态和整车测试状态两种。

1. 白车身测试状态

白车身状态是指对侧门门洞、背门或行李舱门洞进行封堵，并对线束过孔、工艺孔、卡扣安装孔进行封堵处理，且涂胶部位和孔堵部位不进行处理的车身状态。白车身测试状态主要用来评价密封胶、膨胀胶块及密封孔堵等部位的泄漏情况。

2. 整车测试状态

整车状态是指侧门、背门及天窗关闭，空调调至内循环状态，并对泄压阀采用封堵处理的状态。整车测试状态主要是用来测试密封条、密封件等部位的泄漏情况。

静态密封性测试的目的主要有两个：确定泄漏部位和确定泄漏部位的泄漏量。目前，密封性的评测方法主要有烟雾法、气密性法和超声波法。下面分别对常见的密封性测试方法进行介绍。

一、烟雾法

烟雾法是将烟雾发生器放置于白车身或整车车内，释放出的烟雾靠车内外压差流向车外，借助烟雾的流动形态可判断车身各部位泄漏情况。烟雾法只能定性地分析泄漏部位，不能定量分析泄漏量大小的情况。烟雾法主要是用来快速判断泄漏部位。另外，烟雾法可作为气密性试验法测试泄漏量的协助手段。

烟雾法适合白车身和整车两种试验状态，试验时可以借助烟雾流向车外的流动状态初步判断泄漏情况。如果烟雾流快速、无打旋地流出，则说明泄漏部位与车内之间直接相通；如果流出车外的烟雾流有流速慢、打旋的特点，则说明气流流出的部位并非直接泄漏部位，可能是泄漏部位与一个腔体相连，减缓了气流的流动。这就需要借助内窥镜等设备查看可能的泄漏部位。

1. 白车身状态

在进行烟雾试验时，主要观察六个部位，即空气室区、前围板区、门槛梁区、后轮罩板区、地板区、后侧围区等，见图 6-40，图中的数字代号代表上述介绍的区域。

（1）空气室区　空气室有两种结构，即矩形腔体结构和非闭合面平板结构。如果矩形腔体结构存在泄漏，烟雾流流速慢，可能是前围与空气室板的点焊胶和焊缝胶存在泄漏，或者空气室板的二维膨胀胶块密封部位存在缺陷；如果非闭合面平板结构存在泄漏，烟雾流流速快，可能是前围与空气室板点焊胶和焊缝胶存在泄漏。如果在空气室两端出现泄漏，并且气流流速慢，可能是 A 柱部位膨胀胶块发泡问题，可以通过内窥镜检查膨胀胶块发泡是否满足要求。

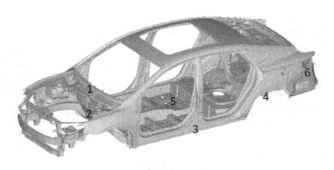

图 6-40　白车身烟雾试验检查区域示意

（2）前围板区　如果前围板区域存在泄漏，则烟雾流流速较快，可能存在两个区域的泄漏：一个是前围板与 A 柱搭接区域存在"老鼠洞"；另一个是过孔部位出现泄漏，如果封堵的胶带并没有粘贴在主密封面上，这并非是真正的泄漏问题。因此，在过孔部位观察到烟雾流外流问题，首先要确认封堵是否合理，然后再分析是否密封存在问题。

（3）门槛梁区　如果门槛梁的漏液孔出现泄漏，烟雾流流速慢，则可能是 A 柱、B 柱、C 柱膨胀胶块出现问题，可以通过内窥镜检查膨胀胶块是否膨胀到位。

（4）后轮罩板区　主要检查两个部位，其中一个是侧围与轮罩板连接部位，如果这个部位烟雾流流速快，则这个连接区域涂胶不满足要求，或者间隙过大超过 3mm，不满足涂胶工艺。需要对结构进一步优化。另外一个是检查轮罩板与门槛梁连接区域，如果出现气流流速慢，可能是 A 柱、B 柱、C 柱膨胀胶块发泡问题，检查方法与门槛梁相同。

（5）地板区　地板主要检查前、中、后地板焊接区域，以及前、中、后地板与侧围焊接区域，如果烟雾流流速快，则可能是点焊胶或者焊缝胶没有达到要求。

（6）后侧围区　后侧围区主要关注两个区域：后地板与后围板焊接区域。如果存在泄漏，且流速快，则可能是地板与后围板之间点焊胶或焊缝胶存在问题。另一个是侧围板与后地板连接区域的漏液孔，有的车型会将漏液孔进行封堵，有的车型则保留漏液孔。

2. 整车试验状态

对整车进行烟雾试验时，主要检查的部位包括五个区域，即前围区域、前后三角窗区域、侧门区域、背门区域、天窗区域等。这些部位出现泄漏的原因主要与结构设计、尺寸公差、装配工艺等有关，见图 6-41，图中的数字代号代表上述介绍的区域。

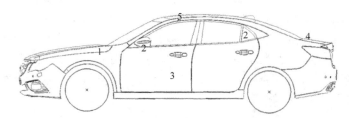

图 6-41　整车状态烟雾试验关注的区域

（1）前围区域　如果前围出现泄漏问题，识别问题部位比较复杂，主要与过孔结构设计或安装问题有关。如果是设计问题，可通过前围上墙隔声量试验进行验证分析。如果是工艺安装问题，可通过超声波测漏进行问题部位识别。

（2）前后三角窗区域　后视镜安装位置会影响三角窗的密性性能，如果后视镜安装在三角窗上，后视镜的线束过孔、后视镜底座的密封以及三角窗的钣金结构设计都会直接影响烟雾流的泄漏大小。如果后视镜安装在车门上，那么三角窗的密封性会有一定改善，但是也受车门制造工艺影响，若采用冲压框，则车门刚度大，三角窗结构简单，不会出现过多的孔洞，那么密封性较好。若采用辊压框，则车门刚度小，三角窗结构设计复杂，出现较多的孔洞，那么很容易出现泄漏问题，泄漏的烟雾流将增大。

同前三角窗一样，后三角窗的密封性与钣金结构设计有关，采用冲压工艺要比辊压工艺的车门结构刚度大，三角窗区域的钣金结构简单，冲压结构不会设计太多增强车门刚度的结构，因此泄漏量会减少。

（3）侧门区域 侧门区域主要关注的泄漏区域有车门密封条、呢槽、水切、门把手、漏液孔附近区域等。车门密封条出现泄漏问题，如果泄漏部位出现在车门框上部，则烟雾流流速快；如果出现在车门框下部或者两侧，则烟雾流流速较慢。这可能与车门安装精度有关，是由于车门门框与车身安装间隙偏大引起的泄漏。

呢槽出现泄漏问题，多出现在拐角处，主要是呢槽结构设计不合理引起的，需要对呢槽结构进行优化设计。呢槽出现的泄漏问题，有时很难观测到烟雾泄漏，因为这个区域泄漏量非常小，但是这个部位对车内产生的风噪声影响比较大，因为距离驾驶员头部较近。

水切出现的泄漏问题，主要有两个部位：一个部位是水切和呢槽连接的两端部位，与水切端部结构设计有关，也与水切长度的尺寸公差有关；另外一个常出现泄漏的部位是水切的两端面，烟雾会在翼子板和前门缝隙、前后门之间的缝隙、后门与后侧围之间的缝隙出现，烟雾流流速较慢，主要与水切断面的结构设计有关。

门把手泄漏主要与门把手结构及密封设计有关，装配工艺等因素影响较小。一旦门把手与车身连接处的密封设计不合理，那么门把手区域泄漏的烟雾流不仅流速快，而且流量大。减少门把手区域的泄漏，必须优化门把手的结构和密封设计。

如果漏液孔出现泄漏，烟雾流会从外门板下端流出，气流流速慢，但是烟雾流流量较大，因为一旦漏液孔出现泄漏，泄漏量对车内贡献非常大。因此，侧门区域必须对漏液孔泄漏问题进行控制，或增加单向阀，或采用其他封堵措施。

（4）背门区域或行李舱盖区域 背门区或行李舱盖区，出现的泄漏区域主要有两个：密封条和漏液孔，这两个区域的判断与侧门判断相同，参考侧门介绍，这里不再赘述。

（5）天窗区域 天窗区域出现泄漏，主要出现在天窗周边的密封条上，与天窗安装精度以及密封条的干涉量有关。天窗区域泄漏的烟雾流流速快，泄漏量相对较小。

上面介绍的潜在泄漏部位是通过泄漏流速和泄漏量进行判断的，因此，在进行烟雾试验时，要正确控制车内烟雾量的大小，如果发烟设备持续时间过长，那么各个区域泄漏的烟雾将混在一起，很难判断具体泄漏的部位。因此，发烟设备产生烟雾的时间必须进行合理的控制。

二、气密性测试法

气密性测试法主要是依据压差式流量测量原理分析车身泄漏的方法。气密性法可对白车身和整车两个状态进行测试，需要用专用的设备来完成。在利用气密性设备进行气密性试验时，需将软管一段通过前门侧窗或者后门侧窗与车内相连，另一端与测试设备相连。设备鼓风机鼓出的风通过文丘里管式流量计，将流过的空气转换为流量。通过这个方式可以获取车身的泄漏量，见图6-42，其中图6-42a为白车身气密性测试，图6-42b是整车气密性测试。

a) 白车身　　　　　　　　　b) 整车

图 6-42 气密性测试

白车身或整车气密性的评价，通常是在125Pa或者250Pa的压差下，以白车身或整车的泄漏量进行评价的。由于早期主机厂对密封性重视不够，整车泄漏量较大，采用250Pa压差无法保压，多采用125Pa的压差进行测试。气密性的评价单位主要有 SCFM（每分钟立方英寸）、L/s（每秒升）、m^3/h（每小时立方米）和 cm^2（等效泄漏面积），等效泄漏面积可以通过伯努利方程计算得来。

白车身气密性是指通过气密性设备在白车身测试状态下充气，通过泄漏量来评判白车身的密封性。主要是用来分析焊缝胶、点焊胶、膨胀胶块、孔堵等密封部位的密性性能。结合烟雾试验，识别并分析白车身密封的主要泄漏点，并采用封堵的方法确定泄漏量。对于泄漏问题的识别和判断，可参考烟雾试验的相关内容。表 6-1 是某款白车身气密性测试结果。

表 6-1 某款白车身气密性测试结果

序号	泄漏部位	泄漏量（SCFM）	贡献量（SCFM）
1	原状态	32	
2	封堵门槛梁焊缝及漏液孔	20.5	11.5
3	封堵前风窗两侧 A 柱空腔	18.5	2
4	封堵 B 柱内板与门槛梁搭接处	16.3	2.2
5	封堵轮罩板左右加强梁	14.3	2
6	封堵地板加强梁焊缝	12.3	2
7	封堵后座椅安装横梁漏液孔	9.8	2.5
8	封堵空气室左右拐角处	8.3	1.5
9	封堵后地板与门槛梁内侧搭接处	6.8	1.5
10	封堵加油口钣金与翼子板搭接处	6.2	0.6
11	封堵加油口钣金搭接处	5.8	0.4

从表 6-1 可以看出，主要贡献量在门槛梁及漏液孔处，根据烟雾法的问题识别可以推断出，A、B、C 柱的膨胀胶块可能存在问题。为此，采用内窥镜观察三个部位膨胀胶块发泡缺陷引起的泄漏。从图 6-43 可以看出，三个区域的发泡质量较差，都存在发泡没有封堵的孔洞，车内空气会经过这些孔洞、门槛梁腔体以及门槛梁漏液孔与车外相通，从而引起泄漏。因此，需要对膨胀胶块的设计尺寸、发泡率、发泡质量、发泡的温度控制等进行检查。表 6-1 中其他部位的泄漏问题，可按照烟雾法中介绍的方法进行问题识别和优化。

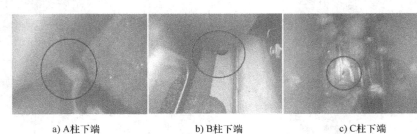

a) A柱下端　　　b) B柱下端　　　c) C柱下端

图 6-43 内窥镜观察 A/B/C 柱下端发泡结果

整车气密性是指通过气密性设备在整车测试状态下进行充气，通过泄漏量来评判整车的密封性。主要用来评判密封条、水切、呢槽、漏液孔、门把手等部位的密封性。同样，可借助烟雾试验识别主要的泄漏点和泄漏量。表 6-2 是某款整车气密性测试结果，表中前门及后门包含左右两侧。

从表 6-2 可以看出，侧门漏液孔和门把手泄漏量最大，根据烟雾试验介绍的问题识别方法，侧门漏液孔泄漏可通过增加单向阀解决。而门把手泄漏，原因是门把手与车门钣金接触的部位间隙较大，可以考虑采用增加密封胶垫的方法减少泄漏。

表 6-2　某款整车气密性测试结果

序号	泄漏部位	泄漏量（SCFM）	贡献量（SCFM）
1	初始状态	76	
2	前门漏液孔封堵	73.4	2.6
3	后门漏液孔封堵	70	3.4
4	后背门漏水孔封堵	68.6	1.4
5	前门水切封堵	67.6	1
6	后门水切封堵	66.6	1
7	前门呢槽封堵	65.7	0.9
8	后门呢槽封堵	64.6	1.1
9	前门密封体封堵	63.3	1.3
10	后门密封条封堵	62.1	1.2
11	前门把手封堵	57.8	4.3
12	后门把手封堵	53.9	3.9

三、超声波测漏法

超声波测漏法就是将超声波发射装置放在车内固定位置，通过移动车外的接收装置，分别测得潜在泄漏部位的泄漏量的方法。超声波具有方向性，且易被阻隔和遮掩，基于此特点，超声波测漏法在整车泄漏点分析和判断中有广泛的应用。超声波测漏法可以对泄漏部位进行定量分析。如果烟雾法和气密性法查找的是泄漏的区域，那么超声波测漏法是定位泄漏点，定位更精确。也就是说烟雾法和气密性法只能确定泄漏的部位，而超声波法可以确定问题的点。通常，超声波测漏法多用在整车状态下泄漏问题的排查。图 6-44 是超声波的发射装置和接收装置。

a) 发射装置　　　　　　　b) 接收装置

图 6-44　超声波测漏示意图

在整车状态下，超声波测漏主要识别的区域包括侧门密封条、呢槽、水切、门把手、漏液孔、三角窗等区域。采用超声波测试泄漏时，发射装置的放置位置通常有两种方法：一类方法是将发射装置放到座椅中间位置，同时将座椅也调整到中间位置；另一类方法是将发射装置通过吸盘固定到侧窗玻璃的中间位置。图 6-45 是某款车超声波测漏法的测试结果，该测试方法是将发射装置放到座椅上，通常采用这种方法测得的泄漏量不超过 15dB。

从图 6-45 结果可以看出，在呢槽的后上端位置、水切两端的位置，测试值偏大，说明该位置存在较大泄漏。图 6-46 说明了该部位存在设计结构缺陷，图 6-46a 中显示增加的泡棉没有对图示部位进行有效的支撑，存在泄漏问题，需要在中间部位增加泡棉。而图 6-46b 是水切端部存在间隙，存在泄漏问题，一方面可以通过控制内水切长度公差改善间隙，另一方面可以通过增大泡棉的厚度来减少泄漏问题。

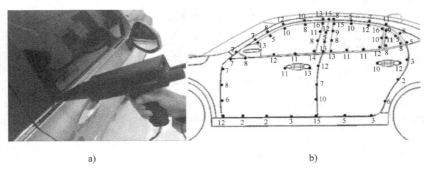

图 6-45 某款车超声波测试结果

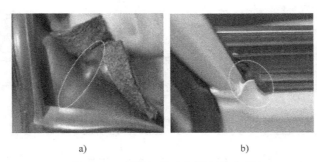

图 6-46 超声波排查问题部位分析

从以上内容分析可以看出，密封设计是涉及多学科的工作，不仅与车身结构有关，还与工艺、材料、装配、布置等有重要关系。因此，整车密封性控制是一项非常复杂的工作。对于密封性控制，除了在数模阶段进行大量的 DMU 检查工作，目前还没有有效的预防手段进行分析和判断。尽管国外也开发了一些软件进行分析，由于分析软件限制条件较多，因此，实际的效果非常有限。

第七章 整车吸声性分析与控制

吸声性是整车声学包的重要评价参数之一。整车吸声性是指车身的外部噪声源透过车身时，各部位的吸声材料对噪声的吸收和衰减的能力。整车的吸声材料可以有效地降低动力总成噪声、风噪声、胎噪、路噪对车内的影响。吸声材料可以明显地降低车内中高频的声压级，提高车内的语音清晰度。因此，整车吸声性设计对车内噪声有重要影响。

第一节　吸声性概述

一、吸声性的概念

当声波在某种媒质中传播或者进入到另外一种媒质的过程中，声能减少的过程就是吸声。若媒质是空气，空气质点振动所产生的摩擦作用，使得声能转化为热能，并随距离的增加而逐渐衰减，声波在空气中衰减的过程就是空气吸声；同样，若媒质分界面为材料表面时，部分声能被材料吸收，则称为材料吸声。

吸声材料的机理，主要包括两个方面：第一，材料的黏滞性和内摩擦作用，由于声波在传播过程中，各位置点的质点的振动速度是不同的，存在速度梯度，使得相邻质点间产生相互作用的黏滞力和内摩擦力，对质点运动起阻碍作用，从而使声能不断转化为热能；第二，热传导效应作用，由于声传播媒质质点疏密程度不同，媒质各点温度也不相同，存在温度梯度，导致相邻质点间产生热量传递，使声能不断转化为热能。其中黏滞作用是整个吸声过程中最重要的阶段。

二、吸声性的评价参数

1. 吸声系数

评价材料吸声能力大小的参数是吸声系数，图 7-1 所示为材料吸声示意图，即声波入射到材料表面时，入射声能 E_i 的一部分能量 E_r 被反射到空气中，一部分能量 E_a 被吸收。吸声系数定义为吸收能量与入射能量的比值，即：

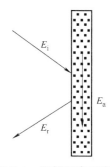

图 7-1　材料吸声示意图

$$\alpha = \frac{E_a}{E_i} = 1 - \frac{E_r}{E_i} \tag{7-1}$$

当 $\alpha = 0$ 时，表示入射声能量全部被反射到空气中，即 $E_i = E_r$；当 $\alpha = 1$ 时，表示入射声能量全部被吸收，即 $E_i = E_a$。通常的吸声材料的吸声系数介于 0～1 范围内。吸声系数越大，表示吸声材料的吸声能力越强。任何材料（结构）或多或少都具备吸声能力，通常把平均吸声系数超过 0.2 的材料称为吸声材料，平均吸声系数大于 0.65 的材料称为高效吸声材料。

由于材料的吸声系数与频率相关，不同频率的吸声系数是不同的。根据吸声系数测量规范规定的测试频率范围，若采用 1 倍频程，计算频率从 125～4000Hz，共需 6 个频带的测试吸声系数；若采用 1/3 倍频程，计算频率从 100～5000Hz，则共需 18 个频带的测试吸声系数。采用 1/3 倍频程测试材料的吸声系数，不仅可真实地反映材料的吸声性能，而且在实际工程中有广泛的应用。但是，这样测试数据量较大，不便于数据间对比和分析。因此，通常采用平均吸声系数进行单值评价：

$$\bar{\alpha} = \frac{\alpha_1 + \alpha_2 + \cdots + \alpha_n}{n} \tag{7-2}$$

式中，$\bar{\alpha}$ 是平均吸声系数；n 是频带的个数；α_1、α_2、$\cdots \alpha_n$ 是各频带的吸声系数。

另外，在实际工程应用中，也可采用降噪系数（NRC）作为材料吸声性的单值评价方法。与平均吸声系数类似，降噪系数也是材料吸声性能的单值评价量，它比平均吸声系数更为简化，降噪系数数值上等于频率点 250Hz、500Hz、1000Hz 和 2000Hz 测出的吸声系数的算术平均值，即

$$NRC = \frac{\alpha_{250} + \alpha_{500} + \alpha_{1000} + \alpha_{2000}}{4} \tag{7-3}$$

从图 7-1 可以看出，吸声系数的大小与声波的入射角度有关。因此，常用的吸声系数可分为两种：无规则入射吸声系数和垂直入射吸声系数。无规则入射吸声系数比较贴近实际，反映声波从四周各方向以相同的概率入射到材料表面时的吸声系数，无规则入射吸声系数主要通过混响室进行测量；而垂直入射吸声系数多用于材料吸声性能研究，表示声波垂直入射到材料表面的特殊情况，垂直入射吸声系数可通过驻波管进行测量。

2. 吸声量

吸声量又称为等效吸声面积，是指与某表面或物体的声吸收能力相同而吸声系数为 1 的面积，吸声量的单位为面积单位。材料表面的等效吸声面积等于它的吸声系数乘以其实际面积，即有

$$A = \alpha S \tag{7-4}$$

式中，A 是吸声量（等效吸声面积）；α 是材料的吸声系数；S 是材料的面积。

如果声学材料是由不同材质组成的，那么整体的吸声量为

$$A = \sum_{i=1}^{n} A_i = \sum_{i=1}^{n} \alpha_i S_i \tag{7-5}$$

式中，A_i 是第 i 个材料的吸声量；α_i 是第 i 个材料的吸声系数；S_i 是第 i 个材料的表面积。

在整车声学包开发中，吸声量主要是用在被测样件结构比较复杂，面积计算困难的情况下，例如对标车声学样件测试、前围吸声垫、座椅等；或者用在比较不同的材料覆盖率吸声效果情况，例如，分析顶篷内饰附加吸声棉的面积大小对吸声量影响等。

3. 声阻抗

由于吸声系数主要反映入射声和反射声能量的数值关系，两者的相位关系并没有反映出来，会出现吸声系数相同的材料层，吸声特性有很大的区别。因此，就需要引入声阻抗的概念，声阻抗是指声波通过介质表面上

的平均有效声压和通过该表面上的有效体积速度的比值，声阻抗是一个复数，其实部为声阻，虚部为声抗，即

$$Z_a = \frac{P}{U} = R + jZ = R + j\left(\omega m + \frac{1}{\omega C}\right) \quad (7\text{-}6)$$

式中，P 是声压；U 是体积速度；R 是声阻；Z 是声抗；m 是声质量；C 是声顺；ω 是角频率。

相比吸声系数，声阻抗可以从本质上说明材料的吸声特性。从公式（7-6）可以看出：

1）实部主要是声阻的影响，正虚数为惯性（质量）的影响，负虚数主要为弹性的影响。
2）声阻不受频率影响，而声抗与频率成函数关系。
3）在低频阶段，阻抗取决于材料的弹性，增大材料厚度，可以有效地改进低频吸收。
4）在高频阶段，声阻抗取决于材料的惯性（声质量），可增加材料的面密度改善高频的吸收。

通过分析材料的阻性、惯性、弹性与频率的关系，可充分了解材料吸声特性，为整车各部位声学材料设计提供依据。在整车开发的工程设计阶段，针对不同部位的噪声源，都需要设计吸声材料。

目前，整车声学包开发中使用的吸声材料很多，吸声原理都是基于声音传播过程中，黏滞性、内部摩擦作用和热传导效应，将声能逐渐转化为其他能量而达到吸能降噪的效果。材料结构不同，吸声性能也不同。依据吸声材料的结构不同，吸声材料可分为三类：多孔吸声材料、共振吸声材料以及特殊吸声结构等。目前的整车声学包开发，主要采用的是多孔吸声材料。

第二节 多孔吸声材料

多孔吸声材料是整车声学包开发最常用的材料类型，几乎涵盖了整车声学包的所有吸声部件。整车吸声材料的种类是多种多样的，不同的吸声材料吸声能力是不同的，相同材料在不同外部环境下吸声系数也是不同的。多孔吸声材料在整车声学包开发中具有非常重要的作用。

一、多孔吸声材料的特性

对于多孔类吸声材料，根据材料微孔形状不同可分为纤维状、颗粒状和泡沫状等，如玻璃纤维棉、毛毡、PU 发泡等。根据多孔材料的吸声机理，吸声材料要满足从表到内具有大量相互贯通的微孔，并保证材料内部具有大量孔隙和连续气泡，孔隙之间互相连通，孔隙可深入材料内部。要求这些孔隙尽可能小，并在材料内部均匀分布，实现材料内部表面积最大化，有利于声能量吸收。

多孔材料的吸声原理包括两个方面：一方面是基于材料的多孔特性，当声波入射到多孔材料表面时激发微孔内的空气振动，空气与材料间产生相互运动，空气的黏滞性使得微孔内产生黏滞阻力，空气的动能不断转化为热能，进而将声能衰减损耗；另一方面，声波在微孔运动，空气产生绝热压缩，孔壁与空气不断发生热交换，这使得声能不断转化为热能。

多孔吸声材料的吸声曲线总体的变化趋势是吸声系数随频率增大而增加，曲线由低频向高频逐步升高，波动范围逐渐减小，趋向一个稳定的值，见图 7-2。从图中可以看出：在低频段，吸声系数非常低，因此，采用吸声材料去解决低频段噪声问题是非常困难的。当频率提高时，吸声系数会相应增大，并出现一个共振峰值频率 f_r，在共振频率以上时，吸声系数会在峰值 α_t 和峰谷 α_a 之间波动，随着频率提高，吸声系数的波动值将逐步减小。多孔吸声材料有时也采用第一共振峰值频率对应的共振吸声系数 α_t、高频吸声系数 α_m 以及下半频带宽 Ω_2 描述吸声特性。

二、多孔材料的影响因素

在对整车声学包进行吸声材料设计时，必须依据整车各个部位噪

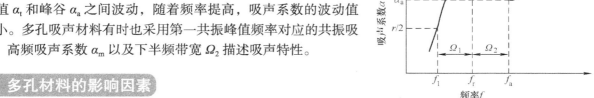

图 7-2 吸声材料的频谱特性曲线

声源特点进行针对性设计。吸声材料设计方法是通过设计吸声材料的相关参数，使得吸声材料的吸声性能满足设定的目标要求。影响吸声材料的主要参数包括三类：结构参数、物理参数和环境参数等。

1. 结构参数

影响多孔吸声材料吸声性能的结构参数主要包括流阻、孔隙率和结构因子等。

（1）流阻　多孔吸声材料的透气性可用流阻这一结构参数来定义，流阻是空气质点通过材料空隙的阻力。在稳定气流状态下，声学材料的压力梯度与气流线速度之比，定义为材料的流阻 R_f，即

$$R_f = \frac{\Delta p}{u} \tag{7-7}$$

式中，R_f 是材料流阻；u 是气流通过材料的线速度；Δp 是材料两边的压力差。

每一种吸声材料都有一个合理的流阻值，过高或过低的流阻值都无法使材料具备良好的吸声性能。对于低流阻材料，由于内摩擦力和黏性力都比较低，产生的声能损耗也就低，因此在低频段的吸声系数就低，但是在某个频段以后，吸声系数陡然上升；对于高流阻材料，空气穿透材料的能力低，吸声系数就低，并且整个频段的吸声系数都比较低。因此，每种吸声材料都有一个最佳流阻值。

图 7-3 显示了三种不同流阻材料的吸声性能。从图中可以看出：对于低流阻材料，低频段吸声系数比较低，在大于 500Hz 后，随着频率提高，吸声系数也迅速提高，在高频段与中流阻材料的吸声系数趋于一致；对于高流阻材料，在低频段由于第一共振频率前移，使得在低频段的吸声系数相对较高，但是随着频率提高，高流阻材料的吸声系数始终保持低的水平。因此，在整车声学包开发过程中，必须对流阻进行合理的计算和分析，才能保证吸声材料发挥最佳的效能。

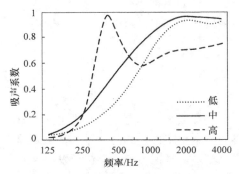

图 7-3　不同流阻材料的吸声系数对比

（2）孔隙率　多孔材料的材料密实性可用孔隙率来表示，孔隙率是材料内部空气的体积与材料总体积之比，可表示为

$$P = \frac{V_a}{V_m} \tag{7-8}$$

式中，P 是孔隙率（%）；V_a 是材料中空气的体积；V_m 是材料的体积。

通常多孔吸声材料的孔隙率在 70% 左右，多数材料都能达到 90% 以上。一般来说，材料的孔隙率越高，孔间隙细小，则吸声性能就越好；若材料孔隙率低，或者间隙大，那么吸声性能就差。

（3）结构因子　结构因子是一个修正系数，用于修正多孔吸声材料微观结构差异对吸声系数的影响。在对多孔材料进行理论研究时，通常将多孔材料中的微小间隙简化看作毛细管沿厚度方向做纵向排列，但是实际上材料中的细小间隙的形状和排列是很复杂和不规则的。为使理论与实际相符，就考虑一个修正系数，称为结构因子，这是一个无量纲量。结构因子一般在 2～10 之间，也有的吸声材料高达 20～25。结构因子对低频吸收基本无影响。当材料流阻较小时，增大结构因子，在中高频范围内可以看到吸声系数的周期性变化。目前，并没有测试结构因子的方法，结构因子与孔隙率有一定近似关系，见图 7-4。

2. 物理参数

影响多孔吸声材料吸声性能的物理参数主要包括厚度、密度、材料空气层等。

（1）材料厚度　厚度是影响吸声性能的重要参数之一。在进行声学包材料设计时，材料的厚度一般不超过 30mm。图 7-5 是某种吸声材料的三种不同厚度的

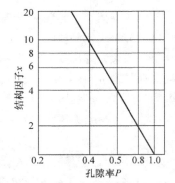

图 7-4　孔隙率与结构因子关系

吸声系数对比，从图中可以看出，随着厚度的增加，第一共振峰值频率也随之降低，对于同一材料，厚度增加一倍，吸声的共振峰值频率会向低频移动一个倍频程。材料厚度越大，低频吸声系数就越大，当频率高到一定数值，吸声系数趋于稳定值，与厚度无关。从图中也可以看出：增加厚度可改善低频的吸声效果，对高频影响不大。

另外，吸声材料厚度增加，平均吸声系数增加量变小，趋于一个恒定值。图7-6是该种材料平均吸声系数随厚度的变化关系，其中平均吸声系数采用的是倍频程的计算方式，具体见式（7-2）。从图中可以看出，厚度30mm与厚度40mm的平均吸声系数相差0.04，而厚度40mm与厚度50mm的平均吸声系数相差不足0.02。由此看出，吸声材料厚度超过30mm，吸声系数增加量就非常小。

因此，从声学包设计角度看，车身各个部位吸声材料的厚度是有一定限值的，不能一味地靠增加吸声材料厚度解决吸声性不足的问题，增加吸声材料厚度可以一定程度改善中低频的吸声性能，而对改善高频吸声特性是有限的。

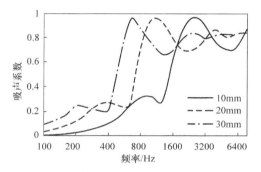

图7-5 相同材料不同厚度吸声曲线

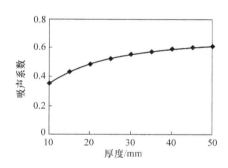

图7-6 厚度与平均吸声系数关系

（2）体积密度 体积密度也是影响吸声系数的一个参数，不仅与材料的固体密度有重要关系，而且与材料的纤维和颗粒的大小、直径等也有关系。由于多孔材料微结构的影响原因，一定的体积密度对一种材料是最佳的，可能对另外一种材料就不是合适的。因此，相同密度的不同材料，吸声系数可能是不同的。另外，体积密度的增加或减小，对材料的孔隙率、流阻等有重要影响，而孔隙率和流阻又是影响吸声的重要结构参数。因此，体积密度对吸声系数的影响是相对复杂的。

在厚度一定的情况下，增加材料体积密度可以提高中低频的吸声系数，但是材料的体积密度过大，则减少了空气的穿透量，吸声性能就会降低。因此，一定的体积密度能使某种吸声材料达到最佳的吸声效果，也就是说体积密度过大或过小都会导致吸声系数的降低。图7-7是某种吸声材料的体积密度与平均吸声系数的关系曲线，从图中可以看出，体积密度在40～60kg/mm³范围内，平均吸声系数最大。因此，在整车声学包开发过程中，必须找到各种吸声材料的最佳体积密度，才能充分发挥吸声材料的吸声性能，保证整车声学包开发的有效性。

（3）空气层 吸声材料一般都是布置在钣金面一侧或两侧，吸声材料与钣金面并非是完全贴合的，中间往往有一定间隙。该间隙可认为是加大了材料的厚度，从厚度与吸声系数的关系可以知道，增加厚度可以提高低频段的吸声系数。因此，吸声材料与钣金间的间隙可以改善低频段的吸声情况。图7-8显示了3种空气层厚度与吸声系数的关系，从图中可以看出，随着空气层厚度的增加，低频吸声性也随之增加。通常空气层的厚度为1/4波长的奇数倍时，吸声系数最大；当空气层的厚度为波长1/2波长的整数倍时吸声系数最小。

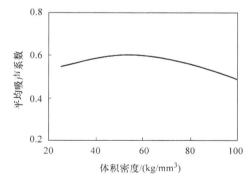

图7-7 材料体积密度与平均吸声系数关系

在实际的声学包开发过程中，往往提出声学包材料与钣金贴合的要求，这个要求的目的并非是改善吸隔声性能，而是从密封的角度要求的，目的是该区域的声学包材料兼具密封的功能。因此，在对关注部位进行声学包设计时，必须首先保证各个区域的密封性。

3. 环境参数

影响多孔吸声材料的环境参数，主要包括温度和湿度。

（1）温度　环境温度的变化会使声波的波长和声速发生变化，这样会导致吸声曲线随频率发生偏移。当环境温度降低时，整个吸声曲线会向低频方向偏移；当环境温度升高时，整个吸声曲线会向高频方向偏移。见图7-9，从图中可以看出，温度变高，整车吸声曲线向高频段平移；相反，温度降低吸声曲线将往低频段平移。

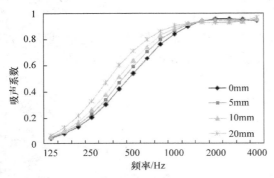

图7-8　空气层厚度与吸声系数关系

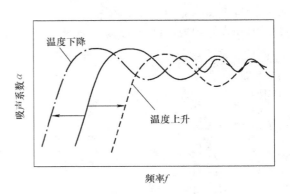

图7-9　温度与吸声系数关系

（2）湿度　材料一旦受潮吸湿吸水，除了使材料变质外，主要是堵塞微孔、降低孔隙率，从而使高频吸声系数降低。随着含湿量的增加，受影响的频率范围将进一步扩大，吸声频率特性也将改变。

因此，声学包材料或声学部件在进行运输、储存、安装时，必须保证有合适的环境条件，否则会影响声学包吸声性能。例如声学材料运输不能淋雨，声学材料储存不能放置在潮湿的环境中，在进行声学包设计时，要考虑声学部件安装不能接触到雨水等。

第三节　共振吸声材料

多孔吸声材料的吸声特性对中高频有很好的吸声性，但低频吸声性比较差，在车身的一些关键区域，往往采用共振吸声材料或结构来解决低频声的吸收问题。

共振吸声可分为多种类型，包括单个共振器、穿孔板共振吸声结构、薄膜共振吸声结构、薄板共振吸声结构等。共振吸声明显的缺点就是消声的频带非常窄，当远离共振频率时，吸声系数就很低。但是，在共振吸声材料结构中，微穿孔板结构具有宽频带吸声的趋势，一定程度上可弥补共振吸声的不足。由于在共振吸声结构中，只有穿孔结构在汽车上应用比较广泛，本节主要从穿孔结构的角度进行分析和说明。

一、穿孔板结构的吸声原理

穿孔板吸声结构主要是由穿孔板与钣金间的空腔，或者穿孔板与钣金间的吸声材料组成的，见图7-10。由于每个开口背后均对应有空腔，穿孔板结构就可以理解为多个并联的亥姆霍兹共振器。

对于单个共振器（图7-11），对频率有非常强的选择性，共振频率可以表示为

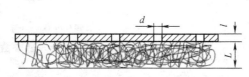

图7-10　穿孔板共振吸声结构

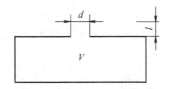

图7-11　单孔亥姆霍兹共振器

$$f = \frac{c}{2\pi}\sqrt{\frac{S}{VL_k}} = \frac{c}{2\pi}\sqrt{\frac{\pi d^2}{4V(l+0.8d)}} \quad (7\text{-}9)$$

式中，c 是声速；S 是颈口面积；V 是空腔体积；L_k 是颈口的有效长度，$L_k = l + 0.8d$；d 是圆孔直径；l 是颈的厚度，即板厚。

穿孔板共振吸声结构，可以认为是亥姆霍兹共振器的并联组合。因此，可以看作是质量和弹簧组成的一个共振系统。当入射波频率与系统的共振频率一致时，穿孔板内的空气产生激烈的摩擦和振动，使声能转换为热能，从而得到吸声的效果。如果远离共振频率时，则吸声作用减少。如果在穿孔板后放置吸声材料增加声阻，则会使结构吸声频带变宽。根据式（7-9）可以得到穿孔板的共振频率，即

$$f = \frac{c}{2\pi}\sqrt{\frac{P}{(l+0.8d)L}} \quad (7\text{-}10)$$

式中，L 是板厚空气层厚度；l 是板的厚度；d 是孔的直径；c 是声速；P 是穿孔率（穿孔的面积/板的总面积，%）。

从式（7-10）可以看出，影响穿孔板结构吸声特性的主要因素有：

1）影响穿孔板的共振频率主要包括穿孔板的厚度 l、开孔的直径 d、开孔的间距 P 和开孔与钣金间的距离 L 等。

2）穿孔板后空腔内布置的吸声材料类型和位置，主要影响吸声系数和吸声的频带宽度。

3）穿孔板共振频率与穿孔率 P 的平方成正比，若穿孔率增加一倍，则共振频率 f_0 相应提高 1/2 倍频程。但是，穿孔率大于 20% 时，穿孔板声质量将非常小，其声学作用将非常低，整个吸声结构主要取决于穿孔板后的吸声材料。

4）共振频率 f_0 与空气层厚度 L 的平方根成反比，L 降低一半时，f_0 则降低 1/2 倍频程。

5）共振频率 f_0 与穿孔的有效长度（$l+0.8d$）的平方根成反比，L 降低一半时，f_0 则降低 1/2 倍频程。

6）共振频率 f_0 与声速成正比，也与温度成正比，因此，同一穿孔板在高温下工作，吸声系数的频率特性将向高频方向移动。所以，在对前围板的外侧进行穿孔板吸声特性设计时，必须考虑温度对共振频率的影响。

二、穿孔板共振吸声结构关键参数设计

在整车声学包的设计中，穿孔板共振吸声结构主要用在前围板的外侧，主要是针对发动机噪声源而进行的设计，同时对胎噪和路噪也有一定的抑制和衰减作用。穿孔板的设计参数主要包括穿孔率、穿孔板后空腔、共振吸声系数以及共振吸声带宽等。

1. 穿孔率

穿孔率的大小直接影响吸声性能的好坏，当穿孔率大于 20% 时，穿孔板的吸声能力将非常小。因此，穿孔率是穿孔板吸声的一个重要参数。根据穿孔板孔的布置方式不同，可分为正方向排列和三角形排列等，见图 7-12。

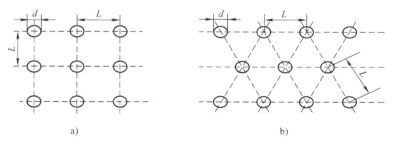

图 7-12 穿孔板孔的常用排列方式

对于圆孔正方向排列，见图 7-12a，那么穿孔率可定义为

$$P = \frac{\pi}{4}\frac{d^2}{L^2} \tag{7-11}$$

对于圆孔三角形排列,见图7-12b,穿孔率可定义为

$$P = \frac{\pi}{2\sqrt{3}}\frac{d^2}{L^2} \tag{7-12}$$

如果对前围板采用穿孔板共振吸声结构设计方案,必须对圆孔直径和孔间距进行合理设计。根据式(7-11)和式(7-12),可以得到表7-1的结果,同样可以根据表中的结果反求两者关系。

表7-1 穿孔率 P 与比值(d/L)关系

穿孔率 P (%)	比值 d/L	
	正方向排列	三角形排列
0.5	12.5	13.5
1	8.9	9.6
2	6.2	6.6
4	4.3	4.6
6	3.6	3.9
8	3.1	3.4
10	2.8	3.0
12	2.6	2.7
14	2.4	2.5
16	2.2	2.3
18	2.1	2.2
20	2.0	2.1

2. 穿孔板空腔设计

如果整车前围板外侧采用穿孔板吸声设计,通常在穿孔板后部要布置吸声材料。这样会使得穿孔板后部空腔内的声质量和声顺增加,同时也会增加孔的末端阻抗,相当于增加了穿孔的有效长度和空腔的有效深度。相对于不加吸声材料,其共振频率是向低频方向移动,移动量通常在一个倍频程范围内,同时整体的吸声系数也有所提高。

根据穿孔板吸声结构特点,穿孔的孔颈和穿孔板后的空腔都会产生较高的声阻,当穿孔率相对较低时,孔颈处将产生较高的声阻;当穿孔率相对较高时,空腔内将产生较高的声阻。由于空腔内布置的吸声材料产生了非常高的声阻率,因此在孔颈处的声阻率不宜太高,这可以通过调整穿孔率进行调节,通常穿孔率不应小于5%。

另外,在对穿孔板的吸声材料进行设计时,两者的距离应尽可能小,最好设计为零间隙,这样可以增加孔颈处的阻力,保证有良好的吸声系数。如果两者的间隙设计过大,或者在整车安装过程中间隙过大,那么该结构的吸声系数将有明显的降低。

3. 共振吸声系数

共振吸声系数也是评价吸声能力的重要参数之一。对于垂直入射的声波,共振吸声结构的吸声系数可表示为

$$\alpha = 1 - |R|^2 = \frac{4r}{(1+r)^2 + x^2} \tag{7-13}$$

式中，R 是声压反射系数；r 是共振吸声结构的相对声阻率（与空气特性阻抗的相对比值）；x 是共振吸声结构的相对声抗率（与空气特性阻抗的相对比值）。

如果发生共振，则声抗为零，吸声系数将出现极大值，那么式（7-13）可以表示为

$$\alpha_t = \frac{4r}{(1+r)^2} \tag{7-14}$$

从式（7-14）可以看出，共振时的吸声系数只与相对声阻率有关，这样可以把共振吸声系数 α_t 看成一个声阻率 r 的函数，可以解得当 $r=1$ 时，共振吸声系数将取得极大值 $\alpha_t=1$。因此，要使得共振吸声系数得到一个较高值，必须控制相对声阻率 r 的值在 1 左右，r 值过大或过小都不合适。

4. 共振吸声的频带宽度

共振吸声的频带宽度也能在一定程度反映吸声能力大小。定义共振频率对应的吸声系数降低一半，对应的低频率值为 f_1，高频率值 f_2，那么 f_1 和 f_2 对应的倍频程数称为共振吸声频带宽度，通过理论推导可以得到如下关系式：

$$\Omega = 6.6 \lg \left[\sqrt{1+\left(\frac{1}{2Q}\right)^2} + \frac{1}{2Q} \right] \tag{7-15}$$

式中，Q 是品质因子，无量纲量，可表示为

$$Q = \frac{\lambda r}{2\pi L(1+r)} \tag{7-16}$$

式中，L 是空腔深度，λr 是共振的声波波长；r 是相对声阻。

从式（7-15）和式（7-16）可以看出：

1）共振吸声频带带宽主要由品质因子 Q 决定，Q 值越小，则吸声频带越宽；Q 值越大，则吸声频带越窄。因此，品质因子 Q 是设计频带宽度的重要参数。

2）品质因子 Q 与空气层厚度 L 成反比，与共振时的波长 λr 成正比。也就是说，在设计空气层厚度时，必须设计尽可能大的值，保证有较低的品质因子 Q 值，从而有较宽的频带宽度。

3）品质因子与声阻率 r 有关，r 值与品质因子 Q 并非线性关系。从式（7-14）可以看出，r 取值较大时，Q 值降低，则共振的频带将变宽。但是，当 $r=1$ 时，共振吸声系数取得最大值。考虑 r 值越大，吸声系数降低明显，通常 r 的取值在 1.5~2 范围内。

第四节　材料吸声性能的试验方法

在整车声学包开发过程中，既需要对每种吸声材料本身的吸声性能的大小进行分析和判断，也需要为仿真分析模型提供材料的吸声参数，以达到整车声学包的吸声性能优化和轻量化设计的要求。因此，材料的吸声性能测试是整车声学包开发最基础的测试项目。

根据吸声性能的测试环境和测试条件的不同，可分为两类测试方法：混响室测试法和驻波管测试法。混响室法可以测量声波无规则入射时的吸声系数和单个物体的吸声量，该测试方法的特点是测试样件面积要求较大，测试的吸声系数和吸声量可用于对平板件和样件的评价；而驻波管法主要用来测量声波法向入射的吸声系数和声阻抗率等参数。该方法的特点是测试样件面积小，安装测量方便。但是，该方法仅应用于材料级的吸声系数对比分析，在实际的工程应用上有一定的局限性。

一、混响室吸声系数法

1. 测试环境

混响室吸声法通常是在混响室内完成的。混响室是指能够产生扩散声场的房间,扩散声场是指空间内各点的声能密度均匀分布的声场,而且各方向的声波相位无规则地随机分布。混响室的壁面要求非常坚硬和光滑,墙面形状可选择矩形或不平行、不规则的截面组成的其他形状。混响室墙面尺寸不能有两个相等或者成整数比的尺寸。常见的混响室房间为长方体结构形状,长、宽、高的比例最好设计成调和级数比。通常要求混响室体积大于200m³,如体积小于200m³,则混响室对下限频率有一定局限性,可通过式(7-17)确定。

$$f = 125\left(\frac{200}{V}\right)^{\frac{1}{3}} \tag{7-17}$$

式中,V是混响室体积。

混响室需要采用有效的扩散措施,无论房间形状如何,都可采用悬挂或固定墙面的扩散体,也可以采用旋转的扩散体,见图7-13a。另外,欧拓公司(Autoneum)也制造出简易的箱体设备进行测试,见图7-13b,通过该设备将测试的数据修正后,可获得材料的吸声系数和吸声量。

a) 混响室 b) 混响箱体

图7-13 混响室结构示意

2. 吸声系数的测量

在混响室内测试材料的吸声系数,必须保证被测试件为一整体,测试面积应在10～12m²,若测试样件形状为矩形平板件,那么要保证长宽比值在0.6～1.0范围内。被测试样件的周边要采用无吸声功能的框架进行固定和封闭。被测试样件要紧贴地面上,框架与墙面的距离不能小于1m,框架的高度不能超过20mm。如果被测试件背后有较大的空腔结构,通常采用铝箔贴附被测样件表面或采用其他刚性面进行封闭。若测试样件为整车的零部件,如座椅、轮罩板等三维吸声件,就需要将这些三维吸声件放置到地面上,并且距离墙壁和传声器1mm以上。

混响室吸声系数的测量,是通过测试混响时间计算得来的。声音在室内是不断衰减的,为了描述声音的衰减快慢,用混响时间来表示。混响时间是指声音停止后,声能密度衰减到百万分之一,也就是声压级从原始值降低60dB所需要的时间,通常用T_{60}表示。到目前为止,混响时间是唯一定量分析室内音质的参量。美国科学家W.C.Sabine通过大量试验,得出混响时间T_{60}的计算公式,即

$$T_{60} = \frac{0.161V}{A} = \frac{0.161V}{\bar{S}\alpha} \tag{7-18}$$

式中,V是房间的容积;$\bar{S}$是房间的表面积;α是房间的平均吸声系数。

目前,绝大多数主机厂建的混响室,室内的壁面均由反射较强的材料组成,如混凝土天花板、光滑的墙面和水泥地面等,室内的壁面吸声能力非常低。因此,受声点除了接收到噪声源发出的直达声能外,还能接收到房间内壁表面反射形成的反射声。通常情况下,在声源及其辐射噪声特性不变的情况下,室内反射面越多,表面越坚硬光滑,室内混响声就越突出,相同位置处室内噪声级就越大。同一个发声设备放在室内要比放在室外听起来响得多。因此,在混响室可以有效地测量材料或者整车部件的吸声系数。

材料的吸声系数测试,主要分为两个步骤:首先需测试混响室的混响时间,然后再测试放入被测材料或者被测部件的混响时间。根据两次混响时间的不同,就可以计算出材料的吸声系数,即

$$\alpha_s = \frac{55.3V}{cS}\left(\frac{1}{T_2} - \frac{1}{T_1}\right) \tag{7-19}$$

式中，α_s 是材料吸声系数；V 是混响室体积；T_1 是混响室内无试件的混响时间；T_2 是混响室内有试件的混响时间；S 是被测材料或者部件的总面积；c 是声速，$c = 331.5 + 0.5t$（t 为空气的温度）。

如果被测样件或部件有 N 个，那么每个样件的吸声面积可表示为

$$A = \frac{55.3V}{c\alpha N}\left(\frac{1}{T_2} - \frac{1}{T_1}\right) \tag{7-20}$$

式中，A 是单个试件的吸声面积；N 是被测样件的个数；α 是单个材料吸声系数。

由于在混响室内，不同位置测量到的声压级存在差异，所以在进行混响时间测试时，至少需要布置三个传声器的测点，通常取 4~6 个位置点。并且每个测点之间的距离应大于所测频段的最低中心频率波长的一半。另外，要求每个传声器测点都远离声源 2m 以上（图 7-14），与被测样件或部件的变截面均为 1m 以上。每个 1/3 倍频程所测试的衰变曲线数与频率高低有关，测试频率越低，为保证测试精度，要求所测试的曲线数就越多。

图 7-14 混响室传声器布置

二、驻波管吸声系数法

驻波管又称阻抗管，是一种用来测量吸声材料垂直入射吸声系数的装置。其主体是一个具有刚性壁的矩形或圆形截面的长管道。管壁由密实坚硬的材料制成，内表面平滑无间隙。驻波管通常分为两段，一段用来安装试件，一段是驻波管的测试主体。两段的横截面和薄厚必须完全相同，并保证同轴连接。驻波管的有效测试频率范围与管子直径、长度以及截面形状有关。管子截面的线度应远小于 $\lambda/2$，而管子的长度要保证在最低测量频率时，管内至少出现一个波腹和一个波节。那么驻波管测试的有效频率范围为

$$\frac{c}{2l} < f < \begin{cases} \dfrac{3.83c}{\pi D}, & \text{管道截面为圆形} \\ \dfrac{c}{D}, & \text{管道截面为方形} \end{cases} \tag{7-21}$$

式中，l 是驻波管主体长度；c 是声速；D 是管道直径或边长。

阻抗管用于测量空气中材料声学性能已经有 100 多年的历史。1988 年 Beranek 所著《声学测量》中介绍了 6 种测量方法，其中两种方法得到广泛认同并成为国际标准，即驻波比法与传递函数法。

1. 驻波比法

当声波垂直入射到测试材料的表面而被反射时，在管内就形成驻波。驻波比是指驻波管内形成驻波声场中所测量的声压极大值和极小值的比值。驻波比法测量吸声系数是一种经典的测量方法。由于声波的波长远大于驻波管的直径，将驻波管的声波看成是平面波。因此，声波在驻波管传播时，一部分被吸声材料吸收，一部分被反射回来，形成反射波，见图 7-15。

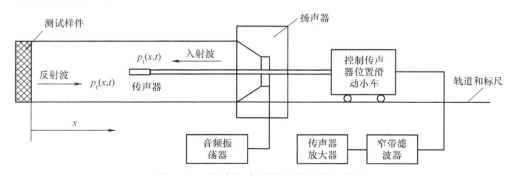

图 7-15 驻波比法测量吸声系数示意图

那么，驻波管中在 t 时刻，x 位置处的入射波和反射波分别表示为

$$p_\mathrm{i}(x,t) = P_\mathrm{i}\mathrm{e}^{\mathrm{j}(\omega t - kx)} \tag{7-22}$$

$$p_\mathrm{r}(x,t) = P_\mathrm{r}\mathrm{e}^{\mathrm{j}(\omega t + kx)} \tag{7-23}$$

式中，P_i 是入射波的幅值；P_r 是反射波的幅值；k 是声波的波数；x 是传声器到测试样件的位置。

在驻波管中，任意一点的声波都是由入射和反射波组成的，则该点的声压可表示为

$$p(x,t) = P_\mathrm{i}\mathrm{e}^{\mathrm{j}(\omega t - kx)} + P_\mathrm{r}\mathrm{e}^{\mathrm{j}(\omega t + kx)} \tag{7-24}$$

定义反射波声压幅值与入射波声压幅值之比为反射系数，则可表示为

$$R = \frac{P_\mathrm{r}}{P_\mathrm{i}} \tag{7-25}$$

将式（7-24）代入式（7-23）中，可以得到：

$$p(x,t) = P_\mathrm{i}\mathrm{e}^{\mathrm{j}(\omega t - kx)}(\mathrm{e}^{-\mathrm{j}kx} + R\mathrm{e}^{\mathrm{j}kx}) \tag{7-26}$$

定义驻波比为驻波管中最大声压 P_max 和最小声压 P_min 之比，即

$$n = \frac{P_\mathrm{max}}{P_\mathrm{min}} \tag{7-27}$$

通过求解式（7-23）的最大声压和最小声压值，并代入到式（7-27）中，则可以得到：

$$R = \frac{n-1}{n+1} \tag{7-28}$$

这样，可以得到驻波管吸声材料的吸声系数为

$$\alpha = 1 - R^2 = \frac{4n}{(n+1)^2} \tag{7-29}$$

采用驻波比的方法测试吸声系数，需每次单独发出一个频率信号，通过调整传声器的位置，得到声压的最大值和最小值，通过式（7-27）计算出驻波比 n，然后根据式（7-29）计算出吸声系数 α。该方法的优点在于精度较高，缺点在于需要分别测试每个频段的最高声压和最小声压，测试时间较长，效率比较低。

2. 传递函数法

传递函数法是另外一种吸声系数测试方法，主要用于双传声器驻波管（图 7-16）。传递函数测量法是通过测试样品前的两个传声器位置上的声压，然后根据两个传声器的位置距离计算传递函数来确定法向入射反射系数，从而计算得到测试样品材料的法向入射吸声系数。

假设入射声压为 p_i，反射声压为 p_r，声压表达式见式（7-22）和式（7-23），那么传声器两个位置 1 点和 2 点的声压分别为

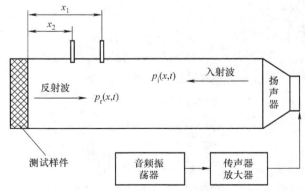

图 7-16 传递函数法测试吸声系数示意

$$p_1(x,t) = P_\mathrm{i}\mathrm{e}^{\mathrm{j}(\omega t - kx_1)} + P_\mathrm{r}\mathrm{e}^{\mathrm{j}(\omega t + kx_1)} \tag{7-30}$$

$$p_2(x,t) = P_i e^{j(\omega t - kx_2)} + P_r e^{j(\omega t + kx_2)} \tag{7-31}$$

式中，x_1 是传声器 1 到试件的距离；x_2 是传声器 2 到试件的距离。

传声器 2 到传声器 1 入射声波传函 H_i 可表示为

$$H_i = \frac{p_i(x_2,t)}{p_i(x_1,t)} = e^{-jk(x_2-x_1)} = e^{-jkd} \tag{7-32}$$

式中，d 是两个传声器的距离。

同样，传声器 2 到传声器 1 的反射声波传函 H_r 可表示为

$$H_r = \frac{p_r(x_2,t)}{p_r(x_1,t)} = e^{-jk(x_2-x_1)} = e^{-jkd} \tag{7-33}$$

对于总的声场，由于 $p_i = R p_r$，则传声器 1 到传声器 2 的声压传递函数为

$$H_{12}(x,t) = \frac{p_2(x,t)}{p_1(x,t)} = \frac{P_i e^{j(\omega t - kx_2)} + P_r e^{j(\omega t + kx_2)}}{P_i e^{j(\omega t - kx_1)} + P_r e^{j(\omega t + kx_1)}} = \frac{e^{-jkx_2} + R e^{jkx_2}}{e^{-jkx_1} + R e^{jkx_1}} \tag{7-34}$$

将式（7-32）和式（7-33）代入式（7-34）并整理可有

$$R = \frac{H_i - H_{12}}{H_{12} - H_r} e^{-j2kx_1} \tag{7-35}$$

在式（7-35）中，入射传函、反射传函以及传声器距离等参数都可以计算得来，这样就可以通过式（7-29）计算试件的吸声系数。

第五节　整车吸声材料开发

从"源 - 路径 - 响应"角度看，吸声材料是从路径角度解决中高频噪声问题的重要手段。车外一些噪声源，如发动机噪声、进排气噪声、风噪声、胎噪声等，进入到车内的路径是不相同的，整车各个区域的贡献也是不同的，这就需要根据区域的不同影响而布置相应的吸声材料。

吸声材料是整车声学包材料的重要组成部分。声学包材料可分为两类：吸声材料和隔声材料。但是在实际分析中，严格界定是吸声材料还是隔声材料是非常困难的，只能对材料吸隔声性能的主次进行判断。图 7-17 是某款车以吸声为主的材料布置方案。

从图 7-17 可以看出，整车声学包以吸声为主的零部件包括发动机盖吸声垫，前围外吸声垫、顶篷、座椅、轮罩板外吸声垫，行李舱侧围吸声垫等成型式吸声材料，也包括空调箱体包裹吸声棉、前后门内吸声棉、A/B/C 柱内吸声棉、发动机装饰罩吸声棉等平板式吸声材料。

图 7-17　整车吸声材料的分布示意

一、吸声材料的分类

整车声学包应用最为广泛的吸声材料就是多孔吸声材料,而常用的多孔吸声材料可分为两种:纤维类吸声材料和发泡类吸声材料。

1. 纤维类吸声材料

纤维类吸声材料包括两类:有机纤维和无机纤维。有机纤维主要包括涤纶、腈纶纤维、聚酯棉等材料。有机纤维在高频有很好的吸声性能,价格相对低廉,但是缺点在于容易受潮、易燃、易腐烂,此类材料的使用受整车的位置区域限制,尤其在环境差的部位尽可能减少使用;无机纤维主要包括玻璃棉、岩棉、矿渣棉等,此类材料的优点在于吸声性能好、密度轻、绝热绝缘、不腐不燃等,缺点在于使用过程中易断易碎,材料破坏后会产生粉尘而污染环境,有害健康。这类材料表面多采用织物材料进行保护。

整车上常见的纤维类吸声材料包括再生纤维、PET 纤维(涤纶)、PET+PP 纤维、玻璃纤维等。

(1)再生纤维毡 再生纤维是废纤维经过回收处理得到的,主要包括涤纶、丙纶、锦纶、棉等成分。原材料来源丰富而且价格低廉。由于对这些材料的加工工艺不同,得到材料的吸声性能也不同。传统的工艺主要有两种:一种是针刺成毡工艺,另外一种是酚醛树脂粘接成毡工艺。近几年出现了新型工艺,如真空吸附蒸汽成型工艺、材料注塑工艺等,这不仅降低了材料的重量、简化了工艺流程,而且实现了同一部件的不同区域体积密度可变的情况,从而获得更好、更有效的吸声性能。

采用新型工艺的再生纤维毡是以增强吸声为主的材料,因此这些新型工艺材料更适合小排量发动机的车型,同时也适合新能源车型。再生纤维毡主要用于前围内隔声垫、地毯、轮罩板、发动机罩等部位,见图 7-18 示意。

a) 传统工艺纺毡

b) 新工艺纺毡

图 7-18 整车混纺毡

(2)PET 纤维毡 PET 纤维是一种合成纤维,在我国商品名称为涤纶。它是以精对苯二甲酸(PTA)或对苯二甲酸二甲酯(DMT)和乙二醇(EG)为原料经酯化或酯交换和缩聚反应而制得的成纤高聚物——聚对苯二甲酸乙二醇酯(PET),经纺丝和后处理制成的纤维。由于 PET 纤维具有强度高、弹性好、耐蚀性好、耐热性好等特点,广泛地应用在整车声学设计中。PET 通过加工成型,可形成不同种类的隔声吸声片材,如直立棉、聚酯吸声隔热棉、多层聚酯吸声隔热棉、隔声前围聚酯吸声隔热棉、聚酯针刺吸声隔热棉。这些种类的 PET 纤维毡可应用在车内的不同部位上,满足不同的吸声要求。PET 纤维毡主要用在地毯、轮罩板外隔声垫、行李舱侧围内饰、衣帽架、地板外等区域,见图 7-19 示意。

a) 地板护板吸声棉

b) 后轮罩板吸声棉

图 7-19 整车 PET 纤维毡材料布置示意

(3)PET 纤维毡 +PP 纤维棉 PET 纤维毡 + PP 纤维绵又称双组分吸声棉,是由丙纶和涤纶纤维经过特殊的吹融丝工艺混纺而成的。由超细纤维组成，具有立体网状连续多孔结构，纤维平均细度可达 1～2μm 以下。该材料具备流阻性小、吸声系数高、疏水性好、质量轻、绝热性高、环保等优点，在整车声学包得到了广泛的应用。PET 纤维毡 +PP 纤维棉主要用在 A/B/C 立柱护板、前后门、空调箱体、仪表板等区域，见图 7-20 示意。

  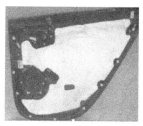

a) 仪表板贴附吸声棉　　b) B柱下护板吸声棉　　c) 后门吸声棉

图 7-20　整车 PET 纤维毡 +PP 纤维棉布置示意

（4）玻璃纤维棉　玻璃纤维棉是一种人造无机纤维，是由原丝制成的离心玻璃棉。采用石灰石、白云石、石英砂等天然矿石为主要原料，并配合一些硼砂、纯碱等化工原料高温熔化为玻璃态，借助离心力甩成絮状纤维。纤维与纤维之间立体交错，呈现出许多细小间隙。离心玻璃棉蓬松交错，存在大量微小的孔隙，是典型的多孔吸声材料，具有良好的吸声特性。离心玻璃棉具有防火、耐热、易于切割等优点，是发动机舱吸声处理最常用的材料之一。但是，玻璃纤维棉容易掉"屑"，污染周边环境。因此，使用玻璃纤维棉时必须包覆一层无纺布材料。玻璃纤维棉主要用在前围外隔声垫、发动机盖吸声垫、地板外隔声垫等部位。由于玻璃纤维棉环保性差的特点，逐渐被其他吸声材料被取代。

2. 发泡类材料

对于声学包材料来说，发泡类材料主要是指聚氨酯发泡材料。聚氨酯为大分子链中含有氨酯型重复结构单元的一类聚合物，全称为聚氨基甲酸酯，英文全称为 Polyurethane, 简称 PU 或 PUR。PU 是由多异氰酸与聚醚型或聚酯型多元醇在一定比例下反应的产物。PU 可分为弹性体和泡沫塑料两大类，聚氨酯泡沫塑料作为多孔型吸声材料的一种，在整车声学包设计中得到广泛应用。主要用在前围外（轻质泡棉）、前围内隔声垫、中通道隔声垫、地毯、座椅、顶篷等区域，见图 7-21 示意。

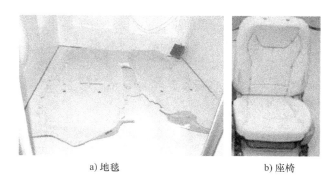

a) 地毯　　b) 座椅

图 7-21　整车聚氨酯发泡材料布置示意

二、吸声材料的应用

吸声材料根据其加工工艺、安装方式不同，可分为两类：一类是成型式吸声材料，该类材料的特点是有固定的形状，对材料的尺寸要求严格，并且通过卡接或者卡扣进行固定，例如前围吸声垫、发动机罩吸声垫等；另一类是平板式吸声材料，该类吸声材料的特点是尺寸和形状相对要求宽松，多采用平板件材料，主要通过粘接或绑接进行固定，例如仪表板空调管道的吸声材料、侧门内饰板的吸声材料等。

1. 成型式吸声材料

对于整车声学包，成型式吸声材料包括发动机盖吸声垫、前围外吸声垫、轮罩板外吸声垫、顶篷内饰、地毯面、行李舱侧围板、座椅等。从声学包布置目的及效果看：发动机吸声垫和前围外吸声垫主要是降低发动机噪声，而轮胎外隔声垫是用来降低轮胎噪声；顶篷、地毯面和座椅可降低进入车内的中高频噪声，包括发动机噪声、轮胎噪声、风噪声等，降低乘员舱的混响时间。

（1）发动机盖吸声垫　发动机盖吸声垫是通过卡扣固定到钣金上的。常见的材质有无纺布+轻质PU、无纺布+半固化毡、无纺布+玻纤等材料。由于玻纤环保性差，市场上的新车型几乎不再使用。前两种已成为发动机盖的主要材质。

影响发动机盖吸声垫吸声系数的因素包括材质、厚度和面积等参数。发动机盖吸声垫的主体厚度通常在15~20mm，由于卡扣、机盖内板高度的影响，吸声垫并非是均厚的结构，厚度不同吸声系数也不同，见图7-22。图中是主体厚度20mm的轻质PU，分别压到5mm、10mm、15mm厚度的吸声系数对比结果。从结果可看出，厚度对吸声系数影响较大，厚度压缩值越大则吸声系数越小。所以，为保证吸声性能，在设计吸声垫时，必须保证主体厚度有一定的覆盖率，通常在85%以上。

（2）前围外吸声垫　前围外吸声垫也是通过卡扣安装到前围钣金上的。吸声垫常用的材料有无纺布+轻质PU、无纺布+混纺毡、PET、无纺布+玻纤等，考虑到热害的原因有时会在上述材料增加带孔铝板。目前，无纺布+轻质PU是最为常用的材料组合。

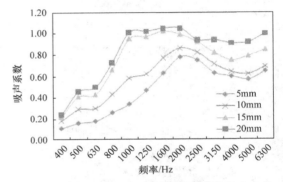

图7-22　不同厚度的发动机盖吸声垫的吸声系数

影响前围外吸声垫的因素主要包括厚度、覆盖率、面积、材质等参数。因此，为保证前围外吸声垫有足够的吸声性能，设计应满足如下要求和原则。

1）吸声垫的面积应足够大，尽可能全部覆盖前围钣金，减少钣金裸露。如果前舱吸声性能仍不足，可考虑将吸声垫延伸到两侧的减振塔钣金上，甚至可向前延伸到两侧的机舱纵梁区域。

2）吸声垫与前围钣金应高度贴合，避免设计间隙，即安装点布置要合理。

3）控制吸声垫周边的压边宽度（≤10mm）。

4）吸声垫开孔面积应尽可能小，以提高吸声垫的覆盖率，可考虑设计十字孔减少开孔面积。

5）控制吸声垫厚度，尽可能保证主体厚度的覆盖率。

6）若考虑机舱热害因素需增加铝板，须考虑因加铝板后吸声面积减少而降低的高频段吸声性能，见图7-23。图中是密度为15kg/m³的轻质PU带铝板与不带铝板吸声系数对比。从图中可知，带铝板的结构，在频率大于1000Hz后，吸声系数开始减小，尤其当频率大于4000Hz时，吸声系数降低非常明显。

（3）轮罩板外吸声垫　轮罩板外吸声垫材料通常是通过卡扣卡接到轮罩板钣金上的。吸声垫主要采用的材料有PET+（PET+PP）双组分吸声棉、PET+纺毡等。影响该区域吸声特性的因素包括覆盖面积、厚度、材质等参数。为保证轮罩板外吸声垫的吸声性能，设计时应遵循如下原则。

1）吸声垫与轮罩钣金之间尽可能增加吸声棉，且保证吸声棉有一定的覆盖率。

2）控制吸声垫周边的压边宽度（≤10mm）。

3）控制吸声垫厚度，尽可能保证主体厚度的覆盖率。

4）可结合轮胎噪声选用不同的吸声材料，若轮胎噪声控制比较好，如采用静音轮胎，可减少吸声材料使用；反之，则需要增加吸声性能好的材质。

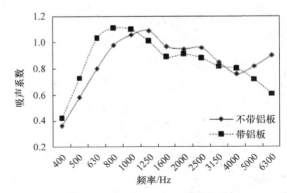

图7-23　前围外吸声垫带与不带铝板吸声系数对比

图 7-24 是采用不同覆盖率的材料的结构示意，图 7-25 是轮罩板外隔声垫的吸声棉，采用不同材质、不同覆盖率的等效吸声面积的对比曲线。由于吸声棉的覆盖率不同，图中纵坐标采用等效吸声面积（吸声量）进行评价。从图中可看出，采用相同材质、不同覆盖率的纺毡，在频率大于 1250Hz 后，吸声量差值逐渐增大；当采用相同覆盖率的纺毡和双组分吸声棉，双组分吸声棉的吸声量明显大于纺毡，甚至超过了覆盖率为 100% 的纺毡材料。因此，可依据轮胎噪声的大小，采用不同的吸声材料进行优化。

a) 覆盖率为70%吸声棉示意　　　b) 覆盖率为100%吸声棉示意

图 7-24　轮罩板采用不同覆盖率结构示意

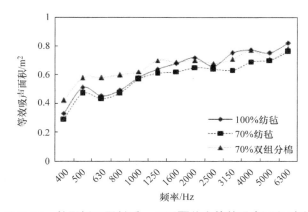

图 7-25　轮罩板不同材质、不同覆盖率等效吸声面积对比

（4）顶篷内饰　顶篷内饰通过蘑菇卡扣固定到顶篷钣金上。顶篷是车内主要的吸声件之一，也是影响车内混响时间的重要部件之一。顶篷主要由骨架和护面两部分组成，常用的骨架材料主要有半硬质聚氨酯发泡板材、玻璃纤维增强聚丙烯复合板（GMT）、麻纤维板和蜂窝塑料板等，其中以半硬质聚氨酯发泡板材应用最为广泛；护面材料主要有针织面料、无纺布面料、PVC 表皮等，其中以针织面料中的经编面料应用最为广泛。顶篷内饰结构比较复杂（图 7-26），通常可分为五个部分。

第一层：装饰层。装饰层采用的是针织面料层，材料由无纺布、发泡材料组成，有一定的吸声作用，主要起装饰作用。该层的透气性较好，流阻非常小。

第二层：固定粘结层。固定粘结层主要由玻纤和环氧树脂组成，主要有粘结和增加刚度的作用。该层透气性差，流阻较大。

第三层：吸声层。吸声层的主要材料是 PU 发泡，过去车型也采用玻纤材料，不过现代车型应用玻纤越来越少了。吸声层是顶篷内饰材料吸声的主体。

第四层：面料层。面料层主要包括玻纤胶层、水刺无纺布和防污胶膜层。这一层的主要功能是有利于样件成型，增加顶篷内饰刚度，起到防尘的作用。

第五层：背部吸声层。常用的材料是双组分吸声棉，但是这一层的吸声材料并非全部覆盖，只是根据顶篷内饰的吸声特性进行局部的布置。

为保证顶篷内饰的吸声性能，顶篷内饰设计应满足如下要求和原则。

1）采用合适的生产工艺，顶篷生产工艺主要有两种：干式法和湿式法。

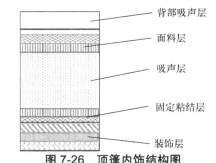

图 7-26　顶篷内饰结构图

干式法又叫冷模法，是将半硬质聚氨酯发泡复合板材加热到180～200℃，使之达到塑性状态；然后将其放在模具内，与护面材料同时压制成型。半硬质聚氨酯发泡复合板材由热熔胶粉或胶膜、玻璃纤维、半硬质聚氨酯发泡板材（PU）和无纺布复合而成。湿式法又叫热模法，是在半硬质聚氨酯泡沫板材上、下表面辊胶（热固性聚氨酯胶黏剂），然后分别铺玻璃纤维毡和无纺布，在加热模具里压制成型。湿式法具有成本低、工艺性好、吸声性能好的优点（图7-27），将逐渐成为汽车模塑顶篷内饰最主要的工艺。

2）控制粘结层和面料层流阻。如果粘结层流阻过高，透气性不足，则影响吸声层材料的吸声性能；如果面料层流阻过高，则影响背部吸声棉的吸声性能。粘结层和面料层的胶直接影响材料的流阻。图7-28是某款车顶篷内饰板流阻的测试，考虑到胶层不易分离，将顶篷分为三层（图7-28c）进行流阻测试，即织物面料、玻纤+树脂+PU、玻纤+树脂+水刺无纺布+PE膜+PP膜+PE膜三层。测试结果分别为160Pa/（m/s）、2491Pa/（m/s）和6370Pa/（m/s）。从测试结果可分析出，面料层的流阻较大，透气性差，这会影响背部吸声棉的吸声性能。因此在设计顶篷内饰时，应对面料层的流阻进行控制。

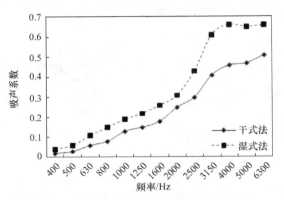

图7-27　顶篷干式法和湿式法吸声性能对比

a) 流阻测试仪　　　　b) 顶篷内饰断面　　　　c) 顶篷内饰分层示意图

图7-28　顶篷内饰分层测试流阻

3）合理设计背部吸声棉的覆盖率。当顶篷内饰的粘结层和面料层流阻设计合理，顶篷内饰的吸声棉可以一定程度上降低车内的噪声。但是，实际的吸声棉并非是100%覆盖的，因此，为保证顶篷内饰的吸声性能，必须对吸声棉覆盖率进行有效的控制。图7-29是某款车顶篷背部，有无吸声棉条件下的吸声系数的对比。从对比结果可以看出，在频段400～1250Hz内，有吸声棉的吸声系数要比无吸声棉的吸声系数明显增加。

（5）地毯面　地毯的结构由面料层、隔声层和软层构成。常用的面料层有针刺地毯和簇绒地毯两类。簇绒地毯所用的纤维原料95%以上是聚酰胺纤维，优点在于回弹性和耐磨性，同时也保证了吸声性；而针刺地毯所用的纤维主要是聚酯和聚丙烯，价格比较便宜。从声学包设计的角度分析，地毯主要起隔声作用。但是由于毯面采用了针刺或簇绒工艺，而且毯面的面积相对较大，使得毯面的吸声作用就非常重要。那么，地毯面的设计要求和原则如下。

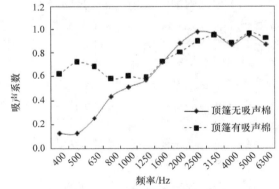

图7-29　顶篷背部有无吸声棉的吸声系数对比

1）合理设计地毯面的面积，处理好地板的座椅支架、线束过孔等位置处的地毯设计，保证地毯面有足够的覆盖面积，相当于增大了毯面的有效面积。

2）提高毯面的起绒高度，相同重量的面料，起绒高度越高，厚度越厚，则吸声能力就越好。图7-30是两种起绒高度的毯面吸声系数对比结果，从结果可以看出，起绒度高的毯面，在频率大于2500Hz时吸声系数要明显高于起绒度低的毯面。

3）另外，可利用工艺对簇绒或植绒的密度进行优化，提高毯面的吸声系数。

（6）座椅　座椅本体主要由导轨、骨架、发泡和面套组成。根据座椅面套材质不同，可分为织物、真皮革和人造皮革三种。有的座椅材质采用混合材质，以皮革材质为主体，为避免与周边产生异响问题，在与周边接触的地方采用了织物面料。座椅的吸声部位主要是发泡材料。与车身其他部件相比，座椅的吸声特点是面积大、厚度深，因此座椅的吸声能力非常强。根据研究材料发现，有的车型座椅吸声量占车内总吸声量近一半。因此，座椅是车内最重要的吸声部件之一。座椅的吸声特性可在混响箱体进行测试，用等效吸声面积进行分析评价，见图7-31。从吸声角度分析，座椅的设计要求和原则如下。

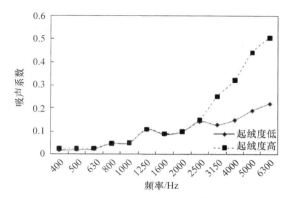

图7-30　地毯毯面起绒高度对吸声系数的影响

1）织物的吸声能力高于皮革的吸声能力：由于织物的透气性远比皮革材质的要好，因此，声波很容易穿透织物进入发泡材料而被吸收。图7-32是某款车配置的织物和皮革座椅等效吸声面积的对比曲线，从对比的结果可以看出，在整个频段，织物座椅等效吸声面积都大于皮革座椅，尤其是频率大于1000Hz后，两者的差值越来越大。

图7-31　混响箱测试座椅吸声性能

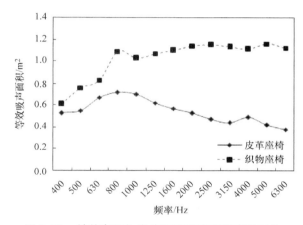

图7-32　某款车织物座椅和皮革座椅吸声量对比

2）控制皮革座椅的打孔率：皮革座椅已成为豪华车的标配之一，但是，皮革的透气性差，声波很难进入发泡层中，影响车内吸声性能。从图7-32对比曲线结果也可看出，皮革座椅的吸声能力非常差。为弥补皮革材料透气差的缺点，可通过在皮革打孔的方法实现消声的作用。因此，皮革面的打孔设计用打孔率来评价，打孔率越高，吸声性能就越好。但是打孔率受到座椅的造型、皮革的强度耐久等因素的影响。

图7-33是某款车皮革面打孔的两种方案，其中方案A是每30mm打7个孔，而方案B是每30mm打9个孔。对两种方案进行对比测试，测试结果见7-34。通过测试对比可以看出：打孔率高的皮革面等效吸声面积要大于打孔率低的皮革面等效吸声面积。

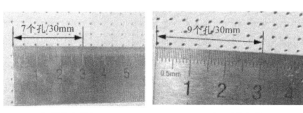

a）开孔方案A　　　　　　b）开孔方案B

图7-33　皮革座椅打孔率方案对比

3）控制座椅发泡的材质、工艺和面积：影响座椅发泡材料吸声性能的主要因素有材质、工艺和面积等。发泡材料的发泡开孔率、脱模剂都会影响其吸声性能。图7-35是五款同级别车的驾驶员座椅，拆除外部皮革材料后，仅对PU发泡材料吸声性能进行测试对比，从结果可以看出：五款车座椅的吸声量相差较大，尤其是车型E与车型B，在频率大于800Hz后差距越来越大。因此，在前期座椅设计时，必须考虑到座椅PU发泡材料的工艺和材质等因素。

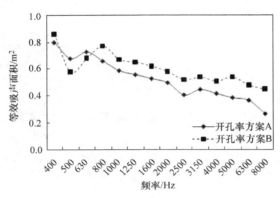

图7-34 座椅不同打孔率等效吸声面积对比

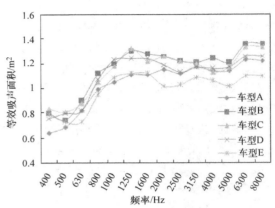

图7-35 五款车座椅发泡材料等效吸声面积对比

2. 平板式吸声材料

常见的平板式吸声材料包括双组分吸声棉、单组分吸声棉、废纺毡、PET纤维毡等。平板式吸声材料的分布主要集中在四个区域：仪表板区域、侧围区域、轮罩板区域、行李舱区域等。每个区域布置的吸声棉都是针对吸收不同噪声源而设置的，见表7-2。

表7-2 平板式吸声材料分布

区域	具体位置	解决声源
仪表板区域	空调箱体	空调压缩机噪声、发动机噪声
	中控台	发动机噪声、路噪
	空调风道	风道辐射噪声
侧围区域	前后车门内饰板	风噪
	A/B柱	风噪
轮罩板区域	轮罩板	路噪、风噪
	C柱	路噪、风噪
行李舱区域	行李舱侧围	轮胎噪声、排气噪声
	衣帽架区域	排气噪声、风噪声
	备胎盖	排气噪声、路噪
	后背门区域	排气噪声、风噪
	行李舱门槛内饰板	排气噪声、风噪

平板式吸声材料安装相对比较自由，分布的区域比较广。影响平板式吸声材料的因素主要包括材料的面积、材质、厚度、布置位置等。在设计平板式吸声材料时，应满足的要求和设计原则如下。

1）合理设计吸声棉的布置面积。由于吸声材料面积直接决定了吸声量，吸声材料面积越大，吸声量就越大。因此，在噪声传递的关键区域（如车门内饰、B柱下端、轮罩板等），如果布置空间允许，尽可能布置足够大的面积。

2）选择合适的布置位置，从路径上控制噪声。吸声棉越接近噪声源，吸声效果就越好。尤其是一些通道如果出现泄漏，尽可能在通道的前端接近泄漏源的地方布置吸声棉。例如在后侧围的泄压阀，排气和轮胎噪声会通过泄压阀传递到车内，因此布置吸声棉的位置都在靠近吸声棉的内饰板上；对于空调风道，气流在风道的拐弯处会出现涡流而产生噪声，同时气流也会激励风道管产生辐射噪声，因此，吸声棉多布置在风道的拐弯处和风道壁刚度弱的部位。

3）合理选择吸声材料。不同吸声材质有不同的吸声效果。在噪声传递的关键区域，必须考虑用吸声系数好的材料。结合噪声源出现的主要问题频段，选择合适的吸声材料。图 7-36 是两种材料的对比结果，在测试频段内，同等厚度的半固化毡吸声系数都优于双组分吸声棉的吸声系数。

4）同一材质的吸声材料，选择合适厚度和密度（面密度）。厚度和密度都是影响吸声系数的重要物理参数。相同厚度、不同密度或相同密度、不同厚度吸声系数相差是非常大的。从图 7-37 测试结果可看出：双组分材料的面密度对材料吸声系数影响非常大，$600g/m^2$ 的吸声棉在整个测试分析频段内，吸声系数都比较高，而 $300g/m^2$ 的吸声棉吸声系数在低频段要差很多。

从上面的分析得出：相同材料、不同结构参数的吸声材料的吸声能力是不同的；不同材料、相同结构参数的吸声棉的吸声性能也是不同的。在进行声学包的吸声材料设计时，需要对性能、重量、成本综合考虑。

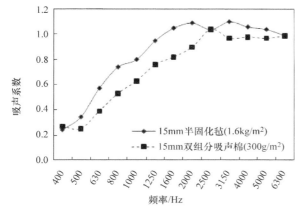

图 7-36　不同材质的吸声系数对比

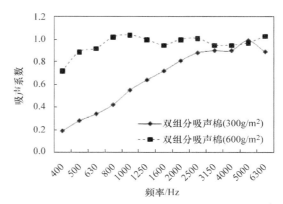

图 7-37　双组分吸声棉不同密度的吸声系数对比

第八章 整车隔声性分析与控制

隔声性是整车声学包的另外一个重要评价参数。隔声性反映的是整车声学包对外部噪声的阻隔能力。隔声材料布置的主要位置包括前围内隔声垫、地毯、侧窗玻璃、前风窗玻璃、轮罩板等。这些隔声材料是用来降低动力总成噪声、风噪声、路噪、轮胎噪声等对车内噪声影响的主要手段。因此，隔声性能开发也是整车声学包开发的一项重要内容。

第一节 隔声性概述

一、隔声性的概念

当声波从空气中入射到某种结构表面（如钣金、玻璃等）时，其中一部分能量 E_t 会透射过该结构进入空气中继续传播，而另一部分能量 E_r 会通过该结构表面反射回来进入空气中，见图 8-1。那么，把该结构阻隔声能大小的能力称为结构的隔声性能。

对于图 8-1，根据能量守恒定律，满足如下条件：

$$E_i = E_t + E_a + E_r \tag{8-1}$$

在式（8-1）中，其中声能量（E_r+E_a）反映了结构的隔声能力大小。对于纯结构件（如钣金、玻璃）隔声，$E_a \ll E_r$，那么 E_r 反映了该结构的隔声量；但是在实际的测试和评价中，多数是系统集成件，如前围系统、地板系统等，吸声材料消耗了一定声能，而且这部分能量不可以忽略，在实际分析评价中归为隔声性能，属于广义的隔声性能。因此，此类件的隔声性能取决于 E_r 与 E_a 两者之和。

二、隔声性的评价参数

对于结构的隔声性能，主要的评价参数包括隔声量、噪声衰减和插入损失。

（1）隔声量 为了材料隔声性测试和评价的便利性，引入一个声传递系数 τ：

$$\tau = \frac{E_t}{E_i} \tag{8-2}$$

图 8-1 声波传递示意图

式（8-2）中声传递系数 τ 是透射声能与入射声能的比值，表示声波的穿透能力。τ 的范围在 0~1。声传递系数越小，表明透射性能越差，材料的隔声性能就越好。

为了评价材料的隔声性能，我们引入声传递损失（Sound Transmission Loss，STL）的概念，定义为

$$\text{STL} = 10\log\left(\frac{1}{\tau}\right) = 10\log\left(\frac{E_i}{E_t}\right) \tag{8-3}$$

或

$$\text{STL} = 10\lg\left(\frac{I_i}{I_t}\right) = 20\lg\left(\frac{P_i}{P_t}\right) \tag{8-4}$$

式中，I_i 是入射的声强；I_t 是透射的声强；P_i 是入射的声压；P_t 是透射的声压。

在式（8-3）和式（8-4）中，传递损失 STL 越大，材料或系统部件的隔声性能就越好。传递损失是目前评判整车系统、材料隔声性能的最主要评判参数之一，见图 8-2 示意说明。

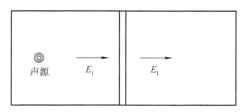

图 8-2　传递损失计算分析示意

（2）噪声衰减　噪声衰减（Noise Reduction，NR）是指声源端与接收端的声压级差，定义为

$$\text{NR} = L_1 - L_2 \tag{8-5}$$

式中，L_1 是声源端声压级；L_2 是接收端声压级。

噪声衰减主要是从被测样件的声压差的角度进行评价的，在噪声衰减的实际测试过程中，引起噪声衰减的因素不仅包括系统部件的隔声性能和吸声性能，同时也包括被测部件接收端的环境吸声，见图 8-3，噪声衰减量包括 L_2 所在环境的吸声量。

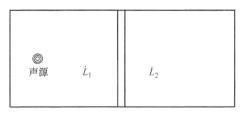

图 8-3　噪声衰减计算分析示意

（3）插入损失　插入损失（Insertion Transmission Loss，ITL）是评价声场的某特定位置，在系统或结构件设置隔声材料前后的声压级差，定义为

$$\text{ITL} = L - L_0 \tag{8-6}$$

式中，L_0 是未设置隔声材料的声压级；L 是设置隔声材料的声压级。

插入损失主要是用来评价隔声材料有与没有对声场的影响，在实际的测试过程中，插入损失影响因素除了包括隔声材料的隔声、吸声性能外，也包括由于增加吸隔声材料对声场的影响，例如隔声材料增加后声场体积

的变化等。如果在"混响-半消"实验室进行测试，隔声材料体积的变化可以忽略，见图 8-4 示意。

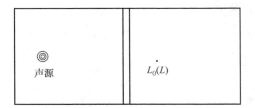

图 8-4　插入损失计算分析示意

第二节　隔声性能的两个重要理论

在进行隔声性能分析时，需要用到两个重要理论，即质量定律和吻合效应。下面对这两个理论进行说明。

一、质量定律

设单层结构为无限大均匀密实柔性板，板件厚度为 D，面密度为 m，该结构将空气介质分为左右两个部分。当平面声波 p_i 从左侧垂直入射时，一部分声波穿过板结构进入空气中形成透射波 p_t，另一部分声波被单板结构反射过来形成反射波 p_r，见图 8-5。

声波穿过这个板必须经过两个界面，一个是从空气到固体的界面，另一个是从固体到另一边空气的界面。设空气的阻抗 $R_1 = \rho_1 c_1$，板的阻抗 $R_2 = \rho_2 c_2$，入射波、透射波和反射波的声压和质点振动速度分别用 p_i、p_t、p_r 和 v_i、v_t、v_r 来表示；板件中的入射波和反射波的声压和质点振动速度分别用 p_{2t}、p_{2r} 和 v_{2t}、v_{2r} 来表示，这些都是时间的函数。前者对应的幅值分别用 p_{iA}、p_{tA}、p_{rA} 和 v_{iA}、v_{tA}、v_{rA} 来表示，后者对应的幅值分别用 p_{2tA}、p_{2rA} 和 v_{2tA}、v_{2rA} 来表示。

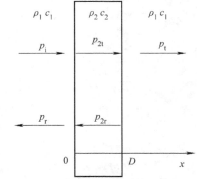

图 8-5　单层板隔声声波传递

从图 8-5 可知，在 $x = 0$ 处的边界条件，边界处声压和质点速度法向向量连续，可得

$$\begin{cases} p_{iA} + p_{rA} = p_{2tA} + p_{2rA} \\ v_{iA} + v_{rA} = v_{2tA} + v_{2rA} \end{cases} \tag{8-7}$$

同样，在 $x = D$ 处的边界条件，可以得到

$$\begin{cases} p_{2tA} e^{-jk_2 D} + p_{2rA} e^{jk_2 D} = p_{tA} \\ v_{2tA} e^{-jk_2 D} + v_{2rA} e^{jk_2 D} = v_{tA} \end{cases} \tag{8-8}$$

考虑到各列波为平面波，则有

$$\begin{cases} v_{iA} = \dfrac{p_{iA}}{R_1}, v_{rA} = \dfrac{p_{rA}}{R_1}, v_{tA} = \dfrac{p_{tA}}{R_1} \\ v_{2tA} = \dfrac{p_{2tA}}{R_2}, v_{2rA} = \dfrac{p_{2rA}}{R_2} \end{cases} \tag{8-9}$$

将式（8-9）代入到式（8-7）和式（8-8）中，则可以得透射波在 $x=D$ 界面上的声压与入射波在 $x=0$ 界面上的声压之比为

$$\tau_p = \frac{p_{tA}}{p_{iA}} = \frac{2}{\left[4\cos^2 k_2 D + (R_{12}+R_{21})^2 \sin^2 k_2 D\right]^{1/2}} \quad (8\text{-}10)$$

式中，$R_{12} = R_2/R_1$，$R_{21} = R_1/R_2$。

这样，可以求得透射波在 $x = D$ 界面上的声压与入射波在 $x=0$ 界面上的声强之比为

$$\tau_1 = \frac{|p_{tA}|^2}{|p_{iA}|^2} = \frac{4}{4\cos^2 k_2 D + (R_{12}+R_{21})^2 \sin^2 k_2 D} \quad (8\text{-}11)$$

根据传递损失公式（8-3）定义，可得

$$\text{STL}_0 = 10\lg\frac{1}{\tau_1} = 10\lg\left[4\cos^2 k_2 D + \frac{1}{4}(R_{12}+R_{21})^2 \sin^2 k_2 D\right] \quad (8\text{-}12)$$

式中，$k_2 = \omega/c_2$。

考虑到固体材料的特性阻抗 R_2 比空气的特性阻抗 R_1 大得多，则有 $R_{12} \gg R_{21}$。另外，板件厚度远小于声波的波长，车身钣金件厚度在 0.7~1mm 之间，而 1000Hz 的声波波长约 3m，因此 $k_2 D$ 值就非常小，则存在有 $\sin(k_2 D) \approx k_2 d$，$\cos(k_2 D) \approx 1$。这样式（8-12）可以简化成

$$\text{STL}_0 = 10\lg\left[1+\left(\frac{1}{2}R_{12}k_2 D\right)^2\right] = 10\lg\left[1+\left(\frac{\omega m}{2\rho_1 c_1}\right)^2\right] \quad (8\text{-}13)$$

式中，$m = \rho_2 D$。

对于钢板和玻璃的固体材料，存在如下关系：

$$\frac{\omega m}{2\rho_1 c_1} \gg 1 \quad (8\text{-}14)$$

这样，式（8-13）可简化为

$$\text{STL}_0 = 20\lg\left(\frac{\omega m}{2\rho_1 c_1}\right) \quad (8\text{-}15)$$

式（8-15）就是隔声的质量定律。从该公式可以看出：单层均质隔声板的质量越大，则隔声量就越大，质量 m 增加一倍，则隔声量增加 6dB；声波的频率越高，隔声量越大，频率增加一倍，则隔声量也增加 6dB。

将 $\omega = 2\pi f$，以及常数 $\rho_1 c_1 \approx 400$ 代入式（8-15），则可以简化为

$$\text{STL}_0 = 20\lg m + 20\lg f - 42.5 \quad (8\text{-}16)$$

式（8-16）是按声波垂直入射时的计算结果，但是，通常声波入射的角度主要分布在 0~80° 范围内。对此情况，近似认为与垂直入射声波隔声量相差一个常数 5dB，即有

$$\text{STL} = \text{STL}_0 - 5 = 20\lg m + 20\lg f - 47.5 \quad (8\text{-}17)$$

上述公式的推导是基于无限大单层均质柔性板的假设，是一种非常理想的情况。但是，实际上板的尺寸是有限的，而且板结构的边界条件、刚度、阻尼、吻合效应等，都会影响到结构的隔声量。根据长期的实践和大量数据分析发现：当板的面密度增加一倍，隔声量只增加 5dB；而当频率增加一个倍频程，隔声量仅增加 4dB。因此，板的实际隔声量的经验公式为

$$\text{STL} = 16\lg m + 14\lg f - 29 \quad (8\text{-}18)$$

二、吻合效应

声波在空气介质中传播时，只存在压缩波的纵波，而声音在具有弹性的固体介质中传播时，固定质元既有纵向的弹性压缩，也有横向的弹性切变，两者的复合作用，迫使介质产生弯曲振动，那么在弹性固体介质中产生一种弯曲波，设弯曲波的波长为 λ_b，见图 8-6。

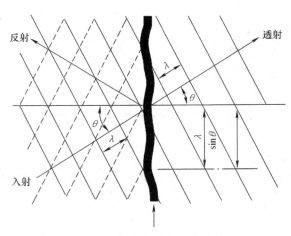

图 8-6 弹性介质中的弯曲波

当声波以 θ 角入射到弹性板表面时，其同一波振面的各点先后到达弹性板表面。当在某一频率下，弹性板的弯曲波波长正好与空气入射声波波长在板上的投影相等时，即有

$$\lambda_b = \frac{\lambda}{\sin\theta} \tag{8-19}$$

此时板的运动与空气的声波运动达到高度的耦合，则弹性板的弯曲振动达到极大值。同时，板的振动向板的另一侧辐射的声能也达到最大值，从而板的隔声量大大降低。我们把这种因声波入射角度造成的声波与弹性板弹性波耦合使得板隔声量降低的现象，称为吻合效应。

我们知道弹性板的弯曲波波长是由板件的本身弹性性质决定的。因此，引起吻合效应的现象是由声波的频率和入射角度决定的。通过计算，产生吻合效应的频率为

$$f_c = \frac{c^2}{2\pi\sin^2\theta}\sqrt{\frac{12\rho(1-\sigma^2)}{Et^2}} \tag{8-20}$$

式中，c 是空气中的声速；ρ 是板件的密度；σ 是泊松比；E 是板件的弹性模量；t 是板件的厚度。

从式（8-19）可知：由于 $\sin\theta \leq 1$，只有在声波波长小于板件的弯曲波波长时才可能发生吻合效应。因此，当 $\lambda = \lambda_b$ 时，所对应的频率是产生吻合效应的最低频率，此时可有 $\sin\theta = 1$，而 $(1-\sigma^2) \approx 1$，这样式（8-20）可以简化为

$$f_c = \frac{c^2}{2\pi t}\sqrt{\frac{12\rho}{E}} \tag{8-21}$$

从式（8-21）可以看出，如果板件材料确定，最低的吻合频率只与板件的厚度有关。整车的声学包开发，最常用的材料是钢板、玻璃和铝板，那么这三种材料的吻合频率可分别表示为 f_s、f_g 和 f_a：

$$f_s = \frac{12650}{t} \tag{8-22}$$

$$f_g = \frac{12240}{t} \tag{8-23}$$

$$f_a = \frac{12810}{t} \tag{8-24}$$

车身钣金的厚度通常在 0.7~1mm 范围内，对应的吻合频率在 12.65~18.07kHz 范围内。这已经超出整车声学包性能设计关注的频段。因此，在进行整车声学包隔声设计时，通常不考虑钣金吻合频率的影响。

但是，对于风窗玻璃和侧窗玻璃，厚度通常在 3.5~5mm 范围内，对应的吻合频率在 2.5~3.5kHz 范围内，在进行声学包隔声性能设计时，必须考虑玻璃吻合频率的影响。为了提高玻璃的隔声性能，可考虑采用提高玻璃的吻合频率的方法，将玻璃的吻合频率提高到关注的频段之外，从而提高关注频段内的隔声量。为实现这一目标，一些厂商采用了声学夹层玻璃，将前风窗玻璃设计为：2.1mm 玻璃 +0.76mmPVB+2.1mm 玻璃，这样将吻合频率提高到 6kHz 左右，明显地改善了 2.5kHz 左右的隔声量。

另外，随着车身轻量化设计，导致车身使用铝板的机会越来越多，如果某些部位铝板材料厚度超过 2mm，在整车声学包隔声性能设计时必须考虑吻合频率的影响。

第三节　单层板隔声原理

单层均质薄板的隔声性能与入射波的频率有关，板的频率特性主要取决于板本身的刚度、面密度、阻尼以及板件的边界条件。严格地从理论上推导薄板的隔声量是非常复杂的，本节只做定性的介绍。

单层板均质材料的典型隔声频率特性曲线见图 8-7。从整体上看，随着频率的增加，单层板的隔声量是增加的。依据曲线与频率的关系，可把曲线分为三个区域：刚度控制区、质量控制区和吻合效应控制区。

一、刚度控制区

在较低的频率范围内，板受其本身的刚度控制，隔声量曲线随着频率升高而降低，此时板的质量和阻尼对隔声量影响较小。随着频率升高，板件的质量开始影响隔声量。在刚度和阻尼的共同作用下，板将产生一系列的共振，其中 f_c 为最低的固有频率。

在板件的固有频率处，板的隔声量迅速降低，一旦超过板的共振频率区域，板的质量开始起主要作用，隔声量开始迅速增加。在特性曲线的这段区域内，阻尼将影响共振的振幅，见图 8-7。该图中说明了高阻尼、中阻尼、低阻尼三种情况的共振曲线。当阻尼很大时，共振的波动较小；当阻尼较小时，共振波动就较大。这段区域也可称为阻尼控制区。

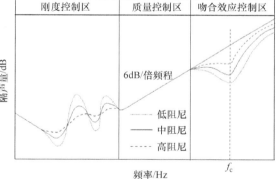

图 8-7　单层板隔声量曲线

二、质量控制区

随着频率继续提高，板件进入质量控制区。板件的质量越大、频率越高，则隔声量也越高。这个区域遵循两个 6dB 原则：其一，当质量增加一倍时，板件的隔声量将增加 6dB，见图 8-7 中的标示；其二，当频率增加一个倍频程时，隔声量将增加 6dB，也就是随着频率增加，隔声量将以线性 6dB/ 倍频程的斜率增加。这个区域是隔声量重点关注的区域，控制的主要手段就是增加板质量。

三、吻合频率控制区

当频率超过质量控制区上升到一定频率时，将出现吻合效应，隔声量将在吻合频段位置处产生一个明显的低谷。隔声量低谷的深浅受阻尼大小影响，见图 8-7。当板的阻尼小时，隔声量的谷就深；如果板的阻尼大，隔声量的谷就浅。当板件超过吻合频率后，频率特性曲线将以 10dB/ 倍频程的斜率上升，上升到一定频率后又恢复到 6dB 的斜率，因此这段又称为质量定律延伸控制区。单层板的隔声量可参考上节吻合效应部分分析。

第四节 双层板隔声原理

依据质量定律可以知道，增加板件的厚度，可以增加单位面积的质量，因此可提高板件的隔声量。但是，从车身轻量化设计的角度，车身板件的厚度是不可能无限制加厚的。为了在不增加板重量的情况下增加板的隔声量，我们可以采用双层板隔声结构。双层板结构能提高隔声能力的主要原因是空气层的作用。空气层可以看作与两板连接的"弹簧"。

在图8-8中，声波入射到板A上时，一部分能量P_r被反射，一部分能量在板A中损耗掉，另一部分能量穿过A板到达两板的空气层，经空气衰减后P_{1t}又入射到板B上。同样入射到B板的声波，一部分能量P_{1r}被反射，另一部分能量在B板中损耗掉，剩余的能量P_t进入到双层板的另外一侧。由于声波的多次反射和损耗，使得双层板的隔声量有所提高。另外，双层板的弹性形变具有减振作用，传递给第二层板的振动能量大大减弱，从而也提高了双层板的隔声量。

双层结构的隔声量可以用面密度等于双层板面密度之和的单层板的隔声量，再加上空气层的隔声量来表示。设两板的间距为D，两层板的面密度都为m，利用声学边界条件，可计算入射声压p_i和第二层透射声压p_t关系如下：

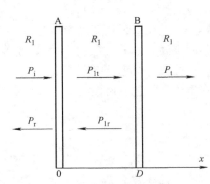

图8-8 双层板隔声量传递示意

$$\frac{p_i}{p_t} = 1 + \frac{\omega m}{\rho_0 c} + \left(\frac{j\omega m}{\rho_0 c}\right)^2 (1 - e^{-j2kD}) \tag{8-25}$$

式中，$k = 2\pi/\lambda$是波数；$\rho_0 c$是空气的特性阻抗。

下面将讨论入射波在不同频率下，双层结构的隔声特性。

一、低频区隔声性能

当入射声波频率较低时，其波长要远大于两板的间距D，即有$kD \ll 1$，将式（8-25）中的指数项进行展开，并整理得

$$\frac{p_i}{p_t} = 1 + j\frac{\omega m}{\rho_0 c}\left[1 - 2kD\left(\frac{\omega m}{4\rho_0 c}\right)\right] \tag{8-26}$$

式（8-26）的虚部为0时，则有

$$2kD\left(\frac{\omega m}{4\rho_0 c}\right) = 1 \tag{8-27}$$

此时，p_i和p_t之比为1，即声能量全部透射到另一侧。也就是说，双层板与中间空气层产生耦合，产生共振，将$k = \omega/c$，$\omega = 2\pi f$代入式（8-27），则可以得到

$$f_0 = \frac{c}{2\pi}\sqrt{\frac{2\rho_0}{mD}} \tag{8-28}$$

如果两层板的面密度不相同，则有

$$f_0 = \frac{c}{2\pi}\sqrt{\frac{\rho_0}{D}\left(\frac{1}{m_1} + \frac{1}{m_2}\right)} \tag{8-29}$$

1. 入射波低于共振频率

当入射波的频率远低于共振频率，则有

$$1 - 2kD\left(\frac{\omega m}{4\rho_0 c}\right) \approx 1 \tag{8-30}$$

这样式（8-30）可简化为

$$\frac{p_i}{p_t} = 1 + j\frac{\omega m}{\rho_0 c} \tag{8-31}$$

这样，双层板隔声量为

$$\text{STL} = 10\lg\left[1 + \left(\frac{\omega m}{\rho_0 c}\right)^2\right] \tag{8-32}$$

如果两板的质量密度不同，分别为 m_1 和 m_2，那么双层板隔声量为

$$\text{STL} = 20\lg f(m_1 + m_2) - 47.5 \tag{8-33}$$

从式（8-32）和式（8-33）可以看出，当声波频率低于固有频率时，该式就是面密度为（$m_1 + m_2$）的单层板的质量定律。

2. 入射波高于共振频率

当入射波频率大于共振频率，但是频率相对比较低时，仍满足 $kD \ll 1$，这样式（8-26）可以进一步简化，虚部第一项可以忽略，这样双层板隔声量为

$$\text{STL} = 10\lg\left[\left(\frac{\omega m}{\rho_0 c}\right)^4 (2kD)^2\right] \tag{8-34}$$

对式（8-31）进一步整理可得

$$\text{STL} = \text{STL}_1 + \text{STL}_2 + 20\lg(2kD) \tag{8-35}$$

式中，STL_1 和 STL_2 分别是两板对应的单层板隔声量。

从式（8-32）可以看出：这个频段的双层板隔声量相当于两个板单独隔声量之和再加上一个值。这说明将一个板厚度分成两个板后，总的隔声量会增加。

二、中高频率隔声性能

当入射声波频率为中高频时，则 $kD \ll 1$ 不成立，因此式（8-26）也就不成立。那么式（8-25）可以简化为

$$\frac{p_i}{p_t} = 1 + j\frac{\omega m}{\rho_0 c} + 2\left(\frac{j\omega m}{\rho_0 c}\right)^2 \sin kD(\sin kD - j\cos kD) \tag{8-36}$$

从式（8-36）可以看出，当入射波波长与两板间距成一定倍数时，两板的隔声量会出现极大极小值的交替变化。

当 $kD = n\pi$ 时，即两板间距 D 是半波长的整数倍时，入射波频率为

$$f_n = \frac{nc}{2D} \tag{8-37}$$

式中，n 是正整数；c 是声波速度。那么该频率段下隔声量与式（8-33）条件下的隔声量相同。

当 $kD=(2n+1)\pi/2$ 时，即两板间距 D 为 1/4 波长的奇数倍时，入射波频率为

$$f_n = \frac{(2n+1)c}{4D} \tag{8-38}$$

时，那么该频段下的隔声量为

$$STL = 10\lg\left[4\left(\frac{\omega m}{2\rho_0 c}\right)^4\right] = STL_1 + STL_2 + 6 \tag{8-39}$$

从式（8-39）可以看出，在该频段下，两板隔声量相当于单独板隔声量之和再增加 6dB。

在频率高于 $\sqrt{2}f_0$，且低于上述驻波频率和单层板吻合频率时，隔声量以 18dB/ 倍频程的斜率增加，则两板系统隔声量为

$$STL = 20\lg[f(m_1+m_2)] - 47.5 + 40\lg\left(\frac{f}{f_0}\right) \tag{8-40}$$

三、双层板的隔声曲线

通过上述分析，将双层板隔声量分为三个区域：低频隔声区、共振隔声区以及中高频隔声区。每个区域的隔声性能是不同的，见图 8-9。

1. 低频隔声区

从图 8-9 可以看出，当声波频率低于固有频率 f_0 时，两板的隔声区域与两板贴合在一起的隔声区域是重合的，即两板隔声量就是两块板面密度之和的质量定律。也可以理解为，两块板之间几乎没有相对运动，此时的双层板的隔声量，与两个单层板合并在一起且中间无空气的隔声量是一样的。

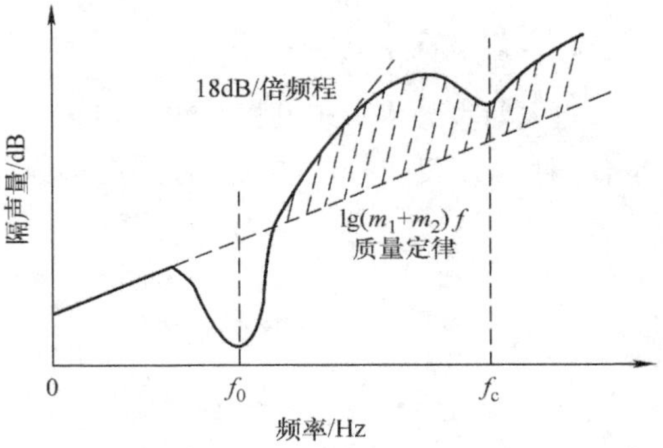

2. 共振隔声区

当入射声波的频率与双层板的固有频率相同时，声波与双层板系统发生共振，双层板产生了吻合效应，系统隔声量将会出现明显的降低，在隔声量曲线出现一个谷，见图 8-9。此时的隔声量比单层板还要低。另外，双层板的面密度大小对隔声量区域形状和大小也有一定影响。

图 8-9 双层板隔声特性曲线

当两板的面密度不同时，即 $m_1 \neq m_2$，双层板系统会出现两个共振频率。同时，隔声量曲线将会出现两个谷，而且两个谷比较浅，系统隔声量降低较小。

当两板的面密度相同时，即 $m_1=m_2$，双层板系统会出现一个共振频率，隔声量曲线仅出现一个谷，而且谷比较深，系统隔声量降低较大。

从图 8-9 可以看出，双层板系统的固有频率 f_0 越低，图中阴影面积就越大，系统的隔声效果就越好。因此，可以通过相关设计以降低系统固有频率进而改善系统的隔声量。

3. 中高频隔声区

中高频隔声区是指频率大于 $\sqrt{2}f_0$ 的隔声区域。从图 8-9 可以看出，当频率大于 $\sqrt{2}f_0$ 时，隔声曲线以每倍频程 18dB 的斜率上升，图中阴影区域就是相对双层板贴合在一起后增加的隔声量。随着频率的升高，两板将产生一系列的驻波共振，使隔声频率特性曲线上升趋势转为平缓。

此外，在两层板中的空气层增加吸声材料，可以明显地改善共振时的谷值，并且可以增大主要频段的隔声量。

在两板增加这些材料时，必须保证不能使两层板产生刚性连接，形成"声桥"，否则会使系统的隔声量大大降低。

第五节 隔声性能的试验法

根据试验的测试环境和测试条件的不同，材料或部件的隔声性能测试方法可分为两类：驻波管测试法和实验室测试法。实验室测试法又可分为混响室-混响室法和混响室-消声室法。在实际的项目开发过程中，驻波管法主要用于材料级的性能分析和对比，可用来定义材料级的目标；而实验室法主要用于整车项目的开发与应用分析，用来定义系统或部件的目标。

一、驻波管法

驻波管法是将特定尺寸的样件放置到驻波管内进行测试的方法。驻波管法主要是用来评价材料级隔声性能的方法，可用来对比不同材料隔声性能的优劣，或者用于制定材料级别的目标。

在图 8-10 中，将与驻波管直径相同的样件放置到驻波管中心位置，使接受腔分成两个部分：声源腔 I 和接受腔 II，在这两个腔内分别布置两个传声器，通过测量两个腔四个传声器的声压来计算样件的隔声量。根据计算的需求，将接受腔 II 分为开闭两种情况，见图 8-10。

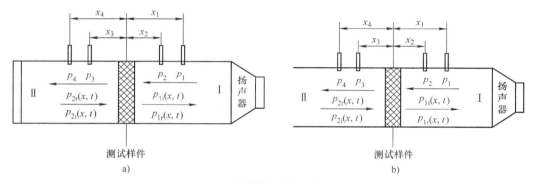

图 8-10 驻波管法测试隔声量示意

在图 8-10 中，扬声器产生的声源首先在 I 腔形成入射波 p_{1i}，在遇到样件后，一部分能量被反射回来，在 I 腔内形成反射波 p_{1r}，另一部分能量穿过样件进入 II 腔内，形成入射声波 p_{2i}，同时反射回来的反射波为 p_{2r}。

图 8-10 中的 I 腔和 II 腔可认定为线性系统，则两腔中声压存在线性关系。

对于 II 腔末端封闭状态，则有如下关系：

$$\begin{Bmatrix} p_{1i}^1(\omega) \\ p_{1r}^1(\omega) \end{Bmatrix} = \begin{pmatrix} e_1(\omega) & e_2(\omega) \\ e_3(\omega) & e_4(\omega) \end{pmatrix} \begin{Bmatrix} p_{2i}^1(\omega) \\ p_{2r}^1(\omega) \end{Bmatrix} \quad (8-41)$$

对于 II 腔末端开口状态，则有如下关系：

$$\begin{Bmatrix} p_{1i}^2(\omega) \\ p_{1r}^2(\omega) \end{Bmatrix} = \begin{pmatrix} e_1(\omega) & e_2(\omega) \\ e_3(\omega) & e_4(\omega) \end{pmatrix} \begin{Bmatrix} p_{2i}^2(\omega) \\ p_{2r}^2(\omega) \end{Bmatrix} \quad (8-42)$$

式中，p_{1i}^1、p_{1r}^1 分别是闭口状态下 I 腔的入射波和反射波；p_{2i}^1、p_{2r}^1 分别是闭口状态下 II 腔的入射波和反射波；p_{1i}^2、p_{1r}^2 分别是开口状态下 I 腔的入射波和反射波；p_{2i}^2、p_{2r}^2 分别是开口状态下 II 腔的入射波和反射波；e_1、e_2、e_3、e_4 分别是 I 腔和 II 腔之间的声压系数。

根据腔中的任一点声压为入射波与反射波声压之和，那么四个传声器声压分别表示为

$$\begin{cases} p_1(x,t) = P_{1i}e^{j(\omega t - kx_1)} + P_{1r}e^{j(\omega t + kx_1)} \\ p_2(x,t) = P_{1i}e^{j(\omega t - kx_2)} + P_{1r}e^{j(\omega t + kx_2)} \\ p_3(x,t) = P_{2i}e^{j(\omega t + kx_3)} + P_{2r}e^{j(\omega t - kx_3)} \\ p_4(x,t) = P_{2i}e^{j(\omega t + kx_4)} + P_{2r}e^{j(\omega t - kx_4)} \end{cases} \quad (8\text{-}43)$$

式中，p_1、p_2、p_3、p_4 分别是四个传声器测的声压值。

通过式（8-43）可以计算出样件两侧的入射波和反射波，即 P_{1i}、P_{1r}、P_{2i}、P_{2r}。将这些值代入到式（8-41）和式（8-42）可以求出 e_1、e_2、e_3、e_4 四个系数。根据传递损失的定义，可以得到：

$$\text{STL}(\omega) = 20\lg|e_1(\omega)| \quad (8\text{-}44)$$

那么，利用式（8-44）可以计算出材料样件的声传递损失或隔声量。

二、实验室法

实验室法是测试隔声最为常用的方法，也是整车声学包开发最为重要的方法。根据接受室的不同，隔声性能测试又可分为混响室-混响室法和混响室-消声室法两种。

1. 混响室-混响室法

混响室-混响室法是声源室和接受室都采用混响室测量隔声性能的方法。在利用该方法进行测试的实验室布局中，两个混响室通过一个中间墙连接在一起，且中间墙有一个窗口，将被测样件布置在窗口上。测试设备包括：在声源室放置声源和传声器，在接受室放置传声器，见图8-11。

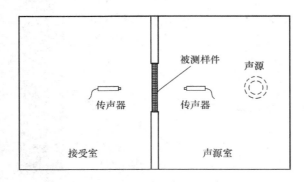

a) 示意图

b) 声源室

c) 被测样件

图 8-11 混响室-混响室法测试隔声示意图

混响室-混响室法通常是采用传递损失进行评价的，首先通过测试获得被测样件两侧的传声器声压级，便可计算得到两个房间噪声衰减量 NR：

$$NR = L_s - L_r \tag{8-45}$$

式中，L_s 是声源室平均声压级；L_r 是接受室平均声压。

在式（8-45）中，衰减量 NR 包含了接受室环境的吸声能力的影响，如果仅计算被测样件的传递损失，则必须考虑接受室整体的吸声能力。因此，被测样件的传递损失为

$$STL = NR + 10\lg\left(\frac{S}{\alpha S_r}\right) \tag{8-46}$$

式中，S 是样件的面积；S_r 是接受室的总面积；α 是接受室的吸声系数。

在实际的实验室建设中，采用"混响室 - 混响室"组合的方案相对较少，多采用"混响室 - 消声室"组合的布局方案，主要原因在于前者的利用率相对低一些。另外，瑞士欧拓（Autoneum）公司研发的可移动试验设备 ISOKELL 就是基于"混响室 - 混响室"原理制造而成的，见图 8-12。该设备可以替代完成实验室的一些试验，尤其是材料或部件隔声性能的试验。该试验设备也分为接受室和声源室，考虑到操作的便利性，采用了上下布局结构。在声源室布置了声源和传声器，在接受室布置了传声器，测试原理和计算方法与实验室相同。

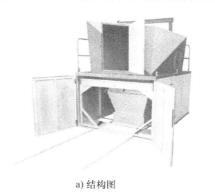

a) 结构图　　　　　　　　　　b) 示意图

图 8-12　混响室 - 混响室法测试隔声设备示意图

2. 混响室 - 消声室法

混响室 - 消声室法是声源室和接受室分别在混响室和消声室测量隔声性能的方法。而消声室又可采用全消声室和半消声室，见图 8-13。由于实验室布局利用率高，因此也是测试隔声性能最常用的方法。目前，在国内主机厂及各大研究机构应用也比较广泛。

利用混响室 - 消声室法测试样件的传递损失，通常是通过测试声功率的方法计算得到的。在图 8-13 中，声源室的声功率可以通过计算混响场的平均声压来得到：

$$W_s = \frac{p^2}{4\rho c}S \tag{8-47}$$

式中，p^2 是声源室内声压均方值；S 是被测样件的面积。

在接受室，主要是通过测量既定位置的声强来计算声功率的。声强测试主要包括两种方法：扫描测试法和固定点测试法。根据被测样件的结构特点，可采用不同的声强测试方法。对于声学平板件一类均质材料，可考虑采用扫描法。在距被测样件固定距离的平面内，手持声强探头沿着"之"形轨迹均匀地扫描样件，即可测得该位置平面的声强，则通过计算可得到声功率，即

$$W_r = IS \tag{8-48}$$

式中，I 是测试声强；S 是被测样件的面积。

对于前围板、车门一类的部件，可考虑采用固定点法测试声强。固定点法测试声强，首先将被测样件分为

若干区域（图 8-13c），然后分步测量每个区域的声强，然后通过计算得到整个区域的声功率。即有

$$W_r = \sum_{i=1}^{n} I_i S_i \quad (8\text{-}49)$$

式中，I_i 是被测样件第 i 个区域的声强；S_i 是被测样件第 i 个区域的面积。

在完成被测样件两侧声功率的计算后，可以利用公式（8-4）计算被测样件的传递损失：

$$\text{STL} = 10\lg\frac{W_s}{W_r} = 10\lg\frac{p^2 S/4\rho c}{IS} = \overline{L}_P - \overline{L}_I - 6 \quad (8\text{-}50)$$

式中，$\overline{L}_P$ 是声源室的平均声压值；$\overline{L}_I$ 是接受室的平均声压值。

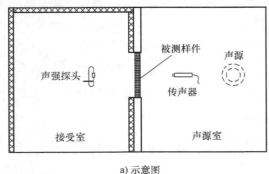

a) 示意图　　　　　　　　　　　　　　b) 接受室

c) 被测样件

图 8-13　混响室-消声室隔声量测试方法示意

在整车的声学包开发过程中，混响室-消声室法是对平板件材料、关键部位（前围板区域、侧门区域、轮罩板区域等）隔声性能评估的常用方法。

第六节　隔声性能的仿真分析法

除试验测试方法外，仿真分析也是一种分析和判断材料或部件隔声性能的重要手段。尤其在整车开发前期，采用仿真分析方法将更为经济有效。根据分析内饰件的级别不同，可分为平板件隔声性能仿真分析和系统、部件隔声性能仿真分析。

对于隔声性能仿真分析，采用的是统计能量的方法，有关统计能量的理论及模型创建可参照声学包相关章节内容。隔声量仿真分析目前多采用商业软件公司 ESI 的 VAONE 软件，隔声性能仿真分析主要通过软件计算隔声量进行评价。

一、平板件的隔声性能

平板件的吸隔声性能研究是整车声学包开发的重要内容之一，是声学包开发前期对材料评价的一个重要手

段。平板件是指为了分析和判断某些内饰件材料级的吸隔声性能，通常在制作模具件之前制作一定面积，不同厚度系列的样件，来进行吸隔声性能测试和分析。以前围内吸声垫为例，材质选用 EVA+PU 发泡，由于前围存在加强板、筋等结构，因此前围的 PU 发泡厚度是不同的，通常取厚度为 5mm、10mm、15mm、20mm、25mm 的 PU 发泡进行吸隔声研究，平板件尺寸通常为 600mm×600mm。图 8-14 是前围内隔声垫的 PU 发泡平板件样件。

图 8-14 前围内隔声垫 PU 发泡平板件示意

平板件的声学性能研究主要有两个目的：其一，可获取该材料级的吸隔声性能，完成对材料级目标的达标评价；其二，为整车仿真分析提供数据支持，完成整车声学性能的仿真分析。但是，由于平板件测试不仅需要大量的内饰平板件样件，而且还需占用大量的试验资源，目前，一些主机厂用仿真分析来部分替代平板件的试验。

对平板件进行隔声量仿真分析，主要有三个步骤。

1）首先要获取材料的相关参数：如果材料是 Foam 一类的材料，不仅需要弹性模量、泊松比、密度、阻尼损耗因子等参数，也必须通过试验获得流阻、孔隙率、曲折因子、黏性特征长度、热特征长度五个参数，具体的参数信息见表 8-1。

表 8-1 Foam 类材料隔声量计算所需材料参数

名称	单位
密度（Density）	kg/mm³
弹性模量（Young's Modulus）	kg/mm·s²
泊松比（Poisson's Ration）	—
阻尼损耗因子（Damping Loss Factor）	—
流阻（Flow Resistivity）	—
孔隙率（Porosity）	—
曲折因子（Tortuosity）	—
黏性特征长度（Viscous c.l.）	mm
热特征长度（Thermal c.l.）	mm

2）创建仿真分析模型：仿真分析模型是依据上节介绍的平板件隔声量测试方法建立的，仿真分析模型必须包含声源室、接受室、声源和被测平板件等。这些可通过 Vaone 软件来创建完成，见图 8-15，并将第一步获取的材料参数输入到模型中。

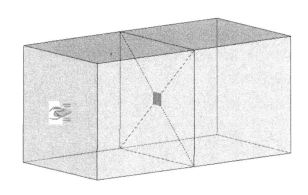

图 8-15 平板件隔声量仿真分析模型

3）计算与分析：创建完模型后，可提交软件 Vaone 进行分析计算，然后提取分析结果，并与试验测试结果对比分析。图 8-16 是某公司 20mm PU Foam+3.5mmEVA+0.7mm 钢板隔声量仿真分析与试验结果的对比。从图中可以看出，仿真分析与试验结果基本一致，误差比较小。因此，在声学包开发前期，可利用仿真分析替代部分的试验测试工作。

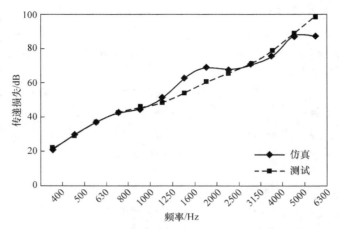

图 8-16　前围内隔声垫传递损失仿真与试验对比

但是，在仿真分析和试验对比过程中，有时会出现高频段相差较大的情况，可能的一个原因是声源室的声源功率偏小，声波在高频段无法透射到接受室引起的。如果出现上述情况，在高频段的测试结果会呈现平缓甚至直线的情况。如果出现这种情况，可考虑更换基础件材质，将钢板换成有机玻璃，可使高频段声波正常透射到接受室内。

二、系统部件的隔声性能

整车主要噪声源包括发动机噪声、路面噪声、轮胎噪声、风噪声等，前围板区域、侧门区域、地板区域、轮罩板区域等是阻隔这些噪声的重要区域。系统、部件的隔声主要是研究这些区域的隔声能力。

由于 SEA 分析对模型细节要求不高，系统、部件的隔声仿真分析可在开发的早期阶段进行，同时可以为声学包设计提供一定的优化方案。但是，若要保证足够的仿真结果精度，必须在样车试制出来后完成相关参数测试，并完成模型调校后，才能真正提供一些有效的优化建议和方案。

对于系统、部件的隔声性能仿真分析，主要有以下四个步骤。

1）获取材料级参数：与平板件仿真分析一样，系统、部件级仿真分析也必须获取声学材料参数。若软层是 Foam 类材料，与上述平板件要求的材料参数相同；若软层是 Fiber 类材料，则需要材料的密度，以及试验测试获得的流阻、孔隙率、曲折因子、黏性特征长度、热特征长度五个参数，或者采用输入零部件插入损失的方法进行计算。

2）创建仿真分析模型：与平板件计算隔声量一样，仿真模型包括系统部件的仿真模型、声源室、接受室和声源等。由于系统部件的仿真模型要比平板件的模型复杂很多，仿真分析模型创建必须遵循一定的原则，详细的规则可参见声学包部分的相关章节。以前围板系统为例，创建的模型见图 8-17。

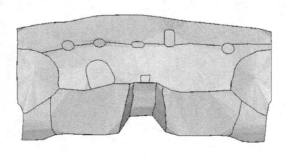
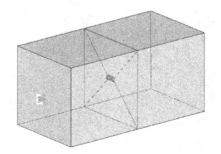

a）前围系统SEA模型　　　　　　　　　b）前围传递损失分析计算模型

图 8-17　前围系统 SEA 模型及传递损失计算模型

3）过孔隔声量测量：影响系统、部件的隔声性能除了声学包内饰件外，系统部件上的过孔处理对整体隔声性能影响更为重要。因此，在计算系统部件的隔声性能时，必须先测得过孔的隔声量。以前围板为例，需要完成的过孔隔声量测试包括转向管柱过孔、空调进风口、空调高低压管过孔、空调进出水管过孔、线束过孔、换档拉索过孔等，并将测试数据输入到 SEA 模型中。

4）分析与优化：模型创建完成后，输入实际过孔的传递损失曲线，可调校模型进行计算。如果计算结果不满足目标要求，则需要依据贡献量分析结果，对内饰件及过孔等部位进行优化，提出优化方案。以前围板系统为例，传递损失曲线见图 8-18。

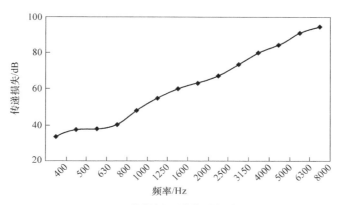

图 8-18　前围板系统传递损失分析

系统部件的隔声量计算是整车声学包计算的基础，也是前期制定声学包方案最有效的方法。因此，对系统、零部件的隔声量分析是整车声学包开发的重要内容之一。

第七节　整车隔声材料开发

整车声学包的主要功能是将车外的噪声源阻隔或消耗掉，隔声材料设计的目的就是阻隔外部噪声源，降低外部噪声对车内的影响。因此，隔声材料是整车声学包的重要部分，隔声材料设计的优劣直接影响到车内的噪声水平。

整车声学包的隔声材料可分为两类：一类是隔吸声组合结构，主要包括前围内隔声垫、前后地毯、中通道隔声垫、轮罩板隔声垫等，这类材料特点是隔声为主，也兼具一定的吸声性能；另一类单纯隔声结构，主要是指整车玻璃一类的材料，包括前后风窗玻璃、侧窗玻璃等，具体见图 8-19。

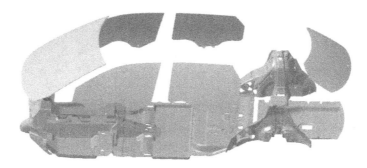

图 8-19　整车隔声材料分布示意

一、隔吸声组合结构

对于整车的声学包，通常说的隔声材料大都是吸隔声材料的组合，也就是由吸声材料和隔声材料组合而成的。根据常见的隔声结构，如前围内隔声垫、地毯、轮罩板隔声垫以及中通道隔声垫的特点，吸隔声组合结构可分为三种，见图 8-20。

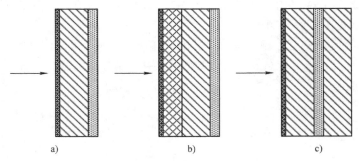

图 8-20 隔声结构的类型

图 8-20a，左侧箭头代表声源，从左到右依次是钢板、吸声材料、隔声材料。这是最基本的隔声材料结构，常见的隔声结构是 EVA+PU 发泡、EVA+ 双组分吸声棉等，布置的区域是前围板、轮罩板等。

图 8-20b，从左到右依次是钢板、吸声材料 A、吸声材料 B 和隔声材料。常见的隔声材料结构是双组分吸声棉 +PU 发泡 +EVA，其中双组分吸声棉是部分覆盖，常见布置的区域是前围板、轮罩板等。

图 8-20c，从左到右依次是钢板、吸声材料、隔声材料和吸声材料。常见的隔声结构是 PU 发泡 +EVA+PET 毡、Felt+EVA+Felt、PU 发泡 +EVA+ 簇绒面料层等。主要分布的区域是前围、地毯、轮罩板等。

从图 8-20 可以看出：吸隔声组合结构可分为吸声层和隔声层，其中吸声层相关的吸声材料，在上一章已经介绍过，这里不做说明。常见的隔声层材料主要是 EVA 和 EPDM。EVA 是指乙烯和醋酸乙烯的共聚物。EVA 树脂具有防潮、耐水性能好，回弹性和抗张力高、韧性高，具有良好的防振和缓冲性能，采用的是密闭泡孔，隔声效果较好。

隔吸声组合结构承担了整车声学包的主要隔声功能，下面对部分重点区域进行介绍。

1. 前围内隔声垫

前围系统是发动机噪声传递到车内的主要通道，是整车声学包设计的关键部位之一。常见的前围内隔声材料组合有 EVA+PU 发泡、EVA+ 吸声棉、PET 毡 +EVA+PU 发泡、EVA+Felt（软）、Felt（硬）+EVA+Felt（软）等。发泡类材料能与前围完全贴合，但是气味性不如毛毡类材料，随着车内气味要求越来越严格，毛毡类材料将成为声学包设计的重要方向。

影响前围隔声垫隔声性能的因素主要包括覆盖率、主体厚度的占比、密度、材质等。从隔声性能角度分析，前围外隔声垫设计要求和原则如下。

1）选择合适的材质：隔声垫的材质不同，隔声性能也不同。在定义材质时，要考虑发动机噪声的水平。如果发动机噪声水平好，隔声垫则可选用性能稍差的材质；反之，则采用隔声性能好的材质。图 8-21 是某款车为提升前围隔声垫隔声性能的三种方案插入损失的结果，方案 A 是 1.4kg/m² 硬层毡 +1.2 kg/m² 软层毡 +2kg/m² EVA，方案 B 是 400g/m² 毛毡 +3.2kg/m² EVA，方案 C 是 600g/m² 双组分吸声棉 +3.2kg/m² EVA。从结果可以看出，三种不同材质的隔声垫材料隔声性能差别非常大，若发动机噪声偏大，采用方案 C 可以降低车内的噪声水平。

2）保证前围钣金的覆盖率：区别于其他区域的隔声垫，前围隔声垫过孔较多，如果过孔部位的隔声材料面积没有足够的覆盖，那么前围的隔声量就会明显降低。因此，在前围隔声垫设计时必须减少板件裸露，保证隔声垫的覆盖面积。图 8-22 是某款车转向过孔优化前后插入损失的对比结果，其中全覆盖是指将转向过孔作理想化处理，相当于对该孔进行了全覆盖处理。从图中可以看出，优化前与理想处理的插入损失相差较大，尤其是在 1000Hz 左右。通过对隔声垫及转向防尘罩的厚度、覆盖面积的优化，前围系统的插入损失有明显提升。

3）保证隔声垫主体厚度的覆盖率：由于前围钣金布置了支架、加强筋等凸出物，导致前围隔声垫并不是一个等厚的截面。根据质量定律，厚度小的区域，隔声量就会降低。因此，在进行前围隔声垫设计时，必须保证主体厚度的覆盖率。

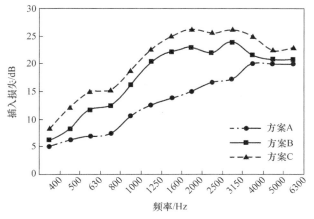

图 8-21　不同前围隔声垫材质的插入损失对比

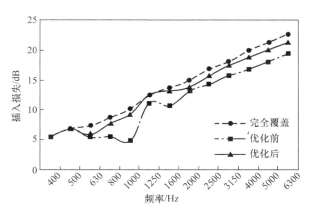

图 8-22　转向过孔优化前后插入损失对比

4）协调设计重层和发泡层的厚度：当前围采用类似 EVA+PU 发泡材料结构时，EVA 的厚度和 PU 层的厚度设计是相互关联的，也就是说当 PU 发泡层厚度确定后，EVA 重层增加到一定厚度时，整个前围隔声量就不会再有明显提高。图 8-23 是某前围隔声垫 20mmPU 发泡层和不同厚度（1mm、2mm、3mm 和 4mm）的重层 EVA 的插入损失计算结果，从图中结果可以看出，EVA 从 1mm 增加到 2mm 插入损失增幅较大，随着 EVA 厚度增加，插入损失的增加量变小。因此，在设计前围隔声垫时，应在成本、重量与性能之间取得最佳收益。图 8-24 是某款车在消声 - 混响室内上墙测试的前围隔声垫的传递损失结果，前围隔声垫采用 EVA+PU 发泡。从测试结果可以看出，两种 EVA 厚度 2mm 和 3mm 的传递损失相差非常小，考虑到内饰轻量化，可以选择 2mm 的 EVA 隔声垫。

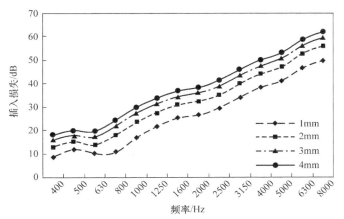

图 8-23　不同重层厚度插入损失对比

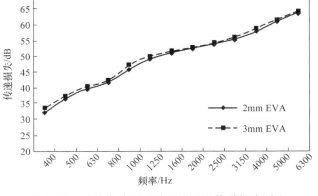

图 8-24　某款车前围两种厚度重层传递损失对比

2. 地毯

从整车 NVH 性能角度看，地毯的主要功能是用来阻隔发动机噪声、轮胎噪声、风噪声等。地毯主要材质有针刺毯 +EVA+PU 发泡、针刺毯 +EVA+ 棉毡、针刺毯 + 等密度毡，另外有的地毯面料层采用的是簇绒材料。地毯是声学包重要的部件之一，为保证地毯有较好的隔声性能，地毯设计原则如下。

1）合理设计地毯的覆盖面积：从整体上看，地毯覆盖面积越大，地毯的隔声量就越大。如果对车身地板隔声量有较高的要求，那么就需要对地毯面积进行控制。但是，一些区域（如中通道、后排座椅下地板、备胎槽等）受到布置空间、成本等原因的限制，没有布置地毯材料，这势必会影响到整个地板的隔声性能。因此，地毯的覆盖面积是整车开发前期重点控制的要素之一。

2）保证孔洞位置处有合理的设计：与前围隔声垫一样，孔洞的处理会影响地毯的覆盖面积，对地毯的隔声量有重要影响。例如，中通道过孔、座椅过孔等见图 8-25，尤其是中通道孔洞处理非常关键，直接影响到车内噪声的主观感受。

3）合理设计隔声垫软层覆盖面积：与前围隔声垫结构不同的是，地毯的软层并非是全覆盖的，覆盖面积的多少一定程度上会影响到地板的隔声。尤其是在一些关键区域的处理，如前排座椅的横梁处、后排座椅下以及备胎槽处等区域。

4）保证软层与钣金贴合度，避免出现间隙：基于刚度、模态、碰撞安全等性能的考虑，地板常常会布置一些加强梁，这会增加地毯软层工艺的难度，导致地毯软层与地板面不贴合，降低地板的隔声性能。

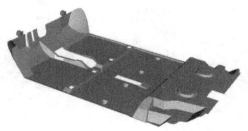

图 8-25　地毯结构示意图

5）协调设计重层和软层厚度：该设计要求与前围重层及软层设计原理基本相同，地毯的重层越厚，地板的隔声量就越好，但是重层增加到一定厚度后，隔声量增加量就不明显。另外，地毯重层厚度过大，不仅成本高，而且地毯安装也比较困难。因此，地毯重层厚度应与软层厚度关联设计。图 8-26 是某款车为降低地毯的重量，利用欧拓的 ISOKELL 设备对三种不同重层厚度的样件进行了测试，从结果可以看出：不加 EVA 重层对整个地板的隔声量影响较大，而重层采用 2mm 和 3mm 的传递损失结果相差较小，因此，采用 2mm 重层是性能、成本、重量的最佳选择。

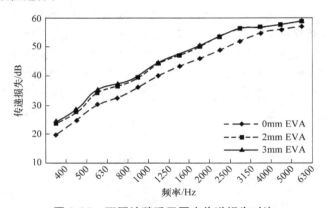

图 8-26　不同地毯重层厚度传递损失对比

除地毯外，与地板相关的隔声垫还包括中通道隔声垫、轮罩板内隔声垫、备胎槽隔声垫等，这些区域的隔声设计要求与地毯的设计要求大体相同，在对这些区域进行设计时，可参考地毯的设计要求。

二、纯隔声结构

这里的纯隔声结构主要是指前后风窗玻璃、前后门侧窗玻璃、天窗玻璃等结构。玻璃是整车不可缺少的附件，主要起到防护和隔声作用。这些玻璃对噪声源传递到车内有重要的阻隔作用，例如前侧窗玻璃对风噪声、发动机噪声有重要的隔声作用。

根据玻璃的材质不同，整车的玻璃可分为两类：钢化玻璃和夹层玻璃。夹层玻璃是指在两玻璃间增加一层薄膜，主要材质有 PVB、EVA、SGP、PU 等。夹层玻璃又可分为普通夹层玻璃和声学夹层玻璃。我国安全标准规定，汽车前风窗玻璃必须采用夹层玻璃。对于比较高档的车型，前风窗也采用声学夹层玻璃，对风噪和发动机噪声有重要的阻隔作用。

影响玻璃隔声性能的主要因素包括玻璃厚度和玻璃的夹层。

1）玻璃的厚度：根据质量定律，厚度越大，面密度就越大，玻璃的隔声量越大，因此，增加玻璃厚度可以在一定程度上提高玻璃的隔声量。但是，整车玻璃的厚度增加是有限的，所以，采用增加玻璃厚度提高隔声量的手段会受到一定限制。图 8-27 是厚度为 4mm 和 5mm 玻璃的隔声量对比结果，从图中可以看出，由于厚度 5mm 比厚度 4mm 的玻璃的吻合频率提前，厚度 5mm 在 1600~2500Hz 传递损失有所降低，其他频段厚度 5mm 的玻璃比厚度 4mm 的玻璃的传递损失要高。如果要解决 1600~2500Hz 噪声问题，显然通过提高玻璃厚度是不能实现的。

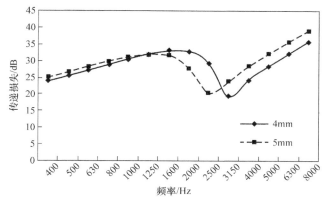

图 8-27 玻璃的不同厚度传递损失的对比

2）玻璃的夹层：从隔声原理可以知道，玻璃的隔声量在吻合频率控制区较其他频段会降低很大，如果将吻合频率移到我们关注频段之外，将大大提高玻璃的隔声量，而采用声学玻璃可以实现这一功能。市场上的高配车型，除了前风窗采用声学夹层玻璃，侧窗区域也采用了声学夹层玻璃，这对于阻隔外部声源有非常重要的作用。图 8-28 是普通玻璃和声学夹层玻璃传递损失对比，从图中可以看出，声学夹层玻璃提高了吻合频率，由于声学玻璃增大了阻尼损耗因子，提高了声学玻璃吻合频率处的传递损失。

从隔声材料分类看，车身钣金也可划归为纯隔声结构，但是车身钣金厚度比较固定，钢板吻合频率太高，超出了声学包分析频率的范围。另外，有的车型将前围设计成三明治结构，可以明显提高前围隔声量，有效阻隔发动机噪声，这些设计的要求也与夹层玻璃类似，因此，本章不对车身钣金隔声进行介绍。

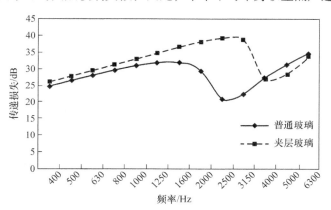

图 8-28 普通玻璃与声学夹层玻璃传递损失对比

第九章 整车声学包分析与控制

声学包是英文 sound package 翻译过来的惯用语,泛指包围乘坐室的所有与吸声、隔声相关的声学材料。从性能开发角度看,整车声学包性能泛指整车密封性、吸声性和隔声性等,主要是解决声学材料设计与 NVH 性能之间关系的问题。从解决 NVH 噪声源问题来看,整车声学包主要用来解决空气传播噪声,如发动机噪声、风噪声、胎噪等。从控制 NVH 问题的频率范围看,整车声学包主要解决中高频(大于 400Hz)噪声问题。因此,声学包是整车的一道重要屏障,对整车 NVH 性能起着关键的作用。另外,国内主要主机厂将阻尼片设计也划分到了声学包范畴,采用阻尼的方案主要用来解决钣金件辐射噪声问题,结构噪声的有效频率范围在 100~400Hz。

第一节 声学包前期空间布置

从前面介绍声学包吸声和隔声性能的章节可知,声学包布置部位的厚度是非常重要的参数。对于吸声材料,声学包的厚度决定了吸声频率的效果,只有厚度大于波长的十分之一时,声学材料才能吸收对应频率的声波。对于隔声材料,在材料的质量控制区,材料面密度越大,隔声效果就越好。因此,为保证各个区域的吸隔声性能,声学包各个关注区域必须有足够的厚度。这就要求在整车开发的早期整车布置阶段,就必须为声学包留有足够的空间。表 9-1 是常见的各部位声学包材料厚度范围,根据开发车型的不同级别、不同动力总成,在前期布置留有相应的空间。

表 9-1 声学包布置空间关注区域

序号	分类	关注区域	厚度 /mm
1	成型	机盖隔热垫	0~20
2		前围外隔声垫	15~20
3		前围内隔声垫	20~25
4		中通道隔声垫	15~20
5		前地毯	25~35
6		顶篷内饰	7~10
7		后排座椅下软层	0~15

(续)

序号	分类	关注区域	厚度/mm
8	成型	后轮罩内隔声垫	15~20
9	成型	轮罩板外隔声垫	10~15
10	成型	备胎槽隔声垫	0~20
11	成型	座椅	—
12	平板	主副仪表板贴附吸声棉	10~20
13	平板	门饰板吸声棉	10~20
14	平板	A/B/C柱内吸声棉	10~20
15	平板	顶篷内饰吸声棉	10~20
16	平板	衣帽架下软层	10~20

在表9-1中，前期布置预留空间必须关注成型件部分。在成型件中，最应该关注的是前围内、前地毯、后座椅地毯、顶篷、备胎槽等区域，因为这些区域声学包厚度与整车前期布置有很重要的关联性，尤其是电动车，电池通常布置在地板下部，这导致车辆的Z向空间受到限制，如果前期布置未能做好规划，会导致声学包空间受到压缩，整车吸隔声性能受到影响。图9-1中的①~⑥是受关注的区域，分别为前围区域、前围板下端、前地毯、备胎槽、后排座椅、顶篷六个区域。

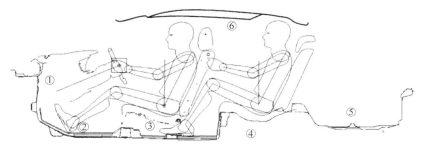

图9-1 整车声学包布置方案

对于前围吸声垫布置空间（图9-1①部位），主要是从整车X向的角度考虑的，空调箱体是与前围距离最近的部件，因此，空调箱体是影响前围吸声垫空间布置最重要的部件之一。在空调箱体布置空间受限后，通常是采用减少空调箱体对应的前围内吸声垫厚度解决的，这会导致前围隔声能力降低。所以，在前期必须保证空调箱体与前围钣金间有足够的布置空间。见图9-2，图9-2a是前排乘客侧的Y向断面，图9-2b是空调箱体部位的局部放大图。从图中可以看出，如果前围钣金与空调箱体布置空间受限，那么空调箱体的吸声棉厚度和前围吸声垫厚度会相应减少，甚至空调箱体吸声棉无法布置。通常空调箱体吸声棉厚度为10mm，前围隔声垫厚度为25mm。在前期布置阶段，必须保证空调箱体与钣金X向距离有足够的空间，电动车也可做适当调整。

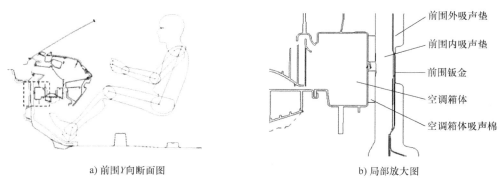

a) 前围Y向断面图　　b) 局部放大图

图9-2 前围布置断面图

对于前围下端区域（图9-1②部位），前围下端声学包布置空间是与踵点位置有关的。在整车布置中，踵点的位置是固定的，三踏的行程也在一定限值内。如果前围板布置空间受到机舱空间限制出现矛盾，在制定布置方案时，往往牺牲这个区域的吸声垫厚度来解决。因此，在前期必须保证前围钣金与踵点的距离。

对于前后地毯区域空间（图9-1③和④部位），该区域布置空间问题主要出现在电动车，燃油车出现的问题较少。主要是电动车地板下电池会占有一定高度空间，如果车身高度确定后，电池厚度与车身高度、距地间隙存在矛盾时，最可能的方案是减低地毯厚度。因此，在前期布置设计，必须考虑到座椅软垫与钣金的间隙。

对于后备胎罩吸声垫空间（图9-1⑤部位），这个部位的隔声垫并非所有车型都设计，高端的车型会考虑布置隔声垫。如果考虑布置隔声垫，备胎槽深度设计必须考虑备胎厚度和隔声垫的厚度。

对于顶篷内饰设计空间（图9-1⑥部位），通常顶篷内饰设计厚度不存在空间问题，但是，顶篷内饰背部的吸声棉布置需要考虑空间预留问题。

另外，轮罩板外隔声垫吸声棉厚度，需要结合轮胎包络提前预留轮胎外吸声垫厚度。机舱盖吸声垫，需要结合发动机几何尺寸给予机舱盖厚度预留。

对于平板式自由声学包材料，较成型式声学包材料对车内贡献小，空间布置约束条件较小，因此，在前期布置时，主要考虑成型式声学包材料空间预留问题，兼顾自由式声学包材料布置空间。不管是成型式声学包材料，还是平板式材料，厚度都是一个非常重要的几何参数。因此，在前期整车布置阶段必须为这些声学包材料留有足够的空间。

第二节 声学包仿真分析理论

一、统计能量法概述

与有限元法和边界元法一样，统计能量分析（Statistical Energy Analysis，SEA）法也是一种仿真分析的手段。有限元法（FEM）和边界元法（BEM）适合解决低频区内的NVH问题，而统计能量适用于解决高频区内的NVH问题。频率高低区段的划分，除了可用频率相对大小关系外，也可按照每个子系统模态密度大小或带宽内振型个数N来划分。通常把$N \leq 1$时定义为低频区；$1 < N < 5$，定义为中频区；$N \geq 5$，定义为高频区。

与有限元法可精确计算具体的点和部位不同，统计能量分析的是空间和频率的平均量，不涉及具体位置点上的响应值，也就是说统计能量分析不能获取子系统某个局部点的响应，但可以获取某个子系统的响应级。

由于车身结构高频模态参数的不确定性，统计能量分析法采用统计模态的手段，就是将振动能量作为描述振动的基本参数，并根据振动波和模态间存在的相互联系，进行声学、结构振动和其他不同子系统耦合研究的分析方法。统计能量分析法主要适用于分析高频率、高模态密度的复杂系统。统计能量分析允许采用粗略的系统模型参数，也就是把复杂的结构系统模态（频率、振型和阻尼等）参数转化为随机变量，某一子系统的响应级采用结果的平均值。统计能量分析采用能量参数描述各子系统的状态，采用功率流平衡方程描述各子系统间的相互作用关系，可以解决结构与声场间的能量传递及耦合问题。另外，统计能量的分析参数，如模态密度、内损耗因子、耦合损耗因子都是子系统的几何和材料特性参数的函数。

二、统计能量法应用的范围和条件

统计能量分析法已经发展了几十年，并且已经逐步被认为是解决高频声振系统动力学问题的有效工具。按目前统计能量分析发展的水平，统计能量分析适用于解决高频区内的复杂系统动力学问题。统计能量分析法受到如下条件的限制：

1）统计能量分析法研究的各个子系统之间要求是弱的耦合连接。

2）各个子系统所受到的外部激励为宽带激励。

3）各个子系统的模态密度数量至少要大于5。

统计能量分析法认为一个机械系统或流体系统都可以借助一系列的子结构来构成系统分析模型，在建立统计能量分析模型时，进行如下的假设。

1) 线性性：在模型中的各个子系统之间的耦合都是线性的。
2) 保守性：系统能量是平衡的，能量是在研究频带内各个具有共振频率的子系统之间流动的。
3) 均衡性：是指模态的均衡性，在研究的子系统中，给定频带内所有共振模态能量是等分的。
4) 互易性：两个耦合系统之间，每个子系统在一个频段内损耗因子与模态数的乘积是相等的。
5) 独立性：是指外部载荷的独立性，系统所受宽带随机激励力是互不相关的，这些随机激励在统计上是独立的，模态具有非相干性，并可以用能量线性叠加原理。

三、统计能量分析的能量平衡方程

对于统计能量分析法，假定各子系统之间的主要能量流是由于结构共振或声学模态引起的，即统计能量分析主要是研究子系统之间的能量或功率流。振动功率从一个结构部分（一个子系统）向相连的另外一个子系统流动时，功率损失和功率流动规律可用图 9-3 示意说明，该图也说明了统计能量分析法是如何建立功率平衡方程的。

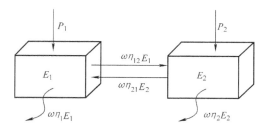

图 9-3　统计能量分析模型示意

一个子系统定义为一个具有共同共振模态性能的有限区域，从子系统的有限带宽能量利用功率平衡概念来估计，它的平均模态能量取决于下列因素之间的平衡。

1) 外部激励源的输入功率。
2) 平均模态阻尼损耗因子的每周期功率损失。
3) 耦合损耗因子与关联子系统所发生的功率交换。

对于子系统 1，根据输入功率与输出功率相等，可有如下功率平衡方程：

$$P_1 + \omega\eta_{21}E_2 = \omega\eta_1 E_1 + \omega\eta_{12}E_1 \tag{9-1}$$

同样根据子系统 2，可以得到方程：

$$P_2 + \omega\eta_{12}E_1 = \omega\eta_2 E_2 + \omega\eta_{21}E_2 \tag{9-2}$$

根据互易原理可以有

$$\eta_{12}n_1 = \eta_{21}n_2 \tag{9-3}$$

综合式（9-1）~式（9-3）可以得功率平衡方程如下：

$$P_1 = \omega\eta_1 E_1 + \omega\eta_{12}n_1\left(\frac{E_1}{n_1} - \frac{E_2}{n_2}\right) \tag{9-4}$$

$$P_2 = \omega\eta_2 E_2 + \omega\eta_{21}n_2\left(\frac{E_2}{n_2} - \frac{E_1}{n_1}\right) \tag{9-5}$$

假设系统有 n 个子系统，那么就会产生 n 个能量平衡方程，写成如下矩阵形式：

$$\omega \begin{bmatrix} \left(\eta_1 + \sum_{i=1}^{N}\eta_{1i}\right)n_1 & -\eta_{12}n_1 & \cdots & -\eta_{1N}n_1 \\ -\eta_{2N}n_2 & \left(\eta_2 + \sum_{i=2}^{N}\eta_{2i}\right)n_2 & \cdots & \eta_{1N}n_1 \\ \cdots & \cdots & \cdots & \cdots \\ -\eta_{N1}n_N & \cdots & \cdots & \left(\eta_N + \sum_{i=N}^{N}\eta_{Ni}\right)n_N \end{bmatrix} \begin{bmatrix} \dfrac{E_1}{n_1} \\ \dfrac{E_2}{n_2} \\ \cdots \\ \dfrac{E_N}{n_N} \end{bmatrix} = \begin{bmatrix} P_1 \\ P_2 \\ \cdots \\ P_N \end{bmatrix} \quad (9\text{-}6)$$

式中，ω 是分析带宽内的中心频率；η_i 是子结构 i 的内损耗因子；n_i 是子结构 i 的模态密度；E_i 是子结构 i 的能量；P_i 是时间平均上的输入能量。

可以将式（9-6）写成下式：

$$\omega LE = P \quad (9\text{-}7)$$

式中，L 是包含内损耗因子和耦合损耗因子的矩阵；E 是子系统能量矩阵；P 是输入能量矩阵。

式（9-6）和式（9-7）代表了利用统计能量分析法对复杂系统进行分析的最基本表达式。式中主要包含的统计能量模型分析参数有模态密度、内耗因子、耦合损耗因子以及输入功率。如若获取这些参数，可求解联立方程，得到每个子系统上总的能量。再根据能量定义，可以获得每个子系统的速度、加速度和声压等。

$$E = \begin{cases} M\langle v^2 \rangle \\ V\dfrac{\langle p^2 \rangle}{\rho c^2} \end{cases} \quad (9\text{-}8)$$

式中，M 是结构子系统的质量；$\langle v^2 \rangle$ 是时间平均和空间平均的均方速度；V 是声学腔系统的体积；ρ 是介质密度；c 是声音在介质中的传播速度；$M\langle v^2 \rangle$ 是结构子系统的能量；$V\dfrac{\langle p^2 \rangle}{\rho c^2}$ 是声腔子系统的能量。

第三节　声学包仿真分析参数

统计能量分析的主要参数包括模态密度、内损耗因子和耦合损耗因子。这三个参数的计算精度决定了统计能量分析结果的精度，可通过理论计算和试验测试两种方法来获取这三个参数。

一、模态密度

模态密度类似于热力学中的热容量，它是描述振动系统储存能量能力大小的一个物理量。子系统的模态密度表示该子系统在某一频率范围内单位频带内的模态数，模态在一个频段内越密集，模态密度越高，这一频段内的统计平均精度越高，统计能量分析法越能发挥其统计分析的优势。

1. 梁的横向振动模态密度

梁的横向振动模态密度为

$$n(f) = \dfrac{l}{C_B} \quad (9\text{-}9)$$

式中，l 是梁的长度；C_B 是弯曲波波速。

从式（9-9）可以看出：一维梁横向振动系统模态密度与梁的边界条件无关，并且与梁的频率无关，仅与梁的长度和弯曲波速有关。在整车建模过程中，可简化成梁系统的车身结构相对较少。

2. 二维平板系统模态密度

二维平板系统的模态密度为

$$n(f) = \frac{A}{2RC_1} = \frac{\sqrt{3}A_p}{hC_1} \qquad (9\text{-}10)$$

式中，A 是平板的面积；R 是平板截面的回转半径，$R = \sqrt{3}h/6$；C_1 是二维平板材料的纵向速度，$C_1^2 = E/\rho(1-\mu^2)$。

从式（9-10）可以看出，模态密度与频率没有直接关系，模态密度的大小取决于板件的材料、面积和厚度，即表面积越大，或者厚度越小，则模态密度就越大。

在统计能量分析建模中，多将平板结构或者曲面结构都简化成平板结构系统进行计算，如前风窗玻璃、前围板、顶板、前地板、后地板、后风窗玻璃等。

3. 声腔系统模态密度

声腔系统的模态密度为

$$n(\omega) = \frac{\omega^2 V_0}{2\pi C_a^3} \qquad (9\text{-}11)$$

考虑到声腔表面积和棱边的修正项，声腔模态密度可表示为

$$n(\omega) = \frac{\omega^2 V_0}{2\pi C_a^3} + \frac{\omega^2 A_s}{16\pi C_a^2} + \frac{\omega l_1}{16\pi C_a} \qquad (9\text{-}12)$$

式中，V_0 是三维声场的体积；A_s 是三维声场的表面积；l_1 是三维声场的总棱长；C_a 是声音在声场的传播速度。

从式（9-12）可以看出，声腔的模态密度由频率、体积、总表面积以及总棱边长度等参数决定，受声腔边界条件、阻尼以及吸声因素影响较小。在进行整车统计能量分析时，通常将车内分为 12 个声腔子系统。

4. 复杂结构的模态密度

简单结构子系统的模态密度可以通过理论计算方法获得，而复杂结构的子系统，不能简单地简化为梁、平板子系统，同样也不能采用解析公式计算其模态密度，否则就会产生较大的误差。因此，一些复杂的结构子系统，通常在样车阶段采用试验的方法核验其模态密度。

试验法测试模态密度主要有两种：模态计数法和导纳法。模态计数法主要通过敲击、正弦扫描、宽带随机激励等方法测得传递函数，从传递函数的实部或虚部获取零点数或峰值数，或求取相邻共振频率之间的间隔，由此可求得结构子系统的模态密度。由于高频区模态密集度高，存在严重的模态重叠现象，当模态重叠数大于 0.2 时，很难清晰地识别出模态数，这样会产生较大的误差。复杂结构子系统多采用导纳法测试模态密度。

导纳法的模态密度有

$$n(f) = 4M\langle G(f) \rangle \qquad (9\text{-}13)$$

式中，M 是子系统的质量；$\langle G(f) \rangle$ 是激励点导纳。

由于激励点导纳是输出的速度与输入点力的复频响函数，则有

$$G(f) = \text{Re}\left(\frac{V}{F}\right) = \text{Re}\left(\frac{S_{VF}(f)}{S_{FF}(f)}\right) \qquad (9\text{-}14)$$

式中，V 是速度；F 是激励力；$S_{VF}(f)$ 是激励力与速度的互谱；$S_{FF}(f)$ 是激励力的自谱。

由于在测试过程中，输出的结果多是加速度信号，这样导纳可表示为

$$G(f) = \text{Re}\left(\frac{V}{F}\right) = \text{Im}\left(\frac{1}{2\pi f}\frac{A}{F}\right) = \text{Im}\left(\frac{1}{2\pi f}\frac{S_{AF}(f)}{S_{FF}(f)}\right) \tag{9-15}$$

式中，$S_{AF}(f)$ 是激励力与加速度的互谱。

通过式（9-13）~式（9-15）可以计算出复杂结构子系统的模态密度。在利用导纳法测试结构子系统模态密度时，主要有如下步骤。

1）确定被测结构的传感器布置位置和数量：通常要求被测结构必须布置5个以上传感器，布置位置有一定随机性，以评估输入导纳在不同位置的空间差异。

2）确定锤击位置：试件表面擦拭干净，使用轻质刚性锤头，以获得高频响应，激励位置尽可能靠近传感器，避免在边角或几何不连续的部位敲击，要求激励次数至少10次以上。

3）记录数据：要记录每个加速度的数据，包括时域下的脉冲响应、窄带内的自谱和互谱、窄带内的传递函数。加速度传感器的时间历程需足够长，能够捕捉到峰值、整个衰减以及本底噪声。

4）数据处理。首先，对每个测点的输入导纳进行频段平均，利用

$$G(f_c, \Delta f) = \frac{1}{\Delta f}\int_{f=f_L}^{f_U}\text{Im}\left(\frac{1}{2\pi f}\frac{A}{F}\right)df = \frac{1}{N}\sum_{f=f_L}^{f_U}\text{Im}\left(\frac{1}{2\pi f}\frac{S_{AF}(f)}{S_{FF}(f)}\right) \tag{9-16}$$

然后，对激励位置进行重复处理，并推导出空间平均的输入导纳：

$$\langle G(f_c, \Delta f)\rangle = \frac{1}{M}\sum_{i=1}^{M}G_i(f_c, \Delta f) \tag{9-17}$$

通过上述测试，可计算出复杂结构系统的模态密度。在整车统计能量分析中，常见的复杂结构子系统和布置传感器数量的方案见表9-2。

表9-2 复杂结构子系统模态密度测试方案

序号	待测系统	传感器数量（建议）	敲击位置（建议）
1	前风窗玻璃	10	10
2	前窗玻璃	5	5
3	后窗玻璃	5	5
4	后风窗玻璃	7	7
5	前围板	10	10
6	左脚尖部位	5	5
7	右脚尖部位	5	5
8	左前腿部地板	5	5
9	左前座椅下方地板	5	5
10	右后座椅下方地板	5	5
11	左行李舱地板	5	5
12	备胎厢平面	5	5
13	备胎厢侧面	5	5
14	左前轮罩板	5	5
15	右后轮罩板	5	5

以前风窗玻璃为例，测试其模态密度，见图9-4，从图中可以看出：在频率大于1250Hz，前风窗玻璃的模态密度趋于一个稳定的值。

二、内损耗因子

一个子系统的能量损耗分为内部损耗和外部损耗。内部损耗是指由于系统阻尼特性所引起的能量消耗。内损耗因子也称为阻尼损耗因子。内损耗因子用来表示子系统的阻尼特性，它类似热力学的辐射损耗。子系统内损耗因子定义为系统在单位频率内，单位时间损耗的能量与平均储存的能量之比。

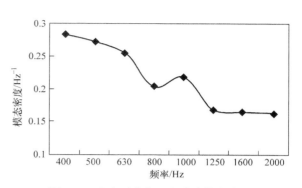

图 9-4 试验测试前风窗玻璃模态密度

$$\eta = \frac{P_d}{\omega E} = \frac{1}{2\pi f}\frac{P_d}{E} \quad (9\text{-}18)$$

式中，P_d 是单位时间损耗的能量；E 是系统平均存储的能量。

1. 结构子系统内损耗因子

一个结构子系统 i 内损耗因子 η_i 是由三种彼此独立的阻尼机理构成的。

$$\eta_i = \eta_{is} + \eta_{ir} + \eta_{ib} \quad (9\text{-}19)$$

式中，η_{is} 是结构损耗因子；η_{ir} 是声辐射阻尼损耗因子；η_{ib} 是边界连接损耗因子，是结构子系统边界连接阻尼构成的损耗因子。

（1）结构损耗因子 η_{is}　结构损耗因子是结构子系统材料本身内摩擦产生的，η_{is} 是子系统 i 结构材料（内摩擦、滞后或黏弹性）特性的函数，可在真空中测出单个子系统的结构损耗因子。常见材料子系统的结构损耗因子见表 9-3。

表 9-3　常见材料的结构损耗因子

材料	结构损耗因子
玻璃	1.0×10^{-3}
钢	$1.0 \sim 6.0 \times 10^{-3}$
铝	1.0×10^{-4}
PVC	0.3

（2）声辐射阻尼损耗因子 η_{ir}　声辐射阻尼损耗因子是结构子系统振动声辐射阻尼形成的，平板结构子系统的声辐射阻尼损耗因子可表示为

$$\eta_{ir} = \frac{\rho_0 c \sigma_{sa}}{\omega \rho_s} \quad (9\text{-}20)$$

式中，ρ_0 是空气密度；c 是声速；σ_{sa} 是结构的辐射比；ρ_s 是结构的面密度；ω 是频率。

从式（9-20）可以看出，当结构的表面质量密度很大时，η_{ir} 可以忽略不计；但是，当结构的质量密度很小时，声辐射阻尼起着重要的作用。受宽带随机激励的有限板的辐射比，可以通过下面的公式近似计算：

$$\sigma_{ir} = \begin{cases} \beta \left[\frac{\lambda_c P_r}{\pi A_p} \frac{2}{\pi} \arcsin\left(\frac{f}{f_c}\right) \right]^{0.5} & (f < f_c) \\ \left(1 - \frac{f}{f_c}\right)^{-0.5} & (f > f_c) \end{cases} \quad (9\text{-}21)$$

式中，A_p 是辐射面积；P_r 是板的周长；f_c 是临界频率；λ_c 是临界频率对应的临界波长；β 是平板边界条件系数，

简支边 $\beta=1$,固支边 $\beta=2$,一般边界条件 $\beta=\sqrt{2}$。

(3) 边界连接损耗因子 η_{ib} 边界连接损耗因子是结构子系统边界连接阻尼产生的,若各子系统间的耦合是刚性的,则常常假设与结合点上能量耗散有关的损耗因子可以忽略不计。若子系统间的耦合是非刚性的,系统就要作为非保守耦合系统来研究。例如在考虑车门与边框的相互关系时,通常把铰链连接以外的一些密封件的边界能量耦合关系忽略不计。由于这种损耗极其微小,由此产生的误差是相当小的。

在应用统计能量分析振动和噪声问题时,可以对式(9-19)进行如下的简化。

1)当子系统结构间为刚性连接时,$\eta_{ib}<\eta_{ir}$,此时 $\eta_i=\eta_{is}+\eta_{ir}$,当子系统为非刚性连接时,则 η_{ib} 不可以忽略掉。

2)当子系统为具有高辐射比的孤立单个轻质结构时,$\eta_{is}<\eta_{ir}$,此时 $\eta_i\approx\eta_{ir}$;当子系统为非轻质结构时,$\eta_i\approx\eta_{is}$。

经验表明:在频率非常低的区域,内损耗因子以结构损耗因子 η_{is} 为主;在低频和中频区域,内损耗因子以声辐射损耗因子 η_{ir} 为主;在高频区域,内损耗因子又以结构损耗因子 η_{is} 为主。所以内损耗因子的下限是结构损耗因子 η_{is}。

对于整车声学包模型,其中均质的金属材料(钢、铝等)或非金属材料(玻璃等)可以采用上述的计算方法或者文献中提及的方法获取内损耗因子。但是,对于带有阻尼板或者喷涂阻尼的材料,则需要通过试验测试来获得精确的结果,例如,整车中的前围、前地板、后地板、侧围板、顶板、轮罩板、前风窗玻璃、后风窗玻璃等。

利用试验测试获得的内损耗因子,包含了上述介绍的三种损耗因子,即子系统本身材料内摩擦的结构损耗因子、子系统振动声辐射阻尼形成的损耗因子,以及子系统边界连接阻尼形成的损耗因子。试验法测试内损耗因子有两种:稳态能量流方法和混响衰减法,常用的方法是混响衰减法。

利用衰减法测试内损耗因子步骤如下。

1)确定被测结构的传感器布置位置和数量:被测结构至少布置5个以上传感器,布置位置有一定随机性,以提高高频的信噪比。

2)确定锤击位置:锤击位置随机选择,每个结构部件至少敲击四五次,如果信噪比不满足要求,则采用轻质刚性锤头,尽可能少用激振器来激励,否则会增加附加阻尼,影响测试结果。

3)记录数据:要记录每个加速度的数据,包括时域下的脉冲响应、窄带内的自谱和互谱、窄带内的传递函数。加速度传感器的时间历程需足够长,能够捕捉到峰值、整个衰减以及本底噪声。

4)数据处理:对测试结果进行数据处理主要分为如下步骤,这个阶段的数据可采用 Matlab 软件编程来进行处理,这样可以提高计算效率和计算精度。

第一,1/3 倍频程过滤,对每个时域下的脉冲信号进行 1/3 倍频程滤波:

$$x(t,f_c,\Delta f)=x(t)h(t,f_c,\Delta f) \qquad (9-22)$$

式中,$x(t)$ 是每个传感器的时域脉冲信号;$h(t,f_c,\Delta f)$ 是 1/3 倍频程滤波脉冲响应。

第二,希尔伯特变换,使用希尔伯特变换计算信号包络线的瞬态平方,对式(9-22)变换处理可有

$$e^2(t,f_c,\Delta f)=\left(x(t,f_c,\Delta f)+\hat{x}(t,f_c,\Delta f)\right)^2 \qquad (9-23)$$

$$\hat{x}(t,f_c,\Delta f)=\mathrm{Hilbert}\left(x(t,f_c,\Delta f)\right) \qquad (9-24)$$

对式(9-23)通过积分平滑信号包络线,可得

$$e^2(t\to t+\Delta t,f_c,\Delta f)=e^2(t,f_c,\Delta f)\times\mathrm{boxcar}(\Delta t) \qquad (9-25)$$

第三,计算阻尼损耗因子,将平方包络线在对称坐标系下显示,可得到衰减率 DR:

$$\mathrm{DR}=10\times\log_{10}\left(e^2(t\to t+\Delta t,f_c,\Delta f)\right) \qquad (9-26)$$

再利用衰减率，可计算得到阻尼损耗因子：

$$\eta(f_c, \Delta f) = \frac{DR}{23.7 f_c} \tag{9-27}$$

然后，对每个测点的测试结果进行处理，并求得平均值：

$$\langle \eta(f_c, \Delta f) \rangle = \frac{1}{MN} \sum_{i=1}^{M} \sum_{j=1}^{N} \left(\eta_{ij}(f_c, \Delta f) \right) \tag{9-28}$$

由于前风窗玻璃多采用夹层玻璃，直接采用玻璃的内损耗因子存在一定误差。因此，对前风窗玻璃采用上述方法进行内损耗因子测试，并对结果进行处理，见图 9-5。从图中可以看出，前风窗玻璃的内损耗因子在 0.01~0.1 之间，与普通玻璃的内损耗因子 1×10^{-3} 相比，采用夹层的风窗玻璃要大一个数量级。这说明采用夹层的前风窗玻璃可以有效地降低车内噪声水平。

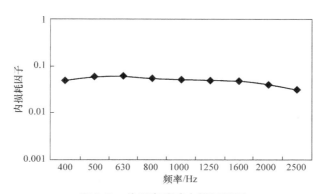

图 9-5 前风窗玻璃内损耗因子

2. 声腔内损耗因子

声腔内损耗因子是通过能量衰减计算的，可表示为

$$\eta = \frac{2.2}{T_{60} f} \tag{9-29}$$

式（9-29）中 T_{60} 是指声腔的混响时间，所谓声腔混响时间是指声场达到稳定状态，声源停止发声后，声压级衰减 60dB 所用的时间。混响时间可通过如下的经验公式计算：

$$T_{60} = \frac{0.161 V}{S a_T} \tag{9-30}$$

式（9-30）中，a_T 是指包含空气吸收的声腔平均吸声系数，可表示为

$$S a_T = S a_{avg} + 4mV \tag{9-31}$$

式中，S 是声腔的总吸声表面积；m 是能量的衰减系数，单位为 m^{-1}；V 是声腔的体积；a_{avg} 是不考虑空气的声腔平均吸声系数。

根据声场内部损耗的原理，声场内损耗因子受声场的平均吸声系数影响。车辆内部空腔可以看作是由反射波产生的混响声场。假设声场的每个表面 S_n 都具有不同的吸声系数 a_n，空腔的平均吸声系数为

$$a_{avg} = \frac{S_1 a_1 + S_1 a_1 + \cdots S_n a_n}{S_1 + S_2 + \cdots + S_n} \tag{9-32}$$

三、耦合损耗因子

子系统之间能量流动是统计能量分析的重要特性,子系统间传递的能量就是借助子系统间的耦合作用相互传递的。两子系统间的耦合程度的强弱是通过耦合因子来评定的。对于轿车乘坐室结构,主要是板与板间的连接,因此乘坐室各个子系统间的主要耦合方式有结构子系统与结构子系统的线连接、结构子系统与声腔子系统间的面连接,以及声腔子系统之间的面连接。

1. 结构子系统间的耦合损耗因子

车身系统中最多的结构-结构是两板件间的直线连接,轿车上的绝大部分结构耦合都属于该形式。当板与板之间通过线接触和线连接耦合在一起时,其连接耦合线尺寸远大于子结构板中的自由波长。则线耦合损耗因子可表示为

$$\eta_{12} = \frac{lC_B}{\pi\omega S_1}\tau_{12} \tag{9-33}$$

式中,l 是线连接的长度;C_B 是第一块板中弯曲波的弯曲波速;ω 是频带的中心频率;S_1 是结构 1 的表面积;τ_{12} 是从结构 1 到结构 2 之间的传递系数,与两板连接形式有关。

2. 结构子系统与声腔子系统间的耦合损耗因子

围成乘坐室的板件与声腔的连接都属于结构与声腔耦合形式,假设乘坐室某一声腔子系统 v 与某一结构子系统 s 有连接面,则结构子系统 s 到声腔系统的耦合因子为

$$\eta_{sv} = \frac{\rho_v C_v}{\omega \rho_s}\sigma_{sv} \tag{9-34}$$

式中,ρ_v 是声腔子系统的密度;C_v 是声音在声腔子系统的速度;ρ_s 是结构子系统的面密度;σ_{sv} 是结构子系统的辐射比。

根据互易关系式可以得到声腔子系统 v 到结构子系统 s 损耗因子,即

$$\eta_{vs} = \frac{\rho_0 C_v n_s}{\omega \rho_s n_v}\sigma_{sv} \tag{9-35}$$

式中,n_s 是结构子系统的模态密度;n_v 是声腔子系统模态密度。

从式(9-34)和式(9-35)可以看出:结构子系统与声腔子系统相互间的耦合损耗因子是不相等的,结构系统的材料和面积对耦合损耗因子有重要影响。图 9-6 是某款车前侧窗玻璃与驾驶员头部声腔的耦合损耗因子,从图中可看出,两者是不相等的,侧窗玻璃结构子系统传递到驾驶员头部声腔子系统耦合损耗因子,要远大于驾驶员头部声腔子系统传递到侧窗玻璃结构子系统的耦合损耗因子。

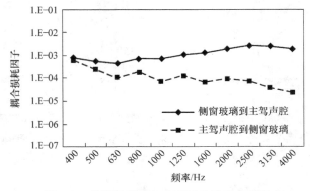

图 9-6 结构子系统与声腔子系统耦合因子

3. 声腔子系统间的耦合损耗因子

声腔子系统间的耦合是面耦合,声腔间的耦合可分为直接耦合和间接耦合。直接耦合是两个声腔之间直接通过空气介质连接,间接耦合是两个声腔之间存在一层隔板,即两个声腔同时连接到隔板的两个侧。

假设声腔子系统 i 和声腔子系统 j 存在一层隔板,两个声腔子系统间接连接,两者间的耦合因子可以表示为

$$\eta_{ij} = \frac{C_v A_p}{4\omega V_i} \tau_{ij} \qquad (9\text{-}36)$$

式中,C_v 是声腔子系统的传播速度;A_p 是声腔子系统 i、j 的连接面积;V_i 是声腔子系统 i 的体积;ω 是中心频率;τ_{ij} 是声腔子系统 i 对声腔子系统 j 的传递系数,其值为

$$\tau_{ij} = \begin{cases} \left\{ \frac{\pi^9 \rho_s^2}{2^{13} \rho_i^2 A_p} \left[1 - \left(\frac{10\omega}{\omega_c}\right)^2\right] + \left(\frac{\omega \rho_s}{2\rho_i C_v}\right)^2 \right\}^{-1} & \omega_0 < \omega < \dfrac{\omega_c}{10} \\ \left(\dfrac{\omega \rho_s}{2\rho_i C_v}\right)^{-2} & \dfrac{\omega_c}{10} < \omega < \omega_c \end{cases} \qquad (9\text{-}37)$$

式中,ω_0 是空腔子系统间隔板的基频;ω_c 是空腔子系统 i 的临界频率。

当声腔子系统之间无隔板时,则 $\tau_{ij} = 1$,则两者间的耦合因子可以表示为

$$\eta_{ij} = \frac{C_v A_p}{4\omega V_i} \qquad (9\text{-}38)$$

一般情况下声腔子系统间的耦合损耗因子是不相等的,除非两个声腔子系统面积和体积都相等。在整车 SEA 模型创建过程中,通常建成左右对称的模型,这时左右对称的声腔子系统两者的耦合损耗因子是相同的。

在图 9-7 中,图 9-7a 是侧窗玻璃作为车内驾驶员头部声腔与侧窗外部声腔隔板的示意图,图 9-7b 是两者耦合损耗因子计算结果,从图 9-7b 可以看出,两者在 400~1250Hz 频段内是有一定差别的。

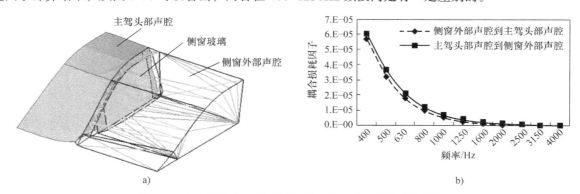

图 9-7 车内驾驶员头部声腔与侧窗外部声腔耦合损耗因子

第四节 整车声学包仿真分析及评价

统计能量分析法是解决汽车中高频问题(发动机噪声、风噪、胎噪等)的有效方法。统计能量分析法从统计的角度,采用能量的观点解决复杂系统的高频动力学问题。与有限元法和边界元法一样,都是在整车开发的数据阶段,对整车相关设计问题进行分析、判断和优化的有效手段。

对于 SEA 的仿真分析,主要的工作包括 SEA 模型创建、材料数据测试、载荷测试、模型调校、整车声学包材料优化等。

一、SEA模型创建方法

统计能量分析可把复杂的结构和声学子系统划分为不同的模态群，并从统计的角度把大系统分解成为可进行仿真分析的独立子系统，能够实现对高频随机激励下复杂结构的动力响应计算。因此，统计能量分析第一步就是定义子系统，并要求子系统必须能够实现振动能量的传输、储存、损耗等特征。因此，在进行统计能量建模时，必须遵循的原则如下。

1）模态密度法原则：必须保证子系统在分析的模态频率范围内有足够大的模态密度，这就要求在划分结构子系统时，必须对结构子系统面积进行控制，可以忽略掉小的板件和支架等。

2）模态相似原则：模态相似原则是指模态振型要有相同的动力学参数，包括相同的模态能量、模态阻尼等。依据模态相似原则划分子系统，要求同一结构子系统必须具有相同材料和厚度等结构特征。

3）噪声传递路径原则：利用统计能量分析的目的是要计算主驾、副驾和后排座椅头部的声压大小，因此，通常将声腔子系统分为左右对称的子系统，并且必须在四个区域的头部创建声腔子系统。另外，噪声源传递到这四个声腔子系统的结构和空气的路径，也必须建成相应的结构和声腔子系统。

4）声源声场原则：对于非混响场的声源部位，不能建立声腔子系统，只能作为激励源。例如，发动机辐射和轮胎辐射噪声是通过车外声场直接作用到车身前围板、轮罩板等部位，这些部位的声场并非是混响场，不能创建为声腔子系统。同样，在车辆高速行驶时，紊流边界层脉动压力引起的气动噪声直接作用在车身外覆件、顶板、车窗等部件上，这些区域也不能创建声腔子系统，只能作为激励源。因此，创建外部声腔子系统的目的是用来施加外部声载荷。

基于上述分析，常见的SEA模型可分为三类。

1）结构子系统：包括车身钣金、玻璃、硬内饰、梁等组成的系统部件，见图9-8a。

2）内声腔子系统：包括车内声腔、横梁和纵梁内声腔等，见图9-8b。

3）外声腔子系统：包围整车外部空间的声腔子系统，见图9-8c。

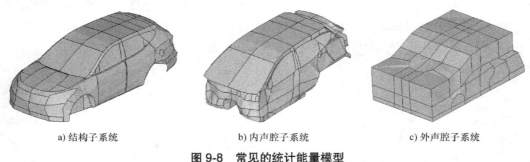

a) 结构子系统　　　　b) 内声腔子系统　　　　c) 外声腔子系统

图9-8 常见的统计能量模型

二、材料数据的输入

按照材料输入情况，SEA模型可分为两种：材料参数法和插入损失分析法。

1. 材料参数法

材料参数法主要是通过定义基本声学材料属性参数，实现整车仿真分析的方法。材料属性参数主要包括孔隙率、曲折因子、流阻系数、黏性特征长度和热特征长度5个参数。这5个材料属性参数依据毕奥理论（BIOT），通过驻波管测试和软件反推拟合获得。BIOT理论是多孔介质声学的基础理论。根据BIOT理论，可用三组参数描述多孔材料：弹性参数、声学参数和毛孔参数。刚性多孔材料忽略了骨架变形，只有两组参数，即声学参数和毛孔参数。上述5个参数归属于毛孔参数。

使用材料参数法测试声学包材料的5个参数，需要三个步骤完成。

（1）被测材料准备与测试　准备整车建模所需声学包材料的平板件，主要包括前围内、前后地毯、顶篷、座椅、行李舱侧围、行李舱地毯以及吸声棉等材料，并利用摇臂钻床或其他设备切割出满足驻波管所需直径的样品。为了后续测试精度考虑，每种材料的平板件和被测样品至少准备两种厚度。图 9-9 是某款车的 PU 发泡和吸声棉两种材料的样品件。

 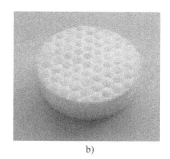

a)　　　　　　　　　　　　　　　b)

图 9-9　驻波管测试材料样品

（2）吸声曲线测试　为了保证后续软件逆推参数精度，测量的吸声曲线是关键。为了获得 5 个声学性能参数的良好预测，吸声曲线必须覆盖 3 个特定区域。每一个区域对应于一组可以识别的参数。如果不能观察到这些区域，样品厚度必须增加，或者必须提供一些流体参数来帮助收敛。驻波管样件分为两种直径：102mm（大管 400~1600Hz）和 28mm（小管 500~5000Hz）。

在吸声曲线测试过程中，要注意以下三个方面的内容。

1）样件裁剪问题：如果被测样件出现了有周期的结构特征，那么在裁剪时要按对称结构进行裁剪，如果驻波管截面积小于周期性结构特征面，那么对周期结构分部分裁剪并分别测量。

2）样品安装问题：样品直径应与管壁大小相等，对于软质材料，样品与管壁可采用过盈配合，过盈量不大于驻波管直径的 1%；对于硬质材料，样品与管壁可采用间隙配合，可采用油脂等润滑材料封堵间隙。样品表面应与管壁垂直，保证管子内是平面波特征，如果纤维材料不容易固定，可考虑采用不会振动的丝网制成的大网孔格栅协助支撑。当样品表面不规则或不平整时，则需要传声器必须布置得足够远，这样才能实现平面波的传递特征。为了避免样品背面出现空气层，可考虑在样品背面贴附双面胶固定到阻抗管的端部。

3）共振峰值的抑制：如果被测样品的共振频率正好落在分析数据的频段内，吸声系数会急剧降低，出现一个明显的谷值，会影响参数识别的准确性，可考虑采用"插针法"来抑制样件的结构共振，即在样件中插入若干很细的金属针，这样将谷值移到分析的频段之外，提高参数识别的准确性。

（3）材料参数逆推　根据驻波管测试的吸声系数进行逆推，通常采用 ESI 公司的 FOAM-X 软件。软件 FOAM-X 适用于各种单层各向同性开孔多孔介质材料的参数识别，其中包含各类发泡材料（金属泡沫、聚合物泡沫等）和纤维材料（玻璃棉、玻纤、毛毡、树脂棉等）。

由于材料骨架不同，采用的参数模型也不同，因此在测试前必须明确材料骨架类型，按照发泡材料骨架的不同，又可分为以下三种。

1）硬骨架：强化玻纤、金属泡沫、发泡板等。

2）软骨架：轻质玻纤、玻璃棉等。

3）弹性骨架：聚合物泡沫、密胺泡沫、纤维材料等。

但是，有些材料是不符合软件 FOAM-X 逆推材料数据条件的，主要包括：

1）闭孔泡沫和少孔泡沫等。

2）存在一层或多层非开孔多孔材料的多层复合材料。

另外，驻波管测试结果的好坏，也直接决定了是否能采用软件 FOAM-X 进行逆推材料数据，不符合 FOAM-X 软件逆推数据的工况包括：

1）被测样件在阻抗管中出现径向受压的情形。

2）驻波管测试数据出现较大偏差。

在使用逆推法识别材料参数时，要求样件的吸声系数曲线包含图 9-10 所示的 3 个特征段，即第一个峰值以下段、第一峰值段和第一峰值以上段。

在图 9-10 中，在 Ⅰ 区主要是与孔隙率、流阻和热特征长度有关；Ⅱ 区主要是与曲折因子、流阻、黏性特征长度有关；Ⅲ 区主要是与孔隙率、黏性特征长度和热特征长度有关。

FOAM-X 软件提供两种参数识别模式，主要包括：

1）三参数识别模式：就是通过试验手段测得孔隙率和静态流阻两个参数，而通过软件逆推剩下的三个参数，这种模式的吸声曲线只要覆盖了前两个频段即可满足参数逆推要求。

2）五参数识别模式：材料的五个参数都是通过软件逆推获得的，这种模式要求吸声曲线必须涵盖三个频段，如果样品很薄无法获取相应的曲线，可考虑将两个薄样品叠加起来测试。

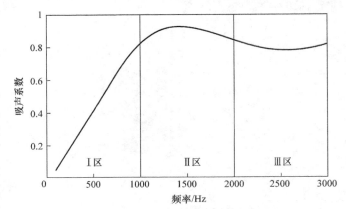

图 9-10　驻波管吸音系数测试

假设多孔吸声系数与材料 5 个参数的函数关系如下：

$$\Phi_i = \Phi(\omega_i, a) \tag{9-39}$$

$$a = \{\omega_i, \phi, \sigma, \alpha_\infty, \Lambda, \Lambda'\}$$

式中，ω_i 是第 i 个频率；a 是多孔材料 5 个参数的向量；ϕ 是多孔材料的孔隙率；σ 是多孔材料流阻；α_∞ 是多孔材料的曲折因子；Λ 是黏性特征长度；Λ' 是热特征长度。

当平面声波垂直入射到材料表面时，吸声系数与阻抗的关系为

$$\Phi_i(\omega_i, a) = 1 - \left| \frac{Z(\omega_i, a) - Z_0}{Z(\omega_i, a) - Z_0} \right| \tag{9-40}$$

式中，Z_0 是空气阻抗；$Z(\omega_i, a)$ 是材料表面阻抗率。

那么，根据 BIOT 理论，在刚性壁面条件下，样品厚度 h 的表面阻抗率有

$$Z(\omega_i, a) = j\frac{1}{\phi Z_0} \sqrt{\rho_e(\omega) K_e(\omega)} \, cotan\left(\omega h \sqrt{\frac{\rho_e(\omega)}{K_e(\omega)}} \right) \tag{9-41}$$

式中，$K_e(\omega)$ 是体积模量；$\rho_e(\omega)$ 是有效密度。

那么，材料的体积模量和有效密度分别可表示为

$$K_e(\omega) = \gamma P_0 \left[\gamma - (\gamma - 1)\left(1 + \frac{8\mu}{j\omega\rho_0 P_r^2 \Lambda'^2} \sqrt{1 + j\frac{\omega\rho_0 P_r^2 \Lambda'^2}{16\mu}}\right)^{-1} \right] \tag{9-42}$$

$$\rho_e(\omega) = \left(\frac{1}{\rho_0 \alpha_\infty} + B \frac{\left(\frac{\phi}{\alpha(\omega)}\right)^2}{\phi\rho_1 + \phi^2 \rho_0 \left(1 - \frac{1}{\alpha(\omega)}\right)} \right)^{-1} \tag{9-43}$$

$$\alpha(\omega) = \alpha_\infty \left(1 + \frac{\phi\sigma}{j\omega\rho_0\alpha_\infty} \sqrt{1 + \frac{4\omega\alpha_\infty^2 \mu \rho_0}{\sigma^2 \Lambda^2 \phi^2}} \right) \tag{9-44}$$

式中，ρ_0 是空气密度；μ 是空气动态黏度；γ 是比热容；P_0 是大气气压；P_r 是气体普朗特常数；B 是管架参数，当骨架为刚性，则 $B=0$，当骨架为软质，则 $B=1$。

通过式（9-40）～式（9-44）可以将多孔材料的 5 个参数与驻波管测试的结果建立起联系，可以建立拟合优化函数：

$$x^2(a) = \sum_{i=1}^{N}\left[\frac{(\Phi_i-\Phi(\omega_i,a))_{h_1}^2+(\Phi_i-\Phi(\omega_i,a))_{h_2}^2}{\sigma_i^2}\right] \qquad (9\text{-}45)$$

式中，Φ_i 是第 i 个频率测试值；σ_i 是测量的误差值。

通过专门的寻找优化函数 x^2 的全局最小值算法，利用非线性最小二乘模型给出优化函数 x^2 全局最小值。一般需相关性系数（指 x^2 函数接近于 0 或试验和拟合曲线的匹配度）大于 0.99 拟合参数才可用。对于大多数吸声材料，5 个参数的约束条件如下：

$$\left.\begin{array}{l}1 \leqslant \alpha_\infty \leqslant 5 \\ 1\mu m \leqslant (\Lambda,\Lambda)' \leqslant 2000\mu m \\ \Lambda \leqslant \Lambda' \\ 1000 Ns \cdot m^{-4} \leqslant \sigma \leqslant 5\times 10^6 Ns \cdot m^{-4} \\ 0.7 < \phi < 1\end{array}\right\}$$

基于上述理论，利用 FOAM-X 软件可以逆推计算出 5 个材料参数。为了评判这 5 个参数的精度，可将 5 个参数代入到上述公式计算材料的吸声曲线，然后与驻波管测试的吸声曲线进行相关性分析，如果两曲线相关性高，则说明逆推的 5 个参数精度满足要求，通常要求相关性系数大于 0.99。

表 9-4 是某款车前围 PU 材料参数的逆推结果，图 9-11 为实际测试的吸声系数和 FOAM-X 逆推的 BIOT 参数拟合曲线的对比，通过计算相关系数为 0.99，满足精度要求。

表 9-4 某款车前围 PU 材料参数

BIOT 材料参数	逆推结果
孔隙率	0.962 ± 0.037
静态流阻 /(Ns/m⁴)	38911 ± 5684
曲折因子	1.67 ± 0.411
黏特性长度 /μm	31.4 ± 7.4
热特性长度 /μm	162.1 ± 39.1

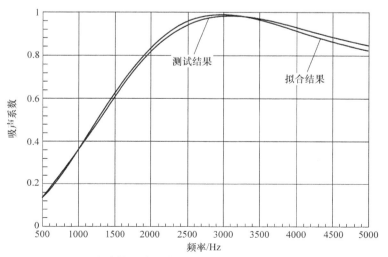

图 9-11 驻波管测试吸声系数与 BIOT 参数逆推结果对比

通过上述分析方法，可以获得整车声学包材料的参数，然后输入到声学包SEA模型中，完成整车SEA模型的建立，为下一步仿真分析提供支持。

2. 插入损失分析法

插入损失分析法是指利用试验手段测试不同厚度的平板样件的插入损失，根据各个成型件实际厚度分布进而计算其吸隔声性能，以此完成整车噪声预测的仿真分析方法。与材料参数分析法不同的是，插入损失分析法需要在前期准备多种不同厚度的平板件，并进行大量的试验测试。根据上述方法的特点，插入损失分析法对材料输入主要可分为两步。

（1）各部位实际厚度分布计算 在整车声学包材料设计部位，如前围内外隔声垫、地毯、顶篷等声学包材料厚度分布是不相等的，而且厚度分布所占比例也是不同的，而声学材料的厚度对传递损失影响比较大。因此，在前期声学包建模和材料输入时，必须获取声学包材料厚度分布比例。可通过CATIA软件计算各个厚度所占的百分比，由于厚度分布在一定的数值范围内，是一个连续的值，为了方便后续的平板件测试，在软件CATIA中对厚度进行近似处理，例如，将2.5~7.5mm平均为5mm，7.5~12.5mm平均为10mm，依次类推，因此，这样厚度可划分为5mm、10mm、15mm、20mm、25mm等，见图9-12示意。

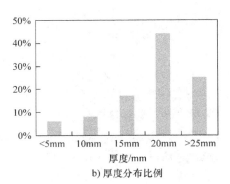

a) 厚度分布云图　　　　　　　　b) 厚度分布比例

图9-12　某款车前围板内饰材料厚度分布

（2）平板件插入损失测试 不同厚度的声学材料，插入损失是不同的。因此，必须在前期依据设计模型的厚度分布，测试并获取平板件典型厚度的插入损失数据。图9-13是某款车前围内隔声垫插入损失的测试结果，这些结果可依据厚度的分布输入到SEA模型中。

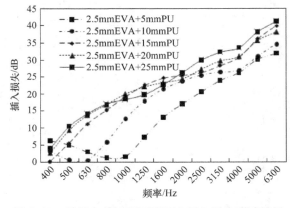

图9-13　某款车前围板不同厚度插入损失测试结果

三、载荷测试及输入

声学包的主要作用是从传递路径角度改善车内中高频噪声问题，对于燃油车，声学包解决的噪声源包括发动机噪声（空气传播）、排气噪声、轮胎噪声、风噪声等。但是，对于纯电动车，可解决的噪声源包括电机噪声、轮胎噪声和风噪声。因此，在对整车 SEA 进行仿真分析时，就必须考虑上述噪声源。由于风噪声载荷测试受很多条件限制，目前风噪声载荷采用 CFD 仿真分析结果。

上述载荷测试通常是在带转毂的消声室进行的，通过模拟车辆行驶各种工况，并在车身表面布置传声器测试车身表面的声压大小，作为 SEA 模型分析的声载荷，然后依据各种工况下测试载荷对车内噪声的影响进行分析与优化。表 9-5 是燃油车常见的声学包仿真分析所需的载荷测试工况，主要是从发动机噪声、轮胎噪声以及综合工况下的噪声进行考虑的。

表 9-5 声学包仿真分析工况

序号	工况	发动机转速 /（r/min）	速度 /（km/h）	档位	转毂
1	发动机噪声	3000	—	—	关
2	轮胎噪声	关闭	80	关	开
3	综合噪声	—	60	D 位（或三档）	开
		—	80	D 位（或三档）	开
		—	100	D 位（或三档）	开

在声载荷测试过程中，传声器布置非常关键。根据测试的目的和布置部位不同，传声器可分为三类：车外传声器、车内传声器和参考传声器。

1）在车外，传声器的布置与整车 SEA 模型所划分声腔保持一致，其中车外布置在以下部位：车门/后围外部、车体底部、车体顶部、风窗玻璃外、轮罩内以及机舱内，每个部位分为若干个声腔（与 SEA 模型一致），传声器均匀分布在各个声腔中，参考图 9-14a。

2）对于车内，传声器的布置部位包括：左前头部、左前腰部、左前脚部；右前头部、右前腰部、右前脚部；左后头部、左后腰部、左后脚部；右后头部、右后腰部、右后脚部；左前座椅下、右前座椅下、左后座椅下、右后座椅下；左侧 IP 内、右侧 IP 内；左侧 IP 上、右侧 IP 上；左侧衣帽架上（左侧行李舱上）、右侧衣帽架上（右侧行李舱上）；左侧行李舱下、右侧行李舱下，保证每个声腔均匀布置三个传声器，参考图 9-14b。

3）参考传声器。由于测试所需传声器数量较多，一般采取分组测试进行，分别在车内及车外各布置一个传声器作为参考点，以确保各组测试过程背景噪声及车辆状态一致。其中车外参考点置于车头前方 1m 处，距离地面 1.5m，车内参考点置于仪表板中部位置，整个测试过程不再移动。

a) 车外

b) 车内

图 9-14 声载荷测试传声器布置示意

在声载荷测试的试验中，需要对传声器的测试结果进行处理。首先要对每个传声器进行功率谱计算，见公式（9-46）。然后依据每个区域布置的传声器数量进行平均计算，这样计算得到的结果是 SEA 模型所需的载荷。

$$p_i^2(f_c, \Delta f) = \int_{f=f_L}^{f_U} p_i^2(f) d = f \sum_{f=f_L}^{f_U} S_{\text{pp},i}(f) \qquad (9\text{-}46)$$

$$\langle p^2(f_c, \Delta f)\rangle = \frac{1}{N}\sum_{i=1}^{N} p_i^2(f_c, \Delta f) \tag{9-47}$$

式中，f_c 是三分之一倍频程中心频率；Δf 是三分之一倍频程带宽；f_L 是三分之一倍频程上限频率；f_u 是三分之一倍频程下限频率；S_{pp} 是功率谱密度；N 是测试区域传声器数量。

例如，在进行声载荷测试时，对于侧窗玻璃，通常要布置三个传声器，需要首先求得每个传声器的功率谱，然后对三个传声器求平均值。图 9-15 是某款车传声器布置示意，图 9-16 是侧窗玻璃在发动机转速为 3000r/min 工况下，三个传声器测试结果的平均值。

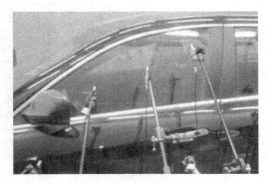

图 9-15 侧窗玻璃传声器布置示意图

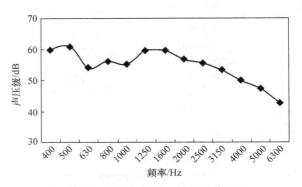

图 9-16 某款车侧窗玻璃平均声压级

四、SEA 模型调校

与 FEM 分析方法不同的是，利用 SEA 仿真分析需要花费相当大的精力去调校模型。所谓 SEA 模型调校就是在理想工况条件下，对车内驾驶员或乘员头部声腔测试值与计算值进行一致性验证、纠偏的过程。理想工况就是在静态条件下，利用体积声源替代实际噪声源的测试工况。理想工况采用的是白噪声信号，噪声源比较单一，没有结构噪声的影响，便于对 SEA 模型的分析和修正。

理想工况车身表面传声器布置与实际工况传声器布置位置是一样的。通过理想工况获得车身表面的声载荷和车内驾驶员、乘客头部声腔的声压结果，并将声压结果转化为 PBNR（Power Based Noise Reduction）值，PBNR 定义为

$$\text{PBNR} = 10\lg\frac{\varPi}{p\times p^*} - 10\lg\frac{\varPi_{\text{ref}}}{p_{\text{ref}}^2} \tag{9-48}$$

式中，$\varPi_{\text{ref}} = 10^{-12}\text{W}$；$p_{\text{ref}} = 2\times 10^{-5}\text{Pa}$；$\varPi$ 是点声源在声场的声功率；p^* 是声压 p 的共轭；$p\times p^*$ 是声压的均方值或自谱。

那么，测得声压与 PBNR 转化关系为

$$\text{PBNR} = -20\lg\left|\frac{p}{Q_a}\right| - 9.4 \tag{9-49}$$

式中，Q_a 是声源的体积加速度；$|p/Q_a|$ 是测得的声压对体积加速度传递函数的幅值。

采用基于能量的 PBNR 方法，更能全面考虑系统的吸隔声性能。测试获取的车身表面声载荷处理作为 SEA 模型的载荷进行计算，将仿真分析结果与试验测试结果进行对比分析，并通过修正 SEA 模型实现仿真分析结果与试验的一致性。

理想工况也主要考虑三种声源：发动机噪声、轮胎噪声和排气噪声。因此，理想工况测试内容见表 9-6，图 9-17 是某款车测试声载荷的位置示意，要保持体积声源的布置位置与发动机断面、轮胎胎面和排气口距离合适，距离太大或太小都不能代表各位置点的声源特性。

表 9-6 声载荷理想工况

工况名称	声源位置	备注
发动机噪声	发动机左、右侧中间位置	若是电动车,则为电机左右侧
轮胎噪声	四个轮胎前后位置点	
排气噪声	左、右排气口位置	若是电动车,则不选该位置点

a) 发动机左侧

b) 右前轮胎

c) 左排气口

图 9-17 声载荷理想工况测试位置示意

模型调校主要是通过一定的技术分析手段,找到需要修正的参数,通过调整这些参数,使得四个部位头部声腔仿真分析结果与测试结果尽可能保持一致性。模型调校主要的技术分析工具是传递路径和功率流分析,主要修正的参数包括泄漏、过孔隔声量、密封条隔声量等。

对 SEA 模型进行仿真分析,实际是对车外声源到车内头部声腔的能量流分析,主要就是对各传递路径的隔声和吸声的分析。例如,发动机舱到车内驾驶员头部这条传递路径,根据功率流分析:中低频的能量输入主要来自于发动机舱内的能量,对于 3000Hz(侧窗玻璃吻合频率)以上频段的能量,主要来自左侧车窗玻璃外部声腔的能量。在对驾驶员头部进行声腔分析时,中低频能量流主要传递路径是头部声腔→腰部声腔→腿部声腔→IP 声腔→过孔→发动机舱内声腔,通过分析可发现这条路径上影响最大的参数是过孔的隔声量,可结合前围过孔试验调整过孔的隔声量。同样,对于吻合频率以上的频段,分析驾驶员头部声腔是否存在高频能量,结合整车气密性需要调整侧窗的泄漏量。

通过对四个头部声腔的调试和模型修正,通常判断试验与仿真一致性的标准为:车内噪声在有效频段内(>400Hz)仿真结果与实测值在三分之一倍频程 85% 频段声压级相差不超过 3dB。

五、声学包分析及优化

当完成 SEA 模型调校后,模型的精度是可以满足分析优化要求的,可以利用调校后的模型完成两方面的工作,包括问题分析和优化减重等工作。

1. 问题的分析及优化

首先计算各种工况下四个头部声腔的声压级,根据声压级的结果确定问题频段,针对问题频段进行传递路径分析,查找主要的传递路径,并根据传递路径进行优化。常见的问题部位包括前围、车门、地毯、轮罩板、顶篷、侧窗玻璃及风窗玻璃等,针对不同的问题频段从钣金厚度、硬层厚度、吸声棉面积、夹层及声学玻璃等方面进行优化。

图 9-18 是某款车在 3000r/min 下驾驶员头部声腔声压级结果,对图中 800Hz 频段的峰值进行能量传递分析,能量输入最多的依次包括侧窗玻璃、前风窗玻璃、前部顶板、三角窗玻璃等。为降低 800Hz 的峰值,可采用的措施

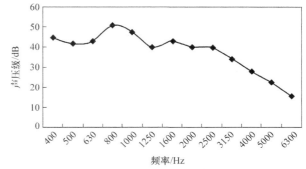

图 9-18 某款车 3000r/min 下驾驶员头部声腔声压级

包括增加侧窗玻璃厚度、前风窗玻璃采用声学隔声玻璃、前顶板增加阻尼等措施。

2. 声学包轻量化分析

依据噪声传递路径分析结果，完成声学包材料的优化分析。在 SEA 模型中可将材料的覆盖率、厚度等参数定义为变量，将车内噪声和主要板件的振动能量作为约束条件或优化目标，对整车声学包进行轻量化分析。

由于电动车与燃油车噪声有一定的区别，在加速工况，电动车低频段的声压要小于燃油车的声压。目前一些主机厂开发的电动车，是与燃油车同平台的。因此，基于燃油车与电动车的噪声特点，可以进行轻量化分析，这样可通过降低整车的重量，提高电池的续驶里程，同时实现成本的降低。

第五节 声学包试验分析及评价

根据整车声学包的开发流程，声学包性能开发可分为材料级、平板级、部件级和整车级。那么声学包每个级别的性能开发，都有其对应的试验方法和评价手段，包括吸隔声性能相关章节介绍的一些测试方法，如材料级的驻波管法测试、平板件的混响箱法测试、平板件的"混响半消法"隔声测试等，这些都是材料级的测试和评价方法。本节将对声学包的系统、部件级以及整车级方法进行介绍和说明。

一、部件级测试及评价

对于整车声学包，零部件主要是指前围吸隔声垫、地毯、顶篷、座椅等声学包件。对部件的验证主要从吸隔声性能及影响因素进行分析验证。

1. 吸声性能

零部件的吸声性能验证主要是通过混响箱或混响实验室进行测试的，通常测试的部件包括发动机罩隔声垫、前围外吸声垫、前围内吸声垫、顶篷、地毯、行李舱侧围、行李舱地毯等。从整车开发的角度分析，在混响箱测试零部件的吸声系数，主要有两个功能：一方面是对标杆车型零部件进行吸声性能分析，另一方面是对设计车型的部件进行吸声性能的达标验证。吸声性能的评价参数包括吸声系数和等效吸声面积等。

图 9-19 是某款车天窗吸声性能混响箱测试图，由于测试主要考虑乘员舱的吸声性能，因此在对顶篷进行测试时，需要对顶篷的背面采用铝箔胶带进行处理，避免天窗背面参与吸声的情况，保证了测试的精度。

图 9-20 是某两款同级别车顶篷的吸声性能的测试结果，在实际的结果分析过程中，由于顶篷的面积无法精确获得，可以采用等效吸声面积来对比。图 9-20 中，在低频段 400~1000Hz 内，车 A 较车 B 等效吸声面积值要小，主要是由于两者顶篷有效吸声层的厚度、胶层布置差异引起的。另外，顶篷的生产工艺对吸声性能也有较大影响，通常顶篷有干法和湿法生产工艺。湿法工艺在轻量化、吸声性能、尺寸稳定性有一定的优势，但是，湿法工艺在车内挥发性有机物（Volatile Organic Compounds，VOC）上有一定缺陷，因此，在考虑声学包零部件声学性能时，要兼顾工艺和设计参数。

图 9-19 顶篷吸声性能验证试验

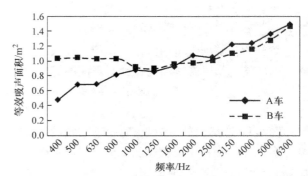

图 9-20 某两款车顶篷吸声性能对比

2. 隔声性能

零部件隔声性能验证可利用移动试验设备 ISOKELL 或者"混响-半消"进行上墙测试。主要测试的零部件包括前围、地毯、车门等。测试的目的主要包括三个方面：第一，对标杆车零部件进行隔声测试，这需要对标杆车进行拆解；第二，对设计车的零部件进行达标验证；第三，对设计车过孔隔声量进行分析验证。评价的参数主要包括传递损失和插入损失等。图 9-21 是某款车地毯隔声性能试验测试示意图。

图 9-22 是某款车利用隔声量测试选用 EVA 厚度的测试结果对比，从图中可以看出：采用 2kg 与 3kg 的 EVA 的地板隔声量相差不大，但是与地毯无 EVA 的隔声量结果相差较大。由此可以看出：重层到一定厚度时，隔声量不会增加太多，这要求在进行地毯设计时，要合理地设计重层厚度，既能保证隔声性能，又满足轻量化设计要求。

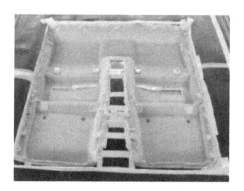

图 9-21 地毯隔声性能试验

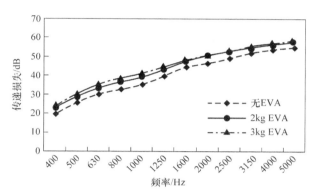

图 9-22 地毯不同 EVA 厚度对隔声量影响分析

隔声性能试验的另外一个功能就是对过孔隔声性能进行分析和验证。依据"木桶效应"，过孔隔声量不足，则会影响所在区域隔声量性能，因此过孔隔声量对所在区域的隔声性能有非常重要的作用。尤其是整车前围板，必须对过孔结构进行合理设计，否则无法保证前围隔声性能。图 9-23 是某款车的前围隔声量测试试验示意图，由于前围过孔非常多，主要包括转向管柱过孔、助力转向过孔、空调高低压管过孔、进出水管过孔、线束过孔、空调漏液孔、空调进风口过孔等，根据"木桶效应"，只有保证前围板每个过孔的隔声量，才能保证前围整体的隔声性能。

在对前围进行隔声量分析时，需要对前围每个过孔进行试验验证。对过孔隔声量验证主要分为两个步骤：首先将每个过孔安装的零部件拆除，并进行理想化处理，利用橡皮泥、铝箔进行封堵，并利用超声波测漏仪进行检查，保证各个过孔部位处理后没有明显泄漏，然后测试被测过孔的隔声量，此时的测试值可作为过孔隔声量的目标值；其次，在被测过孔上安装相应的零部件，然后再进行测试，该测试值将是过孔的隔声量值。如果该试量值与上一步的测试值相差不大，则说明过孔隔声量满足要求，否则，就需要对过孔部部位进行结构优化。

对于前围的过孔结构，转向管柱过孔结构一直是关注的重点，图 9-24 是转向管柱优化前后的隔声量对比结果，主要是对转向管柱的防尘罩厚度、密封、与隔声垫的搭接关系进行了优化，优化后的结果与目标值更为接近。

图 9-23 前围隔声性能验证试验示意

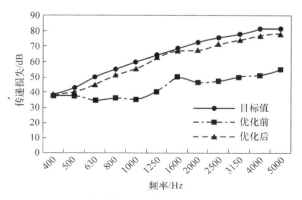

图 9-24 前围转向过孔隔声量优化前后对比

二、整车级测试及评价

整车级测试主要是对整车声学包进行综合评估,包括对"源"和"传递路径"的评估验证,通常的试验内容有 ATF 测试、车内混响时间测试、声功率测试、整车气密性测试等。整车气密性测试可参见整车密封性相关章节,本节不做介绍。

1. ATF(Airborne Transfer Function)测试

整车 ATF 测试主要是针对空气传播噪声从传递路径的角度进行评估的,用来评估声源位置点处(发动机、轮胎、排气口等)到车内驾驶员耳旁的声音敏感程度,分别用来评估发动机噪声、轮胎噪声和排气噪声对车内影响的大小。在试验测试时,需要在发动机前后左右布置四个传声器,在四个轮胎前后布置共计 8 个传声器,左右排气口分别布置两个传声器。在车内,体积声源管口布置在耳旁声压处,并在驾驶员座椅和后排放置传声器。各噪声点到车内的 ATF 就是两个位置点声压级差值。

图 9-25a 和 b 是前轮舱到车内驾驶员 ATF 测试示意,图 9-25c 是某款车轮罩板优化前后的 ATF 测试结果对比,优化的方案包括轮罩密封及挡泥板背部增加吸声棉等。由此可以看出:轮罩腔内的声学包设计对降低胎噪对车内噪声的影响有重要作用。

a)驾驶员座椅体积声源传声器布置 　　　　b)前轮胎传声器布置

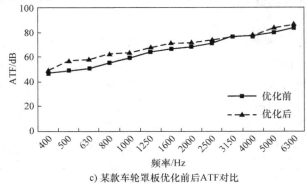

c)某款车轮罩板优化前后ATF对比

图 9-25 整车前轮胎到驾驶员耳旁 ATF 测试结果

2. 车内混响时间

车内混响时间是综合评估车内吸声材料吸声性能的重要参数。混响时间主要是用来评估混响场的吸声性能,由于乘员舱的声场是介于混响场和自由场之间的声学环境,混响时间比较短,测试比较困难。车内混响时间一般采用中断声源法进行测试,即在背景噪声满足测试要求的环境内,采用窄带或宽带噪声中断发声后,直接记录声压级的衰减来获得衰减曲线,也就是测点声压级按照线性规律衰减 60dB 所需的时间。由于测试量程和测试背景噪声的影响,在实际测试过程中,通常测量声压级 20dB 所需的时间,然后按照 3 倍关系获得 T_{60},相关理论见吸声性能部分内容。

在测试过程中，通常中高频体积声源激励位置为驾驶员处、前排乘客处、后排座椅中间三个部位，车内混响时间车内测点位置为驾驶员左耳、前排乘客右耳、后排左侧乘员左耳、后排右侧乘员右耳。这样，通过测试完成12条曲线然后求平均就可以得到车内的混响时间。图9-26是测试乘员舱混响时间布置示意，其中图9-26a是驾驶员传声器布置位置，而图9-26b是前排乘客体积声源的布置位置，在测试过程中球声源需要移动三个位置，总共会得到12条衰减曲线。

a) 驾驶员传声器布置　　　b) 前排乘客体积声源布置

图 9-26　乘员舱混响时间测试

图 9-27 是五款车乘员舱混响时间对比曲线，从曲线可以看出：在 400~6300Hz 频段内，混响时间在 110~140ms 之间。对于乘员舱，吸声部件包括顶篷、座椅、地毯和一些部件贴附的吸声棉等，但是顶篷和座椅两个部件几乎占据了乘员舱70%以上的吸声能力。目前，皮质座椅和全景天窗成为一种趋势，这就大大降低了车内的吸声能力，图 9-27 所示的五款车型也说明了这个问题。因此，为了弥补顶篷和座椅吸声能力的降低，可以采取提高地毯毯面的吸声能力，如增加针刺毯纤维高度、增加 A/B/C 柱及门槛梁内的吸声棉面积等措施。

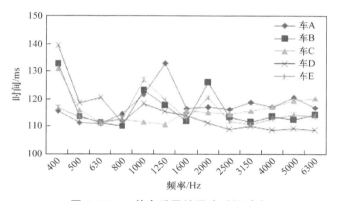

图 9-27　五款车乘员舱混响时间对比

3. 发动机声功率测试

依据 NVH 分析问题的"源-路径-响应"思路，发动机声功率测试主要是从"源"的角度进行评估的，是发动机噪声水平大小的一个评价参数。在开发的早期阶段，可依据发动机的声功率测试结果，对声学包制定出合理的目标。如果发动机噪声水平评估相对较差，就必须提高关键部位声学包吸、隔声水平，才能保证车内有较好的噪声水平。发动机声功率测试有台架测试和整车测试两种，在进行对标车发动机声功率测试时，由于台架测试难度较大，通常采用整车测试方法对发动机噪声进行评估。

发动机声功率测试可分为三点法、六点法、九点法。由于三点法测试方法简单，同时也能反映发动机的噪声水平，发动机噪声常采用三点法进行简单评估。若要测试发动机声功率，首先要测试包围声源的假设球面或半球面表面声压级，然后利用球面或半球面的公式才可计算出发动机的声功率级。发动机布置传声器见图 9-28，图 9-28a 和 9-28b 是噪声测点示意图，布置位置点为 M1、M2 和 M3，图 9-28c 为实车测试示意图。在图 9-28a 和 9-28b 中，L 为动力总成包络面的长度，w 为动力总成包络面的宽度，h 为动力总成包络的高度。

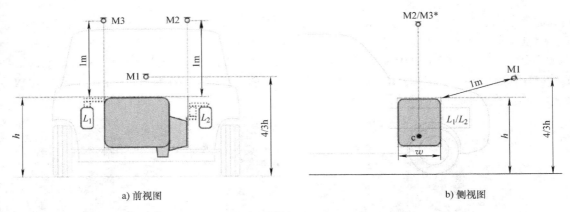

a) 前视图　　　　　　　　　　　　　　b) 侧视图

c) 实车测试图

图 9-28　三点法发动机声功率测试

发动机声功率测试按怠速和加速两种工况进行测试和评价，其中加速工况在半消声室转毂上进行测试，采用三档 WOT 工况。由三个位置点的传声器测得发动机声压值，通过式（9-50）可以计算发动机声功率。

$$L_w = 10\lg\left\{\left(\frac{0.9638}{A_0 p_0^2}\right)\left(A_1 p_1^2 + A_2 p_2^2 + A_3 p_3^2\right)\right\} + L_c \tag{9-50}$$

式中，L_w 是声功率级；p_1、p_2、p_3 是分别是三个传声器声压的 RMS 值；p_0 是参考声压，取值为 2×10^{-5}Pa；A_0 是基准参考面积，取值为 1.0m^2；L_c 是声功率修正系数，当有发动机装饰盖时，$L_c=0$，无发动机装饰罩时，$L_c=1$；A_1、A_2、A_3 是分别是三个测量面的等效面积，大小分别为

$$A_1 = 0.35\pi(1+r)^2 + 0.25\pi(1+r)(l+2e-4r) + (l-2r)(e-r) \tag{9-51}$$

$$A_2 = A_3 = 0.5(A - A_1) \tag{9-52}$$

$$A_3 = 2\pi(1+r)^2 + \pi(1+r)(2e+w+l-6r) + 2(e-r)(w+l-4r) + (w-2r)(l-2r) \tag{9-53}$$

式中，r 是动力总成包络面圆角半径。

另外，声学包的吸隔声性能也可以通过其他试验工况（匀速工况、加速工况等）测试结果的中高频段进行直接或间接的评判。例如，通过加速工况评判前围内、外声学件的吸隔声性能，光滑路面匀速工况的轮罩声学件的吸隔声性能等。

第二篇
整车 NVH 综合性能分析与控制

第十章 整车抖动分析及控制

整车抖动问题属于低频振动问题，是乘客可直接感受和体验到的NVH问题。因此，整车抖动直接影响到乘客对车辆的驾乘感受，是影响乘车品质最重要的问题之一。整车抖动问题类型比较多，涉及的工况比较多，覆盖的系统部件非常广，产生的机理也非常复杂。整车抖动问题是整车NVH问题中最难控制的问题之一。

第一节　整车抖动问题概述

整车的抖动是指沿整车或整车某部位的平动方向或者旋转方向产生的低频振动。抖动问题的振动频率通常在 5~30Hz，但是转向系统的抖动频率可达到50Hz左右。人体各部位的频率都比较低，频率范围在 3~17Hz，其中人体内脏器官频率在 4~6Hz，头部的频率在 8~12Hz。人体系统对振动的响应，最主要的部位是"胸—腹"系统，而"胸—腹"系统对频率为 3~8Hz 的振动有明显的共振响应。因此，频率为 3~8Hz 的振动最为敏感，对人体影响和危害最大。由于整车的抖动频率与人体的振动敏感频率存在重叠区，如果整车的频率规划不合理，将会引起乘坐不舒适的感觉。

整车抖动问题是NVH问题中最为复杂的问题之一，因为抖动问题不仅激励源多，发生问题的工况多，涉及的系统也比较多，而且在整车上感受的部位也较多。因此，对整车抖动问题的分类也多种多样，常见的分类方法包括：

1）问题产生的部位：抖动问题可分为整车抖动和局部部位抖动，局部部位抖动又可分为方向盘抖动、变速杆抖动、后视镜抖动、座椅抖动、制动踏板抖动等。

2）问题产生的激励源：抖动问题可分为动力总成引起的抖动、路面引起的抖动、旋转件引起的抖动等。旋转件又可分为轮胎、冷却风扇、鼓风机、制动盘等。

3）问题持续的时间：抖动问题可分为瞬态抖动和持续抖动等。瞬态抖动和持续抖动发生在很多工况下。对于瞬态抖动，常见的问题有起步的耸动、怠速不规则抖动等；对于持续抖动，常见的抖动问题有怠速开空调方向盘抖动、高速巡航座椅抖动等。

4）问题振动的方向：抖动问题可分为平动方向抖动和旋转方向抖动等。常见的平动方向抖动有座椅抖动、后视镜抖动、变速杆抖动等；常见的转动方向抖动有整车仰俯抖动、转向系统绕管柱抖动等。

5）问题的频率特性：抖动问题可分为刚体引起的模态抖动、弹性体模态引起的抖动等。刚体模态包括整车簧上/簧下模态、动力总成刚体模态等；弹性体模态包括方向盘模态、座椅模态、后视镜模态等。

6）问题产生的工况：抖动问题可分为起动抖动、怠速抖动、巡航抖动、加速抖动、制动抖动等。其中怠速工况又可分为怠速带载荷/不带载荷、起步工况等；巡航工况又可分为蠕行工况、低速巡航、高速巡航等。从分析和解决问题的角度，按工况对抖动分类是最适合的分类方式，本章将按工况的分类对抖动进行介绍和说明。

第二节 整车抖动问题的传递特性

根据 NVH 问题的"源-路径-响应"的分析原理，每一类 NVH 问题都有其特定的激励源和传递路径。同其他 NVH 问题一样，抖动问题也有其特定的激励源和传递路径。下面从激励源、传递路径和响应部位三个方面对抖动问题进行分析。

一、抖动问题的激励源

根据整车抖动问题产生的特点，产生抖动的激励源主要有三类：发动机激励、路面激励和其他旋转件激励等。从控制的角度分析，路面具有随机不可控的特点，本节仅对发动机激励和旋转件激励源进行说明。

1. 发动机激励

发动机是整车抖动问题的重要激励源，发动机激励主要来自于其缸内周期变化的气体压力和曲柄结构运动产生的惯性力。如果这些力和力矩得不到有效的平衡，将导致发动机产生某个方向的平动和转动，并激励车身产生抖动问题。根据发动机产生激励力的特点，发动机激励可分为两类。

（1）点火激励 发动机在工作过程中，缸内的可燃混合气在点火时产生的爆发性力矩，使得发动机对外输出的转矩并非均匀的，另外这种爆发性力矩也是周期性出现的，因此发动机对外输出的转矩也是周期变化的。同时，发动机也承受着周期变化的反作用转矩，对外输出的转矩周期变化的频率与发动机点火频率是相同的，点火频率与发动机的转速是相关的，那么发动机点火频率为

$$f = \frac{ni}{60\tau} \quad (10\text{-}1)$$

式中，n 是发动机转速；i 是发动机气缸数量；τ 是冲程因子，四冲程 $\tau=2$。

（2）惯性激励 发动机在工作过程中，气缸内产生周期变化的压力，使得活塞产生周期的往复惯性力，同时曲柄连杆产生周期的旋转惯性力。另外，受气缸数量和布置因素的影响，发动机还会受到周期性惯性力矩的激励。惯性力和惯性力矩的周期性频率为

$$f = \frac{1}{60}Qn \quad (10\text{-}2)$$

式中，Q 是阶次系数，一阶不平衡，$Q=1$，二阶不平衡 $Q=2$；n 是发动机转速。

对于常见的三缸、四缸和六缸发动机力和力矩平衡见表 10-1。

表 10-1 四冲程往复式内燃机力和力矩平衡情况

气缸布置			直列三缸	直列四缸	直列六缸
点火次序			1-2-3	1-3-2-4	1-5-3-6-2-4
平衡情况	往复力	一阶	平衡	平衡	平衡
		二阶	平衡	不平衡	平衡
	往复力矩	一阶	不平衡	平衡	平衡
		二阶	不平衡	平衡	平衡
	旋转力	一阶	平衡	平衡	平衡
	旋转力矩	一阶	不平衡	平衡	平衡

从表 10-1 可以看出，与四缸机和六缸机相比，三缸发动机的激励平衡性差，由此引起动力总成激励在车内产生的振动和噪声就比较大。另外，考虑到能耗的原因，三缸机应用越来越广泛。下面对三缸发动机的不平衡力和力矩进行简单说明。

1）往复惯性力和力矩。往复惯性力是指发动机在工作过程中，活塞组件（包括活塞、活塞环、活塞销和活塞卡环等）和连杆集中在大头的质量进行往复运动而产生的惯性力。往复惯性力对缸体产生的力矩称为往复惯性力矩。根据三缸机的结构特点，三缸机三个曲柄连杆结构呈120°分布，三缸机的一阶、二阶往复惯性力相互抵消，但是往复惯性力矩存在不平衡问题。下面对往复惯性力和往复惯性力矩进行分析。图 10-1a 所示为单缸机曲柄连杆受力分析，图 10-1b 和图 10-1c 所示为三缸发动机的力矩分析。

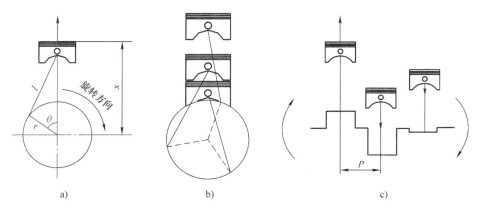

图 10-1 三缸发动机往复惯性力

从图 10-1 可知，往复式单缸惯性力和三缸惯性力为

$$F_1 = m_j r \omega^2 (\cos\omega t + \lambda \cos 2\omega t + \cdots) \tag{10-3}$$

$$F_3 = 0 \tag{10-4}$$

式中，m_j 是往复部件的等效质量；ω 是曲轴旋转圆频率；r 是曲轴半径；λ 是连杆比，且 $\lambda = r/l$，l 是连杆长度。

从图 10-1 可以分析出，三缸发动机往复惯性力矩为

$$M_j = \sqrt{3} P m_j r \omega^2 \left[\cos(\omega t - 30°) + \lambda \cos(2\omega t + 30°)\right] \tag{10-5}$$

从式（10-5）可以看出，三缸机的一阶和二阶往复惯性力矩都是不平衡的。

2）旋转惯性力及力矩。旋转惯性力是指发动机在工作过程中，曲柄臂、曲柄销、曲柄和连杆集中在小头的质量等进行旋转运动而产生的惯性力。旋转惯性力对缸体产生的力矩称为旋转惯性力矩。三缸机旋转惯性力相互抵消，而旋转力矩是不平衡的。

从图 10-2 可以看出，旋转惯性力的方向呈中心对称分布，力的幅值大小相等，缸体整体受到的旋转惯性力的合力为零。

同样，三缸机受到的旋转惯性力矩为

$$M_r = \sqrt{3} P m_r r \omega^2$$

式中，m_r 是缸体旋转部件等效质量。

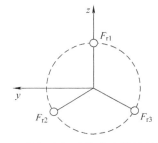

图 10-2 曲柄连杆结构产生的旋转惯性力

2. 旋转件激励

整车上一些高速转动的部件（如轮胎、冷却风扇、鼓风机、传动轴等）也可以引起整车或局部的抖动，引起抖动的原因在于高速旋转件的质量（或刚度，较少）不平衡产生的激励力频率与整车或系统部件频率发生的耦合。所谓的质量不平衡是指一个高速旋转件的质量轴线（惯量轴线）与实际的旋转轴线不重合。表示旋转件不平衡量可用不平衡的质量与该质量中心至实际旋转轴线的距离的乘积来表示，单位为 g·mm。因此，不平衡总是相对旋转轴线而言的，如果旋转轴线发生改变，部件的不平衡量也就改变。

对于高速转动的部件，不平衡问题可分为两类：静不平衡和动不平衡。静不平衡问题是指发生在单平面内，且旋转部件的质量轴线与实际旋转轴线平行、不重合。常见的发生静不平衡问题的部件有冷却风扇、传动轴等。动不平衡问题是指发生在两个平面内，且旋转部件的质量轴线与实际旋转线不平行、不重合、不相交，常见的发生动不平衡的部件有轮胎、鼓风机等。

旋转件在运动过程中产生的激励力是离心力，大小为

$$F_r = m_e r \omega^2 = Q \omega^2 \tag{10-6}$$

式中，m_e 是不平衡质量的大小；r 是质量轴线与实际旋转轴线的距离；ω 是旋转件的圆频率；Q 是旋转件的不平衡量。

因此，影响激励力大小的因素是动不平衡量和旋转的频率。为此在零部件开发过程中，为减少旋转件产生的振动，需要对这些件制定不平衡量的目标，例如，冷却风扇的不平衡量为 15～25g·mm。

另外，旋转件转动的频率，也是影响整车及部件抖动的重要因素。例如，有的冷却风扇分高低转速两级，低转速为（2250±150）r/min，高转速为（2450±150）r/min。可以利用式（10-6）计算转动的频率。在整车抖动的分析中可以知道，通常旋转件发生问题频率的阶次主要为一阶。

$$f = \frac{1}{60} ni$$

式中，n 是旋转件的转速；i 是旋转件的阶次；f 是旋转件阶次对应的频率。

对于轮胎，旋转的频率则与轮胎的型号、车速等有关，以轮胎型号 215/50 R17 为例，计算不同车速下轮胎一阶不平衡频率，见表 10-2。

表 10-2 轮胎车速与频率关系

车速/(km/h)	50	60	70	80	90	100	110	120	130	140
频率/Hz	6.84	8.21	9.58	10.95	12.32	13.68	15.05	16.42	17.79	19.16

另外，制动盘作为旋转件引起的制动抖动问题，还与制动盘的制造精度、表面材料、工作温度、接触力等有关，本节不对制动盘进行详细的说明，可参考制动相关章节内容。

二、抖动问题的传递路径分析

根据 NVH 问题的分析原理，每个振动激励源都是通过一定的路径传递到响应部位的。由上一节介绍可以知道，常见的激励源包括动力总成、路面、旋转件（如轮胎、冷却风扇、鼓风机、传动轴等）。动力总成和路面这两种激励源传递到车内的路径是相对比较复杂的，每一个激励源传递到车内的路径也非常多，而每一条传递路径都是在特定工况和特定频率下产生的。

图 10-3 所示为两种激励源的传递路径。从图 10-3 可以看出，动力总成激励和路面激励是可以通过多种路径传递到车内响应部位的。例如，动力总成激励可以通过路径（动力总成→悬置→车身→方向盘）引起方向盘抖动问题；路面激励可通过路径（路面→轮胎→转向节→悬架→车身→座椅）引起座椅抖动问题。对于动力总成引起的发动机抖动问题，可能发生在怠速工况下，是由于怠速时发动机点火频率与转向盘模态耦合产生的。路面激励引起的座椅抖动问题，可能是发生在巡航工况下，是由于路面激励频率与悬架系统模态频率、座椅模态频率中的一个或者两个频率耦合引起的，座椅产生抖动的原因是共振或者受迫振动。

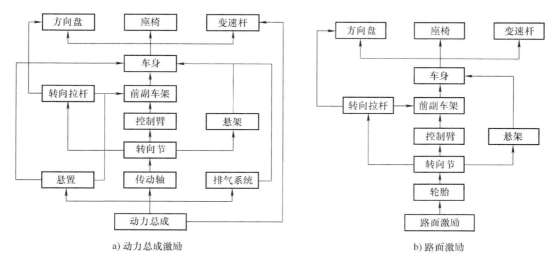

a) 动力总成激励　　　　　　　　　　b) 路面激励

图 10-3　两种激励源的传递路径

三、传递路径的关键部件特性分析

整车的抖动问题多为共振引起的，由于抖动的频率相对较低，因此，发生共振的部件多为刚体模态或较低阶的弹性体模态。主要的部件及相关模态包括：

1. 动力总成刚体模态

动力总成是指发动机、离合器和变速器组成的系统。由于发动机振动是整车振动的主要激励源之一，为了减低发动机传递到车身的振动，就需要在动力总成系统与车身之间布置悬置进行隔振。通常采用三点悬置或者四点悬置布置方式，悬置与动力总成系统就组成了"弹簧-质量"系统，由于动力总成重量较大，使得这个系统模态较低，而动力总成的弹性体模态（通常>160Hz）相对较高。因此，在这个系统模态中，动力总成以"刚体"的形式存在，那么这个系统模态称为动力总成的刚体模态。

动力总成刚体模态有六阶模态，包括三个平动模态（前后模态-Fore/Aft，侧向模态-Lateral，垂向模态-Bounce）和三个转动模态（滚动模态-Roll，仰俯模态-Pitch，横摆模态-Yaw）。为了减少与整车模态和整车簧上下模态的耦合，根据隔振的理论，动力总成的刚体模态频率必须小于激励源频率的$1/\sqrt{2}$，结合以上限制条件，通常设定动力总成的刚体模态频率范围为6～17Hz。在动力总成的刚体模态中，为了减少模态之间的相互耦合，在一些重点关注的模态间必须符合频率分离原则。例如，将Pitch与Fore/Aft的模态频率、Pitch与Bounce的模态频率、Lateral与Roll的模态频率至少分离2Hz，见图10-4。

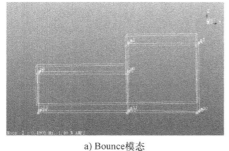

a) Bounce模态　　　　　　　　　　b) Pitch模态

图 10-4　动力总成的刚体模态

在动力总成的刚体模态中，不同方向的动力总成刚体模态与特定工况下的抖动是相关联的。例如，Fore/Aft模态，会影响起动和制动工况下车身的抖动；Bounce模态，会影响过坑和过坎时车身的抖动，同时也会影响发动机往复惯性力不平衡条件下车身的抖动；Pitch模态，会影响起动和制动工况下的车身抖动；Roll模态，则会影响发动机惯性力矩不平衡引起的车身抖动问题。

2. 簧载结构的刚体模态

簧载结构主要是指车身结构和部分底盘结构（如前后副车架、转向系统等）。簧载结构的刚体模态是指悬架的弹性元件和簧载结构组成的"弹簧-质量"系统，而簧载结构作为"刚体"形式存在的模态。主要原因在于簧载结构的模态在 0~6Hz，而簧载结构的弹性模态通常在 20Hz 以上。

簧载结构的刚体模态，可以在开发前期利用仿真分析的手段进行计算。由于簧载结构的弹性模态频率比簧载结构的刚体模态要大很多，簧载结构以刚体形式存在。因此，在进行簧载结构刚体模态仿真分析时，簧载结构可以简化处理成一个质量点，簧下结构可以采用有限元模型，见图 10-5。

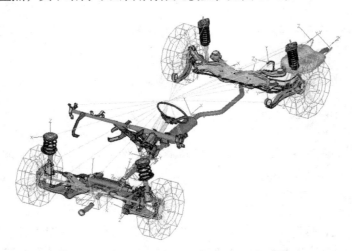

图 10-5 簧载结构刚体模态有限元模型

与其他刚体模态相同，簧载结构的刚体模态也主要有六阶，表 10-3 是某款车刚体模态的有限元分析结果。从表 10-3 中可以看出，簧载结构的刚体模态六阶都在 0~6Hz 范围内。因此，通过前期仿真分析，可以有效地对动力总成刚体模态频率进行规划分析，减少两个系统产生频率耦合的风险。如果两者产生模态耦合，整车会产生抖动、耸动等振动问题。

表 10-3 某款车簧载结构刚体模态分析结果

模态阶次	模态频率 /Hz	模态振型（整车坐标系）
1	0.01	Fore/Aft(x-axis)
2	1.67	Bounce(z-axis)
3	1.89	Roll (x-axis)
4	2.34	Pitch (y-axis)
5	3.38	Yaw (z-axis)
6	4.97	Lateral (y-axis)

3. 簧下结构刚体模态

簧下结构主要是指底盘结构，例如车轮、轮毂和悬架部件等。簧下结构刚体模态是指悬架的弹性元件和簧下结构组成的"弹簧-质量"系统，而簧下结构以"刚体"存在的模态。簧下结构的刚体模态频率在 11~18Hz 之间，而簧下结构的弹性体模态（如减振器弹性模态）在 100Hz 以上。

簧下结构的刚体模态可以利用仿真分析手段进行计算，模型与簧载结构模型相同，参考图 10-5 所示的模型。簧下结构的刚体模态就是通常说的跳动模态（Hop 模态）和爬行模态（Tramp 模态），分为前后悬架两种。表 10-4 是某款车簧下结构刚体模态的计算结果。

表10-4 某款车簧下结构刚体模态的计算结果

阶次	模态频率/Hz	模态振型
1	12.8	前轮跳动模态
2	13.3	前轮爬行模态
3	14.6	后轮跳动模态
4	14.9	后轮爬行模态

簧下结构的刚体模态频率与很多结构模态频率存在交叠区，如果不能实现有效避频，则会引起整车抖动问题，常见的情况包括：

（1）与动力总成刚体模态　为减少两者频率耦合的风险，必须在前期做好模态频率规划。如果两者出现模态耦合的情况，则会出现过坑、过坎时，车辆振动不能有效衰减，抖动时间长的问题。

（2）与轮胎一阶不平衡频率　两者发生频率耦合的现象出现在高速巡航工况下，当车辆车速大于100km/h时，轮胎的一阶不平衡频率进入簧下结构刚体模态的常用频率范围。这种频率耦合现象是不可避免的。为了降低整车抖动的风险，必须降低轮胎的不平衡量，也就是降低轮胎的激励力，这样可以减少整车的抖动。

4. 排气系统模态

排气系统一端与发动机相连，另一端通过排气吊挂与车身相连。因此，排气系统是发动机振动传递到车身上的重要传递路径。如果排气系统模态与发动机激励频率或动力总成刚体模态发生耦合，那么将加重车身抖动问题的产生。

排气系统的模态分为刚体模态和弹性体模态。刚体模态是由于排气系统采用橡胶吊挂与车身连接而产生的，频率范围在6～12Hz。排气系统弹性体模态，主要关注一阶垂向弯曲、一阶横向弯曲和一阶扭转模态等，见图10-6，该图是某一排气系统的垂向弯曲模态。由于排气系统可传递发动机激励引起车身部件抖动，因此，在开发前期必须进行频率规划分析，尤其要对排气系统模态频率和座椅模态频率进行避频设计。另外，由于排气系统采用细长的管道结构，排气系统的弹性模态密度较大，所以为了减少耦合共振的风险，必须对15～30Hz内排气系统的模态密度进行控制。

图10-6 排气系统一阶弯曲模态（f=14.44Hz）

5. 座椅模态

从NVH问题分析原理"源-路径-响应"角度看，座椅属于乘客可以感知的响应部位。如果座椅的模态频率规划不合理，不能有效地避开激励源频率或者重要的传递路径上部件的频率，都会引起座椅的抖动问题。座椅模态主要关注两阶，前后振动模态和左右振动模态，模态频率范围在15～20Hz。很多系统部件的模态都分布在这个频段内，如动力总成刚体模态、悬架的Hop和Tramp模态、排气系统弹性体模态等。图10-7所示为某款车整车状态下的座椅模态分析结果，图10-7a是前后振动模态，频率为16.4Hz，图10-7b是左右振动模态，频率为18.9Hz。

a) 前后振动模态　　　　　　　　b) 左右振动模态

图 10-7　整车状态下的座椅模态分析结果

6. 转向系统模态

同样，方向盘也是乘客可以感知的响应部位。因此，对转向系统的模态控制也非常重要。转向系统模态也可分为刚体模态和弹性体模态。转向系统的刚体模态是指由于齿轮齿条、蜗轮蜗杆、花键轴的配合间隙以及旋转件的弹性，使得方向盘沿旋转方向存在的模态，模态频率在 7~16Hz 之间。如果这个频率过高，则容易与悬架的 Hop 模态或 Tramp 模态发生耦合，引起方向盘的抖动（Shimmy）。同时，过高的频率也容易与轮胎一阶不平衡频率耦合而引起方向盘抖动。由于轮胎一阶不平衡模态与车速有关，这个频率与方向盘刚体模态耦合概率很高，但是，低车速区耦合的激励力要明显低于高车速区耦合的激励力，因此方向盘刚体模态不能设计得太高，通常要求不超过 8~10Hz。

转向系统的弹性体模态主要关注两阶，前后模态和左右模态，见图 10-8。图 10-8a 是前后振动模态，频率为 35Hz，图 10-8b 是左右振动模态，频率为 38Hz。对于转向系统模态，通常最低阶模态要大于 35Hz，有的主机厂设定的最低阶目标大于 38Hz，这主要是用来考虑避开发动机点火频率或冷怠速的点火频率，避免引起方向盘怠速抖动。

a) 前后振动模态　　　　　　　　b) 左右振动模态

图 10-8　转向系统模态

7. 外后视镜模态

后视镜也是可感知的响应部位，与座椅和方向盘触觉感知振动不同的是，后视镜通过视觉来感知振动。如果后视镜出现明显的可视抖动，会引起驾驶员视力模糊、视力疲劳、后方视野不清楚等一系列问题，导致安全事故的发生。因此，必须对后视镜模态频率进行控制，避免共振问题发生。

后视镜主要有三种安装方式，即安装在三角窗上，安装在水切上和安装在车门上（图 10-9）。通常前两种安装方式的后视镜模态频率要小于后一种安装方式的频率；并且后一种安装方式由于距离侧窗玻璃较远，更有利于降低车内风噪。对于前两种安装方式，为了降低车内风噪，通常镜臂 Z 向尺寸设计得非常小，这会降低 Z 向刚度和垂向模态频率，为了弥补刚度的降低，必须增大 X 向的尺寸。

后视镜的模态主要关注两阶，上下振动模态和前后振动模态，见图10-10，其中图10-10a为上下振动模态，频率为52Hz；图10-10b为前后振动模态，频率为69Hz。在前期频率规划时，要考虑避开发动机激励频率、典型的路面激励频率等。

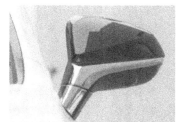

a) 安装在三角窗上　　　　b) 安装在水切上　　　　c) 安装在车门上

图 10-9　后视镜安装方式

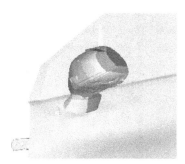

a) 上下振动模态　　　　　　b) 前后振动模态

图 10-10　外后视镜振动模态

从NVH控制的角度分析，为了降低整车的抖动，一方面要降低外部激励力，例如对发动机平衡力和力矩的控制、动不平衡量的控制等；另一方面，必须在前期对关键部件进行频率规划，避免共振问题的产生。由于抖动问题的频率比较低，模态频率控制难度比较大，只有在前期做好频率规划，才能降低实车出现抖动问题的风险。

第三节　发动机起动抖动

发动机起动（Key on）是最直观评价NVH性能的工况，是评价整车振动最重要的一项内容。由于发动机在起动时，是发动机由静态转变为动态的工况，从整车NVH性能评价来看，是人体感受最为敏感的工况。

一、发动机起动概述

发动机起动是指发动机由静止状态过渡到工作状态的过程，也就是曲轴在发动机起动系统的作用下开始转动到发动机自动地怠速运转的过程。发动机曲轴在外力作用下开始转动，带动活塞做往复运动，使得气缸内可燃混合气燃烧而膨胀做功，并推动活塞向下运动带动曲轴旋转，发动机实现自行运转，工作循环也实现自动运行。

发动机起动过程是一个较为复杂的瞬态过程，在起动的过程中动力总成产生较大的转矩波动，转矩波动通过悬置系统传递到车身，引起整车或整车局部抖动问题。发动机起动过程中产生的振动，通常可分为三个过程。

1. 电动机拖动阶段

在电动机拖动过程中，电动机拖动的阻力主要来自各个气缸内的气体压缩和内摩擦，在这个阶段，缸内并没有燃烧，这种阻力产生的振动非常小。因此，通过悬置系统等部件传递到车身上的振动可以忽略。

2. 发动机初始燃烧阶段

电动机以一定的转速拖动发动机曲轴,当曲轴转动到一定角度,电动机脱开后发动机进入初始燃烧阶段。图 10-11 所示为某四缸发动机的转速曲线。电动机以 200r/min 左右的转速拖动曲轴,当曲轴转角在 500° 左右时电动机脱开,发动机完成第一次点火,第一次点火后发动机转速迅速提升到 600r/min,接着发动机各缸依次点火,曲轴转速快速提升至 1200r/min,发动机完成起动。

当电动机刚脱开时,缸内的燃油浓度迅速加大,导致第一次点火时缸压瞬时变大,这种急剧变化的缸压引起缸体产生振动,通过悬置系统传递到车身,引起整车或局部抖动。另外,动力总成的刚体 Pitch 模态频率为 10～12Hz,如果电动机拖动曲轴的转速至第一次点火在 600r/min,对于四缸机,则点火频率为 10Hz 左右,这样与动力总成模态发生耦合而产生共振,并通过悬置系统引起整车或局部共振问题。

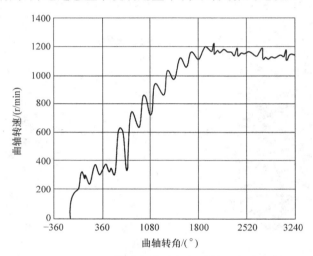

图 10-11 某四缸发动机起动转速曲线

3. 发动机正常燃烧至怠速阶段

从图 10-11 可以看到,当发动机完成起动点火正常燃烧时,曲轴的转速迅速升高至 1200r/min,此时对应的二阶点火频率为 40Hz,如果转向系统模态与点火模态发生耦合,则方向盘会产生抖动问题。尤其是冷起动过程中,发动机转速比热起动或重复起动转速要高,处理不好避频问题,则常常会引起冷起动方向盘抖动问题。

二、发动机起动抖动的客观评价

发动机起动抖动问题属于瞬态问题,瞬态振动问题的评价与稳态振动问题是不同的,稳态振动主要用速度和加速度进行评价,若采用这些单一的参数不足以反映瞬态问题。当振动具有偶发性、瞬时性或者峰值因子大于 9 时,常规的评价可能会低估振动对人体的影响,这时需要采用振动剂量值(Vibration Dose Value,VDV)进行评价。VDV 定义为

$$\text{VDV} = [\int_0^t a_w^4(t)\mathrm{d}t]^{0.25} \quad (10\text{-}7)$$

式中,a_w 是计权等效加速度值,单位为 m/s$^{1.75}$。

式(10-7)实质是放大了计权等效加速度 a_w 的值,使之对振动峰值更加敏感。从该式可以看出,VDV 大小取决于两个因素:振动强度和振动持续时间。

VDV 是 ISO 2631-1:1997 中收录的指标,是用于评价高峰值系数机械振动对人体影响的客观指标。峰值系数定义为在一段时间内加速度峰值与其均方根值的比值。发动机起动抖动属于典型的高峰值系数振动。通过大量研究说明,VDV 可以较好地反映驾乘人员的主观感受。

三、发动机起动抖动的控制方法

发动机起动抖动产生的主要原因包括起动时间长、振动能量大、起动电动机转速过高或过低、动力总成的刚体模态（Pitch 模态）与点火频率发生耦合、转向系统模态与点火频率发生耦合等。对于前两个原因引起的抖动，可采取包括增加发动机高压油轨的喷油量、增大起动电动机功率等手段进行控制。有的车型采用 BSG（Belt driven Starter Generator）技术，这属于弱混合动力技术，是一种具备怠速停机和起动功能的混合动力技术。采用该技术可以提高整车的燃油经济性，也可在短时间内将曲轴的转速提升至怠速转速以上，减少了在共振区的抖动问题。

对于后两种原因引起的抖动，需要在开发前期进行频率规划。例如：对于转向系统模态与点火频率发生耦合，需要制定合理的转向系统模态频率目标。对于动力总成刚体的 Pitch 模态与点火频率发生耦合，由于 Pitch 模态频率范围在 10～12Hz，则需要提高电动机起动转速，避开点火频率与 Pitch 模态的耦合。但是，在实际的起动过程中，两者的频率很难避开，这需要对悬置系统进行优化。

1. 悬置系统优化理论

悬置系统是动力总成振动传递到车身的主要路径，对衰减动力总成的振动有重要影响。通过对国内外文献研究发现，悬置系统的扭矩轴与弹性轴的布置位置对整车起动抖动有非常重要的影响。

扭矩轴（Torque Rotation Axis，TRA）是指刚体无约束工况下的旋转轴，若不考虑悬置系统的支撑，动力总成作为一个无约束的刚体，在起动激励的作用下会沿某一固定的轴进行转动，该轴的位置仅与动力总成的质量和惯性参数有关。那么，动力总成关于扭矩轴的位移响应为

$$H_{\mathrm{TRA}}(\omega) = -\frac{1}{\omega^2} \boldsymbol{M}^{-1} f_{\mathrm{TA}} \tag{10-8}$$

式中，H_{TRA} 是动力总成沿扭矩轴的位移响应；$\boldsymbol{M}$ 是系统的质量矩阵；f_{TA} 是沿曲轴方向的单位扭矩激励向量；ω 是频率。

弹性轴（Elastic Rotation Axis，ERA）是指把动力总成看成一个无质量的刚体布置在悬置系统上，刚体在起动激励的作用下的实际旋转方向。该旋转方向由悬置布置位置、安装角度和刚度等决定。动力总成对弹性运动响应为

$$H_{\mathrm{EA}}(\omega) = \boldsymbol{K}^{-1} f_{\mathrm{TA}} \tag{10-9}$$

在实际的起动过程中，动力总成运动受到悬置系统的约束。因此，动力总成的响应是上述两个轴共同作用的结果，由式（10-8）和式（10-9）可得到

$$H(\omega) = \left(-\frac{1}{\omega^2} \boldsymbol{M}^{-1} + \boldsymbol{K}^{-1}\right) f_{\mathrm{TA}} \tag{10-10}$$

通过上述分析可知，当频率较低时，质量矩阵对响应影响较小，可以忽略质量矩阵，动力总成的位移响应近似于弹性轴结果；当频率较高时，响应受刚度矩阵影响小，动力总成位移响应近似于扭矩轴结果。频率值在中频段时，动力总成的位移响应受弹性轴和扭矩轴影响。鉴于动力总成的刚体模态频率和起动第一次点火频率，扭矩轴和弹性轴对发动机起动问题有重要影响。为了在传递路径上最大限度地衰减或隔离起动时的激励，需要将悬置系统的弹性轴位置与动力总成的扭矩轴位置尽可能重合。

2. 起动抖动的优化

通过大量的测试验证，起动过程中各悬置的刚度都在其曲线的线性段，因此，可利用悬置线性段分析弹性轴分布情况。通常是优化静刚度下的弹性轴，使其尽可能靠近扭矩轴，弹性轴位置主要由 X 向决定。对于三点式悬置系统，增大后拉杆 X 向刚度，对起动抖动有一定改善，但是增大后拉杆刚度会引起怠速振动问题或加速轰鸣声问题。另外，也可以通过降低左右悬置 X 向刚度，使得弹性轴靠近扭矩轴来降低起动抖动。

图 10-12 所示为某款车在起动工况下优化前后的座椅振动测试对比结果，主要是对悬置刚度进行了优化改进。其中图 10-12a 是优化前后三个方向加速度对比结果，图 10-12b 是优化前后三个方向 VDV 对比结果。从这两个对比结果可以看出：图 10-12b 对比分析结果比较明显，容易分析和评判优化效果和可信性。

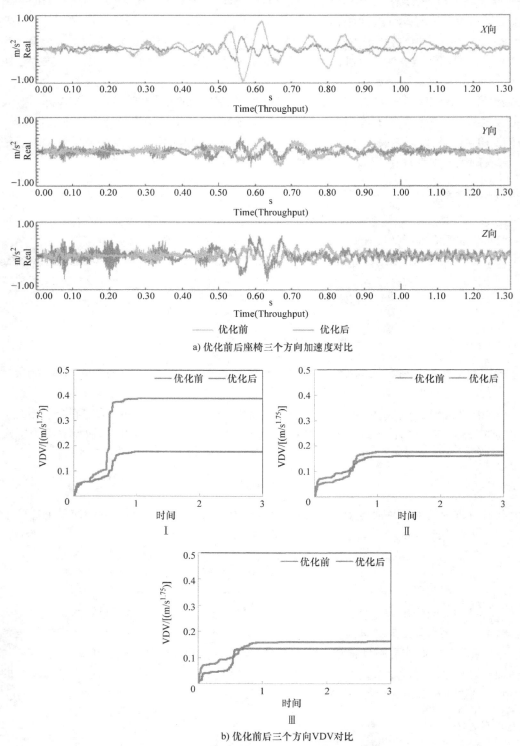

图 10-12　某款车起动工况下座椅振动测试对比结果

起动抖动是一个非常复杂的瞬态 NVH 问题，仅从激励源方面解决该问题是不够的。由于起动抖动的峰值大都在初始阶段，原因在于初期发动机进气量大，可燃混合气多，燃烧压力高等，因此必须对发动机进行控制，如控制起动喷油量、采用双质量飞轮衰减振动能量、采用大功率电动机或BSG控制，以减少起动时间和点火转速等措施；也可对振动传递路径进行控制，如优化悬置系统刚度、保证弹性轴与扭矩轴距离尽可能小等方法。

第四节 怠速共振抖动

怠速工况是指发动机对外无功率输出的稳定运转工况，也就是发动机的节气门开度最小，汽车处于空档，发动机只带动附件维持最低稳定转速的工况。怠速工况也是最常见的工况，无论是起动后的热车，还是行驶中的等待红灯、城市遇到的拥堵，都会用到怠速工况。因此，怠速工况下出现的抖动问题是NVH问题非常重要的内容，直接影响整车的舒适性和乘坐品质。

一、怠速共振抖动概述

怠速共振抖动是指发动机激励旋转阶次频率（如四缸发动机的2阶，三缸机的1.5阶）、冷却风扇旋转频率、鼓风机的旋转频率等与转向系统、座椅等部件模态发生耦合共振而产生的抖动。这就是说，怠速共振抖动问题是由于激励源频率与整车响应部位频率耦合共振产生的。

根据NVH性能"源-路径-响应"的基本原理，怠速共振抖动问题的源为发动机、冷却风扇、鼓风机等，而传递路径为车身结构，响应部位分别为方向盘、座椅导轨和后视镜，见图10-13。在该图中，激励源与车身连接部位都有减振装置衰减和隔离能量的传递，但是，鼓风机装置与车身连接部位增加隔振垫的情况较少，原因在于鼓风机旋转产生的能量相对较低。如果鼓风机在高转速工况下，与周边件发生了模态耦合的情况，增加隔振垫也是一项重要的优化方案。

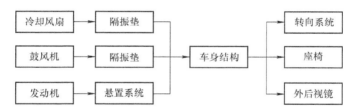

图10-13 怠速一般性抖动问题传递路径分析

为了降低或避免怠速共振抖动问题，首先在前期必须做好整车的各系统频率规划，尽可能避免响应部位的频率与激励源频率相等或相近，减少共振现象的发生。依据NVH控制原理，NVH问题也主要从源、路径和响应三个方面进行控制。

二、激励源的控制方法

怠速共振抖动的激励源控制，主要是指发动机、冷却风扇和鼓风机等。

对于发动机，这里将不对发动机控制方法进行详细介绍，想了解这些内容可查看相关发动机振动控制书籍。对于四缸机，发动机的怠速转速为700~900r/min，发动机点火2阶频率为23~30Hz，主要考虑的是转向系统模态和后视镜模态，但是随着两者模态频率设计越来越高，两个部件发生抖动的问题就越来越少了；对于三缸机，发动机怠速频率范围为800~1000Hz，那么发动机1.5阶点火频率为20~25Hz，这个频段与座椅的频率存在交叠区，容易引起座椅的抖动。

对冷却风扇，从式（10-6）可以看到，风扇的激励力与风扇扇叶的旋转半径、转速以及不平衡量有关。冷却风扇的分类也有多种，与振动相关的分类主要有两种：按照扇叶多少和控制方式分类。前者可分为单风扇和双风扇（图10-14），单风扇扇叶直径比较大，不利于风扇转动时激励力的控制；后者可分为档位控制和PWM（Pulse Width Modulation）控制，采用档位控制通常有高档位，风扇转速不在低转速区就在高转速区，不利于风扇转动时激励力的控制。而PWM控制属于无级变速控制，通过调整占空比来适时调节风扇转速，不会使风扇转速长期停留在高转速区,有利于减少风扇转动的激励力。采用 PWM 控制方式的风扇,已经成为减少风扇转动激励力的重要手段。另外,冷却风扇不平衡量,主要考虑静不平衡量,通常取值为 15～25g·mm,不平衡量值越大,产生的激励力就越大。

图 10-14　冷却风扇扇叶分类

对于鼓风机,鼓风机的不平衡量包括静不平衡和动不平衡,如果不平衡量偏大,在鼓风机高转速段也会引起方向盘等部位的抖动问题。鼓风机的转速可高达 3000r/min,此时一阶不平衡模态频率也可达 50Hz 左右,鼓风机的壳体模态和转向系统的二阶模态频率与鼓风机一阶不平衡模态存在交叠区,如果在开发前期没有进行合理的模态频率规划,则会引起转向系统的抖动问题。图 10-15 是某款车鼓风机壳体频响测试结果,从图中可以看出:X、Y、Z 三个方向都存在 51Hz 的峰值,说明鼓风机壳体存在 51Hz 的模态。因此,从激励源的角度,需要对鼓风机的不平衡量和壳体模态频率两个方面进行控制。

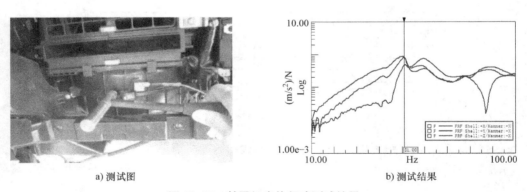

图 10-15　鼓风机壳体频响测试结果

三、传递路径的控制方法

传递路径控制主要是从激励源的安装位置、隔振材料以及关键区域结构的角度进行控制的。通常从三个方面进行改进:首先合理选择激励源的布置位置,保证安装位置有足够大的刚度,提高该位置的隔振率;其次合理选择悬置隔振材料,有效地衰减振动的能量;再者改善车身关键区域结构,降低各个激励源的振动敏感性。因此,为了降低发动机、冷却风扇和鼓风机对车内振动的影响,必须满足上述的条件。

1. 冷却风扇

冷却风扇安装在车身前端,类似一个悬臂梁前端,如果安装部位选择不合理,会加重转向系统抖动问题的产生。因此,为了减少车内抖动问题的产生,应尽可能满足如下的条件。

(1) 合理布置冷却风扇的安装位置　冷却风扇应尽可能安装在前端框架上,避免安装在前端横梁外伸的支架上,见图 10-16。图 10-16a 所示为安装在外伸支架上,刚度低,不利于隔振;而图 10-16b 所示为直接安装在横梁上,刚度性能优于图 10-16a 的结构。

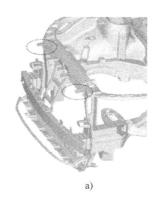 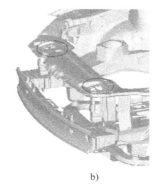

a)   b)

图 10-16 　冷却风扇安装部位

（2）保证安装横梁有足够的刚度　必须保证安装的上下横梁有足够大的刚度，提高安装部位隔振率，减少冷却风扇传递到车身的振动能量。

（3）保证前端框架与周边的连接刚度　必须保证前端框架与纵梁连接点、前照灯横梁连接点有足够大的刚度，避免冷却风扇在运行过程中给框架施加一个倾翻力矩。图 10-17 所示为两款车前端框架与纵梁连接结构对比。其中图 10-17a 比图 10-17b 连接处的刚度要小很多，更容易引起车内的抖动问题。

 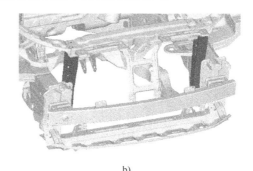

a)   b)

图 10-17 　两款车前端框架与纵梁连接结构对比

（4）合理选择隔振垫材料和隔振垫的形状　通过合理选择隔振垫材料和隔振垫的形状，提高安装点部位的隔振率。图 10-18 所示为某款车针对方向盘抖动问题，对冷却风扇隔振垫优化前后的对比。图 10-18b 是优化后的方案，从结构和材料都进行了优化，材料从 55 度的合成橡胶变为 45 度的天然橡胶材料。

a) 优化前   b) 优化后

图 10-18 　对冷却风扇隔振垫优化前后的对比

（5）合理设计车身结构，降低车身振动传递的敏感性　车身一些关键部位，如 A 柱下部与门槛梁连接部位、前纵梁与前围板连接部位等，对冷却风扇的振动传递有重要影响作用，具体要求可参考静刚度章节的 A 环设计要求部分。

2. 发动机

发动机是通过悬置与车身相连的，悬置的布置位置和悬置的隔振设计是非常关键的。因此，为了降低发动机引起的抖动问题,悬置系统应该满足如下要求。

1) 发动机悬置必须尽可能布置在刚度大的区域,或者是频率模态节点区域。

2) 在悬置安装的纵梁内部应该增加加强板,提高安装点的刚度性能。

3) 合理设计悬置系统,提高悬置系统的隔振率。

4) 被动端的悬置支架模态应该尽可能高,通常要求大于500Hz,有的主机厂提出满足700Hz的要求,不仅可以减少振动问题,也可以减少结构噪声问题。

3. 鼓风机

鼓风机与前围板、仪表横梁、空调箱壳体以及风管等相连,图10-19所示为某款车的鼓风机安装部位。其中A表示与空调壳体相连,属于刚性连接;B表示与风管相连,是通过螺钉连接的,也属于刚性连接;C表示与前围相连,是通过闭孔海绵与车身连接的;D表示通过支架与仪表横梁相连,属于刚性连接。鼓风机的振动主要是通过这四个部位传递到转向系统的。为降低鼓风机引起的抖动,主要从以下几个方面进行控制。

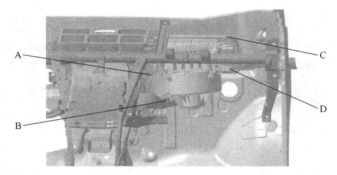

图10-19 鼓风机安装部位

(1) 保证与前围连接部位的刚度　与前围连接的部位,也就是空调进风口过孔的部位,应保证过孔周边的法向刚度,并选择合适硬度的过孔海绵,这样既可以减少振动的传递,同时也可以减少发动机舱到乘坐室内的噪声泄漏,提高前围隔声量。

(2) 保证与仪表横梁连接支架的模态　与仪表横梁相连,应保证连接支架的约束模态大于100Hz,并保证连接点处的刚度足够高。由于仪表横梁与方向盘直接相连,如果连接支架与旋转模态发生耦合,则会恶化转向系统的抖动。

(3) 保证与空调壳体连接部位的刚度　与空调壳体连接部位,应保证连接处的刚度和连接部位空调壳体的刚度,这样不仅可以减少连接处的振动,也可以减少气流对壳体冲击而产生的辐射噪声。

(4) 保证风管连接部位的刚度　与风管连接的部位,与空调壳体连接要求相同,保证连接点刚度和风管壳体的刚度,可减少连接处的振动和壳体的辐射噪声。

四、响应部位的控制方法

怠速抖动的响应部位主要是指方向盘、座椅和后视镜等。对响应部位的控制,主要是依据开发前期的频率规划,对各响应系统部位提出最佳设计方案。

1. 方向盘

转向系统由方向盘、安全气囊、轴承、转向柱管、安装支架、倾斜机构、转向轴、转向电动机等组成。其中方向盘部位,是驾驶员接触时间最长的部位之一,方向盘的振动大小对乘坐体验有非常重要的意义。对于燃油车,转向系统的模态要求大约为35Hz,有的主机厂要求大于38Hz,其目的是降低频率耦合的风险,从而减少抖动问题发生。转向系统的控制措施主要包括如下方面。

(1) 保证转向管柱支架有合理的布置方式　管柱的支架是指转向管柱与车身连接的结构,通常布置两个支架与车身相连接,见图10-20。其中L_1是方向盘转向轴承的长度,L_2是方向盘到第一个支架的长度,L_3是两个支架间的长度。管柱支架的布置尺寸和位置对其模态大小有重要的影响。戴姆勒公司的Jennifer M. Headley等工程师,在2007年写的一篇文章 *Validation of Vehicle NVH Performance using ExperimentalModal Testing and In-Vehicle Dynamic Measurements* 中对19款转向系统模态频率进行了分析研究,见图10-21。图中显示了管柱各部位长度不同,转向系统的模态频率也是不同的。

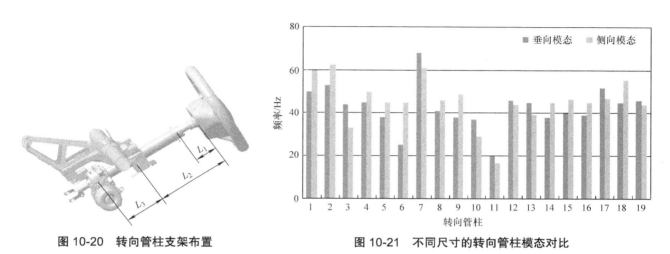

图10-20 转向管柱支架布置　　　　　　　图10-21 不同尺寸的转向管柱模态对比

从图10-20可以看出,描述转向系统的结构长度参数非常多,通过研究发现,转向系统垂向模态频率与长度参数L_1、L_2、L_3相关性较大,其中转向管柱的垂向模态频率大小与L_1和L_2成反比(图10-22a和b),与L_3成正比(图10-22c)。因此,为了提高转向系统的垂向模态,要合理设计L_1、L_2、L_3尺寸。

在图10-21中,剔除19组数据中第7组和第11组的异常数据,对转向系统垂向模态和三组长度数据L_1、L_2、L_3分别进行线性回归分析。如果按照转向管柱垂向模态频率目标38Hz,那么从图10-22可以得出,L_1必须小于70mm,L_2必须小于260mm,L_3必须大于170mm,这可以作为管柱尺寸设计的参考。

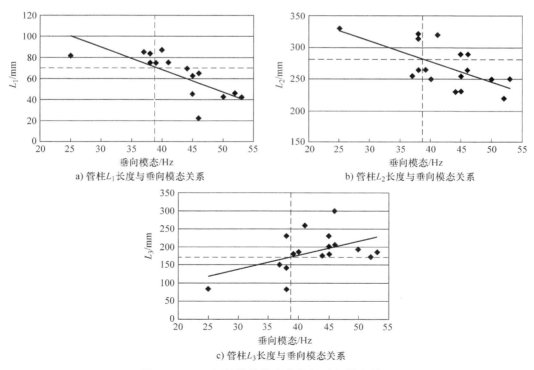

图10-22 不同的管柱长度参数与垂向模态关系

（2）保证方向盘及其附件质量尽可能小　方向盘与转向管柱组成一个类似"质量-弹簧"的系统，方向盘可看作是质量块，管柱可看作是弹簧。那么，降低方向盘的质量，可提升系统的模态。因此，方向盘及附件要采用轻质材料。例如，方向盘采用镁铝合金材料，方向盘的外装饰材料也应尽可能采用低密度的材料，最小化安全气囊的质量等。另外，为降低方向盘的质心位置，安全气囊安装位置距离方向盘底部位置应尽可能小。

（3）保证转向管柱支架与车身的刚度　转向系统模态与转向管柱本体刚度、仪表横梁刚度、转向管柱支架刚度以及转向管柱与车身安装点刚度等系统刚度有关，三者组成了串联系统，即

$$\frac{1}{K} = \frac{1}{K_c} + \frac{1}{K_b} + \frac{1}{K_v} + \frac{1}{K_i} \tag{10-11}$$

式中，K 是系统的刚度；K_c 是管柱的刚度；K_b 是支架的刚度；K_v 是车身的刚度；K_i 是仪表横梁刚度。

从式（10-11）可以看出，系统的刚度取决于系统中最小的刚度。为保证转向系统模态，必须提高转向管柱支架刚度、仪表横梁刚度、支架与车身安装部位刚度等。常见的优化部位见图10-23。

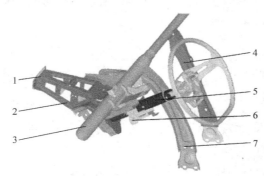

图 10-23　转向系统优化部位

1—与车身连接的区域　2—转向管柱与车身连接的支架　3—仪表横梁　4—仪表横梁支架
5—转向管柱　6—管柱与仪表横梁连接支架　7—仪表横梁支架与车身连接区域

转向系统模态频率与上述部位有关，在进行转向模态频率优化时，可结合灵敏度分析进行优化提升。

（4）保证转向锁止结构的约束刚度　在转向管柱与仪表横梁之间的转向系统调节结构，对转向系统模态有重要影响。因此，在该部位尽可能采用刚性接触的材料，避免采用柔性材料而降低支撑刚度，进而降低转向系统的模态频率。

（5）采用动力吸振器进行避频控制　如果通过结构优化提升模态性能无法实现或者难度较大时，也可以采用动力吸振器的方法进行避频处理，由于转向系统模态比较低，动力吸振器制作精度会受到限制，成本也相对较高。目前，利用动力吸振器解决方向盘抖动的应用也相对较少。

2. 座椅

整车的座椅包括驾驶员座椅、前排乘客座椅以及后排座椅，关注抖动问题的部位主要是驾驶员座椅和前排乘客座椅。引起抖动问题座椅的模态主要关注前后振动模态和左右振动模态，由于这两阶模态频率都比较低，都是整体模态，也可以认为是座椅的"刚体模态"，因为这两阶模态主要与座椅靠背与座椅坐垫连接处的刚度、座椅导轨连接刚度以及座椅导轨与地板的连接刚度有关，见图10-24。

对座椅模态的控制主要是通过提升图10-24所示连接位置的刚度实现的。图中的A区还兼具转动调节的功能，提升该区域的刚度受到一定限制，对该区域的优化主要与供应商协同解决；对于B区域，可要求座椅导轨在前地板安装点刚度大于1000N/mm。座椅的两阶模态与A区域的连接刚度相关性较大，如果座椅出现抖动问题，通过优化座椅模态频率实现避频是非常

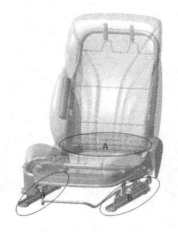

图 10-24　座椅结构

困难的。

3. 后视镜

后视镜产生抖动问题，可引起视力模糊，影响驾乘的安全性。影响后视镜抖动的模态主要包括两阶：上下振动模态和前后振动模态。根据上节介绍，后视镜的安装方式主要有两种：安装在车门上和安装在三角窗上。安装在车门的后视镜模态频率相对较高，出现抖动问题也相对较少。但是，安装在三角窗上的后视镜，受三角窗安装点刚度和后视镜悬臂刚度的影响，后视镜频率相对较低，容易出现抖动问题。另外，以特斯拉为代表的主机厂，采用把后视镜安装在水切上的安装方式，由于安装部位空间限制，提升安装部位的刚度难度也比较大。

为了避免后视镜出现怠速抖动问题，通过优化后视镜结构实现避频是很重要的手段。由于安装在车门上的后视镜很少出现抖动问题，下述控制方案主要针对安装在三角窗和水切上，那么提高后视镜模态的手段主要包括：

（1）保证后视镜安装点刚度　保证后视镜安装点刚度，就要保证三角窗钣金的法向刚度，一方面保证钣金本体结构的刚度，另一方面要保证钣金与周边结构（如门框、玻璃导轨和门外板等）连续焊接，不能存在断焊或孔洞的结构，见图10-25。图示的三角窗钣金结构设计合理，可以满足后视镜安装点刚度。可利用仿真分析手段进行分析和优化，将三角窗质心点与安装点刚性连接，并在质心处加载，通常要求X和Z向刚度大于300N/mm。

（2）保证后视镜悬臂的刚度　控制后视镜悬臂刚度的手段包括悬臂的尺寸和悬臂的材料。对于后视镜安装在三角窗或者水切上，为了降低车内风噪，悬臂的Z向尺寸控制得非常小，见图10-26中的L_1；为了保证后视镜刚度，必须增加X向的刚度，见图示L_2。另外，合理选择悬臂的材料和配料，提高材料弹性模量，进而提高悬臂的刚度。

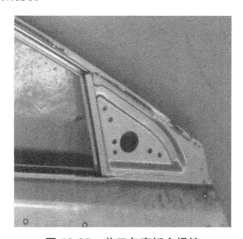

图10-25　前三角窗钣金焊接

图10-26　后视镜悬臂尺寸

（3）控制后视镜尺寸和重量　后视镜重量直接会影响到后视镜的模态，因此，后视镜壳体、悬臂以及扭簧连接件等必须采用轻质材料。尤其是扭簧连接件建议采用锌铝合金铸件，避免采用铸钢件。

第五节　怠速拍频抖动

怠速工况下，在方向盘等部位可以感受到忽大忽小的周期性振动，这就是所谓的拍频，也称为拍振。怠速的拍频振动与冷却风扇、发动怠速转速和方向盘模态频率有关。

一、拍频的定义及原理

拍频是指两个或两个以上频率相近（一般在2～10Hz）的振动或噪声信号，产生周期性忽大忽小的振动或噪声的变化信号，使驾驶员或乘客产生极其不舒服的感觉。从本质上看，拍频是由于两个或两个以上的振动波叠加的结果，形成了新的振动周期和幅值，当这些振动波形相同时，则波形会增强，若振动方向相反时，则波形会削弱。

假设某系统中有两个简谐振动源，每个激励源单独作用的系统响应分别为

$$X_1 = A_1 \sin(\omega_1 t + \varphi_1) \tag{10-12}$$

$$X_2 = A_2 \sin(\omega_2 t + \varphi_2) \tag{10-13}$$

式中，X_1、X_2 是两个激励源单独的响应；A_1、A_2 是两个激励源的幅值；ω_1、ω_2 是两个激励源的频率；φ_1、φ_2 是两个激励源的初始相位。

如果两个简谐振动同时作用在该系统上且在同一直线上，系统的叠加响应为

$$X = X_1 + X_2 = A_1 \sin(\omega_1 t + \varphi_1) + A_2 \sin(\omega_2 t + \varphi_2) \tag{10-14}$$

从式（10-14）可以看出，两个简谐振动在同方向合成的振动，不再是一个简谐振动，随着两个简谐振动的幅值、频率、相位不同，则会合成不同的波形。

依据拍频产生的条件，拍频只是两个简谐波合成中的一种情况，也就是两个简谐振动的频率相差较小时才会产生拍频。假设两个简谐波满足

$$\omega_2 = \omega_1 + \Delta\omega，且 \Delta\omega << 0$$

则式（10-14）可变为

$$X = X_1 + X_2 = A_1 \sin(\omega_1 t + \varphi_1) + A_2 \sin((\omega_1 + \Delta\omega)t + \varphi_2) = A\sin(\omega_1 t + \varphi) \tag{10-15}$$

式中，

$$A = \sqrt{A_1^2 + A_2^2 + 2A_1 A_2 \cos(\Delta\omega t + \omega_2 - \omega_1)} \tag{10-16}$$

$$\varphi = \text{arctg} \frac{A_1 \sin\varphi_1 + A_2 \sin(\varphi_2 + \Delta\omega t)}{A_1 \cos\varphi_1 + A_2 \cos(\varphi_2 + \Delta\omega t)} \tag{10-17}$$

由式（10-15）～式（10-17）可以得到：

当 $\cos(\varphi_2 + \Delta\omega t) = 1$ 时

$$A_{\max} = A_1 + A_2 \tag{10-18}$$

当 $\cos(\varphi_2 + \Delta\omega t) = -1$ 时

$$A_{\min} = |A_1 - A_2| \tag{10-19}$$

从式（10-15）可以得出，两个简谐振动合成的振动幅值将在 $A_{\max}$ 和 $A_{\min}$ 之间变化（图10-27），这种随时间变化的周期性振动就是拍振，拍振的频率为

$$f_{拍} = \frac{|\omega_1 - \omega_2|}{2\pi} \tag{10-20}$$

二、拍振的影响因素

人体对拍振的感知是不一样的，影响人体对拍振感觉的因素主要包括三个方面：首先，拍振的包络线频率，

如果拍振频率在人体敏感的范围内，拍振问题会很容易被人体感受到，这就会影响到驾乘感受；其次，拍振波形的波峰幅值与波谷幅值的变化幅度，如果两者幅值变化幅度大，那么人体感受会更明显；另外，人体的感受与拍振的振动能量有关，拍振产生的能量越大，则人体感受拍振就越强。下面从频率差、幅值和相位等对上述拍振因素进行分析。

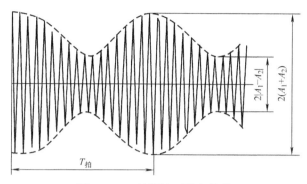

图 10-27 拍振波形及包络线

（1）频率差对拍振的影响 从拍振的机理看，发生拍振的激励信号间的频率大小是相近的。激励信号间频率越近，合成信号的时域波形的拍振现象就越明显，同时合成信号的能量就越大。随着激励信号频率间距变大，合成信号的时域包络线频率逐渐变大，但是合成信号的峰值不会改变。当合成信号的频率间距大于 10~15Hz 时，合成信号的能量逐渐降低，时域信号包络线波形就不明显了。

图 10-28 是三组不同频率差值的激励信号合成的时域波形的对比分析，从三组数据分析看出，图 10-28a 合成信号的时域拍振波形最为明显，产生的能量也最大，图 10-28c 已经看不出有明显的拍振波形了，拍振产生的能量也变得小了很多。激励源的频率是通过改变包络线的频率而影响拍振的。因此，激励信号的频率差值对合成信号的拍振有重要影响，是决定是否产生拍振的先决条件。

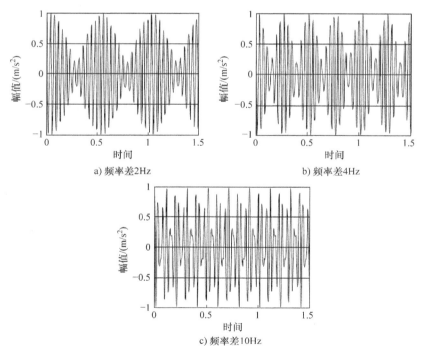

图 10-28 不同频率差值合成信号的时域波形对比

（2）幅值比对拍振的影响 激励源幅值也是影响拍振的重要因素，当激励源信号的幅值变化时，合成信号时域波形包络线的幅值也将发生改变，但是包络线的频率不会改变。图 10-29 是不同幅值比的合成信号的时域波形对比，当幅值比为 1 时，合成信号的时域波形拍振就非常明显，随着比值越来越大，拍振越来越不明显，当幅值比为 10 时，拍振现象就可以忽略。随着幅值比增加，合成信号的能量也随之降低。因此，激励源的幅值主要是通过改变包络线的幅值而影响拍振的。

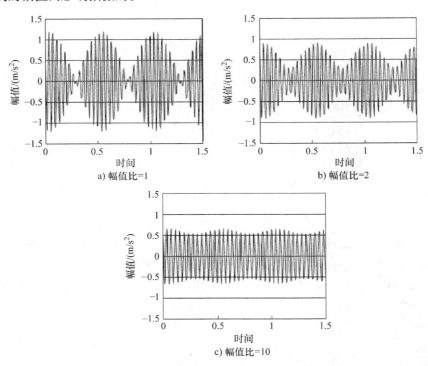

图 10-29　不同幅值比的合成信号的时域波形对比

（3）相位差对拍振的影响　激励信号的初始相位对拍振没有影响。当激励源信号的初始相位改变时，合成信号的包络线频率和幅值均不会改变。图 10-30 是相位差为 0°、90° 和 180° 的合成信号时域波形对比，从图中可以看出，时域信号只是沿时间轴进行了平移。不同相位差对合成信号的能量有一定改变，但是改变较小。

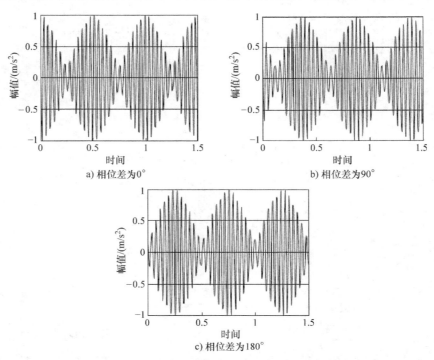

图 10-30　不同相位差的合成信号的时域波形对比

三、急速工况下的拍振控制方法

急速工况条件下，产生拍振的主要原因是发动机急速二阶点火频率和冷却风扇转速频率相近，或冷却风扇高低转速频率相距很近，且与转向系统存在模态耦合，在方向盘上表现为拍振现象。

从上面的分析看出，急速拍振问题与激励源的幅值和频率有关。在急速工况条件下，控制拍振问题的主要手段有：

1. 合理规划源和响应部位的频率

对于急速工况，为了避免方向盘拍振问题，需要对冷却风扇转速、发动机急速转速以及转向系统模态频率进行合理规划。主要的手段包括：

（1）设定合理的发动机急速转速　发动机急速转速与排放、油耗、机舱热害以及其他NVH问题都密切相关，因此，在设定发动机转速时，需要综合平衡各项性能。图10-31是某款车方向盘急速工况下拍振问题的优化结果，该款车采用六缸发动机，急速转速为700r/min，冷却风扇高转速为2340r/min，通过计算发动机急速主点火频率为35Hz，冷却风扇高转速频率为39Hz，两者在方向盘上产生拍振现象，见图10-31a 从测试结果可以看出，方向盘X向和Z向有明显的拍振特征。图10-31b 是将发动机转速调整到650r/min 的测试结果，拍振现象有明显的改善。

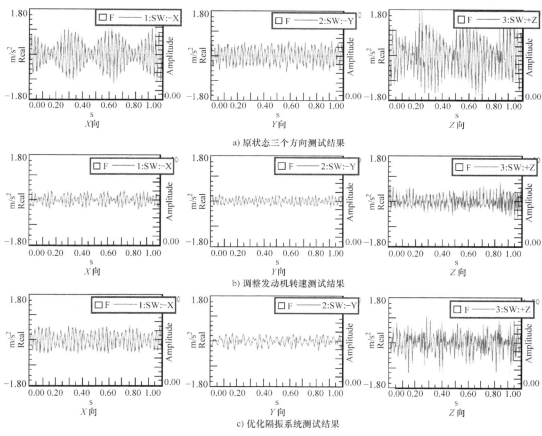

图 10-31　某款车拍振问题优化

（2）设定合理的冷却风扇转速　如果冷却风扇是单风扇，考虑与发动机转速和转向系统模态避开即可，但是对于双风扇，还必须考虑两风扇之间至少避开300r/min以上。相对于发动机转速调整，冷却风扇转速的调整是相对容易的，但是也要兼顾机舱热害和噪声问题。若采用PWM风扇，可降低方向盘拍振的风险。

（3）制定合理的转向系统模态频率　通过对转向系统的结构进行分析优化，满足设定的目标值，具体的方案见急速共振抖动对转向系统进行控制的相关措施。

2. 控制激励源的幅值

控制激励源的幅值，就是降低对发动机和冷却风扇产生的激励力。激励力控制的原理和方法，详见整车抖动传递路径的相关内容。对发动机激励力的控制主要是控制不平衡力和不平衡力矩，对冷却风扇的激励力控制，主要是控制冷却风扇的不平衡量。

3. 提高激励源安装点的隔振率

从隔振的机理上讲，提高激励源部位的隔振率也是降低激励源幅值的一种方法。对于冷却风扇，需要增强冷却风扇安装部位的刚度，或优化减振垫的刚度和形状。同理，对于发动机，也需要提高悬置安装部位的刚度（如机舱纵梁等），并优化各悬置的刚度。图 10-31c 是通过提高冷却风扇隔振率的方法进行的优化，主要对冷却风扇上下横梁结构进行了加强，降低了隔振垫的刚度，从测试结果看，拍振问题有明显改善，但是改善效果不及优化发动机怠速转速。

第六节 怠速不规则抖动

法规对汽车油耗的控制越来越严格，主机厂采用了多种手段来降低油耗，提高燃油经济性，主要包括降低发动机怠速转速、控制发动机节气门、控制喷油时间等。如果这些手段控制不合理，将会影响发动机燃烧的稳定性，引起更多的 NVH 问题。怠速不规则抖动是最常见的 NVH 问题之一。在怠速工况下，发动机作为主要的激励源，通常在座椅或方向盘处产生的都是主阶次（例如四缸发动机的 2 阶模态）为主的振动，但是由于发动机燃烧不稳定，也会产生非主阶次（如四缸发动机的 1 阶模态、0.5 阶模态等）的振动，后者给人的感觉是不规则的、间隙的抖动。

一、怠速不规则抖动的概念及机理

1. 不规则抖动概念

怠速不规则抖动，又称间隙抖动、间歇抖动等，主要是发动机非主要阶次产生的振动问题。由于这种振动频率比较低，人体比较敏感，对驾乘感受影响非常大。可以在方向盘和座椅等位置感受到这种振动，通常用座椅导轨的振动来客观评价这种不规则的抖动。

整车的怠速不规则抖动，主要是由于发动机燃烧不稳定引起的，尤其是发动机燃烧不稳定引起的失火是产生怠速不规则抖动的主要原因之一。所谓失火是指发动机缸内不点火、缺缸或燃烧不良，多是由于缸内的可燃混合气过稀或过浓引起的燃烧质量差、燃烧不完全或完全不燃烧等造成的，是一种非正常燃烧状态。如果发动机燃烧不稳定产生的激励频率与动力系统的刚体模态发生耦合，那么将加重车内不规则抖动问题。

图 10-32 是某款车在怠速工况下，座椅导轨上测试的 X 向振动结果，该发动机怠速不带载转速为 650r/min。从图中可以看出，在座椅导轨 X 向除了发动机二阶的 21.7Hz 振动外，在一阶频率 10.8Hz 左右也出现了较大的振动，而且一阶的振动值明显大于二阶振动值。从时域上看，一阶频率的振动并非是连续的，而是一种间断的振动，这样的振动被称为不规则抖动。

2. 发动机燃烧稳定性评价

发动机燃烧稳定性主要是根据缸内燃烧数据进行评价的，主要包括三个参数。

1）平均指示有效压力循环变动系数（Coefficient of Variation

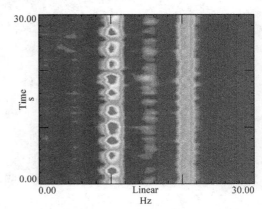

图 10-32 怠速座椅 X 向的振动

Indicated Mean Effective Pressure，IMEP-COV）。平均指示有效压力是指假定一个不变的压力作用在活塞上，使活塞移动一个行程，其做功等于循环的指示功，则这个压力就是平均指示有效压力。它是从实际循环角度评价发动机气缸工作容积利用率高低的一个重要参数，该值越高，同样容积的气缸做出的指示功越大，发动机的工作循环进行得越好，气缸工作容积利用程度越高。因此，平均指示有效压力是衡量发动机实际循环动力性能的一个很重要的指标，定义为

$$\mathrm{IMEP} = \frac{\oint PdV}{V} \tag{10-21}$$

式中，IMEP 是平均指示有效压力；V 是气缸工作容积。

由于压力参数比较容易测量，因此常用它来表征燃烧的循环变动，这样可以定义出度量燃烧循环变动的一个重要参数，即平均指示压力变动系数：

$$\mathrm{COV}_{\mathrm{imep}} = \frac{\sigma_{P_{\mathrm{mi}}}}{\overline{P_{\mathrm{mi}}}} \times 100\% \tag{10-22}$$

式中，$\mathrm{COV}_{\mathrm{imep}}$ 是平均指示压力变动系数；$\sigma_{P_{\mathrm{mi}}}$ 是平均指示压力标准差；$\overline{P_{\mathrm{mi}}}$ 是平均指示压力的平均值。

急速工况下平均指示压力变动系数越小燃烧稳定性就越好，通常范围在 5%~20% 之间。

2）平均指示有效压力标准差（Standard Deviation of Indicated Mean Effective Pressure，IMEP-STD）。在统计学中，通常用标准差来描述样本数据偏离均值的离散程度。那么，根据标准差的定义，平均指示有效压力标准差为

$$\sigma_{P_{\mathrm{mi}}} = \sqrt{\frac{1}{N-1} \sum_{j=1}^{N} \left(P_{\mathrm{mi}(j)} - \frac{1}{N}\sum_{j=1}^{N} P_{\mathrm{mi}(j)}\right)^2} \tag{10-23}$$

式中，N 是循环次数。

在急速工况下，平均指示有效压力标准差越小，燃烧稳定性越好，通常范围 ≤ 15kPa。

3）平均指示有效压力最低名义值（Percent Lowest Normalized Value，LNV）。平均指示有效压力最低名义值是指平均指示有效压力最小值与平均指示压力平均值的比值，如果出现发动机失火，则该值为零：

$$\mathrm{LNV} = \frac{\mathrm{IMEP}_{\mathrm{lowest}}}{\overline{P_{\mathrm{mi}}}} \times 100\% \tag{10-24}$$

在急速工况下，平均指示有效压力最低名义值越大，燃烧稳定性就越好，通常取值范围大于 65%~75%。

二、急速不规则抖动的影响因素

依据 NVH 性能"源 - 路径 - 响应"的分析原理，结合第二节传递路径上系统部件的频率范围，影响整车急速稳定性问题的因素，可从源、路径的角度分别考虑。对于急速不规则抖动，激励源主要是发动机，而传递路径主要是指悬置系统。

1. 悬置系统影响因素

从路径上分析，发动机的振动激励是通过悬置传递到车身上的，对整车不规则抖动有一定影响。影响不规则抖动的因素包括两个方面：一个是动力总成的刚体模态，如果该模态与急速非主阶次模态耦合，则会加重整车不规则抖动问题；另一个与发动机各悬置的隔振率有关，较好的隔振率可一定程度上衰减发动机的振动，降低不规则抖动的幅值。

2. 发动机影响因素

从激励源上看，发动机是急速不规则抖动的主要激励源，而发动机燃烧不稳定引起的失火是整车抖动最主

要的因素。急速发动机失火可引起整车不规则抖动问题。

影响发动机燃烧稳定性的参数包括三个方面：进气参数、喷油参数和点火参数。

1）进气相关参数。影响发动机燃烧稳定性的进气参数包括气门重叠角和VVT角。

① 气门重叠角。气门重叠角是指发动机的进气门和排气门处于同时开启的时间段内曲轴的转角。在急速工况下，节气门处于关闭状态，进气管存在较大的真空度，当进排气门同时开启时，一部分废气会从气缸进入进气管内，与新鲜混合气混合，由于这部分废气不参与燃烧，使得缸内燃烧温度较低，造成失火率的增加，也增加了急速不稳定性。当气门重叠角增大时，有利于汽车在高速行驶中的换气和充气，但增大气门重叠角会引起残余废气系数过大，进而影响燃烧的循环变动，不利于急速工况，引起急速不稳，从而引起整车急速抖动。

② VVT（Variable Valve Timing）角。可变气门控制正时系统（VVT）技术会根据发动机运行的实际工况，通过控制及执行系统，对发动机凸轮的相位进行调节，使得气门开启、关闭的时间随发动机转速的变化而变化，以提高充气效率和燃烧稳定性，并增加发动机功率。

在急速工况时，发动机转速较低，此时进气气流流速较低，流动惯性较小，如果进气门开启过早，而活塞还处在上行排气状态，缸内压力与缸外压力相差不大，容易将新鲜空气挤出气缸，引起发动机燃烧不稳定；如果推迟进气门开启，可提高进气速度，加强进气涡流，提高混合气的均质性，因此可以提高燃烧的稳定性。因此，发动机在急速时，应减小进气门的提前角。

2）喷油参数。影响发动机燃烧稳定性的喷油参数主要包括喷油提前角和空燃比两个方面。

① 喷油提前角。喷油提前角是指喷油泵开始向气缸内供油时，活塞顶部距上止点所对应的曲轴转角。喷油角偏小，会引起喷油时刻推迟、燃烧滞后，造成燃烧不完全、起动困难、功率不足；如果喷油角偏大，燃烧开始较早，压缩行程未完就开始点火，活塞的上行会抵消一部分燃动动力，发动机会出现抖动现象且输出动力弱，严重时会停机或反转。因此，为避免急速不规则抖动，应尽可能减少喷油提前角。

② 空燃比。空燃比是混合气中空气与燃料之间质量的比例，发动机理论空燃比为14.7，也就是1g汽油需要14.7g空气。从进入缸内空气的角度，也可用过量空气系数λ来评价，过量空气系数是指燃烧实际供给的空气量与理论所需的空气量的比值，即有

$$\lambda = \frac{L}{L_0} \qquad (10\text{-}25)$$

式中，λ是过量空气系数；L是实际供给的空气量；L_0是理论所需空气量。

式（10-25）可以用来评价缸内可燃混合气浓稀的情况。当$\lambda=1$时，说明实际供给的空气量与理论所需的供气量相同；当$\lambda<1$时，供给的空气量少于理论所需供气量，说明缸内的混合气体中燃油偏浓；当$\lambda>1$时，供给的空气量多于理论所需供气量，说明缸内的混合气体燃油偏稀。

急速工况下，如果空燃比过小，即$\lambda<1$时，也就是燃油含量偏高，则缸内火焰传播速度低，燃烧不完全，并且由于进入气缸的新鲜混合气量少，残余废气相对多，会引起失火现象；如果空燃比过大，即$\lambda>1$时，也就是燃油含量偏低，同样会引起失火现象。如果出现发动机失火现象，则会引起整车不规则抖动问题。由此看来，急速工况下，空燃比过大或过小都会引起不规则抖动问题。因此，必须将空燃比控制在一个合适的范围。

3）点火参数。影响发动机燃烧稳定性的点火参数主要包括点火提前角和点火线圈充电时间两个方面。

① 点火提前角。点火提前角是指从点火时刻起到活塞到达压缩上止点过程中曲轴转过的角度。点火提前角大小对燃烧有重要的影响作用。点火提前角偏小，则混合气体开始燃烧时活塞已开始向下运动，燃烧产生的热能将不能被充分利用，降低了燃烧产生的最大压力，并降低了发动机的功率，有可能引起排气管"放炮"和发动机进气口"回火"现象；如果点火提前角偏大，缸内混合气被过早点燃，混合气燃烧时所产生的膨胀压力将阻碍活塞向上运动，致使发动机的功率减小、燃料消耗增大、急速不良，有时甚至会引起曲轴反转、扭断等情况。发动机的点火提前角必须在一个合适的范围，过大或过小都不利于燃烧稳定性，应综合考虑多种因素，寻找一个最佳的点火提前角。最佳点火提前角就是在各种不同工况下，使气体膨胀趋势最大段处于活塞做功下降行程，保证效率最高，振动最小，温升最低。

② 点火线圈充电时间。缸内的可燃混合气是通过点火线圈点燃的，点火线圈会依据发动机转速以不同的频

率反复进行储能及放能，它是断续进行工作的。点火线圈的充电时间越长，点火能量就越大。由于汽车的油耗法规越来越严苛，为了提高燃油经济性，通常采用高压缩比、大废气再循环比率，对进气道和燃烧室优化等办法，但是这些措施一定程度上会影响缸内燃烧的稳定性。这就需要提升点火能量来保证燃烧的稳定性，但是点火能量的提升也会加剧火花塞电极的损耗、老化。因此，必须对点火线圈选择合适的充电时间。

三、急速不规则抖动控制方法

1. 合理的频率规划

如果发动机燃烧不稳定，则会产生较大的半阶次或一阶次的激励力，对于四缸发动机，一阶激励频率通常<20Hz，与动力总成的刚体模态频率（通常在 7~18Hz）存在重叠区。如果动力总成的刚体模态规划不合理，与发动机的阶次频率发生耦合，那么将加重整车车内不规则抖动问题。因此，为了避免两者的频率耦合，需要在前期进行合理的频率规划。

2. 控制发动机旋转件的不平衡量

除了燃烧不平衡产生激励力外，发动机的旋转不平衡量也可以产生旋转激励力，如曲轴不平衡量、双质量飞轮的不平衡量等。降低这些旋转件的不平衡量，可以改善因燃烧不稳定产生的不规则抖动。

3. 改善发动机燃烧不稳定性

对发动机燃烧稳定性进行控制，是从激励源的角度进行的控制。通过优化调整发动机进气参数、喷油参数、点火参数等，保证发动机燃烧的稳定性。由于这些系统参数同时对发动机动力性、经济性等也有影响，应尽可能在这些性能之间取得最佳的平衡。对于急速不规则抖动，改善发动机燃烧稳定性是最重要的措施。在这些系统参数中，有时单靠修改某一个系统参数，很难解决不规则抖动问题，需要优化调整多个系统参数，才能从根本上解决不规则抖动问题。

图 10-33 是解决座椅不规则抖动的一个案例，对点火提前角、喷油提前角、进排气的 VVT 角等系统参数进行了优化，从优化前后的结果可以看出，不规则抖动问题有明显的改善。该问题也是通过优化多个系统参数完成的。

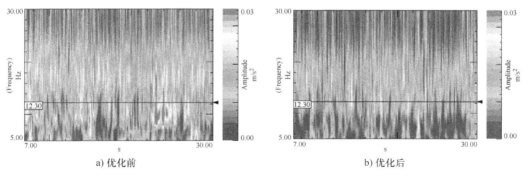

图 10-33 某款车座椅导轨 X 向振动优化前后对比

第七节 起步抖动

对于采用 MT、AMT 或 DCT 的汽车，当车辆在起步的过程中，常常会产生前后方向的低频抖动问题。这种抖动问题直接影响驾乘感受，是驾乘人员最关注的问题之一。同时，起步抖动问题是影响起步品质最重要的因素之一，起步品质就是在保证车辆动力性和传动系统寿命的前提下，使得起步迅速而平稳、驾乘感受舒适。

一、起步抖动概述

1. 起步抖动概念

起步抖动是在传动系统间进行动力传递而引起的，传动系统包括发动机、离合器、变速器、传动轴、差速器、驱动轴和车轮等。而离合器的主要功能是接合或切断发动机与车辆间的转矩传递，完成车辆起步或换档，并减少换档引起的冲击，离合器是产生起步抖动的关键部件，见图10-34示意。该图是前置前驱的传递路径示意图，图中虚线框内的部件构成的扭振系统，相当于起步抖动的激励源，通过发动机悬置和前悬架传递到车身上。

起步是指车辆将发动机产生的转矩传递到车轮并驱动车辆运动的瞬态过程，起步抖动是整车在起步和换档的工况下，产生的前后方向的低频振动。其中，因起步工况下抖动问题的幅值大、时间长、影响大等，而日益受到关注和重视。从NVH分析问题的"源-路径-响应"基本原理的角度看，起步抖动的激励源是离合器在接合过程中所产生的摩擦振动，并经传动系统传递到车身，驾乘人员可通过地板、座椅和方向盘感受这种抖动。

2. 起步抖动的激励源分析

图 10-34 起步抖动传递路径示意

对于MT和DCT，通常采用摩擦式离合器，而摩擦式离合器主要通过摩擦方式来传递动力。摩擦式离合器可分为干式和湿式两种。对于MT，多采用干摩擦式离合器。离合器是传递动力的重要部件，通过离合器主、从动部分的接合与分离实现动力的传递与分离。根据传动系统传递动力的特点，车辆在进行起步或换档操作时，摩擦式离合器主要经历三个阶段：空滑阶段、滑摩阶段和锁止阶段。图10-35是离合器接合过程的示意图。

（1）空滑阶段　空滑阶段是指离合器压盘与飞轮已经接触，但是两者之间没有力矩传递，或者力矩较小不能带动离合器从动盘转动的阶段。也就是说离合器压紧力产生的摩擦力矩较小，不足以克服外界的阻力矩，离合器从动盘的转速几乎没有增长。空滑阶段通常持续时间较短，当空滑阶段即将结束时，摩擦力矩与外界阻力矩正好相等，处于临界状态，见图10-35。图中 $0 \sim t_1$ 表示空滑阶段，ω_1 表示主动部分转速（发动机转速），ω_2 表示从动部分转速，A 点是临界状态点。

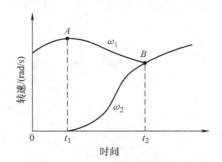

图 10-35 离合器接合过程示意

（2）滑摩阶段　滑摩阶段是指离合器压紧力产生的摩擦力矩逐渐增大，直至超过外界阻力矩，发动机转速降低，从动盘转速升高，离合器主动与从动部分转速相同的阶段。由此可以看出：滑摩阶段是压紧力逐渐增大，并克服外界阻力矩的过程。由于该过程压紧力波动会导致飞轮与从动盘间产生力矩波动，如果波动没有有效地隔离，那么将产生起步抖动。图10-35中，A 点表示主动部分进入滑摩阶段，$t_1 \sim t_2$ 阶段表示滑摩阶段过程。起步抖动就发生这个阶段，是重点关注和着重分析的阶段。

（3）锁止阶段　锁止阶段是指主动部分与从动部分接合完成，两者没有速度差，实现完全同步运动和动力传递。图10-35中的 B 点表示锁止阶段的开始。在离合器接合的时刻，通常会引起节气门开度变化或者负载的冲击激励，当这些激励的频率与传动系统的低阶扭振频率相等或相近时，则会产生耸车现象。

二、起步抖动产生的机理

离合器在接合的不同阶段会产生不同的抖动问题。在滑摩阶段产生的抖动问题称为起步抖动（judder）问题，而在锁止阶段产生的抖动称为耸车（shuffle）问题。这两类振动问题，不仅产生的阶段不同，而且产生的机理也是不同的。

起步抖动出现在汽车起步条件下，离合器未完全接合前。由于离合器在滑摩阶段会产生摩擦振动，起步抖动就是振动经过传动系统传递到车身的一种低频振动，振动的频率在 5～20Hz，振动方向为前后方向。耸车也表现为低频纵向振动，振动频率为 2～8Hz，耸车现象通常发生在输入转矩急剧变化的条件下。因此，耸车不仅可发生在起步工况下，离合器完全接合的锁止阶段，而且也可能发生在换档的工况下。耸车通常是由于输入转矩的变化激励起传动系统的第一阶扭转频率产生的。

起步抖动问题主要由两个原因引起：一个是由于离合器摩擦系数负梯度产生的自激振动；另一个是由于离合器各部件的形位误差引起的强迫振动。起步抖动主要有两个激励源：自激振动和强迫振动。

1. 自激振动

自激振动又称为负阻尼振动，是一种常见的非线性振动现象。在振动过程中，振动幅值会因负阻尼的存在而不断增大。对于摩擦式离合器系统，负阻尼是由离合器主、从动部分间的摩擦系数变化引起的。

对于自激振动可用图 10-36 进行分析。在图 10-36 中，旋转件 1 以恒定的速度 $\dot{\theta}_0$ 转动，旋转件 2 在摩擦力的作用下开始同向转动，此时弹簧 k 开始变形而产生力矩；当弹簧 k 产生的力矩与摩擦力产生的力矩相同时，两个旋转件无相对转动；弹簧 k 产生的力矩大于最大静摩擦力产生的力矩时，旋转件 2 将被反向转动，同时弹簧 k 扭转变形减少，力矩减小。当弹簧 k 产生的力矩减少到与摩擦力产生的力矩大小相等时，旋转件 2 与旋转件 1 无相对转动，接着又重复上述的过程。类似旋转件 2 的振动，称为自激振动。汽车起步过程中，离合器摩擦片之间运动也是同样的原理。

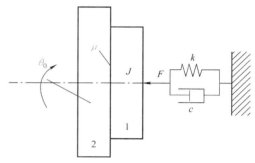

图 10-36 自激振动机理示意图

产生自激振动的主要原因在于，摩擦力作为运动的驱动力而非阻止力，使得摩擦力方向与转动方向相同。为了说明自激振动的影响，引入摩擦系数梯度的概念，定义为

$$\mu' = \frac{\Delta \mu}{\Delta v} = \frac{\mu_2 - \mu_1}{\dot{\theta}_2 - \dot{\theta}_1} \qquad (10\text{-}26)$$

式中，μ' 是摩擦系数梯度；μ_1、μ_2 是摩擦系数；$\dot{\theta}_1$、$\dot{\theta}_2$ 是角速度。

根据式（10-26）可得到摩擦系数为

$$\mu = \mu_0 + \mu' |\Delta \dot{\theta}| \qquad (10\text{-}27)$$

式中，μ 是摩擦系数；μ_0 是静摩擦系数。

由于部件间的摩擦有多种摩擦模型，如库仑摩擦模型、双曲正切函数摩擦模型、Karnoop 摩擦模型，本算例采用简单的库仑摩擦模型进行分析计算。

根据图 10-36 所示的运动关系，可得到旋转件 1 的振动微分方程为

$$J\ddot{\theta} + c\dot{\theta} + k\theta = FR_e\mu \qquad (10\text{-}28)$$

式中，J 是转动惯量；c 是系统阻尼；θ 是转角；$\dot{\theta}$ 是角速度；$\ddot{\theta}$ 是角加速度；k 是扭转刚度；R_e 是等效摩擦半径；μ 是摩擦系数。

由式（10-26）可得

$$\mu = \mu_0 + \mu'(\dot{\theta}_0 - \dot{\theta}) \qquad (10\text{-}29)$$

将式（10-29）代入式（10-28）可得

$$J\ddot{\theta} + (c + F\mu'R_e)\dot{\theta} + k\theta = FR_e(\mu_0 + \mu'\dot{\theta}_0) \qquad (10\text{-}30)$$

在式（10-30）中，当 $c + F\mu'R_e < 0$ 时，两旋转部件构成的系统出现负阻尼，这样会导致旋转件 1 产生自激

振动,即有

$$\mu' < -\frac{c}{FR_e} \quad (10\text{-}31)$$

由式(10-31)可知,当摩擦系数梯度小于某一负值时,则出现负阻尼,系统会产生自激振动。把这个负值称为摩擦系数的临界负梯度 μ'_0,因此,小于摩擦系数负梯度是引起系统产生自激振动的主要原因。对式(10-28)进行特定赋值,利用软件 Matlab 按三种情况分别进行计算旋转件 1 的角速度响应,见图 10-37。

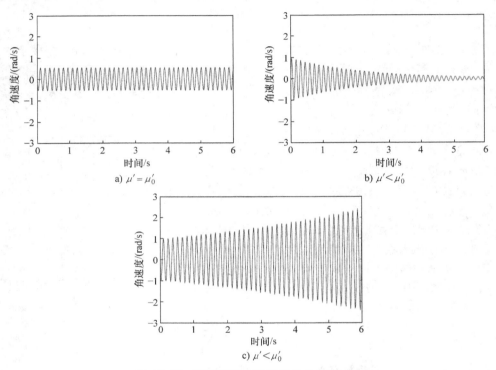

图 10-37 不同摩擦系数梯度的角速度响应

图 10-37a 中摩擦系数梯度取临界值 μ'_0 时,质量块的振动速度幅值保持不变,系统处于稳定状态;图 10-37b 中系统的摩擦系数梯度取值大于临界值,系统的阻尼是正的,旋转件 1 的振动角速度幅值随着时间增加逐渐衰减;图 10-37c 中系统的摩擦系数梯度小于临界值,$\mu'<\mu'_0$,系统的阻尼是负的,旋转件 1 的振动角速度幅值随着时间增加逐渐增大,此时系统会产生自激振动。因此可以看出,当系统的摩擦系数梯度小于临界负梯度时,系统会产生自激振动。这就是车辆在起步过程中,由于离合器接合过程中产生的自激振动,引起整车抖动的主要原因。

2. 强迫振动

在离合器的接合过程中,由于其装配问题引起的几何误差会产生周期性波动的激励力,这种周期变化的正压力会引起周期变化的摩擦力,如果这种激励力与传动系统的固有频率相等或相近,则会加大离合器的振动,引起整车抖动问题。

以图 10-36 为例,旋转件 1 受到正弦压力 $F(t) = F\sin\omega t$,根据式(10-28)和式(10-30)可得旋转 1 的振动微分方程为

$$J\ddot{\theta} + (c + F\mu'R_e\sin\omega t)\dot{\theta} + k\theta = FR_e(\mu_0 + \mu'\dot{\theta}_0)\sin\omega t \quad (10\text{-}32)$$

$$J\ddot{\theta} + c\dot{\theta} + k\theta = FR_e\mu\sin(\omega t) \quad (10\text{-}33)$$

式中，ω 是激励力的角速度；F 是激励力的幅值最大值。

由式（10-31）可知，系统的等效扭振圆频率为

$$\omega_e = \sqrt{\frac{k}{J}} \tag{10-34}$$

当外部激励频率与系统等效扭振频率相等时，即 $\omega = \omega_e$，系统会发生共振，如果传递到车身，车身将发生抖动问题。

三、起步抖动的客观评价

与其他振动问题一样，起步抖动通常也是选取座椅导轨、方向盘、变速杆和地板等部位进行评价的。由于起步抖动属于瞬态过程，不同于稳态工况下的评价，采用传统测试的加速度进行直接评价。通常采用一些特定的方法进行评价，以保证客观评价与主观评价有较好的一致性。因此，采用合理的评价方法非常关键。常见的评价方法包括：

（1）加速度权重法　在起步过程中，车辆的纵向加速度幅值越大，主观感受到的抖动就越剧烈。但是，其他两个方向的振动对主观感受也是有一定贡献的。经过大量试验验证分析，可以获取三个方向的权重值。因此，加速度权重法的计算公式为

$$a = \sqrt{k_x a_x^2 + k_y a_y^2 + k_z a_z^2} \tag{10-35}$$

式中，a_x、a_y、a_z 是车身 x 向、y 向和 z 向的加速度幅值；k_x、k_y、k_z 是 x 向、y 向和 z 向的振动能量的权重系数，分别取 0.95、0.2、0.2。

式（10-35）可以在一定程度上反映起步抖动的剧烈程度，但是，由于起步抖动属于瞬态振动问题，一旦在测试过程中出现随机的异常工况，测试结果将会出现异常的数据，而这些数据很难人为识别和判断，这将会得出错误的结论，无法对抖动问题进行准确的判断。

（2）加速度标准差法　汽车起步引起的整车抖动实质是一个随机振动的过程，这个随机振动的过程，可采用测试数据的离散度进行评价，数据的离散度越大，则车身加速抖动的程度就越剧烈。也就是说，在起步工况下，车身振动的加速度标准差（Standard Deviation，STD）与起步抖动的剧烈程度是一致的，车身加速度标准差越大，说明起步抖动越剧烈。那么，可得到如下公式：

$$a_{\text{STD}} = \sqrt{\frac{1}{n}\sum_{n=1}^{n}\left(a_n - \frac{1}{n}\sum_{n=1}^{n}a_n\right)^2} \tag{10-36}$$

式中，a_{STD} 是加速度标准差；a_n 是车身纵向加速度；n 是车身纵向加速度时间序列个数。

式（10-36）中 a_{STD} 利用整车关键部位振动加速度的离散程度，来评价整车及关键部位的抖动程度，可有效地避开加速度的异常值对结果分析的不利影响。另外，也可采用加速度能量法等方法进行分析和评价，但是这些方法都不如加速度标准差法能直接、有效地反映起动振动程度的问题。

四、起步抖动的影响因素

汽车起步抖动是由于离合器在接合过程中压盘和从动盘振动滑摩阶段引起的。离合器转速波动变化越剧烈，经由传动系统传递到车身的振动就越明显，因此，离合器的结构性能参数对车辆起步抖动有重要的影响。从式（10-28）可看出，离合器的参数包括离合器从动盘的转动惯量、减振器阻尼、扭转刚度、摩擦系数及摩擦系数梯度、压紧力等。

1. 从动盘的转动惯量

从动盘的惯量变化会影响从动盘的振动频率和离合器接合时间，从动盘惯量增大，从动盘的振动频率会降

低，利于改善起步抖动问题。但是，增大从动盘的转动惯量，离合器的接合时间也会降低，势必恶化换档冲击问题。因此，从动盘转动惯量的设计，需要综合考虑两种性能。

2. 离合器的扭转刚度

离合器的扭转减振器可以有效地衰减发动机的扭转振动。增大离合器的扭转刚度，提高离合器的扭转振动频率，降低振动的幅值，有效地抑制起步抖动。但是，增大从动盘扭转刚度，势必会降低离合器的隔振性能，增加整个传动系统的扭转刚度，一定程度上可以减少接合时间，系统的响应得不到有效的衰减，引起整车较大的冲击，增加耸车的风险；另一方面，增大扭转刚度会提高系统的扭转频率，增大了与发动机常用转速所对应的力或力矩不平衡频率耦合而共振的风险。因此，在进行离合器的设计时，要考虑耸车、共振和起步抖动等问题，合理设计离合器的扭转刚度。

3. 从动盘的阻尼

从动盘的阻尼是能量耗散的参数，阻尼越大，离合器在接合过程中的能量耗散越多。因此，离合器阻尼越大，衰减振动的能力就越强，加大离合器的阻尼，可以在一定程度上缓解起步抖动。另外，增大阻尼会增加离合器接合时间，降低离合器接合的冲击。为了提高传动系统的传递效率，从动盘的阻尼不能取值太大。因此，需要综合考虑各项性能的影响，选定合适的阻尼值。

4. 从动盘的静摩擦系数及摩擦系数梯度

从动盘的摩擦系数大小直接影响到离合器传递转矩的能力，摩擦系数梯度的正负直接影响到传动系统的稳定性。如果增加离合器的摩擦系数，相当于增大了摩擦系数负梯度，恶化了离合器的自激振动，同时也缩短了离合器的接合时间，使得起步振动变得更为剧烈。另外，增加摩擦系数，会增大离合器接合时的冲击响应，增加整车耸车问题的发生。因此，摩擦系数是离合器的重要设计参数，摩擦系数过大，会引起起步、换档工况下冲击过大；摩擦系数过小，则会引起离合器传递转矩能力下降。在离合器设计初期，首先要保证离合器摩擦系数梯度为正值。

5. 离合器压盘的压紧力

离合器压盘压紧力越大，离合器的接合速率就会越高，离合器的振动冲击就越大，会恶化起步抖动问题。从起步抖动问题控制的角度考虑，压紧力越小对起步抖动越好。但是，如果压紧力太小，则会出现摩擦力矩无法持续增加，离合器始终处于纯滑状态，无法进入锁止阶段，导致离合器长时间无法接合。因此，在进行离合器压紧力设计时，在满足压盘能够产生正常起步的摩擦力矩条件下，可考虑对压盘压紧力进行优化，这样就实现了从"源"上解决起步抖动的问题。

以上是从激励源的角度进行考虑的，是影响起步抖动的主要因素。但是，在图10-34中，传递路径上的关键部件，如半轴、悬架等部件对起步抖动也有重要影响。

1）半轴扭转刚度。半轴是传动系统的一个重要部件，半轴的扭转刚度是传动轴的一个关键参数。如果降低半轴的扭转刚度，可以有效地降低滑摩阶段离合器的加速度标准差，因此，可以改善起步抖动问题。但是，降低半轴的扭转刚度，则会影响半轴的耐久性能。因此，在对半轴刚度进行优化时，需要综合考虑两种性能，进行平衡。

2）悬架纵向刚度。悬架的纵向刚度主要是指下控制臂的衬套刚度，是车辆起步工况传递到车身的重要路径。悬架纵向刚度低，就会产生较大的位移波动，同样在车身上会引起较大的振动。下控制臂的刚度与整车操控、耐久等性能相关，在进行起步抖动优化时，需在多种性能间寻求平衡。

五、起步抖动的控制方法

依据NVH问题"源-路径-响应"的分析原理，起步抖动问题的控制主要从"源"的角度进行考虑，而抖动问题的源就是离合器。因此，目前起步抖动问题控制的重点部件就是离合器。根据上述起步抖动影响因素的分析，起步抖动控制的参数主要有刚度、阻尼、摩擦系数以及转动惯量等参数。控制起步抖动的常见措施和手段包括：

1. 从动盘的扭转刚度

从动盘的扭转刚度是一项很重要的性能参数，增大从动盘的扭转刚度可以在一定程度上改善起步抖动问题。从动盘扭转刚度改善的措施主要包括优化从动盘弹簧的数量、改变螺旋弹簧钢丝的直径、改变螺旋弹簧的有效圈数等，见图10-38，图10-38a中内弹簧数量为4个，图10-38b中优化后的内弹簧为5个。

a) 优化前　　　　　　　　b) 优化后

图 10-38　离合器扭转刚度内弹簧

2. 离合器波形片轴向刚度

离合器波形片（图10-39）轴向刚度影响离合器压盘的压紧力，波形片轴向刚度与压紧力成正比变化。因此，通过降低波形片的轴向刚度，可改善起步抖动。降低波形片的轴向刚度常见的设计手段包括修改波形片的形状和降低波形片的压缩量等，如修改波形片的波形半径等。

波形片的刚度也与离合器装配精度有关，必须对离合器装配进行严格控制，主要包括压盘的平行度、压盘的同轴度、压紧力的公差、波形弹簧的垂直度以及发动机曲轴的同轴度等。另外，也必须提高离合器相关联零部件尺寸的轴向制造精度，如波形片的轴向高度公差。因此，提高制造和装配精度有利于降低强迫振动引起的起步抖动问题。

3. 摩擦片的摩擦系数

摩擦片的摩擦系数是起步抖动最为敏感的系数之一。降低摩擦片的静摩擦系数，可以降低摩擦力矩，并可改善起步抖动问题。由于温度、材料、表面涂层等因素对摩擦系数影响较大，因此，摩擦片设计必须满足一定的要求。

图 10-39　离合器波形片优化

第一，合理设计摩擦片和压盘材料，保证两者有足够的导热系数和比热容，避免离合器工作时产生较大的温度升高，改变摩擦片材料机械特性，影响摩擦力和力矩。

第二，合理设计摩擦片结构，保证摩擦副有良好的散热性能和受力均匀，减少摩擦片工作时表面的温度升高值，同时也可减少对摩擦力和摩擦力矩的影响。

第三，合理设计摩擦片材料成分，保证摩擦片在尽可能宽的温度范围内保持机械特性不变，使摩擦副在工作温度范围内保持稳定，这样也可使传递的摩擦力矩保持稳定。

第四，合理设计摩擦片的涂层材料，保证摩擦片的动、静摩擦系数相近，避免两者因差距较大而加大自激振动的产生概率。

4. 从动盘的摆角

较大的从动盘摆角可降低轴向装配误差对振动的敏感性。从动盘的摆角越大，抵抗飞轮垂直度问题引起的激励能力就越强，可以抑制装配或制造误差引起的变速器摆动，降低了变速器运转时的轴向振动，这样可以有效缓解起步抖动问题。若采用较小的从动盘摆角，则会增加轴向装配误差对振动的敏感性。例如，某款变速器为了改善起步抖动问题，从正摆角 0.087rad 调整到 0.174rad。

5. 离合器接合时间

离合器接合时间的长短是起步抖动问题评判的一个重要指标。增加离合器接合时间，实际上是降低了离合器接合的速率，减缓了主、从动盘的接合，减少了两者的冲击，因此有利于改善起步抖动问题。但是，离合器接合时间过长，则会引起车辆起步缓慢，影响车辆操控性，也不利于离合器的耐久性能。因此，在对离合器进行设计时，需要综合考虑多个性能，选择合适的离合器接合时间。

另外，从动盘的转动惯量、从动盘的等效摩擦半径以及飞轮的转动惯量等结构、性能参数对起步抖动也有一定影响，也可以对这些因素进行优化控制。以上只是常见的控制方法和手段，为了从整体上有效地控制起步抖动，必须在开发前期进行全面的、系统的设计和分析。另外，由于离合器的结构和工作机理非常复杂，不仅对起步抖动有重要影响，而且对整车操控性能、燃油经济性、疲劳耐久性能都有重要影响。因此，在解决起步抖动问题的同时，必须综合考虑对其他性能的影响，制定出切实可行的方案。

第八节 加速抖动

加速工况是车辆行驶中最常见的工况之一，加速抖动问题也是最常见的问题之一。当车辆在行驶过程中，进行提速或超车时，经常会感受到地板、加速踏板、方向盘、座椅等部位的抖动。这些部位的抖动问题势必会影响乘坐的舒适性。加速抖动问题也是整车 NVH 评价关注的问题之一。

一、加速抖动概述

加速抖动实质是发动机向驱动轮传递动力时，动力传递的不均匀性以及传动系统的弹性引起的振动。加速工况是指发动机的节气门急速打开，发动机转速快速提高的过程。加速工况需要发动机在短时间内输出更大的能量，导致发动机产生较大的振动，主要包括三个方面：①发动机燃烧的压力波动，可引起排气内气流波动，通过支架、吊挂传递到车身；②发动机燃烧产生的不平衡力和力矩，引起发动机本体的振动，并经由发动机悬置、半轴、传动轴、排气系统等部件传递到车身；③在加速过程中，发动机的激励会引起传动系统的扭转振动，见图 10-40。

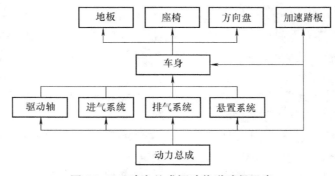

图 10-40 动力总成振动传递路径示意

从频率范围上看，前两个振动问题属于中高频抖动问题，后一个属于低频抖动问题。而中高频抖动频率相对较高，共振的同时往往伴随着轰鸣声。例如，对于前置前驱车型，车辆在加速过程中，发动机转速二阶频率与驱动轴弯曲频率耦合（频率通常在100~150Hz），不仅会引起前地板共振，也会在车内产生轰鸣声问题；再如，对于前置后驱或者四驱车型，在加速过程中，传动轴的扭振也会引起地板共振和车内轰鸣声问题。对于此类问题，通常解决了轰鸣声问题，也就解决了局部振动的问题，本节将不进行介绍，相关的解决方案可参考整车轰鸣声控制相关章节内容。本节将重点介绍低频抖动问题。

对于加速低频抖动，最常见的振动主要有加速横摆和加速耸车抖动。

二、加速横摆抖动分析与控制

加速横摆是指在大节气门开度加速时，整车存在左右方向抖动的现象。加速横摆是一种高能量低频振动问题，是非常容易被驾乘人员感受到的抖动。

1. 加速横摆产生机理

加速横摆的激励源是驱动轴，驱动轴是指前置前驱车型连接变速器和车轮的轴。驱动轴一方面将发动机产生的动力传递给左右驱动轮，以驱动车辆行驶，另一方面，驱动轴需要补偿因车轮上下跳动和整车转向引起的位置变动。驱动轴的内端通常采用花键与差速器相连，外端通过凸缘盘或花键等方式与驱动轮轮毂相连。驱动轴分为两段式和三段式，两段式驱动轴通过球笼与车轮和变速器连接。三段式驱动轴增加了连接轴、轴承及轴承支架，见图10-41。

轮胎上下跳动和整车转向的位置变化主要是通过传动轴的万向节来实现的，典型的等速万向节驱动轴总成采用的是"中心固定型等速万向节 - 中间轴 - 伸缩滑移型万向节"的组合结构，通常固定端采用的是球笼式等速万向节，移动端采用的是三球销式等速万向节，见图10-42，其中1是球笼式万向节，是连接轮毂端的，2是三球销式万向节，是连接差速器端的。

车辆在行驶过程中，轮胎上下跳动和整车转向的位置变化主要是通过万向节的旋转、滑移和摆动等运动实现的。与

图10-41 驱动轴连接示意

此同时，驱动轴会产生一个轴向力 F，见图10-43示意。力 F 是三柱槽壳与万向节的三销轴摩擦引起的。轴向力是引起整车在加速工况下横向摆振的主要激励力。目前传动轴通常采用的是三球销式万向节，因此驱动轴产生的轴向力相对其转速具有三阶次激励特征。

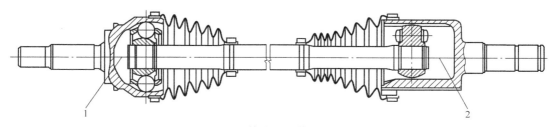

图10-42 等速万向节驱动轴结构

当车辆以一定车速加速行驶时，如果驱动轴轴向力的阶次频率与动力总成刚体模态频率出现耦合，则会引起横摆抖动问题。例如，轮胎型号为235/60 R18，车速从20km/h加速到80km/h时，驱动轴的三阶模态频率为7~29Hz，动力总成的刚体模态频率在7~16Hz范围内，如果轴向力激励频率与动力总成刚体模态频率耦合，尤其是 Y 向刚体模态发生耦合，则会产生横摆抖动问题。图10-44是某款车以30km/h加速到80km/h座椅导轨的 Y 向测试结果，在4~11Hz频带内出现明显的振动，主观评价也有明显的横摆振动，测试结果与主观评价存在一致性。

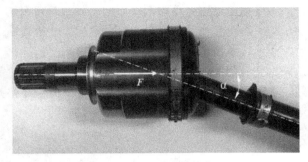

图 10-43　驱动轴摆角

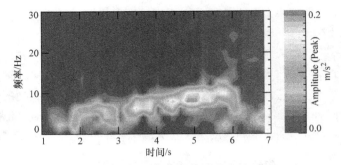

图 10-44　加速横摆测试结果

2. 加速横摆的影响因素

加速横摆的激励源是轴向力，通过发动机悬置或悬架传递到车身。由于轴向力为摩擦力，那么根据库仑摩擦定理，则有

$$F = N\mu \tag{10-37}$$

式中，F 是摩擦力，即轴向力；N 是压力；μ 是摩擦系数。

从式中可以看出：轴向力与压力和摩擦系数成正比。影响轴向力的主要因素包括驱动轴摆角、传递转矩、三柱槽壳与三球销间隙以及润滑脂型号等，其中对轴向力影响最大的因素是驱动轴摆角。

（1）驱动轴的夹角　驱动轴夹角是指驱动轴中心线与差速器输出轴中心线的夹角。在静止状态，由于总布置的限制，轮心与差速器中心不共线时，存在一个初始夹角。在行驶工况下，万向节为补偿轮胎上下跳动和车辆转向的位置变化使得驱动轴产生一个摆角，称为驱动轴的动态夹角，动态夹角随行驶工况不同而变化。对于三球销式万向节，驱动夹角越大，则三柱槽壳与三球销间的法向压力就越大，根据式（10-37）可知，法向压力越大，则轴向力越大。另外，驱动夹角与车辆载重有关，载重越大则驱动角越小。驱动轴夹角与轴向力呈正相关关系，驱动轴夹角越大，轴向力就越大，整车横向摆振就越严重。图 10-45 是某款车不同驱动轴夹角对座椅导轨振动的对比结果，座椅导轨采用 Y 向峰值频率对应的振动值，从结果可以看出，驱动夹角越大，座椅 Y 向振动就越大，驱动夹角大小对整车横摆有重要的影响。

（2）传递转矩　驱动轴传递转矩的大小影响槽壳与球销间的正压力，且传递转矩与正压力成正相关关系。因此，降低传递转矩也是改善整车横摆抖动问题的一个重要因素。但是，降低传递转矩实质是对发动机或电机（纯电动汽车）限矩，这会降低整车的动力性，影响整车的加速性能。图 10-46 是某款纯电动汽车驱动轴的传递转矩与座椅导轨 Y 向振动的测试结果（峰值频率值），从结果可以看出，传递转矩越大，座椅导轨 Y 向振动就越大。因此，传递转矩对整车横摆抖动有重要影响。

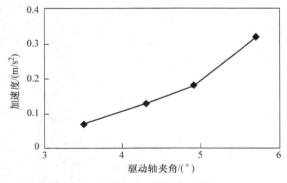

图 10-45　不同驱动轴夹角与座椅导轨 Y 向振动

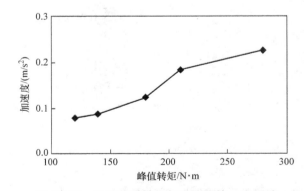

图 10-46　不同传递转矩与座椅导轨 Y 向振动

（3）润滑脂　润滑脂是万向节必不可少的材料，可减少两个接触件的摩擦力和接触部位的磨损，提高万向节的使用寿命。不同的润滑脂的防摩擦性能是不同的，根据式（10-37），轴向力大小与摩擦系数有关，好的润

滑脂可以降低轴向力。

（4）配合间隙　由于制造和装配的原因，万向节内部是存在间隙的。例如，三球销式万向节的三柱槽壳与球环是存在间隙的，间隙是引起轴向力波动的重要原因。间隙越大，轴向力波动就越大，整车横摆抖动就会越严重。

（5）等速万向节类型　不同的万向节结构，产生轴向力的大小和频率是不同的。目前，常见的伸缩万向节有三球销式万向节（Tripod Joint，TJ）、环球可调角度型（Angular Adjusted Roller，AAR）万向节、可轴向移动的球笼式万向节（DOJ）、双重偏置型万向节（Double Offset，DO）、斜滚道万向节（Verschiebegelenk Lobro，VL）等。其中，TJ、AAR有三个钢球，轴向力频率为驱动轴转速频率的三阶。而DOJ、VL、DO中有六个钢球，则轴向力频率为驱动轴转速频率的六阶。但是，结构复杂的万向节成本非常高。

以上是从激励源的角度进行的分析，从传递路径上考虑，主要有以下两个方面。

1）悬置刚度：如果悬置刚度不足，将起不到有效的限位作用，使动力总成产生较大的位移，加大驱动轴的摆角，会恶化加速横摆抖动问题。

2）动力总成Y向刚体模态频率：通常将动力总成Y向刚体模态的频率限制为6～12Hz范围内，如果该频率与轴向力的频率出现耦合，那么将恶化加速时的横摆抖动。

3. 加速摆振的控制方法

同样，依据NVH分析问题的"源-路径-响应"原理，控制加速横摆抖动，也主要从源和路径两个方面进行控制。

（1）控制驱动轴初始夹角　驱动轴夹角与轴向力呈正相关关系，由于驱动轴初始夹角与整车的布置有关，因此，在整车开发的前期，必须对驱动轴夹角进行控制。国内很多主机厂对驱动轴夹角提出目标值，例如，在半载状态下，纯电动汽车要求小于3°，燃油车要求小于5°。

（2）选择合适的万向节　驱动轴的伸缩万向节有多种类型，产生的轴向力大小和频率以及轴向伸缩量是不同的。例如，三球销万向节AAR型等速万向节产生的滑移阻力小，可以在一定程度上减少轴向力。三球和六球产生的轴向力阶次分别为转速频率的三阶和六阶。在前期设计阶段，可根据开发车型的级别、振动的要求、成本的控制等因素选择合适的万向节结构。

（3）保证万向节加工精度　由于万向节的内部配合间隙和表面粗糙度影响轴向力，间隙和表面粗糙度越小，轴向力就越小。因此，必须提高万向节的加工精度，这样才可以保证零件的尺寸精度、位置精度和表面粗糙度，减少万向节内部的间隙和摩擦力。

（4）选择合适的润滑脂　不同的润滑脂，润滑效果是不同的，对轴向力的影响也是不同的。由于万向节内部结构非常复杂，零件间的接触面应力非常高，润滑脂的油膜厚度属纳米量级的。因此，必须依据万向节的选型，选择合适的润滑脂，以减少因润滑不佳引起的轴向力。

（5）频率规划设计　加速横摆抖动一个重要的原因在于，驱动轴轴向力的频率与动力总成Y向刚体模态发生耦合。如果采用三球型的万向节，两者耦合的概率非常高。但是，采用六球型万向节，加速时的频率就远高于动力总成Y向刚体模态，两者就很容易避频。例如采用型号为235/60 R18的轮胎，若以30km/h加速，对应轴向力的三阶频率为10Hz左右，而六阶频率为20Hz，因此，采用六球型万向节可以减少轴向力频率与动力总成刚体模态耦合的概率，而且六球型产生的轴向力也较小。

（6）悬置刚度设计　悬置刚度是在动力总成解耦分析确定的，而悬置刚度大小决定了动力总成的刚体模态。在设计悬置刚度时，可结合轮胎的选型情况，尽可能将动力总成的Y向刚体模态频率设计到常用的加速车速对应的轴向力频率以下，不过该方案有一定难度。另外，可增加悬置刚度的X向和Z向限位，避免动力总成位移过大，使得驱动轴摆角变大。

对于加速横摆抖动问题，主要还是从源上解决，也就是从驱动轴的前期布置和万向节的制造、装配角度去解决。虽然，采用避频手段是解决该问题的一个有效手段。但是，驱动轴产生的激励力是一个频带很宽的激励，而动力总成的刚体模态频率频段非常窄，如果轮胎选型一旦确定，对两者进行避频设计确实有很大的难度。因此，加速横摆抖动主要是从源的角度，并结合悬置刚度限位设计进行控制的。

三、加速耸车抖动分析与控制

当车辆在行驶过程中,突然增加节气门开度或突然减少节气门开度时,会引起车辆沿行驶方向出现纵向振动,这种现象称为耸车抖动,耸车抖动的频率范围在 2～10Hz。对于突然增加节气门开度或减少节气门开度的工况,通常称为 tip in/out 工况。该工况是驾驶员经常使用的工况。因此,加速耸车抖动问题是驾乘人员最关注的问题之一。

1. 加速耸车抖动产生的机理

传动系统的主要功能是将发动机产生的动力传递给驱动轮,并实现减速增矩等功能。传动系统是一个非常复杂的系统,主要包括离合器、变速器、传动轴、主减速器、差速器等部件。汽车传动系统实质是一个复杂的多自由度扭振系统,各部件的转动惯量和扭转刚度分布很不均匀,传动系统的扭振模态也是非常复杂的。

对于传动系统的扭振模态分析,多采用分布质量和集中质量模型。集中质量模型是指将轴系进行离散化处理,每个轴系分为若干个集中质量,用理想的无质量弹性轴将每个集中质量连接起来;分布质量模型是采用沿轴线连续分布的分布参数来描述轴系,也就是采用偏微分方程形式的数值方法描述的扭振物理模型。分布质量模型计算精度高,但耗费时间较长。集中质量模型因形式简单、计算精度也可满足工程要求,在扭振计算中得到广泛应用。以某款车为例,利用 AMESim 软件建立的传动系统的一维模型见图10-47。

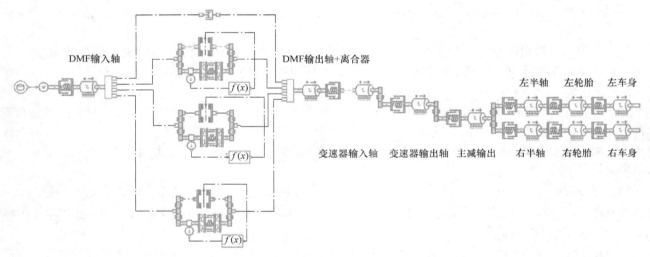

图 10-47 某款车传动系统模型示意

依据创建的一维仿真模型,可以求解传动系统的扭振频率,由于变速器不同档位的内部轴系转动惯量是不同的,引起传动系统惯量分布发生变化。因此,各个档位的扭转频率也是不同的。某款车 6MT 各档位的频率计算见表10-5,从表中可以看出,第一档到第三档的频率相对较低,这些频率分布在加速耸车问题常见的频率范围内,容易被外部激励而产生耸车抖动问题。

表 10-5 各档位前两阶模态计算结果

档位	一阶 /Hz	二阶 /Hz
1	6.3	40.9
2	9.0	40.3
3	12.2	39.2
4	14.6	38.1
5	19.1	35.2
6	26.7	30.3

从本章介绍的抖动问题传递特性可以知道，发动机在工作过程中，随着各缸按点火的相位角依次点火，发动机缸内压力波动以及往复惯性力都会输出周期性波动力矩。与此同时，车辆在行驶过程中还会受到轮胎滚动阻力矩、空气阻力矩等外载荷，而且这些载荷是车速和发动机转速的函数，尤其是在 tip in/out 非稳定操作工况下，这些力矩载荷表现出低频特性，必然会与第一阶扭振频率发生耦合现象，引起整车耸车抖动问题。尤其在特定的轮胎滑移率范围内，这些载荷力又会反作用于传动系统，加速了传动系统转速的波动。从原理上看，这是一种具有自激振动性质的扭转振动，由于传动系统中有离合器扭转减振器、轮胎等大阻尼部件，这种自激振动的能量才可以得到有效的控制。

另外，在 tip in/out 工况下，离合器分段非线性刚度的突变，变速器、主减速器等啮合齿轮的间隙和动态的啮合刚度非线性，也是引起加速耸车抖动的重要原因之一。对于纯电动车，减速器和差速器将驱动电机和半轴直接相连，传动系统扭振引起的耸车抖动问题就尤为明显。

2. 耸车抖动产生的影响因素

影响加速耸车抖动的因素包括源和传递路径，由于发动机激励受限于控制策略，而轮胎阻力矩和风载荷阻力矩具有随机性和不确定性，本节不进行介绍。对于传递路径，影响加速耸车抖动的因素很多，包括系统部件的惯量、扭转刚度、阻尼等因素。但是，作为加速耸车抖动的瞬态工况，影响最大的因素是离合减振器的刚度和传动系统的间隙。

（1）离合器扭转减振器刚度　车辆在行驶过程中，离合器扭转减振器刚度会随着扭转角的变化发生改变，尤其是车辆在非稳定工况下，如 tip in/out 工况，离合器扭转角变化范围较大，离合器的刚度也随之会发生突变，这会引起输入轴转速的突变。离合器刚度越大，输入轴转速的波动幅值就越大；对于多段刚度特性的离合器，相邻两段刚度差值绝对值越大，则输入轴转速的冲击变化量就越大。

（2）间隙的影响　传动系统的间隙主要由变速器中齿轮啮合间隙和整车传动系统的结构间隙组成。由于加工、装配等原因，间隙传动系统必然存在的现象，而且随着车辆的使用时间和磨损，间隙会越来越大。对加速耸车抖动影响较大的因素是传动间隙的大小和位置。对于同一部位啮合的齿轮，两者间隙越大，则整个传动系统的延迟就会增加，系统的加速波动就越剧烈，导致加速耸车抖动就越严重，如果间隙过大，会增大轮胎滑移率，进而影响安全性问题；从间隙位置上分析，传动系统后部的间隙影响要大于前部的影响，例如，差速器的间隙对加速耸车抖动的影响要大于变速器对加速耸车抖动的影响，也就是说间隙越往传动系统后部集中，系统延迟就越严重，加速耸车抖动就越剧烈。

3. 耸车抖动的控制方法

从 NVH 性能的"源 - 路径 - 响应"控制原理分析，加速耸车抖动的问题也主要从源和路径的角度进行控制。其中，对激励源的控制主要是对发动机转速波动的控制，而轮胎阻力矩和空气阻力矩具有随机性和不确定性，控制难度比较大，这里不做详细概述。

（1）合理选择双质量飞轮参数　双质量飞轮是解决瞬态振动的重要手段。离合器的扭转减振器由于自身结构局限性，相对转角设计和刚度设计会受到一定的限制。双质量飞轮可以布置在较大的空间内，相对转角较大，扭转刚度可以设计得较小。合理设计双质量飞轮的刚度、阻尼、摩擦力矩等参数，采用较小刚度、大阻尼和小摩擦力矩，可以降低发动机的转速波动，明显改善 tip in/out 工况下的传动系统的扭振性能，可有效地降低转动的冲击，改善加速耸车问题。但是较小的刚度和摩擦力矩会影响飞轮传递转矩的能力。因此在设计双质量飞轮时，需要在多个性能之间取得平衡。

（2）合理选择离合器刚度参数　影响加速耸车的离合器参数包括离合器扭转减振器刚度、离合器极限扭转角以及相连刚度段的刚度差值。减小离合器扭转减振器刚度，增加离合器极限扭转角或者通过设计更多级的减振器刚度来降低相邻刚度段的刚度差值，可改善飞轮和变速器输入轴的瞬态转速特性，从而改善加速耸车的抖动。

（3）严格控制传动系统的间隙　传动系统的间隙和位置对加速耸车有重要作用。传动系统在同一位置的间隙越大，则在加速时波动也就越大，加速耸车就越严重。传动系统间隙的位置不同，对加速耸车的影响也是不同的，越靠近传动的末端，对加速波动影响就越大，加速耸车就越明显。因此，应严格控制传动系统的间隙，以及传动系统末端部位的齿轮啮合间隙。

急加速工况与起步工况都是瞬态工况，两种工况下的耸车问题产生的原理也是基本相同的，控制的手段和方法也大体相同，解决两种工况下的耸车问题的方案可以相互参考。

第九节　巡航抖动

巡航工况是车辆行驶中最常用的工况，巡航工况的抖动问题也是最常见的问题之一。车辆在行驶过程中，经常会出现方向盘、地板、座椅等部位的抖动问题。尤其是方向盘，经常会出现绕圆周方向的抖动问题，这就是方向盘摆振。方向盘摆振是巡航工况下常见的问题之一，也是最受关注的问题之一。

一、方向盘摆振概述

1. 方向盘摆振的概念

方向盘摆振是指车辆在行驶过程中方向盘出现的绕管柱方向的回转摆动，表现为方向盘弹手、打手等。方向盘摆振是一种非常复杂的振动现象，属于汽车操纵机构的振动。方向盘摆振问题不仅会影响到驾驶的舒适性，而且对车辆的操控性、安全性也有重要的影响，严重的摆振问题甚至会引起安全事故。因此，方向盘摆振问题是消费者最容易抱怨的NVH问题之一。

方向盘摆振通常是由前轮摆振引起的，而前轮摆振是指车辆在行驶过程中产生的车轮绕主销轴的振动现象。根据NVH性能的"源-路径-响应"传递原理，轮胎是方向盘摆振的激励源。轮胎产生的激励主要通过两种路径传递到方向盘，见图10-48。其中一种路径是轮胎—转向节—转向拉杆—转向器—转向管柱—方向盘；另一种路径为轮胎—转向节—控制臂—后副车架—转向器—转向管柱—方向盘。不同的车型，两种路径对方向盘摆振传递的贡献是不同的。

2. 方向盘摆振问题分类

方向盘摆振的分类方法有多种，常见的分类方法是从摆振机理和车速的角度进行分类的。

（1）摆振产生的机理　按照方向盘摆振产生的机理，可分为自激摆振和强迫摆振。自激摆振是指车辆在行驶过程中，当车轮受到一个偶然激励（如凹凸不平的路面等）时发生偏转，当激励消失后，车轮仍持续摆振并带动方向盘摆振的一种振动形式。强迫摆振是指因车轮的不均匀性（如车轮质量不平衡、刚度不均匀性等）而产生周期的激励力，引起方向盘摆振的一种振动形式。

（2）车辆行驶速度　按照车辆行驶速度，可分为低速摆振和高速摆振。通常把车速在40~70km/h范围内产生的方向盘摆振称为低速摆振，把车速大于100km/h产生的方向盘摆振称为高速摆振。低速摆振多为自激振动，高速摆振多为强迫摆振。

二、方向盘摆振的产生机理

方向盘摆振是一种非常复杂的振动形式，主要原因是方向盘受到前轮摆振的激励引起的振动。根据前轮摆振产生的机理不同，可分为自激型摆振和强迫型摆振。

（1）强迫型摆振　强迫型摆振是由于周期性的激励力而引起的振动现象，摆振频率与激励频率是相同的。强迫型摆振的激励源主要是车轮的不平衡以及轮胎特性沿周长的不均匀性等，相关轮胎不平衡理论部分见第二节。强迫型摆振产生的原因包括轮胎的失衡引起的动不平衡导致的绕主销摆动与悬架的侧倾、转向系统的转动形成的陀螺耦合效应。

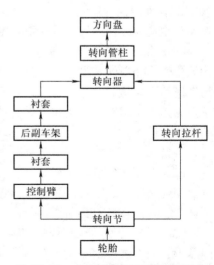

图10-48　方向盘摆振传递路径示意

强迫型摆振的激励力主要来自车轮质量不平衡产生的离心激励力、车轮陀螺力矩、悬架与转向杆系运动不协调等。由旋转件激励的理论可知，车轮质量不平衡产生的离心力的大小与车速、轮胎半径和不平衡质量有关，离心力的频率与轮胎转速成谐频关系，对摆振影响较大的频率是轮胎转速的一阶谐频。当激励力的一阶频率与转向轮绕主销振动频率相近时，就会发生共振，引起方向盘的摆振。强迫型摆振与车速强相关，一旦车辆行驶的车速低于或高于这个车速，摆振就会消失。

（2）自激型摆振　方向盘的自激型摆振是指在一定条件下，车轮会绕着转向主销持续摆动，并通过传递引起方向盘摆振的振动现象。由于转向系统、悬架系统的结构中包含摩擦和间隙，轮胎的侧偏特性和松弛效应等非线性特征，因此，自激型方向盘的摆振是一种典型的非线性振动现象。

自激振动系统能量来自外界能量的补充，补充的能量由自身的运动状态调节和控制，当能量的输入和耗散达到平衡状态时，这就是所谓的自激振动状态。自激振动也是一种周期运动，与极限环运动相对应，在实际工程应用中，可利用极限环的稳定性来判定系统周期运动的稳定性。从理论上分析，可依据 Hopf 动态分岔理论进行判定和分析，系统的非线性动力学方程或状态方程表示为

$$\dot{X} = G(X, \eta), X \in R^N \tag{10-38}$$

式中，X 是状态变量矩阵；N 是状态变量个数；η 是分岔参数。

在式（10-38）中，当 η 连续变动时，如果轨迹的拓扑结构在 η_0 处发生质变，则 (x_0, η_0) 为分叉点。Hopf 分岔是指非线性系统参数变化经过临界值时，系统由稳定状态转变为不稳定状态，并产生极限环的现象。

当车辆在行驶过程中，前车轮受到偶然的激励（如凹凸不平的路面或方向盘的突然转向）产生了初始的偏转，由于主销内倾、后倾以及轮胎侧面弹性变形等因素会产生作用力，这些作用力施加到车轮上，对主销形成了回正力矩，可使转向轮返回中间位置。但是，回正力矩必须克服转向机构、主销等各系统部件的摩擦力矩。在通常的转向系统中，由于部件间的干摩擦、润滑阻力以及阻尼器产生的阻尼，可在一定程度上抑制轮胎传递的振动。但是，当前轮发生摆振时，由于轮胎的迟滞特性，弹性回复力矩滞后于轮胎变形，系统的阻尼变为负阻尼，路面输入能量大于结构内部消耗的能量，使得车轮产生自激振动，轮胎与地面的作用力持续地作用于方向盘，引起方向盘产生轴向的摆振。

也就是说，当车轮的偶然激励消失后，车轮摆动并不停止，而是变成了持续的摆振，只有通过制动或减速等措施才能消除。当汽车行驶速度比较低时，阻尼作用较大，车轮不会发生摆振；当车辆行驶速度提高到某一特定值时，系统阻尼变为负阻尼。因此，产生自激摆振的外因是初始的激励，而内因则主要是系统的参数不匹配。

自激型摆振不同于强迫型摆振，主要特点如下。

第一，自激型摆振不需要周期性的激励源：行驶的车辆只要受到一个偶然的冲击，当冲击消失后，只要系统满足摆振的条件，方向盘就会产生持续的摆振，除非采用制动或减速等措施，否则摆振不会停止。

第二，自激型摆振车速范围较宽：自激型振动的车速可能是一个较宽的车速范围，不同于强迫型摆振，只要车速满足条件就会产生摆振。

第三，自激型摆振频率与外界频率没有一致性：自激型摆振的频率和幅值由系统本身的结构参数决定，在发生车速范围内摆振频率变化不大，摆振频率接近车轮绕主销转动的频率。

三、方向盘摆振主要影响因素分析

根据方向盘摆振的传递路径及产生机理，影响方向盘摆振的结构包括转向系统、悬架系统和车轮总成等。从整体上看强迫型摆振主要与激励频率、不平衡量大小以及转向系统的刚体模态有关。自激型摆振主要与传动系统的刚度、阻尼、摩擦、间隙以及轮胎的力学特性都有关。

1. 车轮总成

车轮是造成方向盘摆振最重要的部件之一，可以认为是方向盘摆振的激励源。影响摆振的因素主要包括车轮的整体参数和轮胎参数。

车轮产生摆振的主要参数是动不平衡量。动不平衡量是强迫型摆振的主要影响因素，也可以说动不平衡量是强迫型摆振的激励源，动不平衡量值越大，方向盘摆振的幅值就越大，通常要求单侧动不平衡量应小于6g。图10-49是某款车针对匀速110km/h摆振问题优化前后的对比结果，测试部位为方向盘12点位置，优化的方案是将前轮的不平衡量控制到目标值范围内。从对比结果可以看出，轮胎不平衡量是影响方向盘摆振的重要因素。

影响方向盘摆振的轮胎参数可分为结构参数和性能参数两类，这两类参数主要影响自激振动。轮胎的性能参数主要包括侧偏刚度、侧向刚度、垂向刚度、气压、阻尼等。由于轮胎的迟滞特性，轮胎转向时产生的侧向恢复力滞后，产生拖距而形成回正力矩，如果轮胎侧偏刚度偏低，则会产生较大的回正力矩和较大的前轮摆角，加大前轮摆振问题。同样，增大轮胎侧向刚度，减少轮胎弯曲刚度、扭转刚度和垂向刚度，都可减少或降低摆振问题。另外，降低轮胎气压，相当于降低轮胎的侧偏刚度，则会增加摆振问题的产生。轮胎结构参数主要包括轮胎宽度和轮胎拖距。提高轮胎的宽度和降低轮胎的拖距，有利于降低或减少方向盘摆振问题。

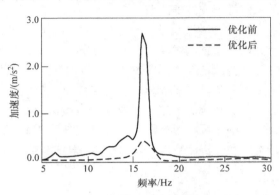

图10-49 对轮胎动平衡优化结果对比

2. 转向系统

转向系统是方向盘摆振的主要传递路径之一，从图10-48可以看出，影响方向盘摆振的系统部件包括转向拉杆、球头、转向器、转向管柱等。

对于转向系统整体模态，从抖动的传递特性可知，转向系统存在一个旋转的刚体模态，模态的频率范围为6~15Hz，与悬架的Hop和Tramp模态频率范围存在重叠的部分，如果两者模态频率出现耦合，那么方向盘则会产生摆振问题。

对于转向拉杆，提高横拉杆的刚度，可以降低方向盘振动的幅值，但是，若转向拉杆与球头间隙偏大，则会增大方向盘摆振问题，若增加球头的摩擦力，有利于降低方向盘摆振；对于转向器，提高转向器刚度和阻尼，可以降低方向盘摆振的幅值；对于转向管柱，提高转向管柱的扭转刚度和阻尼，可以降低方向盘的摆振幅值。

3. 悬架系统

悬架系统是方向盘摆振的另一条传递路径，从图10-48可以看出，影响摆振的悬架系统的部件包括控制臂及衬套、稳定杆、减振器和弹簧等。

从悬架整体看，影响方向盘摆振的主要因素是悬架整体的Hop和Tramp模态，如果这两阶模态频率与轮胎旋转一阶模态频率、方向盘刚体模态出现耦合，则会引起方向盘摆振问题。另外，减少悬架的垂向刚度，增加悬架的阻尼，可以有效降低方向盘摆振的问题。

对于控制臂及控制臂衬套，控制臂通过衬套与副车架相连，影响方向盘摆振的主要因素是控制臂和控制臂衬套的刚度。提高控制臂刚度并且降低衬套刚度有利于方向盘摆振的改善。对于稳定杆，提高稳定杆刚度，一定程度上可降低方向盘摆振的幅度。对于减振器顶端衬套，降低衬套刚度，有利于降低方向盘摆振的幅值。

4. 轮胎定位参数

影响方向盘摆振的轮胎定位参数主要包括主销后倾角、前束角和主销内倾角等。

主销内倾是指在汽车横向平面内，主销轴线上端略向内倾斜的现象，主销内倾角是指在横向垂直平面内，主销轴线与垂线之间的夹角。主销内倾角具有使转向轮自动回正的功能。提高主销内倾角可以降低方向盘摆振幅值。

主销后倾是指在汽车纵向平面内，主销轴线上端略向后倾斜的现象，主销后倾角是指在纵向垂直平面内，主销轴线与垂线之间的夹角。主销后倾角也具有使转向轮自动回正的功能。主销后倾角会增加轮胎侧向力拖距，增大作用在轮胎的回正力矩。如果提高主销后倾角，则会增大方向盘摆振的风险。

前束是指前轮前端面与后端面在汽车横向方向的距离差，前束角是指车身前进方向与前轮平面之间的夹角。前束的作用是保证前轮滚动的瞬间都能接近正前方，减轻轮毂的外倾和轮胎的磨损。增加前轮前束角，会增加侧向力和减小轴承径向力，提高方向盘摆振的风险。

四、方向盘摆振控制方法

根据NVH性能"源-路径-响应"的控制原理，对于方向盘摆振问题，需要对源和路径进行控制。无论是自激振动还是受迫振动，对源的控制主要是对轮胎相关参数的控制。传递路径控制主要是对转向系统、悬架系统的参数等进行控制，主要的控制方法包括：

1. 对关键部件进行合理的频率规划

方向盘产生摆振的频率范围为10~16Hz，影响方向盘摆振的主要频率包括轮胎一阶转动频率、悬架的Hop和Tramp模态频率和方向盘的刚体旋转频率。轮胎一阶转动频率与车速相关，相当于一个连续的扫频信号，是频率规划的不变项。

方向盘的刚体转动频率范围在6~15Hz，根据旋转件激励源特点，车速越高，激励力就越大，轮胎转速一阶频率就越高。因此，为了避免在高车速段出现摆振问题，需要降低方向盘刚体模态频率，将方向盘刚体旋转频率控制在6~10Hz范围。

悬架的Hop和Tramp模态频率范围在10~18Hz，为了减少与轮胎转速一阶模态频率的耦合，同样依据高车速导致激励大的角度，在进行频率规划时，可考虑将悬架的这两阶模态频率规划到其频率范围内的低频段。

2. 轮胎不平衡量的控制

轮胎不平衡量是方向盘受迫型摆振的激励源，根据式（10-5）可知，轮胎激励力与车速和不平衡量成正相关。从减小激励力的角度，必须控制轮胎的不平衡量，包括静不平衡和动不平衡两种。

3. 设计合理的轮胎定位参数

轮胎定位参数主要包括主销后倾角、主销内倾角、轮胎前束角。减小这三个角度有利于方向盘摆振的控制。但是，这些参数对操控性等性能有重要影响，在制定这些目标时，要综合考虑这些性能，制定合理的角度范围。

4. 制定合理的隔振性能

底盘的很多部件之间是通过橡胶衬套连接的，例如下控制臂与副车架连接、减振器上端与车身连接等。可通过提高副车架、车身结构等部位的刚度，或者降低衬套的刚度，改善这些区域的隔振性能。

5. 合理设计部件的刚度性能

一些关键部件的刚度，如转向管柱、稳定杆、转向拉杆、减振器等，对方向盘摆振有重要影响。为减少方向盘摆振问题，必须制定合理的刚度目标。由于这些部件的刚度指标还与操控性、强度、耐久性等性能相关，在设定这些部件的刚度指标时，必须综合考虑这些相关的性能。

6. 部件、系统连接区域的间隙控制

常见产生间隙的部位包括车轮的轮辋、转向接头、转向器、万向节、转向管柱等，部件的间隙不仅提高方向盘摆振的幅值，而且会影响到其他参数对摆振的影响。因此，在设计阶段必须对连接区域的间隙进行合理设计，在制造阶段必须提高零部件的制造精度。

以上主要是对巡航工况下方向盘摆振问题的说明。另外，在巡航工况下，也会发生其他类型的抖动问题，包括低速过坎抖动、高速拍频抖动问题（如冷却风扇与轮胎拍频抖动）等。这些抖动问题与前面介绍的抖动问题原理比较类似，本节不再介绍。

第十节 制动抖动

车辆在行驶过程中,需要强制减速或停车时,就必须借助制动系统完成这些操作。因此,制动系统的功能就是通过制动器的摩擦力将整车行驶的动能减小或消耗掉。在制动的过程中,制动盘和制动片相互作用,就会产生振动和噪声问题。制动抖动是制动过程中最常见,也是最重要的NVH问题之一。常见的制动器结构有盘式制动器和鼓式制动器两种,目前乘用车多采用盘式制动器,本节将重点介绍盘式制动器的相关制动抖动问题。

一、制动抖动概述

制动抖动(Brake judder)是指车辆在一定的车速范围内采取制动时,在方向盘、制动踏板、地板、座椅等部位出现的剧烈振动,严重时会引起整车抖动的现象。制动抖动通常发生在特定的车速段内,也就是在高速行驶条件下采用缓制动过程中,车速下降到某一特定速度段内产生的,当车速继续减小,越过这个车速段时抖动现象就消失了。制动抖动属于低频振动,频率范围在10~50Hz,制动抖动的频率与车速呈一定的阶次关系。

根据NVH的"源-路径-响应"分析原理,制动器是制动抖动的主要激励源。制动器的激励力主要来自于制动器产生的波动的制动力和制动力矩。制动力主要通过液压管路和真空助力装置传递到制动踏板,表现为制动踏板的抖动。制动力矩波动会通过悬架、副车架以及转向拉杆等系统传递到车身,引起车身地板、方向盘、座椅等部位的抖动,具体传递路径见图10-50示意说明。制动力矩的波动频率与车速成正比,在制动过程中,制动力矩波动相当于一个扫频信号,频率取决于车速,当制动力矩的波动频率与悬架、轮胎、座椅、方向盘等频率耦合时,则会引起制动抖动问题。

根据制动器产生制动力矩的工况不同,又可分为冷抖动和热抖动。冷抖动是指由于制动盘的制造及装配的误差以及腐蚀、磨损等原因,使得制动盘在运行过程中产生了波动的力和力矩而引起异常振动。通常冷抖动产生的阶次为1~2阶,频率范围为10~50Hz。热抖动是指制动盘局部热弹性不稳定引起的热点,使得制动盘在运行过程中产生了波动力和波动力矩。通常热点在制动盘上为等距分布,产生的激励频率与制动盘转速呈6~20阶关系,抖动产生的频率在60Hz以上。

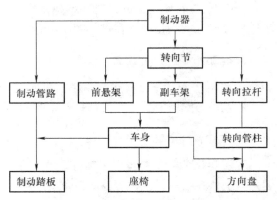

图10-50 制动抖动传递路径示意图

二、制动抖动的产生机理

制动抖动是由于制动过程中产生的强迫振动,其根源在于制动器产生的周期的制动力矩波动(Brake Torque Variation,BTV)和制动力波动(Brake Pressure Variation,BPV)。产生的波动力矩和波动力主要是由于制动盘厚度差(Disk Thickness Variation,DTV)、制动盘端面跳动(Side Face Run-out,SRO)、表面波纹度、盘面热屈曲、摩擦系数以及阻尼系数等原因产生的。另外,在制动泵液压管路推动摩擦片的激励频率与制动器的频率相同或相近时,会产生耦合共振而引起的抖动。

整车的制动主要是通过摩擦片与制动盘通过摩擦力和摩擦力矩实现制动的,因此,制动产生的抖动问题主要是由于摩擦片与制动盘之间的摩擦引起的,通常制动产生抖动的机理包括:

1. 摩擦片与制动盘的黏滑效应

根据摩擦的基本理论,运动的两个接触面满足最大静摩擦力大于动摩擦力的特性,这通常会引起摩擦的黏滑效应现象。当两个部件产生摩擦黏滑效应时,运动部件的速度会产生单个或连续跳跃的现象,导致部件产生持续的冲击振动。当制动盘与摩擦片产生黏滑效应时,那么制动器将会产生一个持续的冲击振动,经过一些底盘件的传递,会引起整车及相关部位的抖动。

2. 摩擦片与制动盘产生的自激振动

制动器产生自激振动的原理与离合器产生自激振动的原理相同，可参考起步抖动相关章节的分析。自激振动又称为负阻尼振动，自激振动产生的条件是系统的摩擦系数梯度小于临界负梯度，此时，摩擦力并非阻力而是驱动力，振动幅值会因负阻尼的存在而不断增大。在制动过程中，摩擦片与制动盘发生自激振动时，制动器振动会通过悬架、副车架、转向拉杆等部件传递到车身，引起制动抖动问题。

3. 制动器的受迫振动

同样，制动器产生的受迫振动与离合器产生的受迫振动相同。制动泵工作时产生的激励频率与制动器系统频率相同时，则会引起耦合共振，并经底盘件的传递，引起车身及相关部位的抖动。

4. 制动盘的旋转激励频率与整车系统频率耦合共振

如果制动盘几何尺寸不均匀（如制动盘面厚度波动，盘面不平整等），当制动盘旋转时会对摩擦片产生周期的冲击，引起摩擦片与制动盘间的摩擦力和摩擦力矩产生持续的波动。如果这些波动的频率及其谐频，与悬架、轮胎结构等模态频率相等或相近时，则会产生耦合共振，如果这些共振传递到车身及相关部位，则会产生抖动问题。

如果制动盘的厚度沿圆周变化一次或两次，那么制动盘产生的激励频率将是轮胎转速频率的一阶或两阶。对于 40~120km/h 的车速，轮胎采用 225/50 R17，则制动盘产生的激励频率在 5~16Hz 和 10~32Hz 范围内，如果悬架的频率和方向盘的频率也在这个范围内，这将会引起整车的抖动或方向盘的抖动问题。

三、制动抖动的影响因素

从制动抖动产生的机理可知，制动抖动主要是由于制动力和制动力矩的波动引起的。制动力矩主要来自制动盘与摩擦力形成的摩擦力矩。制动力矩可以表示为

$$T = PA\mu R_e = F\mu R_e \tag{10-39}$$

式中，P 是制动压力；F 是制动力；A 是摩擦片与制动盘接触面积；μ 是摩擦系数；R_e 是等效摩擦半径。

从式（10-39）可以看出：影响制动力矩波动的因素是多方面的，包括接触力、接触面积、摩擦系数、等效摩擦半径等。影响这些参数的因素主要包括结构特性和材料特性等。另外，制动过程是一个非常复杂的热与力耦合的过程，在制动的过程中，这些参数也会不同程度地发生变化。因此，制动抖动的影响因素主要包括：

1. 结构参数

（1）制动盘的薄厚差（DTV） 制动盘的薄厚差主要是指沿圆周方向，制动盘厚度出现了变化，见图 10-51 示意，图中 $H_1 \neq H_2$，1 表示摩擦片，2 表示制动盘。制动盘尺寸发生变化会引起如下激励的变化：第一，摩擦片与制动盘之间的压力产生了变化；第二，摩擦片与制动盘两者之间的等效半径发生变化，从而引起摩擦力矩的变化；第三，制动泵的活塞轴也会因制动盘的厚度变化而产生波动，从而引起制动压力的波动。这些力和力矩的变化是产生制动抖动的重要因素。通过试验验证，在车速一定的情况下，制动盘厚度变化在 15~20μm，则会产生 50N·m 的制动力矩，敏感的驾驶员是能感受到制动抖动问题的。制动盘的薄厚差主要是由于加工误差、非制动状态的磨损以及热翘曲变形等因素引起的，研究表明当制动盘区域温度差在 250℃时，厚度变化为 10μm，这将会引起热抖动。

（2）制动盘轴向圆跳动（SRO） 制动盘轴向圆跳动主要是指沿着圆周方向，制动盘的盘面会出现沿轴向的高低变化，但是不一定会出现薄厚差问题，见图 10-52，图中 1 表示摩擦片，2 表示制动盘。存在轴向圆跳动的制动盘旋转到不同的角度时，两个摩擦片之间形成的距离有微小的变化，会对摩擦片及与之相连的活塞产生周期性的冲击，引起制动盘、摩擦片的接触压力分布不均，同样也会引起摩擦系数、摩擦有效半径等发生改变，造成制动力矩波动和制动力波动。试验验证表明：制动盘与轮毂连接的 5 个螺栓中有一个未拧紧，则可以产生

76μm 的轴向圆跳动。另外，车辆在转弯时，会使制动盘瞬间产生 150μm 的轴向圆跳动。轴向圆跳动主要是由于加工误差、装配误差、外力作用等引起的。

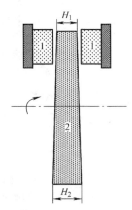
图 10-51　制动盘薄厚差示意图

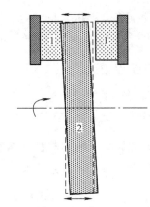
图 10-52　制动盘轴向圆跳动示意

（3）盘面波纹度　盘面的波纹度是指制动盘在加工过程中，会在盘面产生具有一定周期变化的、高低起伏的加工纹路，盘面波纹度是介于宏观和微观之间的一种误差，盘面的波纹度大小取决于加工设备和加工工艺。盘面的波纹度对抖动的影响机理类似轴向圆跳动。

（4）热屈曲变形　汽车在制动过程中，制动盘和摩擦片的接合会在短时间内将汽车的机械能转化为热能，导致制动盘产生局部高温，由于制动盘表面和内部、轴向和径向等方向温度升高不同，因此会产生较大的热应力，使得制动盘产生了屈曲变形。变形的方式有锥形、波浪形或蝶形等。这会使摩擦系数、制动压力、等效摩擦半径等发生改变，导致制动力矩和制动力产生波动变化。

制动盘的屈曲变形大小受制动初速度、制动压力和制动盘厚度等因素影响。制动盘温度升高与初速度大小、制动压力成正比关系，而与制动盘厚度成反比关系。

2. 材料参数

影响制动力矩和制动力的材料参数包括材料的摩擦系数和阻尼系数。

（1）摩擦系数　摩擦系数受温度、接触压力、速度等变化的影响。摩擦系数随温度和制动压力升高而升高，随速度降低而升高。由于在制动过程中，温度、接触压力、速度等都是动态变化的，因此摩擦系数也是变化的，根据式（10-39）可知，变化的摩擦系数就会产生波动的制动力矩。

（2）阻尼系数　阻尼系数是由摩擦片的摩擦特性和黏弹性决定的，这主要取决于摩擦材料的气孔率和材料的机械特性。研究表明：增加摩擦片的阻尼可以明显地改善制动抖动问题。优化摩擦片的材料成分可以明显地降低制动力矩的幅值。

四、制动抖动的控制方法

依据 NVH 问题分析"源 - 路径 - 响应"的分析原理，制动抖动可以从源和传递路径两个方面进行控制。从图 10-50 可知，对源的控制主要集中在制动器部件，对传递路径的控制主要包括悬架、副车架、转向系统等。根据制动抖动的原理和影响因素，制动抖动问题控制源最为关键。

1. 激励源的控制

制动抖动的激励源控制实质就是对制动器的控制，主要包括的内容有：

（1）合理设计制动盘的结构形式和性能参数　合理设计制动钳结构，控制制动钳的拖滞力矩，减少非制动状态下的制动盘磨损；设计合理的制动盘结构，尤其是要优化制动盘颈部和通风筋设计，选择合适的通风筋数量和宽度（图10-53），并合理选择制动盘热容量、热膨胀系数、导热系数、通风形式、颈部结构形式等，减少制动盘热屈曲问题发生。

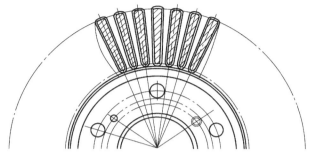

图10-53 制动盘通风筋设计示意

（2）合理选择制动器的材料 合理选择制动盘材料，减少制动盘的磨损，包括制动盘表面特性、制动盘材料的化学成分等，可以减少制动和非制动状态下对制动盘的磨损；合理选择摩擦片材料和成分，减少对制动盘的磨损，并提高摩擦片的阻尼。

（3）优化制造和装配工艺 优化设计制造和装配工艺，减少DTV和SRO等。优化制动盘制造工艺，降低铸造工艺引起的金相组织分布不均；优化热处理工艺，降低铸件的残余应力，避免加工引起的DTV和SRO；优化加工工艺，降低颈部加工时产生的热屈曲，并提高加工精度；优化装配工艺，选择整体式制动盘，减少装配误差，减少DTV和SRO等问题。

为了验证制动盘厚度差对制动抖动的影响，采用三种方案进行实车验证分析，三种方案分别为：方案一，厚度差为0.035mm；方案二，厚度差为0.025mm；方案三，厚度差<0.001mm。测试工况按0.2g减速度制动，车速从140km/h降至60km/h，测试位置选择方向盘12点位置，测试结果见图10-54b。从图中可以看出，厚度差越大，方向盘抖动峰值就越大，主观感受抖动就明显。因此，制动盘的厚度差对制动抖动有重要的影响。

2. 传递路径控制

根据制动抖动产生机理及频率范围，制动抖动从传递路径上控制，控制的方法和措施主要包括：

（1）频率规划 制动抖动的频率与车速相关，由于行驶的车速是连续的，制动器产生的激励力就像一个扫频信号。通过大量实践表明，整车的一阶频率和二阶频率是制动器力矩波动的主要频率。对于常见的17in（1in = 0.0254m）轮胎类型，在车速为40km/h和120km/h时一阶和两阶的频率见表10-6。因此，从表中可以推算出，在40～120km/h车速范围内，17in的两阶频率分布在4～34Hz范围内。而悬架的Hop/Tramp频率、座椅频率、转向系统频率与这个两阶频率存在重叠区。

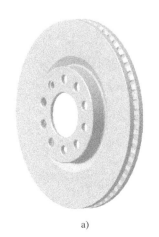

a)

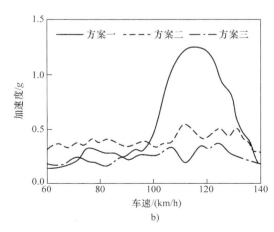

b)

图10-54 制动盘不同厚度差方向盘振动结果对比

表 10-6 常见的 17in 轮胎两个速度下阶次频率

轮胎型号	40km/h		120km/h	
	一阶/Hz	二阶/Hz	一阶/Hz	二阶/Hz
225/65 R17	4.9	9.8	14.6	29.2
225/60 R17	5.0	10.0	15.1	30.2
225/50 R17	5.4	10.8	16.2	32.4
215/60 R17	5.1	10.2	15.4	30.8
215/55 R17	5.3	10.6	15.9	31.8
205/50 R17	5.6	11.2	16.7	33.4

为了减少制动抖动对车身的影响，首先要考虑避开制动器的激励频率。但是，由于制动器的激励频率分布范围非常广，如果让悬架、座椅和方向盘完全避开这些频率是非常困难的，这三个部位的控制方法如下：

对于转向系统，刚体模态和弹性模态频率分布范围是不同的，刚体的旋转模态的分布范围在 6~15Hz，第一阶弹性模态（垂向或侧向）通常大于 30Hz。转向系统的刚体模态是无法与常见转速的阶次频率避开的。这就要求转向系统刚体模态的频率尽可能低，通常要求低于 6~10Hz，原因在于采用低频率目标，产生耦合共振的车速很低，制动力矩波动幅值较小，如果传递路径有很好的隔振，那么相应车速下的抖动幅值将是很低的。另外，对于对转向系统的弹性模态，现在主机厂制定的第一阶模态频率大于 35~38Hz，通常已经超出常见的车速对应的制动频率了，可以很好地避开制动抖动。

另外，悬架的 Hop/Tramp 频率和座椅的频率很难避开常见车速下的制动力矩波动频率。这需要从两个方面进行控制，在两个系统允许的范围内，采用相对较低的频率，这样可以将耦合车速降低到最低，保证输入的制动力矩波动幅值最低；另外，从传递路径上控制，降低制动器到两者的传递路径的灵敏度。如果在正常路面上行驶，通过这两方面的优化就可以降低到理想的程度。但是，如果遇到车辆紧急制动或者过坑、过坎等坏路面，制动抖动问题的改善情况就取决于传递路径敏感度高低了。

（2）降低传递路径灵敏度　降低传递路径的灵敏度也是控制制动抖动的重要手段之一。由于制动抖动的频率比较低，对车身结构优化难度比较大，因此，从传递路径上解决制动抖动问题，主要的方法是优化底盘连接点动刚度特性和制动盘位置点到座椅方向盘的 VTF 等，可通过仿真分析的手段，实现振动传递函数灵敏度的降低和底盘连接部位隔振率的提高。

在所有的优化措施中，优化衬套刚度是非常有效的方法。图 10-55 是某款车通过优化衬套刚度改善制动抖动的案例。该款车以 0.2g 减速度制动，车速从 140km/h 降至 60km/h，主观评价能感受到一定的抖动问题。图 10-56a 是衬套的硬度由 75 度降低为 65 度的示意图，图 10-56b 是方向盘 9 点位置处优化前后的振动对比，从结果可以看出优化衬套刚度可以明显降低方向盘的抖动。因此，从传递路径上优化也是解决制动抖动问题的重要措施。

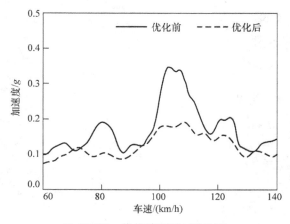

图 10-55　优化控制臂衬套对比

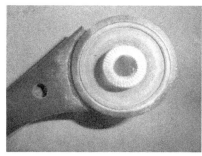 

a) 优化前　　　　　　　　　　　　b) 优化后

图 10-56　控制臂衬套优化方案

第十一章

整车轰鸣声控制

轰鸣声问题是整车 NVH 最常见的问题之一,也是影响驾乘舒适性最重要的问题之一。轰鸣声已成为判断整车声品质的一项重要依据。因此,轰鸣声已成为整车 NVH 性能开发的重要内容。对于车内轰鸣声问题,根据激励源不同可分为两类,一类是以发动机为主导的轰鸣声,称为发动机类的结构轰鸣声,另一类是以路面为主导的轰鸣声,称为结构路噪轰鸣声。本章只介绍前者,后一部分内容见下一章路噪部分。

第一节 轰鸣声问题概述

一、轰鸣声概念

在车身封闭的空腔内,空气作为弹性体会形成许多振动模态或声腔模态,当密闭的乘员舱受到压缩时,就会产生体积变化并引起很高的阻抗,而围成乘坐室的壁板是非刚性的,声腔模态与车身结构振动模态将会产生很强的耦合作用,这种低频耦合模态在激励作用下响应如果过高,将会在车内产生很高的压力脉动,在车内主观感觉表现为压耳的感觉,这种现象称为轰鸣声。

因此,车内轰鸣声是指车身壁板模态与车内声腔模态耦合产生强烈的共振,在车内产生较大的压力脉动的现象。常见的轰鸣声问题频率范围在 50~150Hz。轰鸣声问题在测试或仿真分析的结果表现为随发动机转速或频率,声压值有明显的峰值。图 11-1 是某款车加速过程中,车内驾驶员内耳侧声压测试结果,在图中 3600 r/min 有明显的峰值,这个峰值在主观感觉上表现为轰鸣声问题。

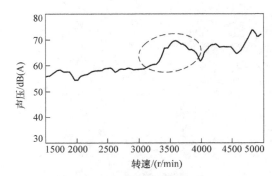

图 11-1 某款车加速噪声测试结果

车内轰鸣声问题是典型的 NVH 问题之一,不仅对车内声品质有重要影响,而且会使车内驾乘人员感觉乘坐不适,引起头晕、恶心,严重情况下还会对听力造成伤害。因此,车内轰鸣声问题是整车 NVH 开发一项重要的内容。

二、轰鸣声问题分类

车内轰鸣声产生的工况、机理等是不同的,因此,轰鸣声的分类是多种多样的,常见的轰鸣声问题分类有:

1. 根据轰鸣声问题频率不同

1)低频轰鸣声:低频轰鸣声是指车内一阶声腔模态参与的并与其他部件模态耦合共振产生的轰鸣声。低频轰鸣声的频率范围为 50~80Hz,通常参与的部件包括柔性连接的副车架、车身大板件(顶篷、地板、侧围、后背门等)。

2)中高频轰鸣声:中高频轰鸣声是指二阶以上或局部声腔模态参与的并且与其他部件模态耦合共振产生的轰鸣声。中高频轰鸣声的频率范围为 90~150Hz,通常参与的部件包括前舱横梁、空气室板和车身其他大板件局部模态(如顶篷横梁、前围板局部、备胎槽板等)。

2. 根据噪声传递不同

1)结构传递类轰鸣声:结构传递的轰鸣声是指发动机产生的激励力经过悬置、副车架、半轴等结构件传递后在车内产生的轰鸣声。

2)空气传递类轰鸣声:空气传递类轰鸣声是指发动机或动力系统附件(如进气系统、排气系统等)产生的噪声通过泄漏、透声进入到车内产生的轰鸣声。

3. 根据问题产生工况不同

1)怠速轰鸣声:车辆在怠速工况下产生的轰鸣声,主要是指发动机四阶结构激励或空气激励引起的车内轰鸣声,主要参与的部件包括前围板、前风窗玻璃、后背门以及排气系统等。

2)加速轰鸣声:车辆在加速过程中产生的轰鸣声,与发动机二阶、四阶的结构激励,或与空气激励引起的车内轰鸣声。参与的部件包括顶板、地板、侧围板、前围板、备胎槽板以及车门板等。

4. 根据振动产生的机理不同

1)扭振类轰鸣声:扭振类轰鸣声是指发动机曲轴作为一个扭转动力系统,在发动机周期转矩的作用下,引起发动机曲轴的扭转振动,经过离合器、变速器、驱动轴等部件传递到车身并在车内产生的轰鸣声。

2)弯曲振动类轰鸣声:弯曲振动类轰鸣声是指发动机产生的不平衡力或不平衡力矩,惯性力或不平衡力矩,经过悬置传递到车身并在车内产生的轰鸣声。

第二节 轰鸣声问题的传递特性

依据 NVH 问题"源-路径-响应"的传递原理,每个 NVH 问题都有其独特的传递路径。发动机及其附件产生的轰鸣声的传递路径也是不同的。另外,不同的驱动方式下,轰鸣声的传递路径也是不同的,后驱车型的轰鸣声问题较前置前驱车型传递路径要复杂一些。但是,与车内路噪声传递路径相比,发动机产生的轰鸣声的传递路径要相对简单一些。

一、轰鸣声的传递特性

根据 NVH 的传递原理,轰鸣声的主要激励源是发动机及其附件,当车辆在怠速或加速过程中,动力总成产生的激励力,经过悬置、副车架、传动轴等部件传递到车身,如果发动机的激励频率与车身板件频率、声腔模态频率相等或相近,那么车身板件模态与声腔产生耦合共振,会在车内产生轰鸣声。如果传递路径上的部件的频率与发动机的激励频率相等或相近,将会放大发动机的激励力,那么车内将产生严重的轰鸣声问题。动力总成在车内产生轰鸣声问题的传递路径见图 11-2。

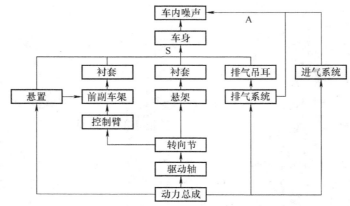

a) 前置前驱车型的动力总成激励力传递路径

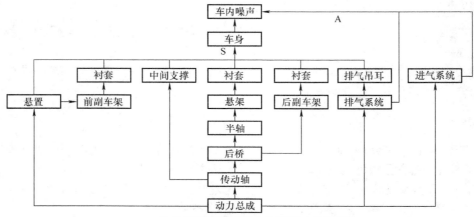

b) 前置后驱车型的动力总成激励力传递路径

图 11-2　不同驱动方式下动力总成激励力传递路径示意

从图 11-2 可以看出：不同的驱动方式，动力总成的激励力传递路径是不同的。与前置前驱传递路径相比，前置后驱的传递路径不仅数量较多，而且路径更为复杂。另外，动力总成引起的车内轰鸣声可通过结构传递和空气传递两种方式产生，图中标示 S 的表示结构传递，A 表示空气传递。例如，对于前置前驱车型，动力总成的激励力可通过悬置、前副车架、悬架、排气系统等传递到车身。对于前置后驱车型，动力总成的激励力主要通过悬置、传动轴、悬架、前副车架、后副车架、排气系统等传递到车身。前置后驱车型比前置前驱车型传递力更为复杂。

下面对动力总成激励力传递到车身的传递路径相关的部件进行说明。

二、车身结构系统

车身结构是产生发动机轰鸣声的重要系统，车身一些大的板件（如顶篷、地板、侧围板、前围等）是产生轰鸣声问题的主要部位。考虑到轰鸣声问题的频率范围，在前期对车身开发时，需要从模态和 NTF（声传函，Noise Transfer Function）两个方面进行分析。模态主要是用来评价 90Hz 以内的轰鸣声问题，而 NTF 主要是用来评价 100Hz 以上的轰鸣声问题。

另外，由于车身与悬置、副车架、传动系统等连接部位是动力总成激励传递到车内的重要路径，这些部位隔振性能设计非常重要，因此，在前期开发也需要对这些安装部位的动刚度（Input Point Inertance，IPI）进行控制。

1. 车身板件模态

车身的板件是指前围、顶板、侧围板、地板、备胎槽板等，由于这些板件的第一阶模态频率较低，与车内声腔模态存在耦合的可能，在前期设定目标时要避开第一阶声腔模态，以避免两者出现耦合而产生轰鸣声。

图 11-3 是车身常见的产生轰鸣声的部位示意，在对车身进行前期设计时，需要对这些区域进行重点设计和分析，对不满足模态要求的部位需要重点分析和优化。

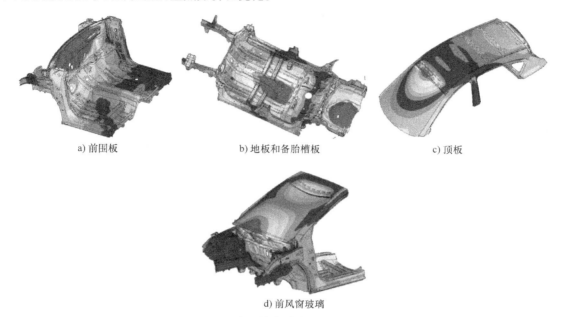

图 11-3 常见的轰鸣声产生部位示意

在对图 11-3 中产生轰鸣声部位进行分析时，尤其要关注板件间的连接区域的刚度，主要包括前风窗与前围的连接区域、前风窗与顶板连接区域、前地板与中地板连接区域等。如果前风窗与前围板连接的梁结构采用封闭的截面，则可以保证连接区域的刚度，避免与声腔模态耦合产生轰鸣声问题。但是，增加这个区域的刚度是与行人保护要求相矛盾的，依据行人保护的设计要求，这个区域的刚度应尽可能弱化，以实现车辆与行人相撞时对行人头部的保护。因此，在对这些区域进行结构设计时，要综合考虑以平衡各个性能的影响。

2. 关键安装点的 NTF 分析

NTF 分析是指车身与悬置、副车架、传动轴、排气等系统的连接部位到车内驾乘人员耳旁的噪声传递函数，主要是用来分析某一安装位置到车内噪声的敏感度，通常要求安装点 NTF 的目标值小于 55dB。但是随着车内噪声要求越来越高，同时仿真分析技术精细化程度不断提升，不同的安装点有不同的目标值，有的主机厂将发动机悬置安装点的 NTF 目标值制定为 50~52dB。另外，也可利用 BTPA（Binaural Transfer Path Analysis）技术，将目标值定义为一曲线，而非单一值。采用曲线目标值的优势在于，针对具体动力总成产生的激励，根据每个安装点的每个频段有效地设计车身结构，避免对关注频段设计不足，同时也避免对不关注的频段过度设计的情况。

3. 关键安装点 IPI 分析

关键安装点的 IPI 分析是指悬置、副车架、传动轴、排气等系统与车身安装点等效刚度水平，目的是提高安装点部位的隔振水平。这些安装点通常都是通过衬套与车身连接的，如果车身结构动刚度偏低，将影响动力总成激励力的隔振，动力总成的激励不能有效衰减。因此，前期可以通过分析关键安装点 IPI，降低发动机激励力的传递。

三、开闭件系统

开闭件是指前、后车门和背门或行李舱盖等。由于这些开闭件外板的幅面较大，模态频率较低，很容易与声腔模态发生耦合，尤其是两厢车或 SUV 车型，后背门整体的一阶弯曲模态与声腔模态振动方向相同，如果两者模态频率不能实现很好的分离，非常容易引起轰鸣声问题，尤其对于大型 SUV 或 MPV，一阶声腔模态较低，这更增加了与背门模态耦合产生轰鸣声问题的风险。因此，为了避免两者模态耦合，通常要求后背门模态与一阶声腔模态避频在 5Hz 以上。另外，背门的模态除了与本身的结构有关外，还与密封条刚度、缓冲块刚度、铰链安装点与门锁安装点刚度等安装条件有关。图 11-4 是某款 SUV 车型后背门的一阶弯曲模态，振型是沿 X 轴方向，声腔一阶纵向模态，振型也是沿 X 轴方向，如果两者模态相等或相近，就存在车内产生轰鸣声的可能。

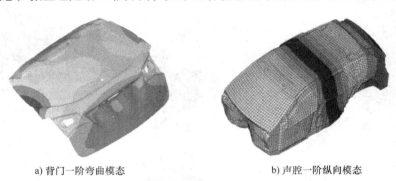

a) 背门一阶弯曲模态　　　　　　　b) 声腔一阶纵向模态

图 11-4　后背门模态和声腔模态

四、底盘及传动系统

主要包括的系统部件有副车架、驱动轴、传动轴和后桥等。

1. 副车架

副车架可分为前副车架和后副车架，副车架对车内轰鸣声的影响取决于车辆的驱动方式。从图 11-2 可以看出，如果是前置前驱，通常后悬置与前副车架相连，发动机的激励会经悬置传递到副车架再传递到车身；如果车辆驱动方式采用前置后驱，动力总成的激励经过传动轴传递到后桥，再经后副车架传递到车身。前、后副车架与车身的连接方式分为两种：柔性连接和刚性连接。柔性连接的副车架存在刚体模态，频率范围在 50～80Hz，而刚性连接的副车架模态频率相对较高，频率范围在 120～180Hz。

对于柔性连接的副车架，其刚体模态频率范围与车内一阶声腔模态频率、板件模态频率有高度的重合，并且在这个频段，对应的四缸发动机转速在 1500～2400r/min，属于发动机常用的转速段。因此，柔性连接的副车架引起车内轰鸣声问题的概率非常高，解决此类问题最常见的手段是在副车架上布置动力吸振器。

对于刚性连接的副车架，由于其一阶弯曲模态频率相对较高，对应的发动机加速转速也比较高，超出了常用的发动机转速段。一旦在这个频段出现轰鸣声问题，一方面可以通过修改副车架结构实现避频，另一方面可以通过修改车身结构实现避频，另外也可以通过在车身板件粘贴阻尼片减少振动改善轰鸣声问题。

2. 驱动轴

驱动轴又称半轴，主要功能是将差速器传递来的动力传递给驱动轮以驱使车辆前进，同时也是发动机激励力传递到车身的重要传递路径之一。常见的驱动轴结构形式有两段式和三段式结构两种，见图 11-5。对于两段式结构，长半轴的模态频率在 100～160Hz 内，很容易与发动机二阶激励频率发生耦合产生共振而在车内产生轰鸣声。为了减少驱动轴产生的轰鸣声问题，通常将驱动轴设计成三段式结构，每一段结构的频率都比较高，超出了发动机常用转速对应的二阶频率的范围，这样可以有效地避免传动轴产生的轰鸣声问题。另外，将传动轴设计成空心轴、阶梯轴或者增加动力吸振器都是解决产生轰鸣声的有效手段。

3. 传动轴

传动轴主要用在前置后驱或者四驱车型中，主要功能是协同变速器、驱动桥将发动机的动力传递给车轮，使车辆产生驱动力，传动轴是动力传动系统最为关键的部件之一。常见的驱动轴也可分为两段式和三段式，见图 11-6。对于两段式的传动轴，由于每段长度相对较大，弯曲模态就较低，容易与发动机激励频率发生耦合在车内产生轰鸣声。三段式传动轴可以在一定程度上避免上述问题。如果采用两段式结构，需要通过增加传动轴壁厚、管径等手段提升传动轴弯曲模态，通常要求大于160Hz。

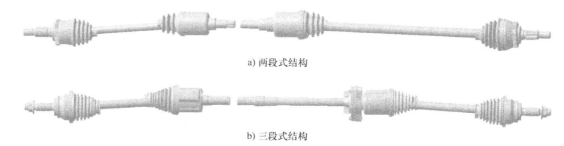

a) 两段式结构

b) 三段式结构

图 11-5　驱动轴结构图

传动轴是连接变速器输出轴和主减速器的一个细长部件，扭振刚度较低，是影响传动系统扭振频率最为关键的部件之一。由于前后两端承受不同的载荷，在动力传递过程中，传动轴很容易产生扭转共振，并通过后桥、后副车架传递到车身引起车内轰鸣声。

4. 后桥

对于后驱或四驱车型，后桥就是指车辆动力传递的后驱动轴组成部分。后桥除了承载作用外，还起到驱动、减速、差速的作用。汽车驱动桥桥壳是几何形状较为复杂的零件，它是主减速器、差速器、半轴等的装配基体。通常后桥通过悬置与后副车架连接，因此，影响车内轰鸣声的参数包括后桥的刚体 Pitch 模态和后桥的一阶垂向弯曲模态，Pitch 模态频率范围在 30～80Hz，是引起低频轰鸣声的主要部件之一。后桥的一阶垂向弯曲模态分布范围较广，通常出现轰鸣声的频率范围在 120～150Hz。图 11-7 是某款车后桥的一阶垂向弯曲模态，频率为 136Hz。

图 11-6　三段式传动轴结构示意图

图 11-7　后桥一阶垂向弯曲模态

五、动力系统

主要包括的系统部件有悬置系统、进气系统和排气系统等。

1. 悬置系统

悬置系统最重要的作用之一就是降低动力总成传递到车身上的振动，悬置系统是动力总成噪声传递到车身的重要传递路径。悬置系统布置方式多种多样，包括扭矩轴四点布置、扭矩轴三点布置、三点式质心布置等，其中扭矩轴三点布置方式被越来越多的主机厂所采用，见图 11-8。

对于三点式的后悬置，通常采用防扭拉杆与动力总成相连，拉杆两端布置橡胶衬套，因此，后悬置拉杆也存在刚体模态，其中，拉杆的 Pitch 刚体模态频率范围在 60～90Hz，与车内声腔模态、车身板件模态频率范围存在高度的重叠。因此，后悬置拉杆会放大传递到车身上这个频段的发动机激励力，如果发动机后悬置拉杆刚体模态、车身板件模态与声腔模态发生耦合，则会在车内产生严重的轰鸣声问题。

2. 进气系统

进气系统主要由空气滤清器、空气流量计、进气压力传感器、节气门体、附加空气阀、怠速控制阀、谐振腔、动力腔、进气歧管等部件组成。其主要功能是为发动机输送清洁、干燥、充足、稳定的空气以满足发动机燃烧的需求。同时，进气系统也是整车主要的噪声源之一，主要以空气传递方式进入车内。影响进气噪声最主要的参数是进气管道的模态、空气滤清器壳体模态、谐振腔壳体的模态和进气系统的传递损失或插入损失。通常要求空气滤清器和谐振腔壳体的第一阶模态频率大于250Hz，避免与发动机激励频率发生耦合。进气系统谐振腔壳体模态见图11-9示意。

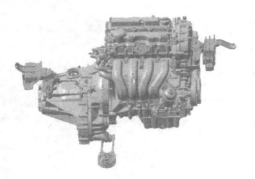

图11-8 三点式悬置布置方式示意

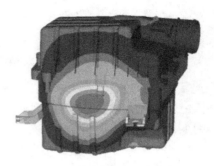

图11-9 进气系统谐振腔壳体模态

为降低进气口噪声，通常要求进气系统的传递损失大于15dB。另外，影响传递损失的主要参数是进气系统的容积，进气系统消声容积包括空气滤清器和亥姆霍兹消声器之和，消声容积越大，越利于降低车内噪声，通常消声容积要求达到10~15L。由于消声器容积大小与噪声的频率相关，消声容积越大，实现消声的频率就越低。如果进气系统消声容积不足，会引起车内的低频轰鸣声。因此，在前期设计时必须为进气系统留有足够的空间，以满足后期解决低频问题需布置谐振腔而占的空间。

3. 排气系统

排气系统是指收集并排放废气的系统，一般由排气歧管、排气管、催化转换器、排气温度传感器、消声器和排气尾管等组成。排气系统也是车内重要的噪声源之一。排气系统不仅可通过结构传递在车内产生轰鸣声，也可通过空气传递在车内产生轰鸣声。

（1）排气结构参数 排气系统的一端通过排气歧管与发动机相连，另一端通过吊挂与车身相连。排气系统按照温度高低可分为热端和冷端。一般情况下，柔性连接管是热端和冷端的分界点。从排气系统结构传递的角度考虑，容易引起车内轰鸣声的部件包括热端结构和排气吊钩。由于排气系统的连接管刚度低，热端一侧通常并无支撑，这样热端如同一个悬臂梁，当发动机激励频率与热端模态频率耦合时，则会在车内产生低频轰鸣声问题。图11-10是常见的热端示意图，通常要求模态为160Hz。

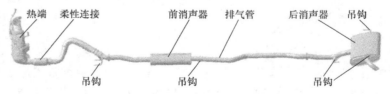

图11-10 排气系统热端示意

对于排气吊钩，主要从模态频率进行评价，一方面要求避开发动机常用转速对应的阶次频率，另一方面要降低发动机经排气系统传递过来的激励，通常要求排气吊钩的模态大于250Hz。

另外，由于排气系统通过法兰或柔性管与发动机连接，发动机的振动会直接传递到排气管上，并经吊挂和吊耳传递到车身。由于排气管是细长的弹性体，模态密度较大，各点的振动大小并不相同，因此，在排气管上选择位置点非常重要，合适的悬挂点可以有效地降低车内噪声。通常采用平均驱动自由度位移法（Average Driving DOF Displacement，ADDOFD）确定排气系统的悬挂点。

假设系统为单点激励，根据多自由度系统模态分析理论，那么响应点l与激励点p之间的位移传递函数有

$$H_{lp} = \sum_{r=1}^{N} \frac{\varphi_{lr}\varphi_{pr}}{M_r(\omega_r^2 - \omega^2 + j2\xi_r\omega_r)} \tag{11-1}$$

式中，r 是第 r 阶模态振型系数；φ_{lr} 是第 l 个测点；M_r 是第 r 阶模态质量；ξ_r 是第 r 阶模态阻尼比。

如果激励力的频率为 ω_r，则式（11-1）可近似表示为

$$H_{lp} = \sum_{r=1}^{N} \frac{\varphi_{lr}\varphi_{pr}}{jM_r 2\xi_r\omega_r} \tag{11-2}$$

对于线性系统，位移响应的幅值与位移频响函数的幅值成正比，假设振型以质量矩阵归一化，各阶模态阻尼近似相等，则有

$$X(\omega) \propto \sum_{r=1}^{N} \frac{\varphi_{lr}\varphi_{pr}}{\omega_r^2} \tag{11-3}$$

这样，定义第 j 个自由度的平均驱动自由度位移为

$$\mathrm{ADDOFD}(j) = \sum_{r=1}^{N} \frac{\varphi_{jr}^2}{\omega_r^2} \tag{11-4}$$

式（11-4）可用来预测在一般激励情况下（在特定的频率范围内，所有模态均被激发），第 j 个自由度位移响应的大小。如果分析模态仅取一阶模态，则平均驱动自由度位移最小点位于这阶模态的节点处。图 11-11 是对某款车排气系统利用 ADDOFD 仿真分析法进行吊挂位置计算示意图，图中深色圈部位表示适合排气吊挂布置的位置点。

（2）排气声学参数　排气系统相关的空气传递噪声包括两个方面：一方面是发动机的振动或气流冲击排气系统的消声器产生的辐射噪声；另一方面是气流在排气管路中周期波动产生的噪声。因此，评价排气系统噪声的参数包括消声器壳体及隔板的模态、排气系统的插入损失或传递损失。图 11-12 是某款车排气系统后消声器壳体模态仿真分析结果，要求壳体的第一阶模态大于 200Hz。

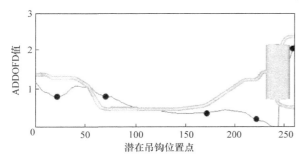

图 11-11　某款车排气挂钩 ADDOFD 计算结果

图 11-12　排气系统后消声器壳体模态分析

另外，影响排气系统消声能力的参数是排气系统的容积。排气系统的消声容积包括所有消声部件容积之和。常见的排气系统有两个消声器：前置消声器和混合式消声器。通常消声容积越大，消声效果就越好，尤其是排气系统的尾管噪声，很大程度上取决于消声容积。一般要求消声容积大于 10 倍的气缸体积。尤其是中低频排气噪声，必须有足够的容积才能实现有效的消声。

第三节　轰鸣声的产生机理

动力总成产生的激励有很多种，引起车内轰鸣声的激励源主要包括点火产生的激励力和力矩、不平衡的往复惯性力和惯性力矩、不平衡的旋转惯性力和惯性力矩以及旋转件不平衡产生的激励力等。相关的内容见第十章介绍，这里不再赘述。对于低速轰鸣声问题，主要是由于转矩波动引起的；而对于中高速轰鸣声问题，主要

是惯性激励力和力矩引起的。

动力总成产生的每种激励传递到车身的路径和传递方式是不同的，因此，动力总成激励在车内产生轰鸣声的机理也是不同的。常见的动力总成在车内产生的轰鸣声可分为两种：结构传递引起的轰鸣声和空气传递引起的轰鸣声。其中结构传递轰鸣声可分为弯振轰鸣声、扭振轰鸣声和锁止轰鸣声等。下面以四缸发动机为例，说明轰鸣声问题产生的机理。

一、弯振轰鸣声

弯振轰鸣声是相对于曲轴扭振产生的轰鸣声而言的。发动机的激励力主要来自于气缸内周期变化的气体压力和曲柄结构产生的惯性力。在发动机工作过程中，曲柄连杆结构随着活塞的运动将产生往复惯性力，而曲柄回转运动将会产生离心惯性力，发动机缸数、曲柄的排列不同，这些惯性力并非完全达到平衡，不平衡产生的激励力将使得发动机整体产生振动。另外，气缸的压力波动也会引起发动机整体的振动。这些振动带动动力总成振动，并通过悬置、半轴、传动轴、排气等系统传递到车身，引起车内轰鸣声。

从图11-2可以看出，发动机激励传递到车身是有多个传递路径的，每条传递路径引起车内轰鸣声问题的频段也是不一样的。根据轰鸣声问题频段不同，可分为低频段轰鸣声和中频段轰鸣声问题。

1. 低频段轰鸣声

低频段轰鸣声问题是指车内第一阶或第二阶声腔模态与板件整体耦合共振而产生的轰鸣声问题，轰鸣声的频率范围在45～90Hz。常见的与声腔模态耦合的车身板件包括顶篷、前后风窗玻璃、后侧围板、备胎槽板、车门外板等。通常产生低频段轰鸣声的传递路径有：

（1）动力总成—后悬置—副车架（刚接/柔接）—车身 对于该路径，产生轰鸣声的两个主要部件是后悬置拉杆和副车架。对轰鸣声问题起主要贡献的是拉杆的Pitch刚体模态或副车架的垂向平动刚体模态。产生上述两种情况的前提条件是：副车架与车身采用柔性连接和悬置系统采用钟摆式布置结构。当动力总成的激励频率与拉杆的Pitch刚体模态频率或副车架垂向平动刚体模态相等时，将会放大传递到车身动力总成的振动，如果这些激励频率与车身板件、车内声腔模态频率发生耦合，则会在车内产生轰鸣声。

如果副车架与车身采用刚性连接，则不会产生低频轰鸣声问题。如果这个部位产生轰鸣声问题，则是副车架弹性模态引起的轰鸣声，轰鸣声频率相对较高，可参见中频段轰鸣声问题说明。

（2）动力总成—传动轴—后桥—后副车架—车身 这条路径主要用于前置后驱或者四驱的车型中，当发动机的惯性力或转矩波动频率与后桥Pitch刚体或一阶弯曲模态出现耦合时，经后副车架及半轴传递到车身，引起车内轰鸣声问题。一般后桥的Pitch刚体模态频率在30～80Hz。两类轰鸣声传递的路径见图11-13示意。

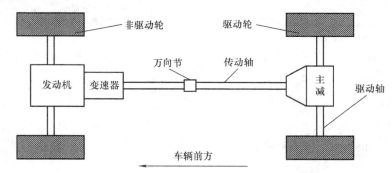

图11-13 前置后驱车型后桥刚体模态引起的轰鸣声示意

2. 中频段轰鸣声

中频段轰鸣声问题主要是指二阶以上的声腔模态与车身板件局部模态耦合共振而产生的轰鸣声问题，轰鸣声的频率范围在100～150Hz。常见的车身板件包括前围板、顶板、侧围板、备胎槽板等，通常产生中频段轰鸣声的传递路径包括：

（1）动力总成—半轴—悬架—车身　对于前置前驱车型，该路径产生轰鸣声的部件为半轴，如果半轴采用两段式，长半轴第一阶弯曲模态频率在 100～150Hz，当发动机在加速过程中，如果发动机转速所对应的二阶频率与半轴弯曲模态频率耦合时，此时会把发动机激励放大，经悬架传递到车身，在车内产生轰鸣声。由于半轴与动力总成直接相连，半轴产生的能量非常大，往往在产生轰鸣声的同时，前地板会出现非常大的抖动。如果半轴采用三段式，半轴的模态频率将超过常用的发动机转速对应的二阶频率，通常不会引起加速轰鸣声问题。

（2）动力总成—左右悬置—车身　在该条路径中，产生轰鸣声的部位主要集中在车身左右侧纵梁。由于左右纵梁参与的机舱模态在 100～150Hz 分布较多，车辆加速过程中，发动机产生的二阶激励力很容易与纵梁的 Y 向模态发生耦合，而且左右纵梁的模态相位相反，一方面传递到车身在车内形成轰鸣声，另一方面，左右纵梁模态会引起副车架上下振动，传递到车身引起车内轰鸣声问题，见图 11-14 示意。

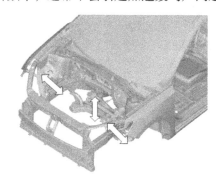

图 11-14　发动机左右悬置引起车内轰鸣声问题示意

（3）动力总成—传动轴—车身　该条路径主要发生在前置后驱或者四驱车型中，该路径上的轰鸣声通常是由传动轴引起的，产生轰鸣声问题的原因主要有两种：一种是传动轴采用两段式，弯曲模态偏低，发动机在加速过程中与发动机二阶激励力频率发生耦合，经中间支撑传递到车身，从而在车内产生轰鸣声，如果传动轴采用三段式，则不容易产生轰鸣声问题；另外一个原因是，由于传动轴存在不平衡，在高速旋转下产生的激励力经中间支撑传递到车身，在车内产生轰鸣声。

（4）动力总成—前副车架（刚性连接）—车身　若副车架与车身采用刚性连接，影响加速轰鸣声的模态将是弹性体模态，车辆在加速过程中，如发动机二阶频率与副车架一阶垂向弯曲模态耦合时，副车架将放大发动机的振动激励，并将振动激励传递给车身，在车内产生轰鸣声。

（5）动力总成—排气系统—车身　如果排气系统热端与冷端采用柔性连接，如果热端模态偏低，与发动机常用转速的二阶激励频率发生耦合，车辆在加速过程中，热端结构会将发动机的振动放大，经过排气系统传递到车身，在车内产生轰鸣声。同样，如果排气吊钩模态偏低，与发动机二阶模态频率发生耦合，会将发动机的激励直接传递到车身，在车内产生轰鸣声。尤其是前消声器与后消声器之间的吊钩，受布置位置的限制，通常布置在地板上，则会加重车内轰鸣声的产生。

二、扭振轰鸣声

对于前置后驱或者四驱车型，动力传动系统一般由发动机、离合器、变速器、传动轴、后桥、半轴和车轮组成，这些部件都具有一定的扭转刚度和转动惯量，它们将形成一个复杂的扭转振动系统，有着自身固有的频率特性。

对于传动扭振系统，引起车内轰鸣声的激励源可分为两类：一类是发动机扭转振动激发后桥刚体模态引发的共振；另一类是，传动轴二阶扭矩波动及二阶附加弯矩弯曲频率，激发后桥刚体模态引发的共振。产生扭振的主要部件是后桥，参与的模态是后桥的 Pitch 刚体模态，当这些振动激励频率与后桥刚体模态频率发生耦合时，经副车架、半轴传递到车身引发车内轰鸣声。扭振轰鸣声的频率范围在 40～120Hz。扭振轰鸣声问题也是常见的轰鸣声问题的原因之一，扭振系统产生轰鸣声的传递路径相对比较简单，可参考图 11-13 示意。

三、锁止轰鸣声

严格意义上讲，锁止轰鸣声（Lock up）属于扭振轰鸣声类问题。锁止轰鸣声主要产生于 AT 或 CVT 的液力变矩器部位。液力变矩器主要由泵轮、导轮、涡轮、锁止离合器等部件组成。当车辆在起步或低速行驶工况下，动力传输主要通过泵轮搅动油液，油液在导轮的作用下冲击涡轮，从而带动涡轮旋转，并代替离合器的作用实现半联动。当车速较高时，通过油液传递动力的方式效率太低，液力变矩器的锁止离合器就会启动，锁止泵轮和涡轮，从软连接变为刚性连接，这个过程称为 Lock up。

当液力变矩器的 Lock up 模式启动时，会产生一个较大的冲击和转矩波动，这个激励经传动轴、悬架等系统传递到车身，如果转矩波动频率与车身某个板件发生耦合共振，则会在车内产生低频轰鸣声问题，锁止轰鸣声的频率较低，一般在 30~80Hz。由于锁止轰鸣声问题发生在常用的发动机转速段内，因此，锁止轰鸣声是严重影响驾乘感受的问题之一。

四、空气激励轰鸣声

这里的空气激励轰鸣声是指由进气系统和排气系统等产生的周期性的压力波动，经泄漏或透射进入车内，并与声腔模态、板件模态等耦合共振而产生的轰鸣声问题。

进气系统和排气系统产生噪声的机理大体相同，进气噪声和排气噪声分别是由进气门和排气门周期性开闭而产生的压力波动所形成的。根据噪声产生的机理不同，可分为周期性压力脉动噪声、亥姆霍兹共振噪声、气柱共振噪声、涡流噪声、气流与壁面的摩擦噪声等。其中前三种容易在车内产生轰鸣声问题，涡流噪声频率比较高，在 1000~2000Hz，通常不会在车内产生轰鸣声问题。下面介绍前三种噪声在车内产生轰鸣声的原理。

1. 周期性压力脉动噪声

周期性压力脉动噪声是指在发动机工作时，由于进气门周期性地开启与关闭，引起进气管的空气压力和速度波动而产生的噪声。当进气门开启时，进气管内会产生压力脉冲，由于进气管阻尼的原因，压力脉冲会随着活塞的下行而消失；当进气门关闭时，进气管内同样会产生一个压力脉冲，同样基于阻尼的原因，压力脉冲很快会消失。因此，在发动机的一个工作循环内，就会产生两个压力脉冲，随着进气门周期性的开闭，便会产生周期性的脉动噪声。那么周期脉动噪声频率为

$$f_r = \frac{nR}{60\tau}i \tag{11-5}$$

式中，n 是发动机转速；R 是发动机缸数；τ 是发动机冲程数；i 是谐波次数。

周期性脉动噪声属于中低频噪声，噪声的频率通常在 300Hz 以下，通常的谐波次数为 2~3。

2. 亥姆霍兹共振噪声

进气系统的进气管路与发动机气缸的连接，形成了一个亥姆霍兹共振器。因此，亥姆霍兹共振噪声是指发动机气缸内产生的压力脉动激发所产生的噪声。当气缸内的气体压力脉动的频率与发动机气缸和进气管路组成的亥姆霍兹共振器频率相等时，那么气缸内将产生亥姆霍兹共振，共振的频率为

$$f_r = \frac{c_0}{2\pi}\sqrt{\frac{S_c}{Vl_c}} \tag{11-6}$$

式中，c_0 是声速；l_c 是进气管长度；V 是气缸的容积；S_c 是进气管截面积。

从式（11-6）可以看出，气缸与进气管路组成的亥姆霍兹共振系统频率，仅与进气管长度、直径和发动机容积有关，而与发动机转速无关。

3. 气柱共振噪声

气柱共振噪声是指发动机的声源激励频率与进气管内气柱固有频率相等时，进气内的气柱发生共振而产生的噪声。当进气门关闭时，进气管将形成一端开口一端封闭的气柱结构。由于进气管内的气体具有连续分布的质量和可压缩的特性，因此在进气管内很容易产生气柱振动。当声源激励频率与进气管气柱结构固有频率相等或相近时，进气管路内的气柱与管路结构发生共振，管路发生剧烈共振并辐射噪声。进气管路的气柱频率，可依据四分之一波长管进行计算，那么气柱共振频率为

$$f_r = \frac{(2i-1)c_0}{4L} \tag{11-7}$$

式中，c_0 是声速；L 是进气管长度；i 是谐波次数。

由式（11-7）可以看出，气柱与进气管路的共振频率与进气管路的长度成反比，进气管路长度越长，则共振频率越低。

另外，进气系统和排气系统部件中的壳体或大的板件（如进气系统谐振腔壳体、消声器壳体、消声器隔板等），受到发动机振动的激励或者周期性气流冲击而共振产生的辐射噪声，也是引起车内轰鸣声的因素之一。

第四节 轰鸣声的仿真分析

仿真分析是整车开发中解决轰鸣声问题的重要手段，利用仿真分析可在前期对车身结构、传动系统、动力系统等进行仿真预测和结构优化。根据轰鸣声产生的机理，轰鸣声分为结构传递和空气传递两种方式。结构传递引起的车内轰鸣声，不仅可通过系统、部件的仿真分析进行间接的评判，也可从整车的角度对车内噪声进行直接的预测。但是，空气传递引起的轰鸣声，目前只能采用间接法进行仿真分析。

一、轰鸣声仿真分析理论

车内轰鸣声实质就是声学与结构耦合共振结果，需要综合考虑声学波动方程和结构动力学方程。对于体积为 Γ 的任意形状的空间，空间内的声压波动方程为

$$\nabla^2 p = \frac{1}{c^2}\frac{\partial^2 p}{\partial t^2} \tag{11-8}$$

式中，∇^2 是拉普拉斯算子；p 是声压；c 是声音在空气传播速度；t 是时间。

在空气与结构的分界面上，声波需满足声压和法向速度的连续性，即

$$\begin{cases} p_1 = p_2 \\ \dot{u}_{1n} = \dot{u}_{2n} \end{cases} \tag{11-9}$$

由于乘员舱声腔边界存在声学阻尼材料，声学波动方程的边界可表示为

$$\frac{\partial p}{\partial n} = -\rho_f \frac{\partial u}{\partial t} - \frac{\rho_f}{Z_a}\frac{\partial p}{\partial t} \tag{11-10}$$

式中，ρ_f 是介质密度；Z_a 是吸声壁板的声阻抗率；n 是薄板的外法线方向；u 是壁板的法向位移。

根据薄板理论，包围乘员舱声腔的车身壁板结构振动微分方程为

$$K_s \nabla^4 u + \rho_s h_s \frac{\partial^2 u}{\partial t^2} = f_n - p \tag{11-11}$$

式中，K_s 是薄板的弯曲刚度；ρ_s 是薄板的密度；h_s 是薄板的厚度；f_n 是作用在薄板的法向外载荷。

由于波动方程和结构方程在边界处并不是独立的，需要利用有限元法求解声固耦合方程，将车体结构和车内声腔离散化，分别引入声单元的声压形函数和结构单元的位移形函数：

$$p_f = N_f p_f^e \tag{11-12}$$

$$u_s = N_s u_s^e \tag{11-13}$$

式中，N_f 是声压形函数矩阵；N_s 是位移形函数矩阵；p_f^e 是声单元节点声压列向量；u_s^e 是结构单元节点位移列向量。

依据上述声学边界条件和薄板振动微分方程，采用 Litz-Galerkin（伽辽金）方法可得到壁板结构动力学与声学波动方程的耦合方程：

$$\begin{bmatrix} M_s & 0 \\ \rho_s A^T & M_f \end{bmatrix}\begin{Bmatrix} \ddot{u}_s \\ \ddot{p}_f \end{Bmatrix} + \begin{bmatrix} C_s & 0 \\ 0 & C_f \end{bmatrix}\begin{Bmatrix} \dot{u}_s \\ \dot{p}_f \end{Bmatrix} + \begin{bmatrix} K_s & -A \\ 0 & K_f \end{bmatrix}\begin{Bmatrix} u_s \\ p_f \end{Bmatrix} = \begin{Bmatrix} F_s \\ F_f \end{Bmatrix} \tag{11-14}$$

式中，M、C、K 分别是质量矩阵、阻尼矩阵、刚度矩阵；u 是薄板结构节点列向量；p 是声腔节点声压列向量；F 是作用在结构或声腔上的外部载荷列向量；A 是声腔节点声压与薄板结构节点位移的耦合关系矩阵。

二、结构传递轰鸣声仿真分析

结构传递的轰鸣声，可通过直接法和间接法进行仿真预测。间接法主要是通过对系统、部件的模态分析、NTF 分析、IPI 分析等进行间接的评断，包括对动力传动系统的扭振系统模态分析等；直接法是利用整车模型对轰鸣声进行直接的分析和评判。两种分析都有各自的优点，都是整车开发的重要内容和手段。间接法分析的内容是直接法分析的基础和保障，是整车开发中必不可少的内容。间接法的分析方法，可参考第一篇相对应的章节，本节将不再赘述。

根据发动机激励载荷方法不同，直接法分析可分为两种：测试载荷分析法和计算载荷分析法。测试载荷法就是利用测试的手段获取发动机的激励，主要的测试方法包括直接法、复刚度法、OPAX 法、逆矩阵法等，其中逆矩阵法在精度、多点载荷等方面具有较大优势。目前，在对发动机和路面激励的仿真分析中，多采用逆矩阵法进行载荷的获取。

1. 测试载荷分析法

测试载荷分析法是利用逆矩阵的方法计算加速轰鸣声所需的载荷。仿真分析模型采用 TB 模型进行计算。在创建仿真分析模型时，应对施加载荷的部位进行特别的处理，见图 11-15 示意。

1）前副车架不管是柔性连接还是刚性连接都要保留。
2）如果车型驱动方式为后驱或四驱，后副车架同样要在模型中保留。
3）悬置支架模型处理要合理，如果用四面体单元，最好采用二阶单元。
4）排气吊钩模型处理要合理，要选择合适的单元，对于非钣金件避免采用壳单元。

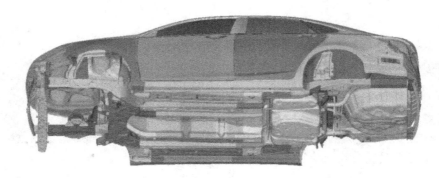

图 11-15　逆矩阵法计算模型示意

利用逆矩阵计算发动机载荷和路面载荷的测试原理、方法、步骤等都相同，发动机载荷测试相对比较简单，这里不再赘述，详细的内容可参考第十二章利用逆矩阵测试路面激励的相关内容。两者区别在于布置点不同，发动机载荷测试需要测试的点包括悬置安装点和排气吊挂点，相对于路噪载荷测试，发动机载荷测试点较少。

2. 计算载荷分析法

计算载荷分析法就是基于发动机多体动力学模型及缸压曲线，计算出不同转速下曲轴中心和轴承座的载荷，并应用到 TB 模型中计算发动机结构噪声的方法。目前，Altair 公司开发的 NVH Director 模块高度集成了该计算方法，这里也不再赘述。

上述两种计算方法都有各自的特点和实用的计算场合：载荷测试法获得的载荷精度比较高，但是由于需要实车进行测试，适合平台车型开发，或者整车开发周期较长，仿真分析时间比较充裕的情况；计算载荷法通过仿真分析的手段获取载荷，载荷精度低于载荷测试法，但是计算法获取载荷计算速度快，更适合于开发周期较短的车型。随着仿真技术的提高，计算法获取的载荷也足可以支撑发动机轰鸣声前期的开发。

三、空气传递轰鸣声仿真分析

空气传递引起的轰鸣声,主要的噪声源是进气系统和排气系统。因此,需要在前期对进气系统和排气系统进行仿真分析,避免两者不合理的设计引起车内的轰鸣声问题。目前没有仿真分析方法能够支持将进气口或排气口的噪声计算到车内,评估对车内轰鸣声的影响。尽管利用 SEA 仿真分析,可将排气噪声和进气噪声的影响计算到车内,但是,SEA 考虑更多的是高频的影响。因此,目前对排气系统和进气系统引起的轰鸣声问题分析,还是采用部件或系统级的分析手段。

1. 部件级仿真分析

对进排气系统的部件进行仿真分析的目的是验证部件的指标达标情况。通常进气系统用传递损失评价,排气系统多用插入损失来评价。对这些部件的分析既可采用一维仿真法,也可采用三维仿真分析法。常用的一维和三维仿真软件分别是 GAMMA 公司的 GT-power 软件、西门子公司的 Virtual.lab 软件。图 11-16 是某款车进气系统,利用三维模型计算传递损失的分析结果,通过该分析结果可明确哪个频段传递损失不达标,需进一步优化,可增加谐振腔、四分之一波长管等消声元件进行优化,也可对扩张腔的扩张比或扩张腔长度等进行优化。图 11-17 是某款车进气系统的一维模型,也可以进行传递损失的计算机优化。

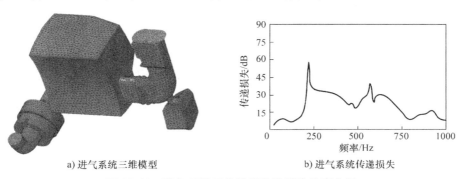

a) 进气系统三维模型　　b) 进气系统传递损失

图 11-16　进气系统三维模型传递损失仿真分析

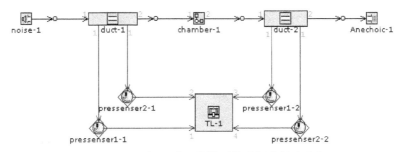

图 11-17　进气系统一维模型传递损失仿真分析

2. 系统级仿真分析

系统级仿真分析是指将发动机、进气系统、排气系统等部件集成于一个模型,可进行进排气噪声的预测、消声器传递损失和插入损失的计算、谐振腔和消声器的优化设计、瞬态噪声的分析以及进排气系统的综合优化设计。系统级仿真分析目前多采用一维模型进行分析,见图 11-18。

对图 11-18 所示的系统级模型进行仿真分析,主要的评价参数包括进气口声压级、排气口声压级以及插入损失等。尤其是可通过进气口和排气口声压级仿真分析结果发现问题频段,并根据问题频段进行相应的优化,以避免在车内产生轰鸣声问题。解决低频噪声相对比较困难,因为解决低频噪声问题首先需要足够的消声容积,一旦在前期布置确定了布置空间,再解决中低频轰鸣声问题就非常困难。因此,就需要在前期对进排气口噪声进行仿真分析和优化。

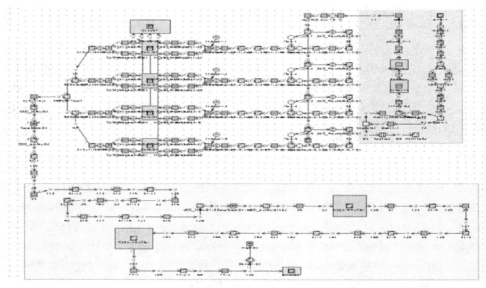

图 11-18　某款车 GT-power 发动机声学模型图

图 11-19 是后消声器解决低频段问题的四种方案，图 11-20 是针对不同后消声器的仿真分析结果。

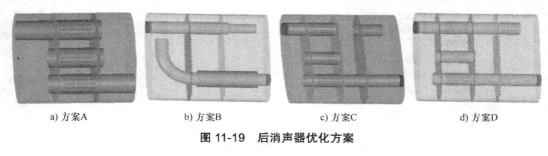

a) 方案A　　　b) 方案B　　　c) 方案C　　　d) 方案D

图 11-19　后消声器优化方案

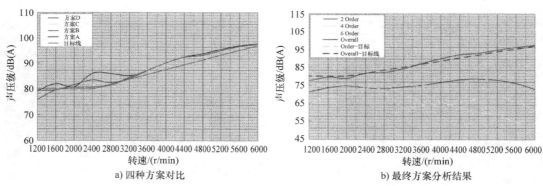

a) 四种方案对比　　　　　b) 最终方案分析结果

图 11-20　排气尾管噪声仿真分析结果

在图 11-20a 中，四种方案在 1200～2400r/min 转速段内都存在着峰值，这势必会在车内产生轰鸣声问题。这说明后消声器容积偏小，通过增加消声容积，有效地改善了低频段的噪声问题，见图 11-20b。从最终方案的仿真分析结果看：整个转速段上尾管的声压级线性度较好，没有明显的峰值，可明显降低车内轰鸣声问题的风险。

第五节　轰鸣声问题的控制方法

动力总成产生的轰鸣声问题通常都是中低频问题，是驾乘人员高感知的问题之一。这些问题与车身整体结构、车身大板件、副车架等部件的整体结构模态有关，如果前期没有进行很好的控制，到实车阶段优化的难度就非常大，除非采用被动控制的方法，如增加吸振器、质量块等措施，不仅控制的难度较大，而且增加了开发成本和周期。因此，在开发前期对轰鸣声进行控制非常重要。

根据NVH"源-路径-响应"的分析原理，轰鸣声的控制可从激励源和传递路径上进行控制。激励源主要包括发动机、进气系统、排气系统、传动轴等；传递路径主要包括悬置、车身、副车架、排气系统（结构）、传动轴、半轴等。那么，通常对发动机轰鸣声进行控制的方法如下。

一、频率规划

根据模态频率规划的原则，频率规划需要从激励源项、关键避频项和频率规划项三方面进行考虑，频率规划图的目的就是为频率规划项找一个合理的频率分布位置。从发动机激励角度看，常见的频率规划见表11-1，表中连续实线表示频率连续分布，虚线表示频率非连续分布。

表11-1 发动机低频轰鸣声频率规划表

频率规划			频率/Hz
			20 30 40 50 60 70 80 90 100 110 120 130 140 150 160 170 180 190 200 210 220
激励源项	发动机	发动机激励二阶	
关键避频项	车身	车内一阶声腔模态	
		行李舱一阶声腔模态	
频率规划项	车身	车身一阶弯曲模态	
		车身一阶扭转模态	
		车身呼吸模态	
		前围板模态	
		顶板模态	
		前风窗模态	
		后风窗模态	
		前/门外板模态	
		衣帽架一阶弯曲模态	
		背门一阶弯曲模态	
	底盘	前副车架垂向刚体模态（柔性）	
		前副车架一阶弯曲模态（刚连）	
		后悬置拉杆Pitch模态	
	传动	半轴一阶弯曲模态	
		驱动轴一阶弯曲模态	
		后桥垂向刚体模态	

表11-1列出了常见的激励源项、关键避频项和频率规划项，根据发动机激励的特点，在对频率规划项进行频率规划时，应遵循如下的原则。

1. 车身的大板件频率应该避开一阶声腔模态频率

通常声腔的第一阶模态的振型多表现为纵向，但也不是严格意义的纵向，因此，要求车身的大板件频率，如表11-1中列出的前围板、顶板、前后风窗、地板等必须避开声腔一阶模态频率，尤其是模态振型与纵向方向相同的板件，如前围板、前后风窗玻璃等必须避开一阶声腔模态频率。

2. 行李舱盖模态频率避开行李舱声腔模态频率

由于行李舱空腔一阶模态频率分布在25~40Hz之间，与行李舱盖一阶弯曲模态频率存在交叠区，而且与发动机怠速转速的二阶频率也存在交叠区，如果三者出现耦合，在怠速工况下，车内也会产生轰鸣声问题。

3. 关键部件的刚体模态频率要避开一阶声腔模态频率

关键的部件及其常见的频率分布范围如下。
1）柔性连接的前副车架。柔性副车架垂向刚体模态频率分布范围在50~80Hz。
2）后悬置拉杆。后悬置拉杆Pitch刚体模态频率分布范围在60~80Hz。
3）后桥。后桥Pitch刚体模态的分布范围在30~80Hz。

4. 驱动轴的长轴一阶弯曲模态频率大于发动机常用转速对应的二阶频率

驱动轴的长轴的一阶弯曲模态频率范围在100~180Hz，通常将其频率目标设定为大于150Hz。另外，传动轴的避频原则与驱动轴类似。

二、激励源的控制

可引起低频轰鸣声的激励源包括发动机、进气系统、排气系统、传动轴和半轴的不平衡等。其中相关发动机的控制，本节将不做介绍。其余系统的控制方法如下。

1. 进气系统

进气噪声引起的车内轰鸣声是通过空气传递产生的中低频噪声问题，对进气噪声的控制主要包括三个方面。

（1）保证进气系统有足够的消声容积　在整车开发前期的布置阶段，要为进气系统留有10~15L的布置空间。消声容积越大，可调节的频率就越低，由于进气系统产生的轰鸣声问题为中低频问题，只有足够的消声容积，才能有效地降低进气噪声问题。图11-21是某款车三档WOT工况下增加谐振腔前后车内驾驶员内耳声压级测试对比结果，从图中可以看出，增加2.4L谐振腔后，对车内低频轰鸣声改善非常明显。

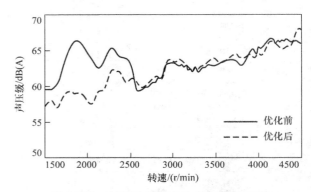

图11-21　某款车排气系统增大容积对比

（2）合理设计消声元件　在进气系统的消声元件中，对低频消声有效的主要有亥姆霍兹消声器、空气滤清器组成的扩张消声器等。由于空气滤清器的容积通常在5~10L，对低频控制非常重要，要合理设计扩张比和过滤器的长度。

亥姆霍兹消声器的布置位置非常重要，如果安装在系统声模态的节点处，将起不到消声的作用，通常空气滤清器是声模态的节点，因此，亥姆霍兹消声器不能安装在空气滤清器上或附近位置。由于亥姆霍兹消声器通常只能消除一个频率及其附近频带的噪声，必须针对重要问题频段进行设计。

（3）严格控制大容积消声元件壳体模态频率　大容积消声元件包括空气滤清器、谐振腔以及较大面积的进气管道等，通常要求这些壳体模态大于250Hz，避免气流冲击产生较大的辐射噪声。

2. 排气系统

排气系统是低频轰鸣声的噪声源，是通过空气传递方式进入车内的。另外，排气也是发动机振动传递到车内的重要传递路径，这里不做介绍，将在传递路径部分进行说明。为降低排气噪声，主要的控制方法包括：

（1）保证排气系统有足够的消声容积　与进气系统相同，消声容积的大小决定了消声的频率范围，如果消声器容积偏小，那么将不能对低频进行有效的消声，开发后期仅能对消声器内部结构进行调校优化，难度将非常大。通常对消声容积的要求是大于10倍的发动机气缸的容积。

（2）合理设计消声器结构及布置位置　根据消声原理不同，排气系统的消声器可分为三类：抗性消声器、阻性消声器和复合消声器。抗性消声器主要是利用管道内声学特性突变将声波反射回声源方向，以达到消声目的的消声器。主要适用于消除中低频段的噪声问题。阻性消声器是利用管道内的多孔吸声材料，通过吸收声能的形式达到消声目的的消声器。复合消声器是综合抗性和阻性两种性能的消声器。因此，为降低车内轰鸣声问题，必须设计合理的抗性消声器，需要足够的消声容积。

图11-22是某款车排气系统后消声器的剖解图，属于复合消声器。对于该消声器，主气流从管道进入2腔，通过连接管进入4腔，然后通过隔板进入3腔，并通过两根尾管排出。在中间三个腔实现低频消声作用，在两侧的1和5腔实现高频消声作用。

另外，消声器布置位置距离发动机越近，消声效果就越好。通常前置消声器采用抗性消声器，后置消声器采用抗性消声器或者复合消声器。因此，在满足其他性能的基础上，尽可能将前置消声器靠近发动机的位置。图11-23是某款车的三档WOT针对有无前消声器的驾驶员内耳声压级的优化对比结果，从优化前后对比看，增加前消声器可明显降低2300~3500r/min声压级，有效改善车内低频轰鸣声问题。

图11-22　某款车排气系统后消声器剖解图

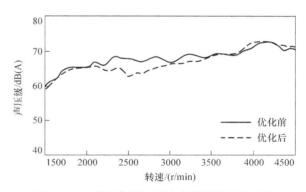

图11-23　某款车增加前消声器优化前后对比

（3）合理设计尾管长度　由于排气尾管与消声器和大气交界面的阻抗是不匹配的，管道中存在入射波和反射波，会导致驻波的存在。驻波的频率是由排气尾管决定的，可表示为

$$f = \frac{(2n-1)c}{2\left(L + 0.6\frac{D}{2}\right)} \tag{11-15}$$

式中，f是驻波频率；c是声速；D是尾管的内径；L是尾管的长度。

排气尾管产生的驻波，将会引起车内的轰鸣声问题，通常在开发前期结合仿真分析，可对尾管的长度进行优化，避免产生轰鸣声问题。

（4）保证消声器壳体及隔板的模态　对于大排量车型，消声器容积较大，壳体模态或隔板模态就偏低，容易被气流或发动机激励产生辐射噪声。因此，在前期对消声器进行设计时，必须对这些面积较大的部件进行加强设计。

3. 采用合理的锁止离合器滑摩控制技术降低锁止轰鸣声

自动变速器的锁止离合器是引起低频轰鸣声的重要部件之一，通常对锁止离合器采用滑摩控制技术改善低频轰鸣声问题。滑摩控制技术是通过对锁止离合器摩擦片上的压紧力进行调节，实现对锁止离合器微小滑摩的精确控制。当锁止离合器存在微小滑摩而非完全锁止时，一部分动力经过液力传动，一部分经锁止离合器的机械传动。这两种传动形式的联合作用，有效地衰减了扭振激励，改善了车内轰鸣声问题。锁止滑摩控制技术关键在于对锁止点、滑摩差以及滑摩区间的确定。

4. 半轴及驱动轴平衡量控制

半轴和驱动轴为高速旋转的运动部件，由于制造、装配等使得驱动轴的质心与旋转的中心不重合时，驱动轴将会产生附加的离心力，离心力激励车身也会产生轰鸣声问题。因此，必须对半轴和驱动轴平衡量进行控制。另外，对于传动轴，要合理设计传动轴间的当量夹角，夹角越大，产生的激励力就越大。

三、传递路径的控制

1. 车身结构

对于车身结构，为了降低低频轰鸣声问题，除了对大板件模态、一阶弯曲模态和一阶扭转模态按要求避频外，车身结构还应该从如下方面进行控制。

（1）保证车身大板件连接部位的刚度　主要的连接区域包括前风窗上横梁、后风窗上横梁、空气室横梁截面、中通道板与中底板等。如果这些部位的连接刚度过低，一方面会影响大板件的模态，另一方面会产生过多的局部模态，产生中低频轰鸣声问题。为减少轰鸣声问题，必须保证这些区域的连接刚度，详细的控制方法见第三章静刚度控制相关内容。图11-24和图11-25是某款车空气室横梁截面引起的车内轰鸣声问题的分析结果。

某款车A在开发前期利用逆矩阵法对发动机加速噪声进行仿真分析时发现，转速在2400r/min出现了轰鸣声问题，通过板件贡献量分析发现，空气室与前风窗连接部位贡献较大（图11-24a），并且分析问题转速所对应的模态发现，空气室横梁部位变形较大（图11-24b）。通过对比该车型A及竞争车型B和C的结构发现（图11-25），该车型采用单板结构，而竞争车型B和C采用封闭梁结构，此处刚度较弱，是引起轰鸣声问题的主要原因。

a) 在79Hz车内噪声的贡献量分析　　　　b) 前风窗在79Hz下振型

图 11-24　某款车三档 WOT 轰鸣声分析结果

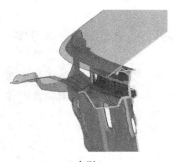

a) 车型A　　　　b) 车型B　　　　c) 车型C

图 11-25　空气室横梁截面结构对比

（2）保证关键安装点的 IPI 值　影响发动机轰鸣声的关键安装点包括悬置安装点、柔性连接副车架安装点、排气吊挂安装点等。保证这些安装点的 IPI 值，可以提高该位置点的隔振率，减少输入到车身的振动。通常定义主方向的等效 IPI 值在 15~20kN/mm。在设计这些安装点时，应该遵循如下的原则。

1）保证安装点部位有局部加强或支撑，例如，左右悬置从动端支架安装纵梁部位，通常要设计加强支架，否则会引起局部隔振率差或共振，导致车内出现轰鸣声问题。图 11-26 是某款车三档加速工况，在 2400r/min 和 4600r/min 出现的轰鸣声问题，见图 11-26a。通过测试及仿真分析发现右悬置安装部位刚度不足是引起加速轰鸣声的主要原因，对两个支架和加强板进行优化后（图 11-26b），通过测试对比及主观评价，轰鸣声问题改善明显。

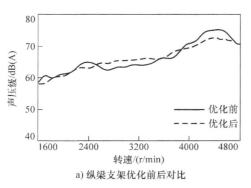 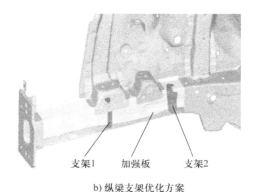

a) 纵梁支架优化前后对比　　　　　　　　　b) 纵梁支架优化方案

图 11-26　悬置支架安装部位优化前后对比

2）避免安装部位有过长的悬臂结构，一般悬臂的长度每增加 100mm，车身声学敏感度就增加 5dB。例如悬置支架长度、前副车架后点与车身连接结构等，如果这些悬臂过长，则会影响隔振问题。

3）车身纵梁截面不能在悬置安装部位出现突变，由于每款车在开发过程中，存在同时匹配不同型号轮胎、不同动力总成的情况，这会导致纵梁空间受到限制，往往将纵梁设计成变截面，中部下端变薄，导致悬置安装区域刚度不足，引起车内轰鸣声问题。

（3）保证关键安装点到车内的 NTF 值　对于车身结构，低于 70~90Hz 频段的问题，可利用模态仿真的手段进行问题分析。但是，对于车身大于 100Hz 的模态，由于车身模态密度变大，识别某一频率的模态就非常困难。这就需要利用 NTF 进行分析。

与 IPI 要求的安装点相同，控制这些关键安装点的 NTF 值，主要是降低这些安装点对驾乘人员耳侧声压的敏感性，也就是从传递路径的角度降低驾驶员耳侧关注频段的声压敏感性，敏感性指标一般定义为 53~55dB。有的主机厂为了降低这些安装点对噪声的敏感性问题，主方向提出更为严格的指标。

2. 悬置系统

悬置系统是发动机激励进入车身最主要的通道之一，因此，悬置系统的设计非常关键。对于悬置系统的控制主要包括两个方面。

（1）悬置支架刚度必须足够大　根据悬置结构的特点，悬置支架与衬套刚度属于串联结构，根据隔振系统的要求，低频需要大刚度，高频需要低刚度。一般要求支架刚度是隔振器刚度的 6~10 倍，或者支架的最小模态大于 500Hz，有的主机厂为了提高低频隔振，对支架模态提出了大于 700Hz 的目标要求。

（2）控制后悬置的刚体模态　从上面的分析可知，悬置拉杆刚体模态可引起车内轰鸣声问题，一般有两种手段进行控制：一方面可通过优化安装部位的橡胶衬套刚度，优化刚体模态频率，实现模态避频；另一方面可以通过增加质量块或动力吸振器实现避频。后者是最常用的优化手段。图 11-27 是某款车出现了低频轰鸣声问题针对悬置拉杆的优化方案示意，通过对后悬置拉杆大端增加质量块，改变了拉杆的刚体模态，避免了模态的耦合，改善了车内轰鸣声问题。

图 11-27　后悬置拉杆轰鸣声结构优化

3. 前副车架

前副车架也是发动机振动激励传递到车身的重要通道，同时，前副车架也是引起车内轰鸣声问题的主要部件之一。前副车架与车身的连接分为刚性连接和柔性连接。那么，为了避免轰鸣声问题，主要的控制方法包括：

1）对于柔性连接的副车架，副车架刚体模态容易引起轰鸣声问题，除了前期进行频率规划，避开车内声腔模态这一主动控制手段之外，另一个手段就是使用动力吸振器的被动控制。图11-28是某款车在加速过程中，在2400r/min 出现了轰鸣声问题，由于该车型采用的是柔性连接副车架，通过测试，其刚体模态频率为80Hz，由此分析副车架是产生轰鸣声问题的主要部件，通过增加吸振器，2400r/min 峰值降低比较明显，主观评价也感受不到轰鸣声问题。

2）对于刚性连接的副车架，通常要求其一阶弯曲模态大于发动机常用转速所对应的二阶频率（四缸发动机），一般要求副车架一阶弯曲模态大于150Hz。

3）控制悬置在副车架的安装点 IPI。与车身安装点的控制方法和目的相同，提高后悬置安装点的隔振率，减少发动机振动激励的输入，通常采用三点钟摆式悬置布置形式，X 向是主方向，一般要求安装点的等效动刚度大于15kN/mm。

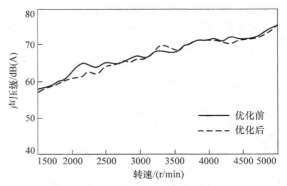

图 11-28　某款车副车架增加吸振器对比分析

4）控制悬置在副车架安装点到车内的 NTF。与车身安装点的控制方法和目的相同，控制的指标一般定义为53～55dB。

4. 半轴

半轴是动力总成传递激励力的另外一个通道，是产生中频轰鸣声的主要部件之一。由于半轴是一个细长的杆件，如果采用两段式结构，长半轴的模态频率较低，很容易与发动机转速对应的二阶频率发生耦合，是产生轰鸣声的主要原因。对半轴的主要控制方法包括：

1）尽可能采用三段式的布置方式，若半轴采用三段式结构，长轴的模态频率通常会避开发动机常用转速所对应的二阶频率，可以避免轰鸣声问题。

2）若采用两段式结构，可通过将半轴设计成空心轴的手段提高长半轴的模态，这样也可避免与发动机激励频率产生耦合。但是，采用两段式结构成本会增加较多，需要在性能与成本之间平衡。

3）另外，对于两段式结构除了采用主动控制的方法外，也可采用增加动力吸振器的方法改善车内轰鸣声问题。但是，吸振器设计参数必须合理，否则会出现其他频率段的轰鸣声问题，导致出现增加两个吸振器的情况。图11-29是某款车半轴增加吸振器的示意图，如果吸振器设计合理，可以通过设计一个吸振器解决轰鸣声问题，见图11-29a，但是如果对吸振器参数设计不合理，引起了其他频段的轰鸣声问题，会导致增加了两个吸振器，见图11-29b。因此，合理设计半轴吸振器非常重要。

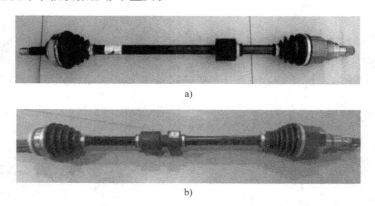

图 11-29　某款车半轴增加吸振器

5. 传动轴

传动轴是四驱或后驱车型中，传递动力总成激励到车身的一个重要通道。同半轴一样，传动轴也属于细长杆件，一阶弯曲模态比较低，容易与发动机激励频率发生耦合，通过中间支撑传递到车身，进而在车内产生轰鸣声问题。另外，传动轴是动力传动系统扭转振动的重要部件，也是产生扭振轰鸣声的重要部件。因此，对于后驱或四驱系统，对传动轴的控制非常重要，常见的控制方法包括：

1）尽可能采用三段式结构。与半轴结构类似，如果传动轴采用三段式结构，会提高长段的一阶弯曲模态，降低了与发动机激励频率耦合的风险。

2）合理布置中间支撑的位置，尽可能将中间支撑布置到刚度较大的梁上，这样可提高中间支撑的隔振率，减少传动轴传递到车身的振动，避免将中间支撑布置在地板上，这会加大产生轰鸣声问题的风险。

3）合理设计中间支撑橡胶尺寸和橡胶的硬度，选择合适的橡胶硬度，提高橡胶的隔振率，减少传递到车身的振动激励。

4）合理设计传动轴的尺寸，提高抗弯和抗扭的能力，可通过前期的仿真分析，合理设计传动轴的尺寸，包括截面直径、厚度、长度、角度等。

5）如果采用主动的手段，无法与激励源的扭转频率错开，可考虑在传动轴增加扭转吸振器的被动控制手段。图 11-30 是某款车为避免扭振轰鸣声问题设计的扭转减振器结构。

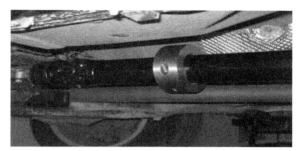

图 11-30 某款车的扭转减振器结构布置示意

6. 后桥

后桥是前置后驱或四驱车型中对轰鸣声影响较大的部件之一。主要是由于发动机振动激励频率或传动轴扭矩波动及二阶附加弯矩弯曲频率耦合引起的。因此，控制后桥产生轰鸣声问题的主要方法就是对后桥的刚体 Pitch 模态和一阶垂向弯曲模态进行前期主动的避频处理。如果后桥模态无法与激励源频率避开，可考虑增加吸振器方法改善轰鸣声问题，通常吸振器布置在主减速器的前端部位。图 11-31a 是路虎某款车为解决轰鸣声问题，在主减速器前端增加的吸振器。

对于前置后驱或者四驱车型，后桥引起轰鸣声问题属于常见问题，增加吸振器也是常见的手段，很多车型都采用了该方法改善轰鸣声问题，例如宝马1系、宝马3系、RAV4柴油版等。尤其是宝马3系车型，在后桥和后副车架分别布置了一个吸振器解决轰鸣声问题，见图 11-31b。

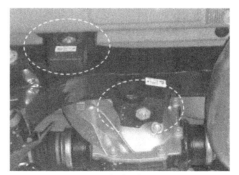

a) 路虎某款车　　　　b) 宝马3系

图 11-31 某款车后桥增加吸振器布置示意

7. 排气系统

排气系统除了作为"源"可在车内产生轰鸣声外，也是发动机激励传递到车身的重要路径，还是产生轰鸣声的重要部位。为减少排气结构引起的轰鸣声，应从如下方面进行控制。

1）控制排气热端模态。如果热端模态偏低，很容易与发动机激励频率发生耦合而在车内产生轰鸣声问题。为了避免在车内产生轰鸣声问题，通常要求热端模态大于180Hz，主要的控制方法有：

第一，在热端模态增加一连接支架，提高热端模态的频率。

第二，合理设计柔性连接的位置，热端模态类似一个悬臂梁，悬臂越长，则模态就越低。可通过优化悬臂的长度，可提高热端模态。图 11-32 是某款车排气系统热端模态优化方案，图 11-32b 比图 11-32a 的热端长度缩短了近 120mm，模态从 110Hz 提升到了 185Hz，降低了车内轰鸣声的风险。

第三，如果上述主动方案无法实现，可采用在热端结构上增加吸振器的被动控制方法避开问题频率，进而改善车内轰鸣声问题。

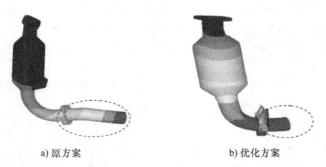

a) 原方案　　　　　b) 优化方案

图 11-32　热端模态优化方案

2）合理设计柔性连接管长度，通常要求不少于 200mm。柔性连接管可以将发动机激励进行有效的衰减，减少发动机激励经排气系统传递到车身的振动。

3）合理布置排气系统吊挂位置，一方面利用 ADDOFD 法在排气系统上选择合适的吊挂位置，另一方面，从车身的角度也要合理地选择吊挂的位置，要将排气吊钩布置在横梁上，避免直接将吊钩布置在地板上，否则会增加地板的振动，导致车内轰鸣声问题产生。

第十二章

整车路噪声分析及控制

从狭义的角度看，路噪仅包括路面引起的结构传递噪声。但是，从广义角度看，路噪不仅包括路面引起的结构传递噪声，也包括轮胎与地面作用产生的空气传递噪声。随着发动机制造水平和控制水平的提高，以及新能源车尤其是电动车的快速发展和普及，车内路噪问题日益凸显，越来越成为市场上关注的问题之一。由于路噪问题具有涉及系统多、控制复杂、解决难度大等特点，成为整车NVH性能开发最重要的内容之一。

第一节 路噪问题概述

路噪是整车受到不规则路面激励在车内产生的噪声，广义路噪属宽频噪声，频率范围在30~2000Hz。主要包括两个方面，一方面是由不规则路面的激励力经底盘传递后，激励车身在车内产生的辐射噪声；另一方面，轮胎与地面相互作用产生的噪声，经钣金透射或间隙泄漏传递到车内的噪声。前者是结构传递噪声，频率范围在30~300Hz；后者是空气传递噪声，也称轮胎噪声，频率范围在800~2000Hz。常见的广义路噪频谱见图12-1。广义路噪的频谱可看作一个梯形状图，梯形高度由测试路面和测试工况决定。广义路噪测试结果呈梯形分布的特点，也便于对标分析和目标制定。

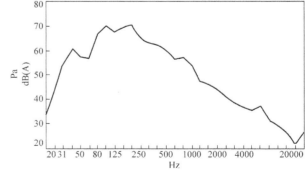

图12-1 路噪测试的典型频谱

从图12-1所示测试结果的频谱特征可知，广义路噪分为如下类型。

1. 鼓噪声（Drumming noise）

鼓噪类似敲鼓噪声，频率范围在20~60Hz内。整车鼓噪声是指车身受到凹凸不平路面的大冲击激励下，由于车身板件、框架刚度不足而产生变形，引起车内声腔产生纯体积变化并在车内产生较大的压力变化。鼓噪声会在车内产生非常大的压耳感，对耳朵产生非常大的伤害。因此，鼓噪声问题是路噪中影响最大的问题之一。相对于其他类型噪声，鼓噪声需要较大的路面激励。

2. 低频路噪（Booming noise）

低频路噪频率范围在60~100Hz内，主要是由于钣金件与声腔整体模态耦合产生的噪声。当轮胎的结构模态、车身板件模态和声腔模态出现频率耦合时，车内将会产生低频路噪问题。低频路噪会对乘客耳朵有一定伤害，乘客长时间在这种环境下，会产生恶心、呕吐等症状。

3. 中高频路噪（Rumble noise）

中高频路噪频率范围在 120~300Hz，是由钣金件与声腔局部模态耦合产生的噪声。中高频路噪与轮胎结构模态、轮胎声腔模态、悬架模态、车身钣金模态和整车声腔模态等频率耦合有关。由于中高频路噪的路面激励频率，与车身、底盘等钣金件、部件频率存在较大重叠区，中高频路噪发生的概率非常高。

4. 高频路噪

高频路噪主要是指轮胎噪声，胎噪声的频率范围在 500~2000Hz 内，它主要通过空气传递到车内。当车辆在高速行驶过程中，轮胎胎面与地面不断地接触和分离，由于轮胎胎面的橡胶弹性和花纹结构，轮胎花纹腔体也不断开启和闭合，引起腔体内气流持续振动而产生噪声，并通过轮胎胎面与地面的"喇叭"状结构将噪声放大。轮胎的花纹噪声主要是指泵气噪声和气柱噪声，也包括轮胎胎面与地面摩擦而产生的摩擦噪声等。

对于上述的每一种路噪，不仅产生的频段、传递路径不同，而且对应的解决思路和手段也是不一样的。因此，在整车 NVH 性能开发过程中，必须全面、系统地对路噪进行开发。在以下章节介绍中，路噪仅指结构传递噪声，胎噪是指空气传递噪声。

第二节　路噪声的传递特性

在分析和解决 NVH 问题时，都必须从传递路径的角度进行分析，每个 NVH 问题都有其独特的传递路径，路噪的传递是非常复杂的。下面对路噪的传递路径及传递路径上的重要部件进行分析。

一、概述

根据 NVH 问题"源-路径-响应"的分析基本原理，路噪的激励源是不规则的路面。当车辆行驶在不规则路面时，轮胎受到路面的振动激励，经副车架、减振器等部件传递到车身，引起车身钣金振动而在车内产生辐射噪声。

由于不同的悬架结构有不同的路噪传递路径，下面以前悬架为麦弗逊结构，后悬架为多连杆结构为例（图 12-2），说明路面激励到车内产生噪声的传递路径。

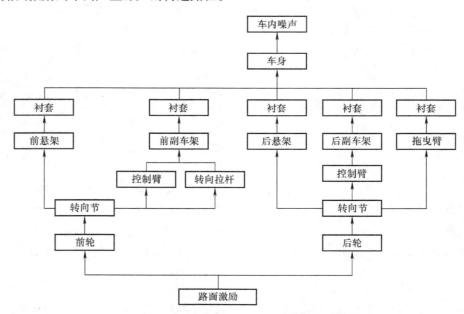

图 12-2　典型悬架结构的路面激励传递路径

从图 12-2 可以看出，路面激励可以有多条路径传递到车身，例如其中一条路径为：后轮胎→转向节→控制臂→后副车架→衬套→车身→车内形成路噪。由于路面产生的激励频率分布范围比较宽，如果路面的激励频率与传递路径上的任一系统、部件的频率相等，则路面的激励将会被放大，如果激励频率再与乘坐室空腔的整体或局部模态耦合，那么就会在车内产生路噪问题，不同的路面激励频率会在车内产生不同的路噪。

根据传递路径的特点，传递路径上的每个系统部件，都可能会放大或减小传递的激励力。由于噪声是一个系统问题，每条路径以及每条路径上的部件贡献都是不同的，因此，在进行路噪声分析时，必须对传递路径上的部件进行设计和分析。对于整车路噪问题，传递路径上的部件主要包括车轮系统、悬架系统、车身结构以及衬套等。下面对主要的部件进行分析和说明。

二、车轮系统

车轮是由轮胎、轮辋、轮毂、轮辐组成的。车轮具有承载、牵引制动、保持行驶稳定性以及乘坐舒适性等功能。车轮是传递载荷和吸收路面振动最重要的部件，轮胎的动静不平衡、制造一致性、弹性系数、接触地面的胎面特性以及轮胎花纹等，对整车鼓噪、中低频路噪、方向盘摆振、操控性、驾驶舒适性等都有重要影响。因此，车轮是车内路噪声传递路径上影响最大的部件之一。

1. 车轮的结构

轮胎是车轮中最重要的部件，下面仅对轮胎结构进行说明。

轮胎可分为子午线轮胎和斜交胎，两者的主要区别在于帘布层。斜交胎的胎体帘线层与层之间，呈交叉排列，所以称为斜交轮胎。子午线轮胎胎体帘线与钢丝带束层帘线之间所形成的角度，就像地球的子午线一样，顾名思义称为子午线轮胎。子午线轮胎的特点是耐磨性高、高速性、减振性好、操作安全性好、抓地力强、滚动阻力小、燃油经济性好、侧向稳定性差、低速舒适性差。斜交胎的特点是胎侧刚性强，侧向稳定性好，但耐磨性、高速性、缓冲性、操作安全性均较子午线轮胎差。

乘用车通常使用的是子午线轮胎。对于常见的乘用车轮胎，其结构可分为胎冠、胎肩、胎侧、胎圈、带束层、帘布层和气密层七部分，见图 12-3。轮胎每个部分的结构材料和功能都是不同的。

图 12-3 轮胎结构

（1）胎冠　胎冠是轮胎与地面接触的部位，采用耐磨的橡胶组成。胎冠的功能是：向路面传递汽车的牵引力和制动力，增加外胎与路面的抓地力，吸收轮胎振动。因此，胎冠直接承受摩擦和全部载荷，能减轻帘布层所受的冲击，保护帘布层和内胎，使其免受机械损伤和断裂。另外，胎面上设计有各种凹凸花纹，可保证轮胎与地面的附着性能，防止轮胎滑移，提高轮胎行驶中的排水性，轮胎胎面的花纹是轮胎噪声的主要噪声源之一。轮胎胎冠影响乘坐舒适性和操控性，对车内 300～500Hz 路噪声有重要影响作用。

（2）胎肩　胎肩是胎冠和胎侧两部分之间的过渡区域，由于胎冠和胎侧的结构特点不同，胎冠弧度小、厚度大，而胎侧有弧度大、厚度小的特点，因此两者搭接区域必须通过胎肩进行过渡。胎肩主要功能是防止帘布层发生滑移，另一方面胎肩上的花纹有利于散热，但是胎肩上的花纹是轮胎噪声的重要区域。胎肩对车内 100～150Hz 的路噪声有重要的影响作用。

（3）胎侧　胎侧位于胎肩与胎圈之间，是贴在帘布层侧壁较薄的一层橡胶层，可承受较大的扭曲变形，也可承受轴向载荷，用来保护帘布层（胎体）免受机械损伤和水分侵蚀。胎侧具有良好的弹性，决定了轮胎侧垂向刚度，对鼓噪和低速轰鸣声有重要影响。胎侧影响车内 30～80Hz 内的路噪声。

（4）胎圈　胎圈是轮胎安装在轮辋上的部分，由钢丝圈、帘布层包边和胎圈组成，具有较大的刚度和强度，起着固定轮胎的作用。胎圈对鼓噪有一定的影响作用。

(5)帘布层 帘布层通常由多层挂胶帘线用橡胶粘合而成,是轮胎受力的骨架层,也称胎体,用以保证轮胎具有必要的强度及尺寸稳定性。帘布层的主要功能是承受强烈的振动和冲击,承受轮胎在行驶中作用于外胎上的径向、侧向、周向力所引起的变形。

(6)带束层(缓冲层) 带束层是指位于胎面和胎体之间,沿胎面中心线圆周方向箍紧胎体的材料层。带束层的主要作用是减少路面对轮胎的冲击,吸收不平路面的振动,并通过与胎体的紧密结合,提高轮胎胎面的刚性。

(7)气密层 气密层即为轮胎的内衬,内衬由一层橡胶组成,其功能是防止气体扩散并代替轮胎内部的内胎。

2. 车轮的评价参数

不同的车轮结构,对路噪影响是不同的,影响路噪的参数主要包括轮胎扁平比、轮胎模态、车轮力的传递函数、轮辋的侧向刚度等。

(1)轮胎扁平比 扁平比又称高宽比,是指轮胎横断面高度占其横断面最大宽度的百分比。高宽比在每个轮胎的胎侧上都有标示,在图12-4中,轮胎的标示尺寸为285/45 R21,说明该轮胎断面最大宽度为285mm,扁平比为45%,半径为21in。常见的轮胎扁平比范围为45%~70%。

图12-4 轮胎尺寸标示图

轮胎的扁平比影响着很多性能,包括路噪、操控性、油耗、舒适性等。如果轮胎扁平比小,轮胎与地面接触面积较大,摩擦力大,抓地力强。由于轮胎高度低,则轮胎刚度大,路感明显,转向灵活,操控性好,高速稳定性强,转弯时抵抗侧倾的能力强。但是,缺点是轮胎缓冲能力差,乘坐舒适性差,轮胎噪声较大,不能对路面激励有效地衰减,容易在车内产生较大的路噪声。如果采用扁平比大的轮胎,则恰好相反,轮胎接触面积小,抓地力和稳定性差,路感差,并且转弯抗侧倾的能力也较弱。但是,优点在于油耗低,胎噪小,乘坐舒适性好,可以有效地衰减路面的冲击,减少车内的路噪声。

因此,选择扁平比大的轮胎有利于降低车内的路噪声。但是,在整车开发过程中,轮胎的选用应综合考虑多种性能。

(2)轮胎的模态 轮胎是路噪传递路径最重要的部件,轮胎的模态对衰减和放大激励有着重要的作用。对车内路噪有重要影响的轮胎模态包括:

1)轮胎扭转模态:轮胎的扭转模态是轮胎相对于轮辋沿轴线的旋转变形(图12-5),模态频率范围为30~45Hz。轮胎的扭转模态是引起车内鼓噪的重要模态之一,这使得轮胎成为车内鼓噪的重要贡献部件。

2)轮胎垂向跳动模态:轮胎垂向跳动模态是指轮胎相对于轮辋沿着垂直方向的运动(图12-6),垂向模态频率范围在70~90Hz。轮胎的垂向模态是引起车内低频路噪的主要模态之一。

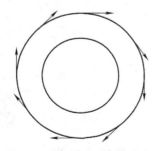

图12-5 轮胎扭转模态振型

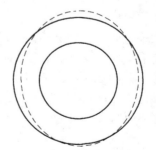

图12-6 轮胎垂向跳动模态振型

3)轮胎的第一阶声腔模态:轮胎的声腔模态是指轮胎与轮辋围成封闭空间的空气模态,轮胎的第一阶声腔模态频率在190~250Hz,第一阶声腔模态频率的大小与轮胎规格有关,包括轮胎尺寸和扁平比。相同的轮胎尺寸,扁平比越大,声腔体积越大,模态频率越小。

4)轮胎的胎冠局部模态:胎冠的局部模态是指胎冠的局部区域出现的振型,频率比较高,主要表现为多瓣型模态（图 12-7），频率通常大于 300Hz。这部分模态不仅影响车内中高频路噪，对驾驶性、舒适性也有重要影响。

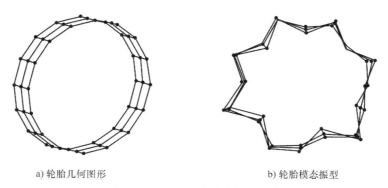

a) 轮胎几何图形　　　　　　b) 轮胎模态振型

图 12-7　轮胎高阶模态振型示意

轮胎的模态频率受内部胎压、外部载荷以及行驶速度等因素影响。对于轮胎胎压，轮胎压力越大，胎体的刚度就越大，这使得轮胎频率会变得更高。对于轮胎外载荷，载荷越大，胎压越大，轮胎的模态频率也会提高，只是对轮胎模态影响较小；而当车辆在行驶过程中，轮胎的模态较车辆静止状态下的模态频率变小。

（3）车轮力传递函数　车轮力传递函数是指胎面到轴头安装点的振动传递函数。也就是在胎面上施加的单位力，在轴头上产生的加速度值大小，单位是（m/s²)/N，主要是用来分析轮胎面受到的路面激励力对轴头振动的敏感度大小。为测试方便，根据互易性原理，通常在轴头施加载荷，在轮胎面测试加速度值，见图 12-8。在对车轮力传函进行评价时，主要是从力传函的关键频率幅值进行的。

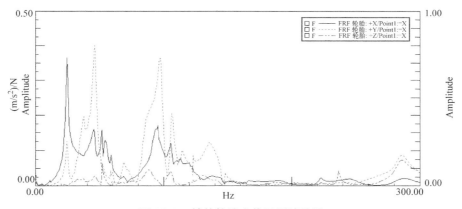

图 12-8　某款轮胎力传函测试结果

（4）轮辋的侧向刚度　轮辋作为轮胎主要的承载结构，其刚度特性直接影响整车路噪声性能。鉴于悬架的结构形式和受力特性，国内外主机厂多数以轮辋的侧向刚度作为评价轮辋的重要参数。轮辋的侧向刚度定义如下：

$$k = (2\pi f_2)^2 \left[M_\mathrm{T} - M_\mathrm{T} \left(\frac{f_2}{f_1} \right)^2 \right] \tag{12-1}$$

式中，M_T 是轮辋的质量；f_2 是轮辋的第一阶模态频率；f_1 是轮辋的反共振模态频率。

从式（12-1）可以看出，可以通过仿真分析和试验测试两种方式计算轮辋的侧向刚度，见图 12-9。一般轮辋的侧向刚度可以控制在 60kN/mm 以上。

影响轮辋侧向刚度的因素主要包括轮辋的材质和造型结构形式。从式（12-1）可以看出，轮辋的侧向刚度不仅与轮辋的质量，而且与轮辋的频率有关。因此，对于同一结构形式的钢制轮辋和铝制轮辋，尽管钢制轮辋比铝制轮辋质量要大，但是铝制轮辋的模态频率要比钢制轮辋模态频率大，通常铝制轮辋要比钢制轮辋大一些。

a）轮辋结构图

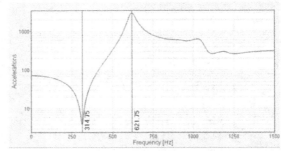
b）轮辋侧向刚度计算

图12-9　轮辋侧向刚度计算结果

三、悬架系统

悬架系统是指车身、车架和车轮之间的一个连接结构，主要包括减振器、弹簧、控制臂、转向节、稳定杆、衬套等部件。其功能是传递作用在车轮和车架之间的力和力矩，缓冲由不平路面传给车架或车身的冲击力，并衰减由此引起的振动，以保证汽车能平顺行驶。

车辆悬架有多种形式，对于前悬架，常见的结构形式有麦弗逊悬架、双叉臂悬架等，双叉臂悬架结构形式应用较少；对于后悬架，常见的结构形式有多连杆悬架、扭力梁悬架等，见图12-10。在现有的车型中，最常见的组合形式有前部采用麦弗逊悬架，后部采用多连杆结构，或者是前部麦弗逊悬架，后部扭力梁悬架。不同的悬架形式，路面激励力传递到车身的传递路径也不同，对车内噪声的影响程度也是不一样的。

a）麦弗逊悬架结构

b）多连杆悬架结构

c）扭力梁悬架结构

图12-10　常见的悬架结构形式

悬架系统是路噪传递的重要路径，悬架结构设计的好坏直接影响到车内路噪的大小，从路噪控制的角度分析，评价悬架结构的参数主要有模态和隔振率。

1. 悬架系统的模态

从路噪的角度分析，主要关注的模态包括：

1）簧下的前后整体模态：悬架的前后模态是簧下模态，是指悬架系统沿前后方向振动的模态，频率范围在20~25Hz内。悬架模态频率取决于悬架的刚度。不同于纯Hop和Tramp模态，悬架前后模态频率相对较高，可能会与车身某些模态发生耦合共振的情况。图12-11是某款车悬架的前后模态，频率为22.4Hz。

2）弹簧的耸动模态：弹簧的耸动模态也称冲击模态、喘振模态等，主要是指车辆在过坑、过坎时，由于弹簧的阻尼和刚度的作用，使得车身产生上下振动的情况。弹簧耸动模态的频率范围为50~60Hz，频率的大小与车身重量、弹簧刚度等因素有关。当车辆过颠簸路面时，弹簧引起的振动会在车内产生严重的路噪声。

3）减振器的侧倾模态：对于麦弗逊悬架系统，悬架系统侧倾模态包括两阶：刚体模态和弹性体模态。刚体模态是指减振器、转向节、车轮和下控制臂等整体沿侧

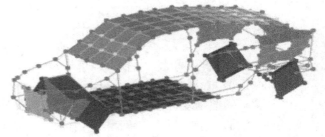
图12-11　某款车悬架前后模态

倾方向变形的模态，见图12-12a，刚体模态频率范围在120~140Hz内；弹性体模态是指减振器和轮胎沿侧倾模态同向运动，而减振器下端与转向连接部位反向运动的模态，见图12-12b，弹性体模态频率在150~190Hz内。

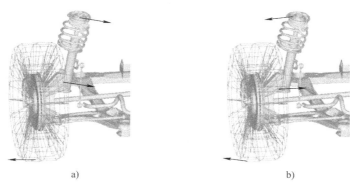

图12-12 麦弗逊悬架侧倾模态

4）后减振器滑柱的弯曲模态：对于扭力梁悬架系统，减振器的滑柱弯曲模态是指滑柱两端与车身和车架连接被约束，滑柱中部产生弯曲变形的模态。滑柱的模态频率通常在100~130Hz之间，滑柱模态与车身重量、滑柱几何尺寸相关。

5）扭力梁弯曲模态：扭力梁弯曲模态是指振型主要是Z向或X向的弯曲模态（图12-13），模态振型与扭力梁开口方向有关，模态频率范围在60~90Hz。影响扭力梁弯曲模态的因素包括扭力梁长度、扭力梁板件厚度以及扭力梁中间弹性支撑等。

6）多连杆悬架系统的杆件模态：多连杆悬架系统杆件包括拖曳臂、上控制臂、下控制臂等，见图12-10b。这些杆件模态包括两类：刚体模态和弹性体模态，频率分布比较宽。杆件的刚体模态与衬套刚度有关，而弹性体模态与杆件结构本身有关，图12-14是拖曳臂弹性体模态。由于拖曳臂是车内路噪的重要传递路径，拖曳臂模态分析也非常关键。

图12-13 扭力梁弯曲模态

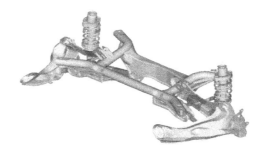

图12-14 多连杆系统拖曳臂模态

2. 传递率

在悬架系统中存在橡胶衬套，如减振器与车身之间、下控制臂与副车架之间等。橡胶衬套的设计依据是传递率。传递率是指主动端振动与被动端振动的比，见式（12-2）。传递率越高，表示橡胶衬套的隔振效果越好，通常隔振率要求在10~20dB之间。

$$T = 20\lg\left|\frac{a_\mathrm{a}}{a_\mathrm{p}}\right| \tag{12-2}$$

式中，T是主被动间的传递率；a_a是主动端的振动加速度；a_p是被动端的振动加速度。

影响传递率的因素包括：①主被动端的刚度，要求主被动端刚度为橡胶刚度的5~10倍，可以满足传递率10~20dB的要求；②橡胶衬套的刚度、半径和体积等，只有保证橡胶有足够大的体积，才能保证衬套刚度有较大的调整范围，兼顾NVH性能和操稳性能。合理设计橡胶衬套可有效地减少主动端对被动端振动或力的输入。

四、车身结构

根据路噪的产生原理,车身结构是路噪声产生的重要部位。车身结构的评价主要从模态和声传函(Noise Transfer Function,NTF)两个方面进行评价。当频率小于90Hz时,模态密度相对较低,模态识别容易,可利用模态分析的方法分析和优化问题;当频率大于90Hz时,车身模态密度相对较高,模态识别难度大,采用模态分析的方法识别问题部位比较困难。在这个频段,多采用NTF的方法进行分析和优化问题。

1. 模态分析

模态分析主要是低频噪声问题的分析和优化,对于低频路噪的问题频率,通常都与车身固定的频率段和固定部位相对应。低频路噪问题主要集中在车身顶篷板部位。

1)顶板局部模态:对于无天窗的车身结构,由于造型的原因,车身顶板不能布置复杂的筋结构,因此,顶篷模态频率通常都比较低。常见的模态包括车身呼吸模态、车身顶板局部弯曲模态等,见图12-15。如果车身结构设计不合理,在30~70Hz范围内,顶板将会出现较多的模态,这会引起鼓噪和低频路噪声问题。影响顶板模态频率的因素包括:①顶篷横梁布置位置、横梁截面形式;②顶篷横梁与顶板间的涂胶数量、涂胶膨胀率以及两者间涂胶干涉量等。另外,可以通过增加补强贴片增加顶板刚度,提高模态频率。

a) 呼吸模态

b) 顶板后部局部模态

c) 顶板前部局部模态

图 12-15 无天窗顶板模态

对于有天窗的车身结构,尤其是大天窗的顶板结构,顶板因此会增加一个较大的附加质量,如果天窗支架设计不合理,那么将会增加较多的局部模态,见图12-16。如果局部模态过多,则会增加低频路噪声的风险。影响有天窗的车身结构因素,除了与无天窗的影响因素相同之外,还必须合理设计天窗支架的结构形式及固定点,同时也必须合理设计支架涂胶数量和涂胶位置。

a)

b)

c)

图 12-16 有天窗结构的顶板局部模态

2)前后风窗上横梁模态:通常风窗玻璃与顶板连接的区域都存在低频模态,见图12-17。对于三厢轿车来说,前后风窗上横梁模态对路噪声影响较大;而对于SUV车型或两厢车,前风窗上横梁对车内路噪影响较大。前后横梁模态频率范围在30~80Hz内,其频率大小取决于横梁的截面、接头连接形式、顶板与横梁涂胶等因素的影响。

2. 声传函分析

当频率较高时,车身的模态密度相对较高,很难通过模态分析的方法对问题部位进行识别。通常采用NTF分析的方法确定问题部位,并结合板件贡献量分析(Panel Contribution Analysis,PCA),确定车内路噪具体的问题部位。NTF分析的主要部位包括前后副车架安装点(柔性连接)、前后悬架安装点、下摆臂安装点、拖曳臂安装点等，计算上述安装点到车内驾驶员耳侧的噪声传递函数。图 12-18 是后副车架右前点到驾驶员内耳的声传函。对于中高频路噪问题，一般 NTF 分析关注的频段范围为 110～130Hz 和 160～200Hz，主要与减振器模态频率、轮胎结构模态频率、轮胎声腔模态频率分布在这个区域有关。如果上述部件的模态与车身板件（如前围板、搁物板、中通道板、备胎槽板等）发生耦合，那么将会在车内产生严重的路噪问题。

a) 两厢车　　　　　　　　b) 三厢车

图 12-17　前后风窗上横梁模态

五、后背门

后背门是两厢车或 SUV 车型的结构，是低频路噪声产生的重要部位。对车内路噪有影响作用的就是弯曲模态，见图 12-19。弯曲模态的频率范围在 20～60Hz。影响背门弯曲模态频率大小的因素包括后背门的结构、材质；密封条的材料刚度、干涉量等；缓冲块的布置位置、刚度和干涉量；门锁、铰链的安装点刚度等。

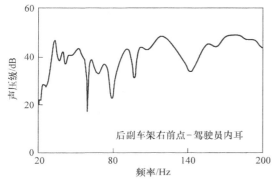

图 12-18　后副车架右前点到驾驶员耳侧 NTF

图 12-19　后背门弯曲模态

六、声腔模态

车内路噪是车身板件与声腔模态耦合产生的，因此，结构路噪问题都与车内声腔模态有重要关系。车内声腔模态只与车内有效容积有关，一旦整车外部尺寸确定，车内声腔模态频率就很难改变。车内声腔模态密度与频率的三次方成正比，模态密度随着频率增加而增加。从路噪角度分析，应该更关注第一阶声腔模态，模态振型表现为沿整车 X 向振动的纵向模态（图 12-20a），频率范围在 45～80Hz 内，车身越长，模态频率就越低，反之，模态频率就越高。从模态频率规划的角度分析，车身大板件必须避开第一阶声腔模态频率。但是，对于三厢车，除了关注第一阶纵向模态外，还应考虑行李舱声腔模态（图 12-20b），行李舱与乘员舱通过衣帽架泄压孔连接，行李舱声腔模态频率在 25～40Hz 之间，该模态对车内低频路噪声也有一定影响作用。

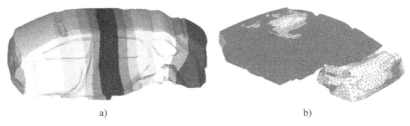

a)　　　　　　　　　　　b)

图 12-20　车内声腔模态

第三节 路噪声产生机理分析

由路噪分类可知，路噪可分为鼓噪、低频路噪、中高频路噪三类。这三类路噪产生机理是不同的。本节主要从结构传递的角度分析路噪产生的机理，胎噪产生机理见第五节相关分析内容。

一、鼓噪问题产生机理

鼓噪产生的原理是车身板件在路面激励下产生较大的共振或非共振变形，由于频率较低，输入能量大，使得车内压力产生较大波动，因此而产生噪声问题。当车辆在颠簸路面行驶时，路面沿行驶方向的振动会激励起轮胎的旋转模态，或整车系统的簧下前后模态，与车身板件或者背门频率相同时，车身声压迅速升高，车内就会产生鼓噪声问题，鼓噪的频率范围在 20~60Hz。根据鼓噪激励源的传递路径，以及传递路径上各部件的模态频率范围，影响鼓噪的部件包括轮胎、悬架系统、车身和背门等。鼓噪的传递原理见图 12-21。

图 12-21 鼓噪声主要传递路径示意

整车鼓噪问题是由于关键的底盘件（如轮胎、悬架系统等）模态与车身钣金件、背门模态耦合产生的。从图 12-21 鼓噪传递路径以及路径各部件的频率范围，鼓噪问题可分为三类。

1. 轮胎模态引起的鼓噪问题

产生鼓噪的轮胎模态通常是轮胎面内的旋转模态（频率在 25~45Hz），可能与轮胎模态产生耦合的部件包括车身顶板、背门板（两厢车）、行李舱盖板及行李舱空腔（三厢车）等。当车辆在颠簸路面行驶时，轮胎会不断地受到路面的 X 向冲击激励，路面激励是宽频带随机激励，轮胎旋转模态就容易被激励而产生共振，当轮胎的旋转模态频率与上述部件模态频率相等或相近时，车内产生较大的压力波动，由此会在车内产生鼓噪问题，见图 12-22 示意。

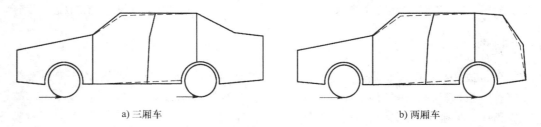

a) 三厢车　　　　　　　　　b) 两厢车

图 12-22 鼓噪声的车身结构变形图

2. 悬架系统模态引起的鼓噪问题

悬架系统的前后模态频率范围在 20~30Hz 之间，当车辆在颠簸路面行驶时，由于路面是宽频率的随机激励，悬架系统的前后模态频率很容易被激励共振，当悬架系统前后模态频率与背门弯曲模态频率相等或相近时，背门会发生共振而产生较大的变形，从而会在车内 X 向产生较大的压力波动，因此车内产生鼓噪声问题。

3. 车身受力变形引起的鼓噪

车辆在颠簸路面行驶过程中，如果轮胎、衬套等部件没有对路面激励力进行有效隔离，那么将引起车身产生较大变形，尤其是车身框架、大钣金件和天窗的变形，将会导致鼓噪问题。

二、低频路噪产生机理

低频路噪的频率范围在 50~100Hz。低频路噪产生的机理是：当车辆在行驶过程中，车身或开闭件的板件被路面激励发生共振的同时，又与声腔模态发生耦合因而在车内产生噪声。由于低频路噪涉及车内声腔模态多为第一阶或第二阶，前两阶声腔模态的振型相对比较明确，因此车身或开闭件板件的模态振型也容易识别。

根据 NVH 分析问题"源 - 路径 - 响应"的传递原理，以及低频路噪的频率范围，低频路噪涉及系统、部件见图 12-23，图中示意的系统在低频路噪的频段上都有模态分布，可能会对车内低频路噪有重要贡献。当车辆在行驶过程中，路面激励会经过轮胎、扭力梁和后减振器弹簧等传递到车身，当车身或背门板件模态与车内声腔模态发生耦合时，且与轮胎、扭力梁、后减振器弹簧等其中一个部件或几个部件频率相等或相近时，那么车内将产生严重的低频轰鸣声，这就是低频路噪声问题。

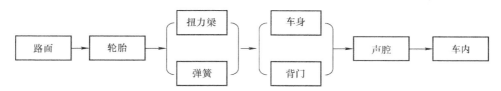

图 12-23　低频路噪声主要传递路径示意

根据图 12-23 低频路噪的传递路径，低频路噪可分为三类。

1. 轮胎模态引起的低频路噪问题

产生低频路噪的轮胎模态主要是轮胎的垂向模态，振型见图 12-6，频率范围在 70~90Hz 内。由于这个模态振型是沿 Z 向的，车辆在行驶过程中很容易将这阶模态激励起来。

对于三厢车，当轮胎的垂向模态频率与车身前后风窗上横梁模态、声腔模态发生耦合时，车内将会产生低频路噪声问题；对于两厢车，除了与上述三厢车产生路噪形式相同外，另外一种形式是轮胎垂向模态与背门模态、声腔模态发生耦合，车内也将产生低频路噪声问题。车身顶板的模态主要是指前后风窗上横梁的模态（图 12-17），背门的模态主要是指弯曲模态（图 12-19）。

2. 扭力梁模态引起的低频路噪问题

扭力梁在低频路噪声问题频段也存在模态，振型主要是 Z 向或 X 向的弯曲模态，模态振型与扭力梁开口方向有关，模态频率范围在 60~90Hz。扭力梁在车内产生低频路噪，主要是由于其模态与后风窗上横梁模态及车内声腔模态发生耦合而产生的。

3. 后减振器弹簧模态引起的低频路噪问题

后减振器弹簧的耸动模态，频率范围在 50~60Hz，振型沿轴向振动。与扭力梁在车内产生的低频路噪原理相同，是由于后减振器弹簧耸动模态与后风窗上横梁模态及车内声腔模态发生耦合而产生的。

三、中高频路噪产生机理

中高频路噪频率范围是 100~300Hz，其与低频路噪声产生的机理是相同的，都是车身板件与声腔模态耦合产生的。但是，两者的响应部位和传递路径是有一定区别的。对低频路噪有贡献的模态多为整体模态，对中高频路噪有贡献的部件模态为局部模态或一些频率较高的部件（如减振器、悬架的杆件等）。通常利用 NTF 进行问题部位识别。根据中高频路噪特点以及传递路径分析，常见的中高频路噪的传递路径影响部件见图 12-24。

根据图 12-24 各个系统、部件的频率特点，中高频结构路噪可分为以下三类。

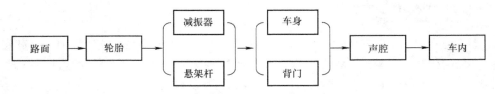

图 12-24 中高频路噪传递路径示意

1. 前悬架系统模态引起的中高频路噪

对中高频路噪影响贡献较大的减振器模态包括减振器系统刚体模态和弹性体模态，振型分别为 Y 向平动和 Y 向弯曲变形（图 12-13），两者的频率范围在 120～180Hz 内。车辆在行驶过程中，减振器系统的弯曲模态会放大这个频段的路面激励，如果衬套没有实现有效隔振，并且与车身钣金模态及声腔模态出现耦合，这会在车内产生路噪问题。这个频段的路噪会出现在绝大多数的车型中，只是控制好的车型幅值会低一些。

2. 减振杆引起的路噪问题

减振杆的一阶弯曲模态为 100～150Hz，振型为 X 向或者 Y 向，减振器的弯曲模态引起的路噪问题多发生在后减振器，尤其是减振杆与弹簧分离布置的情况。当车辆行驶在颠簸路面时，减振杆的弯曲模态会放大路面的激励，与车身板件和声腔模态耦合，将会在车内产生路噪问题。

3. 轮胎声腔模态引起的中高频路噪

轮胎的第一阶声腔模态为 190～250Hz，车辆在行驶过程中，路面激励与声腔模态频率发生耦合，轮胎胎面振动幅值变大，并经过底盘结构传递到车身。由于车身在这个阶段模态密度较大，很容易与轮胎声腔模态发生耦合，在车内就很容易产生路噪问题。同样，轮胎声腔引起的路噪问题会出现在所有车型，控制好的车型幅值会低一些。

4. 轮胎结构模态引起的中高频路噪

引起中高频路噪的轮胎模态多为轮胎胎面的局部模态，频率通常大于 300Hz。轮胎胎面模态很容易与路面激励频率耦合并放大，如果与车身板件的局部模态和声腔模态耦合，将会在车内产生中高频路噪声问题。

分析所有测试车型的路噪结果发现，多数车型都会在 120～300Hz 频段内出现较高的声压级，是车内路噪声最主要的噪声频段，从噪声控制的角度，必须关注引起这个频段的系统、部件。

第四节　路噪声控制方法

依据 NVH 问题分析的"源 - 路径 - 响应"基本控制思路，路噪声主要是从传递路径和响应部位进行控制的。因此，路噪声的控制主要集中在底盘系统和车身系统两个部分。对于以上三种路噪问题，主要从以下几个方面进行控制。

一、模态频率规划

根据模态频率规划的原则，频率规划主要从三个方面考虑，即激励源项、关键避频项和频率规划项，频率规划图的目的就是为频率规划项找一个合理的频率分布位置。对于整车路噪，常见的频率规划见表 12-1，表中连续实线表示频率连续分布，虚线表示频率非连续分布。

在表 12-1 中，激励源是路面，其特点是宽频带随机激励，是无法规避和控制的。关键避频项是频率修改难度较大的部件模态，主要包括车身声腔模态、悬架模态和轮胎模态等。为了避免模态耦合产生的路噪问题，必须对频率规划项（包括车身板件和底盘件）进行频率设计。例如，为减少鼓噪问题，从频率规划的角度，背门一阶弯曲模态要避开轮胎胎面内扭转模态和悬架系统前后模态。

表 12-1　整车路噪的频率规划

频率规划		频率/Hz																			
		20	30	40	50	60	70	80	90	100	110	120	130	140	150	160	170	180	190	200	210	220
激励源项	路面激励（鼓噪频段）																					
关键避频项	车身	车内一阶声腔模态				--	--	--	--	--												
		行李舱一阶声腔模态			--	--	--															
	底盘	悬架系统前后模态		--	--																	
		弹簧耸动模态		--	--																	
		减振杆模态（后）								--	--	--										
		减振器侧倾模态（前）														--	--	--				
		轮胎面内扭转模态			--	--	--	--														
		轮胎一阶垂向模态						--	--	--												
		轮胎声腔模态																	--	--	--	--
频率规划项	车身	车身呼吸模态																				
		车身顶板模态																				
		前风窗上横梁模态																				
		后风窗上横梁模态																				
		前围板模态																				
		前/门外板模态																				
		衣帽架一阶弯曲模态																				
		背门一阶弯曲模态																				
	底盘	后副车架刚体模态（柔连）																				
		后副车架一阶弯曲模态（刚连）																				
		扭力梁一阶弯曲模态																				

二、车身结构控制

车身是路噪传递路径上最重要的部件之一，车身结构设计的好坏直接决定了整车路噪的水平。从表 12-1 也可以看出，开发前期的路噪分析工作主要集中在车身结构的仿真分析和优化上。根据各频段路噪的特点，车身主要从以下几个方面进行控制。

1. 车身框架结构及其接头的连接结构

车身框架结构是指 A 柱、B 柱、C 柱以及门槛梁、顶篷横梁等车身梁式结构。车身框架结构设计的好坏直接决定了车身刚度的高低。对车身框架结构性能进行控制，就是要保证车身有足够的刚度，减少外部载荷作用下的变形。通过优化车身框架结构，可有效地减少车内鼓噪问题。对鼓噪问题影响最为明显的框架结构就是 B 柱、C 柱、顶篷横梁、前风窗上横梁、后排座椅下横梁等。尤其是 B 柱和 C 柱的结构，对鼓噪问题影响最大。图 12-25 中，为了提高 B 柱的弯曲刚度，主要通过提高 B 柱截面 Y 向尺寸，或通过优化 B 柱截面的 Y 向（截面局部坐标）惯性积 I_{YY} 参数来实现。对鼓噪的控制，首先是要进行频率规划，其次是必须提高上述结构的刚度，减少这些结构的变形。

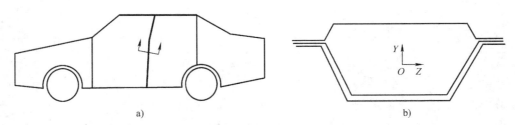

图 12-25 车身框架结构控制

2. 车身板件结构

多数的路噪问题是由车身板件模态与声腔模态耦合产生的。那么，解决路噪问题的主要控制措施就是避频和减振两个方面。

1）从车身角度分析，避频控制方案主要是解决频率小于 90Hz 的路噪问题，也就是解决低频路噪问题。车身避频的板件包括顶板（包括前/后风窗上横梁板）、前围板、地板等。主要的优化方案和手段包括优化筋的布置、增加板件的支架、改变支撑梁的截面特性、增加质量块等。具体的避频条件可参考频率规划的控制方法。

例如，车内第一阶声腔模态振型为前后振动，见图 12-20，前后两端为反节面的位置，当前风窗横梁的结构模态、声腔模态和路面激励频率耦合时，车内将产生严重的路噪声问题。因此，必须使前后风窗上横梁模态频率避开车内声腔模态频率。对前后风窗横梁的修改通常有两种方案：第一，通过优化前后风窗上横梁截面结构来实现避频，见图 12-26，在上横梁结构内增加三个支架，提高横梁及板件的模态频率，以避开声腔模态频率；第二，在横梁内部增加质量块（如雷克萨斯 EX350 车型），降低该部位的模态频率，同样可实现避频目的，以降低车内路噪声。

2）对于板件减振的措施，主要是解决板件模态频率大于 150Hz 的板件噪声辐射问题。采用板件减振的目的就是减少板件辐射噪声的能力，通常采用贴附阻尼材料，消耗板件的振动能量，减少板件的振动幅值，实现车内路噪声的降低。板件采用减振措施，主要是由于板件移频比较困难，比如车身顶板、侧围板等外观件，是无法通过布置筋或增加支架移频避免共振的。另外，受布置空间限制无法增加支架或布置筋的，也可以考虑通过增加阻尼降低振动幅值，例如前围板、前后地板等。图 12-27 是某款车地板阻尼布置示意，阻尼材料厚度为 2.5mm，通过贴附阻尼材料可以减少地板噪声辐射问题。

图 12-26 前风窗上横梁结构

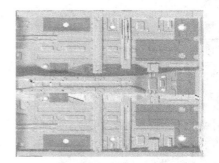

图 12-27 某车地板阻尼分布示意

3. 车身局部安装点结构

车身的局部安装点是指底盘与车身连接部位，主要包括前后减振器安装点、前后副车架安装点、拖曳臂安装点等，车身局部安装点会影响路面激励力传递到车身力的大小。这些安装点的性能可采用原点动刚度（IPI）的等效刚度进行评价，要求安装点的等效刚度为橡胶衬套的 6～10 倍。因此，车身与底盘的安装点位置需要进行合理的布置和设计，需将这些安装点布置在刚度较大的梁上，并对安装点的局部位置进行结构加强设计，避免将这些点布置在刚度较弱的板件区域。

例如，很多车型都将后减振器安装点布置在轮罩板上，并对安装点部位进行针对性加强设计，不仅可以增强安装点隔振，而且还可减少轮罩板的辐射噪声。如果轮罩板未做加强设计，减振器安装点动刚度偏低，会降低路面的隔振，恶化车内的路噪声水平。图 12-28 是某款车针对后减振器安装部位的加强方案，在轮罩板的内外两侧都进行了加强设计，不仅有利于降低车内路噪，同时轮罩板内侧的加强方案也可以提高车身的扭转刚度。

a) 车外　　　　　　　　　　　　　　b) 车内

图 12-28　后减振器安装点加强设计示意

三、背门结构控制

对于背门，对车内路噪影响较大的是背门的模态，影响背门模态的因素包括背门结构、密封条、缓冲块、铰链安装点部位结构、门锁安装点部位结构等。

1. 后背门的结构

根据鼓噪产生的特点，评价后背门的参数包括弯曲模态和弯曲刚度。这两个参数分别是从共振和变形的角度评估的。影响两个参数的因素包括后背门外造型、结构尺寸大小、中部连接结构形式等，合理的设计会提升后背门的频率。但是，背门的尾灯布置会影响后背门的模态。一些车型的设计在中部采用贯穿式车灯（图 12-29），背门中部刚度将变得更弱，背门弯曲模态频率会很低，将会增加车内鼓噪的风险。

图 12-29　背门外部结构

2. 后背门的材质

后背门除了采用钢材料外，一些车型（如日产奇骏、上汽 Marvel X、沃尔沃 XC60 等）采用塑料材质，降低了背门的重量，满足轻量化的设计要求，但也会降低后背门的模态频率和刚度，增加鼓噪问题的风险。

3. 后背门密封条

密封条会对后背门（或行李舱盖）起到有效的支撑作用，对提升背门（或行李舱盖）的模态频率和刚度有重要的作用。影响密封条支撑作用的因素有密封条干涉量和 CLD（Compression Load Deflection）值。CLD是指密封条受压变形曲线，通常选取 100mm 密封条来分析压力与变形的关系，CLD 值一般控制在 (6 ± 2) N/100mm，影响密封条 CLD 值的参数有密封条刚度、泡型、厚度等。增大密封条干涉量或 CLD 值可一定程度上提高模态和刚度，但是同时也会增大背门（或行李舱盖）关闭力，因此在前期设计必须均衡两者的性能。

4. 后背门缓冲块

缓冲块与密封条的功能类似，合理设计缓冲块同样可提升后背门的模态和刚度。影响缓冲块支撑作用的参数有缓冲块干涉量、缓冲块刚度和缓冲块体积。背门的缓冲块通常有两组，限制两个方向的自由度，最好的布置方式是：一组布置在沿 Z 向中部区域（后照灯上部区域），另一组布置在沿 Z 向下部区域（见图 12-30 标示区域），这样可以对车门进行有效的支撑，提升弯曲刚度和弯曲模态。

图 12-30　背门缓冲块分布

5. 后背门/行李舱安装点刚度

后背门/行李舱安装点包括铰链安装点、门锁安装点等，提高这些安装点刚度也可提高模态频率，更重要的是可以减少背门的变形，降低鼓噪问题的风险。

四、底盘结构控制

底盘结构是车内路噪最重要的传递路径，底盘的结构、布置、连接等形式直接决定了传递到车身力的大小。另外，在整车开发过程中，通常的底盘结构数据冻结早于车身结构，导致在数据开发阶段的后期无法针对路噪声进行协同优化。因此，在底盘的数据开发阶段，必须对底盘结构进行合理设计，主要包括如下方面。

1. 麦弗逊减振器系统

（1）减振器阻尼　车辆在行驶过程中，轮胎因受到颠簸路面的冲击而产生上下跳动，悬架弹簧收缩并吸收大量的振动能量，压缩后的弹簧会伸张以释放储存的能量，这会引起车身上下振动。而减振器的作用就是利用车身的运动而产生阻尼力，使悬架系统的振动能量迅速耗散，从而减小车身的振动。目前，减振器多采用被动的减振器系统，无法满足空载、满载等车身重量变换，以及车速、路况发生变化时需进行适时有效的调节阻尼，以降低对车身能量的输入的要求。因此，部分车型采用了主动、半主动悬架系统，实现了操稳、舒适性之间的平衡。例如，有的车型采用磁流变半主动控制减振器系统，实现了性能间的平衡和控制。

（2）减振器结构　减振器是路面激励力传递到车身最重要的路径之一，对于车内路噪有重要的影响。依据传递率的理论，为减少路面激励力传递到车身，可从三个方面进行结构设计：第一，合理设计减振器的侧向弹性模态，侧倾模态越低，越有利于车内的噪声水平，一些文献也验证了这个结论。但是侧倾模态过低不利于操稳性能，因此在开发过程中需要平衡两种性能的设计。第二，提高前减振器车身侧安装点刚度。第三，提高轮辋侧向刚度，设计较好的轮毂侧向刚度可达60kN/mm以上。

2. 副车架控制

（1）副车架与车身连接方式　副车架也是路面激励力传递到车身的重要路径之一，采用副车架与车身柔性连接方式可以有效地降低路面对车身的激励力输入，也是很多车型作为降低车内路噪的重要手段之一。但是，副车架采用与车身柔性连接，势必会产生一个Z向的刚体模态。如果副车架刚体模态与轮胎垂向模态、车身板件模态、声腔模态出现耦合，将会产生低频路噪问题。图12-31是某款在车速为60km/h的粗糙路面上，副车架与车身采用刚性连接和柔性连接的车内噪声对比。从图中可以看出，在中高频段（280～400Hz），柔性连接副车架要优于刚性连接副车

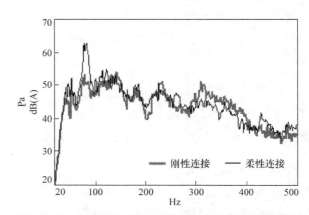

图12-31　副车架与车身两种连接方式车内路噪对比

架。但是，采用柔性连接方式，在76Hz出现一个较大的峰值，同时，在车内也明显主观感觉到存在一个低频的轰鸣声。通过对副车架的模态测试发现，副车架的Z向刚体模态为76Hz。尽管在副车架增加一个吸振器可解决76Hz路噪问题，但必须考虑到成本、布置等因素的影响。因此，副车架与车身连接形式的选择需要综合评估。

（2）副车架局部连接结构　副车架与很多底盘杆件（如下控制臂、稳定杆等）相连接，这些杆件都是路面激励力传递到车身的重要路径。为了提高这些部位的隔振性能，必须提高安装点的动刚度性能。尤其是下控制臂与副车架连接点动刚度对车内路噪声影响较大。一些文献说明，下控制臂在副车架安装点动刚度高，则悬架振动小，车内路噪声水平低。因此，在开发前期必须对这些安装点进行针对性的设计。

3. 悬架系统衬套

悬架系统衬套是提高隔振和衰减振动的重要措施。合理设计衬套可减少路面激励对车身的输入，评价衬套

设计合理性的指标是隔振率，隔振率的影响因素及控制方法参见相关内容。由于悬架系统衬套涉及 NVH 性能与操稳性能且两者存在矛盾，因此，在前期布置设计时，必须为衬套布置留有足够的空间，以满足衬套设计调整。

第五节 轮胎噪声产生机理及控制方法

轮胎噪声是车辆在行驶过程中，轮胎胎面与路面相互作用而产生的噪声，轮胎噪声是车辆行驶的主要噪声源之一。依据轮胎噪声产生的机理不同，可分为三种：一种是胎面花纹噪声，是轮胎在旋转过程中，轮胎花纹挤压变形而引起的空气噪声，这类噪声与轮胎的花纹结构有关；另一种是轮胎胎体辐射噪声，是轮胎受到路面激励而产生的辐射噪声；第三种是空气乱流噪声，是轮胎高速滚动引起周边气流扰动而产生的噪声。第三类噪声在风噪声相关章节进行介绍，本章不再赘述。

一、轮胎噪声产生机理

轮胎噪声产生机理主要从胎面花纹噪声和噪声的放大效应角度进行分析。

1. 胎面花纹噪声

轮胎设计花纹的目的是增加车辆的驱动力、牵引力、制动力，改善操控性和稳定性；增加轮胎与地面的摩擦力，避免制动时车辆的前滑和侧滑；增加轮胎的散热。但是，轮胎花纹设计也增加了噪声问题。根据轮胎噪声产生的原理不同，可分为泵浦噪声、气柱噪声以及亥姆霍兹效应和喇叭效应问题等。

（1）泵浦噪声 车辆在行驶过程中，胎面与地面不断地接触和分离，当轮胎胎面与地面接触时，轮胎在径向、纵向和横向都将产生压缩变形，引起胎面沟槽容积减小，空气压力变大，使得沟槽内的空气迅速被挤出，见图 12-32，该图是轮胎的印迹图。图中 A 腔被旋转到 B 腔的过程中，A 腔的压力会升高，使得气体被挤出；当轮胎胎面与地面分离时，沟槽的容积将恢复，空气压力变小，使得空气又被快速地吸入沟槽内，见图 12-32，图中 C 腔被旋转到 D 腔的过程中，C 腔体积变大，压力会降低，气体被吸入 C 腔内。胎面和地面持续不断的接触和分离，空气不断地被排出和吸入，这就产生了压力波动，形成了泵浦噪声。

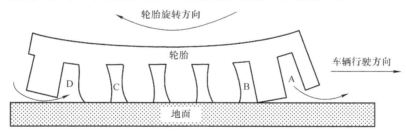

图 12-32 泵浦噪声产生机理示意

通常，轮胎泵浦噪声的频率在 500～3500Hz 范围内，最大峰值频率在 1000Hz 附近。泵浦噪声与花纹的结构设计有关，如花纹的位置、角度、宽度等。大量的试验验证结果说明，轮胎端部封闭的沟槽越多，路面越光滑，则轮胎的泵浦噪声就越大，原因在于花纹沟槽与地面形成一个封闭空腔，花纹块受压变形时，气体被挤出非常困难，一旦被挤压出去，则会产生较大的噪声。因此，为避免泵浦噪声，应尽量避免封闭的花纹沟槽结构。

（2）气柱噪声 车辆在行驶过程中，轮胎的一些沟槽与地面可形成类似管状的结构，当轮胎周边的气流急速吹过轮胎沟槽并与沟槽的谐频发生耦合时，则会产生气柱共鸣噪声，见图 12-33，该图是轮胎的印迹图。气柱噪声大小取决于沟槽长度和一端是否封闭。

当轮胎沟槽一端封闭，另一端开放时（见图 12-33 中标示 B 区），沟槽的基频波长为 4L，L 为沟槽的长度，沟槽的谐频公式为

$$f = \frac{(2n-1)c}{4L}, n = 1, 2, 3, \ldots, n \qquad (12\text{-}3)$$

当轮胎两端都开放时（见图12-33中标示A区），沟槽的基频波长为2L，则轮胎沟槽的谐频公式为

$$f = \frac{nc}{2L}, n = 1, 2, 3, \ldots, n \tag{12-4}$$

从式（12-3）和式（12-4）可以看出：沟槽采用两边开放结构，以及降低沟槽长度，都可以提高沟槽的基频。当气柱噪声大于5kHz时，对车内噪声影响就非常小了。例如对于30mm的花纹槽，如果采用一端封闭一端开放的结构方式，则基频为2833Hz，若采用两端开放的结构，则基频为5667Hz。因此，可通过这两种手段来降低气柱噪声。

（3）花纹块拍打路面噪声　花纹块拍打路面噪声是指车辆在行驶过程中，轮胎花纹块随着轮胎旋转而旋转，当轮胎花纹块接触地面时，花纹块的法向速度迅速改变，由此产生的法向力拍打路面而形成噪声，见图12-34。

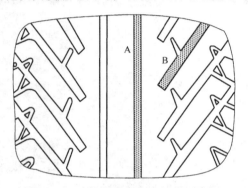

图12-33　气柱噪声产生机理示意图

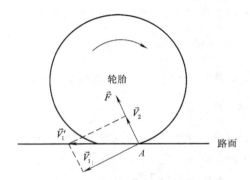

图12-34　花纹块拍打噪声

图12-34是花纹块拍打路面噪声示意图，轮胎在旋转过程中，当轮胎胎面与地面A点接触时，由于轮胎胎面的变形，使得花纹块的速度方向产生突变（假设轮胎胎面与路面之间无相对滑动），由于速度从$\vec{V}_1$变化到$\vec{V}_1'$，根据速度矢量合成定律，必然存在一个指向轮胎中心的$\vec{V}_2$，也必然存在由此产生的加速度和力$\vec{F}$。花纹块在力$\vec{F}$的作用下撞击地面产生噪声。同样，在花纹块离开地面时，也会产生一个类似的噪声。

（4）胎面与路面凹槽的挤压噪声　胎面与路面凹槽的挤压噪声是指车辆在行驶过程中，轮胎胎面与路面微小凹坑形成的封闭空腔不断被压缩和膨胀，产生了不规则的沙沙声。对于有花纹的胎面，沙沙声能量是非常小的。对于没有花纹的光头胎则是主要的噪声源。由于地面的凹坑是随机的，因此，胎面与路面凹槽产生的沙沙噪声也是随机的。

另外，轮胎与地面也会产生其他噪声，包括轮胎与地面的摩擦噪声、黏滞噪声以及胎面的辐射噪声等。由于这些噪声与路面有很大的关系，有很大的随机特性，本节将不做详细的介绍。

2. 轮胎噪声的放大效应

（1）喇叭效应　车辆在行驶过程中，轮胎与地面接触的前部区域，胎面与路面之间形成一个半封闭的喇叭筒形状。轮胎与颠簸地面的接触部位发生振动并产生噪声，由于在频率较高时轮胎与路面两侧声阻增大，形成喇叭筒状，放大了噪声信号（图12-35），这种现象称为喇叭效应，喇叭效应提高了轮胎噪声的发射率。

轮胎的喇叭效应具有两个特征：第一，喇叭效应具有明显的指向性，在喇叭的前后方噪声声压级有明显的增强。因此，轮胎的正前方和正后方噪声大于轮胎侧面噪声。轮胎的喇叭效应并没有增大轮胎的辐射功率，而是改变了轮胎噪声的辐射方向。第二，喇叭效应对高频噪声有明显的增强作用，对于波长小于轮胎宽度的噪声频带都会起到增强作用，对于乘用车，轮胎喇叭效应对应的峰值频率在1200～2000Hz。有试验验证，喇叭效应会增加5～6dB的噪声水平。

（2）亥姆霍兹效应　车辆在行驶过程中，轮胎的沟槽离开地面接触区域的瞬间，沟槽内腔与花纹块和地面间隙的喷口形成亥姆霍兹共振腔，见图12-36。在图中，轮胎沟槽的空气可以看作弹簧，花纹块与地面的间隙可以看作共振器，这样的亥姆霍兹共振器在较窄的频率范围内产生共振。因此，亥姆霍兹共振器放大效应具有较强的频率选择性。

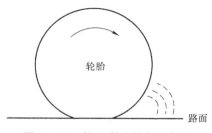

图 12-35 轮胎喇叭效应示意图

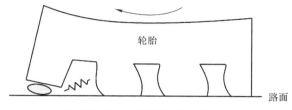

图 12-36 亥姆霍兹效应示意图

二、轮胎噪声的影响因素和控制方法

轮胎噪声主要从轮胎结构和轮胎花纹两个方面进行控制。

1. 轮胎结构

轮胎材料主要是由橡胶、帘线、钢丝、帘子布以及其他辅助材料构成的。轮胎的结构是复杂的，对其进行噪声性能控制也存在一定难度，尤其是橡胶材料属于超弹性材料并且是轮胎材料的主要成分，因此，轮胎噪声性能控制难度是非常大的。根据轮胎结构的特点，轮胎 NVH 性能主要是从表 12-2 中几个方面进行控制的。

从表 12-2 可以看出，轮胎噪声常见的控制部位包括胎面、带束层、冠带层、胎侧和胎圈等。各部位控制的方法和措施主要从材质、厚度、宽度和布置角度等方面进行。在对轮胎噪声进行优化时，也要考虑到以下几个方面。

1）整车操控性能：对于轮胎参数设计，操控性能与轮胎噪声性能往往存在矛盾，在进行轮胎噪声优化时，必须兼顾操控性能。例如：减少带束层宽度，可以优化轮胎接地形状，增强操控性，但是不利于轮胎噪声。

2）轮胎振动传递性能：胎面变硬，可减少泵浦噪声和气柱噪声，但轮胎胎面变硬会使轮胎的振动传递函数变差，增大车内路噪的风险。

3）轮胎模态特性：如果从胎面、胎肩、胎侧、三角胶等部位进行胎噪优化，则会影响到轮胎的模态，如果在整车开发前期已完成频率规划，则势必会影响到整车模态的分布，增加路噪声的风险。

4）轮胎耐久性性能：轮胎相关部位的材质、刚度、硬度等性能，也与轮胎的使用寿命有关，在对轮胎进行噪声优化时，也必须考虑轮胎的耐久性能。

表 12-2 常见轮胎结构优化主要部位及方法

部位	控制特性
胎面	顶胶材料
	顶胶硬度
	底胶厚度
	底胶硬度
带束层	材料
	角度
	宽度
	层数
冠带层	材料
	厚度
胎侧	材料
	硬度
胎圈	材料
	硬度
	高度

2. 轮胎花纹

从轮胎花纹的角度控制胎噪，主要从轮胎花纹的结构和花纹布置两个方面进行控制。轮胎花纹的结构是指轮胎花纹的长度、宽度、深度、角度等设计参数。轮胎花纹的布置是指花纹的数量、间距、角度等结构参数。

（1）轮胎花纹结构

1）轮胎沟槽体积：降低轮胎花纹沟槽体积，可以明显降低轮胎噪声。降低花纹沟槽体积，可以减少沟槽变形引起的泵浦噪声和气柱噪声，这也说明轮胎沟槽体积在长、高、宽三个方向采用小尺寸对轮胎噪声是有利的。低噪声轮胎与运动轮胎很重要的区别就在于沟槽的形状，低噪声轮胎的花纹沟槽尺寸特征是短小浅，运动轮胎的轮胎花纹沟槽特征是长粗深，见图 12-37，其中图 12-37a 是低噪声轮胎，图 12-37b 为运动轮胎，图中的轮胎花纹沟槽体积满足上述特征。

 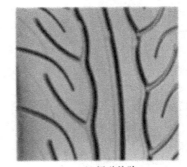

a) 低噪声轮胎　　　　　　　　　b) 运动轮胎

图 12-37　轮胎花纹沟槽

轮胎花纹沟槽尺寸大小还与轮胎排水性能有关，如果轮胎尺寸偏小，不利于轮胎排水性能，影响整车的安全性，因此轮胎花纹沟槽设计必须平衡两者的性能。

例如，米其林品牌的轮胎 PRIMACY LC 博悦系列，采用"静音筋"技术，即整圈轮胎胎面中央静音筋的横截面上沟槽宽度保持固定不变，同样任何旋转方向上截面的花纹块宽度也保持不变，从而使轮胎进入接地面时橡胶的刚度趋于一致，振动幅度趋于均衡。沟槽宽度不同，而且每个花纹的形状也不同，目的是提高轮胎的排水性和抓地力，同时减少振动引起的噪声问题。

2) 花纹沟槽闭合：由式（12-3）和式（12-4）可以知道，花纹沟槽产生的气柱噪声频率取决于管长和管端是否闭合。若采用开放的花纹沟槽结构，产生的气柱噪声频率要比封闭的高一倍，频率越高，对车内贡献相对小一些。另外，对于封闭的花纹沟槽，体积会因轮胎接地与分离的变化而加大，增大轮胎的泵浦噪声。因此，轮胎花纹沟槽尽可能采用开放的结构形式。

3) 花纹的角度：根据车辆行驶方向，常见的轮胎花纹可以分为纵向花纹、横向花纹和斜向花纹等。花纹的角度不同，产生的轮胎噪声是不一样的。对于纵向花纹，泵浦噪声和气柱噪声相对较低，轮胎整体噪声较低，同时操控性和排水性也比较好，但是制动性较差；对于横向花纹，泵浦噪声和气柱噪声都相对较高，轮胎噪声整体较大，同时排水性能也较差，但是制动性较好；而斜向花纹兼顾了轮胎胎噪、排水性和制动性等特点，成为轮胎花纹设计的主流。

（2）花纹的布置结构　花纹的布置结构参数主要包括花纹节距、花纹数量、花纹节距比、节距序列、花纹错位等。可以优化上述参数进而降低轮胎噪声。

1) 花纹节距：花纹节距是指一个花纹沟槽和一个花纹块的长度。花纹节距可分为等距节距和非等节距两种。等节距是指轮胎花纹采用单一节距的花纹布置结构，而非等节距是指轮胎花纹采用两种或者两种以上的花纹节距的花纹布置结构，见图 12-38。图 12-38a 为等节距花纹，图 12-38b 为非等节距花纹。为了将轮胎花纹噪声能量尽可能分散成多个频段，避免集中在某个频段上，轮胎花纹通常采用非等节距分布形式，轮胎花纹节距数量通常取 3~5 种。

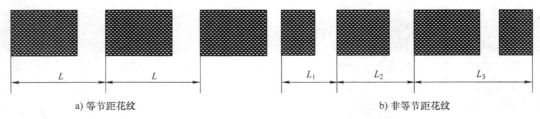

a) 等节距花纹　　　　　　　　　b) 非等节距花纹

图 12-38　轮胎花纹分类

2) 花纹节距比：花纹节距比是指轮胎两个花纹节距长度的比值。由于轮胎花纹为非等节距，那么轮胎花纹的节距比值将不等于 1，通常将轮胎节距比设计成无理数，目的是避免轮胎出现谐频噪声，使得轮胎噪声频谱上的能量分布更加平均，不会集中在一个频段上。

3）节距序列：轮胎节距序列是指轮胎花纹节距排列的规律性。轮胎节距序列可以是周期性的，也可以是随机的。例如轮胎花纹有3个节距，长度分别为a、b和c，轮胎花纹节距排列形式为aabbcccaaabbcccb，显然轮胎花纹是随机分布的。为避免能量集中在某一或几个频带，最好采用非周期节距分布形式。

4）花纹数量：花纹数量是指具有相同节距的花纹的个数。另外为了避免花纹节距排序的对称性，花纹节距总数以及每种花纹节距的数量采用素数，如3、5、7、11等。目的也是分散噪声能量的分布，避免集中在某单一或几个频带上。

5）花纹错位：花纹错位是指轮胎花纹节距排列之间的相对位移。每条花纹的节距排列是一样的，只是花纹条之间节距排列有一个相对位置的移动。轮胎花纹错位目的也是分散轮胎噪声能量的分布，降低某个频带或者几个频带的噪声水平。因为每个花纹块都相当于一个点声源，花纹块规律排列，那么噪声就会集中到某个或者某几个频段，加大轮胎噪声。因此，轮胎花纹采用错位布置，可以将能量在时域上分布更加均匀。图12-39分别表示无错动、错动二分之一以及错动四分之一的花纹，后两个花纹会明显降低噪声频段的峰值。

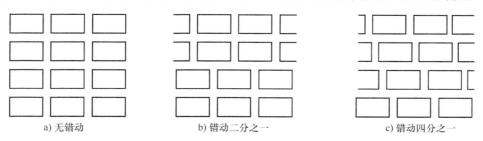

a) 无错动　　　　　　b) 错动二分之一　　　　　　c) 错动四分之一

图 12-39　轮胎花纹错动示意图

3. 轮胎外部条件

影响轮胎噪声的外部条件主要包括车速、载荷、胎压等。不同的外部条件对轮胎噪声影响的大小是不同的。

1）车速：轮胎噪声与车速总体上成正比关系，也就是车辆行驶速度越快，轮胎噪声就越大。尤其是轮胎的拍打噪声和泵浦噪声，随着车速增加将越来越明显。对于泵浦噪声，车辆行驶速度快，会加大花纹沟槽中的空气流体流速，轮胎沟槽中单位时间内排挤出的空气量将更大，花纹沟槽中空气流体对花纹沟壁面的冲击更剧烈，泵浦噪声就更大。

2）载荷：轮胎噪声与载荷也是大体成正比关系的。轮胎载荷越大，轮胎的泵浦噪声和摩擦噪声更大。对于泵浦噪声，当载荷增大，轮胎花纹沟槽变形增大，轮胎在高速转动过程中排出的空气量将增大，花纹沟槽中空气流体对花纹沟壁面的冲击更剧烈，因此轮胎噪声变得更大。

3）胎压：轮胎噪声与胎压大致呈反比关系。轮胎胎压越大，轮胎的泵浦噪声越低，轮胎的辐射噪声和轮胎拍打地面噪声会增加，但是通常泵浦噪声是轮胎的主要噪声，总体上胎压升高会降低轮胎噪声。对于轮胎泵浦噪声，轮胎胎压变大，轮胎沟槽变形会减小，轮胎在高速转动的过程中，花纹沟槽排出的气体将减少，排出的气流对轮胎的冲击也会减小，因此轮胎的泵浦噪声就会减小。

第六节　整车路噪的仿真分析

仿真分析是整车路噪开发的重要手段之一，利用仿真分析可以在开发前期对车身系统、底盘系统、内外饰系统等结构进行分析预测和结构优化。根据路噪产生的机理，鼓噪声产生机理与其他频段路噪有一定区别。鼓噪声与乘员舱的声腔体积变形有关，车身板件在行驶过程中发生较大变形，则会在车内引起鼓噪问题。因此，在数据阶段可通过控制板件的静刚度降低车内鼓噪的风险。而其他频段的噪声，可通过整车级的仿真分析实现对路噪的分析、优化及控制。

一、白车身静刚度分析

车辆在坏路行驶过程中，最容易出现变形的区域包括行李舱区域、前地板区域和顶篷区域。为降低该区域产生鼓噪的风险，需要对这些区域静刚度进行仿真计算，主要包括：

1. 车身后部垂向刚度分析

车身后部垂向刚度是用来评价行李舱区域产生鼓噪声问题的性能参数。当车辆在颠簸路面行驶时，行李舱受到惯性力的作用而产生变形，从而使乘员舱空间体积发生变化，这样就很容易出现鼓噪问题。尤其对于三厢车，其行李舱长度要大于两厢车或SUV车型的长度，在惯性力作用下将会产生更大的变形，增大了整车鼓噪问题的产生风险。

对于车身后部垂向刚度的仿真计算，通常约束前后减振器部位，在行李舱下底部纵梁施加载荷进行分析，见图12-40，并通过分析加载点的位移大小进行评价。

图 12-40　车身后部垂向刚度计算示意

2. 前地板垂向刚度

前地板垂向刚度主要是用来评价车身前部区域产生鼓噪问题的性能参数。车辆在颠簸路面上行驶过程中，车身前地板及其安装件在惯性力作用下会产生变形。尤其对于纯电动车，前地板相对比较平整，如果电池支架点布置在两侧门槛梁（图12-41a），那么前地板刚度会更弱，变形会更大，将会加大鼓噪问题的风险；如果电池支架布置在前地板（图12-41b），前地板刚度将会有较大的提高，可降低车身鼓噪的风险。

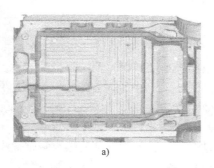
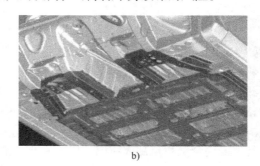

a)　　　　　　　　　　　　b)

图 12-41　电池支架布置方式

评价前地板变形大小的情况，可引入前地板垂向刚度指标。白车身垂向刚度的仿真计算，采用约束前后减振器部位，在前地板施加面压力（图12-42）的方式，然后对最大位移点进行分析评价。

3. 顶板垂向刚度

顶板刚度主要是用来分析顶板区域产生鼓噪问题的性能参数。当顶板横梁布置、截面设计不合理时，或者天窗安装点刚度较低时，车辆在颠簸路面行驶

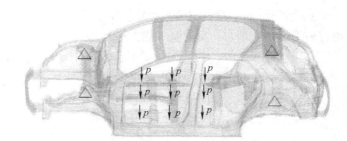

图 12-42　车身前地板刚度计算示意

的过程中，顶板及天窗部件会在惯性力作用下产生较大变形，或者顶板或天窗的频率与轮胎的激励频率一致时，都会产生鼓噪问题。

评价顶板变形大小问题，可通过顶板垂向刚度进行评价。白车身垂向刚度仿真计算，同样采用约束前后减振器部位自由度，在顶板施加面载荷的方式，见图12-43，通过对最大位移点的位移进行评价。

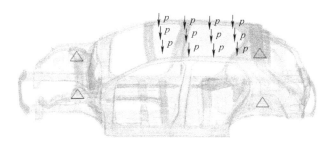

图 12-43　车身顶板刚度计算示意

二、整车级路噪仿真分析

整车级路噪分析可用来模拟计算典型路面下车内路噪声问题。目前，整车级路噪分析主要有三种方法：车身加载法、轴头加载法和轮胎加载法。这三种方法的分析目的、分析阶段和分析边界有所不同。

1. 车身加载法

车身加载法是指在车身与底盘连接点处施加载荷分析计算车内噪声的方法。该方法采用的分析模型为 TB 模型，不需要底盘模型数据（图 12-44），可用来对车身结构进行分析和优化。与其他两个方法的区别在于，该方法需要获取所有车身与底盘柔性连接点的路面载荷。通常测试路面载荷的方法主要有直接测试法、复刚度法、逆矩阵法。目前，计算路噪问题最常用的方法是逆矩阵法。

图 12-44　车身加载法计算模型

逆矩阵法不同于其他两种方法，它需要测量的是在实际工况下响应点的加速度响应，利用求解"力 - 加速度"传递函数的广义逆矩阵，进而反求实际工况下激励点载荷。

根据 TPA 理论，对于一个振动线性系统，系统的响应满足：

$$X = H \times F \tag{12-5}$$

式中，X 是输出点的响应向量；H 是输入点到输出点的传递函数；F 是耦合点激励力向量。

根据逆矩阵法，系统的激励力可有

$$F = H^{-1} \times X \tag{12-6}$$

由式（12-5）和式（12-6）可知，如果要计算车身与底盘接附点的激励力，就需要获取系统的传递函数和系统响应。

与相关性很强的发动机载荷不同的是，路面载荷是单独的随机激励，前后悬架系统传递的载荷力是没有固定关系的，需要对每个系统进行单独分析，也就需要多参考进行分析。由于路面激励源是部分相关的，因此，就需要通过主分量分析（Principle Component Analysis，PCA），就是将多个相关的激励源，分解成不相关的几个单激励源，并对这些单个激励源采用单参考进行传递路径分析，最后将每个单激励源的结果叠加成总的贡献，从而得到最终的多参考点的分析结果。

所谓主分量分析，就是使用另外一组重新描述得到的数据空间，采用奇异值解耦的虚拟相关分析技术，将测得的部分相关数据解耦为正交基分量，然后将其他所有测试位置点的功率互谱信号分解为这些主分量的单个参考功率互谱（称为虚拟功率互谱），利用对应的主分量自谱来度量各功率互谱即可得到参考谱（虚拟参考谱）。

假设测试系统的参考点为 X，响应点为 Y，则参考点与响应点的互功率谱为

$$G_{XY}(f) = X(f) \times Y^*(f) \tag{12-7}$$

式中，$X(f)$ 是参考点矩阵；$Y^*(f)$ 是响应点的共轭矩阵。

对于参考点是部分相关的系统，则参考点的自谱矩阵为

$$G_{xx}(f) = XX^* \begin{bmatrix} X_1X_1^* & X_1X_2^* & \cdots & X_1X_n^* \\ X_2X_1^* & X_2X_2^* & \cdots & X_2X_n^* \\ \cdots & \cdots & \ddots & \cdots \\ X_nX_1^* & X_nX_2^* & \cdots & X_nX_n^* \end{bmatrix} \tag{12-8}$$

根据奇异值分解法，将式（12-8）矩阵对角化：

$$G_{xx}(f) = X'X'^* \begin{bmatrix} X_1'X_1'^* & 0 & \cdots & 0 \\ 0 & X_1'X_2'^* & \cdots & 0 \\ \cdots & \cdots & \ddots & \cdots \\ 0 & 0 & \cdots & X_n'X_n'^* \end{bmatrix} \tag{12-9}$$

式中，X 是载荷的真实参考；X' 是载荷的虚拟参考。

这样，参考点 X 的自谱矩阵则可以变为

$$XX^* = U_{n \times n} \Sigma_{n \times n} U_{n \times n}^H \tag{12-10}$$

其中：

$$\Sigma_{n \times n} = \begin{bmatrix} \sigma_1 & 0 & \cdots & 0 \\ 0 & \sigma_2 & \cdots & 0 \\ \cdots & \cdots & \ddots & 0 \\ 0 & 0 & \cdots & \sigma_n \end{bmatrix} \tag{12-11}$$

式中，$\Sigma_{n \times n}$ 是 n 阶对角阵，且满足 $\sigma_1 > \sigma_2 > \cdots > \sigma_n$。

通过上述分析，这样就可以得到参考点的自谱和虚拟互谱：

$$XX^* = UX'X'^*U^H \tag{12-12}$$

$$YX^* = YX^*U \tag{12-13}$$

式中，XX^* 是实际测量参考矩阵；$X'X'^*$ 是虚拟参考矩阵。

从上述可以看出，PCA 实质就是将实际的物理参考系相互耦合的工况数据矩阵，转化为解耦且只有对角元素的虚拟参考系矩阵，从而获得各个不相关激励源的主分量。另外，传递函数矩阵的主分量分解与上述分析类似，这里将不再赘述。

依据多参考传递路径分析，结合 PCA 分析理论，利用逆矩阵法求解车身和底盘接附点载荷力，需要完成如下测试和分析工作。

1）工况载荷测试：工况测试是在试验场完成的，就是在各种典型路面的工况下，测试所需要的加速度信号和声压信号。为了得到各个接附点激励力的唯一解，输出响应的数量 m 应不小于输入数量 n，即 $m \geq n$。因此，在实际的测试过程中，往往在每个接附点的被动测多布置一两个传感器，以满足上述要求。根据布置位置点的作用不同，测试点可分为四类：目标点、参考点、指示点和激励点。

① 目标点：是指车内驾驶员和乘客耳旁传声器安装点，用于测试车内的声压，并与计算力的拟合结果进行对比，以评价各部位激励力的准确性，包括驾驶员内外耳侧和后排右侧乘客内外耳侧位置点。在图 12-45a 中，标示的目标点包括驾驶员内外耳旁和后排右侧内外耳旁位置点。

② 参考点：是指各个车轮转向节位置布置的点，主要用于后续分析和计算激励点相位特性，在测试过程中，应在四个车轮的转向节布置参考点。见图 12-45b，该图中标示的点为左前轮转向节的位置点。

③ 指示点：是指在激励点附近布置的点，用于载荷计算所需的传递函数，见图 12-45c，该图为实车左前摆臂的激励点，图中标示号为 2 的为指示点。根据逆矩阵法求激励力的要求，每个激励点至少要增加一个指示点，安装位置在激励点附近，但是不能在平行位置或者对称位置，尽量保证与激励点的响应不同。

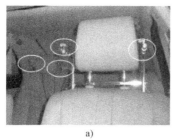
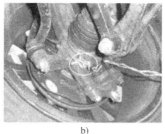
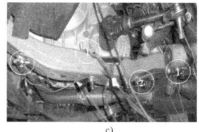

图 12-45　路噪测试点布置示意

④ 激励点：是指车身与底盘柔性连接的耦合点，在测试过程中需要将传感器布置在激励点的被动侧，尽可能布置在耦合点附近，激励点用于仿真分析的载荷输入点。由于激励点仅选取柔性连接点，因此副车架刚性连接和柔性连接的传感器布置位置和数量是不同的。采用柔性连接的副车架，仅考虑副车架与车身连接的部位，测试的数量相对会少一些。对于刚性连接的前副车架，激励点包括左右下控制臂安装点、左右减振器安装点、稳定杆安装点等。对于刚性连接的后副车架，激励点包括左右拖曳臂安装点、左右减振器安装点、左右弹簧安装点、左右下控制臂安装点、左右转向节安装点、稳定杆安装点等，见图 12-46。图 12-45c 是实车左前摆臂的激励点布置位置点，图中标示号为 1 的为激励点。

2）传递函数测试。传递函数测试是在消声室完成的，采用锤击法进行测量。当采用锤击法测试各个传递路径时，底盘接附点的各条传递路径彼此是耦合的，锤击某一点会引起其他传递路径的响应，影响测试结果。为了减少激励源耦合的影响，需要拆除接附点（柔性连接）下的底盘件，包括前后悬架系统和车身或副车架连接零部件（车轮、制动盘、前后减振器、弹簧、横拉杆、稳定杆、上下摆臂、副车架等），所有柔性连接的接附点都不能有零部件连接。另外，需要测量各个接附点的位置尺寸，制作出合适的辅助样件并安装在各个接附点位置，尽量接近还原悬架系统零部件的安装状态。在对传递路径进行测试时，需要将车辆用弹性绳悬吊起来（图 12-47），传感器的安装位置必须与整车工况测试位置保持一致。

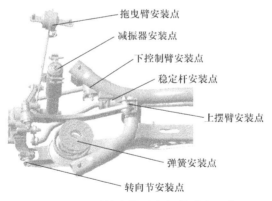

图 12-46　刚性连接副车架激励点示意

图 12-47　车身传递函数测试示意

根据计算的需要，传递函数测试分为两类：声 - 振传函，即每个激励点到车内目标点的传递函数，主要是用来分析各个路径的贡献量，评估测试结果和拟合结果一致性情况，进而评判接附点载荷的准确性；振 - 振传函，即激励点到指示点的振动传函，目的是与实际工况数据结合，利用逆矩阵法计算各个接附点的输入载荷。传递函数采用锤击法进行测量，力锤在每个接附点完成 X、Y 和 Z 向三个方向的激励，记录指示点加速度信号和车内声压信号，完成声 - 振传函和振 - 振传函测试。

3）数据分析及验证。完成工况测试和传递函数测试后，需要对多参考点的数据进行处理和分析。首先，需要进行激励点与目标点响应的主分量分析，将多参考问题分解成独立的单参考问题，见图 12-48。从图中可以看出，第一阶主分量与实际工况下测试结果基本吻合。因此，第一阶主分量可替代车内噪声水平，其他阶主分量对车内噪声贡献很小。

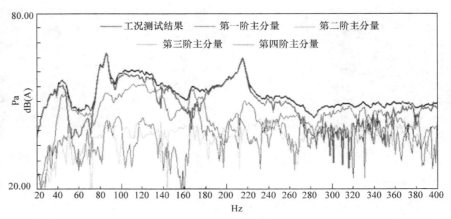

图 12-48 驾驶员内耳主分量结果

其次，拟合结果与试验结果对比，就是采用计算出的载荷力拟合车内噪声与实际测试的噪声声压级进行对比，目的是评判计算载荷力的准确性，见图 12-49，两者吻合度较好，由于拟合噪声没有考虑空气传播噪声，因此，拟合的噪声水平低于测试结果。整体上看，如果计算的载荷力精度满足要求，则可以进行下一步的仿真分析计算。

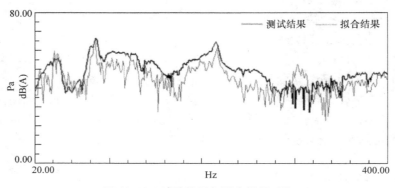

图 12-49 试验结果与拟合结果对比

2. 轴头加载法

轴头加载法就是在轴头施加路面激励分析计算车内噪声的方法。轴头加载法需要的仿真模型是除去轮胎的整车模型，见图 12-50，轴头加载法可以实现对车身和底盘的仿真分析及优化。与车身加载法激励力一样，轴头加载法通常也采用逆矩阵法获取轴头的激励力。相对于车身加载法，轴头加载法测试点位置比较少，仅测试四个轴头的载荷力就可实现路噪的仿真分析。

为了获取四个轴头的载荷力，需要完成如下测试和分析工作。

1）工况测试。在实际路面上完成测试。为了保证测试和计算精度，需要在轴头上布置足够的点，通常在转向节上布置 4 个参考点（图 12-51），总共 16 个参考点，合计 48 个通道，每个转向节布置点要合理，避免平行或对称布置。另外，目标点的布置方法与车身载荷法相同，这里不再赘述。

图 12-50 轴头加载法模型示意

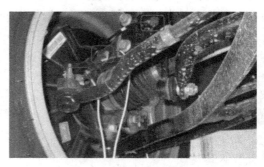

图 12-51 转向节参考点布置示意

2）传递函数测量。传递函数测量需要拆除四个车轮。传递函数测试可分为两类：振-振传函，是指轴头中心点到四个转向节的振动传递函数，用于在测试软件中计算轴头力。有一些仿真分析软件具备了计算轴头力的功能，这些振动传函可通过仿真计算来获取。声-振传函用来测试转向节参考点到车内目标点的传递函数，主要是用来验证主分量分解是否满足精度要求。

3）数据处理分析。与车身加载法处理方法相同，这里也不再赘述。

轴头加载法是目前应用最广的方法，不仅测试点较少、测试时间短，而且一些仿真分析软件集成了主分量计算功能，因此也避免了利用测试软件计算载荷力的复杂流程。但是，轴头加载法对仿真分析模型的要求比较高，必须保证底盘衬套刚度参数、减振器阻尼参数等足够精确，才能保证仿真结果的准确性。

3. 轮胎加载法

轮胎加载法是在轮胎与路面接触的部位施加激励力或位移计算车内噪声的分析方法。轮胎加载法采用的是整车模型，包括车身和底盘所有部件，见图12-52。轮胎加载法可以实现对车身、底盘件的分析预测和结构优化。采用轮胎加载法计算整车路噪声，其中创建轮胎模型是非常重要的一环。

由于轮胎材料具有非线性特性，并受到充气、接地和轴荷的影响，创建符合仿真分析精度的有限元模型非常困难。因此，需要对轮胎模型进行特殊处理，通常采用模态轮胎模型进行分析计算。目前，轮胎模型多数是借鉴德国Fraunhofer ITWM研究院开发的CD Tire 3D模型。

图12-52 轮胎加载法示意

CD Tire 3D模型是基于壳单元结构和轮胎物理特性的三维轮胎模型，其基于三维结构和材料物理特性建模，能够考虑轮胎结构变形，轮胎声腔、轮胎胎压和载荷变化等，以及轮胎接地印迹（可采用任意形式的三维路面模型）。因此，模态轮胎模型就是将经过验证的三维轮胎模型的模态仿真结果缩减到线框上的模型。轮胎模型建立主要分为三个步骤。

1）轮胎总成性能测试：轮胎总成性能测试的目的是用于后续模型的创建、参数识别和验证，测试的内容包括几何尺寸测量，如接地印迹、横截面尺寸等；静态测试，如静态刚度等；不同运动状态（如载荷、车速、胎压等）测试，包括轮胎刚度、模态和传递函数，其中模态测试频率范围为0～500Hz，见图12-53。另外，也需要进行稳态测试，如不同纵向滑移率与侧偏角组合下的纵向力与侧向力等；瞬态测试，如冲击响应测试等。

2）创建轮胎的详细有限元模型：基于轮胎性能测试结果和参数，建立详细的轮胎三维总成模型，见图12-54，并依据第一步的测试结果进行相应的分析，对轮胎参数进行多轮的修正，最终完成符合仿真精度的三维轮胎模型。

图12-53 车轮模态测试示意

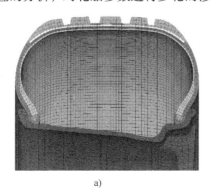
a)

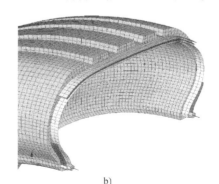
b)

图12-54 轮胎的详细模型

3）模型缩减及模型修正：首先，在多体动力学模型中运行该模型，获得不同运动学状态（载荷、车速、胎压、侧偏角、外倾角等）下的轮胎特性。其次，基于不同运动学状态下的轮胎特性和变形，由详细的轮胎总成模型，缩减建立模态轮胎模型。最后，完成缩减模型与详细轮胎模型的对比和修正，见图12-55，将最终生成的模态轮胎模型，包含轮胎接地点、轮胎与驱动轴连接点，以及特定状态下的刚度矩阵、质量矩阵、阻尼矩阵等信息，集成到整车模型中，见图12-52。

轮胎加载法的载荷，通常施加的是路面位移谱。路面位移谱是通过扫描路面得到的。路面谱的测试主要分为两步。

第一步，数据采集。在被测车辆的轴头处分别布置4个激光传感器（内置加速度传感器）和编码器，激光传感器用于位移的采集，编码器用于车速和路面长度（根据车速及滚动周长换算得到）的采集。在选定的路面上，车辆以一定的速度行驶，激光传感器扫描地面获取位移信号，加速度传感器测试车身振动数据，并通过积分获取车身的位移数据。

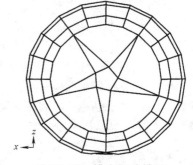

图 12-55 模态缩减模型

第二步，数据处理及分析。轴头的激光传感器测试数据包含车身振动的位移数据，应从激光信号中排除车身位移的影响，便可以获取路面长度和路面不平度的关系。然后对修正后的数据进行FFT计算，得到空间功率谱密度，根据行车速度转换成特定速度下的时间频率谱密度。计算完成后，便可以应用到整车路噪仿真分析模型中。

上述介绍的三种分析方法各有特点，应用的范围有所不同，主要包括以下几个方面。

1）模型及载荷条件不同：车身加载法所需模型最简单，不需要底盘模型数据，但完成模型所需要的载荷测试是最复杂的，不仅测试点多，而且测试周期长；轮胎加载法所需模型最为复杂，尤其是轮胎模型，需要特定的方法来建立有限元模型，不仅花费时间长，而且轮胎模型可借鉴性差，由于创建轮胎的有限元模型受轴荷、胎压、印迹等因素影响，即便同款轮胎模型，在不同车型上也需要重新修正模型，但是轮胎加载法所应用的路谱载荷一旦完成测试，可适用于所有的车型；轴头加载法所需模型相对简单，采集载荷不算太复杂，载荷采集周期相对较短，目前被各大主机厂广泛采用。

2）分析优化对象和目的不同：车身加载法适合平台车、改款车的路噪声仿真分析，主要是针对车身结构的优化；轮胎加载法适合新开发车型的路噪声仿真分析，可实现车身结构、底盘结构等的分析和优化，尤其可考虑轮胎模态对车内噪声的影响；轴头加载法适合分析的范围比较广，包括新开发车型、平台车、改款车等，主要是针对车身结构和底盘结构进行优化，但是缺点在于无法考虑轮胎模态对车内噪声的影响情况。

3）开发阶段不同：车身加载法适合在数据开发阶段的前期，模型所需数据不完备（如底盘衬套刚度、有效的轮胎模型）的早期阶段采用，分析精度会受到一定的限制；而轴头加载法和轮胎加载法适合在数据开发阶段的后期采用，数据比较完备，分析精度相对较高。

第七节 路噪声的试验方法及评价路面

路噪，顾名思义就是路面产生的噪声，也就是路面作为激励源在车内产生的噪声。因此，车内的路噪和路噪特征有很大关系，在测评路噪时要充分考虑到路面的特征。另外，无论是电动车还是燃油车，车辆在行驶过程中有很多噪声源。因此，当我们对整车路噪进行测试验证时，应该制定合理的工况以减少其他噪声源对路噪声测试的影响。

一、路噪声的评价路面

车内每个噪声源的产生都是与特定的转速、车速和路面等相关的。而对于路噪问题，主要跟车速和路面有关。因此，在进行路噪测试验证时，应尽可能涵盖所有的车速和路面。

路面的种类非常多，分类方法也比较多，常见的分类有：
1) 按照路面的材料分：水泥路面、沥青路面等。
2) 按路面的凹凸规律分：周期路面和随机路面等。
3) 按路面凹凸程度分：光滑路面、粗糙路面、坏路面及冲击路面等。

在进行路面评价和测试时，应兼顾各种类型的路面，选择典型的路面进行分析。常见的路噪评价路面主要包括：

1. 光滑沥青路面

光滑沥青路面（图 12-56）主要用于综合评价车内路噪声水平，既可评估结构传递的路噪，也可评估空气传递的胎噪。在该路面进行评价可选择比较高的车速，如 80~120km/h。光滑沥青路面的特点是路面的石子颗粒小，路面平坦，载荷激励小，但会造成轮胎花纹腔体气流变大，容易引起泵浦噪声和气柱噪声等轮胎噪声。

2. 粗糙沥青路面

相对于光滑沥青路面，粗糙沥青路面（图 12-57）的石子颗粒更大，路面产生的激励频率范围更广，产生的激励力更大，车内的路噪声水平也更大。一方面在低车速（<60km/h）下可以用来评价路噪的结构噪声，另一方面在高车速（>80km/h）下可以用来评价轮胎噪声。轮胎噪声主要是轮胎与地面的摩擦噪声。

3. 水泥路面

相对于光滑沥青路面，水泥路面（图 12-58）产生的激励频率要低，但激励力大。由于路面硬度的原因，水泥路面更容易引起泵浦噪声和气柱噪声等轮胎噪声。同样，低车速用来评价路噪的结构噪声，高车速下用来评价轮胎噪声。

图 12-56 光滑沥青路面

图 12-57 粗糙沥青路面

图 12-58 水泥路面

4. 坏路面

坏路主要用于对车内鼓噪声和低频路噪等进行评价。常见的评价路面包括比利时路面、破损沥青路面等，见图 12-59 和图 12-60。在坏路上评价路噪时车速比较低，如 30km/h。坏路面的特点是路面的激励频率比较低，产生的激励比较大，通过坏路面时将会产生 X、Y、Z 三向激励。

图 12-59 比利时路面

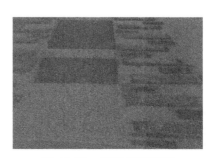
图 12-60 破损沥青路面

5. 减速带路面

减速带路面（图 12-61）主要用于对车内冲击噪声和鼓噪声进行评价，用来评估车辆受到路面较大冲击时车内噪声水平，减速带是一种典型的评价冲击噪声的路面。当车辆通过减速带时，通常车速相对较低，对车身产生的激励频率也比较低，但是减速带产生的 X 向和 Z 向的激励力非常大，如果车身结构和底盘结构设计不合理，将在车内产生非常大的冲击噪声和鼓噪声。

图 12-61　减速带路面

二、路噪声的测试方法

路噪声频谱中的每个频段产生的机理是不同的，因此在进行路噪声测试时，也需要采用不同的车速和不同的路面进行测试验证。路噪声的测试方法也有很多种，目前主要有以下三种方法。

1. 滑行法

滑行法是指车辆达到指定的车速后（通常在 65～70km/h），发动机熄火、变速器置于空档位置，且关闭空调，车辆靠惯性进行滑行来测试车内路噪的方法。滑行法测试的路噪避免了发动机噪声、排气噪声等噪声的影响，主要用来评价路噪的结构噪声部分。

2. 匀速法

匀速法是指车辆在匀速行驶状态下对车内路噪进行测评的方法。匀速法可分为低速工况和高速工况两种。低速工况主要用来评价路噪声，常见的评价路面有粗糙路面、坏路面等，车速不超过 60km/h；高速工况主要用来评价胎噪声，常见的评价路面有光滑沥青路面、水泥路面等，车速应大于 80km/h。匀速法主要是避免了发动机噪声的干扰，但是，在高速工况测评胎噪时，会受到风噪声的影响。

3. 转毂法

转毂法是在试验室内进行评测的方法，可用来对路噪和胎噪进行评价。由于受转毂面类型和更换时间的限制，通常转毂法多用来评测胎噪声题。转毂法可完全避免发动机和风噪声的影响，测试的结果更加真实地反映胎噪的水平。有的主机厂在开发前期，轮胎选型阶段就利用转毂的台架试验完成对单胎的噪声测试（图 12-62），其中图 12-62b 是测试轮胎噪声的传声器布置示意图。通过开发前期的台架测试，可以缩短开发后期对轮胎噪声的优化周期。

图 12-62　轮胎噪声转毂测试示意

整车路噪的测试方法多种多样，但是，每一种测试方法都有一定的优势和局限性，在整车开发过程中，可根据测试的目的不同，选择合适的测试方法。

第十三章 整车风噪声分析及控制

风噪声是一种空气动力噪声，属于宽频噪声，它是汽车在高速行驶状态下，汽车与空气相对运动而产生的噪声。随着发动机设计水平和制造技术的日益提高和改善，以及新能源技术，尤其是电驱动技术的迅速推广及应用，动力总成的噪声已经有了明显的降低和改善。风噪声越来越成为整车的主要噪声源之一，同时也是消费者抱怨的主要问题之一。

第一节 风噪声概述

一、风噪声概念

整车风噪声是指车辆在高速行驶过程中，车身与空气产生了相对运动，运动的空气与车身相互作用，因此在车内产生的噪声。风噪声的频率范围在 500~2000Hz，属于中高频噪声，是在人体敏感的频率范围内。

如果车内的风噪声较大，不仅会增加乘员的烦躁度，影响乘坐的舒适性和安全性，而且还会影响到乘员之间的交流，严重情况下甚至会出现乘员间交流困难。风噪声越来越成为整车性能开发最为关注的性能之一。所以，乘客对整车的风噪声关注度很高，也是整车抱怨最多的问题之一。图 13-1 是电动车与传统燃油车出现的主要 NVH 问题对比，从图中可以看出，无论是传统燃油车还是电动车，风噪声都是最容易出现的问题，也是乘客最容易抱怨的问题。

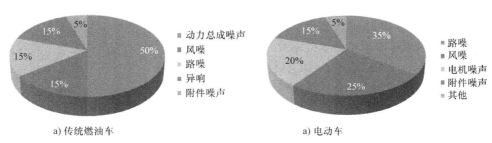

图 13-1 燃油车和电动车关注的问题

在我国汽车工业刚刚起步的时候，整车车速在 80km/h，甚至更高的车速条件下，风噪声主观感觉才比较明显；现在的一些车辆在车速为 60km/h 左右，就已经明显感觉到风噪声。原因在于发动机设计水平和制造工艺有大幅改善，以及新能源车的快速推广，动力总成噪声得到了有效的控制和改善，掩蔽效应的作用使得车内的风噪声感觉越来越明显。另外，我国高速公路建设快速发展，路况条件越来越好，为车速的提高提供了便利条件，平均车速越来越高，风噪声对车内影响也越来越大。

二、风噪声问题传递特性

风噪声主要是由于车辆复杂的外形阻碍气流流动而形成的，理想造型的车辆（图 13-2a）外形不存在干涉气流的流动情况，因此就不会产生风噪声或者产生的风噪声很小。对于传统汽车（图 13-2b），整车外造型是非常复杂的，风噪声的产生是不可避免的。但是，整车外造型好的车辆对整车风噪声有明显改善作用。

a) 理想造型　　　　　　　　　　　　b) 传统车型

图 13-2　理想造型和传统车型外流场对比

由于传统汽车的复杂外造型，风噪声产生的原因也是非常复杂的。当高速行驶的汽车和空气发生相互作用时，会在汽车外部形成复杂的绕流场，并在车辆表面形成一个边界层，由于汽车复杂的外形，导致气流流动是不平顺的，在汽车大的拐角处都会发生气流分离的现象，从而形成复杂的外流场，产生了风噪声激励，并通过三种方式传递到车内（图 13-3）：第一，外部空气流通过车身缝隙、孔洞等泄漏传递到车内；第二，复杂的流动产生了很高的压力脉动，脉动压力激励车身壁板，在车内产生辐射噪声；第三，外部声场产生的噪声通过玻璃和钣金透射到车内。

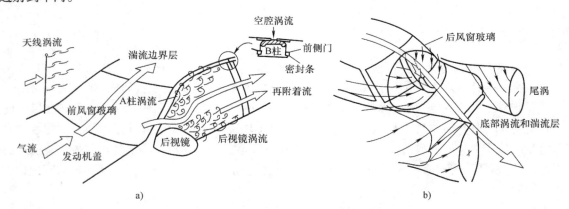

图 13-3　整车外造型主要噪声部位示意

根据 NVH 问题最常用的"源 - 路径 - 响应"的分析思路，结合上述风噪产生原因分析，可得到图 13-4 风噪声产生的机理。相对于整车其他噪声，整车风噪声问题是一个非常复杂的问题，不仅与车辆外流场有关，也与车身造型、车身结构、车身密封等因素有关。从图 13-4 分析可知：

1）风噪声的"源"：风噪声的"源"就是整车外造型的凸出物与气流的作用，影响因素主要就是整车的外造型，重点关注的部位包括格栅柱、A 柱、后视镜、刮水器、行李架、天线等。风噪声与造型的问题，是本章重点介绍的内容。

2）风噪声到车内的传递路径有三种：泄漏、透射和辐射。每种传递路径传递机理、对车内噪声贡献以及解决方案都是不同的。

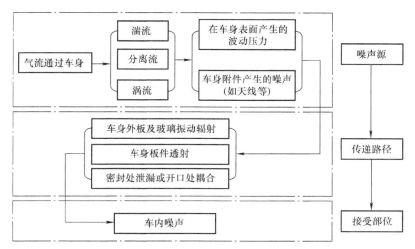

图 13-4 风噪声产生的机理示意图

① 泄漏：泄漏是车内风噪声影响最大的传递方式。如果车身某个区域没有解决泄漏问题，进行其他方面的结构修改，对降低车内风噪声是没有意义的。泄漏有两种方式：静态密封泄漏和动态密封泄漏。常见的静态密封关注的区域包括侧门风挡密封条、三角窗密封条、后视镜底座密封条、门把手密封条等。动态密封关注的区域包括呢槽、水切、侧门门框密封条、背门密封条、天窗密封条等。泄漏引起的风噪问题，本章不进行详细说明，可查看整车密封性相关章节说明。

② 结构传递：结构传递有两种形式：辐射和透射。主要的影响区域包括侧窗玻璃、三角窗玻璃以及车门钣金结构，另外也包括密封条等密封部件。对于这两种方式传递的噪声，一方面可通过优化玻璃和钣金结构，如采用声学玻璃等，另外也可通过增加声学包材料进行风噪声优化。本章节对此也不做详细介绍，可查看相关吸声性、隔声性相关章节内容。

对于整车开发来说，风噪声控制技术是一项综合的开发技术。从激励源进行控制，风噪声的大小不仅取决于整车外造型，还与车身设计和内外饰设计水平、焊装和涂装工艺水平相关。从传递路径进行控制，可以通过仿真分析对声学包、钣金结构、密封条等进行分析优化。因此，风噪声的控制对象涉及整车外造型、钣金涂胶、车身及开闭件刚度、密封条密封、声学包等方面。本章只对造型相关机理进行说明，其他内容可以查看相关章节。

第二节 风噪声问题分类

汽车在高速行驶时，车身与空气产生相对运动，运动的空气与复杂的车身外造型相互作用，产生了湍流波和声波，不同部位产生的原理是不同的，在车内产生的噪声大小、频率也是不一样的。下面按照两种分类方式对风噪声进行介绍。

一、风噪声产生机理

从汽车气动声学推导结果看，车辆产生的噪声主要有三种，即单极子声源、偶极子声源和四极子声源，三种声源产生的物理机理是不同的，三种声源的辐射能力与汽车车速有关。

1. 单极子声源

单极子声源可看作振动质量流量的点源，是由纯放射状的运动压缩周围流体而发出的声源。单极子声源相当于一个脉动声源，以小幅度和周期性的形式不断做扩张和收缩运动，向空间均匀地辐射球面波。单极子和脉动球体一样，产生的声波波阵面是同相位的，指向性是一个圆球，其辐射声功率 W_m 为

$$W_{\mathrm{m}} \propto \frac{\rho_0 D^2 V^4}{c} = \rho_0 D^2 c^3 M^4 \tag{13-1}$$

式中，W_{m} 是声功率的有效值；c 是声音在空气中的传播速度；V 是气流速度；D 是声源的典型长度；M 是马赫数，$M = V/c$，无量纲；ρ_0 是空气密度。

从式（13-1）可以看出，单极子声源的辐射功率与气流速度的四次方成正比，同样也与马赫数的四次方成正比。对于汽车外流场，单极子声源是不稳定的气流运动产生的，当车身表面的脉动压力使得不稳定的气流从车外流向车内时，就在车内产生了单极子噪声。也就是说，高速行驶的车辆，只要整车出现泄漏，如侧门密封条、呢槽部位出现泄漏，那么就会产生单极子噪声。

2. 偶极子声源

偶极子声源是在气流高速通过障碍物时产生的，即当流体中有障碍物存在时，流体与物体产生的不稳定的反作用力形成偶极子声源。它是由两个接近且相位差为180°的单极子声源构成的，指向呈"8"字形。偶极子声源没有质量或热量的变化，但需要外激振力，所以偶极子声源为力声源，偶极子的辐射声功率 W_{d} 为

$$W_{\mathrm{d}} \propto \frac{\rho_0 D^2 V^6}{c^3} = \rho_0 D^2 c^3 M^6 \tag{13-2}$$

从式（13-2）可以看出，偶极子声源的辐射功率与气流速度的六次方成正比，同样也与马赫数的六次方成正比。对于高速行驶的汽车来说，运动的气流撞击到车身表面则会产生不稳定气流，也就会形成偶极子声源。

3. 四极子声源

四极子声源是两个相位不同的偶极子声源构成的，四极子声源没有质量和热量的流入，介质中也不需要障碍物的存在，它来自于黏滞应力的辐射声波，所以四极子声源是应力声源，是流体在极高速流动中产生的，四极子辐射功率 W_{q} 为

$$W_{\mathrm{q}} \propto \frac{\rho_0 D^2 V^8}{c^5} = \rho_0 D^2 c^3 M^8 \tag{13-3}$$

从式（13-3）可以看出，四极子声源的辐射功率与气流速度的八次方成正比，同样也与马赫数的八次方成正比。对于四极子噪声源，即使高速行驶汽车来说，四极子噪声源能量也比较低，通常不去考虑。

通过对以上三种声源作比较可以发现：单极子、偶极子和四极子声源的总声功率分别与流速的四次方、六次方和八次方成正比。若降低气流流速可大大减小噪声，流速减半，单极子声源的声功率降低12dB，偶极子降低18dB，四极子降低24dB。也就是说，随着流速的增大，气动噪声的声功率将急剧升高。

如果假设汽车是密封的，单极子声源是可以忽略的，但是事实上，汽车乘坐室并不是一个封闭空腔，单极子声源是不可以忽略的。四极子声源强度与偶极子声源强度之比正比于马赫数的二次方：

$$\frac{I_{\mathrm{q}}}{I_{\mathrm{d}}} \propto M^2 \tag{13-4}$$

由式（13-4）可以看出，在低马赫数的情况下四极子声源可以忽略。因此，汽车风噪声主要考虑的是单极子和偶极子噪声。

二、风噪声问题分类

由于整车外造型的复杂性，当气流流过车身时，气流经过车身外造型的凸、凹缝隙时，风噪声产生的机理是不同的，有四种常见类型的噪声。

1. 脉动噪声

车辆在高速行驶过程中，由于车身气流边界层的紊流状态而产生的不稳定的压力波动，或者气流经过车身

曲率较大的部位分离后的涡流在车身上产生的压力脉动，这都称为脉动噪声。脉动噪声是风噪声中最主要的成分，是由偶极子噪声产生的，频带非常宽，它的强度要比气吸噪声和空腔噪声要大。

车辆在行驶过程中，气流与车身有两种状态：贴附状态和分离状态。在整车外造型结构中，最为典型的区域就是车身前部区域，见图 13-5。如果车身前部设计流线型较好，如图 13-5a 所示，前部的气流与车身是贴附状态。相反，如果车身前端流线型较差，那么就会出现明显的气流分离，见图 13-5b。因此，从降低风噪声的角度，车身应尽可能采用图 13-5a 的结构形式。

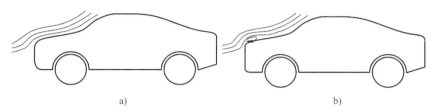

图 13-5　整车前部造型气流流动情况

当气流贴附车身流动时，由于车身气流边界层是紊流状态，气流流动存在着压力波动，因此，不管整车外造型怎么设计，风噪声都是不可能避免的，但好的整车外造型可以明显降低风噪声。例如，在前风窗区域，发动机盖的来流附着在前风窗玻璃上，一部分气流会通过 A 柱分离，另一部分气流会贴合前风窗玻璃流动直到在顶盖部位气流分离，气流贴合风窗玻璃流动的区域是存在压力波动的，见图 13-6。尽管车身前端没有明显的气流分离，但是也出现了压力波动。

当气流通过车身外部突出物（如后视镜、A 柱、门把手等）时，气流会发生分离并产生涡流，分离后的涡流会产生两种压力波动形式：声波和湍流波。两种波传递到车内的方式是不同的。声波通过透射或者泄漏传递到车内；湍流波与钣金件结构模态耦合，引起钣金件振动辐射到车内。这两种波对车内噪声的贡献是不同的，前者的贡献要比后者大一些。后视镜区域是典型的气流分离区域，见图 13-7，后视镜区域也是脉动噪声对车内风噪影响最大的区域。

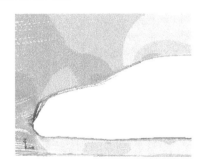

图 13-6　整车对称面速度迹线图

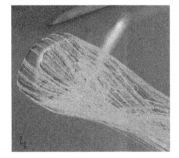

图 13-7　后视镜分离气流

2. 气吸噪声

气吸噪声又称泄漏噪声。当汽车高速行驶时，由于车身密封部位出现了泄漏，气流通过缝隙进而在车内产生噪声。密封性设计良好的车辆，气吸噪声是不存在或者非常小的。因此，气吸噪声产生的前提条件是车身密封区域出现了缝隙。根据密封性章节可知，整车密封可分为两类：静态密封和动态密封，这两种密封失效产生的缝隙，都会产生气吸噪声。

对于静态密封，出现失效的主要原因包括设计、安装、工艺等；而动态密封失效的主要原因是由于密封条自身设计（截面形状、材料属性等），以及密封条间的压缩量，或者是车身、车门结构刚度不足引起的。气吸噪声主要可分为三种形式。

1) 外部声波直接穿过缝隙进入车内，主要是外部后视镜、门把手等凸出物，以及 A 柱、发动机盖前端的分离流产生的涡流噪声。

2）气流与泄漏部位密封条边缘相互作用后进入车内产生的噪声，例如门框与门洞密封条、侧窗玻璃呢槽、侧窗玻璃水切等。从物理机理看，该方式会产生四极子、偶极子和单极子三种噪声，但是单极子噪声是主要噪声源。

3）车内外压力差引起内外气流相互作用产生的噪声，由于内外气压不同，会在密封部位产生紊流层，从而产生噪声，例如前侧门玻璃呢槽拐角部位等。

从车身外压力看，车身外板压力分为波动压力和平均压力。波动压力是产生脉动噪声的主要原因，而平均压力是产生气吸噪声的主要原因。从物理机理看，气吸噪声的主要成分是单极子噪声，且多为高频、单频噪声，频率范围处在人体敏感的频率范围内，严重影响车内的声品质，是市场上风噪声问题抱怨最多的噪声之一。

3. 风振噪声

车辆在高速行驶时，打开侧窗或者打开天窗时，乘员舱内会出现一种"轰轰"压耳的声音，通常把这种噪声称为风振噪声。风振噪声频率较低，频率只有几十赫兹左右。车辆高速行驶时，车身外表面形成一层剪切流，气流在前端脱落，然后撞击到天窗后端，部分气流撞击到后端又扩散到天窗前端，这样循环的频率与乘坐室空腔频率一致时，就产生轰鸣声。

车辆在行驶过程中，如果打开天窗或者侧窗，车内声腔可以看作一个霍尔姆兹谐振腔，见图13-8。谐振腔的频率取决于空腔容积、开口面积和天窗的厚度等参数。那么乘坐室腔体风振频率可以通过图13-8的类比计算得到：

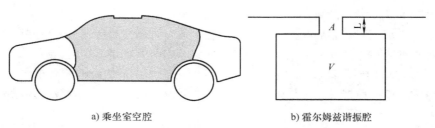

a) 乘坐室空腔　　　　　　b) 霍尔姆兹谐振腔

图 13-8　风振噪声示意

$$f = \frac{c}{2\pi}\sqrt{\frac{A}{VL}} \tag{13-5}$$

式中，V是乘坐室空腔容积；A是天窗的面积；L是天窗的垂直厚度。

从式（13-5）可以看出，对于行驶的车辆的风振频率，主要由乘坐室容积、天窗面积和天窗垂直厚度决定的。如果行驶中的车辆出现风振轰鸣，与气流的激励源产生的条件有关，即与车辆行驶速度和开口形状有关，因为这两者决定了气流从天窗前端到后端的时间和循环频率。

4. 空腔噪声

空腔噪声是指气流流过车身的凹槽或空腔时，腔内形成一系列的涡产生的噪声。整车的空腔噪声主要分布在发动机盖与车身前格栅之间、后视镜与侧门之间、翼子板与前门之间、B柱部位（前后门间）、后门与侧围之间、顶篷与背门上部之间。整车的空腔噪声多数为单一频率，由于空腔噪声的容积相对较小，与风振频率相比，空腔噪声频率相对较高，尤其是在宽度非常小的空腔，会形成"口哨"的噪声。

例如，对于两厢车或者SUV车型，如果背门上端与顶篷后部没有采用密封条进行密封（图13-9），那么两者会在后部形成一个空腔（图13-9中阴影部分），当车辆高速行驶时，气流会在这个后部空腔产生涡流，形成一个单频噪声。为避免类似噪声，通常在该连接部位增加密封条，避免车顶的气流进入该空腔，从而避免噪声的产生。

上述内容介绍了风噪声的分类，并对每一类风噪声产生的条件、特点、机理进行了分析，可以利用这些分析对整车各区域的噪声进行识别和优化。

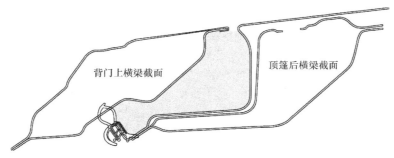

图 13-9　空腔噪声示意

第三节　整车风噪声传递特性分析

对于风噪声问题，也是按照"源 - 路径 - 响应"的思路进行分析和控制的。上一节从风噪的物理机理和问题现象两个角度介绍了风噪声"源"的问题。与整车其他噪声源（如发动机噪声、路噪声等）相比，风噪声的源和传递路径更为复杂。

风噪声的传递路径主要有泄漏、辐射、透射三种传递方式，实际上就是噪声的两种传播路径，即空气传递和结构传递。因此，风噪声传播路径主要包括整车密封和声学包两个方面。整车风噪主要的源和路径见图 13-10。

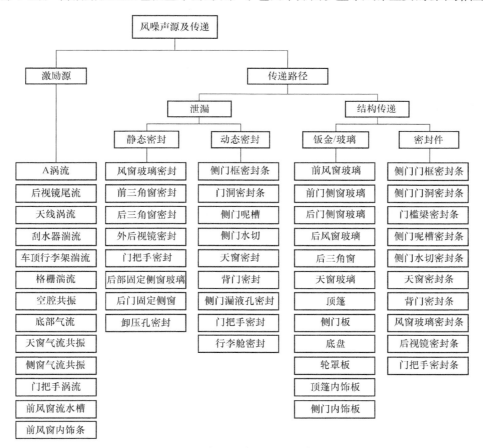

图 13-10　整车风噪声激励源和传递路径

从图 13-10 可以看出，整车风噪的源和传递路径是非常复杂的，结合上一节的风噪声激励源产生的机理，风噪声的传递特性如下。

1）从风噪声产生的物理机理分析：单极子和偶极子是整车主要的噪声源。为降低车内风噪声，首先必须改善整车密封性；其次必须改善整车外造型，使造型更符合流线型设计。

2）从风噪声类型分析：脉动噪声和气吸噪声是车内主要的噪声，从对风噪声控制的角度看，整车密封和整车外造型仍是风噪声控制的重点。另外，对于空腔噪声，主要是由于密封条缺失或者存在密封间隙引起的，通常增加密封条或优化密封条结构可改善空腔噪声。对于风振噪声，主要包括天窗、前门和后门三个区域的风振噪声，与车身容积、天窗或侧窗面积、天窗或侧窗厚度等车身结构有关，对于天窗风振，通常在天窗前端增加扰流板或扰流网，对于前侧窗风振，在后视镜底座或三角窗装饰板增加扰流板，可以改善风振问题。但是后窗风振问题，目前没有有效的解决措施。

3）从传递路径的角度分析：从噪声源分析可知，不同的噪声源有不同的传递路径。噪声传递到车内主要包括泄漏、辐射和透射三种形式。对于泄漏，主要是通过密封间隙传递到车内的，必须重点对整车气密性进行控制。对于透射和辐射，主要是通过声学包的方法进行控制的。

基于上述分析，风噪声控制主要从整车造型、整车密封、声学包三个方面进行考虑。整车密封控制与声学吸隔声控制，本章不做详细介绍。本章主要从整车外造型的角度来介绍风噪声的控制。对于整车外造型噪声的控制，不同的部位有不同的控制要素，但是总体来说，外造型的控制要素包含的主要内容见图 13-11。

从对造型控制的角度看，图 13-11 列举的控制要素是整车风噪声控制的基础。在开发前期，整车风噪声控制的手段有 DMU 检查和仿真分析，图 13-11 列举的控制要素是判定、分析和优化风噪声的基础。也就是说，整车某一外造型特征是否会产生风噪声，可利用图 13-11 中的要素进行判断和分析。

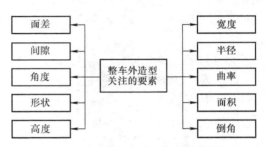

图 13-11　整车风噪相关的造型控制要素

第四节　整车造型设计与风噪声控制

根据 NVH 问题的"源 - 路径 - 响应"分析思路，整车外造型是风噪声一个很重要的"源"。对整车外造型控制实际就是对风噪声激励源的控制。为了介绍方便，将整车外造型分为以下几个区域：车身前部区域、前风窗区域、侧围区域、顶篷区域、车身尾部区域、车身地板区域等。下面对这些区域产生风噪声的机理及控制方法进行说明。

一、车身前部区域

车身前部区域包括前格栅、发动机舱盖前端、机舱底护板前端、前保险杠与翼子板连接区域等。车身前部区域是产生风噪声的主要区域之一，也是整车风阻关注的区域之一。图 13-12 列举了欧美日公司典型车型的车身前部造型设计，从这些车型可看出前部区域的很多细节设计都是与低风噪设计相关的。

车身前部区域产生的噪声源，主要集中在以下三个区域。

1. 前格栅区域

1）影响格栅产生风噪声的因素包括格栅柱截面形状和格栅间隙。当气流通过格栅时，如果格栅截面形状为圆形或者矩形，那么格栅柱后面将形成周期性脱落的涡，产生单频噪声，频率在 1000Hz 左右，见图 13-13。因此，格栅柱截面应避免采用圆形和矩形，可将截面设计成椭圆形或者有一定倒角的矩形（图 13-14）。这样可以避免格栅柱后的涡流产生，减少风噪声的产生。

图 13-12　欧美日车型前部造型设计

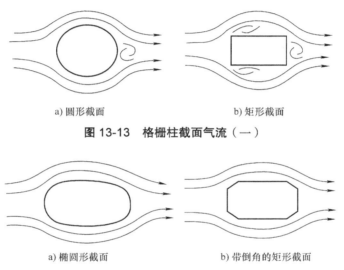

a) 圆形截面　　　　　　　　b) 矩形截面

图 13-13　格栅柱截面气流（一）

a) 椭圆形截面　　　　　　　b) 带倒角的矩形截面

图 13-14　格栅柱截面气流（二）

2）格栅柱的分型面也是风噪的来源，如果分型面设计不合理，出现明显的台阶高度，当气流通过格栅柱时，就会引起风噪声。图 13-15 中的分型面就很容易引起风噪声。另外，单一格栅柱引起的涡流噪声很小，在车内甚至不会被感知，但是整个格栅柱都出现这样的分型面，那么气流在这些分型面产生的能量将是非常大的，也是不能被忽略的。因此，需要对分型面进行平滑过渡设计。

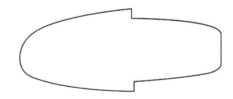

图 13-15　格栅柱截面分型面设计

3）格栅柱之间以及格栅柱与周边的间隙也是风噪声的来源。车辆在高速行驶过程中，格栅迎风的压力是比较大的，如果格栅本身或者格栅与周边存在间隙，将出现类似口哨声的单频噪声。从图 13-16 可以看出，格栅柱与上部横梁连接区域出现间隙，将会产生风噪声。

2. 前格栅与发动机盖连接区域

格栅与发动机盖连接区域，是前格栅的来流在此位置分离的区域。影响该区域产生噪声的因素主要有连接区域间隙的位置、连接区域间隙处理、连接区域的曲率半径三个方面。

1）格栅与发动机盖搭接间隙布置位置：车辆行驶过程中，车身前端压力分布是不同的。如果两者间隙位置过高，位于车身的负压区，见图 13-17 中 A 点的位置，那么发动机舱的气流将会被吸出，形成口哨声。图中箭头指向车身外侧表示车身受到的是负压，箭头指向车身内部表示车身受到的压力是正压力。为了避免口哨声，应将两者的间隙布置于图中 B 点的正压区，有的车确实是造型需要，不能降低间隙的，则可采用增加密封条密封的方式，避免气流被吸出而产生口哨声。

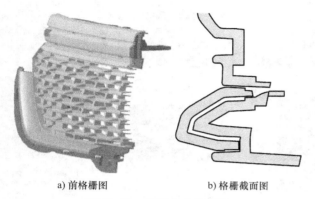

图 13-16　格栅本身的间隙
a) 前格栅图　　b) 格栅截面图

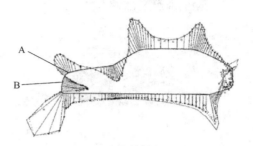

图 13-17　车身表面压力分布

另外，如果两者的搭接间隙位于车身前部造型的弧度上，前部来流会在该区域发生分离，如果弧度半径小，气流流速快，就会产生口哨声。为了消除这种布置带来的口哨声，需增加车身前部造型弧度的半径，减少气流分离，同时也降低了气流在该区域的压力。

2）格栅与发动机盖间隙密封条造型设计：在格栅与发动机盖之间增加密封条是解决两者搭接处风噪声的有效措施之一，并可保证密封条与两者的间隙和面差为零。如果密封条在此处出现较大面差或凹槽，会出现明显的风噪声。在图 13-18 中，其中图 13-18b 是图 13-18a 截面图。由于密封条的压缩指向机舱内方向，导致发动机盖前端出现一个明显的凹槽，气流通过该位置也会出现口哨声。

3）格栅与发动机盖连接区域的曲率半径：曲率半径的大小直接决定了气流在此处的分离情况。如果曲率半径大，流线型好，气流就不容易产生分离，也就不容易产生风噪声。反之，如果曲率半径小，则会很容易产生噪声。图 13-19a 是某款车外流场分析结果，从结果可以看出，发动机盖前端出现明显的气流分离，容易产生风噪声。可按照图 13-19b 的方案进行优化，对前端进行圆滑过渡，图中用虚线表示，可减少该位置的风噪声问题。

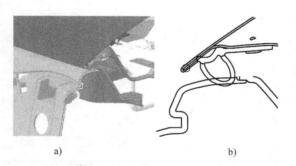

a)　　b)

图 13-18　发动机盖前端密封条

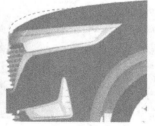

a) 外流场分析结果　　b) 优化方案

图 13-19　格栅与发动机盖搭接区域曲率

3. 前保险杠与翼子板连接区域

该区域也是产生风噪声的重要区域。影响该区域产生噪声的因素包括两区域连接的弧度、是否有非流线型的特征造型等。两者连接过渡区域弧度越大，则流线型程度就越好，产生的风噪声就越低。由于多数车的雾灯布置在这个区域，有的车型为了体现犀利的造型风格，造成雾灯与该区域的面差较大，气流流过该区域会引起气流分离，容易产生风噪声。

图 13-20 是两款车在此区域不同的造型风格。由图 13-20a 可以看出，两区域过渡光滑，而且雾灯与两区域的面差较小，有利于降低风噪声。图 13-20b 采用的是钻石切割造型风格，过渡区弧度较大，而且雾灯距离该区域的面差较大，容易产生风噪声。图 13-21 是某款车在造型阶段优化前后的造型对比，优化后雾灯区域翼子板面差降低了很多，这样不仅可改善风噪声，同时也可以降低风阻。

图 13-20　前雾灯造型风格对比

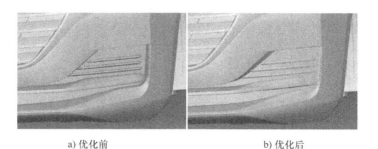

a) 优化前　　　　　　　　　　　b) 优化后

图 13-21　前雾灯造型优化

通过上述分析，在对车身前部区域进行分析时，要遵循如下的原则。

1) 格栅柱的截面形状，避免圆形和矩形。
2) 格栅截面的分型线设计合理，采用流线型，避免采用阶梯状等形状的截面。
3) 格栅与发动机盖的搭接区域分布在正压区，如果搭接区域分布在整车的转角区域，则转角区域尽可能采用大半径形状过渡。
4) 格栅与发动机盖搭接区域采用密封条密封，且密封条"倾翻"方向是机舱外侧。
5) 格栅与发动机盖搭接区域尽可能光滑过渡，避免采用小曲率半径。
6) 在格栅柱之间以及格栅与周边连接区域，避免出现间隙。
7) 前保险杠与翼子板连接区域要光滑过渡，避免"钻石切割"造型。
8) 前保险杠连接区域的雾灯布置，避免出现较大面差。

二、前风窗区域

前风窗区域主要是指前风窗玻璃、发动机盖后端区域、A柱区域以及前风窗与顶篷连接的区域等。前风窗区域是产生噪声最重要的区域之一，是风噪应该关注的重点区域。从图 13-22 可看出，这三个区域都出现了明显的气流分离情况。为降低车内风噪声，须从三个区域进行考虑。

1. 发动机盖后端区域

当发动机盖前端来流到发动机盖后端边缘时，一部分气流会在该区域分离，另一部分气流会在前风窗玻璃二次

图 13-22　前风窗区域外流场示意

附着。由于气流在这个区域出现分离和再附着的情况，因此，气流会在这个区域产生噪声，产生噪声的原因主要有两个。

1) 发动机盖后部气流分离：发动机盖与前风窗玻璃的理论夹角范围在 90°～180°，因此所有车型都会在这个区域出现分离流。当两者夹角为 90°时，气流的分离区最大。两者角度越大，分离区就越小，噪声也越小，当夹角为 180°时，气流不会发生分离，该区域就不会发生噪声。从图 13-23a 可看出，在发动机盖与前风窗玻璃之

间，存在气流分离而产生的涡流，同样，图13-23b利用仿真分析技术也可分析出发动机盖与前风窗之间的涡流情况，这些涡流是风噪声产生的重要来源。

2）二次附着流落在刮水器上：如果发动机盖的来流附着区与刮水器的放置位置重合，气流就会撞击刮水器（图13-23a），产生较大的压力波动，形成强烈的脉动噪声，噪声的频率在800～2000Hz。因此，刮水器位置和发动盖后端相对高度设计非常重要。从图13-23a可以看出，气流直接撞击到了刮水器，容易产生噪声。如果出现这种情况，通常有两种修改方案。

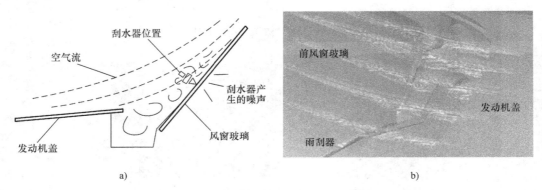

图13-23 发动机盖后端气流分离示意

第一种方案：降低刮水器的位置，气流的附着区落在了刮水器的上方，减少了气流对刮水器的冲击，这样可以避免噪声产生，见图13-24a。

第二种方案：在发动机盖后端增加一个导流装置，改变气流的流动方向，使气流的附着区落在刮水器的上端，见图13-24b。但是，采用该方案，势必加大发动机盖后端的分离区，加大噪声的产生。为避免这种情况发生，在外造型设计阶段就必须合理设计刮水器的位置，最好采用隐藏式刮水器布置结构。

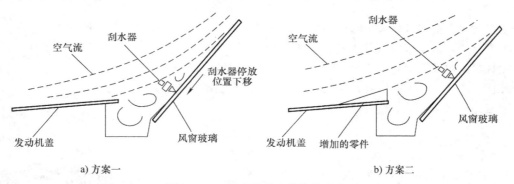

图13-24 刮水器噪声的优化方案

另外，车身前部来流会在发动机盖后部区域实现一次附着，附着区域的面积大小对该区域的噪声也有一定影响，如果附着区域长度过小，则不会对附着气流进行有效的导向，容易产生噪声。

2. 前风窗玻璃后端与顶篷前端连接区域

由于这个区域距离驾驶员头部很近，即便这个区域的噪声源能量很小，也会对车内产生较大的影响。当前风窗来流经过这个区域时，速度增大，气流发生分离，如果在这个区域有明显的非流线型特征，都会引起噪声问题。影响这个区域产生噪声的因素主要包括顶篷钣金与前风窗玻璃的间隙宽度和深度、顶篷与风窗玻璃高面差、顶篷前端倒角大小等。

如果搭接区域的间隙深度和宽度偏大，气流会在该区域产生空腔噪声，主观感觉为类似口哨的噪声。如果顶篷前端高于风窗玻璃，气流流向发生改变，气流会在该区域发生分离，则会产生脉动噪声。同样，如果顶篷钣金前端倒角偏小，则会加重气流的分离，也会产生脉动噪声。图13-25是前风窗与顶篷搭接区域示意图，从图中可以看出，两者的间隙宽度较大，而且顶篷的前端高于前风窗的后端，因此，该区域容易引起风噪，需要对结构造型做进一步优化。

3. 车身 A 柱区域

A 柱区域是产生风噪最大的区域，由于发动机盖来流、前风窗玻璃气流、顶篷气流、后视镜尾流等交织在一起，在 A 柱侧面形成一个复杂的涡流区（图 13-26），是整车风噪的重要来源。因此，A 柱的造型设计至关重要。另外，A 柱造型设计不仅要考虑风噪声因素，还要考虑视野、刚度等因素，而且这些因素之间相互矛盾、相互联系，因此 A 柱造型设计非常具有挑战性。影响 A 柱产生风噪的因素主要包括以下几个方面。

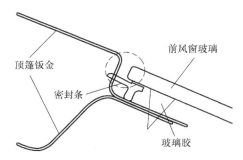

图 13-25 前风窗与顶篷搭接区域

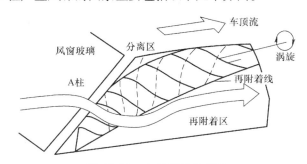

图 13-26 A 柱区域的气流

1）前风窗的横向曲率：前风窗的曲率半径大小对 A 柱后部气流分离有一定影响，如果曲率半径小，A 柱的过渡弧度就越大，气流分离区就越小，产生的噪声就越小。反之，曲率半径大，产生的噪声就越大。如果曲率半径为无穷大，风窗玻璃则为一平板，这时 A 柱的涡流区最大，产生的噪声也就越大。老式的越野车、货车多采用这样的造型结构。

2）A 柱造型尺寸：A 柱造型尺寸包括 A 柱与风窗玻璃的高度、A 柱的宽度、A 柱的倒角半径、A 柱的纵向曲率以及 A 柱上的特征等。

① A 柱与风窗玻璃的高度：从发动机盖的来流，一部分气流沿着前风窗玻璃继续流动，另一部分气流会经过 A 柱流向侧窗方向。当气流流过 A 柱时，如果前风窗与 A 柱面差较大，那么气流会在此部位发生分离，在 A 柱后部产生一个较大的涡流区，见图 13-27，图中显示的是仅声学载荷的结果，说明 A 柱与前风窗玻璃的面差对噪声影响非常大。

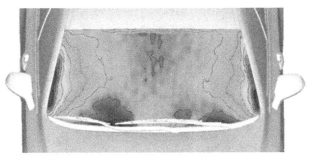

图 13-27 前风窗与 A 柱面差引起的风噪声

为了降低这个区域产生的噪声，通常控制图 13-28 中 H 的高度，使得 H 在一个合理的范围内。有的车型受外造型的影响，两者的面差值相对较大，为降低该区域产生的噪声，可通过增加装饰条来实现。

② A 柱的内侧倒角：A 柱内侧的倒角半径 R（图 13-28b）影响气流分离区的大小。A 柱倒角半径越小，A 柱的弧度就越小，气流分离区体积变大，因此，必须对 A 柱内侧倒角进行合理设计。

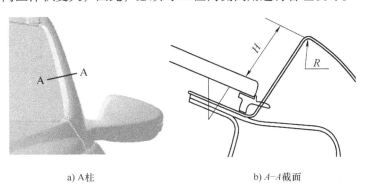

a) A 柱   b) A—A 截面

图 13-28 前风窗与 A 柱面差分析

③ A柱的宽度：只有A柱有足够的宽度，才能保证A柱有足够大的弧度，A柱将起到很好的导流作用，实现气流流动顺畅，避免A柱后部发生较大的抽吸现象，同时可减小分离区并降低噪声。图13-29是优化A柱宽度和弧度的外流场分析结果，优化后比优化前的涡流区体积和涡流能量都要小。

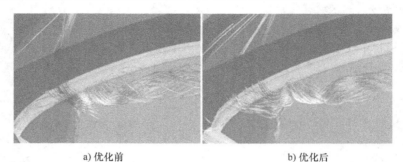

a) 优化前　　　　　　　　b) 优化后

图13-29　优化A柱宽度的流场分析

④ A柱的造型特征：在A柱上尽可能减少造型特征设计，或者造型特征尽可能与气流流向相同，避免出现与气流流线相反的特征设计。如果翼子板与A柱的搭接区域布置到A柱上，气流流经A柱流速快，很容易产生类似口哨的空腔噪声。图13-30是某款车翼子板与A柱搭接结构在A柱上的分布示意图，图中结构缝隙与气流方向相同，可有效地避免空腔噪声。

⑤ A柱与车门间隙：A柱与侧门之间是通过密封条密封的，如果密封条与两者存在面差，将形成一个细长的间隙，A柱的来流则会在该部位形成空腔噪声。图13-31是A柱与车门间隙示意图，图中标示的 b 和 d 分别是间隙的宽度和深度，是减低空腔噪声所要控制的量。

图13-30　翼子板与A柱搭接

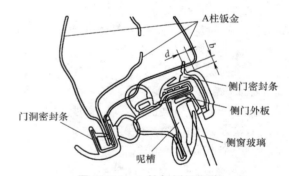

图13-31　A柱与侧门间隙

通过上述分析，为减少前风窗区域产生的风噪声，在进行整车外造型设计时，必须遵循如下原则。

1）合理设计发动机盖后部区域高度，引导气流附着区避开刮水器。

2）避免前风窗与顶篷搭接区出现间隙，保证两者的面差为零。

3）合理设计顶篷前端倒角半径，避免出现脉动噪声。

4）合理设计前风窗的横向曲率，保证A柱后部涡流区最小。

5）控制前风窗与A柱的面差，或增加装饰罩减少涡流区。

6）避免A柱上设计造型特征，或造型特征尽可能与气流方向一致。

7）保证A柱有足够的宽度，A柱内侧倒角半径设计合理。

8）避免A柱与车门的间隙，减少空腔噪声。

三、侧围区域

对于整车侧围区域，关注风噪声的区域包括后视镜、门把手、轮罩板区域以及车门密封条间隙等。尤其是后视镜，是产生风噪声最重要的部件。下面将从这四个部分进行介绍。

1. 后视镜

气流通过后视镜及其镜臂时，会在后视镜后部分离并形成强烈的涡流，成为重要的噪声源，另一部分气流以尾流形式撞击侧面玻璃，引起玻璃振动进而在车内产生辐射噪声。如果在后视镜壳体之间、壳体与镜臂之间存在间隙，气流通过这些间隙，会产生口哨噪声。

后视镜的外造型和安装方式对风噪影响很大，根据后视镜安装形式不同，可分为悬臂式和托举式两种，见图13-32。图中第一行是后视镜的前视图，第二行是后视镜的后视图，图中的一些细节设计都体现了低风噪设计特征。结合图13-32所列车型后视镜的造型特点，以及风噪声的产生机理，影响后视镜风噪的因素主要包括镜壳、镜臂、底座三个部分。

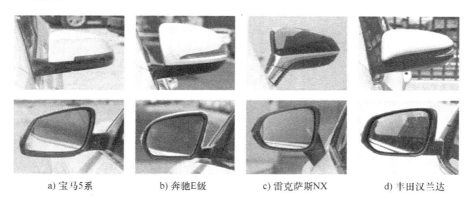

a) 宝马5系　　　b) 奔驰E级　　　c) 雷克萨斯NX　　　d) 丰田汉兰达

图13-32　市场上豪华车型后视镜造型

（1）镜壳　镜壳对风噪有影响的造型特征包括镜壳的迎风面积及形状、镜壳距车身距离、镜壳与车身的角度、镜壳之间的间隙等。合理设计这些特征，可明显降低车内风噪声水平。

镜壳的迎风面积和形状：镜壳的迎风面积越大，风噪和风阻就越大。原因在于面积较大的镜壳，会增大后视镜后部的涡流区。若要降低后视镜风噪，镜壳的迎风面积是控制的第一要素。在对后视镜镜壳造型进行设计时，要考虑以下因素：由于镜壳上气流流速比较大，镜壳的迎风面造型特征要符合流线型设计，减少后视镜涡流的产生；后视镜的漏液孔避免布置在迎风面上；镜壳上布置的转向灯要避免出现台阶等特征。图13-33是某款车后视镜外造型结构，后视镜迎风面积较大，漏液孔布置在迎风面上，且迎风面上的造型特征不顺畅，这些特征都不满足低风噪设计特征。

镜壳与车身的距离：对镜壳距离的控制，不仅可降低A柱的分离流与后视镜壳体的尾流交织在一起的涡流区大小，同时也可避免交织的气流撞击到侧窗玻璃而产生的辐射噪声。图13-34是后视镜与A柱流场的结果，图中A柱下部气流与后视镜气流交织在一起的气流，与侧窗玻璃进行了很好的分离，说明后视镜与车身的距离是合理的。在对镜壳与车身造型数据进行检查时，要考虑镜壳与车身在X向的前、中、后三个位置，也要考虑两者在Z向的上、中、下三个位置点，见图13-35示意。对于后视镜与车身的距离要考虑9个点的距离值，这些点的距离通常控制在65~80mm范围内。

图13-33　后视镜迎风面造型特征

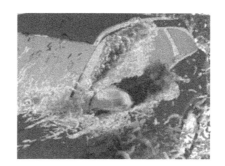

图13-34　后视镜外流场示意图

镜壳与车身的角度：镜壳与车身的角度对前部来流起到引导作用，对后部气流的涡流区大小有重要影响作用。镜壳与车身角度可分为三种：喇叭口、两个面平行和倒喇叭口。最常见的是前两种，因为倒喇叭口会引导气流直接撞击到侧窗玻璃上，加重车内产生的辐射噪声。随着计算流体仿真分析技术的提高和风洞试验的大量验证，后视镜镜壳与车身平行设计，是最好的低风噪设计。从图13-32可看出，多数车型的设计，不管是托举式还是悬臂式，后视镜与车身都近似平行。图13-36是后视镜与车身两种状态的计算结果，图13-36a是优化前后视镜与车身采用喇叭口状，图13-36b是优化后后视镜与车身采用平行状。采用平形状比采用喇叭口状的气流更平顺，流线更清晰。

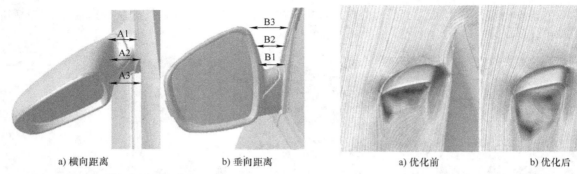

a) 横向距离　　　　　　b) 垂向距离　　　　　　a) 优化前　　　　　　b) 优化后

图 13-35　后视镜与车身距离分析　　　　　　图 13-36　后视镜形状优化

镜壳部件的间隙：控制镜壳与镜壳之间、镜壳与镜臂之间的间隙，如果这些间隙过大，则容易产生哨声，通常控制这些间隙小于1mm，若镜壳与镜臂间隙无法满足小于1mm要求，可考虑增加橡胶垫进行密封。镜壳与镜臂间隙引起的口哨声问题，是整车最常见的风噪声问题，前期必须对两者的间隙进行控制。

（2）镜臂　镜臂也是产生噪声的重要部位，对于镜臂造型，主要关注的要素是镜臂的截面形状，包括横向截面和纵向截面。

为了减少噪声，要求流过镜臂的气流顺畅，涡流区小，流线清晰。对于镜臂横向截面形状，要求与镜壳搭接区域角度尽可能是直角，这样可减少通过悬臂上方来流在此位置的速度和压力差，减小镜臂后部涡流区。对于纵向截面，要求镜臂前端的来流方向采用流线型，镜臂的上部采用直线的平面造型，镜臂的截面后部采用小倒角造型结构。

图13-37是某款车后视镜优化前后侧窗玻璃综合压力对比结果，从图中可以看出，后视镜对侧窗玻璃声压的影响是非常大的。因此，对后视镜镜臂进行了优化，优化方案见图13-38，其中图13-38a是纵向截面的优化结果，包括对镜臂上表面进行了优化，优化方案采用图中虚线的位置，并且对后端采用小倒角结构；图13-38b是横向截面的优化结果，主要是对镜臂与镜壳的连接部位进行了优化，两者的连接采用虚线的位置。图13-39是后视镜镜臂优化前后的结构造型对比，其中图13-39a是优化前的结构，图13-39b是优化后的造型结构。通过对镜臂的优化，降低了侧窗玻璃的压力分布，一定程度上改善了车内的噪声水平。

（3）底座　底座主要是指采用悬臂安装方式的后视镜，与车门三角窗连接并用于密封和支撑作用的结构。由于后视镜与车身连接区域气流流速非常快，该区域一些小的特征都会产生风噪声问题。底座的低风噪设计应关注两个造型特征：底座与A柱的面差和间隙、底座与侧窗玻璃的面差。

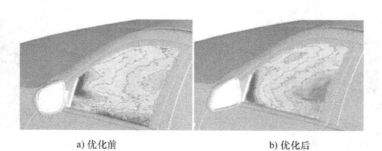

a) 优化前　　　　　　b) 优化后

图 13-37　后视镜优化前后侧窗玻璃的声压分布

a) 纵向截面优化　　　b) 横向截面优化

图 13-38　后视镜镜臂截面优化示意

a) 优化前　　　b) 优化后

图 13-39　后视镜镜臂造型优化前后对比

底座与 A 柱的面差和间隙：底座和 A 柱的面差要控制为零，或者底座的高度略低于 A 柱，这样既可以减少噪声，同时也可以降低风阻。底座和 A 柱的间隙主要是通过密封条来填充的，必须保证密封条的刚度和密封条安装的干涉量。为了预防因密封问题产生的泄漏噪声，底座内也多采用 EPDM 垫块进行密封，要控制垫块与底座的安装精度和干涉量，避免干涉量过大，造成底座外露，从而引起风噪声问题。

底座与侧窗玻璃的面差：两者面差过大或过小都会对风噪有影响。如果两者面差过大，那么气流在此处出现分离，在侧窗玻璃上产生较大的脉动噪声；如果两者面差过小，一方面不利于后视镜底座安装，另一方面加大了气流冲击到侧窗玻璃的风险。图 13-37b 是优化了镜臂的结果，结果显示侧窗玻璃的压力还是相对较大，主要的原因在于后视镜底座与侧窗玻璃的面差较大。可通过对底座棱边采用锥形面，逐渐降低底座厚度的方案进行优化。图 13-40 通过优化底座高度，可明显降低图 13-37 中较大压力区的压力。因此，后视镜底座与侧窗玻璃高度是非常重要的造型特征。

a) 优化前　　　b) 优化后

图 13-40　后视镜底座优化方案

2. 门把手

与后视镜一样，门把手也是一个典型的外造型上的凸出物，只是体积和对风噪声的影响小于后视镜。门把手也是体现整车造型风格的重要部位，各主机厂对门把手的造型也不尽相同，但是流线型设计已成为设计的主流。

图 13-41 是典型车型的前门门把手结构造型，深埋式、流线型设计成为设计的主流，尤其是特斯拉 Model 3，采用了隐藏式门把手，这样可以彻底避免因气流分离而产生的风噪声。

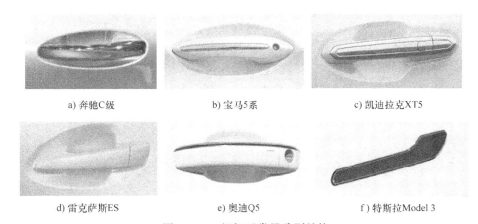

a) 奔驰C级　　　b) 宝马5系　　　c) 凯迪拉克XT5

d) 雷克萨斯ES　　　e) 奥迪Q5　　　f) 特斯拉Model 3

图 13-41　门把手常见造型结构

从实车出现的问题看，门把手泄漏产生的噪声远比造型产生的风噪声大得多。假设密封控制较好的情况下，影响门把手产生噪声的要素包括前端造型、手锁孔深度、后部造型、两段式门锁间隙宽度等。

门把手整体造型：门把手整体造型采用近似水滴造型，可以降低风噪，减少风噪声。对于门把手前端，应采用锥形前端，减少后部气流分离，降低风噪。在图 13-42 中，从降低风噪声角度，图 13-42b 前端造型要优于图 13-42a 的造型。另外，与车身连接的前后端应避免出现圆形截面，这样容易引起周期性的脉动噪声。

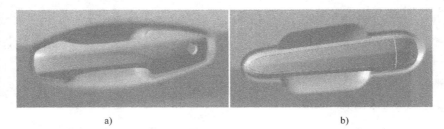

图 13-42　门把手外造型特征

门把手外造型特征：门把手外造型上应避免出现孔洞、缝隙等，如图 13-42a 所示钥匙孔、图 13-42b 所示分段式结构的缝隙等。由于图 13-42a 的钥匙孔深度和图 13-42b 的分段间隙尺寸较大，很容易出现口哨声。这些结构的存在不利于风噪声控制。

另外，在门把手后部的前端与车身外板接触区域，要避免两者形成空腔，见图 13-43 标示部位。如果两者形成一个空腔，由于这个空腔是在迎风面上，则该区域会产生空腔噪声，发出"嘘嘘"的噪声。因此，在前期设计要控制这个区域的间隙量。

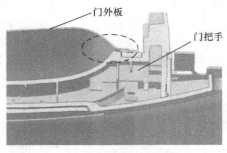

图 13-43　门把手与车门外板形成空腔

3. 轮罩板区域

轮罩板区域包括轮罩板钣金结构、轮眉、轮罩内饰以及轮胎等。轮罩板区域的风噪声是车辆在行驶过程中的气流与该区域相互作用引起的噪声，更多的是高速旋转的轮胎搅动了轮胎腔内的气流以及这些气流与轮罩腔内部件结构相互作用引起的噪声。控制轮罩板区域风噪声的要素主要包括：

（1）轮胎与轮罩板的位置关系　控制轮胎的布置位置，避免轮胎胎壁暴露在车身侧面（图 13-44），如果轮胎暴露在车身外侧，增大了轮胎的迎面面积，那么车辆在高速行驶过程中，气流与轮胎胎面直接作用，产生强烈的涡流，成为重要的噪声源。尤其是在体积有限的轮胎腔内，气流流动将会更加复杂。

（2）前轮罩板的内饰结构

1）轮罩板导流结构：基于风阻等因素考虑，一些车型将前部来流通过结构设计直接导流到前轮罩腔内。由于流经轮罩内饰结构的气流速度较大，必须保证该区域的气流流动顺畅，避免出现阻挡气流流动的结构。因此，为了降低该区域的风噪声，必须对该区域导流结构进行合理设计。设计这些结构考虑的要素包括导流结构的截面变化、导流结构的出口设计等。

导流结构的截面采用喇叭口设计，避免出现截面缩小的情况，否则会导致气流速度变大，引起风噪声。图 13-45 是某款车前轮罩导流结构图，图中导流结构截面由宽变窄，不利于降低风噪声。

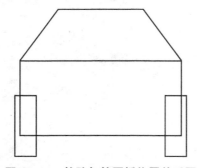

图 13-44　轮胎与轮罩板位置关系图

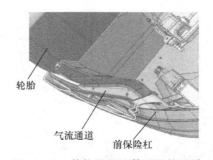

图 13-45　前轮罩导流截面结构设计

导流结构通道应设计通畅，避免凸出物结构，气流出口顺畅合理，避免出现一些锐边，产生类似边棱声噪声。图 13-45 标示的前轮罩板通道出口部位，出现了单板棱边结构，通道高速流动的气流冲击这些棱边，加重了该区域风噪声的产生。另外，根据通道气流流动的方向，将气流直接导向轮胎，也不利于风噪声的控制。

2）前、后轮罩腔内饰结构：轮罩内饰结构多采用 PP 材料或 PET 材料，应保证轮罩内饰结构平滑设计，避免出现较大的结构特征，否则会使得轮罩腔内的气流流动更加复杂，产生更为剧烈的涡流情况。

另外，对于轮罩轮眉结构，要控制轮眉与车身侧围间的间隙，避免在轮眉上布置明显的结构特征，轮眉与车身侧围过渡区设计合理，避免气流出现分离而产生噪声。

4. 侧围区域间隙和面差

侧围区域的间隙、面差主要是指前后门玻璃与侧围板件面差，以及车门与车门之间的面差等。这些区域面差和间隙处理不好，则会产生空腔噪声和脉动噪声。

图中 13-46 中标示的 A、B、C 分别是翼子板与前门外板、前门外板与后门外板、后门外板与后侧围板的间隙，这些间隙必须进行处理。如果这些间隙没有控制，则很容易产生空腔噪声。尤其是 B 柱区域的前门间隙，距离驾驶员头部很近，产生的空腔噪声对驾驶员比较敏感。对于这些间隙，可通过增加密封条等措施来避免这些区域的空腔噪声。

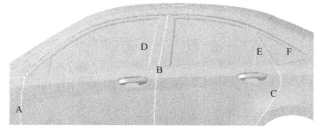

图 13-46 侧围关注的间隙和面差

图 13-46 中标示的 D、E、F 是侧窗玻璃与门外板的面差，如果面差过大，则会产生脉动噪声。对于这些区域，一方面在前期造型阶段对这些区域的 DTS 进行严格的控制，另一方面可以通过密封条来平滑过渡这些区域的高度。

四、顶篷区域

对于车身顶篷区域，需要关注的区域包括天窗、行李架、天线等系统、部件。当天窗的来流经过顶篷时，气流流速比较快，如果顶篷有间隙、凸出物等都会形成噪声源。顶篷关注风噪的区域包括如下部分。

1. 天窗

天窗可分为开启和关闭两种状态，而开启又分为通风开窗模式和后退开窗模式，见图 13-47。这些状态都会不同程度地产生风噪声。天窗开启和关闭，关注的部位是不同的。当天窗处于关闭状态，需要关注天窗密封条与车身顶篷的间隙与面差。当天窗处于开启状态，需要关注前端导流装置的设计。

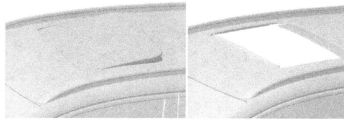

a) 通风开窗模式　　　　　　　　b) 后退开窗模式

图 13-47 天窗的两种开启状态

1）天窗关闭状态：天窗处于关闭状态时，天窗玻璃恢复到与顶篷齐平的状态，两者之间通过密封条进行密封，见图 13-48。为避免风噪声，需要考虑的设计要素有：

第一，天窗与顶篷连接。天窗的弧度要与车身钣金的弧度保持一致，保证气流流动顺畅，否则会引起气流分离而产生噪声。

第二，天窗与顶篷面差。要控制天窗前端钣金与天窗面差，避免天窗侧的高度超过顶篷钣金的高度，否则会引起气流分离噪声。

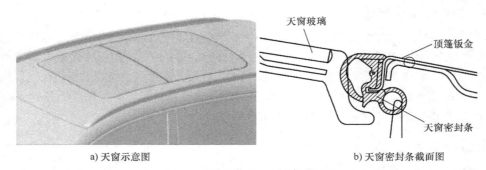

a) 天窗示意图　　　　　　　　　　　　b) 天窗密封条截面图

图 13-48　天窗关闭状态示意图

第三，密封条与钣金、天窗的面差。要保证密封条与顶篷钣金、天窗的面差，避免密封条凹陷过深而产生空腔噪声。

2) 当天窗打开时，采用后退开窗模式，前端会升起导流装置，导流装置分两种：导流网和导流板。导流装置的目的是避免车内出现风振噪声。但是，导流装置作为整车外凸出物，虽然解决了风振噪声，但会增加脉动噪声，脉动噪声大小与导流装置高度成正比。因此，必须控制导流装置的高度，导流装置的高度取决于天窗开口的大小，天窗开口尺寸大则要求导流装置高度高。与导流板结构相比，导流网结构一定程度上可以减少脉动噪声的产生。因此，通常大天窗（例如全景天窗）多采用导流网结构，小天窗多采用导流板结构。

对于导流网，不仅可以缓解风振噪声的产生，又可在一定程度上减少脉动噪声的产生。导流网结构设计要素包括导流网高度和导流网宽度，见图 13-49。导流网的高度 H 是根据天窗开口的高度进行设计的，以保证前方来流经过导流装置后，气流的附着区域尽可能到天窗后端与车身搭接的区域，避免气流附着区进入天窗的开口区内，这样会形成风振现象。导流网的宽度 L 应大于顶篷开口的宽度，这样可有效地防止气流从两侧进入乘员舱内，产生风振现象。

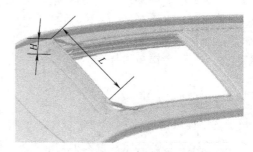

图 13-49　天窗导流网控制要素示意图

图 13-50 取自捷豹路虎 2015 年在 SAE 上发表的一篇文章中的结果。图 13-50a 和 c 没有导流板，气流流经顶板后产生了分离，分离气流进入乘员舱内，达到一定车速后，车内就会发生风振现象。而图 13-50b 和 d 是增加导流板后，汽车中心截面的气流流动情况，气流被导流装置引到了天窗口后部，避免进入车内，从而减少了风振的风险。因此，即便有导流装置，也必须控制导流装置的高度，就是要控制图 13-49 中标示的 H 值。

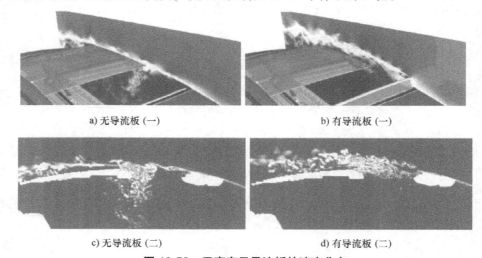

a) 无导流板（一）　　　　　　　　　　b) 有导流板（一）

c) 无导流板（二）　　　　　　　　　　d) 有导流板（二）

图 13-50　天窗有无导流板的速度分布

导流板在解决风振噪声的同时，可通过在其上部开槽或开孔降低脉动噪声，需要通过分析优化的手段取得两类噪声的折中平衡。导流板结构设计的要素，除了包含导流板整体的长度和高度外，还包括开槽的高度、长度及角度等，见图 13-51。根据不同车型设计不同的参数值，尽可能使得风振噪声和脉动噪声达到最佳的平衡。

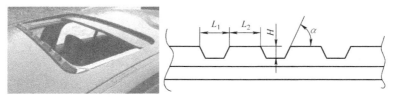

a) 导流板示意图　　　　　　　　b) 导流板控制要素示意图

图 13-51　天窗导流板

采用通风开窗模式，气流一部分会绕过天窗后发生分离，产生脉动噪声；另一部分会通过天窗两侧进入到乘员舱内，也会在车内产生风振噪声。因此对于通风开窗方式，控制风噪声的要素包括：保证天窗后端弧度足够大，减少气流分离产生的噪声；在天窗的两侧增加结构设计特征，阻挡气流进入车内，见图 13-52。图 13-52a 是临时方案，图 13-52b 是临时方案与原状态的测试对比结果，说明在天窗两侧布置阻挡结构，可以有效地改善风噪声。

 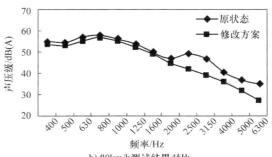

a) 结构优化示意图　　　　　　　　b) 80km/h 测试结果对比

图 13-52　通风开窗方式风噪改善措施

2. 行李架

车顶行李架兼具实用和审美的功能，可分为两种：一种是仅安装纵轨的简单行李架；另外一种是安装了纵轨和横轨的复杂行李架。第一种多用于主机厂原始设计，而第二种多用于顾客的改装车。当汽车高速行驶时，气流通过车顶行李架上的圆形截面杆、锐边、未闭合空腔时，便会产生"口哨""嗡嗡""嘘嘘"等噪声。由于车顶行李架完全暴露在空气中，车架的每一部分都有产生噪声的风险，控制行李架产生的风噪声，主要从以下几个方面考虑。

对只安装了纵轨的行李架，主要从三个要素进行控制：行李架整体上要符合流线型，横截面的高度尽可能小，这样既可减少阻力，又可减少气流的分离而产生的噪声。其次，保证行李架的前端弧度足够大，避免气流出现分离而产生脉动噪声，可通过行李架前端的倒角半径进行控制，通常要大于 1mm，见图 13-53，图中标示部位的倒角偏小，不足 0.2mm，这样很容易产生噪声，需要进行结构修改。另外，避免行李架上出现较大的沟、槽、凸起等特征，如行李架上卡接部位盖板（图 13-54），既要保证盖板与行李架两者的面差，又要避免两者出现较大的间隙，否则会出现脉动噪声或空腔噪声。

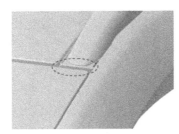 

图 13-53　行李架前端倒角　　　　　　　　图 13-54　行李架卡接盖板

对于安装了纵轨和横轨的行李架，结构比较复杂，行李架各种截面的结构都可能出现，为了减少行李架产生的噪声，首先必须对行李架相关支架的截面进行控制。主要包括如下方面：

1）避免圆形截面：与前面介绍格栅柱的原理一样，圆形截面会产生一个周期脱落的涡，见图13-55a，这样会产生一个类似口哨的噪声。可通过将圆截面改为椭圆截面，见图13-55b，或在截面上增加特征，改变气流的方向，避免气流在后部分离而产生噪声。

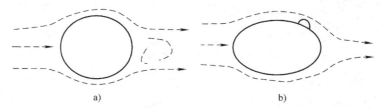

图 13-55　圆形截面及优化

2）避免带锐边的内凹面：当高速气流通过凹面时，凹面会形成一个腔体，气流在这个部位发生分离，产生腔体噪声或者类似"嘘嘘"的噪声，见图13-56a。如果将内凹面设计成图13-56b的形状，就会避免腔体噪声。

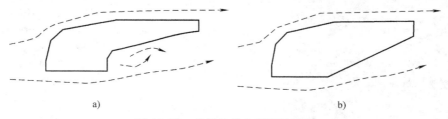

图 13-56　带锐边的内凹面及优化

3）避免带锐边的空腔：当气流通过带锐边空腔时，会产生空腔噪声，噪声产生原理同亥姆霍兹谐振腔，见图13-57a。对这样的开孔，首先可以考虑封堵，如果腔体不可避免要开孔，那么可以在开孔处增加一个导流板，见图13-57b，这样可以避免噪声的产生。

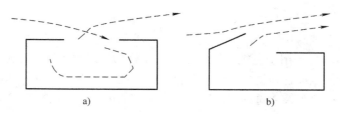

图 13-57　带锐边的空腔及优化

4）避免带锐边的孔：锐边是指没有倒角或者倒角半径非常小的边，高速气流通过这些锐边则出现分离，会产生边棱声，见图13-58a。这类开孔处理方式同上，首先采用封堵孔的方法，其次再考虑将锐边改为钝边，则可以避免边棱声噪声，见图13-58b。

图 13-58　带锐边的孔及优化方案

3. 天线

天线不仅可以接收无线电信号，而且有释放车内静电的作用。因此，天线是汽车不可缺少的部件。天线多数布置在车顶上，从形状上看，天线可分为杆式天线和鲨鱼鳍式天线，见图13-59。目前，杆式天线使用越来越少，越来越多的车型采用了鲨鱼鳍天线。从通过性、美观、噪声等角度，鲨鱼鳍式天线都比杆式天线有一定优点。

a) 杆式天线　　　　　　　　b) 鲨鱼鳍式天线

图 13-59　常见的天线形状

对于杆式天线，车辆在行驶过程中，天线会产生周期脱落的涡流层（图13-60），涡流会沿着天线轴线上升而形成波动的升力，这种波动的升力形成了双极子噪声源。天线产生的风噪声为纯音，频率范围在1000～2000Hz。噪声频率可通过斯特罗哈数（Strouhal）进行计算，即

图 13-60　天线产生的涡流示意

$$S = \frac{fD}{v}$$

式中，S是斯特罗哈数，取值为0.21；f是涡流脱落的频率；D是天线的直径；v是气流的速度。

为了减少杆式天线的噪声，天线截面不能采用圆形截面，应将天线杆设计成螺旋状，见图13-59a，这样可以避免涡流的产生，避免风噪声。

对于鲨鱼鳍式天线，为了减少噪声，需要控制三个方面的要素：天线与顶篷钣金的间隙、天线前端的造型、天线后端造型等。控制天线与顶篷钣金间隙，可避免形成空腔噪声，产生口哨声。天线前端造型采用流线型设计，避免出现棱边角问题引起气流分离，而产生脉动噪声。天线后端采用收缩型过渡，避免后端面积过大引起气流分离而产生脉动噪声。

五、车身后部区域

车身后部区域也是产生噪声的一个区域，车身顶部、两侧以及地板的来流都会在该区域发生分离，这些分离的气流会在车身后部形成两个较大的拖拽涡。另外，如果在发生气流分离的部位出现缝隙、凸出物等造型特征，则会产生空腔噪声和脉动噪声。

顶篷与车身后部连接的区域，多数车型会在连接区域布置扰流板，对于SUV或者两厢车，扰流板安装在顶篷与后背门连接区域，目的是保证后背门的玻璃清洁，避免灰尘影响驾驶员的视野。扰流板与车身顶篷存在间隙的，见图13-61a标示区域，如果两者间隙过大，车身顶部来流会在此处形成空腔噪声。为了避免空腔噪声，一方面可以通过减小两者间隙进行控制，另一方面可以在两者搭接的位置处增加密封条，原理与优化方案与两车门在B柱产生的空腔噪声类似。

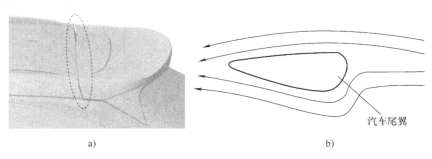

a)　　　　　　　　b)

图 13-61　扰流板安装示意

对于偏运动的三厢车，行李舱盖上会增加一个尾翼（扰流板），这样可以增加轮胎的抓地力，提高整车操控性能。为了减少尾翼产生的风噪声，必须对截面形状进行合理的设计。尽可能采用水滴形截面（图13-61b），避免背风面出现气流分离区，减少脉动噪声的产生。

另外，侧围与车身后部连接区域，也是体现造型特征的重要部位，有的车型采用大弧度光滑过渡，见图13-62a，而有的车型采用钻石切割方式进行过渡，见图13-62b。采用收缩的光滑过渡方式对降低风噪声更有利。

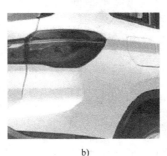

a)　　　　　　　　　　　　　　　　b)

图 13-62　侧围与车身后部连接

六、车身地板区域

车身地板区域布置了很多凸出的部件，例如动力总成、前副车架、排气、后副车架（后扭力梁）、油箱、备胎等，当气流从汽车的前端分离后，一部分气流将通过车身底部区域，由于地板面凹凸不平，气流会在这些部件的后部产生较多分离区，形成强烈的涡流，产生了脉动噪声。对于车身地板主要关注的区域包括车身前端与地板连接的区域、车身后端与地板连接的区域以及车身地板区域三个区域。

1. 车身前端与地板连接区域

该连接区域实际就是前保险杠的下部区域，前方来流会经过该区域流向后部车身地板区域。这样流向底部的气流会在前保险杠下部分离，形成较大的涡流区，因此产生脉动噪声。同时气流会流向动力总成部位，流场将更加复杂，会形成更多的涡流区。为了减少该区域的气流分离，通常在前保险杠下端增加导流板。要求导流板采用大弧度连接，避免出现大的锐边和间隙等。图13-63是某款车车身前端导流板设计，这可以避免前方来流在此处分离而产生的噪声。

2. 车身地板区域

车身地板区域的结构非常复杂，具有外凸、内凹、间隙、孔洞等特征，当气流通过这些结构后，将形成脉动噪声和空腔噪声。一些主机厂对动力总成、底盘结构设计了导流板结构，通过改变气流流向、改变梁的截面形状，一定程度上改善了车内风噪声。但是，由于车身地板区域结构太复杂，这些导流结构无法彻底消除风噪声。为了减少风噪声对车内的影响，有的主机厂对地板采用全覆盖的结构设计，见图13-64，通过对地板区域进行整体覆盖设计，可以有效地降低500Hz以内的噪声水平。

图 13-63　地板与车身前端连接　　　　　　　　图 13-64　地板面覆盖示意

3. 车身后端与地板连接区域

车身后端与地板连接区域就是后保险杠的下端区域，当地板前方来流通过这些区域时，气流会在这个区域产生分离，分离后的气流会与两侧及上部气流形成两个拖拽涡。为了减少噪声，一方面，要求保险杠的迎风面不能出现锐边、间隙、孔洞等，否则将会引起空腔噪声或者脉动噪声；另一方面要求气流分离区域有较大的弧度，避免气流产生较大的分离，加大脉动噪声的产生。

图13-65是车身后端与地板连接区域示意图，从图中可以看出，地板气流分离的部位弧度足够大，可减少气流分离，但是由于后地板没有底护板覆盖，气流通过这个区域前端时则会产生边棱声。

图13-65 车身后端与地板连接区域

第五节 风噪声仿真分析基本理论

一、气动声学基本理论

风噪声的分析属于计算气动声学（Computational Aero-acoustics，CAA），计算气动声学是基于计算流体力学与气动声学的交叉学科。计算流体力学（Computational Fluid Dynamics，CFD）是通过数值方法求解流体力学控制方程，得到流场的离散的定量描述，并以此预测流体运动规律的学科。计算流体力学的理论依据是N-S（Navier-Stokes）方程。计算流体力学是计算气动声学的基础。

英国科学家Lighthill在1952年依据N-S方程和连续性方程导出了流体发声的波动方程：

$$\frac{\partial^2 \rho'}{\partial t^2} - c^2 \nabla^2 \rho' = \frac{\partial^2 T_{ij}}{\partial y_i \partial y_j} \tag{13-6}$$

式中，ρ'是流体密度的变化量；c是声音的速度；T_{ij}是Lighthill张量，即有

$$T_{ij} = \rho u_i u_j - e_{ij} + \delta_{ij}[(p - p_0) - c_0^2(\rho - \rho_0)] \tag{13-7}$$

式中，ρ是流体密度；u_i是流体速度；e_{ij}是黏性应力张量；δ_{ij}是单位张量；p是流场的压力；p_0是未受扰动时的流场压力或流场压力均值；ρ_0是未受扰动时流体密度或流体密度均值。

在式（13-7）中，$\rho u_i u_j$表示的是速度变化产生的雷诺应力，e_{ij}表示的是流体黏度产生的应力，而$\delta_{ij}[(p - p_0) - c_0^2(\rho - \rho_0)]$表示传导产生的应力。

式（13-6）称为Lighthill方程，是研究流体发声最基本的方程之一，有人将它作为气动声学诞生的标志。从此气动声学作为一门独立的学科分支，在理论和实践上都有了进一步的发展和应用。从式（13-6）可以看出，方程的右边是流体动力学引起的外界作用力，认定为流体的声源。方程左边是经典声学方程的形式，可用成熟的古典声学方法求解，而右边的应力张量可通过实验或流体力学基本方程进行数值计算。因此，式（13-6）建立起了气动声学与经典声学的关系。

但是，由于式（13-6）是在自由空间假设得到的，在固体边界起主要作用的情况下是不适用的。因此，Lighthill方程遗留了两个问题：一个是没有解决流体与固定相互作用引起的声场问题，另一个问题是，如果不获取流体的声场，则无法求解Lighthill方程。

为了解决Lighthill方程的不足，1955年Curle考虑了静止固体边界的影响，在Lighthill方程的基础上推导出了Lighthill-Curle方程，考虑了流体在固体表面产生的压缩和扩张运动，以及固体在流体上产生的表面升力和脉动推力，但是Curle没有考虑运动边界与流体相互作用的情况。

1969年，Ffowcs Williams和Hawkings应用广义函数法，将Curle的分析结果扩展到运动固体边界对声音的影响，即物体在流体中运动的发声问题，提出Ffowcs Williams-Hawkings方程（简称FW-H方程）。从FW-H方程可以看出，运动物体与流体相互作用产生的声场是由四极子源、偶极子源以及由于位移所产生的单极子源的叠加组成的。但是，无论是Curle方程还是FW-H方程均假定声源传播的介质是静止的，在实际的应用上有很大的局限性。

1974年，Goldstein用格林函数方法研究了均匀运动介质下运动物体的发声问题，得到更为普遍的广义Lighthill方程。

$$\rho'(x,t) = \frac{1}{c_0^2}\int_{-T}^{T}\int_{v(\tau)}\frac{\partial^2 G}{\partial y_i \partial y_j}T'_{ij}\mathrm{d}y\mathrm{d}\tau + \frac{1}{c_0^2}\int_{-T}^{T}\int_{s(\tau)}\frac{\partial G}{\partial y_i}f_i\mathrm{d}S(y)\mathrm{d}\tau + \frac{1}{c_0^2}\int_{-T}^{T}\int_{S(\tau)}\rho_0 v'_n\frac{D_0 G}{D\tau}\mathrm{d}S(y)\mathrm{d}\tau \qquad (13\text{-}8)$$

式（13-8）是既考虑了固边界的存在，又考虑了介质是运动情况的通用方程。在式（13-8）中：第一项代表体积源产生的声音，是四极子声源；第二项代表作用在流体边界上脉动力产生的声音，是偶极子声源；第三项代表了流体体积位移产生的声音，是单极子声源。

二、汽车风噪声理论

根据上述理论，可确定车辆高速行驶下气流产生的噪声情况。设车辆在气流中行驶的速度为v，y是包含车辆外表面在内的车辆附近被扰动流场中的一点，即声源点y处声源于τ时刻发出的声音在t时刻传到x处，介质流动速度为U，方向与y_1（或x_1）相同，V是包含源点的区域，见图13-66。

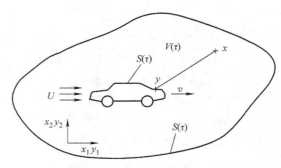

图13-66　车辆外声场与观察点示意图

由于车辆是在地面上行行，而地面可以近似看作反射良好的界面，因此与行驶车辆相应的声场是一个半自由声场。设y_3垂直地面，由于汽车高度有限，对于远场而言y_3相对较小，这样可得到格林函数：

$$G = \frac{\delta(\tau - t + R/c_0)}{2\pi R} \qquad (13\text{-}9)$$

式中，R是原点到观察点的距离，且

$$R \approx \sqrt{(x_1-y_1)^2 + (x_2-y_2)^2 + x_3^2}$$

这样式（13-9）可变为

$$p'(x,t) = \frac{1}{2\pi}\frac{\partial^2}{\partial y_i \partial y_j}\int_V \frac{T_{ij}}{R|1-Ma_r|}\mathrm{d}y - \frac{1}{2\pi}\frac{\partial}{\partial x_i}\int_S \frac{f_i}{R|1-Ma_r|}\mathrm{d}S(y)$$
$$+ \frac{1}{2\pi}\frac{\partial}{\partial \tau}\int_S \frac{\rho_0 v_n}{R|1-Ma_r|}\mathrm{d}S(y) \qquad (13\text{-}10)$$

式中，$p'(x,t)$是空间某一点的声压；Ma_r是车辆速度的马赫数在观察点上的投影。

从式（13-10）可以得到，车辆产生的噪声主要有三个来源：第一项是存在于车辆周围体积V中的应力张量产生的四极子噪声源；第二项是车辆表面S作用在流体上的表面力引起的偶极子噪声源；第三项是由体积变化引起的单极子噪声源。

但是，这三部分并不是同等重要的，而且各种因素对车内的噪声影响程度也取决于不同情况。下面针对汽车的实际情况，对气动噪声公式做进一步的分析。

1）单极子噪声为零：第三项为车辆体积位移引起的噪声，其辐射特性等同于点声源，所以是单极子源噪声。由于汽车表面可以认为是刚性的，因此当车辆等速行驶时，其表面速度在外法线上的投影对表面的积分为零，因此单极子源噪声为零。

2）四极子源噪声可以忽略不计：第一项是四极子源噪声，第二项是偶极子源噪声。在气动噪声中，四极子源噪声声强与马赫数的 5 次方成正比，偶极子声源声强与马赫数三次方成正比，因此，四极子源噪声声强与偶极子源声强之比为马赫数的平方，即

$$\frac{E_4}{E_2} \propto M_a^2 \qquad (13-11)$$

相对于声速，车辆速度相对小得多，即便汽车速度为 200Km/h，其马赫数也仅为 0.16，这样四极子源噪声声强与偶极子源声强相差两个数量级。因此，计算汽车流场噪声可以忽略四极子噪声源。因此汽车气动噪声可以简化为

$$p'(x,t) = -\frac{1}{2\pi} \frac{\partial}{\partial x_i} \int_S \frac{p_i\left(y, t-\frac{R}{c_0}\right)}{R|1-Ma_r|} \mathrm{d}S(y) \qquad (13-12)$$

如果是远场条件下，式（13-12）可以简化为

$$p'(x,t) = -\frac{1}{2\pi} \int_S \frac{x_i - y_i}{R^2|1-Ma_r|} \frac{\partial p\left(y, t-\frac{R}{c_0}\right)}{\partial \tau} \mathrm{d}S(y) \qquad (13-13)$$

式（13-13）表明，运动的车辆远场某点 x 处的声压 $p'(x,t)$，可以近似地用车辆的表面脉动压力来表示，可以求得车辆所诱导的气动噪声，该公式就是数值模拟的基础。

第六节 风噪声仿真分析

一、风噪声仿真分析概述

由 Lighthill 方程可知，求解 Lighthill 方程最重要的一项工作是求解方程的声源，通常声源问题需要通过 CFD 计算得到。随着计算机软件和硬件资源的快速发展，整车的外流场分析的精度和效率都有了较大的提升，这为风噪声仿真分析提供了基础。风噪声的计算主要有两个步骤：

首先，通过 CFD 获取近场声源，通过 DNS（Direct Numerical Simulation）、LES（Large Eddy Simulation）、RANS（Reynolds Averaged Navier Stokes）完成近场声源计算；其次，通过声辐射和脉动声压求解，主要通过 Lighthill 相似方程、Lighthill-Curle 方程、FW-H 方程，或者其他方程如 Kirchoff 和摄动法等求解远场声压，可以进行风噪声的计算。

目前，市场主流的流体分析软件有 PoweFlow 软件，Fluent 软件、CCM+ 软件等。随着软件计算功能的不断加强和完善，多数软件可实现对可压缩流场进行计算。可以同时计算流致声压和声致声压。流致声压主要是通过结构辐射的方式传递到车内，即流致声压的湍流波与结构模态耦合，引起结构振动，进而向车内辐射噪声。而声致声压主要是通过结构透射到车内的。流致声压和声致声压对车内噪声贡献是不同的，以侧窗玻璃为例，流致声压对侧窗玻璃的振动贡献要比声致声压大得多。但是，流致声压要比声致声压对车内噪声贡献小得多。

对风噪声进行仿真分析，可分为两种：一种是对外流场进行分析计算，目的是对噪声源进行分析优化；另一种是对车内噪声进行计算，一方面是评价噪声源对车内噪声影响的大小，另一方面可对传递路径进行分析计算。

二、外流场风噪声分析

外流场风噪声分析主要在开发的早期阶段，可利用 CAS 面进行分析，目的是通过优化整车造型来改善风噪

声。外流场风噪声主要通过局部外流场的声压、速度、能量及相关参数进行分析和评判。基于计算规模和对车内噪声影响大小的考虑，通常外流场风噪声分析主要集中在 A 柱、刮水器、后视镜区域。如果对某部位进行口哨声分析，则需要对该部位网格进行细化，多采用局部模型，否则计算规模将非常大。

1. 关键区域的模型处理

车身各部位产生的风噪声对车内贡献是不同的，而且这些部位关注的频率也是不一样的。因此，需要对车身关注的部位进行细化处理，考虑到计算效率和计算规模，不同部位应采用不同网格大小进行处理。

图 13-67 表示的区域，是整车风噪最受关注的区域，需要对这些区域的网格进行细化，图中表示区域分别采用 1mm、2mm、4mm 网格尺寸，目的是精确捕捉关键区域流动分离及高频涡结构（后视镜、A 柱、刮水器）及格栅后流量分配等。图中是网格细化的一种方案，如果计算机硬件资源足够强大，可以考虑进一步细化网格尺寸。但是，也不是网格尺寸越小越好，网格的尺寸与风噪的计算频率有一定关系，应该满足一个波长内至少有六个网格。

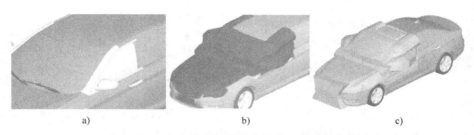

图 13-67 车身外流场风噪声关注区域的网格划分

2. 重点关注部位分析及评价

对风噪关注部位的评价，主要是从整车外流场结果进行判断的，图 13-68 是某款车外流场分析结果。从图中可以看出：后视镜区域、A 柱区域、刮水器区域、发动盖前端区域是风噪声产生的最重要的区域。由于采用可压缩的流场特征，外流场计算就可以分析声波和湍流波，见图 13-69。因此，在对整车关注部位进行分析评价时，可借助声波和湍流波两种情况进行判断。

图 13-68 整车外流场分析

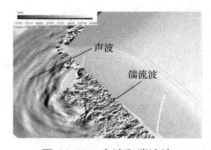

图 13-69 声波和湍流波

在对外流场风噪声进行评价时，可查看重点关注部位控制要素相关的内容，并依据这些要素对问题部位制定合理的优化方案。例如，在考虑 A 柱对风噪的影响因素时，其中一个要素就是风窗玻璃与 A 柱的面差，从图 13-70 可看出，风窗玻璃和 A 柱的面差，导致该区域产生两种声载荷，即声波和湍流波都比较大，可通过降低面差或者增加装饰条来降低该位置的声载荷。因此，前风窗和 A 柱的高度是降低风噪声必须控制的要素之一。

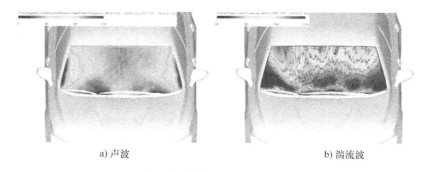

a) 声波　　　　　　　　　　　　b) 湍流波

图 13-70　前风窗玻璃与 A 柱面差对风噪声的影响

三、车内风噪声仿真分析

由于多数软件可实现对可压缩流场的计算，为车内风噪声仿真计算提供了基础。车内风噪声分析主要适合两种情况：第一，在早期进行分析，由于车内没有详细数据，可用混响系数代替车内吸声性能进行粗略的计算，优化的对象还是整车的外造型；第二，在整车的设计阶段，车内声学包已有几何数据和材料测试数据，可以通过优化声学包材料降低车内噪声。本文不对第一种情况进行详细说明，只对第二种情况进行说明。

第二种情况的风噪仿真分析需要两步：首先，完成外流场的计算，提取关注部位（侧窗、前风窗、顶篷等部位）的声波载荷和湍流载荷；然后，将第一步得到的载荷赋值到 BEM，或 FEM 和 SEA 的混合模型上进行分析，由于 FEM 和 SEA 混合模型具有计算效率高、制定方案快的特点，车内风噪声多采用 FEM 和 SEA 的混合模型进行计算。

以侧窗玻璃为例，通过外流场计算载荷，利用波数谱分析获得外流场的声致载荷和流致载荷。波数谱分解时，要选择合适的声圆积分系数（通常取 3.0），声圆积分的作用是确保声学成分完全包含在两条实线之间，载荷分解将对两条实线区域的能量密度进行积分，从而计算声学成分对压力 PSD 信号的贡献量。声圆积分系数的选择，主要取决于 K_x、K_y 和频率相关图谱中，声学成分应完全处于两条实线形成的锥形范围内，同时在 K_x 和 K_y 相关的图谱中，在 1000Hz 以上频带内，声学成分完全处于两条实线范围之内。图 13-71 是侧窗玻璃两个方向上的波数谱分解频率与波数谱的关系。

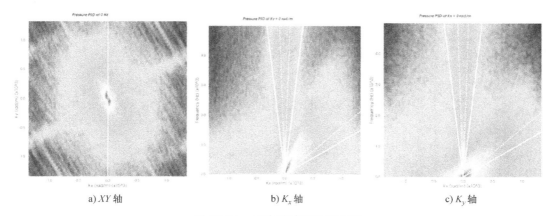

a) XY 轴　　　　　　　　b) K_x 轴　　　　　　　　c) K_y 轴

图 13-71　侧窗玻璃波数谱分解

SEA 模型的风噪声载荷示意，见图 13-72，图 13-72a 是流致载荷，图 13-72b 声致载荷。通过计算可以得到流致载荷和声致载荷对车内噪声的影响，见图 13-73，在图中，频率小于 1600Hz 之前，湍流载荷对车内噪声起着主要贡献，在频率大于 2000Hz 后，湍流载荷远远小于声波载荷对车内的贡献，声波载荷成为风噪声的主要贡献载荷。

利用上述仿真分析方法，结合贡献量分析手段，可通过优化顶篷、座椅、A/B 柱吸声棉、车门吸声棉等材料的吸声系数来降低车内风噪声。

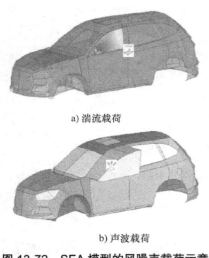

a) 湍流载荷

b) 声波载荷

图 13-72　SEA 模型的风噪声载荷示意

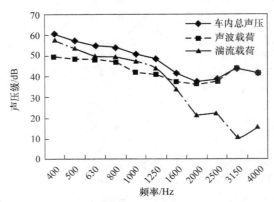

图 13-73　风噪声分析结果

四、结构刚度仿真分析

上面介绍的风噪声都是通过辐射和透射的方式传递到车内的。风噪声另外一种传递方式是通过泄漏传递到车内的。车辆在高速行驶过程中，前车门受到负压形成一个外吸的力，引起车门 Y 向变形，如果车门刚度较小，则会导致车门与车身之间出现间隙，因此产生泄漏噪声。为避免因车门受负压变形而产生间隙，必须控制车门的 Y 向变形。

对车门 Y 向变形计算分为两个步骤，首先，通过 CFD 软件计算车门外流场所有的载荷。然后，将载荷施加到车门外板与玻璃上，计算车门 Y 向位移，通常的位移要求小于 3mm。原因在于密封条的干涉量要求：主密封干涉量 6mm，辅助密封干涉量 3mm，如果车门 Y 向变形大于 3mm，则表明辅助密封失效了。

图 13-74 是 120km/h 速度下的车门变形，从图中可以看出，前车门后门框上的点变形最大。这一点通常是车门受到外流场吸力产生变形的最大点。因此，对车门外流场吸力变形问题，可以转化为早期对车门角刚度的控制，这样不仅可以提高计算效率，而且可以降低计算难度。

图 13-74　车门在流场作用下的变形

第七节　风噪声的主观评价

主观评价也是风噪声开发的重要工具和手段。不同于整车的其他噪声，风噪声是非常复杂的噪声源，一些风噪声很难用客观测试结果去评价，而且风噪声的频段包含人体最为敏感的频率范围，因此，对整车风噪声调校工作不仅要进行客观测试，也必须重点关注主观评价的结果。

一、主观评价

主观评价是评价者考虑车辆风噪性能的综合情况，并根据自身感受进行打分的评价方法。打分采用五分制和十分制，多采用十分制。打分分值越高，表示风噪声性能越好。

主观评价的场地应选用试验场光滑沥青路面或者高速公路，天气应避免雨天、雪天、雾天，风速小于 1m/s^2，温度应在 -10～40℃ 范围内。风噪声评价分为低速和高速两个工况。

1) 低速工况：低速主要是指车速小于 50km/h 的工况，主要用来评价整车风振噪声，不同的车辆，风振对应车速是不同的。在主观评价时，可尝试不同的车速评价是否存在风振以及风振问题严重程度。评价风振时要关注三个部位：打开天窗、打开前门玻璃和打开后门玻璃。通常评价风振要在前排和后排两个部位。

2）高速工况：高速工况是指车速大于60km/h的工况，主要用来评价整车风噪声水平。对于燃油车，受发动机噪声掩蔽效应的影响，对发动机噪声控制较好的车辆，在车速为80km/h左右，就能明显感觉到风噪声。对于纯电动车，在车速达到60km时风噪声就非常明显。另外，在高速评价时，要注意风噪声与胎噪的区分，这两种噪声也很容易混淆。对于风噪声的评价，重点关注呢槽、水切、密封条、后视镜部位的风噪声。评价必须考虑前排和后排两个部位。具体评价内容见表13-1，从表中可以看出，低速工况关注风振出现的车速和风振的严重程度。而高速工况是记录风噪声问题的主观感觉特征，比如"沙沙声""嗡嗡声"等特征。

表13-1 风噪声评价工况说明

车速	工况	评价位置	问题及说明
低速 （<50km/h）	打开天窗	前排、后排	
	打开前门玻璃		
	打开后门玻璃		
高速 （>60km/h）	60km/h	前排、后排	
	80km/h		
	100km/h		
	120km/h		

二、典型风噪声问题的主观识别

整车外部的细节特征都会在车内产生风噪声，这些风噪声可能在车内主观感觉比较明显，但是有时很难从车内测试数据反映出噪声问题。因此，在进行风噪声评价时，一定要将客观数据与主观评价结合在一起识别风噪声问题。

车身不同的细节特征产生的噪声频率是不同的，主观感觉也是有差异的。对风噪声的评价，描述的词语包括嗡嗡声、沙沙声、呜呜声、嘘嘘声等。由于每个人对声音的感觉是不同的，描述的词语也因人而异，因此，每个公司需要对评价词语进行统一，这样可以提高评价效率和精准度。表13-2是常见风噪声的类型及声音特点。

表13-2 风噪声问题及识别

类型	声音特点	常见的问题部位
气流分离	呼呼声	后视镜、A柱
脱落涡	嗖嗖声、嘘嘘声	天线、行李架
亥姆霍兹共振	嗡嗡声	行李架凹槽、天窗开启
空腔共振	沙沙声、嘘嘘声	A柱、B柱密封条
薄片振动	呜呜声、嗡嗡声	前风窗密封条、后风窗密封条、行李架支架
锐边振动	嗖嗖声	后视镜底座、格栅柱、行李架支架

在表13-2中，根据气流在整车局部结构产生风噪声的机理，并结合风噪声主观感觉的特点，将风噪声划分为可识别的六种类型，每种类型的噪声都有固定的特点，并且每种类型的噪声都有潜在的部位与其对应。这样在主观评价时可对问题部位进行初步的判断。表13-2中描述的声音特点说明如下：

"嗖嗖"声：是由气流通过相对较小的零部件产生的，如天线和通气栅格等。

"嗡嗡"声：是气流通过相对较大零部件产生的，如行李架的横梁、行李架的沟槽等。

"沙沙"声：主要是声波在空腔中反射形成的，如A柱、B柱和门内腔等。

"呜呜"声、颤振声：是气流通过某些部件周围或下方产生的，如发动机盖的密封条、前风窗玻璃的固定支座等。

通过分析各部位产生噪声的特点，可以初步识别整车的问题部位，然后可采用设备或工具对风噪声问题部位做进一步分析和判断。

第八节　风噪声的试验分析

对于客观测试，按照测试的场地不同，可分为道路法和风洞法。前者是在试验场，后者是在风洞试验室。由于风洞场地费用的问题，风洞使用的次数和时间在整车开发中是受到一定限制的。

一、道路测试法

道路法测试风噪声，是整车开发的常规测试内容。主要是在试验场的光滑沥青路面上测试完成的。与主观评价环境相同，测试环境应避免雨天、雪天、雾天，风速小于$1m/s^2$，温度应在$-10 \sim 40$℃范围。由于在匀速工况下，发动机噪声和路噪声相对较小。因此，匀速工况下的测试结果可一定程度上反映车内风噪声水平。通常匀速工况的车速包括60km/h、80km/h、100km/h、120km/h四种，将车内的声压、语音清晰度指数（Articulation Index，AI）和响度作为车内风噪声的评价参数。图13-75是某款车的测试结果，横坐标是车速，左侧纵坐标是声压，右侧纵坐标是语音清晰度。由于风噪声问题频率多为中高频，用匀速工况下语音清晰度指标可以反映整车风噪声的水平。

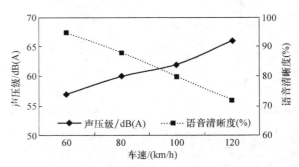

图13-75　某款车匀速工况下测试结果

另外，由于风洞费用和资源的问题，道路风噪声测试是最常用的测试方法。道路风噪声测试可借鉴风洞中开窗法来识别主要密封部位问题，以及各个密封部位对车内贡献量大小。由于在道路上试验，测试环境较风洞中稳定性差，受到轮胎噪声、路噪等影响，测试结果会受到一定影响，但是各部位贡献量测试结果也可一定程度反映各部位的泄漏情况。与风洞法测试关注部位相同，主要关注的密封部位包括车门密封条、呢槽、水切、漏液孔、后视镜、三角窗、门把手、天窗等，评价参数可采用语音清晰度、响度、声压级等。

二、风洞测试法

风洞可分两类：环境风洞和空气动力学风洞。环境风洞主要是用来测量汽车在不同环境（温度、湿度、雨雪、阳光等）条件下的动力学性能、油耗性能等。空气动力学风洞主要是用来测试整车流阻和风噪声性能等。空气动力学风洞又可分为一般风洞和低噪声风洞，区别在于低噪声风洞进行了声学处理，背景噪声非常小。风噪声的相关试验都是在低噪声风洞进行的。图13-76是某款车在同济大学风洞试验室进行的风噪声测试。

在风洞进行风噪声测试，可以有效地规避发动机噪声、进排气噪声、路面噪声、轮胎噪声等影响。因此，风洞中测试的风噪声，具有测试结果一致性好，准确度高的优点。另外，在风洞中识别风噪声源，具有速度快、准确度高等优势。但是，由于国内风洞资源有限，试验费用较高，目前利用风洞测试风噪声还有一定的局限性。

图13-76　某款车风洞法测试风噪声示意

与其他试验流程相同，在风洞里进行风噪声试验分为三步：试验前车辆准备、制定试验方案和试验结果处理及分析。为提高风洞场地利用效率，在试验前制定合理的试验方案非常关键。下面对风噪声试验的三个关键步骤做如下介绍。

1. 试验前车辆准备

由于风洞资源紧张，试验费用高，时间紧凑，因此，在试验前必须对车辆做好充分的准备。在整车开发过程中，需要在两个阶段利用风洞进行测试，即油泥模型阶段和工程样车阶段。

1）油泥模型阶段：主要目的是验证和分析整车外造型特征对车内噪声的影响，例如：A柱与前风窗面差、后视镜形状等。为了评价外造型对车内噪声的影响，需要对油泥模型进行处理。首先，需要将油泥模型制作成空腔结构，空腔结构可分为驾驶员位置空腔、前部空腔、全部空腔结构三种。并参考整车声学包设计，对空腔结构进行声学处理，使油泥模型的车内声学特性尽可能与实车相同。其次，需要对侧窗玻璃部位进行处理，安装真实的玻璃或者铝板材料。由于玻璃与铝板的隔声性能存在差异，采用铝板材料存在一定的误差，但是对优化前后差值评价是有一定的参考意义的。

2）工程样车阶段：工程样车阶段测试风噪的主要目的是测试车内风噪声水平，因此，必须保证被测样车各系统部件处于设计状态。所以，在对工程样车进行风洞测试之前，必须对前后车门、相关外饰部件的状态进行检查和确认，主要检查的要素包括间隙、面差、压缩量等，如车门间隙、车门与车身面差、密封条压缩量等，见表13-3。表中将检查内容分为两个部分：内外饰系统部件和前后车门的相关部件。因此，在进行风洞测试风噪声之前，只有按照表13-3明细进行整车检查，才能保证整车处于正确的安装状态，可减少因装配问题引起的噪声源误判。

表13-3 整车风噪声试验车辆检查明细

部位	部件	部位	部件
内外饰	顶饰条	前/后门	后视镜
	前风窗玻璃		前/后门面差
	后风窗玻璃		前/后门内间隙
	发动机盖		前/后门框条
	行李舱盖		前/后门洞条
	前保险杠		前/后门外水切
	后保险杠		前/后门内水切
	前照灯		前/后门玻璃呢槽
	后灯		前/后门B柱盖板
	刮水器		前/后门亮条
	翼子板		前/后门下装饰条
	加油口		前/后门外开把手
	前轮挡泥板		前/后门内三角块
	后轮挡泥板		前/后门门框护板
	后三角窗		前/后门护板
	侧裙护板		前后门三角窗盖板
	地板下护板		前/后门玻璃

2. 风噪声试验方案

在风洞测试前必须制定严谨的测试方案，这样不仅可以提高试验效率，而且可以提高试验的针对性。试验方案是针对不同的试验目的制定的，在整车开发的不同阶段，风噪声的试验方案也是不同的。对于油泥模型，主要目的就是分析外造型特征对车内噪声的影响。在测试之前，必须明确需要验证的方案，这些方案或者是通过外CAS面的流场分析结果提出，或者是依据经验的DMU检查结果提出。这些方案需要油泥制作工程师在风洞配合完成，本节将不再详述。

对于工程样车,在风洞进行风噪声试验,主要实现以下三个目的。

1)评估整车风噪声水平:从驾驶员或乘客双耳的位置获取测试的客观指标,如声压、响度、语音清晰度等结果,从整体的角度评估整车的噪声水平。另外,也要考虑气流与车辆行驶角度不同对车内噪声的影响。

2)查找主要的噪声源:查找车内外风噪声主要的贡献量部位,对车身结构进一步优化。

3)各噪声源的贡献量:利用开窗法测试各主要泄漏部位对车内噪声的贡献量,对不满足要求的密封部位做进一步优化。

依据风洞中测试风噪声的目的,通常制定表13-4的测试方案。表中全密封状态是指将前后车门侧门框密封条、呢槽、水切、门把手以及后视镜等可能的泄漏部位,采用胶带进行全部密封的整车状态。

表13-4 风噪声的测试工况

序号	工况	车速/(km/h)	偏航角/(°)	备注
1	全密封状态	60	0	
		80	0	
		100	0	
		120	-10	采用声阵列设备进行声源识别
			10	
		140	0	
2	密封部位贡献考查	120	0	包括侧门密封条、呢槽、水切、漏液孔、门把手、三角窗密封、发动机盖与车身密封等
3	凸出件贡献考查	120	0	包括后视镜、刮水器、天线等
4	基础状态	60	0	
		80	0	
		100	0	
		120	-10	采用声阵列设备进行声源识别
			10	

依据工程样车阶段风噪声的试验目的和测试方案,需要在车内和车外布置相应的试验设备和传声器。

在车内,需要布置四个人工头,包括驾驶员位置、前排乘客位置、后排左右位置。驾驶员位置及前排乘客位置前后方向调整至中间位置,座椅靠背应垂直于底座。另外,需要布置11个压力型传声器,分别布置在前风窗上边沿中部(1个),左、右前侧窗(2×2个),左、右后侧窗(2×2个),左右两侧后三角窗(2个)部位。为了查找噪声源,需要在车内放置一个球形声阵列,见图13-77。在车内布置人工头可以测量并评估整体的风噪声水平。而车内的球形声阵列可以识别噪声源的主要贡献部位。

a)前排人工头布置　　　b)后排人工头　　　c)车内球形声阵列

图13-77 风洞车内测试设备布置示意

在垂直于风洞转盘对称线(风速方向)且通过转盘中心的线段上,距转盘中心6m处布置一个自由场传声器作为外场参考测点,离地高度为1.2m。为了识别噪声源,需要在车外布置一个专门为风洞设计的抛物线形声阵列,见图13-78。在车外布置的声阵列,主要是识别外部的噪声源,例如轮胎、后视镜、天线等以及关键部位的泄漏噪声。

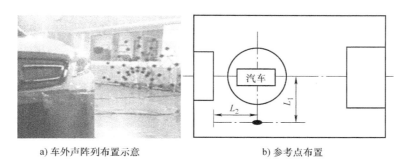

a) 车外声阵列布置示意　　　　b) 参考点布置

图 13-78　风洞中测试设备布置示意

3. 风噪声测试结果分析和判断

通过试验测试数据和问题部位的分析和评判，可以为整车风噪声优化提供方案。

1) 首先，需要评估整车噪声水平，主要根据声压级、语音清晰度、响度等参数进行评价。在利用上述参数进行评估时，要考虑偏航角对测试结果的影响。从图 13-79 和图 13-80 中可以看出，偏航角对整车风噪声影响较大，因此，在试验场进行风噪声相关试验时，必须考虑到风速、风向对测试结果的影响，从图 13-79 可以看出，偏航角对中高频段的影响较大。

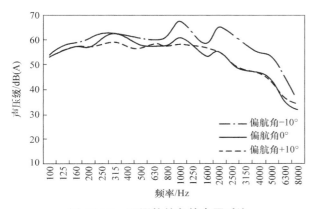

图 13-79　不同偏航角的声压对比

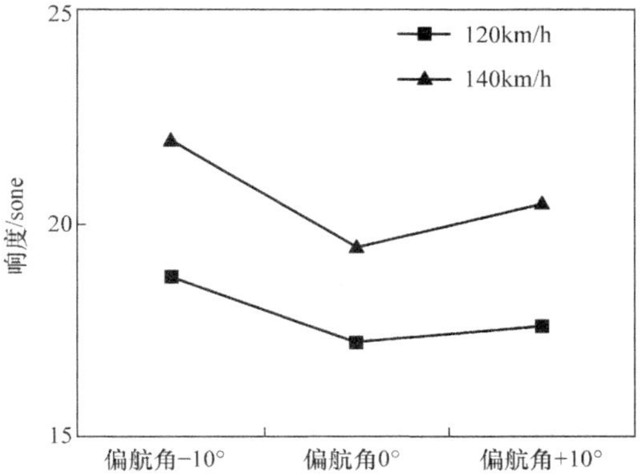

图 13-80　不同速度和偏航角下的响度结果对比

由于整车密封性对风噪声影响较大，在风洞试验中需要对整车密封性进行评估，通常利用原始状态与全密封状态测试结果进行评价。图 13-81 是某款车在车速 120km/h 下，全密封状态与原始状态声压的对比结果。从图中可以看出，整车密封对车内风噪声影响较大，需要对整车密封性进一步优化，可以结合整车气密性试验进行分析。

2) 其次，需要在风洞中测试各部位的贡献，对贡献较大的部位做进一步的优化。可以利用开窗法确认密封条、呢槽、水切、漏液孔、门把手、后视镜等密封区域的贡献量。开窗法分析方法与整车气密性试验原理相同。风洞中的开窗法考虑了高速气流作用下车门动态变形的情况，分析结果更符合实际车辆行驶工况。整车气密性试验

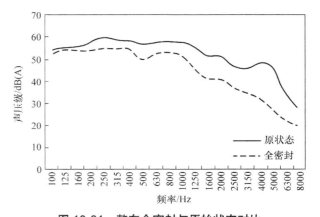

图 13-81　整车全密封与原始状态对比

是分析静态条件下的整车泄漏量，效率高，成本低。在整车开发中，两个试验都必不可少。图 13-82 是某工程样车在车速 120km/h 下，主要密封部位对车内语音清晰度的贡献，图中横坐标是密封方案。从图中可以看出，后视镜部位的密封对车内语音清晰度影响最大，由于后视镜安装在三角窗而非车门上，导致后视镜部位的密封对车内贡献较大。其次，车门密封条、水切、呢槽对车内贡献也非常大，这些结构需要进一步优化。

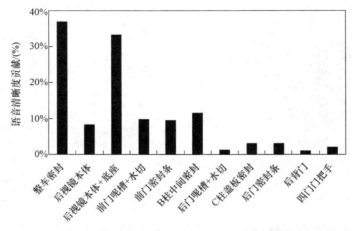

图 13-82 密封部位贡献量分析对比（语音清晰度）

分析各密封部位贡献量，也经常采用响度进行评价。图 13-83 是某款车在 120km/h 下，主要密封部位对驾驶员外耳响度的贡献。图中前门呢槽水切是贡献的主要部位，其次是车门密封条。因此，如果要进一步改善驾驶员外耳侧的响度，首先从这两个部位进行优化。有时，为了分析车身下部是否需要增加底护板，可以借助分析底盘对车内风噪声的贡献量大小进行判断。不同于车身密封的贡献量测试，底盘贡献量测试需要在车身下部增加一包围裙，见图 13-84，然后计算增加包围裙前后的响度、声压级差值，参考测试结果判断是否有增加底护板的必要性。图 13-85 是声压级测试对比结果，从结果可以看出底盘对中低频贡献较大。

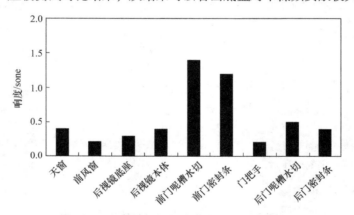

图 13-83 密封部位贡献量分析对比（响度）

图 13-84 风洞中底盘封挡示意

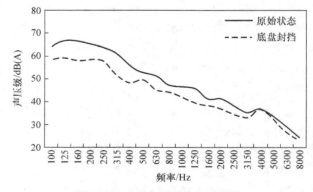

图 13-85 底盘风噪声贡献分析

3）最后，借助声阵列设备，识别贡献量较大的噪声源，对噪声贡献大的部位进行结构优化。车内的声阵列设备能够快速识别车内风噪声的主要贡献部位，对结合开窗法分析的结果有协助判断的作用。车外的声阵列设备能够从整车造型和泄漏两个方面，找到车外产生风噪声较大的部位。图 13-86a 说明了后视镜区域是产生风噪声的一个重要部位。图 13-86b 说明了前轮胎、后轮胎、后视镜以及后门中部区域是产生风噪声的主要部位，需要对这些部位做进一步优化，尤其是后视镜和后门中部区域。

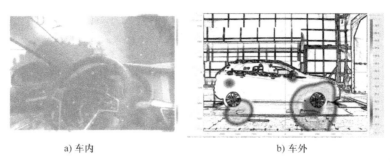

a) 车内　　　　　　　　　　　　b) 车外

图 13-86　利用声阵列设备识别风噪声

三、风噪声问题识别方法

整车常见的风噪声有"沙沙声""口哨声""嘘嘘声"等。引起这些问题的原因主要包括系统部件的间隙偏大、干涉量偏小、公差偏大等，结构设计问题、装配工艺、制造工艺、零部件质量不合格引起的。

通过上面介绍的道路测试或者风洞测试法，可以明确问题的部件或问题的部位。但是，这些方法并不能识别是部件哪些结构产生的噪声。这需要利用简单的工具进行判断，例如可以使用听诊器、白垩粉、显影剂、超声波测漏仪、塞尺、肥皂水等工具进行具体问题部位判断。这些工具的使用方法如下：

1）超声波测漏仪：超声波测漏仪可预判泄漏点，通过风洞试验或者道路试验明确问题部位或部件后，利用超声波测漏仪对潜在的泄漏点做一个初步的判断。例如，开窗法测得车门密封条贡献较大，利用超声波测漏仪找到一个或几个泄漏较大部位。由于超声波测漏仪是静态测试，需要在动态进一步验证。

2）听诊器：采用听诊器可确定动态泄漏点，在车辆行驶过程中，参考超声波找到的潜在的泄漏点，使用听诊器识别判断是否存在泄漏噪声。如果在实车上发现问题，可直接采用听诊器判断，不必采用超声波仪进行提前预判。

3）显影剂或白垩粉：采用显影剂或白垩粉判断间隙问题，在车门或车身一侧喷涂显影剂，正常关门后，查看另一侧显影剂或白垩粉覆盖情况，如果覆盖不均匀，且出现没有覆盖的部位，则说明该部位存在泄漏。

4）肥皂水：在可能出现泄漏的部位，涂抹肥皂水，如果车辆在行驶过程中有明显的气泡，则说明该部位有泄漏。

5）塞尺：用塞尺在可能泄漏的部位（如呢槽、水切等）进行滑动，如果滑动相对容易，说明该区域可能存在泄漏。

利用上述这些简单工具，可以快速找到风噪声的问题部位，通过对问题部位的结构优化，可降低车内噪声水平，改善车内语音清晰度。图 13-87 是某款车在工程样车阶段进行的风噪声优化，图中横坐标是驾驶员外耳的语音清晰度指标，纵坐标是后排右侧外耳语音清晰度指标。在整车 NVH 性能开发过程中，语音清晰度是一个非常重要的指标。图 13-87 中 0 表示车身原始状态，1~5 表示针对风噪声的优化方案。1 表示水切两端结构的修改方案；2 表示呢槽结构拐角及顶部修改方案；3 表示门间隙调整方案；4 表示门把手密封方案；5 表示后视镜及底座密封方案。图 13-88 是针对后视镜区域的优化方案，包括对底座钣金区域涂胶、线束过孔处理、底座与钣金之间增加泡棉等措施。通过对这些问题部位进行优化，可改善车内的风噪声水平。

从上面的案例分析可以看出，风噪声问题大都是"细节"问题。如果这些密封部位细节设计处理不好，就很难保证车内有较好的风噪声水平。因此，前期设计必须重视细节部位的设计。

以上是从泄漏的角度对风噪声问题识别方法进行了说明。但是，风噪声还有另外两种重要的传递方式：辐射方式和透射方式。本章不对这两种传递方式进行介绍，相关内容可参考声学包相关章节。泄漏是风噪声最重要的传递路径，但也不能忽视辐射和透射这两种传递方式。

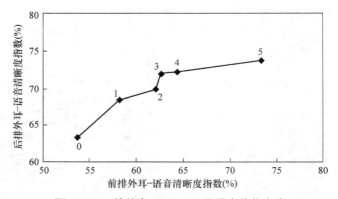

图 13-87　某款车 120km/h 风噪声优化方案

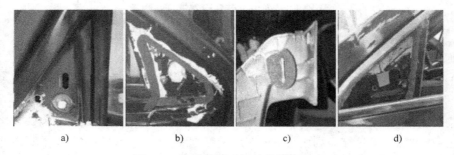

图 13-88　某款车后视镜的优化方案

第十四章 整车异响性能分析及控制

随着整车开发技术的发展，以及人们对生活水平的不断追求，整车舒适性越来越受到人们的关注和重视。NVH 是舒适性主要的评价内容之一，而异响是影响整车舒适性、整车品质的一项重要性能，也是目前市场上抱怨最多的性能之一。因此，随着汽车消费者对汽车产品要求的日益提高，异响作为汽车的一项重要品质也越来越受到各主机厂的重视。曾有人对北美汽车售后维修费用进行了统计，统计结果发现：超过 10% 的维修费用用于异响维修。因此，在整车开发过程中，必须针对异响性能进行全面的、系统的开发，这对提高整车的乘坐舒适性、整车品质有非常重要的意义。

第一节 整车异响概述

一、异响的概念

异响用英文 BSR 表示，是由 Buzz、Squeak 和 Rattle 三个英文单词的首字母组成的一个名称。整车异响是指在外力作用下，单个板件发出的颤振声，或两个及两个以上的部件表面产生了摩擦或者撞击而产生的声音。因此，根据异响产生的特点可分为三类。

1）颤振声（Buzz）：结构振动或共振发出的嗡嗡的声音，见图 14-1a。
2）摩擦声（Squeak）：物体表面接触相对滑动、摩擦产生的吱吱的尖锐声，见图 14-1b。
3）敲击声（Rattle）：相邻零部件之间撞击产生的咔嗒声，见图 14-1c。

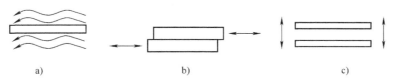

图 14-1 整车异响分类

异响和噪声的区别在于：噪声是有规律的、持续时间比较长的声音，如发动机噪声、排气噪声等。而异响的发生和持续时间是没有规律的，有的异响时间比较短，有的异响是突发性的。根据异响问题的特点，Squeak 和 Rattle 是主要的两个异响类型，而 Buzz 在车身发生的概率比较低。

二、异响产生的机理

异响是指两个相互接触的部件，在外力的作用下产生法向或切向的相对运动，并且在两接触面间出现相互碰撞或摩擦而产生的噪声。相对运动的部件并不一定产生异响，但是产生异响的部件一定存在相对运动。由于异响是强非线性的物理现象，所以异响的动态特征和声学原理是非常复杂的。

影响异响的因素主要包括两个方面：材料特征和结构特征。材料特征包含摩擦特性、温度和湿度特性等；而结构特征包括发生异响部件间的动态特征、接触点动刚度、摩擦力特征等。因此，影响异响的主要因素包括：

1）结构设计问题：主要包括间隙设计、预载与干涉量设计、结构连接方式控制、卡扣设计和数量及布置设计、局部刚度和模态设计等。

2）材料选择设计问题：主要包括接触部件兼容性问题、材料耐温度设计、材料疲劳耐久特性设计、材料表面处理工艺问题等。

3）制造问题：主要包括焊接精度、焊接工艺、加工精度等。

4）装配问题：主要包括装配精度、装配工艺、零部件运输控制等。

从异响产生的机理和原因分析，产生异响的部位及部件是非常多的。通过研究及市场反馈的问题分析，异响问题主要集中在车身、内外饰、电器和底盘等系统，主要表现在：

1）对于车身，异响的产生主要在钣金之间，其根本原因在于焊点设计不合理，或者在实车焊接出现虚焊、脱焊或者漏焊的情况。异响的表现形式主要为 Rattle 异响和 Squeak 异响，Buzz 异响主要出现在车门外板、扬声器安装的车门内饰板等。

2）对于内外饰系统，主要产生的部位在内饰件之间，或内饰件与钣金之间等。其根本原因是设计间隙、材料兼容性等引起的。异响的表现形式主要为 Rattle 异响和 Squeak 异响。

3）对于电子电器系统，主要是线束和卡扣产生的异响。主要是线束与内饰、线束与钣金之间产生的 Rattle 异响和 Squeak 异响，电器件 Buzz 异响几乎是不会发生的。

4）对于动力底盘系统，异响产生于底盘件间的连接部位，如橡胶件衬套与底盘件、球铰连接以及螺栓等部位，主要是由于间隙、材料兼容性、螺栓失效等原因引起的，异响类型以 Squeak 异响为主，有时也会发生 Rattle 异响。

5）对于动力附件及传动系统，异响产生于系统部件之间的连接区域，以及系统与周边部位的连接区域。主要是由于间隙、材料兼容性等原因引起的，以 Squeak 和 Rattle 异响为主。

三、异响性能的开发流程

与整车其他性能一样，异响性能已经成为整车开发的一项重要性能，贯穿整车开发的全部过程。主要的工作包括：

1）对标车分析和目标制定：确定市场技术对标车和市场竞争车后，解析对标车的异响性能设计的优劣势情况，完成标杆车的主观评价，并制定设计车开发方案并建立设计车的目标值。

2）开发前期的数模检查：依据异响 DMU 检查清单中的内容，对关键系统的三维数模进行检查和分析，检查的内容包括间隙、材料兼容性、布置位置、结构形式等。

3）工程设计阶段的仿真分析：利用仿真分析对异响问题进行分析和优化。仿真分析包括直接法和间接法。直接法就是利用有限元分析法直接对两部件是否异响进行判断。而间接法是利用模态、静刚度、动刚度、传递函数等参数间接地对两个部件进行异响分析和判断。

4）系统、部件的台架试验验证分析：在样车试装之前，对关键零部件进行异响台架测试，保证零部件本身在整车上不会出现异响问题。主要验证的零部件包括仪表板、座椅、天窗、侧门、背门、安全带卷收器、组合仪表、CD 机等。

5）整车异响试验、排查及优化：整车异响试验包括道路试验和四立柱高低温试验。两者都是异响排查的手段。四立柱异响试验可实现高温、低温和常温等条件下的异响问题排查和方案验证。四立柱台架试验又包括低里程异响试验和高里程异响试验。

第二节 整车异响性能总体设计准则

异响的 DMU 检查是指在工程设计阶段，基于异响 DMU 检查准则和工程经验，对三维 CAD 数据进行的检查和分析。异响的 DMU 检查对整车异响性能开发是非常重要的，它的作用与异响仿真分析是相同的，都是在设计前期解决异响问题的重要手段。甚至 DMU 检查的作用要高于异响的仿真分析。因为很多的异响问题，并不能通过仿真手段进行预测分析。因此，异响的 DMU 检查，是整车异响开发不可替代的手段。

异响 DMU 检查是整异响开发的重要一环，DMU 检查的内容涵盖了整车所有系统，并通过检查系统部件的间隙、材料兼容、固定方式、固定位置等评估异响的风险。根据整车异响问题产生的原因，可将整车异响分为八类，见图 14-2，图中每一类异响问题都有其对应的解决方案和设计原则。

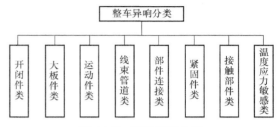

图 14-2 整车异响分类

一、开闭件类

开闭件类结构是指一侧用铰链连接，另一侧可以实现开闭的部件。常见的部件包括侧门、背门、发动机舱盖、加油口、杂物箱、检修口、扶手箱、顶篷眼镜盒等。在开闭一侧，通常布置 1 个或几个缓冲块，为了避免车辆在运行过程中产生敲击或摩擦异响，必须保证开闭件与缓冲块有一定预载，从间隙控制的角度看，必须保证开闭件与缓冲块之间存在一定干涉量，见图 14-3。

a) 杂物箱盖　　　　b) 加油口盖　　　　c) 背门

图 14-3 典型的开闭件类异响部件

图 14-3 是典型的开闭件类部件，包括杂物箱盖、加油口盖、背门，图中标示的部位是缓冲块布置的部位，须保证这些开闭件与缓冲块有一定的干涉量。例如，杂物箱盖与缓冲块干涉量为 1~1.5mm，这样可以有效地减少敲击异响的产生。

二、运动件类

运动件类结构是指在车辆运行过程中存在相互运动的两个或两个以上的部件。为避免相对运动部件间产生敲击或摩擦异响，在进行此类结构设计时，一方面要保证运动部件间有足够预载，保证运动过程中不会出现分离；另一方面，可在运动部件间增加软质弹性材料。典型的部位包括线束穿过孔洞、门锁拉杆、座椅头枕杆、活动支架等。

图 14-4 是典型的异响运动件类结构，分别为侧门板件与门锁拉线、安全带卷收器与 C 柱钣金、后排锁销和锁扣。在图 14-4a 中，为避免门锁拉线在运动过程中出现敲击或摩擦异响，在与车门内板接触部位增加了泡棉处理；在图 14-4b 中，安全带卷收器属于单点安装，卷收器相当于悬臂安装，为了减少卷收器在车辆行驶过程中振动过大，恶化组件的异响问题，同时也避免卷收器与后部钣金出现敲击异响的风险，在卷收器与车身之间增加 EPDM，见图中标示位置，或者将卷收器设计成两点安装；图 14-4c 是后排座椅锁扣与锁销的锁止状态，锁扣与锁销之间增加橡胶缓冲块，并且保持一定的压缩量，避免在行驶过程中产生敲击异响。

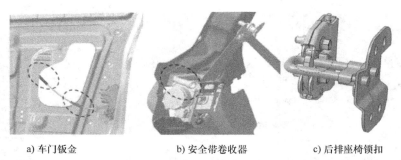

a) 车门钣金　　　　b) 安全带卷收器　　　　c) 后排座椅锁扣

图 14-4　典型的运动件类异响部件

三、大板件类

大板件类结构是指幅面比较大的部件。对于面积较大的内饰件，必须保证其固定位置至少有三个支撑点，以保证大板件的稳定性，并且接触部位应采用柔性支撑，以避免出现敲击异响。大板件类结构主要包括衣帽架内饰板、侧门内饰板、背门内饰板、备胎盖板、发动机装饰盖等，见图 14-5。

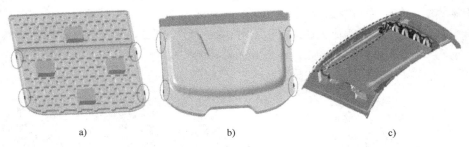

a)　　　　　　　　b)　　　　　　　　c)

图 14-5　典型的大板件类部件

图 14-5 是典型的大板件类部件。图 14-5a 是备胎盖板，为了防止盖板与备胎槽边缘的敲击异响，采用毛毡进行处理，见图中标示；图 14-5b 是衣帽架，为了避免衣帽架搁物板的敲击异响，在衣帽架周边增加毛毡；图 14-5c 是顶篷内饰，为了避免内饰与天窗支架的敲击异响，在顶篷内饰上要多增加蘑菇贴进行固定，可减少车辆在行驶过程中引起的敲击异响问题。

四、线束和管道类

线束管道类结构是指电子电器的线束、动力系统及底盘件的管路等部件。由于线束、管道类部件挠度比较大，在车辆行驶过程中很容易与附近的部件产生敲击异响。因此，对于电器线束和管道类的设计，必须以一定的间距进行固定，且固定部位必须在车身刚度大的地方。线束管道类部件主要包括整车各部位的线束、门锁拉线和各种油管等。

图 14-6 是典型的线束管道类结构。图 14-6a 是轮罩板和侧围周边的线束布置，其中，深色部分是线束固定的卡子，由于轮罩板和侧围刚度相对较弱，如果线束的间距过大或固定位置不合理，则会引起线束敲击板的异

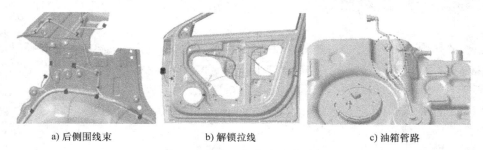

a) 后侧围线束　　　　b) 解锁拉线　　　　c) 油箱管路

图 14-6　典型线束管道类部件

响,因此需要合理设计线束卡子数量和布置位置;图 14-6b 是解锁拉线与侧门钣金的布置,当车辆经过颠簸路面出现 Y 向振动时,解锁拉线会敲击车门内板产生敲击异响,因此要对解锁拉线采用软质材料包裹处理;图 14-6c 标示区域是油箱和炭罐的连接管路,为了防止管路与油箱存在相对运动产生异响,需要对管路进行包裹处理。

五、相邻零部件的连接

相邻零部件的连接是指相邻的钣金件、钣金与内饰件以及内饰与内饰间的固定或连接方式。通常相邻钣金或内饰件之间需要通过隔绝材料分离,或通过卡子或螺钉等固定,尤其是在相邻部件的安装部位、刚度相差较大、容易产生相对运动的地方。此状况下主要是要避免两个相邻部件之间产生敲击或摩擦异响。主要关注的部位有各种内饰件之间、钣金件之间以及钣金件和内饰件之间的连接部位。

图 14-7a 是某款车除霜风道的连接示意,从图中可以看出:除霜面板与右后风道通过螺钉连接,右前和右后风道边缘侧是通过螺钉连接的,而在中部位置采用卡接连接,并且在卡接位置处增加毛毡处理,这样可有效地避免敲击异响。图 14-7b 是仪表板骨架与仪表装饰条本体通过螺钉连接,并且在螺钉连接处增加弹簧卡片,保证两部件不会松动产生摩擦和敲击异响。

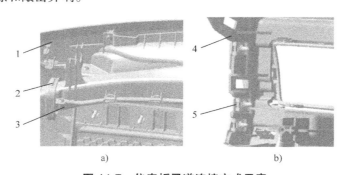

图 14-7 仪表板风道连接方式示意

1—除霜面板 2—右后除霜风道 3—右前除霜风道 4—仪表板骨架 5—仪表装饰条本体

六、紧固件的布置位置

紧固件的布置位置是指一个体积小的部件在体积较大部件上的布置方式和区域。在选择紧固件的位置时,要合理、容易固定,并且尽可能布置在有支撑或局部加强的地方,保证紧固件安装部位刚度足够大,避免出现较大变形引起的敲击异响,尤其是避免在面积较大的部位设置安装点。常见问题部位包括各种内饰、底盘件、钣金之间以及内饰钣金间等端部连接。

图 14-8a 是某款车 OBD(On-Board Diagnostic)接线端及支架在仪表板的安装位置,由于仪表板的下边缘无连接件或加强件,该部位刚度较弱,是多阶模态的反节点位置;图 14-8b 是其中一阶模态的振型。因此,若在此安装 OBD 接线端存在异响风险,应避免将安装点布置在该位置处。

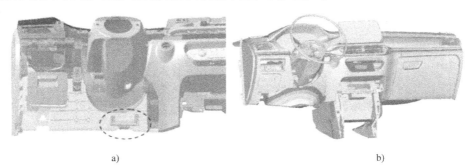

图 14-8 附件安装位置选择示意

七、接触面材料类

接触面材料类是指两个或两个以上存在相对运动的部件相互接触时，如果材料不兼容，则会引起黏滑现象，增加摩擦异响的风险。在进行接触部件检查时，要保证接触部位的材料兼容。常见的发生问题部位有内饰之间、内饰与车身之间、底盘与橡胶件之间等。对于此类异响，主要是通过改善表面涂层处理或者在橡胶材料增加自润滑材料等措施避免异响。

图14-9是某款车的门框与前车门的截面，需要确定接触面材料兼容性的区域包括门框密封条与漆面、门洞密封条与漆面、玻璃与玻璃槽等。有的车型在密封条唇边增加了植绒处理，一定程度会抑制异响，但是植绒一旦进入尘土，也会出现异响问题。因此，为了避免因材料不兼容而产生的异响问题，在前期必须对接触面的材料兼容进行检查确认。

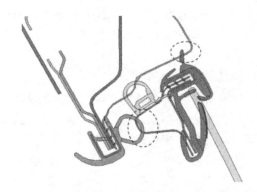

图 14-9　门框密封条与车门漆面摩擦异响

八、温度、应力敏感类材料

温度和应力变化可引起材料属性改变，或使部件整体或局部产生变形。这会导致材料的接触特性发生变化，引起摩擦异响或敲击异响。主要包括四种情况：

1）环境温度低，导致橡胶类等材料出现硬化。
2）周围高温使得金属材料局部膨胀与周围出现相对位移。
3）长时间光照使得塑料类材料发生老化。
4）局部受力过大导致材料发生变形。

上述四种情况都可引起异响问题，其中，第一种和第三种是材料属性发生变化，而第二种和第四种是材料出现变形情况。上述问题出现的部位主要集中在车身钣金、内饰以及底盘等部件，原因在于这些部件存在温度变化较大，或者应力变化较大的区域。

例如，在北方冬天，车外管路用的橡胶材料，由于低温会出现硬化，就非常容易与周围零部件产生摩擦异响。图14-10是某款车的换档拉索在车身后部的走向，由于布置的原因，将换档拉索布置在油箱的底部，当冬天低温行驶时，换档拉索与油箱之间容易产生摩擦异响，为了避免摩擦异响，必须重新布置换档拉索位置，或将换档拉索衬套换成自润滑材料或者增加毛毡等防异响材料。

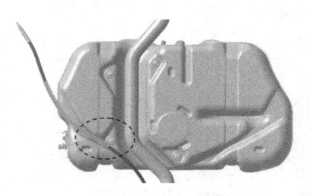

图 14-10　换档拉索与油箱摩擦异响

第三节　车身系统异响性能设计准则

车辆在行驶过程中，车身结构会受到来自发动机、路面、旋转件等多种载荷的作用，这些载荷会引起车身的相邻钣金件产生相对运动，如果相邻板件的结构、焊点、间隙、涂胶等方面控制不合理，会导致相邻板件产生敲击异响或摩擦异响。尤其对于复杂的路面载荷，载荷的大小和方向都具有随机性。因此，前期的结构设计非常重要。

一、车身钣金设计原则

对于车身钣金件之间，尤其是板件间连接部位，如果板件之间的间隙、拐角、翻边等部位设计不合理，在整车受到扭转工况下，会导致车身钣金件间产生摩擦异响，少数情况下也会出现敲击异响。出现异响问题的部位主要集中在前、后轮罩板的邻近区域，以及背门框架区域（两厢车）等。为减少或避免车身结构的异响问题，车身钣金设计应遵循一定的原则，主要包括：

1. 钣金间的间隙控制

车辆在行驶过程中，经过坑、坎或者凸凹路面时，车身会出现变形，如果车身的变形大于板件间隙，那么该板件间将会产生摩擦或者敲击异响。因此，必须对车身相邻板件的间隙进行控制。根据板件产生异响的问题情况，可以将异响发生部位分为法线方向和切线方向，见图14-11a、b示意，要对δ值大小进行控制。图14-11c是机舱纵梁后部结构示意图，车辆在颠簸路面行驶过程中，机舱纵梁变形较大，图中前纵梁与副车架加强板距离足够大，如果两板距离过小，则会在行驶过程中产生敲击异响。图14-11d是shotgun与A柱搭接结构示意，应保证shotgun板与A柱板的距离，否则在颠簸路面两板会接触产生摩擦或敲击异响。因此，进行钣金件检查时，必须对相邻板件间两个方向的距离进行控制。

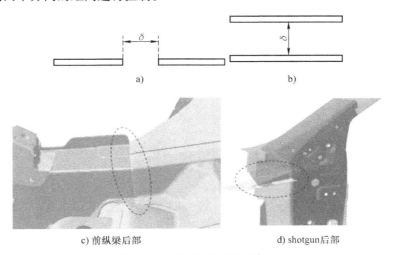

图14-11 钣金结构设计情况

另外，车身各部位变形是不同的，因此，对车身不同部位的板件间隙要求也是不一样的。车身主要关注的区域包括空气室结构、前纵梁后部、前围板、shotgun、后轮罩板、后围板等。

2. 钣金件折弯处倒角处理

在车身的结构设计中，板件的拐角搭接结构设计情况非常常见，由于这些区域往往是变形或集中受力的部位，如果这些部位结构设计不合理，将会产生摩擦或敲击异响问题。在进行拐角或折弯设计时，要保证内侧的圆角钣金大于外侧的圆角半径，见图14-12。

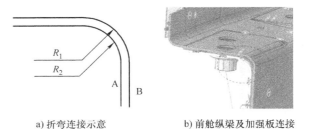

图14-12 钣金件折弯处倒角处理

图中R_2为内侧圆角半径，R_1为外侧圆角半径，为保证两钣金件不发生异响，须满足$R_2 > R_1$。这样可保证在任何载荷作用下，避免内、外钣金间接触，进而避免摩擦异响。图14-12b是某款车机舱左纵梁悬置安装位置结构图，由于悬置承受的载荷比较大，尤其是在颠簸路面，纵梁会受到各个方向的载荷，如果倒角处加强板的半径小于纵梁半径，那么加强板与纵梁板变形不统一时，则会引起相对位移，产生摩擦或敲击异响的风险。

3. 钣金间搭接设计

车身结构设计中，非平行搭接结构设计也属于常见的结构形式，如果在搭接部位结构设计不合理，将会引起摩擦或敲击异响问题。从异响角度，搭接设计应该遵循如下原则。

1）搭接区域最好采用平面搭接，避免采用弧度或不规则搭接，否则焊点和受力都比较复杂，不容易控制。

2）必须保证截面区域有足够的面积，否则在恶劣工况下，容易产生较大变形，增加异响风险。

3）避免在折弯处设焊点，否则会在连接处产生较大弯矩，外界载荷过大时会产生敲击声或摩擦异响。

尤其在板件的末端与另外一个板件连接时，要避免在折弯处设计连接，否则，需要在板件间增加反向加强筋，一方面能保持两板间有足够的间隙，另一方面可增加板件的刚度减少变形，在扭转工况或弯曲振动工况下，两者不会出现摩擦或敲击异响。在图 14-13a 结构设计中，钣金 A 和 B 存在敲击异响的风险，可通过在 B 件与 A 件接触区域设计反向加强筋的手段，减少两件振动的接触，降低发生异响风险。图 14-13b 是某款车的空气室与前减振器座区域的结构设计，1 是前减振器座的加强板，2 是空气室横梁板，在图示区域，板 1 位于板 2 和板 3 中间，由于此处变形较大，存在异响风险，一方面可控制图中的间隙，另一方面要提高板件 1 刚度。

4. 钣金件筋布置设计

在车身结构设计中，钣金件布置加强筋是常见的设计，如果两个件间距较小，加强筋设计会受到限制。加强筋的起筋方向不能指向另一板件，否则钣金件在受到弯曲振动时，由于两钣金件刚度不同，产生的位移大小也不同，会增加两板件产生敲击异响的风险。

图 14-14 中钣金 A 是钣金 B 的加强板，采用图 14-14a 的起筋设计，如果 A 板和 B 板两者空间较小，则很容易产生敲击异响。采用图 14-14b 的起筋设计，可以降低异响的产生风险。因此，在对板件起筋设计时既要考虑板件的空间，也要考虑到起筋的方向。

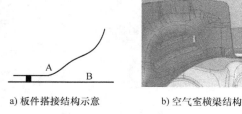

a) 板件搭接结构示意　　b) 空气室横梁结构

图 14-13　板件搭接结构示意

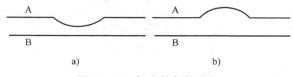

图 14-14　钣金件起筋方向

二、车身焊点设计原则

焊点的布置位置，对钣金件异响有重要影响作用。因为焊点的布置影响着钣金局部刚度，当车身受到外界扭转或弯曲载荷时，钣金件会产生变形，如果焊点布置不合理，相邻钣金变形不一样，会产生法向或者切向运动，导致摩擦或敲击异响的产生。针对焊点的布置，主要考虑如下的原则。

1. 保证在钣金边缘布置焊点

在两个大钣金件的边缘连接部位，或者一个大钣金件与其加强件的边缘连接部位，必须布置焊点。在边缘部位，钣金件刚度相对其他区域比较低，如果该位置不设计焊点，在受到扭转和弯曲振动载荷下，钣金件将会出现相对运动，因此会产生摩擦或敲击异响。见图 14-15。在图 14-15a 中，A 和 B 分别为两钣金件，如果在边缘部位 1 点不设计焊点，那么件 A 在受到外部扭转载荷时，会以 2 和 1 点为支点，产生法向振动或平面相对滑动，这将产生敲击或者摩擦异响问题。因此，在两部件的边缘部位，必须保证有焊点的存在。类似的结构设计主要出现在地板、顶板、轮罩板等结构设计中。

2. 保证在钣金曲率变化大的部位布置焊点

车身存在很多的曲面设计，由于在曲率变化较大的钣金件部位，最容易出现振动能量集中的情况，如果不能通过焊点等连接，增加这些部位的刚度，则会发生较大的变形，与相邻件发生相对滑动，增加异响的风险。见图 14-15，在图 14-15b 中，如果 2 点不设计焊点，钣金件 A 受到弯曲载荷或扭转载荷时，两钣金件 A 和 B 将会出现敲击或摩擦异响。因此，在该部位设置焊点是降低异响风险的重要措施。

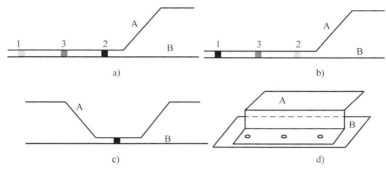

图 14-15 钣金件焊点布置

3. 保证在局部搭接的部位布置焊点

在车身结构设计中，布置焊点可以增加局部连接刚度，尤其是两个板件尺寸相差很大时，两板在接触区域刚度不同，在外载荷作用下变形是不协调的，也就是钣金件变形大小是不相等的，导致两钣金件在该区域存在相对运动，增加异响的风险。因此，必须在该区域设计焊点，并适当增加该区域的焊点设计密度。常见的区域包括前纵梁及其加强板、A 柱下部加强板、地板与加强板、顶篷与横梁等结构区域。

图 14-15c 中，如果 A 和 B 邻近的凸台区域不设置焊点或者不增加焊点的密度，两板件刚度不同，B 板变形较大，A 板变形较小，这会增加两者产生异响的风险。图 14-16 是某款车减振器座板及其加强板的搭接结构示意，图示位置由于搭接区域面积较小无法布置焊点，由于减振器座承受较大载荷，容易出现相对变形，产生异响风险。可通过增大加强板图示位置的面积，增加焊点以增加连接刚度，减少相对变形，降低异响风险。

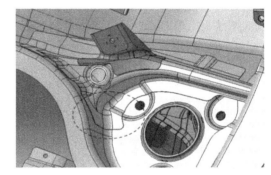

图 14-16 减振器座板及其加强板

4. 保证在刚度弱的地方布置焊点

在车身结构设计中，如果两个板件尺寸相差较大，那么两者的抗弯能力也不相同。对于面积较大或者长度较大的横梁钣金件，此类钣金件中部刚度通常都比较弱，应该在这些区域增加焊点数量，或者增加结构涂胶量，以减少局部变形，降低异响的风险。常见的部位有顶篷与顶篷横梁，后地板及后地板加强梁、衣帽架与其加强梁等。例如，在顶篷和横梁之间，必须有足够的胶来支撑，否则会在颠簸路面出现颤振的异响声。图 14-15d 中，两个钣金在折边处连接（图中圈示部位为焊点），必须保证该区域的焊点密度，才能保证两者不发生相对位移。减少异响风险。

第四节 开闭件系统异响性能设计准则

开闭件是指侧门（前门和后门）、背门或行李舱盖等结构，开闭件是整车产生异响问题最多的系统之一。这不仅是因为车门有复杂的内饰拼接结构，内部有玻璃升降器、线束、玻璃导轨等易变形的部件，而且钣金结构受门洞扭转工况的影响较大，也容易引起钣金结构与内饰、附件之间相对较大的变形，导致敲击异响产生。由于门框与门洞的相对变形，也会增加密封条与车身漆面产生摩擦异响的风险。另外，车门防撞梁的胶与外板干涉量过小，也会加大外板颤振异响（Buzz）的产生。

根据开闭件产生异响的部位、类型等不同，开闭件异响控制可分为钣金结构件、内饰件、电器件、密封条等。开闭件异响重点关注的部件见图 14-17。

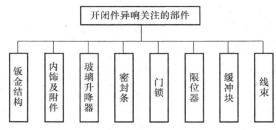

图 14-17 开闭件异响重点关注的部件

一、钣金结构的设计

开闭件钣金结构和结构件主要包括开闭件钣金、加强板与玻璃导轨、玻璃升降器导轨等结构，主要是从结构之间的间隙和变形的角度分析的。主要控制的内容包括内外板间隙、玻璃导轨与铰链加强板间隙、玻璃导轨顶端与外板加强板间隙等。间隙控制的目的是使整车在任何行驶工况下，相邻两部件都不会接触，降低产生敲击或摩擦异响问题的风险。

1. 结构件与钣金件距离

除了车门的钣金件外，前后门内外板之间的结构件也很多，如果这些结构件与钣金的间隙偏小，车门内外板在外部载荷的作用下产生变形，将会增加这些结构件产生敲击异响的风险。下面以图 14-18 所示某款车前门为例进行说明。

在图 14-19a 中，标示 B-B 截面的是前门玻璃滑轨与铰链门锁加强板的间隙，并按照整车坐标系的 Z 向做剖面。从图中可以看出，如果两者间隙偏小，在扭转工况下容易产生接触，产生敲击异响。需要合理设计两者的间隙，一般要求大于 10~15mm。另外，侧门玻璃导轨与门锁板的间隙也要进行控制。

在图 14-19b 中，标示 C-C 截面的是玻璃滑轨与门内板加强板的间隙，按照整车坐标系 X 向做剖面。如果玻璃滑轨与门内板加强板的间隙偏小，在车门受到弯曲载荷下，会导致两者接触而产生异响，需要对两者的间隙进行控制，通常要求大于 10mm。

在图 14-19c 中，标示 D-D 截面的是外板与防撞梁以及涂胶的示意，按照整车坐标系 X 向做剖面。要保证胶膨胀后与外板有足够的干涉量，否则会导致外板没有足够的支撑出现颤振异响，所以必须对两者之间的隔振胶进行合理的布置。

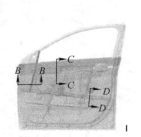

图 14-18 车门示意图

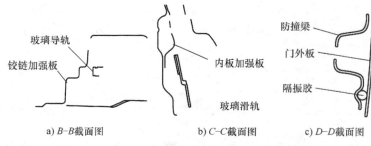

图 14-19 侧门钣金件异响控制

2. 外板刚度

外板刚度也是引起异响问题的因素之一，如果外板刚度较低，尤其在开关门等操作工况下，会带动其他结构件产生一系列的异响问题。通常是对外板增加补强贴片，或者提高防撞梁上涂胶与外板干涉量。这不仅可以减少异响问题，同时可以提升关门声品质厚重感。

二、车门内护板的设计

车门内饰主要是指侧门和背门的内护板，内护板也是整车异响产生的重要部位之一。尤其是侧门内护板装有门锁内手柄、门锁开启按钮、玻璃升降器手柄、扶手、杂物盒和扬声器等，包含的零部件非常多，异响产生的风险也非常高。总体看，对侧门内饰及附件的异响，主要从间隙或预紧力角度、材料兼容性等进行控制。车门内饰主要从以下角度考虑：

1. 内护板与钣金间隙及预紧力

车门内护板与钣金之间间隙是影响异响的重要因素，因为内护板刚度较钢板要弱，容易出现变形，如果间隙或者预紧力控制不到位，就会导致板件出现敲击或摩擦异响。由于车门钣金受路面载荷、发动机载荷和风载荷的影响较大，如果两者间隙过小，则外板在这些载荷作用下，与内护板产生相对变形，增加异响的风险。图14-20是某款车的内板与内护板结构间隙示意，从图14-20b中可以发现，如果图中标示部位存在间隙，若车辆在颠簸路面上行驶，会导致车门内外板变形，则钣金与内饰之间会产生敲击异响，通常将内护板与内板设计成过盈处理，干涉量为0.3～0.5mm。

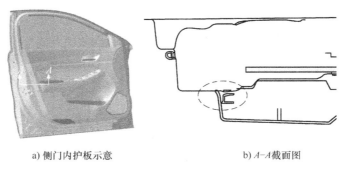

a) 侧门内护板示意　　　b) A—A截面图

图14-20　侧门护板与内板间隙（一）

车门预紧力或干涉量主要是通过卡扣的卡接力实现的，内饰板的固定点一般均匀分布在周边区域（见图14-21a）。在前期要对卡扣间距及位置进行设计，如果卡扣间距偏大，预紧力小，间隙不好控制，会加大异响的风险；如果间距太小，会导致装配困难，因此，必须根据内饰板结构合理选择卡扣布置点位置。尤其在内饰板型面比较复杂的区域，卡扣间距要尽可能小，以减少两者的相对位移，降低异响风险。如果在一些复杂的型面上无法通过卡扣实现压紧力，那么可以通过卡接结构来实现。图14-21b是内护板与钣金无卡接结构，试车时存在"嘀嘀"的敲击异响，通过局部设计卡接结构（图14-21c）可以改善局部受力，减少异响风险。

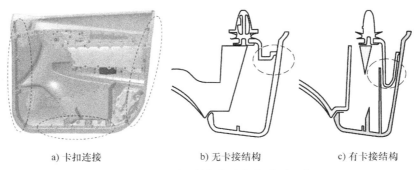

a) 卡扣连接　　　b) 无卡接结构　　　c) 有卡接结构

图14-21　侧门护板与内板间隙（二）

2. 车门内护板间的材料兼容性

材料的兼容性决定了摩擦异响的风险，车门内护板不仅零部件数量多，而且材料种类也比较多，尤其是同一材料采用不同的表面皮纹，材料兼容性也是不同的。因此，车门内护板材料的兼容性设计非常重要。图14-22

是某款车前门内护板材料类型图，在车门内护板中，常用的材料有 PVC 和 ABS，这两种材料的兼容性较差，很容易与其他材料产生异响。

软质车门内护板一般是由骨架材料、发泡材料和表皮材料组成的，常见的材料是由 PP+ PUR+ PVC 组成的，PVC 为表皮材料，材料兼容性差，容易产生异响问题。有的车型表皮采用了织物材料，可有效地避免摩擦异响的风险。对于硬质车门内护板，通常采用 PP 和 ABS 材料，PP 材料兼容性要优于 ABS。

在前期进行材料兼容性设计时，通常参考材料兼容性表。材料兼容性表是通过不同的试验条件（温度、湿度、压力、速度等）进行大量试验综合评估的结果。

3. 内护板零件间的间隙

内护板零件之间的间隙也是车门内饰产生异响的来源之一，如果内护板零件间隙不合理，将会引起摩擦异响和敲击异响，因此，为了避免内护板的零件间异响，可从间隙控制和预紧力两个方面进行设计，但是两者并非完全可区分开。

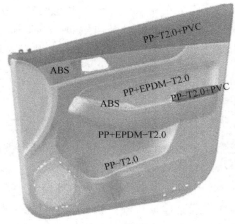

图 14-22　某款车的前门内护板材料

对于车门内护板，对间隙进行控制的部位包括内饰板与内钣金件的间隙、内饰板之间拼接间隙、扬声器罩与内板钣金间隙、开门手柄与周围的间隙、背门拉手与周边间隙等；对预紧力进行控制的部位包括手柄的按钮预紧力、安装螺栓盖板预紧力以及螺钉盖板的预紧力等。尤其对于两厢车的背门结构，对异响问题更为敏感，必须在前期进行针对性的设计。

图 14-23a 是某款车前门装饰条板与内扣拉手装配图，其中图 14-23b 是两者卡接位置点，主要是通过图 14-23c 标示的内扣手凸起结构进行卡接的，如果这个卡接点高度值偏小，那么内扣手板与装饰条板会存在间隙或压紧力不足，车辆在颠簸路面上行驶时，可能会引起敲击异响问题。

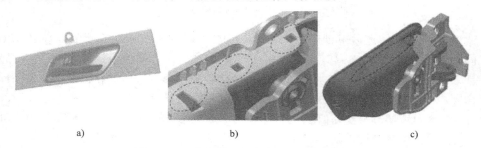

图 14-23　内扣拉手板与饰条板装配示意

图 14-24a 是某款车背门螺栓盖板装配示意图。图 14-24b 是螺栓盖板结构，图 14-24c 是螺栓盖板的截面图（截面位置见图 14-24a 中示意），如果在图 14-24b 中限位筋高度值偏小，导致背门内护板和螺栓盖板干涉量偏小或者没有干涉量，会增加异响风险。在设计螺栓盖板时，需要加大图 14-24b 中的限位筋高度。尤其是两厢车，背门容易被激励起来，螺栓盖板异响也是最为常见的异响问题。

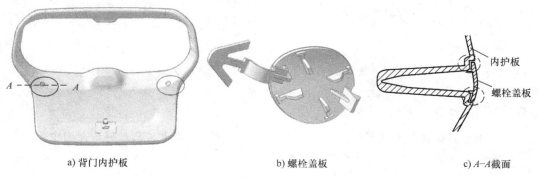

a) 背门内护板　　　　　　　b) 螺栓盖板　　　　　　　c) A-A 截面

图 14-24　背门螺栓盖板与内护板

三、门锁结构设计

门锁也是开闭件中易发生异响的重要部位，车门门锁多数采用卡板式门锁结构，其基本原理是由一对相互啮合的卡板止动爪实现车门的锁紧，以及通过锁体、内外操纵机构、内外锁止结构、内外解锁机构、锁销、电控结构等实现其功能。

门锁异响问题实际是车门结构装配精度、车门刚度、车门模态等性能问题的集中表现，这些性能设计不好，都可能通过门锁异响反映出来。但是就门锁及附件，主要考虑如下异响。

1. 卡板与棘轮产生的敲击异响

如果卡板与棘轮存在间隙，那么车辆行驶在颠簸路面时，车身上的振动会通过锁销、锁舌传递给门锁内部结构，导致卡板与棘轮产生敲击异响。主要出现在搓衣板路面上，可以考虑对门锁的卡板和棘爪增加防异响涂层或增加缓冲结构。图 14-25a 是卡板与棘轮的装配图，图 14-25b 标示的缓冲结构可有效地降低异响风险。

2. 锁销与门锁的摩擦异响

主要出现在低速大扭转路面上，在前期设计可考虑在门锁上增加缓冲块（可考虑在两个方向增加缓冲块，即整车坐标系的 X 向和 Y 向），减少锁销与门锁的敲击异响问题。另一方面可从锁销的角度进行优化，将锁销由矩形截面改为锥形截面，改善锁销与锁体配合，减少两者的摩擦异响。图 14-26 是某款车针对锁销与门锁敲击异响的两种优化方案，图 14-26a 是在门锁增加缓冲块，图 14-26b 是将锁销截面改为锥形截面。

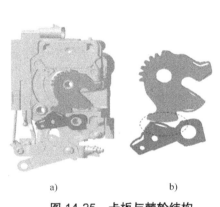

a)　　　　　　b)

图 14-25　卡板与棘轮结构

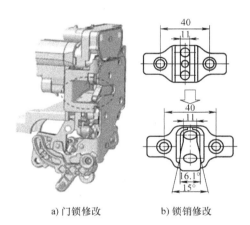

a) 门锁修改　　　b) 锁销修改

图 14-26　门锁防异响示意

3. 门锁拉线与车门钣金

门锁拉线是汽车门锁操纵机构的重要组成部分，主要包括金属拉杆和软拉线。这里的拉线主要指门锁的软拉线，门锁拉线出现的是摩擦和敲击异响，尤其是在低温环境下，出现异响的风险更大。从减少异响的角度，可对拉线包裹棉材料进行处理，主要从两个方面考虑：对拉线穿孔部位，避免门锁拉线与钣金的摩擦异响；另外，在拉线距离钣金较近的部位，避免拉线与车门钣金敲击或者摩擦异响，见图 14-6b。

另外，对门锁拉线的圆柱头与内拉手装配间隙也需要控制，如果配合间隙大，锁车后，圆柱头在孔内晃动，产生敲击异响，因此在前期设计时需要提高该位置的装配精度。

4. 锁芯拉杆端部装配间隙

解锁拉杆也是汽车门锁的重要解锁装置，一端连接锁芯，一端连接操纵机构，如果端部与两者间隙过大，也会引起敲击异响问题。在前期设计时，一方面要控制装配间隙，另一方面可考虑对拉杆进行限位处理，这样可减少拉杆的晃动量，避免异响问题。

5. 背门门锁安装部位限位结构

门锁结构除了满足门锁的安全防护功能需求外，还应具备与缓冲块协同限位的功能，主要是限制 X 向和 Y 向自由度。如果门锁的相关限位设计出现问题，不仅会引起门锁本身的异响，也可能会引起整个后背门异响问题，尤其是两厢车或 SUV 车型。在车身侧的锁销部位增加限位块，可减少上述背门及门锁两类异响的风险，见图 14-27 示意。

图 14-27　背门门锁增加限位块

四、玻璃升降器设计

玻璃升降器是控制汽车侧窗玻璃升降的装置，主要包括电动机、减速器、导绳、导向板、玻璃安装托架等。玻璃升降器异响问题也是开闭件产生问题最多的部件之一。从异响角度，对玻璃升降器的设计控制包括：

1. 布置间隙控制

玻璃升降器结构装在车门内外板之间，由于内板型面比较复杂。因此，玻璃升降器与内板钣金间隙非常关键，如果间隙太小，容易产生敲击异响。主要的间隙控制包括玻璃升降器滑轨下端与车门铰链加强板间隙、玻璃托架与内板间隙、玻璃托架与腰线加强板间隙。图 14-28 是某款车玻璃升降器的布置示意图，其中图 14-28b 是局部放大图。从图中可以看出，两者最小间隙不足 3mm，容易产生异响问题风险，需要对玻璃升降器布置位置进行优化。

2. 玻璃导轨滑块与导轨材料配合精度

玻璃导轨滑块与导轨材料兼容性会导致两者的摩擦异响，通常在前期设计时需要采用提高表面光洁度、制造精度，改善润滑脂牌号等措施。图 14-29 是某款车玻璃升降器的滑块和滑轨产生异响位置示意。从图 14-29b 可以看出，由于滑轨精度的原因，导致滑块不顺畅产生异响。针对此问题，提出的优化方案包括提高滑轨精度、导轨增加润滑脂、滑轨增加结构筋提高刚度以减少变形。

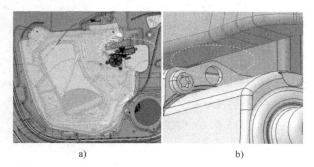

图 14-28　玻璃升降器与内板间隙

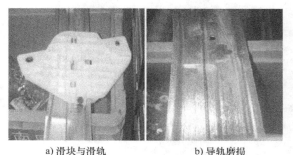

a) 滑块与滑轨　　　　b) 导轨磨损

图 14-29　玻璃升降器滑块与玻璃导轨

3. 滑线长度控制

玻璃导轨滑线是随玻璃上下滑动的，因此，滑线必须有一定的预留量。但是，如果滑线太长，容易与车门内板产生敲击异响。为了防止异响产生，一方面对滑线长度进行控制，另一方面，需要对滑线增加软质护套，减少异响问题产生。图 14-30 是某款车对玻璃升降器滑线增加护套方案示意，在滑线与内板接触的部位增加护套，可降低敲击异响的风险。

4. 玻璃升降器垂向布置尺寸

玻璃升降器垂向布置尺寸是指玻璃伸到顶端时，玻璃升降器与水切之间的距离。如果这个距离偏小，那么玻璃升降器的中心偏上，呢槽和水切夹持力不足以支撑玻璃升降器与玻璃的晃动，这会引起敲击异响。见图 14-31。在进行玻璃升降器垂向布置尺寸设计时，要考虑图示尺寸 L 的大小，通常要求最小间隙为 30mm。

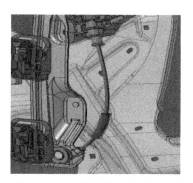

图 14-30 玻璃升降器滑线图

图 14-31 玻璃升降器垂向布置示意

五、密封条设计

密封条包括车门密封条、门洞密封条、呢槽和水切等，密封条是最常出现异响问题的部件之一。密封条产生的异响以摩擦异响为主，通常出现在低速大扭转路面上，是典型的黏滑现象引起的异响问题。从异响角度分析，密封条应从以下方面进行设计。

1. 密封条的结构参数

影响摩擦异响的条件包括温度、速度、湿度和法向压力，与密封条法向压力有关的结构参数包括密封间隙、密封条接触宽度、发泡壁厚、气孔间距、截面形状、密封条刚度等。由于密封条对多种性能都有影响，包括风噪、关门声品质、关门力、防水等，在对密封条进行设计时，必须综合考虑这些因素。

对于两厢车或 SUV 车型，密封条需要为背门提供有效的支撑，因为背门是产生异响问题最多的区域之一，主要原因有两个方面：一方面车身的后部扭转模态很容易与路面激励产生共振，这会使得背门与车身产生相对扭转运动，引起密封条的摩擦异响；另一方面，车辆在颠簸路面上行驶时，背门受惯性作用与车身在前后方向存在相对运动，背门整体出现"砰砰"的异响问题。这就需要密封条有足够的支撑刚度。图 14-32 是奔驰某款车背门密封条卸压孔间距示意图，从图中可以看出，两个卸压孔的间距为 300mm，增加了瞬态冲击下的密封条刚度。因此，车辆行驶在颠簸路面时，密封条可有效地支撑背门，增加密封条与背门的法向压力，减少了异响问题的风险。

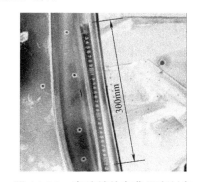

图 14-32 奔驰某款车背门密封条

2. 密封条涂层

密封条涂层会明显降低黏滑现象的发生，涂层是解决密封条材料不兼容问题的最有效手段。密封条涂层必须保证一定厚度，否则会降低改善防异响的效果。例如某车密封条涂层在 5μm 则效果不明显，当涂层厚度增加到 9μm 时，异响改善效果就非常明显。

3. 装配参数

密封条干涉量也是影响异响的重要参数。密封条干涉量是影响法向压力的装配参数，通常密封条的主密封压缩量为 6mm，辅助密封为 3mm，如果车门与车身的间隙公差在 1~1.5mm，对异响影响较小，如果两者的公差较大，对密封条异响影响就比较大了。

另外，呢槽与玻璃干涉量也是关注的重要参数之一，如果呢槽与玻璃干涉量小，水切与玻璃的夹持力不足，侧窗玻璃在升到 1/3~1/2 状态时，侧窗玻璃会带动玻璃升降装置与周边产生敲击异响问题。如果呢槽与玻璃干涉量大，不会产生上述异响问题，但是玻璃在升降过程中会与呢槽产生摩擦异响。因此，从异响的角度，玻璃与水切、呢槽的夹持力或者干涉量需要综合考虑，通常要求小唇边的干涉量为 1.5~2mm，大唇边干涉量为

2mm。图14-33是某款车针对玻璃升到半程出现的玻璃晃动问题的优化方案,图14-33b是增加了一个唇边,增加了夹持力,减少了晃动量。

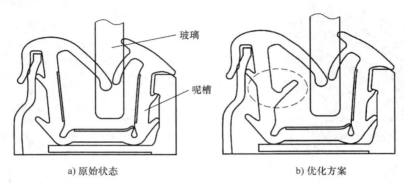

a) 原始状态　　　　　　　　　　　　b) 优化方案

图14-33　呢槽截面优化方案

4. 车身结构相关参数

密封条的异响还与车身结构有关,对密封条异响影响较大的性能参数有门洞对角线变形量、铰链的安装刚度、车门的模态刚度等。门洞变形量主要考查在扭转载荷工况下的变形情况,如果门洞变形量偏大,会导致车门与门洞变形不协调,引起车门密封条与对应部位的车身有相对滑动,加大摩擦异响的风险。关于门洞变形量控制问题,可参考静刚度控制相关章节。同样,若车门模态频率低,结构刚度弱,则同样会引起车门与车身变形不协调,产生相对运动,因此产生异响问题。

六、缓冲块

车门缓冲块主要的作用是支撑和限位,缓冲块也是产生异响的重要部位,尤其是SUV或两厢车后背门相关的缓冲块,产生异响问题的概率非常高。影响背门异响的因素包括缓冲块的长度和位置布置。

1. 缓冲块的干涉量

从异响的角度,缓冲块与密封条的功能相同,车辆在颠簸路面行驶时,缓冲块可以有效地支撑背门,减少背门与车身的相对位移,从而降低异响问题的风险。缓冲块的干涉量设计,与背门的异响、开门力、密封性能、开门品质等相关。缓冲块的干涉量对异响和上述性能的影响并非完全一致,缓冲块干涉量越大,异响的风险就越小,但势必会加大关门的力度,影响关门性能。因此,对缓冲块干涉量进行设计必须综合平衡上述性能。

2. 缓冲块的材料

缓冲块材料对缓冲块异响有重要影响,车辆在颠簸路面行驶时,车门与车身是存在相对位移的,尤其是行驶在大扭转路面,如果缓冲块与门护板或钣金漆面不兼容,则会发生摩擦异响。因此,在对缓冲块进行异响设计时,通常对缓冲块增加自润滑材料,这样可以有效地避免摩擦异响。

3. 缓冲块的布置位置

缓冲块的布置位置对后背门整体异响有重要影响。通常两厢车或SUV后门洞左右各布置两个缓冲块,门洞下端的一对缓冲块一般是用来限制X向位移的,门洞中间的一对是用来限制Y向位移和X向位移的。背门的一阶弯曲模态的反节线位置在两个尾灯连线的位置处,如果中间的缓冲块布置到该位置,可以提高该位置的刚度,减少后背门与车身之间的相对变形,降低异响的风险。图14-34a是某款车后门洞缓冲块布置位置,从图中可以看出中间的缓冲块偏下,不利于异响的控制,应该将缓冲块布置到尾灯位置处。

图14-34　后门洞缓冲块布置位置

4. 缓冲块的接触面形状

缓冲块接触面形状影响摩擦系数，从而影响摩擦异响。如果采用波纹形状，将会减少摩擦力，增加异响风险。将缓冲块接触面设计成平面有利于减少摩擦异响。另外，对于三厢车的行李舱弓臂的减振块，截面不能采用平面结构，如果采用平面结构，缓冲块与金属面将会产生黏连，在关闭时产生异响。图 14-35a 是 SUV 车型中间位置缓冲块截面形状，采用这种形状容易产生摩擦异响。图 14-35b 是三厢车弓臂的缓冲块，采用这样的结构，在操作时不容易产生黏连异响。

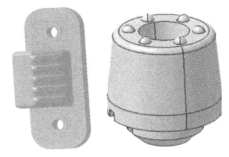

a) SUV车型缓冲块　　b) 行李舱弓臂支撑块

图 14-35　车门缓冲块接触面形状

七、线束

开闭件控制的线束非常多，也容易引起异响问题。同门锁拉线一样，对此也需要从两个方面进行防异响设计。

1. 线束卡接的间距

如果线束布置过长，容易与周边产生敲击异响。因此，需要增加卡子进行固定，线卡子的布置距离在 150～200mm 范围内，同时也要考虑到实际避障的情况。

2. 线束过孔处理

线束穿过钣金孔洞时，容易引起摩擦异响，需要在孔洞的附近包裹防异响材料。

八、限位器

限位器是由限位臂和限位器滑块组成的，见图 14-36。限位器的异响主要是滑块与限位臂材料不兼容产生的摩擦异响。为防止异响问题，限位器主要从以下两个方面进行设计。

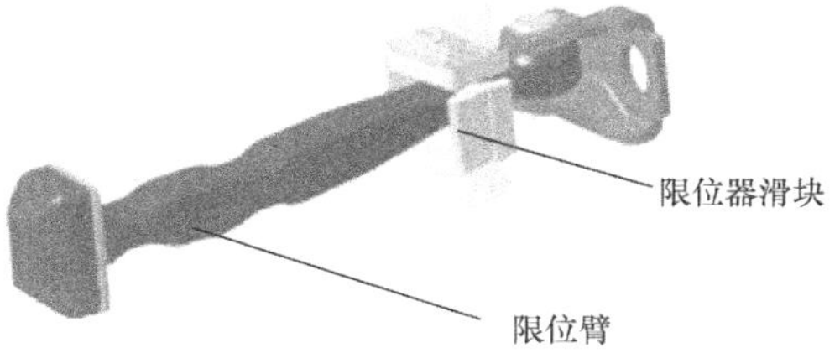

1. 限位器滑块材料

通常将限位器材料选择为兼容性相对较好的 POM 材料，并增加润滑剂。

2. 限位臂包塑材料

图 14-36　限位器结构示意

选择合适的限位臂包塑材料，并增加润滑剂，增强限位臂的润滑性和耐磨性。

九、其他附件

开闭件包括的零部件很多，产生异响的部位也很多，除了上述介绍的部件外，常发生异响问题的部件包括：

1. 三厢车弓形臂结构

三厢车的弓形臂是行李舱开闭的运动机构，对弓形臂进行防异响设计主要包括两个方面。

（1）弓形臂与行李舱盖间隙　当开启行李舱盖时，行李舱盖向上有一个冲击，如果弓形臂与铰链间隙过小，则会出现摩擦异响。为避免此处的摩擦异响，通常要求间隙大于 10mm。

（2）弓形臂与车身衣帽架减振处理　行李舱在开启到最大行程时，行李舱板会受到冲击，如果弓形臂或车身没有减振块，两者将会产生敲击异响。通常在图 14-37 标示区域增加缓冲块。

图 14-37　三厢车弓形臂结构

2. 行李舱扭簧

行李舱扭杆弹簧也是异响的发生部位，在对行李舱扭簧进行防异响设计时，要对两个扭杆进行防异响设计。因为当开启行李舱盖或者在颠簸路面行驶时，两扭杆会出现相互撞击或者摩擦异响。通常采用的防异响设计手段是在两扭杆增加防异响材料包裹，或者在中间位置增加橡胶支架进行分离，见图14-38，图14-38a标示区域为布置的橡胶支架，图14-38b是行李舱扭杆的支架结构，通过增加支架可有效地降低扭杆产生异响的风险。

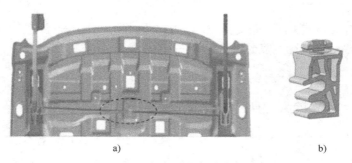

a)　　　　　　　　　　　　b)

图 14-38　扭杆及扭杆支架示意

3. 防水膜

防水膜采用的是薄膜材料，当环境温度较低时，防水膜材料变硬，如果防水膜中部位置变形较大，容易与车门内钣金产生敲击异响。因此，在进行防水膜防异响设计时，可在防水膜中部位置增加涂胶点，并在内钣金件上增加涂胶槽，这样可避免防水膜和钣金的相对运动，降低异响的风险。

第五节　内外饰系统异响性能设计准则

内外饰系统是整车产生异响问题最多的部位，不仅因为内外饰系统包括的零部件多、结构复杂、材料种类多，而且内外饰系统相关零部件材料多为塑料件，材料性能受外部环境影响较大。因此，内外饰系统一直是整车异响开发的重点关注系统。内外饰异响开发主要包括的系统有主副仪表板、座椅安全带、天窗顶篷、衣帽架及行李舱、侧围内饰、外饰附件等。

一、主副仪表板性能准则

仪表板是汽车内饰的重要组成系统，是汽车各种信息显示和控制功能实现的载体。仪表板壳体一般由塑料构成，配有行驶里程表、车速里程表、发动机转速表、燃油表以及警告灯等灯光信号指示，同时还配有除霜除雾系统，空调控制系统，影音娱乐系统，安全气囊，杂物箱等部件。

仪表板是产生异响问题最多的部件之一，也是整车异响开发最为关注的部件，主要原因如下。

第一，仪表板主要材质是塑料，塑料兼容性问题是产生异响的主要原因之一。

第二，仪表板结构非常复杂，不仅仪表板本体结构型面复杂，而且内部结构件、线束和管路的布置空间受限，零部件的间隙控制难度较大。

第三，仪表板安装边界条件复杂、相邻系统较多，受其他系统影响较大，仪表板在前围板和仪表横梁上布置有安装点，安装部位的刚度大小影响仪表板与周边零件的间隙。另外，仪表板与风窗玻璃、A柱饰板、前门饰板都存在边界，这些边界的间隙与异响和内饰造型相关，综合平衡异响性能和造型设计也非常困难。

图14-39标示位置是典型的异响产生部位，从图中可以看出，主副仪表板产生异响的潜在部位非常多，详细的异响类型及控制方法见表14-1。不同于其他部件的异响相对容易识别，仪表板区域的零部件被仪表板和前围板包围在一个封闭的空间内，后期样车识别非常困难。因此，对这些部位进行前期防异响设计非常重要。

图14-39标示的问题，主要类型包括间隙控制问题、干涉量问题、材料兼容性问题、内饰间连接问题、内饰附件安装位置问题、线束固定方式问题以及线束相关部件固定问题等。下面对这些类型进行详细的说明。

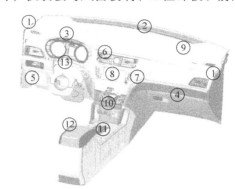

图14-39 主副仪表板主要异响问题示意

表14-1 主副仪表板关注的异响问题

标示号	关注的异响问题	检查内容
1	仪表板侧面与A柱内饰板摩擦异响	材料兼容性
2	仪表板前端与玻璃摩擦异响	间隙
	仪表板插接部位敲击异响	间隙
3	组合仪表与盘面玻璃摩擦异响	间隙
	组合仪表内部结构异响	间隙
4	杂物箱锁扣敲击或摩擦异响	干涉量
5	检修口卡扣摩擦异响或敲击异响	干涉量
6	风口叶片松动异响	间隙
7	装饰条与仪表板本体摩擦异响	材料兼容性
8	收音机、CD机与支架螺栓松动异响	间隙
	控制面板按钮松动异响	间隙
	CD机机芯松动异响	间隙
9	安全气囊安装部位摩擦异响	间隙
10	点烟器松动异响	间隙
11	换档面板与周围件摩擦异响	材料兼容性
12	副仪表储物盒锁扣与转轴摩擦异响	材料兼容性
13	仪表板内部线束摩擦、敲击异响	材料兼容性
	风管间摩擦异响	材料兼容性

从上述仪表板系统产生的异响问题可以看出，异响的产生有很多共性的地方。为了降低各部位异响产生的风险，在对仪表板系统进行防异响设计时，应从如下几个方面进行分析和考虑。

1. 仪表板与周围零部件间隙

仪表板与周围零部件间隙的大小直接决定了该区域的异响风险。仪表板的周边零部件主要包括前风窗玻璃、A柱下端、门内饰、前围板、转向管柱等。图14-40是仪表板与周围零部件的基本要求情况。其中图14-40a是与前风窗玻璃及前围内饰、钣金的截面图,如果该间隙过小,那么车身在扭转变形的过程中,会导致车身与仪表板接触,进而产生敲击和摩擦异响;图 14-40b 是对 A 柱和门内饰板的间隙要求,如果该间隙偏小,那么在整车扭转工况下,会产生摩擦异响。因此,在前期设计时必须合理地设计这些区域的间隙,降低异响的风险。

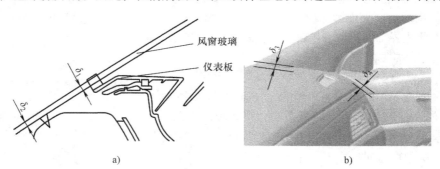

图 14-40 仪表板周围间隙要求示意

2. 材料兼容性能

材料的兼容性决定了摩擦异响的风险,仪表板材料类型比较多,异响的风险较大。因此,仪表板材料兼容性是一个非常重要的问题,尤其是涉及与 ABS 材料和前风窗玻璃接触的零部件,必须采用防异响措施。仪表板主要的检查部位包括仪表板本体之间、仪表板与周围件(前风窗玻璃、A 柱内饰等)以及仪表板与附件的连接接触部位。

图 14-41 是仪表板与前风窗玻璃的截面图,从图中可看出,为防止前风窗玻璃 2 与仪表板骨架 3 产生异响(敲击异响或摩擦异响),可在两者之间增加泡棉,保证泡棉的设计厚度为两者距离的两倍左右,以避免两部件产生黏滑现象,降低摩擦异响产生的风险,同时对两者间隙进行有效的控制,也可以避免敲击异响。另外,仪表板与 A 柱内饰板接触区域也是重点关注的区域,通常在该区域增加毛毡防止异响发生。因此,在前期进行防异响设计时,必须对接触材料进行兼容性设计。

3. 预载或干涉量

预载或干涉量的控制适合于开闭件类的零部件,目的是在各种变形工况下,开闭件(杂物箱、检修盒、扶手箱盖等)与本体都存在预载,避免出现间隙。如果在某种特定的路面上出现间隙,那么开闭件与本体将会产生敲击异响。图 14-42 是某款车杂物箱缓冲块设计,缓冲块体积和刚度都偏小,因此杂物箱与缓冲块干涉量偏小,导致在颠簸路面出现杂物箱盖与仪表板本体没有足够的预载而产生敲击异响。因此,在前期必须对这些区域进行干涉量设计。

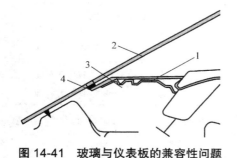

图 14-41 玻璃与仪表板的兼容性问题
1—除霜盖板 2—前风窗玻璃 3—仪表板骨架 4—泡棉

图 14-42 杂物箱盖干涉量控制

4. 连接方式的控制

对连接方式的要求,目的是要保证连接刚度,避免在一些行驶工况下出现分离,产生敲击异响。仪表板本体连接或仪表板本体与附件连接，要优先采用螺母、螺钉的连接方式，如果采用卡扣连接，那么必须保证卡扣沿轴向有压紧力。采用螺钉连接的方式，可保证连接部位稳定可靠，在各种路面下不会出现变形，也就不会发生异响问题。图 14-43 是采用的两种卡扣，沿轴向方向有预紧力，可减少在颠簸路面下两者的相对位移，降低异响的风险。在前期防异响设计时，要选择合适的卡扣。

5. 零部件搭接方式

仪表板零件除了采用固定连接的方式外，有的零部件之间是通过预紧力的方式进行装配的。对于采用预紧力方式进行装配的零部件，两者接触的区域应采用面接触，若采用线接触或者点接触，很容易产生黏滑现象，增加摩擦异响的风险。图 14-44 是某款车仪表板的装饰条与中部饰板的面接触示意，图 14-44b 为图 14-44a 标示区域的局部放大图，从图可以看出，两者采用了线接触方式，不利于减小异响问题，需要在接触面进行结构优化。因此在对仪表板的面板搭接进行设计时，要采用面接触方式，避免采用线搭接和点搭接。

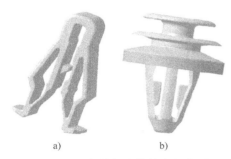

图 14-43 部件间连接的卡扣类型

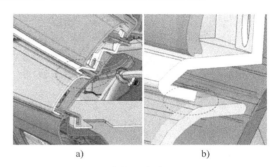

图 14-44 仪表板相邻部件接触面设计

6. 连接位置的选择

连接部位的刚度不同，在外载荷作用下产生的位移大小也不同。在对仪表板附件选择安装位置时，必须选择刚度较大的部位，如果通过辅助支架与仪表板本体连接，支架的刚度也必须满足一定的要求。否则，附件变形过大，容易与周边产生敲击或摩擦异响。例如 DA 主机、杯托安装点、风管固定点、外显示屏安装点、前排乘客安全气囊部位等。

图 14-45 是外接显示屏安装位置，从图 14-45b 可以看出，外接显示屏是通过两个螺钉固定在仪表板骨架上的，这种安装结构导致外接显示屏存在一个倾翻力矩，外接显示屏存在多阶模态（图 14-45c 是其中的一阶模态），模态的频率范围在 24～40Hz，在路面激励频率范围内。因此，当经过颠簸路面时，路面激励会激励这些模态，导致显示屏下端与仪表板产生敲击异响。因此，在前期进行防异响设计时，要对仪表板附件安装位置进行设计。

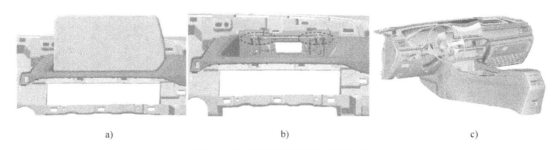

图 14-45 外接显示屏的安装位置

7. 大质量附件固定位置

附件的固定位置刚度会影响附件的位移变形，尤其是车辆行驶在颠簸路面时，重量较大的附件由于惯性的作用，发生的位移变形会更大，如果与相邻部件间隙过小，则会产生敲击异响问题。仪表板常见的较重附件有

CD机、安全气囊、DA互联主机等,对这些附件需要用定位销、支架或其他非悬臂式的结构承受重量(其他紧固件只需要起到限位作用),否则刚度不足会增加异响的风险。图14-46是前排乘客安全气囊的安装部位,安全气囊的上端壳体(浅色部位)与仪表板热熔焊连接,下端壳体(深色部分)通过悬臂支架与仪表板横梁连接,上下壳体是通过卡接连接的。由于安全气囊位于两个支架悬臂的前端,车辆在行驶过程中,悬臂支架会放大车身传递的振动,会在上下两个壳体连接部位出现敲击异响。为避免异响的发生,在图示部位增加了毛毡。因此,在前期对大质量附件进行防异响设计时,必须选择刚度较大的位置和刚度较大的连接支架。

8. 线束固定距离及包裹

线束卡接固定距离影响线束的挠度,线束挠度过大,容易与周边的部件产生摩擦或敲击异响。仪表板内有很多电器件线束,尤其是仪表板内有空调箱体、通风管道等面刚度比较小的部件,如果线束无固定或固定距离过大,则会产生类似敲鼓的异响问题。一般对线束固定的间距通常控制在200~300mm,对变形较大的区域,可适当减少固定距离,并对线束或管道进行包裹处理,降低敲击异响问题的风险。若存在两个或两个以上的管路固定线束的情况,则要对这些管路用胶带或橡胶套固定,以防止管路相互之间产生异响。图14-47是某款车空调箱体上的线束布置,在空调箱体上方线束没有布置固定位置,在颠簸路面会出现类似鼓振的异响,因此,需要在该区域增加固定位置,且保证固定位置间距合理。

图14-46 前排乘客安全气囊安装位置

图14-47 线束固定的位置

9. 接插件固定及连接

仪表板内的电器接插件处理不合适,会引起敲击异响问题。仪表板内的电器接插件,有时会存在悬空未使用的情况,需用泡沫等软质材料对接插件进行包裹,或者利用胶带固定。接插件固定的位置必须稳定可靠,避免固定在刚度小的部位,否则会出现变形而产生敲击异响,见图14-48示意。

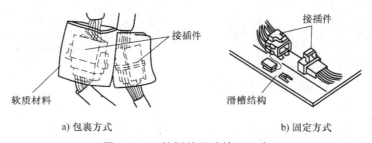
图14-48 接插件异响情况示意

图14-48是接插件防止异响问题的两种处理方法,一种方法是在接插件上采用软质材料包裹,另外一种方法是增加滑槽式结构,将接插件固定。通过这些措施可有效地避免接插件与周围部件产生敲击异响。因此,在对电器接插件进行防异响设计时,必须选择合理的固定位置,并对接插件选择合适的固定方式。

二、座椅与安全带异响性能设计

汽车座椅分为前排座椅和后排座椅,主要由头枕、靠背、扶手和坐垫构成。安全带的作用是在汽车发生碰撞时对成员进行约束,并避免成员与方向盘和仪表板二次碰撞。安全带又称为座椅安全带,主要包括织带、卷收器和固定结构,固定结构由带扣、锁舌、固定销和固定座构成。安全带也分为前排安全带和后排安装带。

座椅和安全带也是最常产生异响的部位之一,由于座椅和安全带与驾驶员耳朵比较靠近,因此,座椅和安全带异响也是最受关注的异响部位。主要以摩擦和敲击异响为主。对座椅和安全带系统进行防异响设计时,主要从以下几个方面进行考虑。

1. 皮革面的材料兼容性

座椅的表皮材料主要分为两类:织物和皮革面。织物材料兼容性好,不易与周边零部件产生异响,异响风险非常低。而皮革面材料兼容性非常差,极易与周边零部件产生异响,异响的风险非常高。如果座椅采用织物面,前期将不会对座椅做针对性防异响设计。但是,如果座椅采用皮革面,就必须针对座椅做防异响设计,通常的设计手段有两种。

第一,修改皮革材料。将座椅的接触面区域修改为织物,这样可改善接触面的兼容性,降低异响风险。如果这些接触面在可视范围内,会影响到车辆的美观性,降低车辆档次感。在对这些可视的接触区域修改材料时,要综合平衡多种因素的影响。

第二,增加涂层。在相连部件有接触的区域增加涂层,改善皮革面的兼容性,可降低异响风险,但是涂层只在一定时间段内有效,如果长时间接触磨损,涂层将会失效。

图14-49是前后排座椅皮革面常见的异响部位,从图中可以看出,前后排座椅与周边的零部件都有产生异响的风险。在表14-2中,详细列出了座椅与周边零部件产生异响的名称和区域。

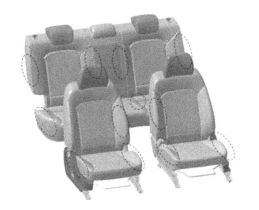

图 14-49 前后排座椅皮革面兼容性关注部位

表 14-2 前后排座椅皮革面潜在的异响部位

部位	潜在异响部位
前排座椅	皮革面与护板
	皮革面与 B 柱护板
	皮革面与副仪表储物箱
	皮革面与锁扣
后排座椅	皮革面与 C 柱护板
	皮革面与中间扶手
	两个座椅面之间
	座椅与儿童座椅锁扣

2. 座椅与安全带附件材料兼容性

座椅和安全带中有很多活动性很大的附件,与周边零部件存在相对位移,这也是产生异响的重要区域,主要包括坐垫发泡、安全带锁扣、前排安全带卷收器下部固定结构等。由于这些部件是活动件,与周边材料不兼容也容易产生摩擦异响。

对于安全带锁扣,不管安全带在拉紧还是松弛状态,锁扣都会产生 Y 向位移,很容易与座椅侧面产生相对运动,不仅与座椅靠背皮革面、坐垫皮革面,还与副仪表侧门板都会产生摩擦异响,产生异响的风险较高。通常在锁扣的两侧增加无纺布,改善接触面的材料兼容性,降低异响风险。图14-50是某款车的锁扣示意图,为了降低与副仪表的摩擦异响,在锁扣侧上端增加了无纺布,以改善这个区域的摩擦异响问题。

另外,对于座椅的发泡与金属骨架,当座椅承重时,会发出类似踩雪的声音,可考虑座椅发泡用无纺布进行包裹,降低异响的风险。图14-51是某款车前排座椅的发泡设计,由于没有增加无纺布包裹,车辆出现了"咯吱咯吱"的异响问题。

图 14-50 前排座椅锁扣防异响措施

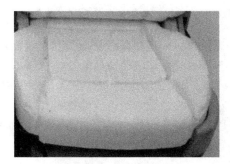

图 14-51 座椅坐垫发泡材料

3. 附件的间隙设计

座椅与安全带附件的装配间隙对该区域的异响有重要影响。主要关注的部位有前排座椅头枕杆、后排座椅头枕杆、后排解锁杆装置等。

对于座椅头枕杆，由于头枕杆与对应的插孔配合上存在间隙，在颠簸路面上会出现敲击异响，可通过增加结构筋的高度减少相对位移，降低异响的风险，见图14-52，图14-52a是产生异响的部位，图14-52b是增加结构筋的部位。但是，采用上述设计会增加头枕杆的插拔力。因此，在前期对头枕杆进行防异响设计时，必须综合考虑这两种性能。

后排解锁杆装置（拉杆式）与头枕杆异响原理相同，都是由于杆与孔间隙引起的，可考虑在解锁杆上增加结构筋，见图14-53。因此，解锁杆装置的异响问题，可通过增加解锁杆筋（图14-53b）高度的方法来解决。

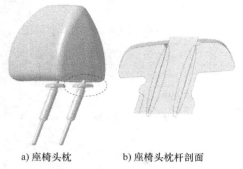

a) 座椅头枕　　b) 座椅头枕杆剖面

图 14-52 座椅头枕杆装配示意

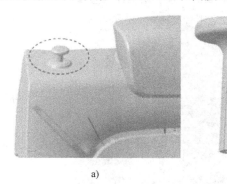

a)　　　　　b)

图 14-53 后排解锁杆结构

因此，在对座椅附件进行装配设计时，要兼顾异响和插拔力的影响，在保证不发生异响的基础上，尽可能减少插拔力问题。

4. 零部件间干涉量

零部件干涉量设计是降低异响风险的有效手段，主要包括后排座椅锁销与缓冲块、带弹簧的解锁结构等。后排座椅的固定锁扣装置，锁销和锁的缓冲块一般是有干涉量的。如果锁销与缓冲块没有压缩量或者压缩量较小，车辆在行驶过程中，锁销与锁舌发生碰撞而产生敲击异响。图14-54是后排座椅锁扣结构图，从图14-54a可以看出，锁销与缓冲块是存在干涉量的，图14-54b标示的缓冲块高度决定了缓冲干涉量的大小。

对于后排座椅的解锁装置，有拉杆式和按压式两类，在按压式结构中，内部有一个弹簧结构，见图14-55，如果弹簧预紧力小，容易与周边产生敲击异响。因此，在前期对后排座椅解锁机构进行防异响设计时，需要对弹簧刚度和弹簧圈数进行合理设计。

5. 卷收器布置结构

卷收器是安全带实现紧急锁止功能的一个重要部件。一般前排安全带卷收器布置在B柱下部，后排安全带卷收器布置在C柱或搁物板上。由于后排卷收器距离人耳较近，一旦存在异响问题，人耳很容易识别。卷收器中有一个车感组件，当卷收器振动较大时，车感组件异响就非常明显。因此，必须降低后排卷收器产生的异响。

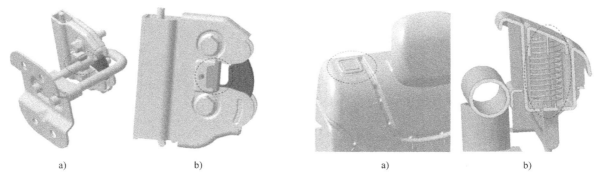

图 14-54　后排座椅锁扣结构　　　　　　　图 14-55　后排座椅解锁杆结构

从安装方式看，卷收器分为单点、两点和多点。单点安装，卷收器相当于一个悬臂梁，会把车辆的振动放大，导致车感组件的异响更加明显。因此，在前期对卷收器进行防异响设计时，通常采用两点或以上安装方式。图 14-56 是后排安全带卷收器的安装方式，图 14-56a 是单点安装方式，图 14-56c 是两点安装方式。图 14-56b 是为了解决单点安装异响问题，在图中标示位置增加 EPDM 垫块。

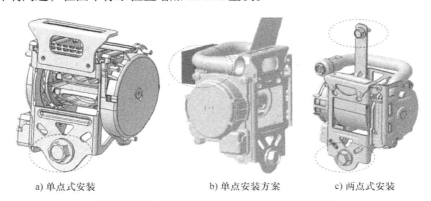

a) 单点式安装　　　　b) 单点安装方案　　　　c) 两点式安装

图 14-56　后排安全带卷收器安装方式示意

三、天窗及顶篷内饰设计原则

顶篷内饰的主要功能是隔热、隔声和吸声，以及对成员头部的保护。顶篷内饰分为软顶和硬顶，硬顶主要应用在中高级乘用车上，软顶主要应用在货车、低端乘用车上。天窗的主要功能是促进空气流通，可分为内隐式天窗、外掀式天窗和全景天窗等结构。顶篷内饰和天窗也是常见的发生异响的部位。根据顶篷内饰和天窗的结构特点，在前期防异响设计主要从以下几个方面考虑。

1. 零部件间隙设计

装配间隙也是顶篷内饰和天窗产生异响的重要原因。常见的产生异响的部位包括顶篷内饰与前后风窗玻璃、遮阳板转轴、卡扣与螺栓安装部位等。由于这些区域距离人耳比较近，也是防异响设计重点关注的问题。

顶篷内饰与前后天窗存在接触区域，两者间隙大小对异响的产生有决定性作用。如果间隙过小，顶篷内饰在该区域与玻璃产生黏滑效应，增大摩擦异响的风险。在前期设计时，一方面要提高前后风窗玻璃的定位精度，另一方面要提高内饰材料的尺寸精度。

天窗电动机是通过螺栓固定到支架上的，车辆在行驶过程中，由于电动机及支架的惯性会产生一个垂向的位移，如果固定螺栓尾端与顶板距离过小，螺栓尾端会与顶板产生敲击异响，见图 14-57 示意说明。在前期进行防异响设计时，一方面要提高电动机支架的刚度，减少电动机在行驶过程中的垂向位移，另一方面要适当增加顶板与螺栓尾端距离，可通过修改支架型面等手段来实现。

遮阳板是一个可活动件，也是一个使用频次很高的部件。遮阳板主要是通过绕转轴转动实现其遮阳功能的（图14-58）。如果遮阳板转轴间隙过大，则车辆在行驶过程中会产生敲击异响；如果转轴间隙过小，转轴在高温下会膨胀，转轴的接触面材料兼容性会随温度发生改变，转动的过程中会产生摩擦异响。因此，在前期对转轴进行防异响设计时，要合理设计转轴的间隙，并对精度提出严格的要求。

顶篷内饰上通常布置有顶灯，如果顶灯未做防护，则容易与顶篷产生敲击异响。因此，在前期进行防异响设计时，需要对顶灯进行针对性设计。在图14-59中，前后顶灯都做了防护措施：在前排将顶灯安装位置设计在沉槽中；在后排增加了两个柔性垫块，避免车顶与顶灯产生敲击异响。

2. 线束、管路的固定间距和包裹

顶篷内饰上布置有线束和管路，线束管路的间距决定了异响的产生情况。如果线束卡接间距过长，则会产生敲击异响，尤其是顶篷上的线束会把异响的声音放大，产生类似敲鼓的声音。可采用软质材料进行包裹，见图14-60，图中对线束和管路进行了全部包裹。这样可减少线束与顶篷内饰的相对位移，吸收振动的能量，降低敲击异响的风险。另外，通过对线束的包裹，可以提高顶篷内饰与线束的材料兼容性，降低摩擦异响的风险。因此，在前期进行防异响设计时，需合理设计卡接间距，通常在150~200mm。

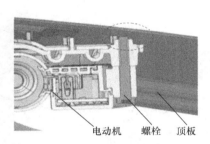

图14-57　天窗电动机螺栓与顶板

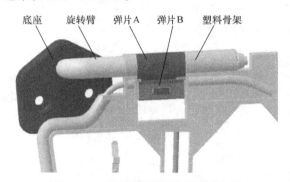

图14-58　遮阳板旋转轴装配示意图

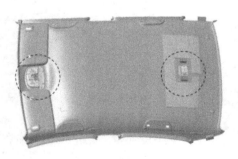

图14-59　顶篷内饰顶灯布置

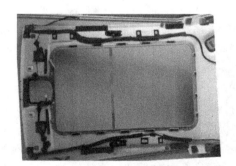

图14-60　某款车顶篷线束和管路包裹

另外，线束和管路都是通过线卡子或卡扣固定的，如果卡扣或线卡子预紧力不足，则会加重异响问题的产生，因为振动的能量会集中在卡扣固定部位。图14-61是某款车天窗排水管卡扣固定示意图，由于卡扣A和B轴向压力不同，卡扣A的轴向压紧力较小，容易引起卡扣与顶板的敲击异响。因此，在前期进行防异响设计时，要选择合适的卡扣，避免出现相对运动而产生敲击异响。

3. 蘑菇卡扣的位置

顶篷是通过蘑菇卡扣连接固定的，如果蘑菇卡扣卡接不到位，则会产生摩擦异响或敲击异响问题。影响蘑菇卡扣卡接的主要因素是安装部位的刚度，如果安装部位刚度不足，在进行敲击安装时，蘑菇卡扣的结合力将会变小，导致蘑菇卡扣卡接不到位。图14-62中，由于天窗横梁只有图中标示的两个安装点，横梁中间的刚度较低，中间的蘑菇卡扣容易卡接不到位，增加异响的风险。在前期进行防异响设计时，要提高天窗支架横梁的刚度，或改变横梁截面特征，或增加中间布置支撑点。

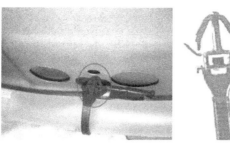

a) 天窗排水管固定示意　　b) 卡扣A　　c) 卡扣B

图 14-61　某款车排水管固定卡扣

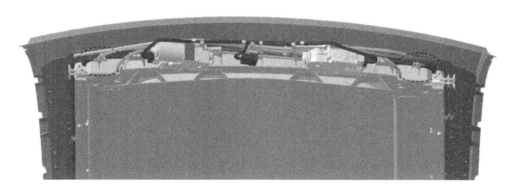

图 14-62　天窗支架安装示意

4. 天窗密封条与天窗材料兼容性

天窗密封条也是常发生异响的区域，一般产生的异响类型为摩擦异响，主要是由密封条与接触的材料不兼容引起的。图 14-63 是天窗密封条与天窗玻璃包边接触的截面图，如果玻璃包边材料选择 PVC 材料，密封条与 PVC 材料兼容性差，容易产生摩擦异响。因此，在前期进行防异响设计时，需要从两方面考虑。

第一，对密封条进行优化设计，一方面可以通过对密封条增加涂层的方法降低异响风险，另一方面可以在密封条上涂润滑脂材料。

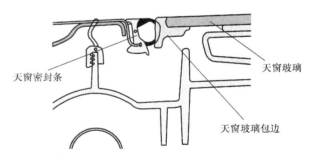

图 14-63　天窗密封条与玻璃包边异响

第二，对玻璃包边进行优化设计，主要是通过修改玻璃包边的材料，改善接触面的兼容性，将 PVC 材料改为 PU 材料，可以降低摩擦异响的风险。

5. 塑料高温光照的影响

天窗塑料件也比较多，受高温光照的影响，塑料件会变形、老化，结构形状和材料性能都会发生改变。尤其是全景天窗，阳光对天窗塑料件的影响更为重要。导向块是天窗的一个重要部件。导向块在光照和高温下容易变形，会引起遮阳板从导向块中滑落，进而与周围件产生敲击异响。因此，在前期进行防异响设计时，需要保证导向块有足够的刚度和抗老化变形的能力。

其次，由于光照的原因，塑料件材料属性发生改变，天窗塑料格栅与遮阳板接触产生摩擦异响，需要对接触部位增加防异响涂层进行处理。

四、行李舱内饰及附件设计准则

行李舱内饰及附件主要包括衣帽架、搁物板、随车工具等,行李舱也是常发生异响的部位之一。尤其是两厢车或 SUV 车型。由于车身后部结构原因,两厢车或 SUV 车型异响问题要多于三厢车。从异响控制的角度分析,主要从以下几个方面进行考虑。

1. 部件间隙设计

装配间隙问题也是行李舱内饰及附件产生异响的重要原因,主要包括的部件有衣帽架转轴、衣帽架后部与背门间隙、衣帽架锁扣盖板等。

衣帽架分为固定式和翻转式,对于 SUV 或两厢车,衣帽架多采用翻转式,是通过转轴固定在侧围板上的,见图 14-64。从图中可以看出,如果转轴的间隙偏大,车辆在颠簸路面上行驶会发生垂向跳动,衣帽架与转轴会产生敲击异响。因此,在前期进行防异响设计时,必须合理设计衣帽架与转轴的间隙,对精度进行严格设计。

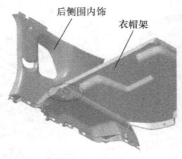 

a) 衣帽架装配示意　　　　　　　　b) 衣帽架转轴

图 14-64　衣帽架转轴间隙

对于翻转式衣帽架,后部衣帽架与背门之间有一个橡胶支撑,见图 14-64,支撑固定在衣帽架上。如果橡胶支撑与背门干涉量过大,则会使得衣帽架产生一个倾翻力矩,车辆在颠簸路面行驶时,引起衣帽架上下跳动,与侧围内饰产生敲击异响。另外,后背门对衣帽架产生的倾翻力矩与衣帽架支撑的形状也有很大关系,图 14-65a 中,衣帽架的支撑与背门接触区域面积较小,很容易因背门的力产生转动,而图 14-65b 的支撑形状可减少背门对衣帽架的转动力,降低衣帽架产生敲击异响的风险。

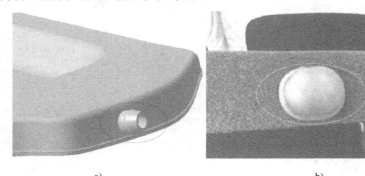

a)　　　　　　　　b)

图 14-65　衣帽架后部支撑形状

固定式衣帽架一般应用在三厢车型中,三厢车的衣帽架上布置有很多部件,其中安全座椅的锁扣也是布置在衣帽架上的,见图 14-66。当锁扣盖板卡爪刚度偏小,与衣帽架预紧力小,会导致锁扣盖板与衣帽架产生敲击异响。图 14-66b 是盖板的结构,在前期进行防异响设计时,必须合理设计盖板卡爪与衣帽架间隙,并保证盖板卡爪的刚度。

2. 大板件支撑

对于衣帽架和备胎盖板等大板件结构,板件与支撑结构间的接触面材料对异响有重要影响作用。如果接触面采用刚性接触，则会产生敲击异响，如果对衣帽架或备胎盖板周边进行 PET 材料包裹，则可降低异响产生的风险。图 14-67 是某款车针对备胎盖板异响进行的处理。因此，在前期进行防异响设计时，要对衣帽架和备胎盖板的接触面进行柔性材料包裹设计。

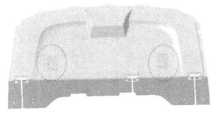

a) 盖板布置位置　　　　b) 盖板结构

图 14-66　安全座椅锁扣盖板布置及结构

图 14-67　某款车的备胎盖板接触面

3. 随车工具固定方式

随车工具固定方式不同，对异响的影响也不同，主要的固定方式有两种：袋式和泡沫材料固定，见图 14-68。采用袋式固定方式，会增加随车工具之间以及随车工具与备胎轮毂之间的碰撞异响。采用泡沫材料固定，会减低异响产生的风险。因此，在选择随车工具固定方式时，要综合考虑异响和成本的问题。

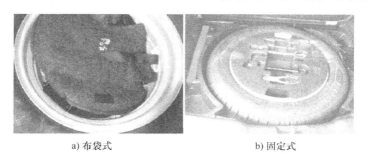

a) 布袋式　　　　b) 固定式

图 14-68　随车工具的固定方式

4. 泄压阀阀片

泄压阀的功能是调节车内压力，目的是保证乘坐的舒适性。泄压阀的阀片会根据车内的压力不同进行开闭调节。如果阀片硬度过大，会撞击阀体产生敲击异响。尤其是在低温条件下，阀体和阀片材料都会变硬，使得敲击异响更为明显。为了减少异响，一方面可在阀片与阀体之间增加无纺布，减少两者的冲击异响；另一方面可对阀片打开角度进行限位，这样也可以降低阀片对阀体的冲击，减少异响问题发生。图 14-69 是某款车泄压阀的设计结构图，从图中可以看出，泄压阀采用了上述两种方案，可以明显降低异响问题产生的风险。因此，在前期进行防异响设计时，需要对泄压阀的阀体材料、阀片材料以及限位和无纺布进行重点设计。

图 14-69　泄压阀设计结构示意

五、侧围内饰

侧围内饰板不仅有装饰的功能，还兼具安全、隔声等功能，这里的侧围内饰主要是 B、C 柱内饰板部分。侧围内饰也是常发生异响的部位，依据侧围内饰的材料特性及结构特点，主要从以下几个方面进行考虑。

1. 零部件间隙

侧围内饰的间隙也是影响异响的重要因素，由于侧围内饰多为塑料件，如果间隙控制不合理，很容易产生异响问题。常见的产生异响的区域包括后三角窗区域、B 柱区域和行李舱侧围区域等。

侧围内饰板间隙的控制，包括侧围内饰板之间，以及侧围内饰与钣金之间的间隙等。图 14-70 是 C 柱三角窗侧围板装配图，由于三角窗侧围板与 C 柱钣金间隙为 0.5～1mm，车辆在行驶过程中会出现敲击异响问题。为了避免该区域的异响，可采用提高装配公差、优化侧围板与钣金之间抖动间隙或者设计贴附毛毡类材料进行控制，图中是在侧围板与内饰板增加闭孔海绵材料。

前排座椅的高度调节器是通过调整滑板的位置进而实现高度调整功能的，如果滑板与 B 柱内饰板间隙不合理，会引起该位置的敲击异响问题。图 14-71 是高度调节器滑板与 B 柱内饰板装配示意图，由于 B 柱内饰板与滑板是弧面，在上下两个极限位置很难实现完全配合，势必会出现间隙，如果间隙控制不合理，那么就会产生敲击异响。通常在滑动的上下极限位置增加毛毡，在图 14-71a 的标示位置增加毛毡，可减少滑板滑动到上极限位置时的异响。在图 14-71b 的标示位置增加毛毡，可减少滑板滑动到下极限位置时产生的异响。另外，也可以通过修改滑板与 B 柱的滑槽结构，改变两者之间的间隙，降低异响问题产生的风险。

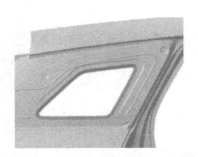

图 14-70　后三角窗侧围与板件间隙

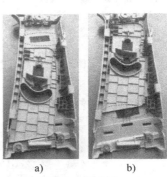

图 14-71　前排座椅高度调节器安装

2. 内饰板的连接方式

内饰板的连接方式是指内饰板零件间的连接或内饰板与板件的连接。内饰板连接一般是通过卡扣连接的，卡扣的轴向力、卡扣连接孔大小、卡扣的间距以及卡扣连接的位置等对异响有重要影响。图 14-72 是行李舱侧围卡扣卡接部位，卡扣间距较大且卡接安装孔较大，导致行李舱侧围在安装状态下出现了晃动，两者产生敲击异响问题。为了避免此类问题，在前期设计时，一方面要增加卡扣的数量，另一方面要减小侧围开孔的尺寸。图 14-73 是某款车 C 柱护板的卡接点与钣金连接点处理示意图，图中标示位置增加了棉毡，增加了轴向的预紧力，减少了护板与钣金的敲击异响问题。因此，在前期进行防异响设计时，必须综合考虑卡接位置的间隙和卡接方式。

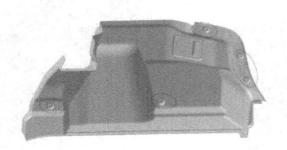

图 14-72　行李舱侧围卡扣卡接部位

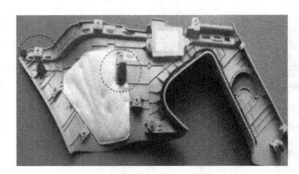

图 14-73　C 柱护板的卡扣卡接点处理

3. 后侧围板线束固定

由于后侧围板和钣金尺寸较大，侧围板和钣金刚度较低，如果线束间距过大，则会引起敲击异响。因此在前期进行防异响设计时，需要从线束间距和线束包裹的角度进行设计。

六、外饰附件

外饰附件除了具有装饰功能外,还具有降低风阻和风噪的功能。因此,外饰件除了受到路面激励外,还受到空气载荷的激励。常发生异响的外饰件包括前后风窗玻璃、后背门扰流板、行李架、高位制动灯等。在对外饰件进行防异响设计时,主要从两个方面考虑。

1. 系统部件间隙设计

间隙问题也是外饰件考虑的主要问题,由于外饰件多为塑料件,受路面和风载荷的综合作用,以及光照、温度的影响,都会引起外饰件的变形。因此,在前期对外饰件进行防异响设计时,必须对部件的间隙重点关注。图 14-74 是后扰流板与后风窗玻璃装配示意图,其中图 14-74a 是三维图,图 14-74b 是截面图。从图中标示可以看出,后扰流板与后风窗玻璃之间有垫块支撑,如果两者配合间隙过大,或者垫块压缩量很大,则容易产生敲击异响。因此,在对后扰流板进行防异响设计时,主要从后风窗玻璃与后扰流板间隙、垫块的干涉量、垫块的数量以及垫块形状等方面进行设计。

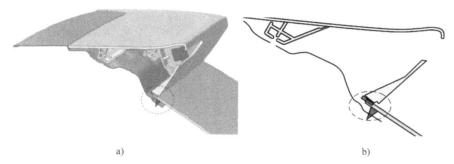

图 14-74 后扰流板与后风窗玻璃的间隙

图 14-75 是行李架螺栓盖板安装示意,盖板与行李架本体的间隙大小影响异响的产生。如果盖板与本体间隙过大,则容易产生敲击异响。在前期进行防异响设计时,需要从盖板与行李架本体间隙控制、盖板与本体的干涉量以及盖板的公差等方面进行重点考虑和设计。

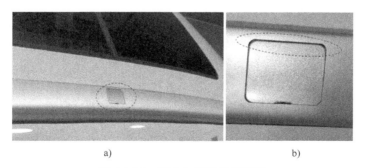

图 14-75 行李架螺栓盖板间隙

高位制动灯,对于轿车一般安装在衣帽架上,SUV 则安装在后扰流板上,无论采用哪一种安装方式,都要保证高位制动灯与周边的间隙。如果是轿车,必须控制与底座的间隙;如果是 SUV,必须控制高位制动灯与后扰流板的间隙。图 14-76 是轿车高位制动灯的安装结构,如果高位制动灯与底座间隙过大(图 14-76b),则会引起敲击异响问题。图 14-77 是 SUV 车型高位制动灯结构,高位制动灯与后扰流板装配在一起,高位制动灯为悬臂结构,如果高位制动灯与扰流板间隙过大,则会引起敲击异响问题。

2. 材料兼容性

在对外饰材料进行防异响设计时,也要考虑材料兼容性问题。外饰常见的材料不兼容产生的异响问题,主要发生在前后风窗玻璃区域,前后风窗玻璃是通过卡扣限位的,见图 14-78,如果限位卡扣与金属板件材料不兼容，则会引起摩擦异响问题。通常采用改变限位卡扣材料的方式，如采用兼容性好的POM材料，或者在两者接触区域布置毛毡材料，见图14-78b。因此，在对前风窗玻璃进行防异响设计时，必须考虑限位卡扣材料兼容性问题。

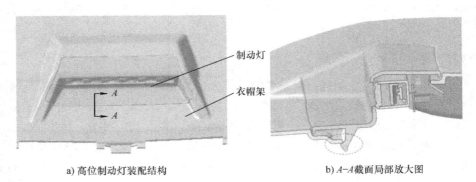

图14-76 轿车高位制动灯结构

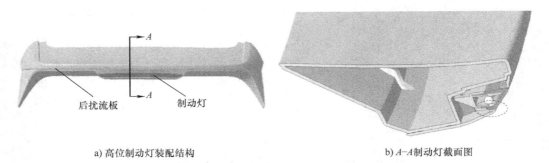

图14-77 SUV车型高位制动灯结构

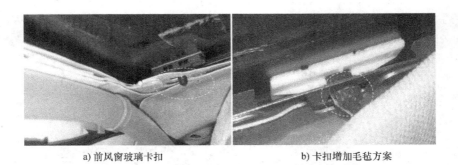

图14-78 前风窗玻璃限位卡扣布置

由于内外饰系统多采用塑料材质件，塑料件的材料兼容性、老化变形、光照等因素对异响有重要影响，因此内外饰系统的异响问题非常多。本节只是说明了各系统中典型的异响问题，其他部件或部位产生异响的机理及优化方案大都是相同的。因此，在分析其他部位的异响问题时，可借鉴上述的设计方法和优化方案。

第六节 动力和底盘系统异响设计准则

底盘系统也是产生异响问题最多的系统之一，这不仅因为底盘系统受到直接的、持续的路面激励，而且底盘系统的绝大部分部件之间存在相对运动，更增加了异响产生的风险。常发生异响的底盘系统包括转向系统、行驶系统、制动系统等。尤其是转向系统的异响，近几年的投诉量一直居高不下。因此，底盘的异响问题日益受到关注。

对于底盘系统，异响问题主要出现在连接部位，底盘系统部件的连接可分为刚性连接和柔性连接两种，不同的连接方式异响产生的机理是不同的。

对于刚性连接，主要是通过螺栓和球头实现的。对于螺栓连接，如果螺栓出现松动、掉扭现象，则金属件之间将会出现摩擦异响，如果两部件出现明显间隙，也会出现敲击异响的风险。因此在前期设计时必须增加防止螺栓松动的设计。对于球头连接，如果球头与球头座之间的间隙出现问题，会产生类似"咯噔咯噔"的典型摩擦异响。球头连接在底盘系统中应用较多，常见的部位有转向节与转向拉杆之间的连接、转向节与摆臂之间的连接、减振器与稳定杆之间的连接等。为避免异响问题，必须控制球头的装配精度。

对于柔性连接，主要是通过橡胶衬套实现的，在车辆行驶过程中，橡胶与各系统部件是存在相对运动的，如果橡胶件与部件出现黏滑现象，就会有异响发生的风险。常见的部位包括，副车架与稳定杆连接、副车架与转向拉杆连接、副车架与下控制臂连接等，如果这些橡胶件与连接金属部件存在相对运动，那么将会产生摩擦异响风险。为减少类似异响，必须对橡胶材料采用增加涂层或者增加自润滑剂等措施。

一、转向系统

转向系统主要是由转向操纵机构、转向器和转向传动机构组成的。转向操作机构包括方向盘、转向管柱、转向轴、转向传动轴和万向节等；转向传动机构主要包括转向摇臂、转向拉杆、转向节臂、转向梯形机构等。按照转向的能源不同，可分为机械转向和动力转向，其中动力转向又可分为电动转向和液压转向。目前，电动转向已成为主流的选择。转向系统的异响多数是由于间隙问题引起的。图14-79是常见的转向系统异响位置，异响问题的名称及控制方法见表14-3。从图中可以看出，间隙问题是引起转向异响的主要原因。

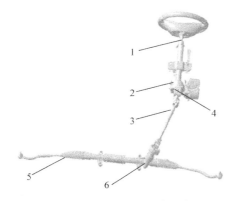

图 14-79 常见的转向系统异响位置

表 14-3 转向系统常见的异响问题及控制方法

标号	异响问题	控制方法
1	螺旋电缆敲击异响	间隙控制
2	蜗轮蜗杆敲击异响	间隙控制/润滑
3	花键敲击异响	间隙控制
4	角度传感器松动敲击异响	间隙控制
5	齿条与衬套敲击/摩擦异响	间隙控制
6	齿轮齿条敲击异响	间隙控制

电动助力转向可分为管柱助力、齿轮助力、齿条助力三种形式。如果转向助力电动机安装在管柱上，则是管柱助力转向，是通过蜗轮、蜗杆传动实现的。如果蜗轮蜗杆之间的间隙过大，则会在卵石路面出现敲击异响问题，如果过小则影响方向盘的回正功能。在前期对蜗轮、蜗杆的间隙进行设计时，必须综合平衡这些性能。图14-80是蜗轮与蜗杆的装配示意图，如果两者间隙过大，对于存在Y向激励的路面很容易引起两者的敲击异响。在前期进行防异响设计时，可以合理设计两者之间的间隙，另外为了减少磨损后增加的间隙，可以考虑对蜗杆进行氮化处理，提升耐磨性，以降低高里程异响问题的风险。图14-79中标识号6的齿轮齿条敲击异响，也是最常见的异响问题之一，必须合理设计齿轮和齿条的间隙。

对于液压转向，除了管柱下端的齿轮齿条敲击异响外，主要集中在管路上，因此要保证管夹布置的距离，也要保证管夹布置在车身或其他刚度较大的部位。

图14-79中齿条与衬套间的敲击或摩擦异响，主要就是由于两者的间隙控制不合理引起的，由于齿条和衬套存在相对运动，如果两者间隙设计不合理，则会产生敲击异响问题。图14-81是某款车在行驶过程中发现，转向系统下部存在异响问题，经过分析主要是齿条和衬套由于间隙问题引起的敲击异响，供应商初始设计的间隙为0.22mm，经过多轮优化和分析，将两者的间隙修改为0.15mm，转向异响问题消除。

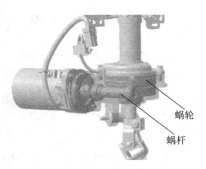

图 14-80 蜗轮和蜗杆

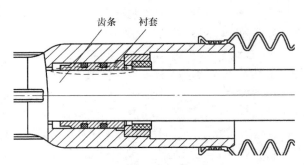

图 14-81 齿条和衬套

另外,方向盘安装在转向管柱的上端,可看作是安装在一个悬臂梁顶端的部件,路面的振动很容易被方向盘放大,如果方向盘部件之间存在间隙,很容易产生异响问题。主要包括方向盘盘面与本体固定间隙、方向盘的按键间隙、方向盘的安全气囊固定方式等。这些间隙处理不合理都会引起敲击或摩擦异响问题。图 14-82 是某款车方向盘安全气囊固定位置示意,由于固定钢丝包覆层与方向盘挂钩碰撞产生敲击异响,对固定位置的弹簧固定力进行优化,从(32±2)N 优化为(49±3)N,减少了车辆在运动过程中的相对变形,降低了异响的风险。

图 14-82 方向盘安全气囊固定

多功能方向盘的盘面与本体产生摩擦异响问题时,可对发泡增加支撑,提高装饰件的刚度,减少装饰件的相对位移量。对于多功能按键之间的相互敲击异响,可减少按键的公差,减少按键之间的间隙,降低异响风险。

二、行驶系统

1. 悬架系统

车辆的行驶系统主要包括车架、车桥、车轮和悬架等。行驶系统一方面将传动系统传递来的发动机转矩转化为驱动力驱动汽车行驶,另一方面缓冲路面传递来的冲击和振动,保证汽车行驶的平顺性和操纵稳定性。由于路面激励直接作用于行驶系统,因此,路面激励对行驶系统的影响非常大。悬架系统是产生异响问题最常见的部位,悬架系统常见的异响问题见图 14-83 标示,表 14-4 是对应的异响问题说明及控制方法。

图 14-83 悬架系统常见的异响部位

表 14-4 悬架系统常见的异响问题及控制方法

序号	异响问题	控制方法
1	减振块与车身撞击异响	自润滑/间隙控制
2	弹簧与橡胶摩擦异响	自润滑/间隙控制
3	弹簧末端设计	结构优化
4	弹簧减振垫摩擦异响	自润滑
5	掉扭引起异响	增加反掉扭措施

从图 14-83 可以看出,凡是系统部件有接触和连接的部位,都存在异响的风险。图示的悬架部位的异响多以摩擦异响为主。主要原因在于橡胶材料与黑漆件表面材料不兼容。因此,在前期设计时,需要对橡胶材料增加自润滑材料,提高橡胶材料与黑漆件表面的材料兼容性。

2. 横向稳定杆

横向稳定杆与副车架的连接部位也容易产生异响问题。横向稳定杆是用弹簧钢制成的扭杆弹簧。稳定杆的两端分别与悬架连接，杆的中部通过柔性连接固定在副车架上。稳定杆的主要功能是在车辆转弯时，车身侧倾，两侧悬架跳动不一致，外侧悬架会压向稳定杆，稳定杆就会发生扭曲，杆身的弹力会阻止车轮抬起，从而使车身尽量保持平衡，起到横向稳定的作用。因此，在副车架上衬套与稳定杆之间存在旋转运动。在对稳定杆进行防异响设计时，一方面要对副车架与稳定杆连接的衬套采用自润滑材料，减少摩擦异响。另外，需要对稳定杆在副车架固定位置，以及衬套的开口位置等结构进行优化，见图14-84。

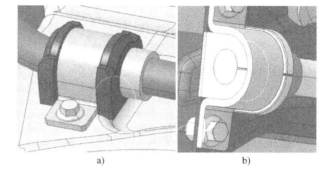

图 14-84　稳定杆与副车架连接衬套

图14-84a是稳定杆与副车架连接衬套的布置部位，从图中标示可以看出，衬套支架布置在有面差的交界部位，容易在受力时发生扭转变形，容易产生异响问题，因此需要对该区域进行结构优化。图14-84b中衬套的开口方向是水平方向，车辆在行驶过程中，容易进入灰尘而产生摩擦异响问题，对图中的开口方向优化成斜向下45°，可减少灰尘的进入，降低摩擦异响风险。

3. 前副车架

前副车架是前车桥的骨架，其主要功能是阻隔底盘的振动传递到车身。前副车架与车身、控制臂、转向系统、稳定杆等部件相连。与车身连接形式有两种：刚性连接和柔性连接。从防异响设计角度考虑，刚性连接时要有防掉扭措施，柔性连接时橡胶衬套要增加自润滑材料。

前副车架与左右控制臂相连，左右控制臂是通过两个橡胶衬套与副车架连接的。衬套的设计要考虑两个方面：一方面橡胶衬套材料采用自润滑材料，减少摩擦异响；另一方面，要控制衬套与副车架的间隙，避免衬套与副车架周边产生摩擦异响。图14-85是副车架与控制臂连接示意图，图中如果衬套与副车架开孔面距离偏小，容易在行驶过程中产生摩擦异响，通常将两者的距离控制在5~8mm，距离大小和底盘件的运动有关。

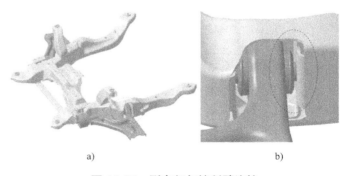

图 14-85　副车架与控制臂连接

三、制动系统

制动系统功能是按照驾驶员的意愿降低汽车行驶速度或停车，主要由供能装置、控制装置、传动装置和制动器组成。常见的异响问题主要集中在制动盘、制动卡钳，以及制动踏板、制动管路和驻车制动拉索上。对于制动盘和制动卡钳，由于安装精度、配合不当等原因，会引起制动蹄片与制动盘产生敲击和摩擦异响，以及防尘罩与制动盘之间产生敲击或摩擦异响，见图14-86a，尤其是制动啸叫，与制动盘厚度、制造精度、散热等有关。对于制动管路和制动拉索，同前面介绍的一样，就是要控制固定间距和固定点位置。对于制定踏板，出现的异响问题主要是制动踏板锁销轴与销孔间隙晃动而产生异响，控制方法是在销轴上增加橡胶衬套，以保证轴向预紧力，见图14-86b，

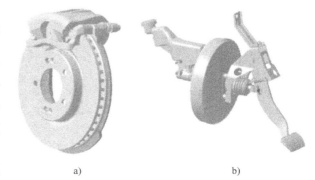

图 14-86　制动踏板销轴异响

这样可以有效降低异响产生的风险。

四、动力系统附件

动力系统附件包括进气系统、排气系统、冷却系统、供油系统、悬置系统以及线束和控制单元等。汽车动力系统在工作过程中产生振动会引起附件系统振动，如果附件与周边的间隙和材料不兼容，则会引起异响问题。常见的异响问题包括：

1. 管路、管线类固定部位

冷却系统、供油系统都有很多管路，管路产生的异响与管路的布置位置、支架结构、布置距离等有关。因此，在设计管路时应该遵循如下原则。

（1）管夹固定位置　管路管夹的固定部位要选择刚度大的区域，有支撑或者有加强结构的区域，以减少局部变形，且管夹悬臂长度要尽可能短，管路布置间距合理。如果管夹固定的车身部位刚度弱，变形较大，那么管夹与管路间，或者管路与管路间将会产生敲击或者摩擦异响问题；另一方面，在非固定区域，如果管路间距布置不合理，或者管路与车身间距不合理，管路内的脉动压力会使管路间发生碰撞，或者与车身间产生敲击、摩擦异响问题。图14-87是某款车的燃油管在前围的布置情况，主要从管路和管夹角度两方面进行优化：首先，对于管路，增大两条管路之间的距离、管路与车身的距离、管路在拐角的距离，直线段管夹布置距离在150mm左右；其次，对于管夹，管夹位置固定部位靠近中心部位，保证上下悬臂较小，增加夹持部位减振材料。

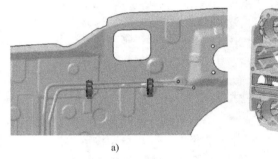

图14-87　燃油管在前围固定示意

（2）管路与车身间距　通过管路运动包络分析，确定管路与周边件的间距，避免管路与相邻件产生敲击异响。图14-88是某款车空调管路与车身的距离，从标示可以看出，两者间距偏小，空调管内的压力波动会带动管路振动，容易产生敲击异响，通常要求管路与车身间距大于20mm。

（3）管路衬垫或底座的高度　合理设计支架或底座的高度，减少管路与底座的敲击异响。图14-89标示的部位是空调管路橡胶衬垫与车身的距离示意，从图中布置可以看出，两者的距离偏小，空调管路容易在内部压力波动下与车身产生敲击异响，通常要求橡胶衬垫的厚度大于10mm。

（4）柔性管长度　保证柔性管有足够的长度，避免柔性管运动端被撑直引起其他支架的敲击或摩擦异响。图14-90是压缩机柔性管长度示意，柔性管要足够长，在撑直后与自然伸长长度相比大于50mm，可以降低管路被拉直后带动支架产生异响的风险。

图14-88　空调管路与车身间距

图14-89　空调管路支架与车身距离

图14-90　压缩机柔性管长度

2. 发动机悬置等支撑部位

发动机悬置是发动机重要的弹性支撑，其主要作用是通过变形实现吸振的功能，如果变形超过与周围件的间隙，那么将产生摩擦异响。由于发动机的输入能量非常大，因此，该部位产生的异响对车内影响非常大。图

14-91是某款车左悬置优化前后对比，在车辆在右转弯时，听到前舱有较大的沉闷的异响声，经过排查发现左侧悬置橡胶与限位板发生了摩擦，进而产生了异响，通过切除限位板进行验证（图中14-91b标示位置），避免了摩擦异响问题。

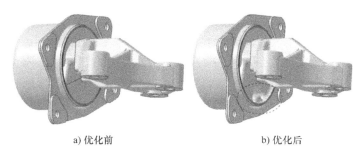

a) 优化前　　　　　　　　　b) 优化后

图 14-91　左悬置异响问题优化对比

3. 塑料盒、罐等部件固定部位

动力系统的附件，在机舱布置的塑料壳体件非常多，如洗涤壶、空滤器、熔丝盒、膨胀罐等，对上述部件主要从两方面考虑：一是考虑与周围部件的间隙，如果间隙不足，在受到发动机或发动机旋转附件激励，会使得上述部件与周围碰撞而产生异响；另一方面考虑这些部件的固定方式，避免因固定部位刚度不足，产生较大变形与周边产生敲击异响。

4. 排气吊挂

排气系统是通过吊挂与车身、副车架连接的，在前期进行防异响设计时，一方面要考虑吊挂与排气的运动包络和周边的间隙，避免吊挂与周边间隙不足而产生敲击异响；另一方面，在低温情况下，吊挂与吊钩之间材料不兼容，容易引起摩擦异响问题，见图14-92示意。

图14-92a是某款车排气吊挂结构设计布置，车辆在运行中排气系统与车身发生了撞击异响，原因在于排气系统振动位移大于两者的间距。因此，在前期对排气系统进行防异响设计时，需要对排气系统的运动包络进行分析。图14-92b是某款车在低温工况下，吊挂与吊钩产生的摩擦异响。由于在低温条件下，橡胶材料变硬，吊钩与橡胶吊挂材料不兼容，产生摩擦异响问题。因此，在前期进行防异响设计时，需要对橡胶吊挂增加自润滑材料，降低低温异响的风险。

a) 排气系统周边撞击异响　　b) 吊挂低温硬化摩擦异响

图 14-92　排气吊挂异响分析

动力及底盘系统的部件，由于直接受到路面和发动机激励，是很容易产生异响问题的。如果这些部件不满足异响设计准则，更增加了异响产生的风险。因此，在前期对动力及底盘系统进行防异响设计非常重要。

第七节　异响的间接仿真分析法

异响仿真分析也是异响性能开发的重要手段，根据异响仿真分析的特点，可以分为直接法和间接法。直接法是利用仿真分析直接判断接触部位是否产生异响的方法。间接法是通过分析刚度、模态、传递函数等NVH仿真分析的参数，间接判断该部位是否存在异响风险的分析方法。

异响的间接法分析，可以借助常规的NVH仿真分析进行判断，由于间接法具有对模型要求简单，计算效率高等优点，在开发前期也得到了广泛的应用。

一、模态分析

整车异响问题是低频（<100Hz）振动引起的高频噪声问题，从这个角度分析，解决异响问题的关键也是解决避频的问题。因此，避频问题主要还是模态的仿真分析，这与第二章介绍的分析方法相同，这里不再赘述。

对于整车异响，主要关注部件有仪表板及其附件（CD机、外置显示屏、杂物箱、前排乘客安全气囊、风管等）、副仪表板、前后门（带内饰）、背门、衣帽架、天窗、座椅、侧围内饰等。

对于异响分析结果的判断，主要从模态频率、模态振型和模态密度三个方面去分析。

1. 模态频率

主要是从避频的角度分析，首先要考虑避开激励源频率，否则会引起共振异响问题。例如，仪表板及其附件，必须考虑避开发动机点火频率。若出现两者模态耦合，怠速工况下将会引起异响风险；另外，相邻的系统部件也必须考虑避开频率，尤其是一些非常关键的模态。例如转向系统模态频率，必须与仪表板上的附件，如CD机、仪表板上部安装的显示屏、仪表板横梁上的风管等部件频率避开，因为在一些恶劣路面上，转向系统的模态是很容易被激励起来的，如果转向系统的模态频率与上述附件频率存在耦合，那么势必将引起这些部件模态的共振，加大异响产生的风险。

2. 模态振型

主要是从关键模态振型出现的最大位置以及相位等进行分析的。可利用振型的分析结果对内饰件卡扣、卡接、螺接位置的布置合理性进行判断。例如，一般前车门内饰存在一个中部的弯曲模态（图14-93a），而车门扶手支架与内钣金的螺栓连接位于内饰板中部位置（图14-93b），该位置很容易引起异响问题。可依据模态振型分析结果，通过加强该部位的结构或者移动螺栓安装位置来降低异响问题风险；另外，可利用振型的分析结果，对相邻板件在同一频率下幅值的大小、相位进行合理性判断，该方法实际是对后期采用直接法分析敲击异响的预判。例如，内饰板与车门内钣金，如果在同一频率下出现相位相反的情况，则会增加两板件异响风险，必须对这两个板件刚度进行优化，避免产生较大的相对位移。

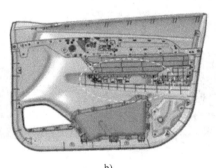

a)   b)

图14-93 模态振型分析结构示意

3. 模态密度

主要是对一定频率范围（0~70Hz）内模态的数量进行控制，目的就是降低共振风险，避免出现高里程异响等问题。如果在一定频段内模态数量过多，势必会增加共振的风险，同时会增加高里程异响的风险。由于异响的主要激励源频率范围小于70Hz，因此，整车零部件模态分析必须控制70Hz以内的模态数量。

二、刚度分析

异响问题判断的依据是位移大小，通过第三章介绍可知，刚度主要是从位移和变形的角度对结构进行评价的参数。因此，刚度也是评价异响的一个重要参数。目前，白车身刚度和开闭件刚度分析是整车NVH性能开发主要关注的对象。因此，可以通过这些分析结果评价相关的部件、部位的异响风险。

利用白车身刚度分析，可用来判断侧门的密封条与车身摩擦异响的风险。判断的依据是计算门洞变形大小，见图14-94。从第一章可以知道，白车身刚度的计算方法有多种。研究发现：对侧门异响影响最大的是白车身扭转刚度，而车身弯曲刚度对异响影响较小。另外，带天窗的车身，可计算天窗洞口变形来预测天窗密封条的异响风险。

同样，利用前后门刚度分析，可对车门一些异响问题进行预测。车门不同部位的刚度可以预测该部位的异响风险。通常车门的刚度分析包括门框角刚度、内外腰线刚度、玻璃升降器安装点刚度、门框周边刚度等。例如，如果侧门的角刚度太弱，在扭转路面上，会出现车身变形与侧门变形不协调，导致相对位移，产生摩擦异响风险，见图14-95。因此，利用上述这些刚度可以帮助分析相应部位的风险，具体见表14-5。

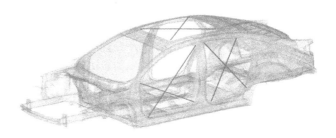

图 14-94　车身扭转刚度变形线

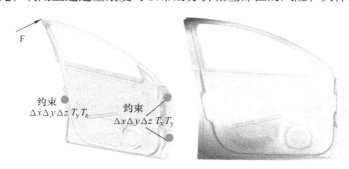

a) 仿真分析边界条件　　b) 仿真分析结果

图 14-95　侧门角刚度仿真分析及结果

表 14-5　开闭件刚度的异响问题

刚度类型	分析异响问题	备注
门框角刚度	车门密封条在大扭转工况下摩擦异响	关注 Y 向刚度
内外腰线刚度	玻璃升降过程中摩擦异响	关注 Y 向刚度
玻璃升降器安装点刚度	玻璃升降过程中异响	关注 Y、Z 向刚度
门框周边刚度	车门密封条在扭转工况下摩擦异响	关注 Y 向刚度
扬声器安装点刚度	扬声器在颠簸路面的异响	关注 Y、Z 向刚度
门锁安装点刚度	门锁在大扭转路上敲击或摩擦异响	关注 X、Y 和 Z 向刚度

三、传递函数分析

从"源-路径-响应"的角度来看，上述模态和刚度是从响应部位的角度进行的分析。但是，异响问题的产生与传递路径也有非常大的关系。因此，异响的传递特性分析非常必要。与传统的 NVH 分析不同的是，计算的响应部位不是方向盘、座椅导轨等部位，而是内饰与钣金的卡接、螺接部位，以及内饰与附件的卡扣、卡接及螺接部位等。

异响问题大都是路面激励而产生的。因此，在进行传递路径分析时，主要分析的是路面激励到上述关注部位的传递特性，由于研究的路面激励主要为低频，传递函数评价多采用速度传递函数，即 V/F，分析的频率范围为 0～70Hz。基于上述特点，激励点取四个减振器与车身连接的位置，并主要研究 Z 向激励的传递特性情况。

例如，为研究车门内饰板的异响，计算四个减振器安装点 Z 向到车门卡接位置的传递函数情况，车门内饰的关注位置见图 14-96a，其中左前减振器到前门一连接点的传递函数见图 14-96b。对此传递函数的评价主要是看曲线的峰值是否超标。通常的判断标准为：内饰件与车身连接部位峰值不超过 0.4（mm/s）/N，内饰件、内饰件与附件连接部位峰值不超过 0.25（mm/s）/N。对于超标存在风险的情况，可利用模态贡献量、结构优化等手段改进结构设计，降低异响风险。

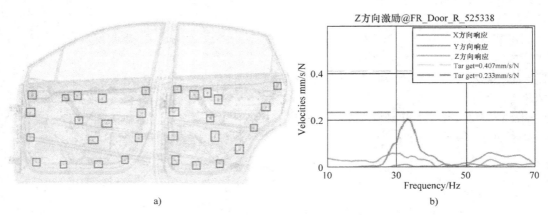

图 14-96　侧门异响关注的部位

总之，无论是直接分析法，还是间接分析法，都是异响性能开发的重要手段，都是前期发现结构上的设计缺陷，并实现对问题结构的优化，降低整车异响风险的手段。

第八节　异响的直接仿真分析法

在异响的仿真分析计算过程中，直接法和间接法各有特点。直接法分析计算结果比较直观、明显，但是花费的时间、成本比较高；而间接法是间接判断异响问题，时间、成本花费比较低，计算效率比较高。从整车开发的流程上看，直接法比间接法要求的模型精度比较高，因此，直接法主要用在工程设计阶段的中后期，而间接法可以贯穿整个开发工程设计阶段。

一、直接仿真分析法概述

1. 直接法定义

直接法仿真分析主要是基于时变激励下的动态响应，基于时域内相邻部件相对位移进行分析的。异响直接分析法是在仿真模型上施加时间域的载荷，计算考查部位的相对位移。根据考查部位位移的方向不同，可分为敲击异响仿真分析和摩擦异响仿真分析。通过比较仿真计算值与板件间的间隙、板件间脉冲率大小，进而分别判断在风险部位是否存在敲击或摩擦异响。

目前主要采用 SAR-Line 方法，该方法是用于评估时间域中，邻近节点的相对位移的方法。SAR-Line 法是基于 NVH 仿真分析模型，并进行局部修改（如卡扣、卡接位置等），在相邻两部件的接触部位分别建立 SAR 线，并在 SAR 线上的每个节点建立局部坐标系，施加特定路面（角钢路、搓板路、绳索路等）下的实际载荷，通过计算 SAR 线上对点的相对法向位移、相对切向位移（图 14-97），然后对这些部位进行异响的风险判断。在计算结果中，法向位移用于敲击（Rattle）异响的分析，切向位移主要用于摩擦异响（Squeak）的判断。对于上述分析原理，可借助 ALTAIR 公司的分析计算模块 SNRD 来完成。

对于整车异响来说，敲击异响可以用来分析仪表板、车门内饰板、衣帽架、天窗等部件的异响问题；而摩擦仿真分析可以用来分析车门钣金间，车门密封条与车门、仪表板间，车门内饰、衣帽架等异响问题，见图 14-98，该图是 ALTAIR 公司分析某款车密封条摩擦异响的结果示意。

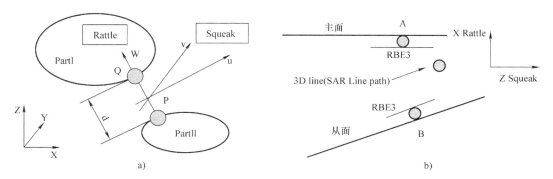

图 14-97 直接法异响分析原理

2. 仿真分析模型

异响的仿真分析模型可分为整车级和系统级两种。两种分析模型的区别在于模型施加的载荷大小和位置是不同的。如果采用的是整车级分析，采集的载荷是车身与底盘接附点的载荷，或者是轴头的载荷。如果采用的是系统级模型，那么采集和施加的载荷是系统与车身连接点处的载荷。

直接法仿真分析的模型是在 NVH 模型基础上建立的，由于直接法分析的部位更多涉及的是模型的区域，异响仿真分析模型比 NVH 模型要求更细，因此，需要对 NVH 建立的模型进行修改，修改的主要原则和内容包括：

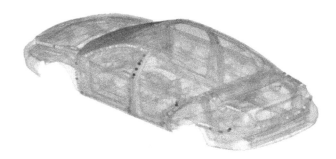

图 14-98 整车开闭件密封条摩擦异响分析结果示意

1）模型修改的部件主要是针对塑料件和塑料件与钣金件连接的部位。

2）内饰模型细化处理，不能用质量点代替。

3）需要考虑塑料件的限位和边界，例如塑料件与钣金件的干涉量等。

4）卡扣、卡接等连接进行细化，卡扣、卡接位置不能用刚性单元代替，需要建立三维网格模型，或者将卡扣、卡接件等测试刚度输入模型替代三维模型，见图 14-99，其中图 14-99a 是三维 CAD 模型，图 14-99b 是有限元简化模型，将约束连接部位三个方向的平动。

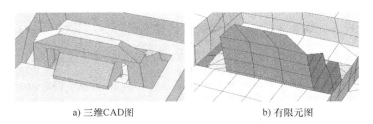

a) 三维CAD图　　　　b) 有限元图

图 14-99 直接法仿真分析的卡扣简化方法

二、敲击异响仿真分析

敲击异响的仿真分析主要是在异响路面激励下对相邻部件的相对位移与相邻部件的设计间隙的大小进行对比分析。敲击异响主要是关注两板件接触面的法线方向，通过比较分析潜在部位实际的相对法向距离 d_a 与设计间隙 d_d 的大小，并且依据一定的判断标准和准则，对仿真分析结果进行异响的风险评估。通常敲击异响的仿真分析流程如下。

1. 有限元模型的修改和处理

依据 NVH 仿真分析模型，通过对塑料件、卡扣、卡接部位的细化，完成敲击异响仿真分析模型的建立。图

14-100a 是某款车仪表板模型处理的结果。

2. 潜在异响部位确认和 DTS 参数收集

有限元模型修改完成后，依据经验确定各部件间接触部位存在风险大小的情况。根据各接触部位异响风险的大小，需要收集部件间的 DTS（Dimensional Technical Specification），并将这些参数输入到仿真分析模型。对于仪表板，最常发生敲击异响的部位是杂物箱、检修盒、组合仪表壳、显示屏等与仪表板本体邻近的部位，并将这些部位建立 3D-Line，见图 14-100b。

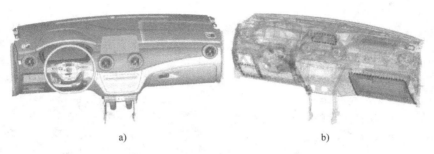

图 14-100　直接法仿真分析模型

3. 载荷的采集和有限元模型载荷的施加

异响的载荷是在特定路面采集的，包括两类：随机路面（卵石路、比利时路等）和周期路面（搓板路、绳索路、角钢路等）等。如果分析模型选取的是系统级，则需要在实验室的四立柱上将载荷迭代到分析部件与车身连接的部位。如果选取的是 TB 模型或者整车模型，可在整车上直接布置传感器获取载荷。图 14-101 是某车采集的比利时路面载荷（仪表板与车身 A 柱连接处的载荷）。

4. 仿真分析及结果判定

敲击异响分析的主要目的是计算出潜在异响部位的法向位移，见图 14-102。通过计算时域相对位移结果峰值排序的前 30% 最大峰值的均值，得出每条 E-line 上最大的相对位移值，与 DTS 中间隙公差进行比较，得到失效概率，依据失效概率评判异响的风险。失效概率分两种情况：一种是对称间隙公差，满足以间隙 G 为均值，以公差 T 为 $\sigma/3$ 的正态分布假设，计算相对位移在该正态分布中的概率即为风险率，见图 14-103a；另一种是非对称尺寸公差，满足对数正态分布假设，即非对称间隙公差经过对数转换后，满足正态分布假设，将相对位移、间隙公差经对应的对数转换后，计算在该正态分布中的概率即为风险率，见图 14-103b。

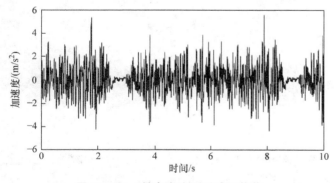

图 14-101　某车在比利时路面载荷

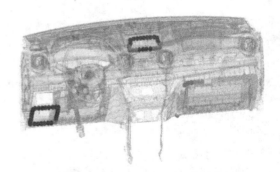

图 14-102　敲击异响仿真分析结果

针对接触边界相对位移偏大的问题，利用模态贡献量的手段查找出贡献量较大的模态，然后进行优化分析。模态贡献分析包括两种：边界模态贡献分析和单点位移模态贡献量。边界模态贡献分析的目的是分析具体哪一阶模态对该边界的贡献量最大。同样，单点位移模态贡献量可以明确哪一阶模态对该边界上的最大位移点贡献最大，然后根据模态贡献对结构进行优化分析。

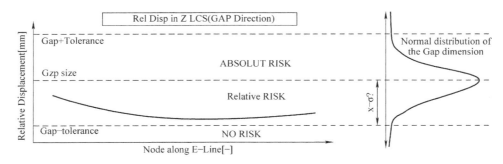

a) 对称公差判定

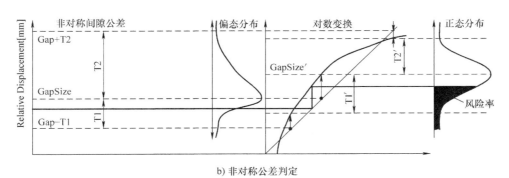

b) 非对称公差判定

图 14-103 失效率判定原则

三、摩擦异响仿真分析

摩擦异响是由于两个部件的切向运动产生的，因此，摩擦异响仿真分析的目的是获取接触部位切向方向的相对位移。两部件相对运动的位移是基于峰峰幅值的，所谓的峰峰幅值（Max Principal P2P，Max Principal Peak to Peak amplitude），是获取每组连接点在 XY 面上的相对移动轨迹，在相对移动集中的方向建立主轴，相对位移集中的一段即为 Max Principal P2P，主轴垂直方向上相对位移集中的一段即为 Min Principal P2P，见图 14-104。

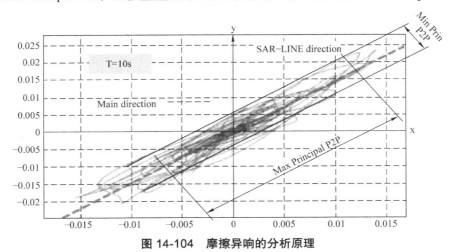

图 14-104 摩擦异响的分析原理

摩擦异响问题发生的风险，是通过对比最大主轴峰峰值的幅值 Δs 与脉冲率 Δm 的倒数（或者是单位脉冲长度 Δd）大小进行判断的。其中，最大主轴的峰峰值幅值的距离是通过仿真分析计算得来的，脉冲率是通过台架测试完成的，判断标准如下：

1）若 $\Delta s \geq 1/\Delta m$，则两板件可能存在摩擦异响的风险。
2）若 $\Delta s < 1/\Delta m$，则两板件可能不存在摩擦异响的风险。

对于脉冲率 Δm，由于不同材料间的脉冲率大小与温度、湿度、速度和两材料的法向压力有关系，在做台架试验时必须考虑不同因素对结果的影响。因此，脉冲率是特定条件下的一个特定值，在进行仿真分析时，脉冲率需要输入的是一个范围。摩擦异响分析的基础是 Stick-slip（黏滑）理论，见图 14-105a 说明，图中 A 和 B 是两个接触的部件，在压力 N 作用下存在相对速度 V。根据黏滑理论，在一个脉冲时间段内包括黏性阶段 L_1 和滑动阶段 L_2 两个阶段，见图 14-105b 分析，脉冲率 Δm 与每个脉冲相对距离 Δd 互为倒数。

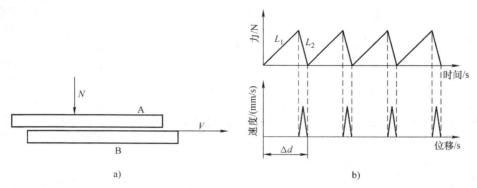

图 14-105 摩擦黏滑理论分析

与敲击异响不同的是，摩擦异响关注接触部位切向的相对运动。但是，摩擦异响的仿真分析模型处理和分析思路与敲击异响大致是相同的。区别就在于判断的原理和标准不一样。可以借助上述分析思路对摩擦异响进行分析。

第九节 异响的道路评价

异响的试验分析是异响性能开发最重要的环节，异响的试验分析是基于实车、零部件进行的分析验证。在该阶段不仅要对前期设计、优化方案的合理性进行验证，同时也要对制造、装配等工艺性进行验证。

基于异响随机性、偶发性等特点，异响问题很难像解决 NVH 问题一样，借助测试设备进行数据采集和分析，然后利用测试数据进行问题分析和方案制定。异响问题多以主观评价的手段进行评判，一旦确定是异响问题，将借助经验或者试验设备进行问题定位，然后制定优化方案。整车异响的评价分为道路试验评价和实验室试验评价两种。下面对整车异响的道路试验评价进行说明。

一、异响路面选择

整车异响评价是在特定的路面下进行的，所谓的特定路面，是指这些路面不仅能够尽可能涵盖客户所使用的路面，而且通过这些路面能够反映出整车各部件存在的异响问题。由于大多数的整车异响问题是路面引起的，因此，异响的路面选择非常重要。

基于异响路面要求的特殊性，目前在国内各主要的试验场中，用来专门评价异响的路面非常少。在重庆垫江试验场建立了专门的、集中的区域作为异响问题的评价路面，在通州试验场，没有专门的异响评价路面，通常借鉴部分耐久试验路面进行评价，但是适合评价异响的路面相对分散，系统地评价异响问题比较困难。随着各主机厂对异响问题越来越重视，近几年建立的试验场将陆续建立异响路面。

总体来说，通过这些特定的异响路面可以评价出绝大多数客户关注的异响问题。这些特定的路面应该具有如下的特征。

1. 兼顾周期性和随机性特点

主要是从激励源频率的角度对客户使用的路面进行分析，使得评价路面的频率特性尽可能涵盖客户常用的路面。例如，考虑客户驾驶车辆通过连续的减速带或路面接缝情况，评价路面设置了绳索路、角钢路、搓衣板路等；考虑左右车轮有不同时过减速带等障碍物的情况，将评价路面设置成左右轮受到不同相位激励的路面。图 14-106a 中绳索的布置就实现了左右两轮相位的同向和反向。另外，车轮受到不同周期激励的问题，通过车速和布置绳索、角钢的间距来实现，例如，角钢路、绳索路设置成不同间距等，见图14-106a、b，图中将绳索和角钢设置不同的间距，模拟不同路面的激励。对于随机特性的路面，也有不同的评价路面，如卵石路、破损沥青路、比利时路等。

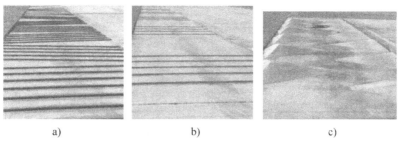

图14-106 绳索路和角钢路示意

2. 兼顾激励大小的特点

主要是从激励源幅值的角度进行路面设置的。客户在驾驶车辆的过程中，会经历不同程度的凹凸路面，路面凹凸程度不同，激励起的异响问题就可能不同。因此，评价路面需要根据车辆的特点、消费者的习惯设置不同高度的障碍物进行评价。例如，对于周期性路面，评价路面需要绳索路、搓板路、角钢路等；对于随机路面，评价路面需要卵石路、沥青路等。这些路面都是基于激励大小的角度设置的。

3. 兼顾准静态和动态的特点

当用户驾驶车辆通过凹凸程度不同的路面时，采用的车速是不同的，尤其是通过一些大的障碍物时，车辆行驶速度通常是非常低的，这与中高速行驶的车辆表现的异响问题是不同的，主要原因在于受到的路面载荷不同。例如，车辆通过大扭转路面、大起伏路面时（图14-106c），可以认定为准静态的工况，评价路面也必须设定类似路面。

为了涵盖客户的评价路面，结合评价路面的特点，制定了异响评价的路面工况，见表14-6。表14-6介绍了不同评价工况下的常见路面。从评价问题的角度看，不同路面评价和关注的异响问题是不同的，也就是说，整车各部件的异响问题是在特定路面表现出来的。因此，在评价整车各部件时，要选定合适的路面进行评价。例如，根据整车系统部件不同，异响可分为车身异响、内外饰异响、底盘异响、电子电器异响等，评价这些系统部件将针对性地采用不同路面。如卵石路面和扭转路面主要用来评价车身和底盘的异响问题，其他路面主要用来评价内饰、电子电器相关部件的异响。

另外，根据用户的开车习惯，结合整车异响产生的特点，不同的路面采用不同的行驶速度进行评价。各个路面的评价速度见表14-7。

表14-6 异响评价路面的选择

序号	工况	典型路面
1	准静态扭曲路面	大扭转路
2	动态扭转路面	扭曲路
3	低激励的随机路面	破损的沥青路
4	中激励的随机路面	欧洲砖、比利时路
5	高激励的随机路面	鹅卵石路
6	同相位的中激励周期性路面	绳索路、反向搓衣板路
7	反相位的中激励周期性路面	绳索路、反向搓衣板路
8	高激励的周期性路面	角钢路、搓衣板路
9	方向盘打满的扭转路面	大扭转、植草砖
10	带转向的光滑路面	沥青路
11	限速路面	起伏路、减速带
12	直线加速	沥青路、水泥路
13	直线减速	沥青路、水泥路

表14-7 不同路面的车辆行驶速度

序号	路面	建议车速/(km/h)	备注
1	鹅卵石路面	8	
2	比利时路面（抬高）	8~40	加速后匀速
3	比利时路面	40	
4	欧洲砖路面（粗糙）	8~40	加速后匀速
5	欧洲砖路面	40	
6	搓衣板路面	0~24	加速后匀速
7	尼龙绳路面	24	
8	角钢路	24	
9	植草砖路面（针对底盘）	24	
10	直线扭转路面	5	
11	弯扭路面	5	

二、异响的道路主观评价

通常的 NVH 主观评价是采用打分方式进行评价的，但是，这种主观评价的分数并不能体现问题的严重程度。异响问题的主观感受是异响最重要的特点，必须要体现出问题的严重性和异响问题的数量。因此，区别于 NVH 性能的主观评价，异响问题的主观评价采用扣分的原则，将问题的严重程度与路面恶劣程度结合起来进行评价，见式（14-1）。

$$S = \sum_{i=0}^{n}(RQ)_i \tag{14-1}$$

式中，S 是所有异响问题的扣的值；i、n 是第 i 个异响问题，及异响的问题个数；R 是路面扣分系数，与路面的恶劣程度有关，取值为 1、0.3 和 0.1；Q 是异响问题扣分系数，与异响的严重程度有关，取值为 1、0.3 和 0.1。

式（14-1）不仅将影响异响评价的两个因素结合起来考虑，而且将异响数量也进行了累加求和，更能说明整车异响问题的整体情况。其中，路面的恶劣情况和异响的严重程度采用不同的权重系数，具体的权重系数见表 14-8 和表 14-9。因此，可通过权重系数将异响问题进行量化。与 NVH 主观打分相比，这个评价方法降低了主观评价分值的离散性，使得整车异响评估变得更容易量化。

表 14-8 不同路面的扣分标准

异响路面	扣分系数	说明
恶劣路面	1	卵石路、比利时路、角钢路、绳索路、扭曲路等
中等路面	0.3	破损的沥青路面、粗糙的沥青减速带等
平滑路面	0.1	平滑水泥路面、平整的水泥路面等

表 14-9 不同异响问题扣分标准

问题程度	扣分系数	说明
严重	1	乘坐正常位置感觉异响声很大
中等	0.3	乘坐正常位置感觉异响声清楚
轻微	0.1	乘坐正常位置感觉异响轻微

例如，某整车在评价的过程中发现三个异响问题，分别是在恶劣路面上的一个中等异响问题、中等路面的一个轻微异响问题、轻微路面的一个中等异响问题，那么该车的扣分值计算为

$$S = \sum_{i=0}^{n}(RQ)_i = 0.1 \times 0.3 + 0.3 \times 0.1 + 1 \times 0.3 = 0.36$$

也就是说，该款车的异响主观评价扣分值为 0.36。

主观评价就是个人对问题的主观感受，每个人对问题的感受存在差异。因此，主观评价最核心的问题就是评价标准一致性的问题。为保证评价结果之间有集中性、可比性，与 NVH 主观评价一样，异响的主观评价也必须有主观评价表单，这可使工程师在同一个标准的基础上进行评价。

按照异响的分类，以及异响发生的频次，异响问题主要关注的部件区域包括仪表板、副仪表、侧门、背门、座椅、安全带、天窗、衣帽架、侧围内饰、底盘、动力附件、电子电器件等。考虑到主观评价的局限性，将评价的内容按区域进行划分，建立表 14-10 所示的主观评价表。表中的每个区域，都包括电子电器及相关线束异响的评价。

表 14-10 整车异响主观评价表

系统、区域	评价内容	异响评价结果（对应的问题下打√）								问题描述说明
		恶劣路面			中等路面			平滑路面			
		严重	中等	轻微	严重	中等	轻微	严重	中等	轻微	
仪表、副仪表区域											
侧门、背门区域											
顶篷、天窗区域											
座椅、安全带区域											
衣帽架、行李舱区域											
侧围内饰区域											
底盘系统区域											
动力附件											
车身钣金区域											

三、异响的道路路谱采集

由于异响的道路评价有一定的局限性,不但温度、湿度、光照不受人为的控制,而且底盘异响问题的排查便利性也受到限制。因此,异响问题的道路评价,由于不能排除周围环境的影响,只能评价出一部分的异响问题。另外,一旦评价出底盘部位的异响问题,在进行问题排查和定位时,将是非常困难的,需要在四立柱台架上进行协助排查。

为了保证台架试验能够模拟出特定异响路面的振动,需要对这些特定路面进行道路谱采集,然后通过四通道台架迭代出整车的振动。因此,路谱采集是进行台架高低温四通道异响评价的前提条件。对于路谱采集,主要包括以下四个步骤。

(1) 路面的选择 从上面的介绍可以看出,异响的评价路面分为恶劣路面、中等路面、平滑路面。在实验室采集的路谱是恶劣路面的路谱,也就是识别异响问题的特定路谱。主要包括卵石路面、比利时路面、搓板路面、尼龙绳路面、角钢路路面、植草砖路面等。各个路面的车速见表14-7。

(2) 测点布置 路谱采集主要有两个目的,一个是为整车排查异响提供载荷输入,另外一个是为关注零部件提供载荷输入。因此,测点布置也主要考虑这两方面的需求。对于整车,测点布置在整车的四个车轮减振器簧下刚性结构处,见图14-107。

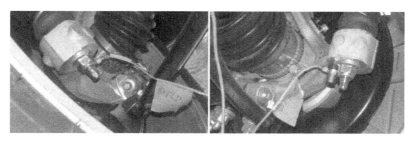

a) 前左轮　　　　　　　　b) 前右轮

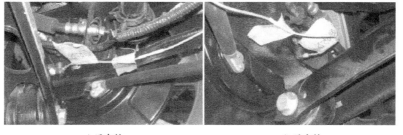

c) 后左轮　　　　　　　　d) 后右轮

图14-107　整车异响路谱传感器布置位置

对于异响关注的一些部件,需要在台架上进行验证试验,这些部件包括仪表板、前后门、背门、座椅、天窗。因此,针对这些部件,需要采集路谱提供载荷输入。另外,在前期采用直接法进行仿真分析,也需要实际载荷作为载荷输入。因此,采集上述部件的载荷,不仅可用于台架测试,也可用于仿真分析。如果布置的传感器仅用作相关部件的台架验证,只要保证在每个部件的安装点,布置两个传感器,满足台架试验的迭代要求即可。但是,测试的结果要用于仿真分析,测点要与实际保持一致,同时必须保证传感器测试三个方向的值,目的是为有限元模型提供实际的载荷输入。图14-108是车门载荷测试示意,传感器布置在车门铰链和门锁部位。其他部件的传感器布置方法与此类似。

另外,台架载荷也可以通过四立柱测试获得,四立柱测试获得的载荷精度是低于道路测试结果的。但是,两种采集载荷方法的精度都是可以满足要求的。

(3) 路谱采集 从上面的介绍可知,异响的评价路面很多,包括恶劣路面、中等路面、平滑路面等。但是,实验室评价,只评价和分析异响特定路面的路谱,即卵石路面、比利时路面、搓衣板路面、尼龙绳路面、角钢路面、植草砖路面等，这些路面的车辆行驶速度见表 14-7。完成这些路面的路谱采集后，将数据保存用于实验室台架测试和分析。

a) 车门铰链传感器布置

b) 门锁部位传感器布置

图 14-108　车门载荷测试示意

（4）路谱的数据处理及分析　通过上述方法完成采集数据后，需要从测得的时域数据上截取有效数据，去除路谱采集开始以及结束时的无用数据。由于这些数据将用于后续的台架和四立柱分析，需要根据试验设备控制的频率范围进行滤波和重采样分析。例如：四通道控制振动频率范围为 0～100Hz，MB 异响试验台的控制频率范围为 0～200Hz。另外，一些低频信号的位移会超出台架的最大量程，由于这些低频信号对异响评价影响不大，因此当位移超过设备最大位移时，需要在软件中进行位移控制。

第十节　异响的实验室评价

实验室的异响评价包括台架评价和整车评价两种。台架测试评价的目的是在装车之前，进行零部件的异响分析和优化，避免在整车上进行问题查找和分析，否则会增加异响排查的时间。对于整车四立柱评价，主要是为了补充异响路面不能进行的评价和测试，这包括两个方面：一方面是解决异响路面不能评价高低温环境下异响问题，另一方面是解决底盘、车身异响问题源不易排查问题。

一、台架试验

台架测试是在专门的半消声室进行的，一般配备 MB 电磁式振动台，振动频率范围在 0～200Hz，可进行除发动机外所有零部件的响度测试验证、异响原因查找、路面激励功率谱密度输入等试验。根据测试的目的不同，可以将异响的台架测试分为两类。

1. 客观测试类

一类是对异响关注部件的噪声测试，主要包括组合仪表、CD 机、安全带卷收器、外后视镜、内后视镜、空调出风口扇叶、泄压阀等。这些部件都在一定程度上存在异响，通过台架测试异响声的大小，进一步评判异响是否在可接受的范围之内。这种测试通常的评价参数是响度，单位为宋（sone）。图 14-109 是安全带卷收器的台架测试示意。

图 14-109　安全带卷收器台架测试

对于安全带卷收器测试，主要包括以下步骤。

1）安全带卷收器的安装：对于安全带卷收器的测试，以实车姿态安装安全带卷收器，以锁舌限位点为初始位置，拉出织带 250mm，并将锁扣端进行固定，以保证振动时拉出的织带不能回卷和撞击其他物体。

2）传声器和加速度传感器的布置：传声器布置在安全带转轴中心位置，并垂直于安全带卷收器背面，传声器前端与安全带卷收器距离为（150±10）mm，并将加速度传感器布置在安全带卷收器安装点附近的位置，加速度传感器主要用于载荷的迭代。

3）载荷的输入：测试此类部件的噪声，不采用异响路面的载荷，原因在于路面和车辆的差异性，将会导致测得的部件噪声值不具有对比性。通常对此类部件需要输入固定的功率谱密度进行测试，见表14-11。

表 14-11 异响部件的激励载荷

垂直方向激励		水平方向激励	
频率 /Hz	功率谱密度 / (g^2/Hz)	频率 /Hz	功率谱密度 / (g^2/Hz)
7	0.00002	8	0.00008
11	0.16	14	0.03
15	0.002	45	0.00001
100	0.00005	100	0.00001
118	0.000002	119	0.000002

4）采集数据及数据处理：以标准振动谱驱动试验台为例，分别沿垂向、水平方向进行驱动，实际上对应的是整车坐标系下的 Z 向、X 向和 Y 向。激振台预振 1min，经过分析和评价后，无其他与样件本身无关的异响，而且路谱再现准确，则可进行声音数据采集，采集时长为 30s，采集次数 3 次。获取测试数据后，采用 300Hz 高通滤波器，计算出响度值。

2. 主观评价类

另一类台架试验是以主观评价问题为主的。相对于客观试验台架测试，主观评价类的零部件都是大型集成型部件，主要包括仪表板、前后门、背门、前后排座椅、天窗、减振器等。在进行试验前，需要设计专门的夹具，保持各部件与实车的安装状态一致。然后输入采集的载荷，并根据布置的传感器完成迭代。路谱再现准确后，激振台预振 1min，然后对测试部件进行异响问题评价和问题源的查找。图 14-110 是仪表板异响台架测试，该台架保证了仪表板安装状态与实车的一致性。

图 14-110 仪表板异响台架测试

利用台架试验对关键零部件进行评价，具有如下优点。

1）从评价环境上分析：相对于道路评价，其在半消声室内进行评价，背景噪声小，可以方便地识别异响问题，尤其是一些轻微的问题。

2）从问题再现性上分析：台架试验的异响问题重复性较好，并且容易被再现，使异响问题容易解决和优化。

3）从评价的便利性分析：利用台架试验，可以容易识别零部件内部的问题，尤其是被其他装配部件遮盖的部位，例如，上述仪表板内部的线束、风管、电子电器附件等。

二、四立柱台架试验

四立柱台架试验主要是进行整车级的异响评价和异响源的查找，是对道路异响试验项目的补充。道路异响试验无法实现温度、湿度、光照等环境因素的影响分析，而这些因素对整车异响问题有重要影响。另外，在道路上对底盘、车身、动力等系统的异响源排查有一定的局限性。因此，在实验室进行四立柱台架试验是非常必要的。

国内主机厂的四立柱试验台多配备 MTS 四通道道路模拟系统，该系统可进行 0~100Hz 的激励模拟试验。同样，四立柱实验室也多带环境仓系统，环境仓温度范围为 -30~60℃，湿度范围为 10%~90%。另外，有的四立柱实验室墙体采用吸声材料，这对异响问题的评价和排查非常有利，见图 14-111。

图 14-111 整车四立柱台架试验

四立柱的载荷需要施加特定路面下采集的载荷，首先，对道路上采集的载荷数据进行编辑，然后通过系统传递函数的测量，并迭代成驱动信号后，将载荷谱输入到 MTS 系统，就可以进行评价和异响源查找了。

对异响问题源进行查找，可分为两个步骤：首先是问题区域的确定，这需要评价工程师依据经验或者手持式声学相机（图 14-112a）来初步判断异响的大致区域；其次，再进行具体问题部位的确定，可利用普通听诊器（图 14-112b）或电子听诊器（图 14-112c）详细判断具体的问题部件或部位。

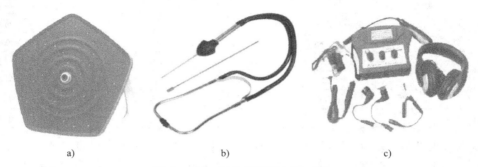

图 14-112 异响判断的主要工具

声学相机即传声器阵列，也叫声相仪。它由多个传声器按照一定规律排列，通过阵列信号处理算法生成声音在一个平面上的声压级分布，以彩色等高线图的方式实现声音可视化，通过照片或视频的方式显示被测物的声音分布。手持式声学相机具有携带方便，受空间制约较少的优点，在解决整车异响方面有很大的优越性。

普通听诊器的原理我们比较熟悉，这里不再赘述。电子听诊器由主机、信号线、机械夹子（或磁铁、吸盘等）、耳机等组成。在远端（布置在底盘等部位）布置一个磁铁或者夹子，用于捕捉异响声音信号，然后通过信号线和主机完成"声音信号 - 电流信号 - 声音信号"的转换，这样可以在乘坐室通过耳机来识别异响源。

普通听诊器主要用于诊断车身、内饰等部位可以触及的部位；而电子听诊器主要用来诊断底盘及底盘相连区域的异响问题。从原理上看，两者是相同的，只是电子听诊器可以诊断普通听诊器触及不到的区域和部位。

普通听诊器判断不同类型的问题部件，使用方法是不同的。对于内饰件异响的判断，建议听诊器用一根通管采用非接触的方式进行识别评价，而对金属件异响的判断，建议听诊器前端用一根前端封闭的管采用接触的方式进行识别评价。对于电子听诊器，在识别底盘异响时，问题前端采用磁铁固定评价较为快速和准确。

第十一节　高里程异响分析概述

人们对车辆品质的要求不断提高，顾客不仅对新车的品质提出了更高的要求，而且对行驶一定里程的车辆的品质也提出了越来越高的要求。其中，异响问题是顾客最为关注的问题之一。因此，高里程异响问题已经成为主机厂开发的主要内容之一。

一、高里程异响产生机理

高里程异响性能是指车辆行驶到一定里程后（如 5000km 以上）出现的异响问题数量以及问题的严重程度，高里程异响性能是相对于低里程异响或零公里异响性能的。

车辆在行驶过程中，不仅会受到发动机、凹凸路面的持续激励，也会受到阳光、紫外线、高温、低温等的持续作用，车身结构及塑料结构件会产生磨损、松动、变形、老化等，使得零部件间的接触部位出现了相对变形、材料涂层被磨损等情况，零部件产生了摩擦或敲击异响问题。因此，高里程异响产生的原因在于接触部位发生了变形、松动、磨损和老化。

1. 变形

变形是指车辆在外力作用下，结构发生了不可逆的变形，导致零部件间隙发生改变，主要发生的部位包括车身结构、开闭件和结构件等。这些部位的特点是受外载冲击比较大，或者使用频次比较高，因此会引起结构变形。在高里程工况下常见的结构变形部位见图 14-113。例如，车辆行驶到一定工况下，在天窗重力或凹凸路面的冲击激励下，天窗洞口会发生变形，天窗导轨、天窗的密封条会因洞口的变形产生异响问题；受门的重力作用和凹凸路面的冲击，侧门会发生下垂变形，如果车门下垂量达到一定程度，则会引起门锁敲击异响或密封条摩擦异响问题。

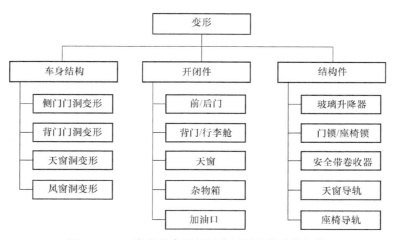

图 14-113　常见的高里程下变形引起异响的部位

2. 松动

松动是指在外部交变载荷的持续激励下，零部件间的连接件出现了掉扣、松脱等现象，这会导致敲击或摩擦异响问题。常见发生的部件包括螺接件、卡接件、粘接件等。常见的发生异响的部位或部件见图 14-114。例如，受到路面持续的交变激励力，使得减振器的下部螺栓容易松动，这也是常见的异响问题之一；有的车型的顶篷内饰是通过蘑菇卡扣连接到顶板支架上的，受到顶篷内饰重力或路面、发动机等交变力的激励，这些区域的连接也会经常出现松动，如果出现松动，在颠簸的路面就会出现摩擦异响。

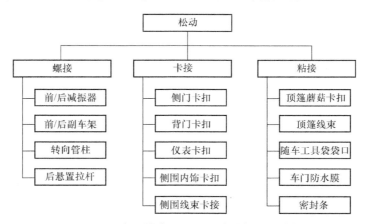

图 14-114　常见的高里程下松动引起异响的部位

3. 磨损

磨损是指在外载荷的持续作用下，两个零部件间的接触面相互作用，截面的材料兼容性或间隙大小发生了改变，这会引起摩擦或敲击异响问题。常见发生类型包括密封件类、衬套类、铰链类、铰接类和齿轮齿条类等。常见发生问题的部位见图 14-115。例如，侧门密封条，为了防止摩擦异响问题，通常要在密封条表面增加涂层，车辆行驶一定里程后，表面的涂层厚度减薄或磨损掉，这会导致密封条与漆面材料不兼容，引起摩擦异响问题；另外，转向拉杆的球头，在行驶一定里程后，球头磨损后会产生间隙，引起摩擦异响，甚至会引起安全问题。

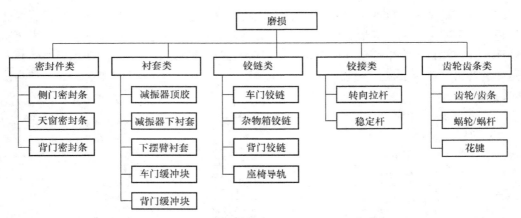

图 14-115 常见的高里程下磨损引起异响的部位

4. 老化

老化问题主要出现在材质为塑料、橡胶的零部件上，老化是指因紫外线照射、高温或低温、湿热、受力等外界条件引起塑料或橡胶的性能退变的现象。塑料或橡胶老化后会改变其原有的性能，不仅会引起零部件变性，而且会改变材料兼容性特性。如果相邻零部件出现老化现象，容易导致摩擦或敲击异响。常见的老化引起的异响部位见图14-116。例如，通常塑料老化材质会变形，同时也会改变相邻部件间的材料兼容性，尤其是仪表板受太阳照射时间长，由于紫外线照射和高温的影响，很容易在零部件间产生异响问题；另外，卡扣和卡接部位受到交变力的作用，材料性能也会发生改变。如果在外部激励下，卡扣或卡接部位不会跟随钣金变形，则会出现相对位移，产生敲击或摩擦异响问题。

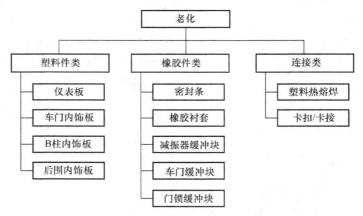

图 14-116 常见的高里程下老化引起异响的部位

对于高里程异响问题，在前期设计阶段要从结构设计和材料选择方面进行控制，根据零部件寿命的定义，对易发生异响问题的零部件进行稳健性设计，降低在低里程阶段发生异响问题的概率。另外，对零部件制造也要进行控制，提高零部件的制造精度和质量，这也是降低高里程异响问题的重要手段。

二、高里程异响评价方法

与低里程异响试验验证一样，高里程异响性能也需要在样车阶段进行分析和验证。由于要模拟一定里程下异响的问题，因此，高里程的试验验证时间比低里程试验时间要多很多。

1. 高里程异响的评价方法

目前，高里程异响验证的方法有两种：实验室法和道路法。道路法是指在道路上完成试验方案设定的里程数,并在不同的里程阶段进行异响检查的方法。实验室法是指在实验室内的四立柱上完成试验方案设定的里程数,依据试验方案完成异响问题检查。两种方法各有优势和不足,两者的对比见表14-12。从表中可以看出,道路法异响验证主要存在三个较大的不足。

(1) 无法满足周期短的项目 目前,汽车市场竞争非常激烈,产品更新换代非常快。如果采用道路法进行异响验证,可能无法满足整车开发的节奏,导致试验验证的方案无法有效实施。

(2) 受外部环境影响较大 通常根据项目开发的要求,需要持续快速地完成试验任务。如果遇到下雨或下雪天,将会影响试验进程,无法满足项目开发的节点要求。

(3) 无法在短时间满足环境的要求 由于试验要模拟一定里程下的环境条件,包括高温、低温、光照、湿度等要求,采用道路试验无法在有效时间满足环境的要求。

基于上述原因,高里程试验通常在实验室内进行。但是,实验室法也有其不足,就是无法模拟真实的路面载荷,由于试验多在四立柱上进行,只能模拟Z向载荷,其他方向的载荷无法模拟,存在一定的局限性。

表14-12 道路法和实验室法对比

对比项	道路法	实验室法
试验周期	周期长	周期短
环境控制	难实现	可实现
费用	高	低
一致性	低	高
问题识别	难	易
问题再现	难	易
问题定位	慢	快
临时方案验证	慢	快
实际问题吻合度	高	低

2. 高里程异响的试验方案

高里程异响试验就是模拟用户使用一定里程车辆后的异响问题,因此必须尽可能考虑到用户使用的环境,包括道路条件和环境条件。试验的道路一般选择快速强化耐久性路面。不同于低里程异响的评价路面,高里程异响是在专门的路面进行的。环境的选择要考虑温度、湿度、光照强度以及加载情况等,见表14-13。

表14-13 高里程异响流程规划

条件	第一段					第二段					第三段					第四段					第五段				
	1	2	3	4	5	1	2	3	4	5	1	2	3	4	5	1	2	3	4	5	1	2	3	4	5
温度																									
光照																									
湿度																									
载荷																									

在进行高里程异响试验时,依据耐久试验的里程数分成四五个循环阶段,每个阶段根据用车习惯分成高温、低温、次高温、次低温和常温五个阶段,每个阶段对应不同的温度、湿度、光照、载荷条件。每个循环阶段完成后,采用异响路面进行问题评价,并按照异响评分原则进行打分。

通过高里程异响分析,可以获得统计意义上的异响问题分布,包括异响系统部件、环境条件、异响类型等,可根据异响的分布规律在前期进行针对性的设计和分析。图14-117是对五款车进行的统计分析,这个统计结果会因样本量、公司的不同而不同。

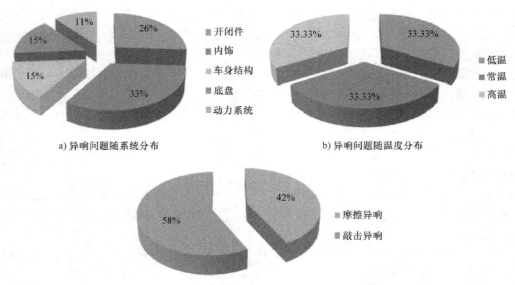

图 14-117 高里程异响问题的分布

由于每个公司的设计能力、制造装配水平以及零部件供应商水平等不同，这些统计结果会有不同的分布规律。每个公司可根据异响问题的分布规律，进行针对性的设计和针对性的销售。例如，从图 14-117a 可以看出，异响问题较多的系统是内饰和开闭件，在后续开发的车型可针对内饰系统异响问题进行重点开发，可从结构设计、内饰材料选用、零部件异响试验以及供应商水平进行重点关注。从图 14-117b 可以看出，高里程异响的温度条件对异响影响不大，可能会随着样本量增多，分布规律出现不同的结果，每个公司可参考这个结果对销售地区和国家进行针对性的设计和开发。图 14-117c 可以看出，敲击异响问题略多于摩擦异响，可能与底盘橡胶衬套老化、结构变形引起间隙增大等因素有关，在后续车型开发可针对此类问题进行重点关注，可利用仿真分析、零部件试验等手段进行重点开发。

参 考 文 献

[1] 傅志芳，华宏星. 模态分析理论及应用 [M]. 上海：上海交通大学出版社，2000.
[2] 王志亮，刘波，王淑英. 汽车大板件抗凹陷性分析方法研究 [J]. 机械设计与制造，2008（4）：138-139.
[3] KIM K C, I H, KIM C M. A Study on the Development Process of a Body with High Stiffness [C] // SAE. SAE Paper 2005-01-2464. [S. l.]：SAE，2005.
[4] YUN K Y, HONG J Y, CHAN M K. Development of an Optimal Design Program for Vehicle Side Body Considering the BIW Stiffness and Light Weight [C] // SAE. SAE Paper 2007-01-2357. [S. l.]：SAE，2007.
[5] 王志亮，刘波，马莎莎，等. 基于弯曲刚度和扭转刚度的白车身优化分析 [J]. 机械科学与技术，2008（8）：1021-1024.
[6] 王志亮，门永新，彭鸿，等. 基于模态和刚度的白车身优化分析 [C] // 中国汽车工程学会. 2009年中国汽车工程学会论文集. 北京：机械工业出版社，2009.
[7] SHIN Y H, LEE H J, KIM K J. Consideration of Static-Strain-Dependent Dynamic Complex Modulus inDynamic Stiffness Calculation of Mount/Bushing by Commercial FiniteElement Codes [C] // SAE. SAE Paper 2017-01-2413. [S. l.]：SAE，2017.
[8] MAGALHÃES M, SAMPAIO R G, NUNES O et al. CAE-Driven Design for NVH Optimization of an Independent Rear Suspension Subframe [C] // SAE. SAE Paper 2002-01-3464. [S. l.]：SAE，2002.
[9] GAGLIARDINI L. An Efficient Input Mobility Mapping Computational Method [C] // SAE. SAE Paper 2017-01-1806. [S. l.]：SAE，2017.
[10] 王志亮，刘波，桑建兵，等. 动刚度分析在汽车车身结构设计中的应用 [J]. 机械设计与制造，2008（2）：30-31.
[11] KIM N N, Lee S K, Bolton J S, et al. Structural Damping by the Use of Fibrous Materials [C] // SAE. SAE Paper 2015-01-2239. [S. l.]：SAE，2015.
[12] MIN K J, Kang C W, SEO K H, et al. The Experimental Study on the Body Panel Shape to Minimize the Weight of the Damping Material [C] // SAE. SAE Paper 2001-01-1715. [S. l.]：SAE，2001.
[13] PLATTENBURG J, DREYER J, SINGH R. Modeling of Active and Passive Damping Patches with Application to a Transmission Casing Cover [C] // SAE. SAE Paper 2015-01-2261. [S. l.]：SAE，2015.
[14] 王立聪. 基于约束阻尼结构的车身NVH性能分析与优化研究 [D]. 秦皇岛：燕山大学，2019.
[15] 赵建轩，王增伟，刘钊，等. 车身阻尼材料的布置优化方法 [J]. 上海交通大学学报，2017，51（9）：1036-1042.
[16] JUNHONG P, THOMAS S, LUC G. Sound Transmission Through Elastomeric Sealing Systems [C] // SAE. SAE Paper 2017-01-1411. [S. l.]：SAE，2017.
[17] PARK J H, MONGEAU L, SIEGMUND T. Effects of Window Seal Mechanical Propertieson Vehicle Interior Noise [C] // SAE. SAE Paper 2003-01-1703. [S. l.]：SAE，2003.
[18] PARK J H, MONGEAU L, SIEGMUND T. Effects of Geometric Parameters on the Sound Transmission Characteristic of Bulb Seals [C] // SAE. SAE Paper 2003-01-1701. [S. l.]：SAE，2003.
[19] WOJTOWICKI J L, PANNETON R. Improving the efficiency of sealing parts for hollow body network[C] // SAE. SAE Paper 2003-01-2279. [S. l.]：SAE，2003.
[20] 李奇. 车门密封条隔声性能测量方法的研究 [D]. 上海：同济大学，2009.
[21] PRODI N, POMPOLI F, BONFIGLIO P. A New Apparatus for Measuring the Effective Coupling of Acoustic Absorption of Materials Used Inside Cabins [C] // SAE. SAE Paper 2005-01-2267. [S. l.]：SAE，2005.
[22] TAO Z, ZHANG B, HERRIN D W, et al. Prediction of Sound-Absorbing Performance of Micro-Perforated Panels Using the Transfer Matrix Method [C] // SAE. SAE Paper 2005-01-2282. [S. l.]：SAE，2005.
[23] TAO K, PARRETT A, NIELUBOWICZ D. Headliner Absorption Parameter Prediction and Modeling [C] // SAE. SAE Paper 2015-01-2303. [S. l.]：SAE，2015.
[24] 王连会. 汽车多孔材料吸声性能分析与优化 [D]. 长春：吉林大学，2017.

[25] PIETILA G, YIN G, DENNIS B. Utilizing a Tracked 3-Dimensional Acoustic Probe in the Development of an Automotive Front-of-Dash [C] // SAE. SAE Paper 2017-01-1869. [S. l.]: SAE, 2017.

[26] DUVAL A, CRIGNON G, GORET M, et al. Comprehensive Hybrid Stiff Insulators Family: The Chips Urethane Contribution [C] // SAE. SAE Paper 2017-01-1883. [S. l.]: SAE, 2017.

[27] THOMPSON J K, THOUNE D, TOYAMA K. An Investigation of the Noise Performance of an Alternative Windshield Interlayer Material [C] // SAE. SAE Paper 2008-01-0521. [S. l.]: SAE, 2008.

[28] THOR W, BOLTON J S. A Desktop Procedure for Measuring the Transmission Loss of Automotive Door Seals [C] // SAE. SAE Paper 2017-01-1760. [S. l.]: SAE, 2017.

[29] TOUSIGNANT T, GOVINDSWAMY K, BHATIA V. Assessment of Lightweight Automotive Glass Solutions on Interior Noise Levels & Sound Quality [C] // SAE. SAE Paper 2017-01-1814. [S. l.]: SAE, 2017.

[30] 侯兆平，付年，邓江华，等 . 汽车前围总成隔声性能分析及优化 [J]. 汽车科技，2019（2）：34-39.

[31] 罗竹辉，贺才春，罗仡科，等 . 内前围隔声垫隔声性能研究 [J]. 振动与冲击，2018，37（7）：254-258.

[32] TADA H. Establishment of Performance Design Process for Vehicle Sound-Proof Packages Based on SEA Method [C] // SAE. SAE Paper 2015-01-0664. [S. l.]: SAE, 2015.

[33] TAO K, PARRETT A, NIELUBOWICZ D. Headliner Absorption Parameter Prediction and Modeling [C] // SAE. SAE Paper 2015-01-2303. [S. l.]: SAE, 2015.

[34] PYPER J.Use of PVB in Laminated Side Glass for Passenger Vehicle Interior Noise Reduction [C] // SAE. SAE Paper 2000-01-2728. [S. l.]: SAE, 2001.

[35] WENTZEL R E, AUBERT A C. An Interactive Approach to the Design of an Acoustically Balanced Vehicle Sound Package [C] // SAE. SAE Paper 07NVC-232. [S. l.]: SAE, 2007.

[36] BROWNE M, PAWLOWSKI R. Statistical Identification and Analysisof Vehicle Noise Transfer Paths [C] // SAE. SAE Paper 2005-01-2511. [S. l.]: SAE, 2005.

[37] CONNELLY T, HOLLINGSHEAD J. Statistical Energy Analysis of a Fuel Cell Vehicle [C] // SAE. SAE Paper 2005-01-2425. [S. l.]: SAE, 2005.

[38] 潘国俊 . 乘用车车内高频噪声的统计能量法建模分析与改进 [D]. 南京：南京航空航天大学，2014.

[39] 陈书明 . 轿车中高频噪声预测与控制方法研究 [D]. 长春：吉林大学，2014.

[40] VENKATESWARA M, MOORTHY N. NVH Analysis of Powertrain Start/Stop Transient Phenomenon by using Wavelet Analysis and Time Domain Transfer Path Analysis [C] // SAE. SAE Paper 2015-01-22936. [S. l.]: SAE, 2015.

[41] WELLMANN T, GOVINDSWAMY K, ORZECHOWSKI J, et al. Influence of Automatic Engine Stop/Start Systems on Vehicle NVH and Launch Performance [C] // SAE. SAE Paper 2015-01-2183. [S. l.]: SAE, 2015.

[42] SRINIVASAN S, ORZECHOWSKI J, SCHOENHERR M. Powertrain Metric to Assess Engine Stop Start Refinement [C] // SAE. SAE Paper 2015-01-2186. [S. l.]: SAE, 2015.

[43] 王道勇，赵学智，上官文斌，等 . 发动机启停时动力总成悬置系统的设计方法研究 [J]. 振动与冲击，2018，37（8）：141-145.

[44] LEE S Y, LEE S M, MIN K D, et al. Characteristics of Diesel Engine Noise According to EGR Rate Change during Transient Operation[C] // SAE. SAE Paper 2015-01-2293. [S. l.]: SAE, 2015.

[45] LI L H, SINGH R. Start-Up Transient Vibration Analysis of a Vehicle Powertrain System Equipped with a Nonlinear Clutch Damper [C] // SAE. SAE Paper 2015-01-2179. [S. l.]: SAE, 2015.

[46] KRAK M, DREYER J, SINGH R. Development of a Non-Linear Clutch Damper Experiment Exhibiting Transient Dynamics [C] // SAE. SAE Paper 2015-01-2189. [S. l.]: SAE, 2015.

[47] AKANDA A, ADULLA C. Engine Mount Tuning for Optimal Idle and Road Shake Response of Rear-Wheel-Drive Vehicles [C] // SAE. SAE Paper 2015-01-2528. [S. l.]: SAE, 2015.

[48] DENG Y Q, ZHAO Y J, ZENG X D. Torsional Vibration Analysis of Powertrain and Driveline Using Finite Element Method [C] // SAE. SAE Paper 2015-01-2287. [S. l.]: SAE, 2015.

[49] 相龙洋，顾彦，黄亚 . 汽车怠速间歇性异常抖动研究 [J]. 汽车实用技术，2019（8）：136-138.

[50] 上官文斌，孙涛，郑若元，等 . 离合器从动盘性能对汽车起步抖动的影响研究 [J]. 振动工程学报，2016，29（3）：488-497.

[51] 刘雪莱. 摩擦离合器传动系统非线性特性建模方法研究 [D]. 广州：华南理工大学，2018.

[52] 陈权瑞. 摩擦式离合器汽车起步振动仿真分析及试验研究 [D]. 成都：西南交通大学，2017.

[53] 周明刚. 鼓式制动器低频振动理论与特性研究 [D]. 武汉：华中科技大学，2006.

[54] SPENCER W, BOUZIT D, PACE J, et al. Study of Stick-Slip Friction between Plunging Driveline[C] // SAE. SAE Paper 2015-01-2171. [S. l.] : SAE, 2015.

[55] BALLA C K, NAIDU S, AMBARDEKAR M N. Reduction of Idle Shake in a Small Commercial Vehicle [C] // SAE. SAE Paper 2015-01-2312. [S. l.] : SAE, 2015.

[56] GUO R GAO J, WEI X K, et al. Full Vehicle Dynamic Modeling for Engine Shake with Hydraulic Engine Mount [C] // SAE. SAE Paper 2017-01-1908. [S. l.] : SAE, 2017.

[57] GALVAGNO E, TOTA A, M, et al. Enhancing Transmission NVH Performance through Powertrain Control Integration with Active Braking System [C] // SAE. SAE Paper 2017-01-1778. [S. l.] : SAE, 2017.

[58] 李小彭，李加胜，李木岩石，等. 盘式制动系统参数对制动颤振的影响分析 [J]. 振动、测试与诊断，2017，37（1）：102-107.

[59] 李莉，尹东晓，张立军. 盘式制动器制动抖动现象机理研究 [J]. 汽车工程，2006（4）：361-365.

[60] 周宗琳，田子龙，任超. 驱动轴夹角与整车横摆试验研究 [J]. 噪声与振动控制，2019，39（6）：102-105.

[61] DEMERS M. Suspension Bushing Effects on Steering Wheel Nibble [C] // SAE. SAE Paper 2003-01-1712. [S. l.] : SAE, 2003.

[62] AGARWAL K, HAZRA S. Optimisation of Engine Mounting System for Reduction in Lateral Shake and Drive Away Shudder on Vehicle [C] // SAE. SAE Paper 2017-01-1822. [S. l.] : SAE, 2017.

[63] 陈长鹤. 考虑悬架与转向系统的汽车摆振研究 [D]. 合肥：合肥工业大学，2016.

[64] 邵慧. 基于底盘激励的汽车高速状态转向系统抖动分析及优化 [D]. 长沙：湖南大学，2014.

[65] AURELLIANO S, FILHO M. The Influence of the Steering Gear Design into the Steering Wheel Nibble [C] // SAE. SAE Paper 2003-01-3643. [S. l.] : SAE, 2003.

[66] 袁振松，陈清爽，钟秤平，等. 某前置前驱车 tip in clunk 机理研究及优化 [J]. 噪声与振动控制，2020，40（1）：138-142.

[67] 袁旺. 乘用车加减速工况传动系扭振分析与改进 [D]. 广州：华南理工大学，2017.

[68] BRITTO V A J, KARMAKAR S, MUTHUVEERASWAMY M. High Speed Booming Noise Reduction in Passenger Car by Application of Cost Optimized NVH Solution [C] // SAE. SAE Paper 2016-08-0039. [S. l.] : SAE, 2016.

[69] MIN K, KANG C W, JUNG S J. Refinement of the Interior Booming Noise Caused by the Lock-up Clutch in Automatic Transmission Vehicle [C] // SAE. SAE Paper 2005-01-2405. [S. l.] : SAE, 2005.

[70] BECKER S, BEYER C, McAfee R. 1st Order Boom Noise Relationship to Driveline Imbalance [C] // SAE. SAE Paper 2005-01-2255. [S. l.] : SAE, 2005.

[71] TSUJIUCHI N, KOIZUMI T, NAGAO T. Vibration Transmission Analysis of Automotive Body for Reduction of Booming Noise [C] // SAE. SAE Paper 2011-01-1289. [S. l.] : SAE, 2011.

[72] 吴守涛，将小余，李思，等. 基于拉杆式悬置刚体模态控制的加速车内轰鸣声优化 [C] // 中国汽车工程学会. 2016 中国汽车工程学会年会论文集. 北京：机械工业出版社，2016.

[73] 兰靛靛，闵福江，邵明亮. 动力吸振器技术在车内轰鸣声控制中的应用 [J]. 振动、测试与诊断，2011，31（3）：335-338.

[74] 王志亮，刘波，王磊. 汽车轰鸣声产生机理与分析方法研究 [J]. 噪声与振动控制，2008，4：87-89.

[75] RAO M V, MOORTHY S N, RAGHAVENDRAN P. Dynamic Stiffness Estimation of Elastomeric Mounts Using OPAX in an AWD Monocoque SUV [C] // SAE. SAE Paper 2015-01-2190. [S. l.] : SAE, 2015.

[76] BEIGMORADI S. Low-Frequency Noise Transfer Path Identification Study for Engine Sub-Frame Utilizing Numerical Simulation [C] // SAE. SAE Paper 2015-01-2361. [S. l.] : SAE, 2015.

[77] 贾维新，郝志勇. 空滤器声学性能预测及低频噪声控制的研究 [J]. 内燃机工程，2006（5）：67-70.

[78] 刘国彬，曾宪宁，陈祝健，等. 排气系统热端模态对车内轰鸣影响研究 [J]. 汽车实用技术，2020（6）：107-110.

[79] KIM H, DO J, OH S, et al. Optimization of Body Attachment for Road Noise Performance [C] // SAE. SAE Paper 2013-01-0369. [S. l.] : SAE, 2013.

[80] AVUTAPALLI B, PATHAK M, SOLIPURAM S, et al. A Case Study on Road Noise Source Identification and Reduction Measures in a Compact SUV [C] // SAE. SAE Paper 2017-01-1863. [S. l.] : SAE, 2017.

[81] GLANDIER C, GROLLIUS S. Improved Full Vehicle Finite Element Tire Road Noise Prediction [C] // SAE. SAE Paper 2017-01-1901. [S. l.] : SAE, 2017.

[82] LI T, BURDISSO R, SANDU C. An Artificial Neural Network Model to Predict Tread Pattern- Related Tire Noise [C] // SAE. SAE Paper 2017-01-1904. [S. l.] : SAE, 2017.

[83] MANCHI V R, PRASATH R, SANJEEV P, et al. Road Noise Identification and Reduction Measures [C] // SAE. SAE Paper 2013-01-1917. [S. l.] : SAE, 2013.

[84] KONERS G, LEHMANN R. Investigation of Tire-Road Noise with Respect to Road Induced Wheel Forces and Radiated Airborne Noise [C] // SAE. SAE Paper 2014-01-2075. [S. l.] : SAE, 2014.

[85] PATIL K, BAQERSAD J, BASTIAAN J. Effects of Boundary Conditions and Inflation Pressure on the Natural Frequencies and 3D Mode Shapes of a Tire [C] // SAE. SAE Paper 2017-01-1905. [S. l.] : SAE, 2017.

[86] 卢磊. 轮胎花纹对轮胎噪声影响的研究 [D]. 长春：吉林大学, 2017.

[87] KINDT P, DE CONINCK F, SAS P, et al. Analysis of Tire/Road Noise Caused by Road Impact Excitations[C] // SAE. SAE Paper 2007-01-2248. [S. l.] : SAE, 2017.

[88] DA SILVA C T, FERRAZ F G. Customized Road TPA to Improve Vehicle Sensitivity to Rumble Noise from Tires/Wheels Lateral Forces[C] // SAE. SAE Paper 2010-36-0553E. [S. l.] : SAE, 2010.

[89] TSUJI H, TAKABAYASHI S, TAKAHASHI E. Experimental Method for Extracting Dominant Suspension Mode Shapes Coupled with Automotive Interior Acoustic Mode Shapes[C] // SAE. SAE Paper 2014-01-2045. [S. l.] : SAE, 2014.

[90] KIM M G, JO J S, SOHN J H, et al. Reduction of Road Noise by the Investigation of Contributions of Vehicle Components [C] // SAE. SAE Paper 2003-01-1718. [S. l.] : SAE, 2003.

[91] 陈理君, 杨立, 钱业青. 轮胎花纹噪声的发声机理 [J]. 轮胎工业, 1999（10）: 599-602.

[92] 冯启章. 轿车轮胎花纹节距噪声预报、模型与优化设计 [D]. 北京：清华大学, 2015.

[93] 葛剑敏, 范俊岩, 王胜发, 等. 低噪声轮胎设计方法与应用 [J]. 轮胎工业, 2006,（2）: 79-84.

[94] 王志亮, 刘波, 桑建兵. 汽车后视镜气流噪声的数值模拟机试验研究 [J]. 机械强度, 2008（12）: 692-695.

[95] 王志亮, 刘波, 桑建兵, 等. 汽车风噪声产生机理研究 [J]. 拖拉机与农用运输车, 2008, 35（6）: 35-37.

[96] C U CHANDULLI, UPENDER R G. An Analysis on Automotive Side Window Buffeting Using Scale Adaptive Simulation [C] // SAE. SAE Paper 2017-01-1788. [S. l.] : SAE, 2017.

[97] VERCAMMEN S, BIANCIARDI F, KINDT P, et al. Comparison of Two Measurement Methods for Exterior Noise Radiation Characterization of a Loaded Rotating Tyre [C] // SAE. SAE Paper 2015-01-2197. [S. l.] : SAE, 2015.

[98] SCHELL A, COTONI V. Flow Induced Interior Noise Prediction of a Passenger Car [C] // SAE. SAE Paper 2016-01-1809. [S. l.] : SAE, 2016.

[99] GANTY B, JACQMOT J, ZHOU Z, et al. Numerical Simulation of Noise Transmission from A-pillar Induced Turbulence into a Simplified Car Cabin [C] // SAE. SAE Paper 2015-01-2322. [S. l.] : SAE, 2015.

[100] HONG J S, KOOK H S, IH K D, et al. Evaluation System for Simulating and Reducing Interior Noise Caused by Wind [C] // SAE. SAE Paper 2014-01-0038. [S. l.] : SAE, 2014.

[101] 夏恒, 高速车辆车内气流噪声的理论计算方法研究 [D]. 镇江：江苏大学, 2002.

[102] PARK J H, MONGEAU L, SIEGMUND T. Effects of Geometric Parameters on the Sound Transmission Characteristic of Bulb Seals [C]. // SAE. SAE Paper, 2003-01-1701. [S. l.] : SAE, 2003.

[103] HUANG L Y, KRISHNAN R. Development of a Luxury Vehicle Acoustic Package using SEA Full Vehicle Model [C] // SAE. SAE Paper, 2003-01-1554. [S. l.] : SAE, 2003.

[104] BRENNER P G, ZHU M. Recent progress using SEA and CFD to predict interior wind noise [C]// SAE. SAE Paper, 2003-01-1705. [S. l.] : SAE, 2003.

[105] BROWNE M, PAWLOWSKI R. Statistical Identification and Analysis of Vehicle Noise Transfer Paths [C]// SAE. SAE Paper, 2005-01-2511. [S. l.] : SAE, 2005.

[106] BLANCHET D, GOLOTA A. Combining Modeling Methods to Accurately Predict Wind Noise Contribution [C] // SAE. SAE Paper 2015-01-2326. [S. l.] : SAE, 2015.

[107] HOU H S, ZHAO W, HOU J. Internal Pressure Characteristics when Evaluating Dynamic Door Blow Out Deflection [C] // SAE. SAE Paper, 2015-01-2327. [S. l.] : SAE, 2015.

[108] DEJONG R, EBBITT G. Using the Modal Response of Window Vibrations to Validate SEA Wind Noise Models [C] // SAE. SAE Paper 2017-01-1807. [S. l.] : SAE, 2017.

[109] WEBER J, BENHAYOUN I. Squeak & Rattle Correlation in Time Domain using the SARLINE™ Method [C] // SAE. SAE Paper, 2012-01-1553. [S. l.] : SAE, 2012.

[110] KIM K C, LEE S W, HONG S G. A Case Study: Application of Analytical and Numerical Techniques to Squeak and Rattle Analysis of a Door Assembly [C] // SAE. SAE Paper, 2017-01-2257. [S. l.] : SAE, 2017.

[111] BENHAYOUN I, BONIN F, DE FAVERGES A M, et al. Simulation and Optimization Driven Design Process for S&R Problematic - PSA Peugeot Citroën Application for Interior Assembly [C] // SAE. SAE Paper, 2017-01-1861. [S. l.] : SAE, 2017.

[112] PARK K H, BAE M S, YOO D H. A Study on Buzz, Squeak and Rattle in a Cockpit Assembly [C] // SAE. SAE Paper, 2005-01-2544. [S. l.] : SAE, 2005.

[113] KWON O J, LEE H S. A Study on the Evaluation Process of Rattle Noise Considering the Signal Characteristics in Frequency and Time Domain [C] // SAE. SAE Paper, 2005-01-2543. [S. l.] : SAE, 2005.

[114] LEE G J, KIM K, KIM J et al. Development of an Algorithm to Automatically Detect and Distinguish Squeak and Rattle Noises [C] // SAE. SAE Paper, 2015-01-2258. [S. l.] : SAE, 2015.

[115] KUO E Y, MEHTA P R. The Effect of Seal Stiffness on Door Chucking and Squeak and Rattle Performance [C] // SAE. SAE Paper, 2004-01-1562. [S. l.] : SAE, 2004.

[116] ZULEEG J. How to Measure, Prevent, and Eliminate Stick-Slip and Noise Generation with Lubricants [C] // SAE. SAE Paper, 2015-01-2259. [S. l.] : SAE, 2015.

[117] JUNG I J. Localization of BSR Noise Source Using the Improved 3D Intensity Method [C] // SAE. SAE Paper, 2018-01-1530. [S. l.] : SAE, 2018.

[118] 石建策. 汽车仪表板异响 CAE 分析技术研究 [D]. 长春：吉林大学，2017.

[119] 吴德俊，张青林，张军. 一种全新的反摩擦异响结构研究 [C] // 中国汽车工程学会. 2017 中国汽车工程学会年会论文集. 北京：机械工业出版社，2017.

[120] TRAPP M, CHEN F. Automotive Buzz, Squeak and Rattle Mechanisms, Analysis, Evaluation and Prevention [M]. Amsterdam: Elseiver, 2012.

[121] 马大猷. 声学手册 [M]. 北京：科学出版社，2006.

[122] 马大猷. 噪声与振动控制手册 [M]. 北京：机械工业出版社，2002.

[123] 钱翼. 空气动力学 [M]. 北京：北京航空航天大学出版社，2004.

[124] 盛美萍，王敏庆，孙进才. 噪声与振动控制技术基础 [M]. 北京：科学出版社，2007.

[125] 王其政. 统计能量分析原理及其应用 [M]. 北京：北京理工大学出版社，1995.

[126] 孙晓峰，周盛. 气动声学 [M]. 北京：国防工业出版社，1994.

[127] 谷正气. 汽车空气动力学 [M]. 北京：人民交通出版社，2005.

[128] 庞剑. 汽车车身噪声与振动控制 [M]. 北京：机械工业出版社，2015.

[129] 庞剑，谌刚，何华. 汽车噪声与振动 - 理论与应用 [M]. 北京：北京理工大学出版社，2006.

[130] 杜功焕，朱哲民，龚秀芬. 声学基础 [M]. 南京：南京大学出版社，2001.

[131] 傅立敏. 汽车空气动力学 [M]. 北京：机械工业出版社，2006.

[132] 黄向东. 汽车空气动力学与车身造型 [M]. 北京：人民交通出版社，2000.